中国社会风俗史

秦永洲 — 著

台海出版社

图书在版编目（CIP）数据

中国社会风俗史 / 秦永洲著 . -- 北京：台海出版
社，2021.3
ISBN 978-7-5168-2750-5

Ⅰ . ①中… Ⅱ . ①秦… Ⅲ . ①风俗习惯史—中国
Ⅳ . ① K892

中国版本图书馆 CIP 数据核字（2020）第 180191 号

中国社会风俗史

著　　者：秦永洲

出 版 人：蔡　旭
责任编辑：刘　峰　俞滟荣　　　　　　　　策划编辑：仪雪燕

出版发行：台海出版社
地　　址：北京市东城区景山东街 20 号　　　　邮政编码：　100009
电　　话：010-64041652（发行，邮购）
传　　真：010-84045799（总编室）
网　　址：www.taimeng.org.cn/thcbs/default.htm
E － m a i l：thcbs@126.com

经　　销：全国各地新华书店
印　　刷：旭辉印务（天津）有限公司
本书如有破损、缺页、装订错误，请与本社联系调换

开　　本：710 毫米 ×1000 毫米　　　　　1/16
字　　数：595 千字　　　　　　　　印　　张：36.5
版　　次：2021 年 3 月第 1 版　　　　印　　次：2021 年 3 月第 1 次印刷
书　　号：ISBN 978-7-5168-2750-5

定　　价：128.00 元

前　言

　　社会风俗是历代相沿积久、约定俗成的风尚、礼节、习惯的总和，也是人们在衣食住行、婚丧生老、岁时节庆、生产活动、儒学思想、文化娱乐等方面广泛的行为规范。它是一个国家、民族、地区的物质生活、科学文化、价值观念、文化心理等社会物质文明和精神文明在日常生活中的反映。

一

　　关于风俗，中国古代有"风""风俗""民风""习俗""谣俗"等说法。西汉毛亨《诗·周南·关雎诂训传》讲道：

　　　　风之始也，所以风天下而正夫妇也。故用之乡人焉，用之邦国焉。风，风也，教也；风以动之，教以化之。诗者，志之所之也，在心为志，发言为诗。情动于中，而形于言。言之不足，故嗟叹之，嗟叹之不足，故永（咏）歌之，永歌之不足，不知手之舞之，足之蹈之也。情发于声，声成文谓之音。治世之音安以乐，其政和；乱世之音怨以怒，其政乖；亡国之音哀以思，其民困。故正得失，动天地，感鬼神，莫近于诗。先王以是经夫妇，成孝敬，厚人伦，美教化，移风俗。故诗有六义焉。一曰风，二曰赋，三曰比，四曰兴，五曰雅，六曰颂。上以风化下，下以风刺上。主文而谲谏，言之者无罪，闻之者足以戒，故曰风。

　　所谓的"风"，是氏族民主社会上下沟通的语言，也是远古民众品评政治、臧否人物、参政议政的渠道。"上以风化下"，即"风教""风化"；"下以风刺上"，即"风谣""风谏""风刺"。"风"反映了在氏族民主制时代上下间的互动，即"风以动之，教以化之"。"风"所采用的形式就是诗、言、嗟叹、咏歌、舞蹈、音等。《诗经》中的风、雅、颂也都是风。

由此我们可以理解"风"与诗、歌、谣，以及音乐、舞蹈的关系。

《尚书·舜典》称："诗言志，歌咏言。"诗和歌，就是要把自己的意志、言论表达出来。上述"在心为志，发言为诗""永（咏）歌"即是此意。

《诗·魏风·园有桃》云："我歌且谣。"东汉郑玄笺曰："曲和乐曰歌，徒歌曰谣。"

歌是一种有宫商曲调，配以钟石管弦伴奏的诗，或者是没有伴奏，但有曲调的清唱。古代"民歌之曰"之类的歌，在一般场合下都没有管弦伴奏，即使在祭祀、乡饮等隆重场合下，高层统治者的歌有时也不用管弦。汉高祖入宗庙，"独上歌，不以管弦乱人声，欲在位者遍闻之，犹古《清庙》之歌也"[1]。汉高祖的歌和祭祀周文王的《清庙》之歌没有管弦，但都称作歌。齐庄公到崔杼家与棠姜偷情，"拊楹而歌"[2]；楚狂接舆歌而过孔子曰："凤兮，凤兮！何德之衰，往者不可谏，来者犹可追。"[3]齐国孟尝君的食客冯驩弹剑歌曰："长铗归来乎！"[4]显然都没有伴奏。

《左传·僖公五年》载："童谣云：'丙之晨，龙尾伏辰。'"孔颖达疏曰："徒歌谓之谣，言无乐而空歌，其声逍遥然也。"谣是没有宫商曲调，但有节奏的顺口溜。

从上述"永歌之不足，不知手之舞之，足之蹈之也"来看，手的动作称作"舞"，脚的动作称作"蹈"，都是用来帮助表达语言的，也是"风"的组成部分。

风又可称作"音"，上述"声成文谓之音""治世之音""乱世之音""亡国之音"即是。音与乐相连即为"音乐"，都是远古时代用来听政议政的。《淮南子·氾论训》载："禹之时，以五音听治。悬钟、鼓、磬、铎，置鞉，以待四方之士。为号曰：教寡人以道者，击鼓；谕寡人以义者，击钟；告寡人以事者，振铎；语寡人以忧者，击磬；有狱讼者，摇鞉。"这里的"五音"，可以是宫、商、角、徵、羽，也可以是钟、鼓、磬、铎、鞉等奏出的音乐，它们都

〔1〕《汉书·礼乐志》，北京：中华书局，1962 年版。
〔2〕《左传·襄公二十五年》，载《十三经注疏》，北京：中华书局，1980 年版。
〔3〕《论语·微子》，载《诸子集成》，上海：上海书店，1986 年影印版。
〔4〕《战国策·齐策四》，上海：上海古籍出版社，1985 年版。

是"风"的组成部分。《国语·周语上》载："天子听政，使公卿至于列士献诗，瞽献曲，史献书，师箴，瞍赋，矇诵，百工谏，庶人传语。"诗、曲、书、箴、赋、诵、谏、语等，也都是"风"。

由此我们可以理解孔子讲的"移风易俗，莫善于乐"[1]的道理所在了。《吕氏春秋·仲夏记·适音》讲道："凡音乐通乎政，而移风平俗者也。俗定而音乐化之矣。故有道之世，观其音而知其俗矣。"《史记·乐书》载："博采风俗，协比音律。"这些都表明：音乐是"风"的表现形式。

自封建文化专制形成后，统治者把这些诗、赋、歌、谣称作"诗妖"，再也登不得朝堂，只能在民间流传了。《汉书·五行志中之上》载："君炕阳而暴虐，臣畏刑而柑（钳）口，则怨谤之气发于歌谣，故有诗妖。"《韩诗外传》卷三第九章载："无使百姓歌吟诽谤，则风不作。"后来史书中的"时人为之语曰""谚曰""时人号曰"等，也都是"风"。

俗，指长期形成的礼节、习惯。《说文八上·人部》称："俗，习也。"《礼记·曲礼上》载："入竟（境）而问禁，入国而问俗，入门而问讳。"据唐朝贾公彦之疏，"禁"指诸侯国中政教所忌；"俗"，谓常所行也，即习以为常的行为；"讳"，主人的祖先、国君的名讳。三者都是日常生活中的习惯、禁令、忌讳。用通俗的话说，就是该说、该做的，以及不该说、不该做的。

严格讲，风俗和民俗的含义并不完全一致。民俗的说法缺了"风"这一块内容。现代民俗学作为学科性用语，是北京大学1922年创办《歌谣》周刊时，在发刊词中根据英语"Folklore"确立的，这个"民俗"虽在中国古代已广为人知，但作为一个外来语，应该也涵盖了风和俗两种含义。

在实际运用中，"风"和"俗"往往混同为一个概念了。《汉书·王吉传》讲："百里不同风，千里不同俗，户异政，人殊服。"《汉书·五行志下之上》载："夫天子省风以作乐"，东汉应劭注："'风'，土地风俗也。"这里的"风"和"俗"，指的都是风俗。

《汉书·地理志》载："凡民函五常之性，而其刚柔缓急，音声不同，系水土之风气，故谓之风；好恶取舍，动静亡常，随君上之情欲，故谓之俗。"班固认为，自然条件不同而形成的风俗叫作风；社会条件不同而形成的风俗

---

[1]《孝经·广要道》，载《十三经注疏》，北京：中华书局，1980年版。

叫作俗。从表面看，班固的解释与毛亨的解释不一致，其实他是为了说明"百里不同风，千里不同俗"的道理。而且，他讲的是风俗的形成，而不是风俗的含义。

在现代民俗学中，习惯用"民俗"，一般都界定为：民俗是存在于民众中，为民众所创造、传承的社会文化传统。从这个意义上讲，民俗即民间风俗。

其实，上与下、民众和官员、民间和官方的界限很难说清。汉武帝将细君嫁乌孙昆莫老王为右夫人。昆莫老为传位，要把细君嫁给其孙岑陬，公主上书言状。汉武帝回信说："从其国俗，欲与乌孙共灭胡。"[1]汉武帝实行和亲政策，昆莫老王为传位而嫁细君，都是政府行为，但又要遵从当地民间的风俗。另外，许多风俗事象都是朝廷、政府倡导，经反复传袭而形成的。现在清明节、端午节、中秋节放假，既是国家的休假制度，又融入社会风俗之中。是否可以这样说：风俗不仅流行于民间，也流行于官方，即上述"用之乡人焉，用之邦国焉"。而且，越往远古，"用之邦国"的越多。我觉得还是用一个大概念比较稳妥："社会风俗"。本书叙述的风俗事象、物象，也不仅仅局限于民间。

由于"风"是民众品评政治、臧否人物的语言，远古统治者非常注意听取这些言论。《淮南子·主术训》载："尧置敢谏之鼓，舜立诽谤之木。"《后汉书·杨震传》叫"谏鼓谤木"。

所谓"诽谤之木"，类似现在的"意见箱"。崔豹《古今注·问答释义》载："程雅问曰：'尧设诽谤之木，何也？'答曰：'今之华表木也。以横木交柱头，状若花也，形似桔槔，大路交衢悉施焉。或谓之表木，以表王者纳谏也，亦以表识衢路也'。"

北京天安门前有一对汉白玉雕刻的华表，下面是笔直的柱身，雕刻着蟠龙流云纹饰，柱的上部横插着一块云形长石片，一头大，一头小，似柱身直插云间，仍然

天安门华表

---

[1]《资治通鉴·武帝元封六年》，北京：北京古籍出版社，1956 年版。

保持了"以横木交柱头""形似桔槔"的基本形制，就是尧舜时代的诽谤之木。它是民主和"王者纳谏"的象征。

二

关于社会风俗的特点，许多民俗学专家都做过系统论述，笔者在此挂一漏万，仅谈自己一得之浅见。

（一）社会风俗属于俗文化

在 20 世纪的文化研究中，又把文化分为雅文化和俗文化。雅文化是一种自觉的、表现为典籍形态的思想体系，流行于知识层次较高的阶层，对社会的影响深刻而狭窄。俗文化以世俗生活为中心，是民众自发的、无意识的文化心理，对社会的影响肤浅而广泛。

二者之间，只有形式上的自觉思想体系与民众直观体认，典籍形态与世俗传承的区别，实际上雅中有俗、俗中有雅，由俗到雅，由雅到俗。《论语》《孟子》中的语录不仅记载于典籍，也被世俗传诵。《诗经》原本是当时的民谣俚曲，亦即上述的"风"，后世竟成为儒家的经典。

雅俗文化之间存在一种双向互动关系，它与各种思想理论体系间互相吸收不同，具有矛盾组合性的种种特征。

第一，非逻辑性和多元兼容性。雅文化中矛盾对立的价值观念，抵牾相悖的思想命题，可以同时被俗文化选择和认同。孔子的"食不厌精，脍不厌细"与墨子的"量腹而食，度身而衣"在饮食风俗中并行不悖，而蕴涵的基本文化精神却又是一致的。

第二，雅俗文化互动中的创造性。雅文化的思想内容一旦渗透到民间，经过民众的直观体认，往往赋予更深刻的内涵和更准确的把握。"君子爱财，取之有道"的俗语，比孔子"富与贵是人之所欲也，不以其道得之不处也"的表述，更为简明而精准。

第三，渐进而稳固的传承性。文化的真正的存在价值和真实的生命力在于俗文化。在儒学被排斥，墨学中衰的时代，社会风俗仍始终不渝地运载着儒墨思想的基本精神。所谓"礼失求诸野"，即指此。

第四，渗透的广泛性和承载的无意识性。雅文化中仁、义、礼、智、信的君子品格渗透到社会的方方面面，甚至影响到那些杀人越货的江洋大盗和黑社会集团，形成了"盗亦有道"，讲求江湖信义等荒谬而合理的江湖道德品格，而杀人不眨眼的李逵放掉有"孝顺之心"的李鬼，还给了他十两银子，并没认识到这是传承了儒家的孝道。

第五，雅文化对俗文化的制控性。两千年来，作为正统统治思想的儒学始终控制着社会风俗的发展方向。孔子的"移风易俗"为历代统治者奉行不悖，"子曰"成为判定一切是非的标准。

（二）社会风俗是一种普遍的道德维存力量

除行政、法律手段外，包括计划经济时代在内的道德维存力量主要有四个：第一，追求个体品格完善的道德自律；第二，社会舆论监督力量的他律；第三，朝廷、政府表彰、旌扬等道德回报机制的激励；第四，互利、互惠的道德等价交换。这四种维存力量都属于社会风俗的范畴。

儒家思想很早就提出了仁、义、礼、智、信、忠、孝、节、廉、温、良、俭、让、恭、宽、敏、惠等伦理道德素质。社会风俗不断承接着儒家雅文化层次规范化的引导，将其落实到世俗社会。仅以饮食为例，讲座次、举案齐眉是礼；食君禄、报王恩是忠；吃饭穿衣敬父母是孝；宣传孔融让梨是悌；讲滴水之恩，当涌泉相报，一饭千金是信义；志士不饮盗泉之水，廉者不食嗟来之食，不为五斗米折腰是廉节。岁月的推移又不断增加着风俗的约束力和权威性，使它成为一种强固的社会舆论监督力量，一方面激励着人们加强个体品格的自律，抑制着社会公德的沦丧；另一方面，一些陈规陋俗也摧残着人们的心灵，束缚着人们的正当行为。

所以中国传统道德的真正存在价值在于社会风俗之中，在俗文化层次无不流动着雅文化的基本精神和中国国情根的呼唤。

（三）越往远古，社会风俗就越是国家政治的组成部分

最早出现的媒人是国家法定的官员，《周礼》中的"媒氏"，齐国的"掌媒"，都是官媒。齐国的掌媒负责"合独"，是齐国的"九惠之教"之一。设立媒妁是国家推行的婚姻法，它与安定民生、培养税源、富国强兵的统治政策联系在一起，亦即它是一种政府行为。公元前651年齐桓公在葵丘大会诸侯，订立的盟约竟然有"诛不孝，无易树子，无以妾为妻"。其中，"诛不孝""无

以妾为妻"，都属于社会风俗的内容。

不光是婚姻，其他风俗莫不如此。如岁时节庆，《尚书·舜典》孔颖达疏曰："节气晦朔，皆天子颁之。"古代祭祀是政治权力的象征，"国之大事，在祀与戎"。西周的五礼吉、凶、军、宾、嘉等，都是国家制定的有关风俗方面的礼制。后来衣食住行、婚丧生老等方面的风俗都是那时奠定的，因此本书把它称作"礼俗"。

中国古代社会前期的统治者都深知移风易俗、观览风俗的重要性，不同程度地保留着远古氏族民主遗风。

《管子·正世》载："料事务，察民俗。"

《礼记·王制》载，天子"命太师陈诗，以观民风"。

《汉书·艺文志》载："古有采诗之官，王者所以观风俗，知得失，自考证也。"

（四）远古的社会风俗，反映了在生产力低下的情况下对大自然奥妙的探索，对自然、神灵的征服、改造和利用，对人类险恶生存环境的抗争，对远古人类生活的创造和开拓

《国语·鲁语上》记载的柳下惠语，明确说明了远古祭祀的宗旨："圣王之制祀也，法施于民则祀之，以死勤事则祀之，以劳定国则祀之，能御大灾则祀之，能扞大患则祀之。非是族也，不在祀典。"殖百谷百蔬的柱和弃、平九土的后土、成命百物的黄帝、治水的大禹等，"加之以社稷山川之神，皆有功烈于民也。及前哲令德之人，所以为明质也；及天之三辰（曰、月、星），民所以瞻仰也；及地之五行，所以生殖也；及九州名山川泽，所以出财用也。非是不在祀典"。古人还按照这一宗旨，对后来的神灵进行改造：观音菩萨的杨柳枝、净水瓶要为农业普降甘霖，佛教的四大天王要职司"风调雨顺"，老天爷、玉皇、龙王、雷公、电母、风伯、雨师都要在农业社会挂职。

古人凭借着感性的、质朴的认识来同危害人类的现象抗争。除夕"逐傩"，是为了驱逐邪鬼。经过一冬的干燥，春天一打雷，极容易引起火灾，便产生了远古禁火寒食的风俗。春季是瘟疫、流行感冒的易发季节，古人到郊外水上祓禊防疫。进入夏季五月，蛇、蝎、蜈蚣、蜂、蝛等五毒虫和蚊、蝇等都进入旺季，受伤后的伤口也容易发炎。由于它给人们带来的种种不幸，所以将其视为恶月，于是产生了五月端午的戴五色丝、插艾草、簪石榴花、饮雄黄酒等种种风俗。甚至是孕妇"见兔其子缺唇，见麋其子四目"，以及怀孕期间的诸多禁

忌，也反映了古人对危害人类生育现象的抗争意识。古代多近亲结婚，缺唇、连体、多指等怪胎现象屡屡恐怖着人们，为了优化一切影响胎儿发育的生长环境，才产生出种种附会。而每一种附会都向科学真理的边缘靠近一步，最后终于探索到怪胎的原因："男女同姓，其生不蕃（繁）。"

回首先民们的蹒跚足迹，就能领略到社会风俗中蕴涵的生生不息的精神和征服自然的顽强信念。风俗的传承是为了弘扬这一可贵文化精神，为了寄托对幸福吉祥、平安如意的美好生活的向往，如果仍然痴迷上述的种种说法，则演变为陋俗，演变为对自然、对宗教神灵的屈服、迷信。

三

风俗绝不仅仅是裸露在社会生活表层的现象，它沟通着历史与现实、物质与观念、道德与法律，折射着中华五千年的沧桑变革，至今仍有着不可估量的存在价值。

（一）在中国社会风俗中，层累地堆积着中华民族的高度智慧、高超技艺和高尚品德

学习中国社会风俗史，能激发我们的民族自尊心和自豪感。

中国人民从3000年前的商代就养蚕织丝，传说中从黄帝妃子嫘祖开始。后来又创造了神奇美丽的绮、纨、锦、缎、绫、罗、纱等精美的品牌。丝绸有柔软结实、轻薄透明、典雅华贵的优点，直到现在还没有一种服饰质料能超过它。自丝绸之路开辟后，丝绸成为西方人梦寐以求的珍品。唐道宣撰《广弘明集》卷三讲，汉代"胡人见锦，不信有虫食树吐丝而成"。罗马执政官恺撒穿着丝绸出现在剧院，吸引了所有人的目光。人们所翘首观望的，不是他本人，而是他穿着的华丽的丝绸衣服。当时，罗马丝绸的价格达到12两黄金一磅，为进口丝绸导致大量黄金流失，哲学家们把丝绸当成罗马腐败的象征。中国人的智慧为世界服饰披上了一层锦绣文采。

1972年，长沙马王堆出土了一件西汉时的素纱禅衣，薄如蝉翼，轻若烟雾，身长1.28米、袖长1.95米的衣服仅重49克。唐中宗女儿安乐公主有一件百鸟毛裙，"正视为一色，旁视为一色，日中为一色，影中为一色，而百鸟之状皆见"，是现在也没有的"变色裙""变花纹裙"。这些罕见的珍品，足以让西

方的国王、法老和贵妇人瞠目结舌。

（二）利用中国社会风俗史中转化出的经济价值观念、创意能力，提高经济效益

从事工商业的生产和销售，关键在于处理好供求关系，尤其是衣食住行方面的商品，除了解各地行情和各种经济信息外，更要了解当地的风俗习惯、消费观念。

中国人很早就发现了工商业经营与社会风俗的关系。《庄子·逍遥游》载："宋人资章甫而适之越，越人断发文身，无所用之。"《韩非子·说林上》载："鲁人身善织屦，妻善织缟，而欲徙于越，或谓之曰：'子必穷矣！'鲁人曰：'何也？'曰：'屦为履之也，而越人跣行；缟为冠之也，而越人被发。以子之所长，游于不用之国，欲使无穷，其可得乎？'"不了解越国断发徒跣的风俗习惯，到那里销售章甫冠，得滞销；具有纺织技艺的手工业者到那里谋生，得穷困潦倒。

供求关系本身就包括文化风俗的因素。各个地区、民族、国家的文化风俗，古代在农工商经营方面积累的经验、知识，掌握这些文化知识后而转变出来的经营头脑、应变能力、创意能力，既是一个工商业者的文化创造，又是必备素质，现在叫无形资产。改革开放以来，先后出现了婚姻介绍所、装修公司、搬家公司、家教公司、家政服务公司、旅游公司，甚至还有"情感发泄吧""失物招领公司""代客祭扫"等等。这些行业能否持久、能否红火姑且不论，但它需要经营者有这样的头脑创意出来，更要有敏锐的识别力来把握商机。

另外，将古代衣食住行物质风俗中像素纱禅衣、百鸟毛裙那样有实用价值的品物有选择地挖掘出来，不仅能丰富我们的生活，而且能创造绝高的经济效益。

（三）社会风俗更能反映中国传统文化的深刻内涵，通过它来把握一个民族的文化，来得更加直观而准确

通过社会风俗，了解中国人在生活风俗中所表现出来的个性特征、价值尺度、思维方式、道德标准、审美观念，明确它在面对现代化社会生活方面的优势和缺陷，不仅能自觉而有效地移风易俗，还能大大提高我们的道德水平和人文素质。

四

本书立足于 21 世纪的时代进程和学术研究成果，着重对具有普遍性的传统风俗进行介绍，共分服饰、饮食、居住、行旅、岁时节日、婚姻、生老、丧葬、儒学九章内容。在叙述中，将传统风俗与现代社会，雅文化与俗文化紧密接轨，对所涉及的风俗事象、物象，由风俗衍生出的典故、成语、谚语，均考述源流嬗变和风俗传承。对传统风俗在现代人心理深层和行为习惯中的存在形式，及产生的正反两方面的影响，均结合中国传统文化的基本特征，以透视、品评、辨析等形式，联系古今，进行深层次的剖析。

由于社会风俗的涵盖十分广泛，每一项风俗不仅都有十分丰富的内容和深刻的内涵，而且交错重叠，难以缕述。限于篇幅，本书采用两种处理方法：其一，宁肯挂一漏万，而不面面俱到。对所涉及的风俗事象、物象，不提则已，提则说深说透；其二，各章节之间互相参照，相同的内容，只在一个章节中叙述。如，清明节扫墓的内容在丧葬风俗的"扫墓和祭祖"中一并叙述；饮食风俗中的节日饮食，分散到春节、元宵节、中秋节等节日中叙述。"儒学风俗"渗透在衣食住行、岁时节庆、婚丧生老等社会生活的方方面面，在该章中一概略过。

本书严格遵守言之有据的撰述原则，每一风俗物象、事象及语言、情节都取材于正史、经书、子书，参考相关的野史、杂著、方志，绝对不敢杜撰，绝对不敢信手拈来一些没有依据的、稀奇古怪的道听途说。本书行文中，在不影响内容表述的情况下，尽量注明材料出处。同一内容的出处，只在第一次出现或者重点叙述之处注明，而不重复标注。

但愿读者朋友通过拙作，丰富知识，启迪思维，更新观念，接受民族精华的洗礼，冲破世俗偏见的误区，用风俗史的眼光观察社会，体味人生，以崭新的精神风貌面对 21 世纪的现代化社会生活。这是本书的宗旨，也是本人的奢望。

在本书编著过程中，参阅了大量国内外学者的论著，除直接引用原文外，恕不一一注明。本人水平有限，不当之处，敬请读者朋友和方家教正。

秦永洲

目　录

第六章　婚姻风俗

第八章　丧葬风俗

第九章　儒学风俗

第一章　服饰风俗

服饰是人类独有的生活技能和人类智慧的创造，是各族人民生活内容、社会制度、风俗习惯、审美观念和精神风貌的外在反映。服饰风俗主要包括服装、佩饰、化妆以及缠足等习俗，也包括与服饰有关的礼仪、等级、审美、习惯等风俗观念。

第一节　人类服饰探源

服饰有自身古老的传承，民俗学理论中有关服饰起源的解释有实用、遮羞、美观三种说法。在中国古代的文献中，这三种说法都有记载。

《墨子·辞过》载："圣人之为衣服，适身体、和肌肤而足矣。"强调衣服御寒防晒的实用功能。

《白虎通·衣裳》载："衣者隐也，裳（读 cháng）者障也，所以隐形自障闭也。"强调了服饰遮蔽体肤的伦理功能。

《韩诗外传》卷一第二十四章载："衣服容貌者，所以说目也。"强调了衣服的审美功能。

进入阶级社会后，服饰又增加了区别等级、显示礼仪、表彰功德等功能。

《尚书·尧典》载："敷奏以言，明试以功，车服以庸。"

《后汉书·舆服志上》载："夫礼服之兴也，所以报功章德，尊仁尚贤。故礼尊尊贵贵，不得相逾，所以为礼也。非其人不得服其服，所以顺礼也。"

另外，服饰还是各种行业、宗教、集团等不同人们的类别标志。在现代社会里，这些功能都不同程度地存在着。如果从服饰起源的角度上考察，究竟原始人一开始穿衣服是出于什么目的？目前中外的民俗学家尚未取得一致的看法。

《庄子·盗跖》《商君书·画策》都记载，传说中的神农之世，已经"耕而食，织而衣"了。

《周易·系辞》载："黄帝、尧、舜垂衣裳而天下治。"据说，黄帝的臣子胡曹、伯余是最初制作衣服的人。

从考古材料看，距今18000年的山顶洞人遗物中，有一根长8.2厘米的骨针，是目前世界上最早的缝纫工具。远古的人类开始用它来缝制兽皮，开中华民族服饰之先河。

第二节　中国的传统服饰

从原始社会后期到商周时代，华夏族的服饰基本定型。这就是：束发为髻、冠冕弁帻、上衣下裳、束带系芾。这种传统的服饰结构，后代虽有变化，但一直延续到明朝。

一、头衣：冠、弁、冕、巾

头衣又称元服。元的本义是头。晋文公死，狄人伐晋，先轸免胄冲入狄师战死，"狄人归其元，面如生"[1]。贵族举行冠礼也叫"加元服"。

古代贵族戴冠、弁、冕，庶人戴巾。

（一）冠、通天冠、远游冠、高山冠、进贤冠、獬豸（xiè zhì）冠、武冠、髫（tiáo）发、总角

冠是贵族的一般头衣。戴冠前把头发束在一起，在头顶上盘成髻，用纚

---

〔1〕《左传·僖公三十三年》，载《十三经注疏》，北京：中华书局，1980年影印版。

（xǐ）包住。纚是一匹黑色的帛，又作縰。然后将冠套在髻上。冠梁在上，从前至后覆在头上，再用笄左右横穿过冠圈和发髻。冠圈两旁各有丝绳，称作冠缨，引到颌下打结。打结后余下的部分垂在颌下，称作緌（ruí），也写作"蕤"。有的用一根丝绳兜住颌下，两头系在冠圈上，称作纮（hóng）。

冠的主要功能不是实用，而是礼仪。戴冠后并不把头发全部遮住，周朝的冠梁很窄，秦汉以后增宽，但也不能罩住全部头发。所以，西汉刘安《淮南子·人间训》讲，冠"寒不能暖，风不能障，暴不能蔽"。

先秦时，冠的形制大体一致。秦以后，形状、名目增多，形制增大。常见的有以下几种：

通天冠　　　　远游冠　　　　高山冠

天子戴通天冠，诸侯戴远游冠。二者的区别是后者没有前面的山述和许多装饰。官僚大臣戴高山冠，无山述而直挺，不向后倾斜。

文臣和儒生学人戴进贤冠。进贤冠以纚为展筒，裹于冠梁，以梁数多少来区分官爵高下。公卿列侯三梁，二千石以下至博士二梁，博士以下一梁。

隋唐以后，梁数增多。明朝一品官用加笼巾七梁冠。二品官六梁，三品五梁，四品四梁，五品三梁，六品、七品二梁，八品、九品一梁。二品以下不加笼巾。[1]

御史一类的法官戴獬豸冠，又称楚冠、南冠、柱后，汉以后称法冠。獬豸是传说中的神羊，能辨是非曲直。见人争斗，以角触无理者。战国楚王曾获之，因以为冠。

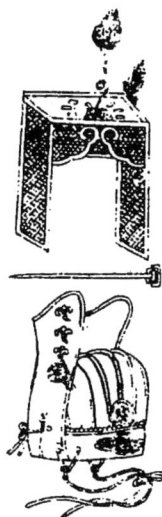

加笼巾七梁冠

───────────

[1] 参见《三才图会·群臣冠服》，上海：上海古籍出版社，1988年版。

《新定三礼图》中的服饰

宋聂崇义集注。清康熙十二年通志堂刊

  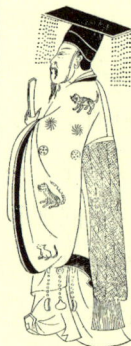

  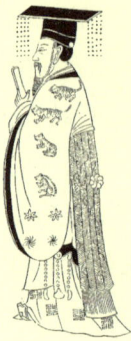 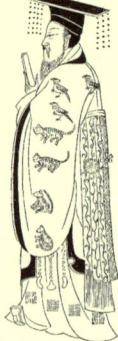 

秦灭楚后，赐执法御史，历代均为法官所戴，取其执法不徇私情之意。其形制，以铁为柱卷，以缥为展筒，不曲挠，上有一角。[1]

武官戴武冠，亦称鹖冠、大冠。鹖好斗，至死方休。传说战国楚人鹖冠子制鹖冠。赵武灵王为表彰武士，制行此冠。形似头盔，有双鹖尾竖左右。《后汉书·舆服志》载，"武冠，一曰武弁大冠，诸武官冠之。侍中、中常侍加黄金珰，附蝉为文，貂尾为饰。"右图为《三礼图·武弁大冠图说》中的武弁大冠。左右两边形似蝉翼，各树一根鹖尾。是在鹖冠基础上的装饰、发展。

法冠

另外，据《后汉书·舆服志下》载，还有刘氏冠、却敌冠、建华冠、樊哙冠、方山冠等诸多的冠式。

冠是贵族身份和成年的标志，该冠而不冠即为非礼。春秋齐景公披发出宫门，守门者圈住他的马说："尔非吾君也。"[2]齐景公羞愧不上朝。子路在卫国的内乱中被人砍断了冠缨，说："君子死，冠不免。"[3]

武弁大冠

〔1〕参见《后汉书·舆服志》及注，北京：中华书局，1965年版。
〔2〕《晏子春秋·内篇杂上》，载《诸子集成》，上海：上海书店，1986年影印版。
〔3〕《左传·哀公十五年》，载《十三经注疏》，北京：中华书局，1980年影印版。

在激战中放下武器结缨，结果被敌人杀死。

古代男子不冠者主要有庶人、小孩、夷人、罪犯。由于罪犯不冠，古人往往以免冠表示谢罪。现代社会的脱帽致意，就是这一习俗的传承。

男子未冠前，头发任其自然下垂，称作"髫发""垂髫"。《后汉书·伏湛传》载："髫发厉志，白首不衰。"东晋陶潜《桃花源记》载："黄发垂髫，并怡然自乐。"头发长长了，就贴着发根扎起，垂于脑后，叫作"总发"。有的把头发扎成左右两

总角

髻髻（zhuā jì），像兽角一样竖在后脑两边，叫作"总角"。陶潜《荣木》诗序："总角闻道，白首无成。"

（二）弁、爵弁、皮弁

弁是比冕低一级的礼冠，主要有爵弁和皮弁两种。

爵弁是一种无旒的冕，前后相平（冕前面略低），用雀头色的熟皮制作，爵与"雀"通。

皮弁用白鹿皮制作，裁成上窄下宽的形状，然后拼在一起，如两手相合状，并点缀上许多小玉石。《诗·卫风·淇奥》载："会（缝）弁如星。"

（三）冕旒

冕是天子、诸侯、大夫的祭服，历代大略相同，一直沿用到明代。冕由延、旒、纩（kuàng）、紞（dǎn）等组成，民间称为"平天冠""太平冠"。

延是装在冠圈上的长方形木板，前低后高，其义为戒王者骄矜之气。旒以五色丝穿玉珠从延的前后端垂下。纩也称瑱，是系在冠圈左右，悬在耳孔外的两块玉。先秦时用来充耳，戒帝王勿听奸佞之言。紞是悬纩的丝绳。

周代以旒的多少区别贵族的等级，天子十二旒，诸侯九旒、大夫五旒。魏

晋后，皇帝的冕才准有旒，冕旒成了皇帝的代称。唐诗人王维《和贾舍人早朝大明宫之作》言："九天阊阖开宫殿，万国衣冠拜冕旒。"

（四）巾、帻、绿头巾、幅巾、纶巾、东坡巾、儒巾、角巾

庶人不戴冠，发髻上覆以巾。"巾者谨也，二十成人，士冠庶人巾。"[1]"古以尺布裹头为巾，后世以纱罗布葛缝合，方者曰巾，圆者曰帽。"[2]古人戴巾，要临时整理成形，与现在的巾不同，现在的帽就是由巾演变来的。

巾的种类很多，常见的有以下几种：

帻是较古老的巾。"帻，古者卑贱执事不冠者之所服也。"[3]一般以一幅黑布包住发髻就可以了。帻一般是黑色，最低贱者为绿色。汉武帝姑馆陶公主的情夫董偃戴绿帻见汉武帝，表示自己是奴仆身份。[4]后来，绿帻成为以不正当的手段谋取富贵的代名词，唐代又转义为轻薄、耻辱。李白《古风》诗："绿帻谁家子，卖珠轻薄儿。"唐人李封任延陵（治今江苏丹阳西南）县令，县吏有罪即令其戴绿头巾，吴人以为是奇耻大辱。[5]

帻巾

元朝令娼妓之家的家长及男亲属服绿头巾。明朝乐工的妻子多为教坊歌妓，乐工的常服是有"卐"字形的绿头巾。于是，到元明时，又把绿头巾从轻薄者的头上摘下来，戴到轻薄女子的丈夫头上。现在的绿头巾、绿帽子，仍然指妻子与别人有奸情，是男子的奇耻大辱。

汉代开始流行幅巾，也叫缣巾，用一整幅葛布或缣把头包住，并从脑后向左右伸出两个角。《后汉书·鲍永传》载："悉罢兵，但幅巾与诸将及同心客百余人诣河内。"李贤注曰："幅巾谓不著冠，但幅巾束首也。"东汉王公将帅皆以著幅巾为雅。《三国志·魏志·武帝纪》裴松之注引《傅子》云："汉

〔1〕（东汉）刘熙著，（清）王先谦补正：《释名·释首饰》，上海：上海古籍出版社，1984年版。
〔2〕《本草纲目·服器部》，北京：华夏出版社，2004年版。
〔3〕《后汉书·舆服志下》注引《独断》，北京：中华书局，1965年版。
〔4〕参见《汉书·东方朔传》，北京：中华书局，1962年版。
〔5〕参见（唐）封演：《封氏闻见记》，沈阳：辽宁教育出版社，1998年版。

幅巾

纶巾

东坡巾

四方平定巾

末王公，多委王服，以幅巾为雅。是以袁绍、〔崔豹〕〔崔钧〕之徒，虽为将帅，皆著缣巾。"东汉名士郭林宗在路上遇雨，巾的一个"脚（角）"耷拉下来，人们争相仿效，故意折下一脚，称作"林宗巾"。唐朝士人亦戴幅巾，唐诗人李贺《咏怀》诗："头上无幅巾，苦檗（bò）已染衣。"

《晋书·谢万传》还提到纶巾。北宋苏轼《念奴娇·赤壁怀古》有"羽扇纶巾"。纶巾又称"诸葛巾"，传说诸葛亮曾服纶巾执羽扇指挥军事，因其人而名之。

北宋苏轼被谪黄州（今湖北黄冈），自号东坡居士，所戴的巾称作"东坡巾"。其特点是里层有四墙，四角在前后左右，外层有重墙，较内墙稍低，前面开口，正对眉心。

一般读书人戴儒巾。儒巾又称方巾。明人王圻父子辑录的《三才图会·衣服》讲："儒巾，古者士衣缝掖之衣，冠章甫之冠。此今之士冠也。凡举人未第者皆服之。"章甫是先秦时宋国的一种方冠，孔子"长居宋，冠章甫之冠"[1]。后来的儒生皆戴这种儒者之冠，并演变为儒巾。

《晋书》羊祜、王浚、王导的传中还提到一种角巾，亦称方巾。其形制为四方平直，无硬脚，有垂带，巾式较高。明代的"四方平定巾"类似角巾，为儒士、生员、监生所戴。《明史·舆服三》载："洪武三年（1370年），令士人戴四方平定巾。"四方平定巾的来历，相传与元末文学家杨维桢有关。明人郎瑛的《七修类稿》卷十四《平头巾网巾》载："今里老所戴黑漆方巾，

---

〔1〕《礼记·儒行》，载《十三经注疏》，北京：中华书局，1980年影印版。

乃杨维祯入见太祖时所戴。上问曰：'此巾何名？'对曰：'此四方平定巾也。'遂颁式天下。"四方平定巾以黑色纱罗制成，呈倒梯形，四角皆方，也称"四角方巾"。由于巾式特高，民间有"头顶一书橱"之谚。

（五）幞头、乌纱帽

戴巾时，要系裹整形，非常麻烦。从北周开始，把巾制作成形，可以随时戴脱，这种巾称作"幞头"。《新唐书·车服志》载："太宗常以幞头起于后周，便武事也。"北周时仅以皂帛罩裹，定型为"软脚幞头"。后来又在"脚"内衬以桐木，做成硬脚幞头。五代时，幞头的双脚渐趋平直。宋代的幞头，用铁作内衬，皇帝百官及士庶通服。

到明朝，幞头成为法定的官服。群臣的公服用展脚幞头，校尉等武官服交脚幞头。

软脚幞头　　　　　　　　展脚幞头　　　　　　　　交脚幞头

乌纱帽也是幞头的一种，两脚宽短，外罩漆纱，始于晋代。《晋书·舆服志》载："二宫直官著乌纱。"

唐武德九年（626年），唐太宗诏曰："自今以后，天子服乌纱帽，百官士庶皆同服之。"[1]贞观八年（634年），唐太宗仿幞头制作了翼善冠，两脚上翘，称作"折上巾"，自己服用。又做进德冠，双脚下垂，赏赐贵臣。这两种冠都是乌纱帽，下述明朝的乌纱帽即仿此制。

唐宋时期，乌纱帽一直流行于官僚阶层，虽不是法定的官服，一般百姓却很少服用。唐诗人张籍《答元八遗纱帽》诗：

---

〔1〕（后唐）马缟：《中华古今注·乌纱帽》，沈阳：辽宁教育出版社，1998年版。

黑纱方帽君边得，称对山前坐竹床。

唯恐被人偷剪样，不曾闲戴出书堂。

元八任京兆尹、御史台侍御史，张籍历任太常寺太祝、水部员外郎、国子司业，二人都是官僚士大夫阶层。"黑纱方帽君边得"，是说这种黑纱方帽是从元八那里得到的，如果是法定的官服，士大夫既不能互相赠送，也没有人敢"偷剪样"。

北宋诗人梅尧臣描写乌纱帽在官僚阶层流行情况时说："乌纱帽底青眸转，朱雀街前玉辔摇。"[1]

明朝，乌纱帽成为法定的官服。

据《明会典·冠服一》载，洪武三年（1370 年），定皇帝常服为乌纱折角向上巾。左二图为明神宗定陵出土的，全部用金丝编成的皇冠，即为乌纱折脚向上巾。文武官常朝视事，用乌纱帽、团领衫。后又定进士巾与乌纱帽同制。

明朝宫人戴"乌纱帽，饰以花帽额，缀团珠鬓梳，垂珠耳饰"[2]。"内使监冠乌纱描金曲脚帽"[3]。

明代的乌纱帽   乌纱折脚向上巾   乌纱描金曲脚帽

这样，卑贱者服用的巾，先为上层士人服用，又发展演变为幞头、乌纱帽，到明朝便成为法定的官服。

〔1〕《古今图书集成·礼仪典·冠冕部·艺文》，北京：中华书局，成都：巴蜀书社，1985 年版。
〔2〕《三才图会·宫人冠服》，上海：上海古籍出版社，1988 年版。
〔3〕《三才图会·内使监冠服》，上海：上海古籍出版社，1988 年版。

二、上衣

现代的衣裳指上衣，古代的"衣裳（音 cháng）"是指上衣和下衣。如《诗·邶风·绿衣》载："绿兮衣兮，绿衣黄裳。"有的衣也可以是广义的衣。如"无衣无褐，何以卒岁？"[1]

（一）襦、深衣

古代的上衣叫襦，有长襦、短襦之分。至腰以下到膝盖为长襦。汉文帝赐匈奴单于"绣袷（夹）绮衣、长襦、锦袍各一"[2]。"短而施腰者"是短襦，也称小襦、腰襦。《古诗》[3]有："妾有绣腰襦，葳蕤（wēi ruí）金缕光。"杜甫《别李义》言："忆昔初见时，小襦绣芳荪。"

春秋战国时，出现了一种连接上衣下裳的深衣。《礼记·深衣》孔颖达疏曰："深衣衣裳相连，被体深邃，故谓之深衣。"其形制，交领、缘边，袖口和下摆宽，便于举足，下摆不升衩口，长度在足踝间，以不沾泥为宜。《礼记·深衣》称："古者深衣盖有制度，以应规矩，绳权衡。短毋见肤，长毋被土。"

深衣制作方便，用途广泛，贵族、庶人都穿用它。因为不是礼服，贵族们只能在闲居时穿用，故《礼记·玉藻》讲："朝玄端，夕深衣。"

西汉穿深衣的彩绘陶俑

（二）玄冕

据东汉郑玄注，玄端应为玄冕，是古代天子、诸侯、大夫穿的礼服，也称冕服、衮冕，由冕旒、玄衣、纁（赤黄色）裳、芾、革带、大带、佩绶、舄（xì）

---

〔1〕《诗·豳风·七月》，载《十三经注疏》，北京：中华书局，1980 年影印版。
〔2〕《汉书·匈奴传》，北京：中华书局，1962 年版。
〔3〕《太平御览》卷六九五《服章部一二·襦》引，北京：中华书局，1960 年影印版。

组成。战国时，冕服紊乱，东汉明帝仿古制重定冕服之制。冕旒不变，衣为玄（略带红的黑色）衣，裳为纁裳，赤舄、朱韨。

这种玄衣，纁裳的最明显的标志是绣有十二章花纹。玄衣上绣日、月、星、龙、山、华虫（雉）、火、宗彝；纁裳上面绣藻（水草）、粉米、黼（fǔ，刃白身黑的斧），以及黻（fú，黑青相间的"亚"形）。

十二章纹

《后汉书·舆服志》载："乘舆备文，日、月、星辰十二章，三公、诸侯用山龙九章，九卿以下用华虫七章。"由于天子、三公、诸侯的衣裳上均有龙，又称华衮、衮衣，衮即卷曲的龙。华衮为当时最端庄华贵的服饰，所以古代有"一字之褒，荣于华衮；一字之贬，严于斧钺"的成语。

（三）裘、褐衣、绨袍、缊袍

裘，即现在的皮大衣，有狐白裘、羊羔裘、狐青裘、熊鹿裘、犬羊裘。其中最昂贵的是狐白裘，用许多狐狸的白腋毛拼接而成。古代有"千羊之皮不如一狐之腋"[1]和"士不衣狐白"[2]之说。唐代诗人张九龄曾有"万乘飞黄马，千金狐白裘"的诗句。《晏子春秋·内篇谏上》载，齐景公大雪天身穿狐白裘，对晏子说："怪哉！雨（下）雪三日而天不寒。"晏子说："古之贤君，饱而

---

〔1〕《史记·赵世家》，北京：中华书局，1959 年版。
〔2〕《礼记·玉藻》，载《十三经注疏》，北京：中华书局，1980 年影印版。

知人之饥，温而知人之寒，逸而知人之劳。君今不知也。"齐景公"乃出裘发粟，以与饥寒者"。战国孟尝君入秦被囚，派人向秦昭王的幸姬求情。幸姬说："愿得君狐白裘。"[1]孟尝君有一狐白裘，天下无双，可已献给了秦昭王。多亏一个会"狗盗"的门客入宫偷了出来，献给秦昭王的幸姬，孟尝君才被放还。

战国齐将田单见一老人涉淄水而寒，"解裘而衣之"[2]。田单的"裘"，与齐景公"出裘发粟"的"裘"，虽不会是狐白裘，但也比较昂贵。《墨子·兼爱（中）》曾提到"牂羊之裘"，西汉齐人娄敬见虞将军穿的羊裘，则是一般民众穿用的裘了。

古代的裘，兽毛朝外，通体一色，要加上一层罩衣，称作"裼衣"，昂贵的狐白裘要以锦衣为裼衣。《礼记·玉藻》云："君衣狐白裘，锦衣以裼之。"裼衣并不把裘全包住，而是单独成衣，就像今天的披风，没有袖，固定在脖子上任其飘拂，以增加裘的美色。

袍，是絮了丝绵（绵）或旧丝绵（缊）的长袍，常见的有绨袍、缊袍。

战国范雎遭魏大夫须贾陷害，逃亡到秦国当了宰相。须贾出使秦国，范雎装扮成原来的样子拜访他。须贾见范雎贫寒，送给他一件绨袍。后来，范雎对须贾说，我之所以不杀你，是因为"绨袍恋恋，有故人意"[3]。后人又以绨袍表示不忘旧情。唐诗人高适诗："尚有绨袍赠，应怜范叔寒。"[4]白居易《醉后狂言酬赠萧殷二协律》诗："宾客不见绨袍惠。"

缊袍比绨袍低劣。孔子说："衣敝缊袍与衣狐貉者立而不耻者，其由（子路）也与？"[5]

（四）缁布之衣和短褐

古代庶民穿不起裘衣和丝绸，一般穿用黑色布料制作的缁布之衣，或者是用兽毛和粗麻织成的短衣，称作"褐""短褐"。

〔1〕《史记·孟尝君列传》，北京：中华书局，1959 年版。
〔2〕《战国策·齐策六》，上海：上海古籍出版社，1985 年版。
〔3〕《史记·范雎蔡泽列传》，北京：中华书局，1959 年版。
〔4〕《古今图书集成·礼仪典·袍部》，北京：中华书局，成都：巴蜀书社，1985 年版。
〔5〕《论语·子罕》，载《诸子集成》，上海：上海书店，1986 年影印版。

齐国晏婴"衣缁布之衣，麑鹿之裘"[1]朝见齐景公，田桓子说他是"隐君之赐"，还要罚他酒。晏婴之妻，也"衣缁布之衣而无里裘"[2]。

《晏子春秋·内篇谏上》载，齐景公时"百姓老弱，冻寒不得短褐，饥饿不得糟糠"。《孟子·滕文公上》载，战国滕国来了一伙"为神农之言者""皆衣褐、捆屦、织席以为食"。因此，"褐""褐夫"成为古代贫贱之人的代称，做官或进士及第则称"释褐"。《孟子·公孙丑上》载："刺万乘之君，若刺褐夫。"《旧唐书·杨炎传》载："释褐，辟河西节度使掌书记。"北宋王禹偁《成武县作》诗："释褐来成武，初官且自强。"

（五）襌、複、衷衣、领、衽、裾（jū）、袂、袪（qū）

古代的上衣有单、夹之分。单写作"襌"，夹称作"複"。《释名·释衣服》称："有里曰複，无里曰襌。"《古诗·孤儿行》云："冬无複襦，夏无襌衣。"

贴身穿的衣服称作衷衣、亵衣。西汉司马相如《美人赋》载："女乃弛其上服，表其衷衣。"贴身穿铠甲也叫衷甲。《左传·襄公二十七年》的"楚人衷甲"，即将甲贴身藏在里面。

衣领有交领和直领两种，一般是交领。衣前襟称作"衽"，中原风俗是向右掩，称作右衽，北方少数民族是左衽。越王勾践入臣吴国，夫人衣"左开之襦"[3]。孔子说："微管仲，吾其被发左衽矣。"[4]现在老年人的大襟便服也是右衽。

唐寅《四美图》中的直领

---

〔1〕《晏子春秋·内篇杂下第六》，载《诸子集成》，上海：上海书店，1986年影印版。
〔2〕《晏子春秋·外篇不合经术者第八》，载《诸子集成》，上海：上海书店，1986年影印版。
〔3〕《太平御览》卷六九五《服章部一二·襦》引《吴越春秋》，北京：中华书局，1960年影印版。
〔4〕《论语·宪问》，载《诸子集成》，上海：上海书店，1986年影印版。

衣服的下摆叫作"裾"。三国辛毗曾"引其裾"[1]，向曹丕进谏。拽住人家的衣服后襟，古代称作"引裾""捉裾"。

古代的衣袖称袂，一般特别长大。长沙马王堆出土了一件素纱禅衣，身长 1.28 米，通体袖长 1.95 米。《史记·范雎蔡泽列传》载："长袖善舞，多钱善贾。"《战国策·齐策》载，苏秦对齐宣王说，临淄"连衽成帷，举袂成幕"。《后汉书·马援传》还记载当时的民谚说："城中好大袖，四方全匹帛。"可见，大袖是古代人一种奢侈追求。由于穿长袖衣，古人才出现了奋袖、振袖、挥袖、拂袖、挽袖等动作。现在衣袖变短，除挽袖外，其他动作一般见不到了。

袖口在古代又称作"袪"，也统指衣袖。《左传·僖公五年》载，晋献公派人杀公子重耳，结果"斩其袪"，就是砍下了他的衣袖。

（六）丝带、绅、革带、玉带

古人在上衣外面要系大带和革带。大带即丝带、博带。《汉书·隽不疑传》载："褒衣博带，盛服至门上谒。"古代衣服宽松褒博，丝带也宽，故称博带。《礼记·深衣》载："带，下毋压髀，上毋压肋。"

革带

丝带在腹前打结，余下部分下垂，称作绅。《礼记·玉藻》载："绅，垂足与履齐。"丝带除束衣外，还用来搢（也作缙）笏。笏是大臣朝见时手执的狭长板，故代的高官也称"搢绅"。《晋书·舆服志》

大带

载："所谓搢绅之士者，搢笏而垂绅带也。"后来的官绅、绅士、乡绅，也由此而来。

革带称作鞶（pán），即皮带，在丝带之外，用来拴挂各种佩饰，前面有带钩连接。带钩在先秦时用青铜制作。春秋时，管仲曾射中小白（后来的齐桓公）的带钩。楚国叶公好龙，在带钩上也刻了龙。

---

[1]《三国志·魏书·辛毗传》，北京：中华书局，1959 年版。

战国错金嵌玉石青铜带钩。 20 厘米 ×5.6 厘米

从曹魏开始，在革带上装饰金玉，以表示官阶高下。五代马缟《中华古今注·文武品阶腰带》载："汉中兴，每以端午赐百僚乌犀腰带，魏武帝赐宫人金隐起师子銙腰带，以助将军之勇也。"唐朝五品官皆金带，三品官兼金玉带。宋朝三品官，明清一品文官用玉带。带和冠合称"冠带"，是中原服饰和士人的代称。

三、下衣

（一）裳、绔、裈（kūn）

裳读作 cháng，又写作"常"。《说文七下·巾部》载："常，下帬（裙）也。"《释名》载："上曰衣，下曰裳。裳，障也，以自障也。""裙，下裳也……裙，群也，联接群幅也。""古服，裙不居外，皆有衣笼之。"[1]《仪礼·丧服》郑玄注："凡裳，前三幅，后四幅也。"可知古代的裳由前三幅、后四幅的衣料连接而成。穿着方法是"裙不居外"，不能外扎腰。古代男子也着裳，《诗·豳风·七月》载："我朱孔阳，为公子裳。"

裳里面的胫衣称作"绔"，只有两个裤筒，没有前后裆，系在衣带上，类似现在的套裤。《说文十三上·糸部》载："绔，胫衣也。"着裳、绔后，以

---

[1]《太平御览》卷六九六《服章部一三·裙》引，北京：中华书局，1960 年影印版。

布帛缠前后裆，叫作裈，也写作𪨗。古人席地而坐，以膝盖着地，臀部坐在脚后跟上。臀部着地，两脚八字前伸叫作"箕踞"。箕踞或撩起下裳都是很不礼貌的行为。

（二）穷绔、纨绔、犊鼻裈

到汉代又出现穷绔和夏天穿的犊鼻裈。

穷绔也叫裤、绲裆裤，很类似现在小孩穿的开裆裤，裆的两边有带，可以系起来。《汉书·外戚传》载，霍光的外孙女为汉昭帝皇后，欲专宠生子，左右阿附霍光，令宫女皆穿穷绔，"多其带"。东汉服虔注曰："穷绔，有前后裆，不得交通也。"

贵族人家的绔，以洁白的细绢"纨"制作，称作"纨绔"。从西汉开始，用来指富贵子弟，《汉书·叙传上》叫作"绮襦纨绔"。杜甫《奉赠韦左丞丈二十二韵》云："纨袴（绔）不饿死，儒冠多误身。"后来又指不务正业的富贵子弟。

犊鼻裈见于《史记·司马相如列传》。西汉司马相如在临邛大街上开了一个酒店，妻子卓文君卖酒，司马相如穿着犊鼻裈洗餐具，故意出老丈人卓王孙的丑。可见犊鼻裈是下人的服饰，形似牛鼻子，即现在的短裤头。

（三）芾、帨（shuì）

古人的下衣还有芾，也作袚，朝服称作韠，后人又称蔽膝。类似现在的围裙，但窄而长，系在大带上，是一种装饰。女子的蔽膝称作帨、褵（lí）。女子结婚，母亲要为女儿结帨。东汉马援言："施衿结褵，申父母之戒。"[1]唐李贤引毛苌注云："褵，妇人之袆也，女施衿结帨。"

明代的蔽膝

---

[1]《后汉书·马援传》，北京：中华书局，1965 年版。

四、足衣

（一）屦（jǔ）、履、屩（juē）、舄

先秦时称鞋为屦。如"国之诸市，屦贱踊贵"[1]。汉以后称履，也称屦。

古代的草鞋称作屩、屝。《释名·释衣服》载："屩，草履也。"有时屝也指草鞋，如《孟子·滕文公上》载："捆屝织席以为食。"因为草鞋是贱物，古人常用"弃屝"比喻轻而易举或毫不犹豫。《汉书·郊祀志》载汉武帝语曰："诚得如黄帝，吾视去妻子如脱屝耳。"

舄，是在履底下再加一层木底。《诗·小雅·车攻》载："赤芾金舄。"穿金黄舄的是诸侯，一般人也穿舄。如《史记·滑稽列传》载："履舄交错。"

（二）木屐

木屐即木底鞋，也称帛屐，或有齿，或无齿。刘熙《释名·释衣服》称："帛屐，以帛作之，如屩者。不曰帛屩者，屩不可以践泥也，屐可以践泥也。此亦可以步泥而浣之，故为之屐也。"西汉史游《急就章》颜师古注曰："屐者，以木为之，而施之两齿，可以践泥。"《晋书·张华传》载，西晋武库失火，"汉高祖斩蛇剑、王莽头、孔子屐等尽焚焉"，可知孔夫子也穿屐。东汉戴良有五女，出嫁时都送给她们木屐。三国时，关中多蒺藜，司马懿曾命军士穿软质平底木屐前行。后赵石勒曾命军士穿铁屐施钉登城，这是木屐在军事上的运用。唐诗人王维《春园即事》诗："宿雨乘轻屐，春寒著弊袍。"可知唐人在下雨天多穿屐。

东晋南北朝隋唐，木屐大兴。东晋谢安接到淝水之战胜利的捷报，异常激动，屐齿掉了竟然不觉。南朝齐虞玩之的一双屐穿了20多年。士大夫不仅喜欢穿，而且亲自动手制作。《晋书·阮籍传》载，东晋阮孚正在蜡屐，有人拜访他，神色闲雅，自言自语说："未知一生当著几量屐。"可见木屐做好后，还要涂

---

〔1〕《左传·昭公三年》，载《十三经注疏》，北京：中华书局，1980年影印版。

上一层蜡。

南朝诗人谢灵运还发明了一种活齿屐，上山去其前齿，下山去其后齿，登山如履平地，人们称作"谢公屐"。李白《梦游天姥吟留别》云："脚著谢公屐，身登青云梯。"由于隋唐文化对日本的影响，木屐现在仍保留在日本人民的生活中。

（三）鞮（dī）、靿（yào）靴

用皮革做的履叫鞮。《盐铁论·散不足篇》载："古者庶人贱……革鞮皮荐（垫）而已。"古代皮革没有现在昂贵，鞮是下层人穿用的履。

"靴，本胡服也，赵武灵王始服之。"[1]古代中原的鞮没有靿，战国时期，北方少数民族穿的靿靴传入中原。《说文三下·革部》解释说："鞮，革履也。"清段玉裁注曰："胡人履速（束）胫，谓之络鞮。"这种络鞮，就是靿靴。在踝骨之上为短靿靴，到膝盖是长靿靴。

一般认为，北朝人穿靿靴，南朝人着屐。其实，南朝人也穿靿靴。《南齐书·豫章文献王传》载，豫章王萧嶷不愿听别人的过失，有投书相告者，就把书信放到靴中。

唐朝时，长靿靴成为朝服。唐玄宗时，高力士为醉酒的李白脱靴，当

头戴幞头、脚穿靿靴的唐太宗

然是长靿靴，才那么费劲。李光弼在河北作战时，藏刀于靴内，随时准备自杀，免得被俘受辱。可见，无论朝服、军服，为官者都穿长靿靴。

---

[1]《太平御览》卷六九八《服章部一五·靴》引《释名》，北京：中华书局，1960年影印版。

（四）鞋的装饰和形制

古代"君子不履丝屦"[1]，实际上不遵此制，追求奢侈的大有人在。春秋齐景公以金银珠玉装饰自己的屦，孔门弟子有若"丝屦组缨"。战国楚国春申君的三千门客，上等的皆"蹑珠履"，把平原君的门客给镇住了。

古代的履一般用带子固定。穿鞋带的孔叫絇（qú），鞋带叫綦、缨，帮与底间的沿边叫作繶（yì），鞋口的装饰边叫纯。春秋齐景公为履，"黄金之綦，饰以银，连以珠，良玉之絇"[2]，即以金丝为鞋带，良玉做带孔，鞋上装饰银、珠。

先秦时期，履的形制大体上是男方女圆，区别不大。战国时，女履开始出现锐形，叫作利屣。《史记·货殖列传》载："赵女郑姬揄长袂，蹑利屣。"有人据此为妇女缠足的证据。《宋书·五行志一》载："昔初作履者，妇人圆头，男子方头……晋太康初，妇人皆履方头。"因此，到南北朝时，男女靴可以互穿。《北齐书·任城王湝传》载，有一妇女在汾水边赤脚洗衣，将新靴脱在一边。有一乘马男人蹚水过来，扔下自己的旧靴，穿着她的新靴跑了。到了唐代，女子穿丈夫的衣靴蔚然成风。

（五）登堂脱履和躧（xǐ）履、徒跣（xiǎn）

隋唐以前，大臣上殿、一般人进屋登堂，都要脱履，否则对主人不敬。《吕氏春秋·仲冬纪》载，齐湣王有病，医者文挚认为激怒他，就能治好，不脱履而登堂，以激怒齐湣王。结果，齐湣王的病给治好了，文挚却因失礼被烹死了。

西汉丞相萧何，东汉末曹操被特许"剑履上殿"，是一种特殊的恩宠。

登堂脱履的习俗，又形成了古人躧履（靸拉鞋）和徒跣（赤脚）的习惯。古人在屋内皆赤脚，遇到紧急情况，只好把鞋后跟压倒，拖着鞋走，这样显得对客人更尊重。西汉隽不疑去拜访暴胜之，胜之"躧履出迎"[3]。有时太紧急了，

---

〔1〕《礼记·少仪》，载《十三经注疏》，北京：中华书局，1980 年影印版。
〔2〕《晏子春秋·内篇谏下》，载《诸子集成》，上海：上海书店，1986 年影印版。
〔3〕《汉书·隽不疑传》，北京：中华书局，1962 年版。

连躧履也来不及，只好徒跣。魏文帝曹丕以毒枣毒死弟弟曹彰，并把盛水的器具全部毁掉。其母卞太后为找水解毒，"徒跣趋井"[1]。

其实，一直到中华人民共和国成立后，在广大的农村，人们大部分时间都不穿鞋而赤脚，只有在隆重场合，或是严寒季节才穿鞋。

（六）袜

古代的足衣还有袜，写作襪、韤。据尚秉和《历代社会风俗考》，从先秦到魏晋，很少穿袜，登堂脱履后即徒跣。古代衣裳宽博，脱履亦不露足，故不以为不敬。有人说，冬天赤足不冷吗？远古人类全部裸露尚不冷，且现代人的手、脸都露在外面，也不怕冷，赤足当然也不例外。

《左传·哀公二十五年》载，春秋褚师声子未脱履而登席，卫出公大怒。褚师声子反复解释说：我脚上生疮，您见了就会呕吐。此事证明，春秋人是不穿袜子的。

到汉代开始穿袜子，但不是普遍现象。《史记·张释之冯唐列传》载，有一个治黄老之言的王生，在朝廷上说，"吾袜解""为我结袜"，张释之跪而结之。甚至唐朝妇女也有不穿袜者。李白《越女词》云："屐上足如霜，不著鸦头袜。"

古代的袜用麻布、帛、熟皮制作。丝织的叫罗袜。曹植《洛神赋》言："陵波微步，罗袜生尘。"用熟皮制作的写作韤、韈。布袜以麻布，棉花传入中国后用棉布制作。中华人民共和国成立前后，北方农村普遍穿用以白粗棉布缝制的布袜，上端用带子扎到腿上。

宽松博大是古代传统服饰的特点之一。这一特点与温和的气候，乘车、跪坐的生活方式相适应。北方民族适应"逐水草而迁徙"的骑马游牧生活和沙漠草原风雪严寒的自然条件，形成了"衣皮革，被旃（毡）裘"，短衣、长裤、皮鞨靴的服饰结构。南方多水且炎热，还没有固定的服饰，只是"断发文（纹）身"。所以，《列子·汤问》载："南国之人，祝（断）发而裸；北国之人，鞨巾而裘；中国之人，冠冕而裳。"

---

[1]《世说新语·尤悔》，载《诸子集成》，上海：上海书店，1986年影印版。

第三节　中国历史上的服饰变革

中国的服饰一开始就呈现各民族多元化、本民族雷同化的特点。由于历史上民族分布格局的动荡和各族人民的互相交流，中原传统服饰和周边少数民族服饰一直处在互相碰撞、渗透、模仿和交光互映中。不仅形成华夷杂服的多元化服饰结构，而且使周边的胡服不断被吸收、沉淀到中原传统服饰之中。

中国传统服饰的变革，有明显的周期性的规律。经过春秋战国的民族动荡，到秦汉进入沉淀、稳定时期；经过东晋十六国南北朝的动荡，隋唐时又来了一次沉淀。从辽、金、元的动荡到明朝恢复汉族衣冠，从清朝强制推行满族服饰到民国后多元化服饰结构的形成，莫不如此。

一、秦汉冠服制的确立

春秋战国到秦汉的服饰变革主要表现在：出现了连接上衣下裳，不系芾的深衣；由于赵武灵王胡服骑射，胡服中的短上衣、长裤、勒靴传入中原。山西长治县分水岭出土的武士铜像，上身着直襟上衣，下身着长裤，足穿勒靴，已是胡服的赵国武士了。

汉代是传统冠服制的确立时期。上述楚国的獬豸冠，赵国的鹖冠等都被吸收到冠服制中。通过对各国服饰的选择、吸收，完成了对商周时代传统服饰的完善和改造。

二、唐代的服饰新潮

十六国南北朝时，已吸收大量胡服的汉族服饰与胡服再度形成鲜明的对立。中原士人称"冠带"，"胡人"被称作"索虏""岛夷"。北魏孝文帝为了标榜华夏正统，进行了以禁胡服为外在标志的全面改制，进一步拉近了华夷服饰的距离。隋唐时期，开始对这种华夷交错的服饰局面进行沉淀，使唐代的服饰出现了如下新现象。

（一）标志官品高下的品色服

唐高祖以天无二日，定赤黄色为皇帝专用色，黄袍从此成为皇帝的专利和代名词。

先秦时，黄色并不尊贵。《礼记·郊特牲》载："野夫黄冠。黄冠，草服也。"宋人王楙《野客丛书·禁用黄》载："唐高祖武德初，因隋制，天子常服黄袍，遂禁士庶不得服。而服黄有禁自此始。"五代郭威、北宋赵匡胤黄袍加身，就意味着当上了皇帝。

品色服始于隋唐时期。大业六年（610年），隋炀帝规定"从驾涉远者，文武官皆戎衣。五品以上，通著紫袍；六品以下，兼用绯绿；胥史以青，庶人以白，屠商以皂，士卒以黄。"[1]胡三省注曰："自此文武官常服，遂以为品色。"唐太宗贞观四年（630年），诏定品官服色："自今三品以上服紫，四品、五品服绯（大红色），六品、七品服绿，八品服青。妇人从夫色。"胡三省注："自四品以下，绯、绿、青有深浅之异，九品则服浅青。"[2]这样，形成了黄、紫、红、绿、青、白等颜色的等级序列，后来的各朝均视这种品色服为定制。

唐代宗时，宦官鱼朝恩专权，领着养子鱼令徽向代宗要官。鱼令徽为内给事，穿绿色官服，属六品、七品官。没等唐代宗发话，左右已把紫色服拿来，给鱼令徽穿上了。父子俩得意地谢恩后，扬长而去。

（二）倾心胡服的风尚

除朝廷规定的法服外，从帝王到士民皆倾心胡服，服饰呈现多民族、多元化的格局。"天宝初，贵族及士民好为胡服、胡帽。"[3]"胡着汉帽，汉着胡帽。"[4]

---

〔1〕《资治通鉴·炀帝大业六年》，北京：古籍出版社，1956年版。
〔2〕《资治通鉴·太宗贞观四年》，北京：古籍出版社，1956年版。
〔3〕《新唐书·五行志一》，北京：中华书局，1975年版。
〔4〕《大唐新语·从善》，北京：中华书局，1984年版。

唐代以前的传统服饰，为宽长的大袖，交领或直领，没有圆领，下裾不开衩。受鲜卑服窄袖、圆领的影响，男服的袍和襕衫（深衣）也出现了小袖和圆领，下裾改为开衩。这样的袍衫叫作缺胯袍、缺胯衫。

男子的胡服大都结合汉服进行改造，而"仕女衣胡服"则原封不动地采用。

唐初女子盛行骑马"著幂篱，全身障蔽"[1]。幂篱是吐谷浑的女装，用半透明的纱绢制作，形似斗篷，但从头戴到脚，可合可开，戴者能窥见外面，外面看不到里面。北方多风沙，用来遮面防沙。《旧唐书·李密传》载，武德元年（618 年），李密图谋叛唐，"乃简骁勇数十人，著妇人衣，戴幂篱，藏刀裙下，诈为妻妾，自率之入桃林县舍"。

幂篱

永徽（650—655 年）后，又流行西域的帷帽。新疆吐鲁番阿斯塔那 187 号墓曾出土一骑马戴帷帽的女俑，其形制高顶大檐，下垂丝网至颈，极其潇洒。开元天宝后，又换上了尖顶卷檐的胡帽。不仅原封不动地穿用胡服，而且明显地勾画了日趋开放的新潮。《旧唐书·舆服志》载："则天之后，帷帽大行，幂篱渐息。中宗即位，宫禁宽弛，公私妇人无复幂篱之制。开元初，从驾宫人骑马者，皆著胡帽，靓妆露面，无复障蔽。士庶之家，又相仿效，帷帽之制，绝不行用。俄又露髻驰骋，或有著丈夫衣服靴衫，而尊卑内外，斯一贯矣。"

帷帽

唐朝诗人元稹在《法曲》诗中描绘当时好胡服、胡妆的盛况说：

自从胡骑起烟尘，毛毳腥膻满咸洛。
女为胡妇学胡妆，伎进胡音学胡乐。

[1]《新唐书·五行志一》，北京：中华书局，1975 年版。

（三）妇女服饰新风潮

唐代是封建社会的鼎盛时期，经济文化的高度繁荣和宽松开放的文化氛围，在服饰上打下了深刻的时代烙印。尤其是妇女服饰，成了唐代服饰新潮的晴雨表，款式之繁多、质料之昂贵、工艺之高超、袒露程度之空前绝后，都大大超过了前代。这种服饰新风潮，除上述胡服胡妆外，还有以下表现：

其一，妇女"著丈夫衣服靴衫"。

陕西乾县永泰公主（唐中宗女）墓中，有《虢国夫人游春图》《唐人双陆图》壁画。画中的妇女，头戴幞头，身穿圆领窄袖袍衫，足蹬乌皮靴，与男子无异。武则天之女太平公主穿着男子的紫衫玉带、皂罗折上巾，出现在唐高宗的宴会上。当时的守旧人士李华看不惯这种现象，认为是颠倒了阴阳："妇人为丈夫之象，丈夫为妇人之饰，颠之倒之，莫甚于此。"[1]

这种服饰新潮，表现了唐代妇女刚健强悍的审美追求，与唐代的政治气候是吻合的。武则天甚至敢服用男子的冕旒、黄袍，其他的男子服饰就更不在话下了。

其二，妇女穿着戎装。

唐代妇女还继承了北朝妇女尚武的习俗，特别喜欢穿着戎装。唐高祖李渊的女儿平阳公主曾在陕西鄠县司竹园起义，是唐初著名的巾帼武将。唐玄宗时，有个善舞剑的公孙大娘，穿戎装舞剑，并收了许多女弟子。唐诗人司空图的《剑器》诗写道："楼下公孙昔擅场，空教女子爱军装。"到僖宗年间，洛阳妇女仍流行戎装和军人冠。

其三，空前绝后的袒露装。

唐代妇女漠视礼教，敢于大胆地袒露自己的肉体，出现了空前绝后的袒露装。

袒露装由袒胸窄袖衫或大袖衫，高束腰的长裙组成，并打破"裙不居外"的礼制，以显示女性形体的曲线美。永泰公主墓壁画《侍女图》中的侍女，身穿"V"字形的短罗衫或披帛，长

永泰公主墓壁画《侍女图》中的侍女

---

〔1〕李华：《与外孙崔氏二孩书》，载《全唐文》卷三一五，北京：中华书局，1983年影印版。

《内人双陆图》。唐周昉绘。28.8厘米×115厘米

《捣练图》（局部）。唐张萱绘。37厘米×145.3厘米

裙束在外面，均袒露胸前肌肤，比现在的服饰还显得开放。不光是宫中侍女，一般少妇也着袒露装。唐诗人周濆《逢邻女》言："慢束罗裙半露胸。"方干《赠美人》诗："粉胸半掩疑晴雪。"就是证明。

还有的不穿内衣，仅用极薄而透明的轻罗纱。唐代画家周昉《簪花士女图》中的妇女，仅穿透明的纱衣蔽体。《古今图书集成·礼仪典·裙部》引《荆湖近事》记载，当时还流行一种散幅裙，用多幅纱绢遮蔽下体，而不缝合在一起，是袒露装的另一形式。

其四，姿态万千的裙式。

唐代的裙式名目繁多，有石榴裙、柳花裙、藕丝裙、珍珠裙、翡翠裙、郁金裙、花笼裙、百鸟裙等，有的是指质料、颜色、样式，有的是指工艺。

石榴裙始于南朝。梁元帝《乌栖曲》有"芙蓉为带石榴裙"的诗句。到唐代，石榴裙成为最流行的裙色。白居易《卢侍御四妓乞诗》言："山石榴花染舞裙。"万楚《五月观妓》言："眉黛夺得萱草色，红裙妒杀石榴花。"

从工艺上讲，有绣花、染缬（在织物上染色显花）、作画、镂金、穿珠、嵌宝石等，使唐裙更加典雅华贵、富丽堂皇，成为世界服饰史上的奇葩。

唐中宗的女儿安乐公主"使尚方合百鸟毛织二裙，正视为一色，旁视为一色，日中为一色，影中为一色，而百鸟之状皆见"。这种百鸟毛裙，是现代也没有的"变色裙""变花纹裙"。她出嫁时，"益州献单丝碧罗笼裙，缕金为花鸟，细如丝发，大如黍米，眼、鼻、嘴、甲皆备"[1]。

三、明朝恢复汉族衣冠

辽、金、元时期，契丹、女真、蒙古族的服饰对中国传统服饰进行了不同程度的冲击。明朝建立后，取法周汉唐宋，全面恢复汉族衣冠。除上述传统服饰外，明代服饰又有下列变化。

（一）龙袍、蟒袍和补服

龙袍是比冕服略低一级的皇帝常服。在中国人的风俗观念中，它还是皇帝

---

[1]《新唐书·五行志一》，北京：中华书局，1975 年版。

清代龙袍。 142.2 厘米 ×188 厘米

的代名词和替身。元文宗时，曾"出金盘龙袍及宫女"[1]赐给速哥。可知明以前就有龙袍，但不是皇帝的专利。

明朝嘉靖七年（1528 年）更定的龙袍，"服如古玄端之制，色玄，边缘以青，两肩绣日月，前盘圆龙一，后盘方龙二，边加龙文八十一，领与两祛共龙文五九。衽同前后齐，共龙文四九。衬用深衣之制，色黄。袂圆祛方，下齐负绳及踝十二幅。素带，朱里青表，绿缘边，腰围饰以玉龙九"[2]。

龙袍是皇权至高无上的象征，他人不得僭用。明清时，龙袍成为定制。明初将领廖永忠，因"僭用龙凤诸不法事，赐死"[3]。

清代的龙袍承袭明朝，从下图中可看出与明朝的区别。袖为马蹄袖，一般

〔1〕《元史·速哥传》，北京：中华书局，1976 年版。

〔2〕《明史·舆服志》，北京：中华书局，1974 年版。

〔3〕《明史·廖永忠传》，北京：中华书局，1974 年版。

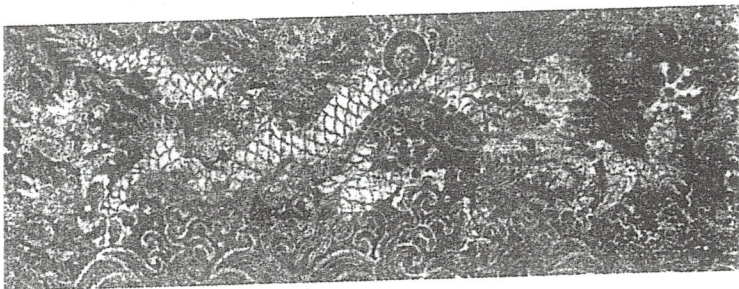

金丝绒织成的回首游龙图案

有龙纹。下裾边缘斜向排列着许多弯曲的蓝、黑、红、黄相间的线条，称作"水脚"。水脚之上有翻滚的波浪，上立山石宝物，俗称"海水江涯"。另外，明朝的龙袍为玄、黄二色，清代基本以明黄、金黄为主。

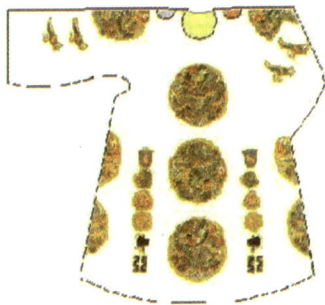

明朝有十二章纹的龙袍　　　　　　　清朝有马蹄袖的龙袍

　　蟒袍是官员常用的礼服。古有"五爪为龙，四爪为蟒"的说法。明代文武官员"一品至六品，穿四爪龙"[1]的蟒袍。据《明会典》载，蟒袍是特赐给大臣的，不是够品级的都有，除特赐外，既不许违例奏请，也不许僭用，特赐的蟒袍久而损坏，也不许重新复制。

　　清代沿用明朝蟒袍。据《大清会典》载，皇子、亲王之袍，绣九条五爪金黄色蟒（五爪也称蟒，不准称龙）。一品至七品官，按品级绣四爪蟒八至五条，不得用金黄色。

　　补服又称补子，为明朝独创，是表示官阶高下的鲜明标志。补服即在官服的前胸后背各缀一方形补丁，按照文禽武兽的原则绣上各种禽兽的图案。据《三

────────────

〔1〕《明史·舆服志三》，北京：中华书局，1974年版。

文官一品仙鹤补

文官二品锦鸡补

文官三品孔雀补

文官四品云雁补

文官五品白鹇补

文官六品鹭鸶补

文官七品鸂鶒补

文官八品黄鹂补

文官九品练雀补

武官一品二品狮子补

武官三品虎补

武官四品豹补

武官五品熊补

武官六品七品彪补

武官八品海马补

武官五品犀牛补

才图会》记载，明朝各品级官员的补服如图所示。

清代沿用明代补服，四周绣有花边，并以青、黑、红色为底，比明代更加鲜艳。由于清代的官服为对襟服，胸前的补服被分为两块。

（二）凤冠、霞帔

古代贵族妇女往往以凤凰为冠饰。据《明史·舆服志》载，明朝皇后礼服的冠饰是九龙四凤。明神宗定陵出土了四顶凤冠，龙凤数目各不相同。其中一顶（见右图）为六龙三凤，龙在顶两端，口衔长串珠滴，似有戏凤之意。正面有三只展翅凤凰。冠后下方有左右各三扇博鬓，展开后如同五彩缤纷的凤尾。

皇妃、公主、太子妃的凤冠九翟四凤。翟是有五彩的雉。一品至七品命妇的凤冠没有凤，绣有不同数量的雉。

清代补子

明孝端皇后六龙三凤冠

霞帔亦称"霞披""披帛"，以其艳丽如彩霞，故名。披帛以一幅丝帛绕过肩背，交于胸前。前述永泰公主墓《侍女图》中的侍女，有的就服披帛。白居易《霓裳羽衣舞歌》言："案前舞者颜如玉，不著人家俗衣服。虹裳霞披步摇冠，钿璎累累佩珊珊。"说的就是这种披帛。左下图中的霞帔较窄，为命妇

宋神宗后坐像。宋佚名绘。174.7 厘米 ×116.7 厘米

霞帔

之服，起自晋代。《事林广记·服饰类》载："晋永嘉中，制绛晕帔子，令王妃以下通服之。"宋代定为命妇冠服，非恩赐不得服。明代始为标志命妇品级的服饰，自公侯一品至九品命妇，皆服用不同绣纹的霞帔。

　　明代以后，凤冠、霞帔流入民间。直到中华人民共和国成立前，遇隆重庆典或结婚等，一般妇女能戴用一次凤冠霞帔，感到非常荣耀。

（三）"分等级，定尊卑"的服饰限定

　　明朝，标志品官等级的服色更加复杂。上述幞头、乌纱帽、玉带、品色服、冠梁、蟒袍、补服等，都有严格的品级规定。上可兼下，下不得拟上。

　　据《明会典》记载，官民人等不仅不准僭用龙凤花纹、蟒龙、飞鱼、斗牛等，民间所有的器物一概不得用黄色。缝合衣衫靴鞋，既不能用金线装饰，也不能使用黄线。马鞍、坐垫等器物也不能用黄色。除了天然的黄金、黄树叶、黄花、黄土地外，民间几乎就没有黄色了。

　　至于一般平民百姓所受到的服饰限制，更是数不胜数。庶人首饰不许用金

玉、玛瑙、珊瑚、琥珀等，只许用银和镀金。服饰不许僭用品官的服色花样，不能用金绣、绮丝、绫罗，妇女服饰除不许用黄色，还不许用大红、鸦青。洪武二十五年（1392 年）还规定，庶民、商贾、技艺等不许穿靴。北方地寒，只许穿牛皮直缝靴。

这些服饰上的严格规定，是明代专制等级制度加强的反映，对形成中国人的服饰角色心态起了极大的作用。

四、清初的服饰变革

清军入关后，中国又发生了一次深刻的服饰变革。清初统治者把是否接受满洲服饰看成是否接受其统治的标志，强令汉民改变头饰和服饰。

明朝遗臣金之俊就典制、风俗向清廷上"十从十不从"的建议："男从女不从；生从死不从；阳从阴不从；官从隶不从；老从少不从；儒从释道不从；娼从优伶不从；仕宦从而婚姻不从；国号从而官号不从；役税从而语言文字不从。"[1]成年男子一律改成满洲服饰，流传数千年的衣、裳、冠、冕之制最后绝迹。

（一）薙（tì）发留辫、瓜皮帽、马褂、马蹄袖

顺治元年（1644 年），清政府颁布薙发令。由于京畿各地汉民的反抗，才迫使清廷收回成命，"天下臣民照旧束发，悉从其便"[2]。第二年六月，清军攻下江南，重申薙发令。规定，清军所到之处，限十日之内，尽行剃去前半部头发，后半部依满洲旧俗，垂发辫，废弃明朝衣冠，违者处死，并扬言"留发不留头，留头不留发"。

这一损伤汉族尊严、破坏传统风俗的政策，遭到汉族人民的英勇反抗。尤以嘉定、江阴最为壮烈，针锋相对地提出了"头可断，发不可剃"的口号。他们坚守城池，失败后遭到了野蛮的屠杀和血洗。清末民初人胡蕴玉曾撰《发史》，记载了一位位可歌可泣的反薙发的孝义之士：浙江人周齐曾为了不留辫子，把

---

〔1〕天嘏：《清朝外史·金之俊限制满洲法》，台北：文桥书局，1972 年版，第 144—145 页。
〔2〕《清世祖实录》卷五《顺治元年五月辛亥》，台北：台湾华文书局，1984 年影印版。

头发全部剃光，一根不少地埋入坟墓，称作"发冢"，作《囊云发冢铭》曰："冢外有全人，已无须无发；冢中有全人，复无肉无骨。"宣城人麻三衡抗清失败，壮烈殉义，临刑赋诗："欲存千尺发，笑弃百年头。"

一般说来，社会习俗的形成，往往表现为渐进而不是突变，即使统治阶级提倡，也要有一个沿袭过程和一定的民俗承受能力。清初的做法，与历代新建王朝"易服色"的传统并无二致，只是来得更加残酷野蛮，且带有异族征服的高压特征。汉民长期受"身体发肤受之父母，不敢毁伤"[1]的熏染，根本不具备这方面的承受能力。这一民族征服措施给汉民留下了不可磨灭的心理阴影，也就为清朝灭亡时遭到同样的报复，培植了必须吞食的苦果。清朝灭亡前后，剪发问题成为当时最敏感的关注焦点。《嘉定屠城记》《扬州十日记》等书，成为宣传革命的有力武器，原因也在于此。

清廷完成对全国的征服后，剃发梳辫便成为清代成年男子的头式。

瓜皮帽

瓜皮帽又称"六合帽""六瓣便帽"，形制像半个西瓜。《三才图会·帽子》载："帽者，冒也。用帛六瓣缝成之。其制类古皮弁，特缝间少玉石耳。此为齐民之服。"据顾炎武《日知录》卷二十八载，六瓣便帽"始制于明太祖定鼎时，取六合统一之意"。可知瓜皮帽起自明代。瓜皮帽用布帛缝合成软胎，还可以折叠纳于怀中，比冠、弁更适应剃发留辫后的头饰，故清代比明代更加流行。清代士大夫燕居时亦多戴瓜皮帽。辛亥革命倡言易服时，有人呼吁"六瓣便帽系我汉制""毋须改制""若改六瓣为五瓣，则益合于五族一家之旨"[2]。

马褂

汉族原有类似马褂的服饰，唐代叫作"半臂"，明代叫作"背子"。清代的马褂也称"马甲"，属于满族男子的上衣，穿在长袍、长衫之外，便于骑射。马褂有半袖、短袖，无袖即为马甲，明人称作"背心"，身长均与肚脐齐。清代最高贵的是黄马褂，非特赐不得服。清代例准巡行、扈从大臣穿

[1]《孝经·开宗明义》，载《十三经注疏》，北京：中华书局，1980年版。
[2]《瓜皮帽之研究》，载上海《民立报》，1912年4月5号。

明黄色的黄马褂，正黄旗官兵用金黄色。

满人男女的礼服，均带马蹄袖。有的单做一个，扣在手袖内，俗称"龙吞口"，用毕解下可作便服。

（二）冠顶、旗袍和旗鞋

由于金之俊"十从十不从"的建议，成年男子一概改穿满洲服饰，汉族妇女儿童仍着传统的明装，出现服饰杂乱的现象。满族妇女则着旗装。

冠顶和旗袍

入关后的满族妇女，将头发分成两把，梳成高髻，俗称"叉子头""两把头"。又在脑后垂下一绺头发，修成两个尖角，名谓"燕尾"。宫廷妇女和贵妇在髻上戴扇形冠，称作"冠顶"。

旗袍以一整块衣料剪裁，呈直筒状，圆领、右大襟，下摆和袖口较宽大，上下连体，不开衩，任何部位都不重叠。

旗鞋

旗袍有单、夹、棉、皮多种，省工省料，一件可抵汉族的衣、裙、裤多种，能展现女性的自然体态，又能和西式的高腰袜、高跟鞋配套。故清朝灭亡后，许多满族服饰被淘汰，而旗袍却被保留下来，成为上层女士流行的服装。不过，样式不断改观。袖子从宽到窄，从长到短，从有到无。下摆由长到短，再由短到长。下摆原来不开衩，后来下摆开衩成了旗袍的显著标志。

旗鞋是一种木底高跟鞋。不过，高跟不是在脚后跟，而是在脚心部位。在

金镶东珠猫睛石嫔妃朝冠顶。清乾隆时期

木底的中间，镶上一块约两寸多的木鞋跟。上大下小的，踏地部分像马蹄，叫"马蹄底"。上宽下圆的，踏地部分像花盆，叫"花盆底"。木跟以白布包裹，帮、纯、綴加刺绣、穿珠等装饰，配合旗袍穿用，显得体态修长，别具风韵。

（三）暖帽、凉帽、顶戴花翎

清代官服继承明代的蟒袍、玉带、补服，废除明代的冠服，代之以暖帽、凉帽和顶戴花翎。

清代暖帽   顶戴花翎

满人起自东北，男子多戴暖帽。其形制为圆形，周围有一道檐边，用皮、呢、缎、布制成，黑色居多。檐内装一丝或缎制的圆顶帽，一般为红色。顶部有底座，伸出一根铜管，装上红缨、翎管、顶珠，然后用螺帽固定。夏秋则用各种草或藤丝编成没有四周檐边的凉帽，上锐而下阔，圆如覆釜，内有帽带结于额下。原来，满族男子的暖帽、凉帽顶部都饰红缨，又称"红缨帽"。入关后，只有官兵的帽子才有红缨。

翎管是用来插花翎的。花翎即孔雀羽毛。根据像眼睛一样的彩色斑纹，又分成单眼、双眼、三眼花翎。亲王、郡王、贝勒不戴花翎。固伦额

清嵌松石珍珠帽。高 17.8 厘米

清翠玉翎管

驸、贝子戴三眼花翎，镇国公、辅国公、和硕额驸戴双眼花翎，五品以上官员戴单眼花翎，六品以下官员戴无眼花翎。

顶戴是暖帽、凉帽顶上镶嵌的宝石。一品官为红宝石，二品红珊瑚，三品蓝宝石，四品青金石，五品水晶石，六品砗磲，七品素金，八品阳文镂花金，九品阴文镂花金。无顶戴即为无品级，俗称"未入流"。革去官职时，首先摘掉顶戴花翎。由于一二品高官是红顶戴，红顶、顶戴花翎与前述的蟒袍玉带、乌纱帽、缙绅一样，都是官僚的代称。我们常说的"以人血染红顶"，即指用别人的鲜血来换取高官厚禄。

五、近代剪辫易服风潮

辛亥革命前后的剪辫易服风潮，是社会政治变革、西俗东渐和近代文明开化的产物，与清王朝的生死存亡、帝制与共和的政治选择紧密联系在一起。

（一）民族的屈辱、觉醒与剪辫风潮

鸦片战争后，中国的外交官、留学生一踏出国门，首先因一条发辫遭到外国人的讪笑和侮辱，被称为"拖尾奴才""豚尾奴"。一种共同的民族屈辱感、羞耻感，使人们产生了对愚昧落后的自省和对剪辫易服的共识。清初薙发的阴影又回荡于国人的脑海，发辫作为清朝统治的标志，再次受到国人的憎恨和诅咒。在国外参加革命党的留学生毅然剪发，以示同清政府决裂和推翻帝制的决心。清末新政，为开明派官僚的"叛逆"行为提供了合理合法的参照。因为立宪已属大悖祖宗成法，剪发不仅不值得大惊小怪，且为推行新政所必须。一部分出使大臣、外部侍郎及军警学界，亦纷纷剪辫，清廷只得默然置之。

此口一开，朝野上下剪辫易服的呼声一浪高过一浪，全国各大报刊均大力宣传，并指出蓄发留辫的种种弊端：屡被外人讪笑，有伤国体；军警演练、学

生作操、工场作业，多有妨碍，甚至有生命之虞；污垢衣裳，有碍卫生。时论指责那些顽固分子"舍不得一条猪尾巴"，号召国人"免豚尾之讪笑，导文明之先机"[1]。

在剪辫呼声日益高涨的形势下，1910年12月，清廷资政院开明派官僚与守旧派经过激烈舌战，终于通过剪辫议案。根据资政院奏请，清廷被迫准官民自由剪辫。

辛亥革命爆发，湖北军政府都督黎元洪表示，革命"一俟成功，全体军民一律剪发。已饬府中各部办事人员全体剪发，否则不认之为同胞，并先行将烦恼丝毅然剪去，以为各部表率"[2]。剪发由各界的共同呼声，升华为资产阶级移风易俗的革命措施了。

由于辛亥革命后革命势力与复辟势力的斗争反复跌宕，使剪辫与反剪辫的斗争十分激烈尖锐，其发生的流血事件，几乎是清初薙发与反薙发的翻版。

据1912年6月10号上海《民立报》载，黑龙江交涉局总办李虞臣被杨某剪去辫子，在家僵卧绝食三日，痛不欲生。山东沂水县前清官吏组成保发会，其喊出的"头可割，发不可断"[3]的口号，与清初汉民反薙发如出一辙。山东复辟势力在文登、荣成、诸城大杀"秃子""遇剪发者格杀勿论"[4]。文登有两个十几岁的剪辫小孩，被奶奶藏在被子里，仍被搜出惨杀。[5]

据1912年7月24号《民立报》载，山东昌邑县王民政长，用强迫手段将县署内役吏剪去发辫。县里书差们将王民政长捉住，把剪发的执事人员以及主张剪辫的议员、绅士等杀死30余人。省里派员到县，借点名之机，不问青红皂白，将47名书差全行正法。省员回济南，幸存的书差又聚众来到主张剪发最力的庞绅士家，不分男女长幼30余口一概杀毙。如此反复仇杀，与清初薙发酿成的血案同样触目惊心。

经过急风暴雨式的剪辫风潮的洗礼，剪辫逐渐得到人们的认同。那些顽固守旧分子，也因中华民国建立而不再博取效忠清廷的空洞名节。到中华民

〔1〕上海《民立报》，1910年12月23号。

〔2〕《武汉革命大风云》，载上海《民立报》，1911年10月22号。

〔3〕《顺天时报》，中华民国元年9月7日。

〔4〕《山东文献》，第11卷第2期，台北：台湾山东文献出版社，第151页。

〔5〕丛萍滋口述，林治文整理：《文登丛氏一门三烈》，载山东省政协文史资料委员会编：《辛亥革命在山东——纪念辛亥革命八十周年》，济南：山东人民出版社，1991年版，第288页。

国成立以后的 20 余年间，发辫逐渐在成年男子中绝迹。乡间的男人通常剃光头，俗称"和尚头"。城市职员、学生及各界上层的男人，留短发分头，俗称"分发头"。

（二）西装的传入和中山装的诞生

在近代"西风东渐"和中西文化碰撞、对比、筛选的过程中，人们越来越发现，传统服饰不仅臃肿、散漫、单调，给人以老气横秋的感觉，而且与日益加快的生活节奏很不协调。西装则显得挺直、整齐、紧凑、灵活，使人耳目一新。随着社会日趋文明开化，人们的服饰价值观念、审美观念不断由古典向现代趋新。

中国最早着洋装的，是香港、广州、上海等口岸的一些为外国人当买办的华人。此外，是出于职业谋生需要的妓女阶层。近人徐珂《清稗类钞·风俗类》称，上海妓女"欲以标新领异，取悦狎客""有戴西式猎帽，披西式大衣者，皆泰西男子所服也"。在华夷大防的传统观念的影响下，是不允许，尤其是不允许官僚阶层穿洋装的。驻英公使郭嵩焘为避风寒临时披了洋人的衣服，竟作为罪状遭到弹劾。

戊戌维新、清末新政，冲破了服饰上的华夷大防。参照西装和日本制服而制作的军服、警服首先映入国人的视野。它一改长衫大褂的传统，展示了优越的实用价值和雄武刚健的审美形象。20 世纪初，大城市的中小学校又出现统一制作的学生装。它吸取了西装、日本制服和军警服的优点，使人领略到一种新时代的气息，西服洋装在国人视觉中不再像洪水猛兽那样可怕。就连最高统治阶层的满人，末代皇帝溥仪的父亲载沣也喜欢穿西装，而且把衬衫穿在裤子外面，闹出了笑话。1911 年 4 月 26 号上海《民立报》载《和尚改穿洋装》称："（上海）城内沉香阁僧镇海不守清规，经佛教公所查确斥退……兹悉，该僧已易穿西服。"

辛亥革命后，全国掀起了一股"洋装热"。1911 年 11 月 15 号《民立报》载，上海制帽公司的毡制西帽积货甚巨，旬日之间被抢购一空。据 1912 年 6 月的《申报》统计，武昌改西装输出的金钱超过 2000 余万。天津海关进口洋服、洋帽二项，达 125 万两白银。

　　以西装为代表的新服装的兴起，与长袍马褂式的清代服饰形成新旧两种思潮的鲜明对立。革命党人和学界青年，成为服饰新潮的领导者。1913年6月15日《大公报》称，洋装"其始不过私娼荡妇所为，继则女学生亦纷纷效法"。清廷的遗老遗少继续留着长辫子，穿着长袍马褂，用它寄托着光复帝制的希望。大部分人对这突如其来的服饰变迁缺乏心理准备，原来被框定在传统的服饰结构中，形成了一种惰性依赖，一旦失去成规，反倒茫然无所适从。有的在时髦西化潮流冲击下盲目选择，糊里糊涂地剪去发辫，穿上了西装。过了一段时间后，又感到怀旧和失落，发现不对了，又换上了长袍马褂和假发辫。

　　在这新旧服饰文化的交替、转型之际，诞生了具有划时代意义的中山装。

　　孙中山不仅是中国资产阶级革命的先行者，而且还是移风易俗的倡导者和服饰改革家。1923年，孙中山在广州任革命政府大元帅时，深感西服穿着不便，且不完全适应中国人的生活特点，提出了"礼服在所必更，常服听民自便"的原则。参照南洋华侨中的"企领文装"和西服，由广东人黄隆生协助设计，创造了中山装。

　　中山装的上衣为站翻领、对襟、五钮，左右前襟有上小下大四个明袋，上加软盖。裤子前开缝，用钮扣系解，两侧各一大暗袋，前有一小暗袋（表袋），后面一带软盖的暗袋。之所以设计这么多的口袋，意在装进书本等学习、工作必需品，便于随身物品的携带。

　　随着时间的推移，西装、中山装虽未得到进一步的普及，却在崇洋、趋新型的群体中找到了知音，拥有了市场。普通民众的服饰趋新意识是浅薄而又务实的。他们对西装的兴趣远不如对与西装配套的洋式衬衣、绒衣、针织衫裤、西裤、纱袜、胶鞋的欢迎；对西装新款式的选择，也远不如对机织毛呢、人造丝织品、洋布的采用。在穷乡僻壤，或许根本见不到西服的影子，而质细价廉的洋布却早已进入普通百姓的服饰生活。结果，不同的服饰被不同的社会群体所认领。上层的人们，新潮者着西装、中山装、旗袍、高跟鞋，城市工商界及乡村绅士仍穿长袍马褂。乡村农民着大襟长襦、短襦、对襟衫褂、便服长短裤、布袜。各种服饰并行不悖，形成了中西并存、土洋结合的多元化服饰结构。

（三）近代服饰变迁的新动向

辛亥革命以来的服饰变迁，蕴含着对西方服饰挑战的被迫回应，是一种发生变异的新服饰形态，它大大推进了中国服饰近代化的进程。

首先，枯燥单调的服饰结构被冲破，形成了以新潮服饰为先导的多元化服饰结构，注入了清新昂扬的近代文明气息。封建等级式的服饰雷同结构被冲破，演变为类别、角色型的服饰结构，体现了人们平等观念的勃兴。

其次，从服饰观念上看，服饰上的华夷之辨、华夷大防日渐淡化，西服洋装、满族服饰不再是印象中"披发左衽"的外夷标志。尤其是西方的洋布，与当时流行的"洋火、洋油、洋铁"等带"洋"字的进口货一起，形成了人们的崇洋心理。由排夷到崇洋，反映了思想观念的开化和眼界的开阔，长期存在的盲目排外心理逐渐消失了。

第三，留学生、学界青年等新式知识分子成为服饰新潮的领导者。由个体的名人效应，到文明开化的、具备高层文化素质的群体；由私娼荡妇到学界女青年，反映了视服饰过分艳美、新奇为妖气、淫荡的旧观念日渐淡化，服饰趋新、超越意识日渐强化和广泛。

辛亥革命前后服饰变革的成果之一，就是学界女青年取代了妓女，成为服饰新潮的领导者。

胡朴安《中华全国风俗志》下编《南京采风记》载："妇女衣服好时髦者每追踪上海，亦不问其式样大半出于妓女之新花色也。"1913 年 6 月 15 日的《大公报》刊登的《粤女学生怪装》载，西式服装"其始不过私娼荡妇所为，继则女学生亦纷纷效法"。近人徐珂《清稗类钞·服饰类》对此记载甚详：

> 光绪时，沪妓喜施极浓之胭脂，因而大家闺秀纷纷效尤。然实始于名妓林黛玉，盖用以掩恶疮之斑者也。自女学堂大兴，而女生无不淡妆雅服，洗尽铅华，无复当年涂粉抹脂之恶态，北里（妓院）亦效之。故女子服饰初由北里而传至良家，后则由良家而传至北里。此其变迁之迹，极端相反者也。……
>
> 同光之交，上海青楼中人之衣饰，岁易新式，靓装倩服，悉随时尚。

而妓家花样翻新，或有半效粤装者。出局时，怀中皆有极小眼镜，观剧侑酒，随置坐隅，修容饰貌，虽至醉亦不云鬓斜鈿，宝髻半偏也。至光宣间，则更奇诡万状。衣之长及腰而已，身若束薪，袖短露肘，盖欲以标新领异，取悦于狎客耳。而风尚所趋，良家妇女无不尤而效之。未几，且及于内地矣。

又有戴西式之猎帽，披西式之大衣者，皆泰西男子所服者也。徒步而行，杂稠人中，几不辨其为女矣。

然而，近代服饰变迁虽不是传统服饰文化的自然延续，在传承和变异过程中似乎又是按照服饰传统规定的蓝图进行的。新时代的移风易俗深深地打上了历史传统的印记：实现民主共和的革命与改朝换代、"改正朔，易服色"成为跨越时代的知音；发辫暗示着共和与帝制的政治对立、背叛与效忠的道德抉择；穿衣戴帽是个人政治立场、思想倾向的外在标志。

第四节　佩饰和化妆

一、男子的佩饰和化妆

（一）玉、杂佩、璧、瑗、环、玦（jué）、香囊

玉是中国古代最重要的男子佩饰。《礼记·玉藻》载，"古之君子必佩玉""行则鸣佩玉"。佩玉除表示贵族身份外，还是君子的各种美德。东汉许慎《说文一上·玉部》称："玉石之美有五德。润泽以温，仁之方也；鰓（sāi）理自外可以知中，义之方也；其声舒扬，专以远闻，智之方也；不挠而折，勇之方也；锐廉而不技，洁之方也。"所以，《礼记·玉藻》又讲："君子无故，玉不去身。君子于玉比德焉。"

先秦男子的玉佩叫杂佩。《诗·郑风·女曰鸡鸣》载："知子来之，杂佩以赠之。"《三才图会》中绘制的明代皇帝

明朝皇帝的佩绶

的佩绶。最上面的叫作"珩（héng）"。第二层中间一块叫作"瑀（yǔ）"，两边的叫"琚（jū）"。先秦时的杂佩共三层，第三层也是三块。中间一块叫"冲牙"，呈狭长的六边形，两边的两块叫"璜（huáng）"，呈相对的半圆形。珩、瑀、琚、璜、冲牙用蠙珠丝绳穿起来，佩在身上一动，就会互相碰撞出声，做到"君子行则鸣佩玉"了。

璧、瑗、环、玦都是平面环形玉，中间的孔叫"好"，四周的边叫"肉"。《尔雅·释器》讲："肉倍好，谓之璧；好倍肉，谓之瑗；肉好若一，谓之环。"玦是平面环形断开的玉。

齐家文化玉璧　　　　　　瑗　　　　　　　环　　　　新石器时代晚期耳饰玦

《荀子·大略》载："问士以璧，召人以瑗，绝人以玦，反（返）绝以环。"杨倞注曰："古者臣有罪，待放于境，三年不敢去。与之环则还，与之玦则绝。"可见，环的含义是回还、团圆。南宋陆游《老学庵笔记》载，北宋蔡京被罢官居钱塘，宋徽宗派宦官赐给他茶、药，盒中放了一个玉环。蔡京马上命人准备行装。不到两天，召他还京的诏书就到了。玦的含义是决绝、决断。晋献公派太子申生伐东山的狄人，"佩之金玦"[1]，狐突据此预知申生将被废掉。鸿门宴上，项羽迟迟下不了杀刘邦的决心。范增"举所佩玉玦以示之者三"[2]，就是暗示项羽当机立断。

古代佩饰用来提醒、告诫、鞭策自己，表达自己的意愿。"西门豹之性急，故佩韦以自缓；董安于之心缓，故佩弦以自急。"[3]《史记·仲尼弟子列传》载，孔子弟子子路"好勇力，志伉直，冠雄鸡，佩豭豚（公猪）"。

香囊是古人革袋上佩带的香袋，又称锦囊、容臭。有的用来放香料，有的

---

〔1〕《左传·闵公二年》，载《十三经注疏》，北京：中华书局，1980 年影印版。
〔2〕《史记·项羽本纪》，北京：中华书局，1959 年版。
〔3〕《韩非子·观行》，载《诸子集成》，上海：上海书店，1986 年影印版。

清代镀金葫芦式香囊。 全长约 36 厘米

放文稿或机密物品。东晋名将谢玄好佩紫罗香囊，叔父谢安看不惯，又怕伤了他的自尊，就以赌博的方式赢来烧掉了。李商隐《李长吉小传》载，唐诗人李贺（字长吉）经常背着一个破锦囊，一有灵感就写下来，投入囊中。

（二）沐浴、沐发、护须、傅粉

古人非常重视仪容和体肤的整洁。爱清洁，讲卫生，注意自身的外在美，以乐观的精神装点和美化自己的外表，是古老的传统。

《礼记·内则》载，古人鸡鸣开始盥漱理发。周公告诫儿子伯禽说："我一沐三捉发，一饭三吐哺，起以待士。"[1] 说明周公经常沐发，否则就不会老让拜访者碰到了。

周朝诸侯朝见天子，天子赐以王畿之内的供沐浴的封邑，叫作"汤沐邑"。秦汉以后，皇帝、皇后、公主等，都有汤沐邑，就是借沐浴的名义来增加自己的经济特权。朝廷官员法定的假期，叫作"休沐"，也是为了让他们沐浴和浣衣。孔子"沐浴而朝"，古人在祭祀和重大活动，包括会客前，要斋戒或沐浴更衣。《韩诗外传》卷一第十一章载："新沐者必弹冠，新浴者必更衣。"弹冠相庆不仅是高兴，而且要把灰尘除掉，反映了古人对仪容和清洁的重视。

古代男子特别注意蓄须和护须，以长须为美，无须为耻。

孔子孙子思无须，齐王要把一个美须人的胡须移给他作假须。西汉张良无须，司马迁满怀遗憾地说："余以为其人计（极）魁梧奇伟，至见其图，状貌如妇人好女。"[2] 三国关羽美须髯，不服气马超，诸葛亮回信说，马超"犹未及髯之绝伦逸群也"[3]。古人不仅以长须为美，还以长须为贤。《资治通鉴·周

---

[1]《史记·鲁周公世家》，北京：中华书局，1959 年版。
[2]《史记·留侯世家》，北京：中华书局，1959 年版。
[3]《三国志·蜀书·关羽传》，北京：中华书局，1959 年版。

威王二十三年》载："美鬓长大则贤。"

既然须髯是仪容和品格的标志，就要好好珍视、保护。东汉温序被隗嚣的军队劫持，衔须于口，说："为贼所迫杀，无令须污于土。"[1]西晋张华美须髯，以丝帛缠起来，以免玷污。

受"身体发肤受之父母，不敢毁伤"的影响，蓄发、留须一直是中原汉人的传统。除此之外，古人沐浴、沐发还是道德品格的自律，即保持身心的清洁，《礼记·儒行》叫作"澡身而浴德"，现在仍然叫作"洁身自好"。

男子唯一的化妆是傅粉。《史记·佞幸列传》载，西汉惠帝时，郎、侍中皆"傅粉脂"。三国诸葛亮为激怒司马懿，送给他"巾帼妇人之饰"[2]，没送粉脂。因为男子也用粉脂，不足以羞辱他。

魏晋是个性张扬的时代，男子整容化妆发展到高峰。"魏尚书何晏，好服妇人之服"[3]，"动静粉白不去手，行步顾影"[4]，人称"傅粉何郎"。西晋尚书令贾充的女儿贾午与司空掾韩寿私通，将西域进贡的奇香偷给韩寿，韩寿佩带在身上，被贾充觉察出他们"偷香窃玉"的风流韵事。当时的士族官僚刻意追求衣着的新款式，讲究漂亮的容貌，潇洒的风度，以至"燻衣、剃面、傅粉、施朱"[5]。既反映了蔑视封建礼教、追求人的自然本性的自我意识，又是对品格自律的放荡。

（三）潘、澡豆、肥皂

先秦两汉时，无肥皂一类的去污品，洗发、洗脸以米汁。《礼记·玉藻》载："日五盥，沐稷而靧（huì）粱。"沐和靧都是洗的意思，稷是谷，粱是最好的谷品种。这种米汁也称作"潘"。齐国陈逆被抓进宫内，族人"遗之潘沐"[6]，杜预注曰："潘，米汁，可以沐头。"

西晋时，宫内出现一种高级洗涤品，叫作"澡豆"。澡豆即皂荚树结的皂荚，色如漆，中有白仁。"皂隶""青红皂白"，即由皂荚而来。当时已发现

〔1〕《后汉书·温序传》，北京：中华书局，1965年版。
〔2〕《晋书·宣帝纪》，北京：中华书局，1974年版。
〔3〕《宋书·五行志一》，北京：中华书局，1974年版。
〔4〕《三国志·魏志·曹爽传》注引鱼豢《魏略》，北京：中华书局，1959年版。
〔5〕《颜氏家训·勉学》，上海：上海古籍出版社，1980年版。
〔6〕《左传·哀公十四年》，载《十三经注疏》，北京：中华书局，1980年影印版。

它的洗衣去污的作用，是宫中专用的高级洗涤品，民间罕见。南朝宋刘义庆《世说新语·纰漏》载，西晋王敦娶晋武帝女舞阳公主，从厕所出来，有侍婢端着金澡盆盛水，琉璃碗盛澡豆，让他洗手。王敦以为是喝的，把水和澡豆倒在一起都喝了。侍婢们皆掩口而笑。

宋代人仍以澡豆去污。王安石不修边幅，面色黝黑，门人为他准备了澡豆洗脸，王安石说："天生黑于予，澡豆其如予何？"[1]宋人张耒还写了一首《皂荚树》诗：

畿县尘埃不可论，故山乔木尚能存。

不缘去垢须青荚，自爱苍鳞百岁根。

宋以后，人们开始制造肥皂。《本草纲目·肥皂荚集解》记载，有一种肥厚多肉的皂荚，"十月采荚，煮熟捣烂，和白面及诸香作丸，澡身面，去垢而腻润，胜于皂荚也"。这是中国最早的香皂。

二、女性美容和化妆

在男尊女卑社会中，视美女为玉帛珍宝的观念，文人学士对女性美的畸形夸张和亵渎性的赞誉，有力地刺激、推动了妇女美容艺术的高度发达。

（一）簪钗、步摇、耳环、戒指、手镯

簪也称笄，是古人用来束髻定冠的器物，男女通服，后来发展为妇女的主要头饰。簪又演变为双股的钗。一般妇女用银、铜、骨制作，贫穷者以荆枝。东汉梁鸿妻孟光"布裙荆钗"[2]，故后人谦称自己的妻子为拙荆、山荆、荆妻。富贵妇人的簪钗，用金、玉、翡翠、玳瑁（dài mào）、琥珀、珠宝等制作。南朝鲍照《拟行路难》言："还君金钗玳瑁簪，不忍见之益愁思。"章孝标《赠美人》言："宝髻巧梳金翡翠。"唐宋时期，贵族妇女将不同样式的簪钗插得满头都是。

〔1〕《梦溪笔谈》卷九《人事一》，北京：中华书局，1962年版。
〔2〕《太平御览》卷六九六《服章部一三·裙》引《列女传》，北京：中华书局，1960年影印版。

清代银镀金点翠嵌料石米珠婴戏簪

清代珊瑚珠玉步摇。长 20.5 厘米、流苏长 20 厘米

步摇是用金、银、珠、翠等把簪的一头做成凤凰形，凤凰嘴里叼着一串五彩玉连成的垂珠。东汉刘熙《释名·释首饰》载："步摇上有垂珠，步则摇动。"唐宋时期，步摇更加盛行。白居易《长恨歌》言："云鬓花颜金步摇，芙蓉帐暖度春宵。"

耳环指环形的耳饰。自周朝以来，妇女即穿耳附珠。古代的耳饰有环形的，也有圆球形的，称作珥、珰。汉武帝谴责钩弋夫人，"夫人脱簪珥叩头"[1]。《孔雀东南飞》言："耳著明月珰。"

戒指又称指环，手镯又称钏。《说文十四上·金部》载："钏，臂环也。"现代男人戴戒指不戴手镯，而明代以前，男人戴手镯不戴戒指。明末张自烈《正字通·金部》载，钏"古男女通用，今惟女饰有之"。

清代金累丝嵌珠耳环

清代螭纹玉镯

---

[1]《史记·外戚世家》，北京：中华书局，1959 年版。

戒指的产生，有特定的背景。《诗·邶风·静女》毛传曰："后妃群妾以礼御于君所，女史书其日月，授之以环，以进退之。生子、月辰则以金环退之，当御者以银环。进之著于左手，既御著于右手。"可知，戒指有"戒止"之意。夏商还没有黄金指环，这段材料也是传说，但即使是传说也足够了，足以让男子不戴戒指了。近代西风东渐以来，男人戴戒指的多了起来。1911年10月2号《民立报》上的《东西南北》栏目说："戒指是前朝宫中记号，现今大老官、大少爷、大小姐均怀了孕了。"

汉代始出现金指环。《西京杂记》[1]载，刘邦戚夫人，"以百炼金为彄，照见指上骨"。南朝沈约《俗说》载，晋哀帝王皇后有一磨金指环，极小，只能戴在小指上。西晋郭璞《玄中记》载："天竺、大秦国出金指环。"汉魏六朝的史书，经常有西域、天竺遣使进献金指环的记载。

以指环作为定亲的信物，是胡族、中亚和西欧等国的风俗。《晋书·西戎传》载："大宛俗，娶妇先以金同心指环为聘。"南北朝时，此风俗传到中国。《南史·丁贵嫔传》载，梁武帝在南齐时镇守樊城，登楼望见了丁贵嫔，赠以金环，纳进宫，那年她才14岁。到唐代，以戒指为定亲信物的风俗大行。西川节度使韦皋游江夏（今武昌），碰见一个叫玉箫的女子，赠以玉指环，约定七年后相会。韦皋八年不至，玉箫绝食而死。

摘脱簪珥、指环，还是古代贵族妇女请罪的方式。齐桓公大会诸侯，卫国不至，谋伐卫。卫姬"脱簪珥，解环，再拜，请惩之罪"[2]。

（二）髻鬟和髢髮（dí bì）

古人十分重视妇女头发的美色。《诗·鄘风·君子偕老》称："鬒（zhěn）发如云，不屑髢也。"《左传·昭公二十八年》载："昔有仍氏生女，黰黑而甚美，光可以鉴"。"鬒""黰"即稠密。先秦时，头发即以黑密为美，假发开始流行，叫作"髢""髮"。《左传·哀公十七年》载，春秋卫庄公见己氏之妻的发美，剃下来为自己的夫人做了髢。

髻又称作结、紒，环形的称作鬟。先秦妇女的髻比较简单，只是把头发

---

〔1〕《太平御览》卷七一八《服用部二〇·指环》引，北京：中华书局，1960年影印版。
〔2〕《太平御览》卷六九二《服章部九·环》引刘向《列女传》，北京：中华书局，1960年影印版。

挽成结，像蝎尾一样上翘。《诗·小雅·都人士》载："彼君子女，卷发如虿（chài，蝎）。"这种髻式唐宋仍有梳者，黄庭坚《情人怨戏效徐庾慢体三首》云："晚风斜虿发，逸艳照窗笼。"

两汉以后，妇女的髻逐步翻新花样，常见的有椎髻、高髻、堕马髻、双髻等。

椎髻原为古代越人、匈奴人的发式。西汉初年，南越王赵佗"魋（zhuī）结箕踞"[1]接见汉使陆贾。《汉书·李陵传》载，西汉李陵、卫律投降匈奴后，"两人皆胡服椎结"。颜师古注曰："结读曰髻，一撮之髻，其形如椎。"后流行于汉代劳动妇女之中。东汉梁鸿妻孟光知丈夫想隐居，"为椎髻，著布衣，操作而前"[2]。

河南安阳唐墓壁画的椎髻

到了唐代，椎髻花样翻新了，流行于贵妇阶层。方法是先梳一个底盘较大的圆鬟，上面再叠一个椎形。白居易《新乐府·时世妆》云："圆鬟垂鬓椎髻样"，讲的就是这种髻。

高髻是两汉京师贵妇中流行的髻式。《后汉书·马援传》引当时民谚说："城中好高髻，四方高一尺。"基本梳法是：将头发向后梳齐，再反卷上来，中间垫上用金属或竹木为衬的假发，向上高高卷起。魏晋以后，在高髻的基础上又演变出灵蛇髻、分髾（shāo）髻、凌云髻、惊鸿髻、飞天髻等，不下十几种。从河南邓县（今邓州市）北朝墓出土的贵妇出游画像砖可以看到，这些髻式不仅夸张了人体比例和发饰，而且富有直冲云霄的动态美，反映了妇女们的冲破礼俗的时代审美追求。

永泰公主墓壁画梳高髻的女侍

河南邓县（今邓州市）北朝墓贵妇出游画像砖

---

〔1〕《史记·郦生陆贾列传》，北京：中华书局，1959年版。
〔2〕《后汉书·梁鸿传》，北京：中华书局，1965年版。

为了使发髻高耸入云，妇女们争用髢髮。何法盛《晋中兴书》说："太元中，妇女缓宾假髻，以为盛饰。"东晋陶侃家贫，好友范逵来访，其母头发委地，"截发得双髲，以易酒肴"[1]。这个"截发延宾"的故事，可见假发价格之高。假发缠在竹木上事先做好，俗称"假头"，可戴可摘，还可以互相借用，称作"借头"。

堕马髻的发明者是东汉梁冀的妻子孙寿。《后汉书·梁冀传》载："寿色美而善为妖态，作愁眉、啼妆、堕马髻、折腰步、龋齿笑，以为媚惑。"这种髻式，歪在一边，如骑马者似堕非堕之状，深得贵妇喜爱，很快风靡各地，从东汉到明清经久不衰，被称作梁家髻、倭堕髻、逶迤髻。南朝萧子显《日出东南隅行》言："逶迤梁家髻，冉弱楚宫腰。"明末陈圆圆作《十美图》，有"好梳倭堕髻"的词句。

隋文帝身后梳双鬟髻的侍女（阎立本画）

未婚少女一般梳双鬟髻或双髻。唐代画家阎立本曾画陈文帝像，身旁二侍女，即梳双鬟髻。

（三）眉黛

我们常说："眉目是心灵的窗户。"眉在人的各种漂亮因素中占居首位，一句"眉清目秀"，就足以代表整个漂亮形象。

《诗·卫风·硕人》有"蝤首蛾眉"之句。这个"蛾眉"是天然的，还是人工修整的，还未可知，至少反映当时对眉已有浓厚的审美情趣了。

《楚辞·大招》载："粉白黛黑，施芳泽只。"战国张仪称："郑周之女，粉白黛黑，立于衢间，非知而见之者以为神。"[2]《韩非子·显学》载："善毛嫱、西施之美，无益吾面，用脂泽粉黛则倍其初。"可见，战国时期化妆用

---

〔1〕《晋书·陶侃传》，北京：中华书局，1974年版。
〔2〕《战国策·楚策三》，上海：上海古籍出版社，1985年版。

的粉黛和画眉的风俗都有了。

黛亦作黱。《说文十上·黑部》称："黱，画眉也。"《释名》云："黛，代也。灭去眉毛，以此代其处也。"《通俗文》[1]云："染青石谓之点黛。"青石是黑中透绿的石墨，唐以前称石黛。张骞通西域后，从波斯进口一种螺子黛，被视为珍品。隋朝每颗价值十金，到清朝价值千金，而隋炀帝供应后宫螺子黛，每日五斛。

汉代的眉式有八字眉、远山眉、广眉。《二仪实录》载，汉武帝"令宫人扫八字眉"。这种眉在唐代仍存在。白居易《新乐府·时世妆》云："双眉画作八字低。"唐宇文氏撰《香艳丛书·妆台记》引《西京杂记》云："司马相如妻文君眉色如望远山，时人效画远山眉。"唐代诗人杜牧《少年行》云："豪持出塞节，笑别远山眉。"

两汉流行广眉。《后汉书·马援传》载民谚曰："城中好广眉，四方且半额。"隋朝盛行长蛾眉，唐初又行广眉。唐诗人张籍《倡女词》云："轻鬓丛梳阔扫眉。"开元、天宝后，长眉再度时髦，又称柳眉。唐诗人王衍《甘州曲》云："柳眉桃脸不胜春。"

唐代眉式繁多，唐玄宗令画工画《十眉图》，作为宫人修眉的范本。唐张泌《妆楼记》载："明皇幸蜀，令画工作十眉图，横云、斜月皆其名。"苏东坡诗："成都画手开十眉，横烟却月争新奇。"究竟是源出于成都，唐玄宗到蜀令人画的，还是唐玄宗带到蜀地的，就不得而知了。

自唐以后，画眉之风日趋风靡。据北宋陶谷《清异录》载，宋代名妓莹姐"画眉日作一样"，有人劝她修《百眉图》。有的甚至拔去真眉，以黛画之。有的佛门弟子也画眉，名曰"浅文殊眉"。

（四）钿靥（yè）

钿是花钿，又称寿阳妆、梅花妆、贴花子，始于南朝宋武帝之女寿阳公主。《宋书》[2]载："武帝女寿阳公主日卧于含章檐下，梅花落公主额上，成五出之华，拂之不去，皇后留之，自后有梅花妆，后人多效之。"当时一

〔1〕《太平御览》卷七一九《服用部二一·黛》引，北京：中华书局，1960 年影印版。
〔2〕《太平御览》卷九七〇《果部·梅》引，北京：中华书局，1960 年影印版。

清代珠翠钿子

般用薄金片等各种材料剪成星、月、花、叶、鸟、虫等贴于额间，故又称"花黄""额黄""眉间黄""鸦黄"。古乐府《木兰诗》云："当窗理云鬓，对镜贴花黄。"李商隐《蝶三首》诗云："寿阳公主嫁时妆，八字宫眉捧额黄。"唐卢照邻《长安古意》云："纤纤初月上鸦黄。"隋唐时，又用颜色点画鸦黄。隋朝虞世南《应诏嘲司花女》诗："学画鸦黄半未成。"大部分贵妇仍然贴花钿，白居易《长恨歌》云："花钿委地无人收。"现代人不贴花钿，一般是在幼儿的眉间点一红圆点。

靥是嘴两边的酒窝，妆靥即以丹砂点画或剪成的各种图案贴在靥处。据唐人段成式《酉阳杂俎》卷八《黥》载，三国吴孙和醉酒误伤邓夫人面靥，以百金购得白獭髓，合玉、琥珀屑敷在伤口上，愈后靥处留下赤点，更显得娇妍，宫人皆仿效。

唐代画家周昉《簪花士女图》中的仕女，大都贴有花钿、妆靥。晚唐五代时，钿靥盛行，妇女们把各种图案贴得满脸都是。

（五）粉脂

粉是白粉，脂是胭脂。从上述"粉白黛黑"可知，先秦时就有白粉。东汉刘熙《释名·释粉》讲："粉，分也。研米使分散也。赪（chēng）粉者，赤也，染粉使赤，以着颊也。"赪粉是用茜草染成的红粉，相当于胭脂。

胭脂也写作燕脂、燕支。后周马缟《中华古今注》载："燕脂盖起自纣，以红蓝花汁凝作燕脂，以燕国多生，故曰燕支。"唐人张泌《妆楼记》认为出自匈奴焉支山（在今甘肃永昌）。其实，以茜草染成的红粉早已有之，以红蓝花汁凝制的胭脂，产于匈奴焉支山。匈奴单于号其妻为阏氏，自卫青、霍去病大败匈奴后，匈奴歌曰：“亡（无）我祁连山，使我六畜不蕃息；失我焉支山，使我妇女无颜色。”[1]西晋张华《博物志》[2]记载了以西域红蓝花作燕支的方法：“作燕支法，取（红）蓝花捣以水，洮取黄汁，作十饼如手掌，着湿草卧一宿便阴干。欲用燕支，以水浸之三四日，以水洮黄赤汁，尽得赤汁而止也。”

粉脂主要用来涂面、两颊、唇、项、靥。唐代诗人岑参《敦煌太守后庭歌》云：“美人红妆色正艳。”《醉戏窦美人》诗曰：“朱唇一点桃花殷。”

六朝时，受鎏金佛像的启发，盛行以黄粉涂面，称作“佛妆”。北宋彭汝砺《鄱阳集》载：“妇人面涂黄而吏告，以为瘴病。问云，谓佛妆也。”所以，在六朝，涂脸的黄粉又称金粉，又有“六朝金粉，北地胭脂”的说法。

第五节　妇女缠足

上述传统的服饰、化妆都不改变人的生理组织，自妇女的中心位置失去后，“楚宫之腰”“汉宫之髻”，诸多裁量妇女、取悦男人的方法不断产生，其中最残忍、最不能容忍的是缠足。

一、缠足陋俗的流行

关于缠足的起源，主要有三种说法。

一种认为起自战国。清人赵翼《陔余丛考》引《史记·货殖列传》：“赵女郑姬，揳鸣琴，揄长袂，蹑利屣。”认为“利屣，其首尖锐，为缠足之证”。

另一种说法，认为起自南朝。《南史·齐东昏侯本纪》载，东昏侯萧宝卷“凿金为莲华（花）以帖地，令潘妃行其上，曰‘此步步生莲华（花）也’。”

第三种说法，认为始于五代十国的南唐。元末陶宗仪《辍耕录·缠足》载，

---

〔1〕《史记·匈奴列传》正义引《西河故事》，北京：中华书局，1959 年版。
〔2〕《太平御览》卷七一九《服用部二一·燕脂》引，北京：中华书局，1960 年影印版。

清代女鞋

后唐"李后主宫嫔窅（yǎo）娘，纤丽善舞，后主作金莲，高六尺……令窅娘以帛缠脚，令纤小屈上，作新月状，素袜舞云中，回旋有凌云之态。由是宫人皆效之。"

前两种说法不妥。前面讲过，南北朝男女靴可以互穿，唐代妇女穿男子靴衫成为一时风尚，绝不会是三寸金莲。从审美观念上看，唐代妇女以壮健、丰满为美，纤细的金莲与时代风尚格格不入。所以，起自五代十国的说法为学术界所共认。

缠足的具体方法，清人李汝珍《镜花缘》里描写得很详细。一般从四五岁开始，将脚趾并在一起，前脚掌向内弯进，脚成弓形，脚心凹处以能塞进一个鸡蛋为宜。然后用二寸宽的裹脚布狠狠地缠，一边缠一边用针线缝紧。时间一长，十趾腐烂，鲜血淋漓。一年后，足上腐烂的血肉已变成脓水流尽，只剩几根枯骨。

从宋代开始，妇女的鞋出现了新式样。南宋陆游《老学庵笔记》载："宣和末，女子鞋底尖，以二色合成，名'错到底'。"弓鞋、三寸金莲等都有了。

尽管缠足浸透了古代妇女的血泪，许多风流学士仍在妇女的痛苦呻吟中尽情地歌颂、嘲弄三寸金莲的美妙。北宋苏东坡的《咏足词》首开先例："涂香莫惜莲承步，长愁罗袜凌波去……纤妙说应难，须从掌上看。"苏门学士秦观也有"脚上鞋儿四寸罗"的诗句。清人方绚作《香莲品藻》，品评香莲有三贵、四忌、五式、九品、十八名。清末有缠足小、瘦、尖、弯、香、软、正七字诀，都是无聊文人的淫靡之作。

从元代开始，又形成了一股拜脚狂的陋俗。陶宗仪《辍耕录》卷二十三《金莲杯》载，元朝名士杨维桢（号铁崖），在筵席上见舞女有小足者，脱其鞋放上酒杯以行酒，谓之金莲杯。金莲杯的怪俗行于元、明、清三朝。有的把弓鞋放到盘子内，以莲子、红豆等投准，以另一只放上酒杯盛酒，输者须将酒喝掉。还有的喊初一到三十的日期，按特定的要求传递弓鞋，传错了即罚酒。荒淫无耻之状，令人作呕。

清末，又出现晾脚会的风俗，以山西大同最著名。当时有句俗语："苏州的头，杭州的脚，大同的闺女不用挑。"[1]旧历六月初六，妇女们盛装坐在门口，将脚伸出，任人评头论足，足小者得上誉，俨然成为一方的仕女班头或红颜领袖，与现代选美夺冠同样荣耀。从清末到民国，各缠足地区都有这种风俗。

由于文人学士嘲弄、亵渎式的赞美，拜脚狂陋俗愚昧下流的崇拜，晾脚会恶习的廉价奖赏，致使缠足成为一种无奈的自觉，形成了一种扭曲了的审美观念，"牌坊要大，金莲要小"，一双金莲成为衡量妇女美与丑的鲜明标志。正常健康的大脚成为莫大的耻辱和终生的苦恼，"母以为耻，夫以为辱"[2]。

不缠足的姑娘便嫁不出去。清人袁枚《随园诗话》卷四载："杭州赵钧台买妾苏州。有李姓女貌佳而足欠裹。赵曰：'似此风姿，可惜土重。'土重者，杭州谚语脚大也。媒妪曰：'李女能诗，可以面试。'赵欲戏之，即以《弓鞋》命题。女即书云：'三寸弓鞋自古无，观音大士赤双趺。不知裹足从何起，起自人间贱丈夫。'"

尽管李姓女对缠足的始作俑者进行了痛快淋漓的控诉，但仍改变不了千年的陈规陋俗。不缠足的女子做妾都没人愿意要，做明媒正娶的妻子就更不行了。中华人民共和国成立前，各地都有大脚姑娘遭冷遇的歌谣。浙江余姚一带流传："一个大脚嫂，抬来抬去没人要。"

二、天足运动和民国劝禁缠足

清政府从"旗女皆天足"出发，再三下令禁止缠足，这一民族同化政策当然不会被理解和接受。太平天国曾反对缠足，但仅行一时，没有连续性。随着近代机器生产的发展和西方生活方式、价值观念的传入，汉族妇女的三寸金莲与"番妇""旗女"健美的天足形成的反差，日益显露出来。外国博物馆还像稀奇文物一样展出中国的三寸金莲，消息反馈到国内，更刺激了国人的自尊和

---

[1] 丁世良、赵放主编：《中国地方志民俗资料汇编》华北卷引民国十八年河北《新河县志》，北京：书目文献出版社，1995年版，第507页。
[2] （清）福格：《听雨丛谈·裹足》，北京：中华书局，1959年版。

自省。西昆熊子的《药世》、郑观应的《盛世危言·女教篇》，痛陈缠足之害。外国传教士组织的天足会也进行了善意的劝导。19 世纪末，倡禁缠足的呼声由个别人的先觉、宣传，发展为一种群体意识和群体活动——清末天足运动。

　　1883 年，康有为在家乡广东南海创立了不缠足会。1897 年，梁启超在上海组织了不缠足会。一时间，南方各省纷纷响应，各种不同名称的天足会相继成立。维新变法期间，康有为写了《请禁妇女裹足折》，光绪帝于 1898 年 8 月 13 日发出上谕，禁止缠足。天足运动又上升为维新变法的措施之一。维新变法失败不久，以慈禧太后为首的清廷幡然变计，再度推行新政。1901 年，慈禧太后下达了劝禁缠足的懿旨。1906 年，中国天足会在上海成立，并在各地设立分会。清廷的政令和民众运动相结合，出现了放足的热潮。

　　资产阶级革命派一开始就有移风易俗的主动意识。孙中山在《同盟会宣言》中，力辟缠足等各种风俗之害。陈天华的《猛回头》倡言："禁缠足，弊俗矫正。"辛亥革命后，中华民国大总统孙中山下令内务部，通饬各省劝禁缠足。由民国政府推行的各种劝禁缠足措施，遂在广大城乡付诸实施。

　　20 世纪初和民国以来的劝禁缠足，虽有一定的群众运动基础和法令依据，且与推行新政、社会革命交织在一起，但它面临的是近千年积淀而成的世俗势力。"金莲不小，无以字人"，尤其是闭塞偏僻的乡村，多阳奉阴违，甚至顽固对抗。直到抗日战争前夕，经国民政府反复劝禁、高压、惩罚，缠足才在幼女中最后绝迹。那些缠裹成形的少妇，虽经放足，但已无法改变，只能遗恨终生了。

三、新形状与旧观念握手言和

　　缠足是以自身肉体的变异来适应社会审美时尚的一种人体装饰行为，是一种畸形、病态的陋习。它之所以持续千年之久，甚至经过了各民族同化势力、太平天国起义、资产阶级维新派、革命派、清末新政的政令等多种力量前后相继的劝禁，蔑视华人的外国势力的恶意侮辱，西方教会势力的善意劝导，直到中华民国政府的严禁、惩罚，才最后改观。妇人的一双小脚竟如此顽固，而且成为 20 世纪初时代风潮中的"主角"，似乎让人难以理解，而社会风俗的力量就是这样不可抗拒，上千年来，它所积淀、凝固的传统观念和社会舆论监督力量，是其积重难返的主要原因。

首先，缠足植根于男尊女卑的文化土壤中，把妇女都搞成弱不禁风的半残废，在政治、经济、人际交往上依附丈夫而"走不远"，正与"男以强为贵，女以弱为美"[1]，以及三从四德的传统观念相吻合。

其次，缠足的审美要求不是来自女性自身，而是来自社会，是为了满足男子视觉上的快感。从"女为说（悦）己者容"，到"金莲不小，无以字人"，都说明这一点。男性是欣赏、享受美的，女性是扮演美的。整个社会和天下男人以天足为美的新观念不树立，女子和她们的家长是无论如何也不敢放足的。

第三，由上述分析可知，倡导天足的阻力不在妇女自身，而是来自社会和天下的男人。劝禁缠足，不是要做妇女的工作，而是要做社会和男人的工作。劝禁缠足的最后成功，得益于半个世纪以来的倡导、宣传，得益于人们对缠足恶习的痛恨、觉醒和以天足为美的审美观念的认同。

男尊女卑，"女为说己者容"的旧观念并没消失，甚至是思想开化、率先放足的妇女，也未摆脱适应、服从男人审美要求的传统意识。1911 年 8 月 30 号《民立报》的《东西南北》栏目，登载了一句当时流行的俗语："缠足则丈夫骂我，不缠足则尊长厌我，无违夫子。"既然丈夫不喜欢缠足了，为了"无违夫子"，才肯放足。换句话说，是因为缠足的姑娘"无以字人"了，缠足才被禁绝。人们又以"不缠足"来适应男人的审美观。曾被人讪笑的"大脚"变得适应传统和天下男人的审美要求，新形状和旧观念握手言和，并存共荣了。不是为了男人，而是为了体现自我价值的、独立自主的审美观念并没有树立，而这恰恰是男女平等、妇女解放的真正标志。这个任务，不是中国的封建阶级、资产阶级所能完成的。

第六节　中国传统服饰观念透视

服饰，与人类形影相随已有上万年的历史，在所有的身外之物中，唯有它和人贴得最紧密、最受人关注，在衣食住行中居首位。丰富多彩的中国服饰文

---

[1]（东汉）班昭：《女诫》，载《后汉书·列女传》，北京：中华书局，1965 年版。

化，层累地堆积着中华民族的智慧、技艺、灵感和非凡的创造力。它作为一种深厚而悠久的物质文化，渗透在中国人的情感、习俗、道德风尚、审美情趣、社会制度中，不仅成为中华民族鲜明的外在标志，而且积淀为一种普遍的文化心态，形成了中国人独特的服饰审美观念。

一、"非其人不得服其服"与服饰的等级观念和角色心态

中国古代服饰始终贯穿着"分等级、定尊卑"的原则，从先秦时的"士冠庶人巾"、冕旒，到唐朝的黄袍、黄色、品色服的禁令，再到明清的补服、顶戴花翎，颜色、禽兽、宝石都要排成等级，为"定尊卑"服务。森严的等级制度将服饰的社会功能推向极端，人们的服饰审美观念被框定在不同层次的服饰环境中而不得超越，并积淀为一种普遍的文化心态。以"布衣"表示平民，"释褐"表示做官，"冠带""缙绅"表示身份高贵，"蟒袍玉带""乌纱帽""红顶"表示高官，"冕旒""龙袍"表示皇帝，服饰简直成了分等级的图解。几千年来，不是图谋造反者基本上没有僭越服饰的现象。春秋郑子臧"好聚鹬冠"，竟被郑文公派人诱杀于陈、宋间。左丘明评论说："君子曰'服之不衷，身之灾也。'子臧之服不称也夫。"〔1〕鹬是一种能预知晴雨的鸟，古代以知天文者冠鹬冠，子臧不知天文而冠鹬冠，所以遭到杀身之祸。

辛亥革命前后的剪发易服风潮，冲击了等级式的服饰结构，造成了中国服饰结构的转型，旧的服饰等级观念影印在新的服饰结构上，又强化了人们的服饰角色心态，形成了对角色服饰的自我认同。

辛亥革命后，机关、教育界穿西服、制服，工商界及农村乡绅穿长袍马褂，城市新潮女子穿旗袍、高跟鞋，乡村男女穿土布或洋布便服。城里人和乡下人、先生、女士、学生、绅士、农民的身份，就像舞台上的角色一样一目了然。一旦超越自己的类别，"间有时髦妆饰，乡民多非笑之"〔2〕。中华人民共和国成立前存在的"只认衣衫不认人"，就是角色服饰下产生的直觉。因为在一般情况下，衣衫直接反映了本人在社会生活中的角色。

〔1〕《左传·僖公二十四年》，载《十三经注疏》，北京：中华书局，1980年影印版。
〔2〕丁世良、赵放主编：《全国地方志民俗资料汇编·华东卷上》引《续修清平县志》，北京：书目文献出版社，1992年版，第321页。

现在的人们仍然存有对角色服饰的认同。人们在以服饰美化自身，体现自己的思想、气质、身份、追求时，总是按照自己在社会生活中的角色、类别对号入座，一般不萌生非分的奢望。

（一）中国人追求的服饰美是一种雷同型的和谐美，而不是超越型的反差美

服饰成为社会各阶层的类别包装，服饰雷同是角色服饰的典型特征。服饰的合理性取决于社会的可行性，而不取决于个人的审美要求。人们钟情于追逐流行色、流行款式，从来不想与众不同，体现个性。人家有个双胞胎，本来就不好辨认，可总喜欢给他们做一样的衣裳，越是一模一样，就越有美感，如果体现他们的个性，使他们的服饰出现反差，美感也就消失了。

改革开放后，人们的审美观念开始更新。但大部分人仍循规蹈矩地左顾右盼，奇装异服仍像洪水猛兽一样可怕。很少有人在服饰上大幅度地超越，与周围形成强烈反差。改革开放以来的服饰趋新历程，可借用孟子的"五十步笑百步"[1]来形容。当某种服饰刚出现时，往往受到大家的指责。当普及到一定程度时，大家也都跟着穿戴起来，同时又继续指责那些跑在服饰潮流前面的、穿戴离格的人。当大家都不描眉时，总说描眉是妖艳、风流，而当体会到描眉的美感而都描眉时，却又指责描口红是伤风败俗。

总之，雷同型的和谐美肯定的服饰趋新，是一种普及型的群体趋新。一种服饰的审美价值只有在群体认同、群体流行后才能体现。"一花独放不是春，百花齐放春满园"，讲的就是这种审美价值的滞后性，也是几千年农业文化重经验、轻革新的惰性在服饰上的体现。

由于个体超越型的服饰美得不到肯定，历史上的服饰发明家、改革家，包括堕马髻的发明者孙寿、花钿的发明者寿阳公主、活齿屐的发明者谢灵运、襕衫的发明者马周、中山装的发明者孙中山等，尽管为中国的服饰美贡献了艺术智慧，却都没得到应有的宣传和肯定。所以，这一服饰审美观固然遏制了伤风败俗的奇装异服，但也阻碍了服饰的发展和创新。辛亥革命后，就这样看一步、停一步，步履蹒跚地走过来了。

---

[1]《孟子·梁惠王上》，载《诸子集成》，上海：上海书店，1986年影印版。

（二）服饰趋新的务实性

角色服饰的和谐美决定了服饰趋新是一种群体行为，也决定了服饰趋新、超越的渐进性和务实性，这是中国自给自足的农业自然经济的要求。

在中国人的传统服饰观念中，一件衣服往往希望它坚固耐用，而从不考虑它的款式会陈旧过时，需要更新。辛亥革命前后，西装大量传入，人们追求的不是款式的新颖而是质料的坚固。尤其是在广大的农村，对西装的兴趣远不如对洋式衬衣、绒衣、针织衫裤、纱袜、胶鞋的偏爱；对西装款式的选择也远不如对机织毛呢、人造丝、洋布等西式质料的选用。尤其是西装中的领带，超越程度太大，又是不能御寒防晒的赘物，直到现在，大部分人只穿西装，不戴领带。

由于服饰讲求实用价值和审美价值的统一，对不具实用价值的服饰的趋新是浅薄和幼稚的，印上几个外文字母，甚至是汉语拼音，就以为是新潮了，就满足了。

（三）服饰款式的归属性

角色服饰心态的存在，使某一类服饰在流行过程中有着明显的归属性。某种服饰风行一时，很快归属于某一类的群体，这一新款式也就被定位，不再向其他阶层流传了。因此，角色服饰心态的存在，使以城市为中心的服饰新潮对四周的辐射力大打折扣。辛亥革命的西装，一开始就定位于西化程度较高的新潮人士中，在守旧人士和广大农民中则没有知音。无论怎么流行，都无法超越这一类别。改革开放以来的最大成就，就是冲破了这一角色框定，各行各业的人都可以穿西服了。然而，服饰尊卑等级的阴影仍未消失，服饰的品牌、质地、品位、价格等，依然是社会地位的象征。

二、"洁身自好"与个体内在品格

《论语·尧曰》称："君子正其衣冠，尊其瞻视，俨然人望而畏之，斯不亦威而不猛乎！"

古人讲求仪容、服饰的整洁是为了保持身心的清洁，培养自己的高尚品格。《礼记·儒行》叫"澡身而浴德"。例如，在古代免冠、徒跣表示赔罪，沐浴更衣表示郑重其事，君子佩玉表示德，"佩韦以自缓""佩弦以自急"，戴獬豸冠表示明辨是非，戴鹖冠表示勇。子路"衣弊缊袍与衣狐貉者立而不耻"，显示了贫贱不移、蔑视一切的自信。他在激烈战斗中放下武器结缨，似乎很迂腐，但表现了一种至死不乱方寸的牺牲精神，也是近代革命烈士在刑场上正好衣冠从容就义的历史渊源。因此，外在服饰展示着人的内在品格是根深蒂固的传统观念。直到现在，人们仍然自觉不自觉地以服饰打扮来评价人的品德："看他那打扮就……"

这一传统的服饰道德界定主要有以下表现：

（一）男人品格、地位越高，服饰就越美，审美价值和名人效应就越大

古人喜好将外在服饰与个体内在品格联系起来，在古代领导男人服饰新潮流的都是有身份地位或者品格高尚的名人，人们由仰慕他们的品格、地位而仿效他们的服饰。"齐桓公好服紫，一国尽服紫。当是时也，五素不得一紫"[1]。汉高祖好竹皮冠，刘氏冠名闻天下。东汉名士郭泰，字林宗，头巾的一角被雨淋湿垂下，人们竞相戴上这折垂一角的"林宗巾"。东晋刚刚播迁江左，国用匮乏，库中仅有練布千匹，卖不出去。王导带头制練布单衣而服之，練布的价格猛增至每匹一金。唐代定品色服后，上层位服饰始成为可望而不可即的东西。

（二）妇女越是艳美，品格越低，越是亡国败家的祸根

这一传统偏见的形成有以下三方面的原因：

其一，妇女服饰新潮的领导者，唐以前是京师贵妇，宋以后是妓女。推动服饰发展的人的类别上的反差，给艳美蒙上一层不光彩的阴影。

两汉长安语曰："城中好高髻，四方高一尺。城中好广眉，四方且半额。城中好大袖，四方全匹帛。"[2]前面讲的卓文君、孙寿、寿阳公主、宵娘都

〔1〕《韩非子·外储说左上》，载《诸子集成》，上海：上海书店，1986年影印版。
〔2〕《后汉书·马援传》，北京：中华书局，1965年版。

是京师贵妇。白居易《时世妆》称："时世妆，时世妆，出自城中传四方。"讲的就是这种情况。

到宋朝始有"四方看京师，京师看妓女"的民谚。北宋汴京有两万多妓女，有些有很高的文化素养。不仅柳永、周邦彦等风流才子混迹于青楼，连当朝天子宋徽宗也拜倒在李师师的石榴裙下。前面提到的莹姐、李师师、陈圆圆都是妓女，也都是妇女美容的创新者。中国近代，妓女又成为西服洋装的先行者。然而，艳丽、新奇的服饰，只是出于"取悦于狎客耳"，反映的只能是低下的品格。

其二，古代美女往往成为男子沉湎女色而亡国败家的替罪羊，更加深了美色是红颜祸水的心理印象。

夏朝的妹喜、商朝的妲己、晋献公时的骊姬、越女西施，甚至是貂婵那样虚构的美女，被利用、玩弄后，还要加上一个女色惑主、亡国倾城的历史罪名。这种偏见深深地印记在人们的观念中。像"商女不知亡国恨""英雄难过美人关""不爱江山爱美人""近地丑妻家中宝"等俗语，都是这种世俗偏见的反映。

其三，历代文人墨客对妇女美色亵渎、嘲弄式的赞美，伤害了妇女的人格。

在文人墨客的笔下，妇女美色是被亵渎、玩弄的对象，缺乏应有的庄重和严肃。像倾城倾国、沉鱼落雁、闭月羞花等都有戏弄之意，前者亡国败家，后者破坏自然的和谐。而歌颂男性美则截然相反，如李白的"秦王扫六合，虎视何雄哉"，王维的"九天阊阖开宫殿，万国衣冠拜冕旒"，苏轼的"雄姿英发，羽扇纶巾"，显然是另一种格调和气派。

（三）在一般情况下，追求服饰美的权利越大，品格地位越低

由于服饰与个体品格的界定，正统、淡素的服饰往往标志着端庄、成熟、有修养的品格，而娇艳新奇的服饰则标志着轻浮、浅薄的品格，特别离格的服装则为妖气、流气。它赋予不同的社会群体以不同的追求服饰美的权利。

一个天真烂漫的少女一旦成为干部、劳模、典型，奇装异服就得和她绝缘。一，她不能成为领导服饰新潮流的类别；二，外在服饰展示着她的内在品格。

从年龄来看，年幼小姑娘的"特权"最大，因为她还没有成年人的品格，

艳丽的奇装到她身上由轻浮变成生机勃勃。"花枝招展"一词，形容小姑娘自然得体，是赞美之意；形容半老徐娘，就变味了。待子女长大后，母亲的爱美之心就得收敛、掩饰，中国基本没有母女之间、婆媳之间争俏比美的现象。

近年来，老年人的服饰日趋鲜艳，这是一种冲破旧俗的新观念，反映了人数渐居多数的新一代老年人的审美意识和要求。

三、"改正朔，易服色"与服饰的政治功能

古代统治者在服饰上寄托了太多的政治功能，儒巾表示"四方平定"，六瓣便帽隐喻六合一统，使中国人的服饰观念明显带有政治判断、道德界定等心理印象：服饰变革暗示着改朝换代，穿衣戴帽是个人政治立场、思想倾向的外在标志。

清军入关后，把是否接受满洲服饰看作是是否接受其统治的标志，强令汉民薙发留辫，区区三尺发丝竟导致几十万人丧生的惨烈悲剧。

辛亥革命后，康有为、张勋、王国维等遗老遗少认为，只要我留着长辫子，穿着长袍马褂，我就是效忠清廷的忠臣，清王朝就阴魂不散，光复帝制就有希望。革命党人的服饰观念与清朝的遗老遗少们如出一辙：只要我剪去长辫子，穿上西装，就和清廷划清了界限，民主共和就完成了。

"尚色"的习俗和黄、紫、红、绿、青、白等颜色等级序列，使中国人的服饰颜色审美带有明显的吉凶、忠奸、利害、荣辱等价值判断。龙纹是皇帝的专利，直到现在的服饰，可能绣上个小狗、小羊，但很少有龙纹。龙的传人，舞龙、画龙、装饰龙，就是不穿龙。

黄紫不敢僭用，最高的红色成为中国人追求、向往的喜庆颜色，而品色服中的最低色青、白、黑不仅是老百姓普遍穿用的颜色，而且成为凶哀方面的象征。由于绿帻的历史耻辱，中国的男人至今不戴通体一色的绿帽子。在社会生活方面，"大红大紫""走红运""又红又专""红火"是褒义；"白痴""白眼""青眼""白丁""心黑手辣""黑心肠""黑社会"等是贬义。现在通行的"黄牌""扫黄""红灯"等是西方文化，如果创始于中国就不会是这样，在黄色为皇帝专用色的封建时代，说"扫黄"是要灭族的。

四、女性服饰美容的发达与男尊女卑

古代女性美容和化妆，要比男性复杂、发达得多，消费值也比男子高得多。髻鬟、额黄、眉黛、朱粉、口脂、花钿、妆靥（yè）、笄钗、玉珥、环镯等，足以将妇女装扮得如花似玉、珠光宝气。可以说是倾尽了天下资财和耗尽了古人全部的美容艺术智慧。

现代仍然如此，妇女们拥有广阔的服饰选择空间，几乎所有的男性服饰都可以选择，而男性却不能使用女性的某些服饰。她们把一切可能塑造形象美的因素都挖掘出来了，通过药物、节食减肥已经很平常，还有拉双眼皮、栽眼睫毛、挖靥窝、削骨、抽脂、隆胸、断骨增高等改变生理组织的高科技美容，以至于使现代医学在救死扶伤的基础上再增加一项功能：用手术刀、麻醉剂、鲜血来铸造美。

当然，某些男性也在修饰外在美，但男子拉双眼皮与女子抽烟喝酒一样，改变不了整容和烟酒的归属性质。近几年女性消费值最大的是服饰和化妆品，男性则是烟酒。

女性服饰美容如此丰富发达，是否说明女性地位高呢？恰好相反，它仍然是男尊女卑的体现。

（一）"楚王好细腰，宫中多饿死" "女为悦己者容" "金莲不小，无以字人"，古代妇女没有独立的审美追求，她们的审美追求必须服从男人，满足男子视觉上的快感。历代文人学士都极力推崇、赞美妇女美色，楚宫之腰、汉宫之髻、三寸金莲都能激发他们的创作灵感。什么"逶迤梁家髻，冉弱楚宫腰" "淡扫峨嵋朝至尊" "朱唇一点梅花殷"等比比皆是。它也说明无论是帝王将相、文人墨客，还是布衣男人，对妇女美容化妆都有浓厚的兴趣。妇女化妆美容越是丰富发达，说明男子欣赏女性美的消费值越高。

（二）男尊女卑的社会使男子获得了一种理所当然的优越感和自信，他们不需要再用美色来显示或充实自己。比方说，自然界的禽兽，如孔雀、狮子、梅花鹿、鸡都足以证明雄性比雌性美丽得多，但中国古代的男子从来不引作证明。妇女则不同了，男尊女卑社会的"女子无才便是德" "哲夫成城，哲妇倾城" "牝鸡之晨，惟家之索"等观念，把妇女所有能自强自立的因素都剥夺了，只剩下属于自身的容貌了。美貌成为妇女显示自身价值唯一的资本和至关重要的外在标志。

直到现代，男女服饰审美观念仍然是两极分化的。男性服饰以显示自己的阳刚气质、潇洒风度、服饰的自然得体为价值追求。而女性则带有明显的增加美色的目的。尤其是表现在化妆上，大多数女性的心灵深处，仍然把美貌作为自身价值的一项至关重要的外在尺度。

（三）玉帛珍宝、金钱美女，在统治者看来是一回事，现在仍然把金钱美女连称。古代赏赐、贡献、赠送、交换美女的现象史不绝书，当然要通过化妆来显示她们的美色。

从古到今一直存在妇女以美貌谋生的现象，服饰、化妆是妓女、歌女、舞女职业谋生的需要，直接反映了妇女地位的低下。

改革开放以来，中国开始出现选美活动。笔者说不清选美是赞美女性，还是亵渎女性，是否是美化人生，至少敢说是社会对妇女美色的选拔、欣赏，绝对不是对妇女能力、智慧、成就的关注。应该说，无论什么性别、阶层、职业，都有追求美的权力，但选美主要在女性中进行，对女性来说，美的价值比男性更重要。男性用不着选美，如果有，对这个美男来说，所得到的只是与美女同等的色相的价值，用传统的偏见衡量，这不是男儿的荣耀，而是七尺丈夫的耻辱。

在中国服饰文化中，层累地堆积着中华民族的高度智慧、高超技艺和优良传统。如由个体品格自律而产生的服饰打扮的自然得体；对仪容服饰庄重、礼貌的态度，上层位的人对仪容服饰既不邋遢不羁，也不标新立异；对奇装异服，尤其是裸露装有一种天然的抵制；等等。然而，种种服饰传统偏见，尤其是视艳美为轻浮、妖气的观念、服饰等级观念，限制了人们对服饰趋新意识、超前意识和对美的正当追求，又成为美化人生、装点生活、服饰创新的障碍。

第二章　饮食风俗

"王者以民为天，而民以食为天"[1]，饮食是人类最基本的生存活动方式。饮食风俗是指食物、饮料、饮食器具在生产、制作和食用过程中相沿积久的风俗习惯、食用风格、礼仪常规、消费观念。它是一个国家、民族、地区生活水平和文明程度的鲜明标志。

第一节　从茹毛饮血谈起

《礼记·礼运篇》载，上古之时"未有火化，食草木之实，鸟兽之肉，饮其血，茹其毛"。当时，人们不懂得用火烧食，吃的是生肉、生果，喝的是禽兽的血和溪涧的生水，与一般动物的饮食没有多大区别，南朝萧统的《文选·序》称作"冬穴夏巢之时，茹毛饮血之世"。

人类懂得用火烧制食品，是一个漫长的历史过程。由于雷电引起森林火灾，人们在灰烬中捡烧熟的动物食用，发现比生肉好吃得多。于是，开始保存天然火种，用来取暖和烧烤食物。一旦火种熄灭，还得生食。因此，在发明人工取火之前，人类一直处在茹毛饮血阶段。但知道利用天然火烤烧食物，已开人类饮食生活的先河。

在远古传说中，对人类饮食做出革命性贡献的是燧人氏。《韩非子·五蠹》载，上古之世，"民食果蓏（luǒ）蚌蛤，腥臊恶臭而伤害腹胃，民多疾病。有圣人作，钻燧取火，以化腥臊，而民说（悦）之，使王天下，号之曰'燧人

---

[1]《汉书·郦食其传》，北京：中华书局，1962年版。

氏'"。从此，人类彻底摆脱了"茹毛饮血"状态，进入熟食阶段。

　　"神农氏乃始教民播种五谷"[1]，"神农耕而作陶"[2]。唐司马贞《三皇本纪》讲，伏羲氏"结网罟（gǔ）以教佃渔""养牺牲以充庖厨"。以前，人类只是利用自然界现成的食品，自神农氏发明原始农业，伏羲（牺）氏发明畜牧业后，人们认识了动植物的生长规律，利用这一规律把它再生产出来。从这个意义上讲，神农氏、伏羲氏分别是中国植物食品和肉类食品的开创者。

炎帝神农氏像

　　陶器的发明是人类烹饪食物的开端。以前烧制食物的方法是"火上燔肉""石上燔谷"，将兽肉直接放到火中烧，或将粟籽放到石片上焙炒。《礼记·礼运篇》载："夫礼之初，始诸饮食，其燔黍、捭豚、污尊而抔饮。"1922年河套地区发现10万年前用石片烤烧食物的遗迹，证明人类的确经历了这种石烹时代。有了火和陶器，人类就可"以炮、以燔、以亨（烹）、以炙、以为醴酪"[3]，用炖、煮、煎、熬等烹饪方法，制作出带汤和调味品的食物。在古传说中，除神农做陶外，功劳最大的要属黄帝了。

　　据说，"黄帝作灶，死为灶神"[4]。三国谯周《古史考》称："黄帝作釜甑。"黄帝始"蒸谷为饭，烹谷为粥"。陶灶节省燃料，能集中火力让食物快熟。釜、甑、灶的发明，是饮食史上又一个里程碑。

---

〔1〕《淮南子·修务训》，载《诸子集成》，上海：上海书店，1986年影印版。
〔2〕《太平御览》卷八三三《资产部一三·陶》引《周书》，北京：中华书局，1960年影印版。
〔3〕《礼记·礼运篇》，载《十三经注疏》，北京：中华书局，1980年影印版。
〔4〕《太平御览》卷一八六《居处部一四·灶》引《淮南子》，北京：中华书局，1960年影印版。

食盐是黄帝的另一项重大发明，黄帝的臣子宿沙氏"初作煮海盐"[1]。盐是基本的调味品，为人体所必需。有了盐，才改变有烹无调的缺憾，使"烹调"有了完整的概念。

汉代以前，曾一度尊黄帝为灶神，就是出于对他上述贡献的崇敬和纪念。但让华夏族的鼻祖当灶神太委屈他，这种说法才没流传下来。

中国人喜好把重大发明归功于他们崇敬的祖先。其实，上述发明绝不是单个人的功劳，应视为他们代表的那个氏族集体智慧的结晶。据考古学材料印证，燧人氏应属于能够人工取火的山顶洞人时期；神农氏、伏羲氏应属于发明了原始农业、畜牧业和陶器的母系氏族公社时期；黄帝则属于父系氏族公社时期。

由此可知，经历了若干万年的艰苦实践和探索，到距今 5000 年前的父系氏族公社时期，人类的饮食生活便正式确立了。

第二节　中国传统的食物

一、主食

（一）五谷、玉米、甘薯、薯类食物

中国传统的主食是"五谷""六谷""九谷"。

关于五谷，古代有多种说法。《周礼·天官·疾医》载："以五味、五谷、五药养其病。"郑玄注曰："五谷，麻（籽）、黍、稷、麦、豆也。"《孟子·滕文公上》载："树艺五谷。"赵岐注曰："五谷谓稻、黍、稷、麦、菽也。"《楚辞·大招》载："五谷六仞。"王逸注曰："五谷，稻、稷、麦、豆、麻也。"

《周礼·天官·膳夫》载："凡王之馈，食用六谷。"郑玄注曰："六谷，稌（tú）、黍、稷、粱、麦、苽（gū）。"《三字经》中也有六谷：稻、粱、

---

[1] 许慎：《说文十二上·盐部》，北京：中华书局，1963 年影印版。

菽、麦、黍、稷。

《周礼·天官·太宰》又提到九谷。郑玄注曰："九谷，黍、稷、秫、稻、麻、大小豆、大小麦。"

从五谷、六谷、九谷的说法可知，今天我们常用的粮食作物已大致齐备了。

《瑞谷图》。清，郎世宁绘

张骞出使西域后，从西域引进了胡（芝）麻、胡豆（豌豆、蚕豆）等品种。

16世纪初，玉米由海路传入浙江、福建、广东等地。玉米原产于中美洲与南美洲，明清文献称为"御麦""玉麦""玉谷""番麦""玉蜀黍"等。由于它产量高，适宜旱地种植，明末清初在全国各地普遍种植，并和甘薯一起成为许多地区的主要食物。

甘薯是16世纪末，经由福建长乐、广东电白和福建泉州三条路线引进的。据《金薯传习录》载，明朝万历年间（1573—1620年），菲律宾盛产甘薯，统治其地的西班牙当局严禁甘薯传入中国。福建长乐商人陈振龙到菲律宾经商，将甘薯藤藏于船绳之中带回家乡，由福建巡抚金学曾试种成功，逐渐推广至全国各地。后来，人们在福建乌石山建"先薯祠"，纪念陈、金二人。

在薯类作物中，还有马铃薯、芋、山药等。马铃薯原产南美洲，明代由海盗带入中国，民间俗称"土豆""地蛋""洋芋"。芋和山药是先秦时期已有的植物。芋俗称"芋头"，古代又称作"渠""蹲鸱"。《说文一下·艸部》云：

"芋，大叶实根骇人。"宋人罗愿《尔雅翼》载："前世相承谓蹲鸱为芋，言蜀川出者，形圆而大，状若蹲鸱。"芋用作主食，是古代救饥馑、度凶年的食物。秦灭赵国，迁徙豪富，蜀卓氏的先人说："吾闻汶山之下沃野，下有蹲鸱，至死不饥。"请求迁徙到蜀地。陆游在《芋》诗中写道："陆生昼卧腹便便，叹息何时食万钱。莫诮蹲鸱少风味，赖渠撑住过凶年。"山药古称"藷（薯）薁""薯蓣"。《本草纲目·薯蓣释名》载："薯蓣，一名藷舆，一名儿草，一名修脆。齐鲁名山芋，郑越名土藷，秦楚名玉延。"

（二）糗糒（qiǔbèi）、饙（fēn）、糜

在秦代以前，主要是用脱壳的谷物做成干粮、蒸饭和粥。

干粮即炒熟的米、麦，在古代称作糗、糒、糇（hóu）。《说文七上·米部》曰："糒，干也。""糗，熬米麦也。"古代"干煎曰熬"，东汉"严尤击江贼，世祖奉糗一斛"[1]。"一斛"糗，显然是干粮。《汉书·李陵传》载，李陵击匈奴兵败，"令军士人持二升糒，一半冰"相持。《后汉书·隗嚣传》载："嚣病且饿，出城餐糗糒，恚愤而死。"《释名·释饮食》载："糇，候也。候人饥者以食之也。"也是干粮。周公说自己"一饭三吐哺"，吃的肯定是炒米，才需要长时间咀嚼。

蒸饭称作"饙"。《诗·大雅·泂酌》云："可以饙饎（chì）。"毛传曰："饙，馏也。饎，酒食也。"《释名·释饮食》曰："饙，分也。众粒各分也"。当时，蒸饭叫馏，也有的说，"一蒸曰饙，再蒸曰馏"[2]。现在加热熟食，仍叫"馏一馏"。把蒸饭浇上肉羹、菜羹叫作饡（zàn）。《说文五下·食部》载："饡，以羹浇饭也。"

粥称作糜、饘（zhān）、酏（yí）。《释名·释饮食》称："糜，煮米使糜烂也。"粥有稠稀之分，稠者曰饘，稀者曰酏。《礼记·内则》载："饘、酏、酒、醴、芼、羹、菽、麦、蕢、稻、黍、粱、秫，惟所欲。"郑玄注：饘，"厚粥也"；酏，"薄粥也"。

古代贵族的粥还要掺上肉酱，做成肉粥，称作"糁（sǎn）食"。《周礼·天

---

〔1〕《太平御览》卷八六〇《饮食部一八·糗糒》引《东观汉记》，北京：中华书局，1960年影印版。
〔2〕朱骏声：《说文通训定声·孚部》，北京：中华书局，1984年版。

官·醢人》曰："醢食糁食。"据郑玄注，糁食是稻米占 2/3，肉占 1/3。肉中，牛、羊、豕肉，又各占 1/3。

（三）面粉和各种饼食、面点

秦汉以前主要是粒食，但也有人把谷粒用石臼捣成破碎的粉。如《周礼·天官·笾（biān）人》载："羞笾之实，糗饵粉餈（cí）。"郑玄注曰："粉，豆屑也。"饵和餈"此二物皆粉稻米、黍米所为也。合蒸曰饵，饼之曰餈。"磨制而成的面粉写作"麪""麷"，汉人也称作"粟冰"。《说文五下·麦部》曰："麷，麦末也。"孔安国注释《尚书·益稷》中衮服十二章的"粉米"时说："粉若粟冰。"西晋束皙曾作《饼赋》曰："重罗之面，尘飞雪白。"

有了面粉，就开始了饼食的历史。汉代文献开始出现"饼"。扬雄《方言》讲："饼谓之饦（tuō），或谓之馄（zhāng）馄。"《释名·释饮食》说："饼，并也。溲（sōu）面使合并也。"西晋束皙《饼赋》讲："《内则》诸馔不设饼，然则虽食麦，而未有饼。饼之作也，其来近也。"据《三辅旧事》载，汉高祖刘邦为父亲在关中建新丰县，其中有卖饼的小商人。汉质帝因吃饼被毒死。可知饼食的历史，始于汉代。

随着面食的普及，至迟到西晋时已掌握了发酵技术。西晋何曾日食万钱，"蒸饼上不坼作十字不食"[1]。能裂开的蒸饼显然是发酵面，不发酵的死面是无论如何也蒸不裂的。

有了发酵技术，中国的面点迅速发展起来。

面点之首是中国人常吃的馒头。据北宋高承《事物纪原》卷九载，诸葛亮南征班师，将渡泸水。当地风俗，以人头祭神，诸葛亮不忍，用牛、羊、猪肉作馅，包入面中，做成人头状，投入水中，"馒头名始此"。明人郎瑛《七修类稿》也讲："馒头本名蛮头。"这种有馅的馒头，实际是现在的包子。日语中的包子就写作"饅頭"，是隋唐时从中国传入的。魏晋时期，无馅的馒头也有了。嘉峪关魏晋墓壁画中，有一女仆端馒头的壁画。上述何曾吃的蒸饼，也是无馅馒头。

---

[1]《晋书·何曾传》，北京：中华书局，1974 年版。

从两汉到隋唐五代，饼是所有面食的通称。用水煮的面条、馄饨、水饺叫汤饼。《世说新语·容止》载，曹魏何晏"美姿仪，面至白，魏明帝疑其傅粉，正夏月与热汤饼，既啖，大汗出，以朱衣自拭，色转皎然"。何晏吃的汤饼，应该是面条。

面条也称不托、餺（bó）饦。欧阳修《归田录》卷二："汤饼，唐人谓之不托，今俗谓之餺饦矣。"北魏贾思勰《齐民要术·饼法》讲："餺饦，挼（ruó）如大指许，二寸一断，著水盆中浸，宜以手向盆按，使极薄，皆急火逐沸熟煮"。可知，当时的面条只是面段和面片。唐玄宗王皇后向玄宗泣诉曰："陛下独不念阿忠（王皇后之父）脱紫半臂易斗面，为生日汤饼邪？"[1]

魏晋南北朝已有水饺，当时称作馄饨。唐段公路《北户录》记有"浑沌饼"。崔龟图注曰："颜之推云'今之馄饨，形如偃月，天下通食也'。"1972年，新疆吐鲁番阿斯塔那唐墓中，发现有水饺和其他面食做的殉葬品。

从两汉到隋唐，还流行一种形制较大，外沾芝麻，内夹果仁的胡饼。《释名·释饮食》讲："胡饼作之大漫沍也，亦言以胡麻著上也。"清人毕沅疏证曰："漫沍当作'蟎胡'，龟鳖之属，乃外甲两面，周围蒙合之状。胡饼之状似之，故取名也。"晋司马彪《续汉书》讲："灵帝好胡饼，京师皆食胡饼。"《赵录》[2]载："石勒（后赵）讳胡，胡物皆改名。胡饼曰搏炉。石虎改曰麻饼。"又载："石虎好食蒸饼，常以干枣、胡桃瓤为心蒸之。"唐苏鹗《杜阳杂编》载，唐懿宗同昌公主死，仅赐给役夫吃的胡饼就有三十骆驼，每个直径有两尺。

隋唐以后，中国的面点大放异彩。除常吃的馒头、包子、水饺、馄饨、面条外，各类面点美不胜收。仅以饼为例，就有蒸饼、烙饼、鏊饼、环饼、胡饼、烧饼、乳饼、煎饼、春饼、月饼、麻花、白饼、髓饼、粉饼、茶饼、酥饼、芋饼、韭饼、油饼、葱花饼、莲花饼、雪花饼、千层饼、豚肉饼、松黄饼、真汤饼、通神饼、酥琼饼、松子饼、椒盐饼、肉油饼、素油饼、脂油饼、麻腻饼、豆膏饼、鸡鸭子饼、梅花汤饼、玉延索饼、神仙富贵饼等等。工艺有蒸、煮、烤、烙、鏊、煎、炸、卷、点，配料几乎囊括了所有主食、副食、果品、调料、

---

〔1〕《新唐书·后妃传上》，北京：中华书局，1975年版。
〔2〕《太平御览》卷八六〇《饮食部一八·饼》引，北京：中华书局，1960年影印版。

饮料，口味有酥、脆、干、软、香、鲜、甜、辣、咸、酸、苦、荤、素等百味俱全。别说是外国人，就是中国人特意品尝，恐怕一辈子也尝不遍。

二、副食

中国的副食主要有菜、肉、果品、调料四大类。

（一）菜类和豆腐

中国古代的蔬菜统称为"蔬""蕨"。《尔雅·释器》讲："菜谓之蔬。"《尔雅·释天》讲："谷不熟为饥，蔬不熟为馑，果不熟为荒。"可知蔬菜在古人生活中与谷同样重要。一位西方植物学家说，中国人吃的蔬菜有 600 多种，比他们多 6 倍。《国语·楚语下》载："庶人食菜，祀以鱼。"由于中国的老百姓自古就以菜充粮，所食的肉类很少，饭桌上称肉也叫菜。

从母系氏族公社产生原始农业起，中国人就开始人工种植瓜菜。西安半坡、北首岭、姜寨遗址中，发现有白菜籽、芥菜籽。商周时代不仅有菜田，还有固定的菜圃。然而，远古的蔬菜主要依靠野外采集。那时，漫山遍野都长满了可以食用的野菜。中国人强调野味，直到今天，以菌类食品为代表的野菜仍比人工栽培的名贵。

《诗经》中记载的植物食品有 130 多种，常见的菜类有：

荇菜。一种浮在水面上，白茎圆叶的水菜。《周南·关雎》曰："参差荇菜，左右流之。"

蘋菜。一种生长在浅水中的水草，当时的昆仑山之蘋还是名菜。《召南·采蘋》云："于以采蘋，南涧之滨。"

蕨菜、薇菜。《召南·草虫》云："陟彼南山，言采其蕨。""陟彼南山，言采其薇。"今陕西商县为古商国和战国商鞅的封地，因西汉初商山

荇菜。选自《诗经名物图解》。日本，细井徇撰绘

四皓之故，那儿的蕨菜称商芝，是古今名品。

荼菜、荠菜。荼菜即苦菜，荠菜至今为初春名野菜。《邶风·谷风》曰："谁谓荼苦，其甘如荠。"

葑菲（fēng fěi）。蔓菁类的植物。《邶风·谷风》言："采葑采菲，无以下体。"二菜的叶和根茎都可食，根茎有的味苦，诗意谓不可因根茎味苦连它的叶也不要，比喻不可因女子容颜衰退而遗弃。后人以"葑菲之采"为请人采纳的谦辞。

苣菜。类似苦菜。《小雅·采苣》云："薄言采苣，于彼新田。"《史记·田仲敬完世家》云："妪乎采苣，尽归乎田成子。"

莫菜、藚（xù）菜。莫菜始生可为羹，也可生食，藚菜为水菜。《魏风·汾沮洳》云："言采其莫。""言采其藚。"

藿。嫩豆叶。《广雅·释草》载："豆角谓之荚，其叶谓之藿，山韭。"以豆叶为食称藿食，因指在野之人。《说苑·善说》载："肉食者已虑之矣，藿食者尚何与焉？"《小雅·白驹》云："皎皎白驹，食我场藿。"是指人工种植的豆苗。

葍、蓫（fú zhú）。葍为多年生蔓草，地下茎可食。蓫即蓚，又称羊蹄，根粗大可食。《小雅·我行其野》云："言采其葍。""言采其蓫。"

芹。《小雅·采菽》云："言采其芹。"毛传："芹，水草，可食。"据《吕氏春秋·孝行览·本味》载，云梦之芹是当时天下闻名的"菜之美者"。

笋、蒲。笋是竹笋。蒲是菖蒲，水生植物，嫩可食，长成可织席。《大雅·韩奕》言："其蔌（sù）维何，维笋及蒲。"

茆（máo）。又名水葵、凫葵，江南称莼菜，嫩叶可食。《鲁颂·泮水》言："薄采其茆。"

蓼（liǎo）。《周颂·小毖》言："予又集于蓼。"孔颖达疏曰："蓼，辛苦之菜。"是一种调料。

瓜。《大雅·绵》曰："绵绵瓜瓞（diě）。"孔颖达疏曰："瓞，小瓜也。"《左传·庄公八年》载，

韭与瓜。选自《诗经名物图解》。日本，细井徇撰绘

齐襄公派连称、管至父戍守葵丘（在今山东淄博境），约定瓜熟季节更换，结果瓜熟没有换戍，酿成齐国内乱。

除《诗经》外，先秦典籍中常见的菜还有：

韭。先秦祭祀宗庙的物品就有韭。《礼记·曲礼》载："凡祭宗庙之礼……韭曰丰本。"当时人们已知食韭花，《吕氏春秋·孝行览·本味》列举的"菜之美者"有"具区（太湖）之菁"。菁即韭花。

葱、薤（xiè）。《礼记·内则》载："脂用葱，膏用薤。"在西域的大葱传入之前，中国已有山葱，也称作"茖"。《尔雅·释名》载："茖，山葱。"薤俗称"藠（xiào）头"，味辛苦，用作调料，也加工成酱菜。

白冬瓜。
选自明代《本草品汇精要》。刘文泰等撰；王世昌等绘

薑、桂。《礼记·内则》曰："楂梨薑桂。"薑即姜，桂又称木犀、桂花，二者都是调料。

芰（jì）、莲。芰即菱角，莲即荷花、莲子、莲藕。《国语·楚语上》曰："屈到嗜芰。"《离骚》曰："制芰荷以为衣兮，集芙蓉以为裳。"《尔雅·释菜》曰："荷，芙渠。"郭璞注曰："别名芙蓉，江东呼荷。"

堇（jǐn）、苣（huán）。《礼记·内则》曰："子事父母……堇苣枌（fén）榆。"郑玄注曰："冬用堇，夏用苣。"《诗·大雅·绵》称："堇荼如饴"，堇还是当时的美味。《魏书·崔道固传》载，北魏崔和任"平昌太守，家巨富，而性吝啬，埋钱数百斛，其母李春思堇，惜钱不买"。

蒜。大蒜传入中原前，中国已有小蒜，称作"蒚（lì）""卵蒜"。《尔雅·释草》曰："蒚，山蒜。"崔豹《古今注》称："蒜，卵蒜也，俗人谓之小蒜。外国有蒜，十许子共为一株，箨（tuò）幕裹之，尤辛于小蒜，俗人呼之为大蒜。"

食用菌类的木耳、蘑菇等在先秦也有了。《礼记·内则》记有"芝栭（ér）"，芝是灵芝，栭即蕈（xùn），木上所生，即木耳。《尔雅·释草》中有"中馗菌"，郭璞注曰："地蕈也，似盖。"即蘑菇。

张骞出使西域后，从西域陆续传入了西瓜、甜瓜、黄瓜、菠菜、胡萝卜、茴香、芹菜、扁豆、苜蓿、胡荽（芫荽、香菜）、莴苣、大葱、大蒜等。原产于印度的茄子，也由西域传入。西晋嵇含《南方草木状》记载了一种木本茄树，《齐民要术》中有种植茄子的方法。当时的茄子称作落苏、昆仑瓜。

在菜类副食中，中国还有一种特殊的副食——豆腐。先秦时期，豆和其他谷类一样，用豆粒或豆屑做成豆粥。自发明磨粉后，便发明了豆腐。南宋朱熹《素食诗》云："种豆豆苗稀，力竭心已腐。早知淮南术，安坐获泉布。"诗末自注曰："世传豆腐，本为淮南王术。"《本草纲目·谷部·豆腐》也讲："豆腐之法，始于汉淮南王刘安。"1960 年，河南密县打虎亭出土的东汉画像石上有豆腐作坊图[1]。淮南王刘安是西汉著名的美食家，已失传的《淮南王食目》《淮南王食经》等著作都与他有关，手下麕集了一批道家学者和炼丹方士，发明豆腐，到东汉普及，似是可信的。

豆腐的发明，开创了一条利用植物蛋白的新途径，弥补了中国食物结构中动物蛋白不足的缺陷，反映了中国农产品加工业的高度发达，对中华民族2000 多年来的繁衍起了重大的作用。上海 1911 年 5 月 20 号《民立报》报道，辛亥革命前，李煜瀛在法国巴黎集资 8 万英镑，建厂制作豆腐、豆制品。1911年 1 月 10 日伦敦《电音时报》惊呼："豆腐震动欧洲。"

（二）果品

据《礼记·内则》载，先秦时的果品有菱、椇（俗称"鸡距子"，味甜）、枣、栗、榛、柿、瓜、桃、李、梅、杏、山楂、梨等等。宋玉《楚辞·招魂》提到"柘浆"，即甘蔗汁。《吕氏春秋·孝行览·本味》还提到有甘栌、橘子、柚子等。当时，有些果品也进行加工，如"煮梅""煮桃""蒸梨"，可视为

---

[1]《密县打虎亭汉代画像石墓和壁画墓》，载《文物》，1972 年第 10 期。

现代水果罐头的先河。

两汉时期的果品基本齐备。张骞出使西域后，又从西域传来了葡萄、石榴等。汉人扬雄《蜀都赋》提到许多果品，除上述外，又有青苹、木瓜、黄甘、棠梨、离支（荔枝）、樱桃、梗橙，等等。

（三）肉类

肉类副食品有家畜类的马、牛、羊、犬、豚、鸡六畜，也叫六牲。另外有大量的野兽、野禽及鱼、鳖、虾、蟹、蚌、蛤等水产品。先秦时的宴会上，必备鹿、麇（jūn 獐）、雁、鹑、鸽等野味。《诗经》中提到的肉食类动物有200多种，大都是野味。

周代已懂得用冷藏来保存肉类。《周礼·天官·凌人》中的"凌人"，就是主管冷库的官员。《诗·豳风·七月》载："二之日凿冰冲冲，三之日纳入凌阴。""凌阴"就是当时冷藏肉类的冷库。

古代肉类短缺，一般庶人是吃不上肉的。《礼记·王制》规定："诸侯无故不杀牛，大夫无故不杀羊，士无故不杀犬豕，庶人无故不食珍。"鲁国人在劝告曹刿不要参预长勺之战时，把鲁国贵族称作"肉食者"。孟子要梁惠王发展家畜，七十岁以上的人可以有肉吃。都说明一般人很少吃肉。在中国古代平民的饮食结构中，肉食占的比例一直很小。

（四）调料

西周以来，人们烹制食品越来越重视调味品的使用。除了最早的盐之外，天然的调味品有椒、芗（xiāng 紫苏）、苓（甘草）、茱萸、桂皮、姜、韭、葱、蒜、薤、蓼等。

人工制作的调味品主要有醋、酱、糖、油。

殷商以前，人们还不会酿醋。《尚书·说命》载："若作和羹，尔惟盐梅。"即以盐调咸味，以酸梅来增加酸味。从周代开始人工制醋，当时的醋叫作"醯（xī）"。《周礼·天官·醯人》中的"醯人"，就是专门负责酿醋和腌菜的官员。

酱也是周代新兴的调味品。《周礼·天官·膳夫》载："酱用百有二十瓮。"

制醋图。
选自明代《本草品汇精要》。刘文泰等撰；王世昌等绘

本草品汇精要卷之三十七
米谷部下品
醋毒无

《礼记·内则》讲，烹制鸡、鱼、鳖都要用酱，吃鱼脍必用芥酱。

周代的甜味，除以蜜、枣、柿代替外，已懂得将果肉制作成饴糖，也称作"饧（xíng）"。《诗·大雅·绵》云："周原膴膴（wǔ），堇荼如饴。"《礼记·内则》云："子事父母，枣栗饴蜜以甘之。"《本草纲目·谷部》云："饴即软糖也，北人谓之饧。"中国种植甘蔗，熬制"柘（蔗）浆"，至晚始于战国。宋玉《楚辞·招魂》曰："胹鳖炮羔，有柘浆些。"三国时，中原仍制作这种"甘蔗饧"[1]。

东汉时，西域用甘蔗制成砂糖，作为贡品送入中国，称作"砂饴""石蜜"。张衡《七辨》载："砂饴、石蜜，远国贡储。"

唐太宗时，派人到印度学习熬糖法。《新唐书·西域上·摩揭它传》载："唐太宗遣使取熬糖法，即诏扬州上诸蔗，拃沈（榨汁）如其剂，色味愈西域远甚。"

先秦时，就有酸、苦、甘、辣、咸五味之说。"五味、六和、十二食，还相为质也。"[2]"五味令人口爽"[3]。《周礼·天官·疾医》曰："以五味、五谷、五药养其病。"郑玄注曰："五味，醯、酒、饴蜜、姜、盐之属。"当时的甘味来之饴和蜜，辣味来之姜、椒、茱萸、蓼等。唐代有了严格意义的糖，明代又传入了南美产的辣椒，就越发五味俱全了。

油是重要的烹调原料和调味品。古代最早的食油是动物油，称作"脂""膏"。

---

〔1〕《三国志·吴书·孙亮传》，北京：中华书局，1959年版。
〔2〕《礼记·礼运篇》，载《十三经注疏》，北京：中华书局，1980年影印版。
〔3〕《老子道德经·上篇·十二章》，载《十三经注疏》，北京：中华书局，1980年影印版。

《礼记·内则》言："脂膏以膏之。"孔颖达疏曰："凝者为脂，释者为膏。"牛羊等带角动物油冷却后，像蜡一样坚硬，故称脂；猪犬等无角动物油比较稀软，故称膏。《礼记·内则》中"脂用葱，膏用薤"，就是此两类动物油。

两汉时期始有植物油。东汉刘熙《释名·释饮食》中已有"奈实油""杏实油"。三国魏满宠"折松为炬，灌以麻油"[1]，烧掉孙权的战具。此后，以麻籽、豆、油菜籽、芝麻等榨制的植物油日渐增加，并取代了脂膏。大约在16世纪中叶，从南洋群岛传入了花生，迅速在全国普及。豆油、花生油、菜籽油、棉籽油等成为主要的食用油类。直到中华人民共和国成立后，广大农村仍把动物油看得比植物油贵重。

三、中国传统的美食烹饪

从进入阶级社会起，中国饮食就沿着"箪食瓢饮"和"食不厌精"两个层面发展。商纣王酒池肉林，西周贵族钟鸣鼎食，以及后来的封建统治者对饮食高口味的追求，促进了中国饮食文化的博大精深，无论从食料的精细高档，烹饪技术的精湛考究，食品样式的丰富多彩，都足以让外国人垂涎欲滴，叹为观止。在饮食上，中国人几乎耗尽了全部美食艺术智慧。

（一）伊尹、孔子的美食观

商汤时的伊尹是较早的美食家。《史记·殷本纪》说他"负鼎俎，以滋味说汤，致于王道"，成就了商汤的功业。《吕氏春秋·孝行览·本味》记载了他的烹调宏论：

> 夫三群之虫，水居者腥，肉玃（jué）者臊，草食者膻。臭恶犹美，皆有所以（用）。凡味之本，水最为始。五味三材（水木火），九沸九变，火为之纪（调节）。时疾时徐，灭腥去臊除膻，必以其胜（性），无失其理。调和之事，必以甘、酸、苦、辛、咸，先后多少，其齐甚微，皆有自起。

---

[1]《三国志·魏书·满宠传》，北京：中华书局，1959年版。

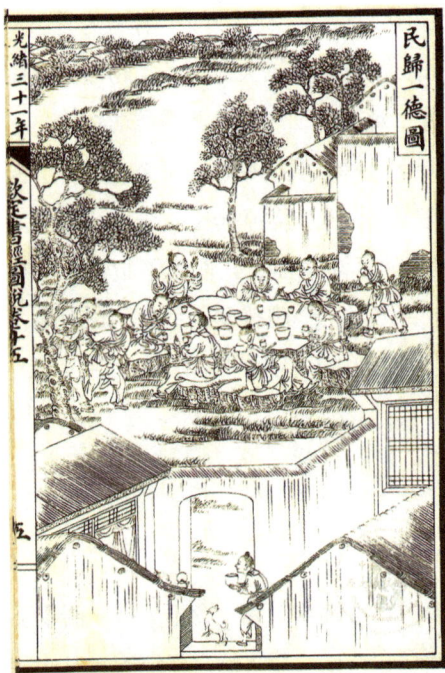

民归一德图。选自《钦定书经图说》。图中讲的是伊尹教民众饮食的故事

鼎中之变，精妙微纤，口弗能言，志不能喻，若射御之微，阴阳之化，四时之数。故久而不弊，熟而不烂，甘而不哝（nóng），酸而不酷，咸而不减（苦涩），辛而不烈，淡而不薄，肥而不腻。

伊尹的理论，对食料本性、口味、加工，掌握烹调的火候，调料的搭配，各种食品口味的恰到好处，都有精辟的见解，可看作是先秦烹调理论的总结。

孔子是春秋时期的美食家，在《论语·乡党》中提出了"食不厌精，脍不厌细"的原则，并列举了十三个不食：

食饐（yì）而餲（ài），鱼馁而肉败不食；色恶不食；臭恶不食；失饪不食；不时不食；割不正不食；不得其酱不食；肉虽多不使胜食气；唯酒无量，不及乱。沽酒，市脯不食；不撤姜食；不多食……祭肉不出三日，出三日不食之矣。

孔子的饮食观，有两方面的内容。

其一，要求卫生和有利于身体健康。

其二，"色恶不食"是讲究菜肴的"色"，"臭恶不食"是讲求"香"，"不得其酱不食"是"味"，"割不正不食"是"形"。中国菜肴的色、香、味、形四项原则，在孔子时已经具备了。

孔子对饮食的刻意追求，特别是"食不厌精，脍不厌细"的说法，对中国古代官僚贵族阶层的饮食观，以及追求高消费的心态，夸富斗奢的陋俗，都产生了深刻的影响。

（二）古人崇尚的名贵食料

《吕氏春秋·孝行览·本味》借伊尹之口，列举了许多先秦时的名贵食料。"肉之美者"有：猩猩之唇、獾獾之炙（烧烤的獾鸟肉）、隽（juàn）燕之翠（尾部的肉）、述荡之掔（wàn 脚腕部的肉）、旄象之约（旄牛尾肉、象鼻子肉）、"凤之丸（卵）"等。"菜之美者"有：昆仑之蘋、寿木之华（果实）、阳华之芸、云梦之芹等。"和（调料）之美者"有：阳朴（蜀郡）之薑、招摇（在桂阳）之桂、越骆（越南北部）之菌、鳣鲔（zhān wěi 大鱼）之醢、大夏（新疆罗布泊）之盐、长泽之卵（鸟蛋）等。"饭之美者"有：不周（昆仑西北）之粟、阳山（昆仑山南）之穄（jì）、南海之秬（jù）等。

伊尹列举的"鱼之美者"有：洞庭湖的鲋（pǔ）鱼、东海的鲕（ěr）鱼、雚（guàn）水（传说的西极）带翅会飞的鳐鱼等。在先秦时，鱼是和熊掌同等的美味。《孟子·告子上》讲："鱼和熊掌不可兼得。"《诗经》中讲的鲂鱼、鲤鱼等都是美味，并把鱼称作"鱼丽""嘉鱼"。孔子甚至为儿子起名曰"鲤"。冯谖在孟尝君处发牢骚说："食无鱼。"

鳖也是古代的美味。伊尹提到醴水（在今广西苍梧）的六足朱鳖。《左传·宣公四年》载，楚人献鼋（yuán）于郑灵公，公子宋每有异味，食指必动，郑灵公遍赐诸大夫而不赐给他。公子宋用食指蘸到鼎里，尝了一口就跑了。后来的成语"食指大动""染指"，即由此而来。

由于中国以粮食为主，山珍海味、飞禽走兽都被视为珍品。如猴头、紫菜、银耳、竹笋、熊掌、鹿尾、燕窝、鱼翅……难以缕述。受中医理论和道家养生之道的影响，许多像人参、鹿茸、灵芝等有益健康的中草药也被视为名贵食料。

（三）烹饪技法与传统名馔

先秦时期，中国的烹饪技法已有燔、炮（bāo）、炙、胹（ér 煮）、蒸、焖、煎、熬、酿、腌、腊、脯、脍、渍等，后来又有爆、炸、涮、拔丝等。《战国策·魏策二》载："易牙乃煎熬燔炙，和调五味而进之。"南宋鲍彪补曰："有汁而干曰煎，干煎曰熬，肉热之曰燔，近火曰炙。"各种技法都有不同的工艺。

先秦时的菜肴主要有以下几大类。

1. 炙品。炙是把生肉放在火上烧成熟肉，具体有燔、炮、炙三种做法。

燔是较原始，不用刀割，将整只禽兽放到火中烧熟的炙法。苏轼《司竹监烧苇园会猎》云："燎毛燔肉不暇割，饮啖直欲追羲娲。"

炮是把肉用调料、泥巴包裹，放到火里烧。《礼记·内则》曰："涂之以谨（堇）涂，炮之。"孙希旦集解曰："裹物而烧之，谓之炮。"

炙是用器物把肉串起来，架在火上烤。《诗·小雅·瓠叶》曰："有兔斯首，燔之炙之。"

这三种炙品都有调味品，有的先将肉放在调味品中浸泡后再炙，有的一边炙，一边涂抹调料，使五味充分入肉。据《礼记·内则》载，当时的炙品有炙牛肉、炙羊肉、炙豕（猪）肉及炙雉、炙兔、炙鹑、炙鷃等。现代的烤鸭、烤乳猪、烤全羊、烤羊肉串等，都是古代炙品的继承发展。

2. 脍品。脍品是把鱼和鲜嫩的牛、羊、鹿、麋等肉切成薄片，用调料煨成的生肉片，称作鱼脍、牛脍、羊脍等。《礼记·内则》载："脍，春用葱，秋用芥。""鱼脍芥酱。"由于脍是生食的肉片，必须用调料煨透，孔子讲的"脍不厌细"道理也在此。《孟子·尽心下》公孙丑问："脍炙与羊枣（软枣）孰美？"孟子曰："脍炙哉！"可知脍品和炙品是当时"脍炙人口"的美味。

3. 羹食。《礼记·内则》称："羹食，自诸侯以下至于庶人无等。"郑玄注曰："羹食，食之主也。"《战国策·韩策一》载："民之所食，大抵豆饭藿羹。"

羹是用肉、菜煮成的汁。专用肉煮成的叫臛（huò），也叫大羹。用肉、菜和调味品煮成的美味羹，用铏盛放，称作铏羹。纯用菜煮的叫羹，用野菜煮的叫藜藿之羹。

4. 脯腊。脯是肉干，也称作"脩"。《论语·述而》载孔子语曰："自行束修（脩）以上，吾未尝无诲焉。""束脩"即十条干肉。《礼记·内则》云："牛脩鹿脯。"战国时，制脯的原料扩大到果品和瓜菜。腊是咸肉。《周礼·天官冢宰》中有"腊人"，专门负责供应天子祭祀和宴会上的脯腊制品。现在的腊肉、咸鱼、香肠、火腿、果脯等就是由古代的脯腊发展而来的。

5. 醢。醢是肉酱，制作方法是把肉晒干捣碎，放入盐、酒等调料，发酵酿制而成，一般与其他食品配合食用。负责供应王室醢品的官员叫作"醢人"。

脯和醢在商代还是一种酷刑，即把人杀死晒成肉干或做成肉酱。《战国策·赵策三》载，商纣王时，曾醢鬼侯，脯鄂侯。

6. 菹醢（zū jī）。先秦时的蔬菜、野菜除煮食、做羹外，主要是腌制成菹醢。菹是做成的腌菜和酸菜，醢是捣碎的腌菜。王室用的菹、醢由"醢人"负责。食用时，一般盛在高脚的豆中，有韭菹、菁菹、茆菹、菹芋等。

7. 八珍。这是中国较早的一套传统名馔。《周礼·天官·膳夫》载："珍用八物。"据郑玄注有：淳熬、淳母、炮豚、炮牂（zāng）、捣珍、渍、熬、肝膋（liáo）等。《礼记·内则》详细记载了八珍的烹饪方法。

淳熬是把醢煎热，浇在稻米饭上，拌入动物油。淳母与淳熬相同，是浇在黍米饭上。

炮豚即炙豚。豚是小猪，把小猪杀死，去毛和五脏，以枣填满腹腔，用芦苇缠裹起来，涂抹上一层泥巴，放火中烧。然后去掉泥巴，放入盛有脂膏的小鼎中，再将小鼎放入盛水的大镬中烧熬三天三夜，用醢、醋调和而食。炮牂与炮豚相同，不同的是烹炙小母羊。牂即母羊。

捣珍，把牛、羊、鹿、麋、獐子等鲜嫩的里脊肉捣碎，反复捶打，去其筋腱，做成肉泥蒸食。

渍，与脍相似，把新鲜牛羊肉切成薄片，放美酒中浸泡一昼夜，调上肉酱、梅酱、醋等生食。

熬，将牛羊肉捶打，去其皮膜，摊在苇荻篾上，撒上姜、桂、盐，以小火慢慢炙熟。

肝膋，取狗肝一副，用狗肠脂肪蒙起米，配以适当的调料汁，放在火上炙，使脂肪渗入肝内，再以米粉糊润泽。另用狼臆间脂肪与稻米合制成稠粥，一起食用。

从先秦时的八珍我们可以看出，当时的烹饪在选料、配料、刀功、口味等方面已很考究。如肝膋强调，绝对不能用蓼作调料。人们不仅已知道挂糊，而且已利用慢火和间接传热的方法来避免外烂内生。

（四）风味各异的六大菜系

秦汉以后，尤其是唐宋以来，经过历代烹饪家、美食家的努力探索、继承和创新，中国的美食文化更加丰富发达，传统名馔不仅越发炉火纯青，而且形成了口味、风格各异的几大菜系。目前中国到底有几大菜系，尚未有一致的意见，被普遍公认的有以下几种。

鲁菜。发源于山东，流行于北方。其特点是丰盛实惠，鲜咸适口。在技法上以爆、炒、烧、炸、卤、焖、扒见长。

孔府菜。自汉平帝封孔子后裔为褒成侯以来，孔子和他的子孙们得到历代王朝的封赐，孔府成为中国唯一不受改朝换代的冲击、历史悠久的公侯府第。孔子是著名美食家，孔府要接待历代朝圣的帝王将相，孔府菜也逐步发展起来。其特点是用料广泛，制作精细，讲究造型和菜名的寓意。

北京菜。北京菜原属鲁菜菜系，自辽朝以来，先后有契丹、女真、蒙、满等民族进入，带入了游牧民族的饮食风俗，始形成自己的独特风格。其最大特点是将鲁菜和游牧民族的饮食风味揉为一体，如代表北京风味的"满汉全席""全猪席""全羊席""全鸭席""涮羊肉""北京烤鸭"即是。北京菜特别讲究刀工，一斤涮羊肉要求切出 6 寸长、1.5 寸宽，薄如纸的肉片 80—120 片。一只烤鸭要片出 120—130 块鸭肉。讲求选料、刀工、时令，调味多变，是北京菜的基本特点。

川菜。川菜发源于四川，其最大特点是"尚滋味""好辛香"[1]，尤以小吃和麻辣见长。目前，四川的菜肴和小吃发展到 5000 多种，有"一菜一格，百菜百味""食在中国，味在四川"的美誉。

粤菜。粤菜以广州为中心，是具有悠久历史的一大菜系。《淮南子·精神训》载："越人得蚺（rán 蟒）蛇，以为上肴。"西晋张华《博物志》载，东南之人以"龟、蛤、螺、蚌为珍味"。《老学庵笔记》卷六引《北户录》云："广人于山间掘取大蚁卵为酱，名蚁子酱。"可知古代粤菜即具有选料杂奇的特点，鸟兽蛇虫皆可入馔。

淮扬菜。以扬州为中心。自隋炀帝下江都以来，扬州是富商巨贾、文人墨客、青楼楚馆集中的繁华城市，逐步自成体系。其特点是清淡味雅，制作精巧。

另外，由于民族、宗教信仰等原因，除按地区形成的菜系外，素菜、豆腐菜、清真菜等也在中国菜系中独树一帜，成为全国各地流行的菜系。

---

[1]（西晋）常璩著，任乃强校注：《华阳国志·蜀志》，上海：上海古籍出版社，1987 年版。

第三节 雅俗共饮的茶

中国是茶的故乡，茶在中国已有 5000 多年的历史。从远古时代起，人们就知道用茶来解毒了。《淮南子·修务训》有神农"尝百草之滋味……一日而遇七十毒"的记载。清代陈元龙《格致镜原·饮食类·茶》引《本草》载："神农尝百草，一日而遇七十毒，得茶以解之。今人服药不饮茶，恐解药也。"

一、饮茶习俗的形成

古代的茶有苦茶、槚（jiǎ）、蔎（shè）、荈（chuǎn）、茗等多种名称。《尔雅·释木》载："槚，苦茶。"东晋郭璞注曰："树小如栀子，冬生叶，可煮作羹饮。今呼早采者为茶，晚取者为茗，一名荈，蜀人名之苦茶。"清郝懿行疏曰："今茶字古作茶……至唐陆羽著《茶经》，始减一画作茶。"陆羽《茶经·一之源》称："其名，一曰茶，二曰槚，三曰蔎，四曰茗，五曰荈。"

魏晋以前，人们只是利用茶的药用价值，还没作为日常饮料。《周礼·天官·浆人》载："浆人掌共（供）王之六饮，水、浆、醴、凉、醫（yī）、酏（yí）。"六饮中没有茶。顾炎武《日知录》卷七讲："自秦人取蜀而后，始有茗饮之事。"认为饮茶之风起于战国。也有人根据西汉王褒《僮约》中的"武都买茶"，认为始于西汉。由于茶叶作为药料和饮料是并存的，而作为单一的饮料应开始于魏晋时的吴人，或者说始于六朝。

《三国志·韦曜传》载，吴国韦曜酒量不过二升，吴主孙皓常"密赐茶荈以当酒"。这是史书中作为饮料饮茶的最早纪录。明人吴树声《茶寮记》[1]讲："茗，古不闻食，晋宋以降，吴人采叶煮之曰茗粥。"即使在六朝前期，饮茶也只是少数人的嗜好，尚未形成普遍的饮食习惯。东晋司徒长史王濛好饮茶，"人至辄命饮之，士大夫皆患之。每欲往候必云'今日有水厄。'"[2]士大夫们把饮茶看成是灾难，可见大部分人还没有饮茶的习惯。

陆羽的《茶经》讲："茶者，南方之嘉木也。"上述韦曜、王濛均为南人，

---

〔1〕《古今图书集成·食货典·茶部》引，北京：中华书局，成都：巴蜀书社，1985 年版。
〔2〕《太平御览》卷八六七《饮食部二五·茗》引《世说新语》，北京：中华书局，1960 年影印版。

东晋桓温亦嗜茶果，可知饮茶之风起于南方。北方大族刘琨嗜茶，写信给弟弟刘群说："吾体中愦闷，常仰具茶，汝可信致之。"[1]刘琨饮茶是用来清火解疾，仍然是当作药物。南北朝时，北方食羊肉，饮酪浆；南方食鱼羹，饮茶。南方大族王肃投靠北魏，在宴会上吃羊肉酪粥，魏孝文帝问："羊肉何如鱼羹，茗饮何如酪汁？"王肃贬低南朝，讨好魏孝文帝说："羊者是陆产之最，鱼者是水族之长，所好不同，并各称珍。以味言之，是有优劣。羊比齐鲁之邦，鱼比邾莒小国。唯茗不中，与酪作奴。"[2]

三国华佗讲："苦荼久食益意思。"[3]西晋张华也讲："饮真茶令少睡眠。"[4]南北朝时佛教兴盛，僧人打坐诵经，"不动不摇，不委不倚"，很容易困乏，具有提神醒脑、生津止渴等功效的茶成为僧人理想的饮料，这就是"茶因禅兴"的说法。寺院多坐落在山中，适合茶树生长，种茶、饮茶遂在寺院中广为传播。

到了唐代，饮茶成为南北方普遍流行的饮食习俗，唐人封演《封氏闻见记·饮茶》载：

> 茶早采者为茶，晚采者为茗。《本草》云："止渴，令人不眠。"南人好饮之，北人初不多饮。开元（713—741年）中，泰山灵严寺有降魔师大兴禅教，学禅务于不寐，又不夕食，皆恃其饮茶。人自怀挟，到处煮饮。从此转相仿效，遂成风俗。自邹、齐、沧、棣，渐至京邑，城市多开店铺煎茶卖之，不问道俗，投钱取饮。其茶自江、淮而来，舟车相继，所在山积，色类甚多。

唐宣宗大中十年（856年），朝廷膳夫杨华撰《膳夫经手录》载："今关西、山东，间阎村落皆吃之，累日不食犹得，不得一日无茶。"

在唐朝，饮茶风俗已由南方普及到全国各地，并成为商品。茶叶还传到边疆回纥、吐蕃等多食腥膻的少数民族地区，成为他们消食解腻的必需品，出现

---

[1]《古今图书集成·食货典·茶部》引《刘琨与弟群书》，北京：中华书局，成都：巴蜀书社，1985年版。
[2]《洛阳伽蓝记》卷十三《城南》，上海：上海书店出版社，2000年版。
[3]《古今图书集成·食货典·茶部》引《食论》，北京：中华书局，成都：巴蜀书社，1985年版。
[4]《古今图书集成·食货典·茶部》引《博物志》，北京：中华书局，成都：巴蜀书社，1985年版。

陆羽烹茶图。元代画家赵原绘

了少数民族以马匹换取内地茶叶的"茶马互市"。由于茶叶产量猛增，唐德宗开始以十比一的比例征收茶税，后来又出现国家专卖的"榷茶"。到北宋，竟爆发了王小波领导的茶农起义。就在唐德宗前后，陆羽（字鸿渐，号竟陵子）完成了世界上第一部茶叶专著《茶经》，对茶叶生产的历史、源流、现状、生产技术以及饮茶技艺、茶道原理，做了综合介绍。

因此，自唐代开始，茶叶成为雅俗共用的饮料，上可奉天子王侯，下可供平民百姓。与市民生活有密切联系的茶坊、茶馆也逐步兴起，成为达官贵人、文人墨客、商贩、车夫、游客等品茗消闲、高谈阔论、歇脚止渴的文化场所。"坐客下饮"，敬茶成为主人待客的普遍礼仪。中国百姓"粗茶淡饭"的俭朴追求，明确地摆出了它在饮食中的地位和价值。

二、中国的茶道

自饮茶习俗形成后，茶的形状、品质、产地、制作、饮用方法和器具成为一门专门的学问。陆羽《茶经》出现以后，专门叙述茶道的书就有 100 多种。茶的原叶、采茶的时机、冲茶的水质、茶具的质地、形状，都有严格的考究。

最早的饮茶方法，是将鲜茶叶煮后饮用。随着饮茶之风的流行，鲜茶叶贮存、运输很不方便，就将茶叶碾碎烘干成饼，喝时捣成末煮饮。有时还加

撵茶图。南宋画家刘松年绘

卖浆图。清代画家姚义瀚绘

入葱、姜、桔等配料。中唐以后，先将茶叶放到釜甑中蒸，然后捣碎制成饼，以去掉草木味，叫作"蒸青"。据宋人《北苑别录》载，"蒸有过熟之患，有不熟之患。过熟则色黄而味淡，不熟则色青易沈（沉）而有草木之气，唯在得中为当"。"茶既熟，谓茶黄，须淋洗数过，方入小榨，以去其水，又入大榨，以去其膏……膏不尽则色味重浊矣"。

北宋后期，又出现"蒸焙"或称"炒青"的制茶方法。先将鲜茶叶蒸青，然后置锅内焙炒，既去掉了草木味和苦涩味，又保持了茶叶原有的清香。饮茶的方法也由煮饮改为直接用开水冲泡。

制茶原叶，一般是越嫩越名贵。熊蕃《宣和北苑贡茶录》载，最上品的茶叶叫作"小芽"，又号"芽茶"，是刚吐鲜嫩的茶芽，如雀舌鹰爪。次品曰"拣芽"，一芽带一叶，号"一枪一旗"。再次曰"中芽"，一芽带两叶，号"一枪两旗"。如果展开三、四片叶子就显老了。熊蕃还讲，"芽茶奉万乘尝之"，极其珍贵。宣和间漕臣郑可问剔取芽茶心一缕，集珍器中，以清泉渍之，光明莹洁，更是旷古未闻的珍品，称作"银线水芽"。

采茶的时间和方法也十分讲究。宋人子安试《茶录》载，采茶须在早上日出之前，茶叶受夜露滋润时采摘，见日则为阳气所薄，茶芽膏腴内耗，泡到水里就不鲜明了。断芽要用甲而不用指，以甲则速断而不揉，用指不能速断易受损伤。

煮茶、冲茶用的水更为考究。陆羽的《茶经》指出，煮茶以山泉水为上品，清澈的江水为中品，井水为下品。温庭筠《采茶录》载，陆羽和李季卿派人取殊绝的扬子南濡水煮茶。水取回后，陆羽用勺一试说，这不是南濡水，好像是在岸边取的。取水人说，我驾舟深入江中，见者百人，岂敢欺给。取水者将水倒入盆中，倒到一半，陆羽止住他，又用勺试了试，指着盆中水说："此南濡水也。"取水人惊服。原来，取水人上岸时洒了一些，又从岸边取了一些充数。陆羽对南濡水和江岸边的水，恐怕不可能识别得如此准确，但什么样的水质煮茶最好，用勺就能试出来，故能发现劣质的岸边水。

茶煮好饮用时，茶具的质地、形状也有讲究。宋徽宗《大观茶论》讲舀茶的勺子说，勺子形制的大小以"可受一盏茶为量，过一盏必归其余，不及则取其不足，倾勺烦数，茶必冰矣"[1]。

三、古今名茶

在茶叶的发展过程中，逐步形成了各具特色的六类茶。

（一）绿茶

初制时采用高温杀青，以保持原有的嫩绿水色，叶底也显绿色，气味清鲜芳香，在所有的茶业中产量最大，品种也多，有西湖龙井、黄山毛峰、君山银针、庐山云雾、都匀毛尖等几十个品种。

（二）红茶

绿茶是不发酵的茶，红茶的特点是发酵，茶叶的茶鞣质变成鞣质红，茶叶变黑，水色叶底红亮，具有水果香气和醇厚的滋味。红茶按制法不同分为工夫红茶、小种红茶、红碎茶等，以安徽祁门的祁红、云南云风、勐海的滇红最为著名，另外又有川红、闽红等。

（三）乌龙茶

乌龙茶介于绿茶和红茶之间，亦称"青茶"。茶叶的边缘发酵，中间不发

---

〔1〕《北苑别录》《宣和北苑贡茶录》《茶录》《茶经》《采茶录》《大观茶论》均为《古今图书集成·食货典·茶部》引，北京：中华书局，成都：巴蜀书社，1985 年版。

酵，呈"绿叶红镶边"。产地主要集中在福建、广东、台湾一带。有福建的武夷岩茶、水仙、乌龙、铁观音，广东的凤凰单丛、浪菜，台湾的乌龙、包种等名品。其中不少茶叶品种生长在悬崖岩缝中，人所难及，故产量少而极其珍贵。

（四）白茶

白茶色白如银，其叶莹薄如纸，汤色淡浅素雅。白茶在宋代即为皇帝饮用的珍品。宋徽宗《大观茶论》讲："白茶自为一种，与常茶不同。其条敷阐，其叶莹薄，崖林之间，偶然生出，虽非人力所可致，有者不过四五家，生者不过一二株。"现在的白茶主要产于福建政和、福鼎，白毫银针、白牡丹是其中的名品。

（五）花茶

花茶是在茶叶中加入了花香，使茶香、花香相得益彰。明人顾元庆《茶谱》[1]记载当时的制花茶法说："木犀、茉莉、玫瑰、蔷薇、兰蕙、桔花、栀子、木香、梅花皆可作茶。诸花开时，摘其半含半放，蕊之香气全者，量其茶叶多少摘花为茶。花多则太香而脱茶韵，花少则不香而不尽美，三停茶叶一停花始称。假如木犀花，须去其枝蒂及尘垢虫蚁，用磁罐一层茶一层花投间至满，纸箬系固，入锅重汤煮之，取出待冷，用纸封裹，置火上焙干收用。诸花仿此。"现在窨（xūn）制的花茶主要有茉莉、玉兰、珠兰、柚子等等。

（六）紧压茶

紧压茶以红茶、绿茶为原料，经过蒸压处理，制成砖状、饼状，具有质地坚硬，久藏不易变质，便于运输等特点，适宜边疆牧区人民饮用。

茶叶含有多种人体所必需的元素，具有提神醒脑、防暑降温、消除疲劳、增进心脏活动、增强血管弹性、降压消食解腻、促进新陈代谢等功效，不仅成

---

[1]《古今图书集成·食货典·茶部》引，北京：中华书局，成都：巴蜀书社，1985年版。

为中国人民普遍喜好的饮料，而且传入朝鲜、日本、阿拉伯、印度等各国。16世纪以后，茶叶传入欧洲，被欧洲人视为珍贵的饮料。现在，茶叶已风靡世界，与咖啡、可可并称世界三大饮品。

第四节　中国的酒文化

饮酒是中国古老的饮食风俗，它不仅渗透着中华民族的性格、情趣和精神寄托，运载着中国传统文化的全部精神，还激发了文人学士的情思和灵感，写下了无数有关酒的诗文，成为饮食风俗中文化意蕴最丰富的一个类别。

一、酒的流程

（一）仪狄、少康造酒的传说

中国酿酒、饮酒的历史源远流长，传说大禹时的仪狄、夏朝的天子少康（杜康）是最早发明酒的人。

《战国策·魏策二》载："昔者帝女令仪狄作酒而美，进之禹，禹饮而甘之，遂疏仪狄，绝旨酒，曰：'后世必有以酒亡其国者。'"战国史官著的《世本》[1]也讲："仪狄始作酒醪，变五味，少康作秫酒。"《说文十四下·酉部》载："古者仪狄作酒醪，禹尝之而美，遂疏仪狄，杜康作秫酒。"曹操的《短歌行》言："何以解忧，唯有杜康。"在流传过程中，杜康始造酒成为约定俗成的定论，成为中国的酒神，仪狄反被遗忘了。

其实，仪狄、杜康都不是第一个发明酒的人。考古工作者在新石器时代的仰韶文化遗址中发掘出若干小型陶罐、陶杯，在龙山文化遗址中发现有尊、斝（jiǎ）、盉、高脚杯、小壶等陶器，都是用来酿酒和饮酒的。说明早在5000年前，我们的祖先就发明了酿酒术。《孔丛子·儒服篇》讲："尧舜千钟，孔子百觚，

---

[1]《太平御览》卷八六七《饮食部一·酒上》引，北京：中华书局，1960年影印版。

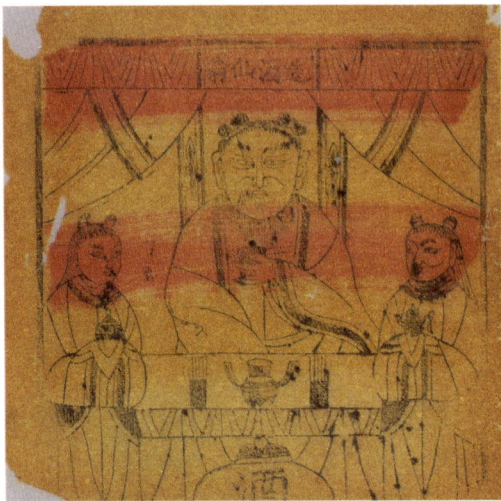

造酒仙翁（年画）

子路嗑（kè）嗑，尚饮十斛。"是尧舜时已有酒。

最原始的酒，是野生水果成熟后，自然界的微生物酵母菌自动分解其中的糖，产生酒精，使果子带有酒的气味。以采集和狩猎为生的原始人尝到这别有滋味的果子后，索性将野果采下来，发酵后再食用，这就是最原始的酒了，也就是传说中仪狄造的"旨酒"。许多动物都喜食含酒精的果实，《淮南子·氾论训》高诱注，《后汉书·西南夷传》李贤注，都有猩猩"嗜酒"的记载。

原始畜牧业产生后，有了兽乳。一时吃不完的兽乳，受了酵母菌的作用而自然发酵成酒。人们也试着酿造，于是产生了乳酒。《周礼》提到"醴酪"，有的学者认为是乳酒。

随着原始农业的发展，谷物或剩饭因保存不善而发芽发霉，其中所含的淀粉自然转变成糖，就容易发酵了。这种发芽、发霉的谷粒，古代叫作"曲蘖（niè）"。《尚书·说命下》载："若作酒醴，尔惟曲蘖。"后来人们叫"酒曲""酒母"，把它浸到水里就会自然发酵成酒。于是，人们利用曲蘖造出了谷酒，即传说中杜康造的"秫酒"。《淮南子·说林训》讲："清醠之美，始于耒耜。"即美酒从农业的粮食中产生。

（二）五齐三酒

西周时，专设"酒正""酒人"掌管酿酒和有关酒的政令，酿造"五齐三酒"，以供天子祭祀。对"五齐三酒"，古人各有解释，如按等级规格来讲，五齐中的"泛齐"，因酒滓泛泛而得名，俗称为白醪（liáo），后来也称浊酒；"醴齐"是酒与滓浑然一体，亦称甜酒；"盎齐"葱白色，也称为白醝（cuō）酒；

酿酒图。选自明代《本草品汇精要》。刘文泰等撰；王世昌等绘

"缇（tí）齐"酒色赤红，亦称"醍酒"；"沈（沉）齐"滓沉而清。三酒即："事酒"，祭祀之事用酒；"昔酒"，久酿之酒；"清酒"，冬酿夏成的醇酒。

正因为酒的规格、等级不同，古代的酒有了不同的名称。李时珍《本草纲目·酒·释名》载："酒之清者曰酿，浊者曰盎，厚曰醇，薄曰醨（lí），重酿曰酎，一宿曰醴，美曰醑（xǔ），未榨曰醅（pēi），红曰醍，绿曰醽（líng），白曰醝。"

《诗·大雅·江汉》提到"秬鬯（jù chàng）一卣（yǒu）"。秬鬯是用黑黍和郁金香草酿造的酒，应是中国最早的药酒。屈原《九歌·东皇太一》有"奠桂酒兮椒浆"的词句，可知战国时又有桂花酒、椒花酒。后来又有菊花酒、菖蒲酒、柏叶酒、屠苏酒等各种药酒。

先秦时的制酒工艺已有很高的水平。1977 年，河北省平山县出土了两壶密封的战国时酒，启盖时酒香扑鼻，存放两千多年而不酸坏，称得上是酿酒史上的奇迹。秦汉以后，酿酒工艺进一步提高。《齐民要术》记载了九种制曲的方法，39 种酒的酿制法和两种药酒的配制法。北宋朱翼中的《北山酒经》提到，将旧曲粉碎后涂抹到谷物胚块上的制曲法，即利用旧曲进行接种，实际是菌种的选择和培育，这种方法一直延续到今天。

（三）白酒的产生和白酒系列

古代的酒大都是自然发酵酿成的米酒或果酒，酒精的含量很低。所以，战国淳于髡、东汉卢植能饮酒一石，李白"斗酒"还是少的[1]。唐代已有"烧酒"的名称。白居易《荔枝楼对酒》诗："荔枝新熟鸡冠色，烧酒初开琥珀香。"许多学者认为，唐代的烧酒并非蒸馏的烈性白酒。李时珍的《本草纲目》认为，"烧酒非古法也，自元时始创，其法用浓酒和糟入甑（zèng），蒸令气上，用器承取其滴露。凡酸坏之酒，皆可蒸烧""其清如水，味极浓烈，盖酒露也"。

经过蒸馏的谷物烈性烧酒起自北宋，其根据有二。

其一，与苏轼同年代的朱翼中的《北山酒经》记载了一种"火迫酒"的制法，酒液经火迫加工后，酒精含量较高，与蒸馏法制的白酒相似。

其二，1975 年，河北省青龙县出土了一套金代铜制烧酒锅，其铸造年代不迟于金世宗大定年间（1161—1189 年），相当于宋高宗到宋孝宗时。

据此可以断定，北宋已有经过蒸馏的谷物烧酒，金代出土的烧酒锅在南宋初，可为佐证。

发展到今天的白酒系列，按香型可分为以下几种。

酱香型。以贵州省仁怀县茅台镇的茅台酒为代表。1915 年曾获巴拿马万国博览会奖章、奖状。

浓香型。以泸州老窖、五粮液、双沟、洋河、全兴、剑南春等名酒为代表。

清香型。以山西汾阳杏花村的汾酒为代表。汾酒在元代即知名，有"甘泉佳酿"之美誉。

米香型。以广西桂林三花酒为代表。

（四）葡萄酒和啤酒的东流

与白酒系列并行的是葡萄酒和啤酒。

一般认为，葡萄酒是法国人在 12 世纪首先酿造的。其实，汉代西域地区

---

[1]《古今图书集成·食货典·酒部》引北宋窦苹《酒谱·酒之事三》讲："古至善饮者多至石余，由唐以来遂无其人，盖自隋更制度量，斗石倍大尔。"显然不是今天的烈性白酒。

就以葡萄酿酒。《后汉书·西域传》载，康居的栗弋（yì）国"蒲（葡）萄众果，其土水美，故蒲（葡）萄酒特有名焉"。唐代西北地区流行葡萄酒。唐诗人王翰《凉州词》有"葡萄美酒夜光杯"的诗句。清代把西方传来的白兰地、威士忌称作"鬼子酒"。近人徐珂《清稗类钞·饮食类一》载："鬼子酒为舶来品。当为白兰地、惠司格（威士忌）、口里酥之类。"

从工艺上讲，中国古代的葡萄酒是没有蒸馏的果酒，西方的白兰地等是经过蒸馏加药配制而成的蒸馏果酒，酒精含量较高，且贮放多年，使其充分醇化。1892年，爱国华侨张振勋（字弼士）创办山东烟台张裕葡萄酿酒公司，生产可雅白兰地、味美思等。1912年8月20日，孙中山抵烟台，参观张裕公司，题赠"品重醴泉"。1915年可雅白兰地获巴拿马万国博览会金质奖章和奖状，遂更名为"金奖白兰地"。

啤酒，又称麦酒、皮酒。《清稗类钞·饮食类二》载："麦酒者，以大麦为主要原料酿制之酒，又名啤酒，亦称皮酒。"啤酒以大麦芽和啤酒花为主要原料，经酵母发酵而制成。是一种含二氧化碳的低浓度酒精饮料，最早为德国人所创制，清代传入中国。1904年，德国人在青岛投资建立啤酒公司，利用崂山矿泉水酿制啤酒。1906年，在慕尼黑博览会上获金牌奖。中华人民共和国成立后，青岛啤酒进一步发展，成为国际啤酒系列中的名牌。

二、古代饮酒的习俗

酒自产生以来，与中国人结下了不解之缘。它不仅渗透到人们的衣食住行、生老病死、婚丧嫁娶、岁时节庆、人际交往、生产交易等社会生活的各个方面，而且凝结到人们的喜怒哀乐、才思胆气等无形的情感当中。北宋窦革在《酒谱·酒之名二》中讲，酒"其可爱，无贵贱、贤不肖，华夏夷戎，共甘而乐之"。

（一）禁酒和聚饮日

上古时代，尽管桀纣一类的统治者"酒池肉林"，一般庶民饮酒的机会是很少的。大禹"恶旨酒"。周公颁布了第一部禁酒的法律《酒诰》，规定："群饮，汝勿佚（失），尽执拘，以归于周，予其杀。"《秦简》记载，村民不准卖酒，"不从者罪之"。汉律规定，"三人已上无故群饮，罚金四两"[1]。以后的封建王朝每逢年景不丰、政局不稳，都不同程度地宣布禁酒（东晋、五代、宋，例不禁酒）。到明清时期虽有禁酒令，已是有禁而不止了。

汉武帝天汉三年（公元前98年），根据桑弘羊的建议，实行"榷酤"，垄断酒的产销。昭帝始元六年（公元前81年）改征酒税，是中国历史上第一次对酒禁的松弛。以后，酒税逐步成为封建国家的一项重要的财政收入。

据《诗·豳风·七月》载，周代的农夫们只是到了十月农事完毕，才能喝上一次酒。以后的统治者为争取民心，有时也特许百姓聚会饮酒，叫作"酺（pú）"。《说文十四下·酉部》称："酺，王德布，大饮酒也。"战国赵武灵王灭中山国，"大赦，置酒酺五日"[2]。历代帝王凡登基、册立、大捷、丰收、大赦等，均赐天下大酺，由郡县赐牛酒，与民同庆，时间一般为三、五日。公元696年，武则天加尊号"天册金轮大圣皇帝"，大酺九日，是最长的。

自汉武帝榷酤后，酒从天子贵族的金樽玉盏流向民间的陶壶瓦罐，饮酒的人数、范围、机会开始多起来。主要集中在人生礼俗、人际交往和岁时节庆的时间。

人生礼俗饮酒主要指诞辰、结婚、中举、丧葬等人生旅途的几个重要阶段。

降诞是人生的开端，添丁进口是古来必须庆祝的大事。越王勾践为灭吴而鼓励生育，"生丈夫，二壶酒，一犬；生女子，二壶酒，一豚"[3]。可知春秋时期就有生育饮酒庆贺之俗。以后，凡生子、满月、百岁、周岁、生日，都要宴请亲友庆贺。

先秦时，婚礼不乐不贺，仅夫妻"共牢而食，合卺而酳"[4]。汉宣帝五凤二年（公元前56年）正式下诏，允许结婚大摆宴席，此后婚宴相沿成俗。在所有的民间宴饮中，婚宴是最隆重、最热闹的酒场。

古代还有一种女酒，又称女儿酒。西晋嵇含《南方草木状》载，南人有女数岁即大酿酒，密封在酒罂内，沉入陂池水中，待女出嫁时，取出来招待宾客。浙江绍兴亦有此旧俗，是将酒埋藏起来。现代贵州的苗族，仍有这种习俗。

―――――――

〔1〕《史记·孝文帝本纪》裴骃集解，北京：中华书局，1959年版。

〔2〕《史记·赵世家》，北京：中华书局，1959年版。

〔3〕《国语·越语上》，上海：上海古籍出版社，1978年版。

〔4〕《礼记·昏义》，载《十三经注疏》，北京：中华书局，1980年影印版。

丧葬是一生的终结。先秦时，只为死者祭奠酒，孝子和前往吊丧的人不能喝酒。魏晋时的阮籍蔑视礼教，母丧饮酒，至唐朝沿袭成俗。唐高宗龙朔二年（662 年）下诏："父母初亡，临丧嫁娶，积习日久，遂以为常。亦有送葬之时，共为欢饮，递相酬劝，酣醉始归……并宜禁断。"[1]但风俗与法令并不是一回事，以后借出殡送葬之际大敛资财，大宴宾客之风，一直沿袭到现代社会。

中国人特重视人际伦理关系，而酒可以说是人际交往最有效的工具，现代人常说："酒越喝越亲，钱越赌越生。"人际交往饮酒的主要场合有送别饯行、相逢接风、岁时节庆等等。除此之外，来客、郊游、盖房、开业、中举、订立契约、分家等场合都要饮酒。

（二）酒店、酒旗、酒楼和歌舞佐酒

古代饮酒的场所有家内、旅店、野外、茶肆、妓院等，主要是酒店和酒楼。

酤酒的店肆在战国时期已经出现。《韩非子·外储说右上》载："宋人有酤酒者，升概甚平，遇客甚谨，为酒甚美，悬帜甚高，然而不售，酒酸。"有人告诉酤酒者说："汝狗猛也。人畏焉。或令孺子怀钱挈（手提）壶甕而往酤，而狗迓而龁（咬）之，此酒所以酸而不售也。"可知，战国时酤酒的店肆已普遍设立，而且有售酒的升和刮升口的概，门前高悬招徕顾客的酒旗。酒店的信誉也很好，人们甚至让小孩"怀钱携壶甕"去酤酒。

酒旗也叫"酒帘"，俗称"望子"，以布帛缀于竿头，悬在店门旁。唐诗人张籍《江南行》言："长干午日沽春酒，高高酒旗悬江口。"据《星经》和《宋史·天文志》记载，酒旗为"酒旗三星"，主管宴享饮食，星明表示天下宴乐安宁，星没则表示帝王宴饮昏沉，以酒亡国。帝王与臣下饮宴时，都悬挂酒旗以示对酒星的尊敬。酒店沿袭这一形式，除敬祭酒星外，还表示这里正在营业。这一风俗，一直沿袭到现代。

西汉供人聚饮的酒店叫作"垆"，雇佣干活的店员叫"保佣""酒人保"，后称"酒保"。汉初栾布曾为酒人保。司马相如与卓文君开了一家酒店，文君"当垆卖酒"，相如"著犊鼻裈，与保庸杂作，涤器于市中"[2]，如果光是卖酒，

---

〔1〕《唐会要》卷二十三《寒食拜扫》，北京：中华书局，1955 年版。
〔2〕《史记·司马相如列传》，北京：中华书局，1959 年版。

没有人到此饮酒，就不用"涤器"了。

中国古代的帝王早就发现，在高楼、高台上饮酒，不仅清静、凉爽，还可以俯瞰风光。吴王夫差曾筑"姑苏台"，与西施在上宴饮。曹操修了"铜雀台"。魏晋南北朝开始出现酒楼。南朝宋明帝曾大宴将士于"新亭楼"[1]。北齐邢邵有"清风观""明月楼"[2]。唐宋时，酒楼已是鳞次栉比了。唐朝诗人韦应物在《酒肆行》中写道："豪家酤酒长安陌，一旦起楼高百尺。"

丝竹管弦和歌舞助酒，是古代天子贵族的生活方式。《诗·唐风·山有枢》言："子有酒食，何不鼓瑟。"《诗·小雅·鹿鸣》言："我有旨酒，以燕乐嘉宾之心。"这种饮酒方式沿着两个方向发展，一是歌舞伎、乐伎佐酒；二是由饮酒人自歌自舞，发展为酒令。汉朝出现了专门以乐舞助酒的官私乐伎，项庄舞剑就是佐酒的一种武舞。汉高祖刘邦击英布归来，与沛中父老饮酒，自击筑，作《大风歌》，令沛中少儿120人和歌。西晋士族王恺驱使女伎吹笛助酒，稍微走了一点调，竟将女伎活活打死。

到了唐朝，女伎、管弦、歌舞佐酒的方式漫延到酒楼，成为招徕客人的一种经营方式。杨巨源在《胡姬词》中写道："妍艳照江头，春风好客留。当垆知妾惯，送酒为郎羞。"唐人薛用弱在《集异记》中描述了这样一段故事：

开元中，诗人王昌龄、高适、王之涣……共赴旗亭……俄有妙妓四辈寻续而至，旋为奏曲。昌龄等私相约曰："吾曹久擅诗名，无不自定甲乙，今者可以密观诸伶所讴，若诗入歌词多者即为优美。"俄而，一妓拊节而唱曰："寒雨连江夜入吴，平明送客楚山孤。洛阳亲友如相问，一片冰心在玉壶。"[3]昌龄乃引手画壁曰："一绝句。"寻又一伶讴曰："开箧泪沾臆，见君今日书。夜台何寂寞，犹是子云居。"[4]适又引手画壁曰："一绝句。"寻又一妓讴曰："奉帚平明金殿开，暂将团扇共徘徊。玉颜不及寒鸦色，犹带昭阳日影来。"[5]昌龄又引手画壁曰："二绝句。"之涣自以得名已久，因语诸人曰："此辈皆潦倒乐官，所歌皆下里巴人，

〔1〕《南史·李安人传》，北京：中华书局，1975年版。
〔2〕《北史·邢邵传》，北京：中华书局，1974年版。
〔3〕王昌龄：《芙蓉楼送辛渐》，载《唐诗宋词全集》第三卷，西安：西安出版社，2000年版。
〔4〕高适：《哭单父梁九少府》，载《唐诗宋词全集》第四卷，西安：西安出版社，2000年版。
〔5〕王昌龄：《长信怨》，载《唐诗宋词全集》第三卷，西安：西安出版社，2000年版。

阳春白雪之曲，俗物岂敢近哉。"因指诸妓中之最佳者曰："待此子所唱若非吾诗，即终身不敢与君等抗衡矣。脱果是我诗，君等皆须列拜床下，奉我为师。"因欢笑俟之。须臾，次及双环发声，则曰："黄河远上白云间，一片孤城万仞山。羌笛何须怨杨柳，春风不度玉门关。"〔1〕之涣乃揶揄（yé yú）二子曰："田舍郎，吾岂妄哉！"因大笑。

这段故事说明，唐代的酒店不仅有歌伎助酒，而且唱的都是当时人的新诗词。

宋代的酒楼分工很细，出现有妓女陪酒的酒楼，叫作"庵酒店"。为了便于辨认，一般都挂一盏红栀（zhī）子灯，表示可以嫖娼陪宿，实际是妓院和酒店的结合体。高级的酒楼开始出现阁子间（单间），一般中间是长廊，两侧是一个个阁子间，陪酒的妓女候在长廊上等待召唤。

明清时的酒楼规模更大。一些高级酒店都挂有名人题的匾额。酒店的功能也扩大了，不仅是饮酒娱乐的场所，而且成为谈生意、商量事情、说媒等社交活动的场所。以前大宴宾客都在家中，不太郑重的小酌娱乐才到酒店，明代富贵人家开始在酒楼举办宴会。大酒店也开始包办酒席，出现规模极大的大饭庄子，一般叫作"堂"，如同丰堂、福寿堂等。有的有几处院落，设戏台可唱堂会，能同时开一二百桌酒席，专揽大生意，别说三五人的小酌，就连一二桌零星酒席也不理会。清代得硕亭《竹枝词·草珠一串》称："酒筵包办不仓皇，庄子新开数十堂。"自注云："包席处呼曰庄子，俱以堂为名。"

清末民初，西式餐馆、酒吧开始在大都市和通商口岸设立，称作"番菜馆"。饮用的酒有伏特加、白兰地、威士忌、啤酒等，菜分为英法大菜、德式大菜、俄式大菜等。社会上层的消费口味也分为两种，大部分人仍享受中国传统的佳肴美酒，口味趣新者和西化程度较深的人则追求洋酒和西餐大菜。

平民百姓仍保持着到酒肆饮酒、酤酒的习惯，但多是一些小酒肆。那儿酒价便宜，菜肴简单，有的以精美小吃而闻名，还可以赊酒。大都市的街头巷陌和乡镇，到处都有这样的小酒肆和小酒店。杜牧的"借问酒家何处有，牧童遥指杏花村"，就指这一类。明人蒋一葵《长安客话》载，明太祖朱元璋与刘三

〔1〕王之涣：《出塞》，载《唐诗宋词全集》第三卷，西安：西安出版社，2000年版。

吾微服出游到一个小酒店，随口吟出一句对联："小村店三杯五盏，无有东西。"适碰店主送酒，对道："大明国一统万方，不分南北。"朱元璋大喜，第二天传来店主，赐他为官，被店主婉言谢绝。

尊贵者偶到小店，只是换换口味，寻找新鲜，小酒肆的常客是渔夫、樵翁、农夫、商贩、车夫以及周围的居民，是他们小酌、吃寡酒、酤酒的场所。

（三）压酒和温酒

古代的酒大都是用酒曲加原料、水自然发酵酿成的米酒和果酒，酒液和酒糟混在一起，饮酒时须用酒篘（chōu）等压在瓮中舀取，实际上是把酒过滤出来。酒篘用竹篾或柳条编织，压在酒中，酒液透过细孔渗入篘中，用勺或瓢舀出来饮用。唐人皮日休曾专门写过《酒篘》诗："翠篾初织来，或如古鱼器。新从山下买，静向瓿（dān）中试。"李白《金陵酒肆留别》言："风吹柳花满店香，吴姬压酒劝客尝。"是酒店压酒的生动写照。

《左传·僖公四年》载："尔贡苞茅不入，王祭不供，无以缩酒。"按照《周礼·天官·甸师》郑兴的注为"束茅立之祭前，沃酒其上，酒渗下去，若神饮之，故谓之缩。"《礼记·郊特牲》载："缩酌用茅，明酌也。"郑玄注曰："沛（jǐ）之，以茅缩去滓也。"祭祀须用清澈的"明酌"，故用束茅来过滤。可知《左传》讲的"缩酒"即过滤酒，苞茅相当于酒篘，郑兴的解释是错误的。

压过的酒也容易浮着一些"酒蚁（小颗粒）"。相传，东晋陶渊明饮酒放达，

清罗聘筱园饮酒图轴。80厘米×54.6厘米

以所戴葛巾滤酒，后世又称以葛布过滤后，没有酒蚁的酒叫"巾滤酒"。南宋陆游亦脱巾滤酒，别人说他不拘礼法，恃酒放荡，索性自号"放翁"。

古人不喝冷酒，要喝热酒。先秦时以鬶（guī）、斝、爵等温酒。秦汉以后用"酒铛（chēng）"，亦称鐎斗。酒铛形状似鼎，有三足，盆形，带盖，有长流和鋬（pàn）。《梁书·何点传》载，竟陵王萧子良曾送给徐景山一酒铛。李白《襄阳歌》言："舒州杓，力士铛，李白与尔同死生。""力士铛"，即酒铛。明清以后，一般用酒壶放到水里烫酒。

（四）酒监和酒令

中国人饮酒有鲜明的隆礼特点，尤其在周代更为严格而具体。

首先，饮酒必须遵守尊卑长幼顺序，违序即违礼。《礼记·曲礼》载："长者举未釂（jiào），少者不敢饮。"即长者不干杯，少者不能喝。古人饮酒一饮须尽爵，然后依次而饮，不像现在一块儿干杯。《汉书·叙传》载："赵李诸侍中，皆饮满举白。""举白"即饮完倒杯给人看。日常说的"酒过三巡"，即由长及少一个个地依次干杯，轮了三遍。

喝酒不能过量。《论语·乡党》讲："唯酒无量，不及乱。"战国淳于髡讲："酒极则乱，乐极生悲。"[1]《礼记·玉藻》载："君子之饮酒也，受一爵而色洒如也；二爵而言言斯；礼已三爵而油油以退。"即饮酒不过三爵，三爵饮毕应"油油以退"。齐景公与大夫饮酒想尽兴而不遵礼制，晏婴故意对景公无礼，激怒了齐景公，然后向他说明"礼不可无"的道理。齐景公大悟，"觞三行遂罢酒"[2]。可知古代饮酒的礼数是酒不过三巡，过量即为违礼。

另外，在各种公私饮酒的场合下都有各类饮酒的细则。如主客饮酒时，主敬客叫"酬"，也叫"献"，客人回敬叫"酢"，无酬无酢曰"醮"。《淮南子·主术训》载："觞酌俎豆酬酢之礼，所以效善也。"

为了保证在饮酒过程中不失礼仪，在周代就出现了专门监督饮酒礼仪的酒官，叫作"酒正""酒监""酒令""酒史"或"觞政"。《周礼·天官·酒正》载："酒正掌酒之政令。"《诗·小雅·宾之初筵》讥刺周幽王饮酒无度

〔1〕《史记·滑稽列传》，北京：中华书局，1959 年版。
〔2〕《晏子春秋·内篇谏上》，载《诸子集成》，上海：上海书店，1986 年影印版。

投壶图。清，任伯年绘

说："既立之监，或佐之史，彼醉不藏，不醉反耻。"

秦汉以后，酒礼崩坏，酒令、酒正等由督责酒礼，责人少饮转而为使人尽兴，过量而饮了。西汉吕后任朱虚侯刘章为酒吏，刘章请求按军法行酒，诸吕中有一人避酒逃跑，刘章追上去拔剑将其斩首，对吕后说："有亡酒一人，臣谨按军法斩之。"[1]弄得吕后有苦难言。这种监督喝酒的酒吏，唐代又称作"明府"，明清称作"令官"。

既然酒令官的职责是让人尽兴多饮，后来劝人多喝酒的各种方式也就称作"酒令"了。

中国人喝酒行令的历史也很悠久。春秋晋文公与鲁文公饮酒，晋文公赋《诗·小雅·菁菁者莪》，鲁文公赋《大雅·嘉乐》[2]，这应该是最早的诗令。晋武帝与孙皓饮酒，让孙皓作"尔汝歌"。孙皓举觞而言曰："昔与汝为邻，今与汝为臣，上汝一杯酒，令汝寿万春。"[3]东晋桓玄、殷仲堪、顾恺之饮酒作危语。殷仲堪曰："百岁老翁攀枯枝。"顾恺之曰："井上辘轳卧婴儿。"殷仲堪有一参军云："盲人骑瞎马，夜半临深池。"[4]南朝名将曹景宗大破魏兵，梁武帝设宴庆贺，联句赋诗。至曹景宗韵已用尽，唯余"竞""病"二字。曹景宗挥笔立成："去时女儿悲，归来笳鼓竞。借问行路人，何如霍去病？"[5]此

〔1〕《汉书·高五王传》，北京：中华书局，1962年版。
〔2〕《左传·文公三年》，载《十三经注疏》，北京：中华书局，1980年影印版。
〔3〕《世说新语·排调》，载《诸子集成》，上海：上海书店，1986年影印版。
〔4〕《世说新语·排调》，载《诸子集成》，上海：上海书店，1986年影印版。
〔5〕《南史·曹景宗传》，北京：中华书局，1975年版。

类尔汝歌、危语、字韵令等都属各种诗令，作不出则要罚酒。

《礼记·投壶》还记载了宴会上一种叫"投壶"的游戏。以盛酒的壶口为目标，用矢投准，负者须饮酒。与投壶相类似的是骰（tóu）子令。骰子又称色子，是一种赌具，正四方体，六个面上刻有一到六个圆点，以点数定胜负。唐皇甫嵩《醉乡日月·骰子令》载，唐代"大凡初筵，皆先用骰子，盖欲酣然后迤逦入令"。

民众阶层最为流行的酒令是猜拳，这一习俗源起唐代。北宋王谠《唐语林》卷八讲："唯优伶家犹用手打令以为戏云。"这种"用手打令"即猜拳的雏形。同书又讲："唐皇甫嵩手势酒令，五指与手掌指节有名，通呼五指曰五峰，则知豁拳之戏由来日久。"猜拳行令之习产生后，很快在下层社会流行起来。猜拳时，吆五喝六，面红耳赤，不太雅观，往往被上流社会所蔑视。

唐朝诗人韦庄《菩萨蛮·劝酒》诗曰："珍重主人心，酒深情亦深。"饮酒行令是中国人劝酒的一种艺术，实际是中国人"好客""酒逢知己千杯少"的心理的体现。因为酒令比敬酒带有强迫性，且不受次数的限制。酒场上有句话叫"酒令大于军令"。行令时对不出诗句或出了差错，本来就丢面子，只好认罚。这就是"敬酒不吃吃罚酒"的原义所在。

第五节　饮食器具

为了美化饮食文化生活，提高食欲和食趣，中国一向有色、香、味、形、器五个方面的美食追求。饮器、食器、炊具是构成千姿百态的饮食风俗图的重要内容，从鬲、鼎、釜、甑到现代化的炊具、餐具的转变，是人类对烹饪、饮食器具的美学价值、实用价值不断追求的结果。

一、古代的炊具

（一）鬲（lì）、甗（guī）、鼎、镬（huò）、鳌（ào）

鬲是中国最古老的炊具，从原始制陶业产生时就有了。仰韶文化和龙山文

商代鱼鬲

鬶

西周早期作册大方鼎。高 26.5 厘米

化遗址中均出土有陶鬲。其形制特点是圆口，有三只空心足，以增加容量和受热面积。有的有鋬（把手），有的无鋬。鬲上面可以放置甑、笼，能炖煮、蒸馏食品。商周时出现青铜鬲，制作精巧，导热性更强。秦汉以后，由于炉灶和釜的普及，鬲逐渐不用了。

鬶是一种炊、饮两用的器具，形制与鬲相似，不同之处是口部有槽形的"流"，也称作"喙"，上面不能放甑。它的用途是炖煮羹汤或温酒，做好后作为餐具直接端上筵席。

鼎也是仰韶文化就有的陶制炊具，后又用青铜制作。其形制圆形，三足，有两耳，便于移动，也有的方形四足。鼎是炊具，可炖制羹臛饭粥，又可作筵席上的餐具。

古代祭祀必用鼎陈食，后来祭神、祭祖所用的香炉，多仿鼎的形制。

无足的鼎称作镬。《周礼·天官·亨（烹）人》载："亨人掌共（供）鼎镬。"《淮南子·说山训》载："尝一脔之肉，知一镬之味。"东汉高诱注曰："有足曰鼎，无足曰镬。"由"一镬之味"联系"列鼎而食"可知，古代一道菜用一种炊具，做好端上去又是餐具，不像现在一个锅里做几十样菜。鼎、镬都有双耳，便于用手端。这种炊、餐兼用的器具，已具有火锅的功能。据考古发现，东汉出土的"镳斗"，就是火锅。

鼎、镬还是一种刑具，称作"鼎镬""汤镬""镬烹之刑"。周夷王烹死齐哀公，汉初齐王田广烹死郦食其，都是用鼎镬。

战国蔺相如对秦王说："臣知欺大王之罪当诛，臣请就汤镬。"[1]

鏊是焙烙糗糒的炊具，平圆，中心稍凸，下有三足，类似现在的平底锅。

（二）釜、炉灶、鍪（móu）

釜即今天的锅，圆口，圆底，有的敛口有双耳。上面放甑笼，可蒸煮食物。它与鬲、鼎的不同之处是没有足，须安放到炉灶上才能使用。河南陕县庙底沟仰韶文化遗址曾出土一套陶釜灶，可知釜和灶也是古老的炊具。

春秋战国时，人们对灶进行了改造，注意了通风、排烟和防火。《太平御览》卷一八六《居处部·灶》引《鲁连子》载："一灶五突，烹饪十倍，分烟者众。"[2]"突"即烟囱。《墨子·号令》载："诸灶必为屏，火突高出屋四尺，慎无敢失火。"为了防火，将灶四周屏障起来，烟囱高出屋上四尺。后来，又将炉灶的直突改为曲突。

《汉书·霍光传》载，有一客人见主人的炉灶是直突，且旁边堆着木柴，劝主人把烟囱改造为曲突，把木柴搬走，以防火灾。主人没有采纳，因此而失了火。火灭后，主人置办酒席酬谢前来救火的邻里，唯独没请那位客人。有人对主人说：若采纳客人的忠告，就不会遭火灾，也不用办酒席。"今论功而请宾，曲突徙薪亡恩泽，焦头烂额为上客耶？"主人才将那位客人也请来了。这个"曲突徙薪"的寓言，反映的就是战国秦汉时对炉灶的改造。

由于炉灶的改进和流行，釜也盛行起来，有陶制的，也有青铜和铁制的。秦汉以后，鬲、鼎等作为炊具基本被釜取代了。《汉书·楚元王传》载，刘邦年轻时常带着朋友到大嫂家吃饭，大嫂"阳为羹尽，轑（lǎo）釜"。东汉莱芜县长范冉（字史云）"所止简陋，有时粮粒尽，穷居自若，言貌无改。巷里歌之曰：'甑中生尘范史云，釜中生鱼范莱芜。'"[3]曹植《七步》诗："其

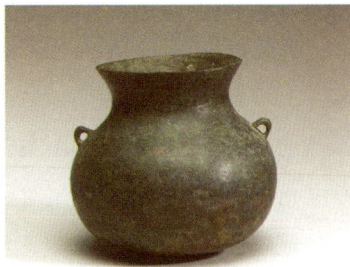

西汉早期素鍪

〔1〕《史记·廉颇蔺相如列传》，北京：中华书局，1959 年版。
〔2〕《太平御览》卷一八六《居处部·灶》引《鲁连子》，北京：中华书局，1960 年影印版。
〔3〕《后汉书·独行·范冉传》，北京：中华书局，1965 年版。

在釜下燃，豆在釜中泣。"说明秦汉以后，釜已成为主要的炊具。

鍪是汉代流行的一种釜。圆底、敛口、反唇，有双耳。古代士兵戴的胄与鍪相似，因此叫作"兜鍪"。辛弃疾《南乡子》称赞孙权说："年少万兜鍪，坐断东南战未休。"现在战士戴的头盔，与兜鍪相似。

（三）甑（zèng）、笼

甑是放在鬲、釜之上的蒸器，类似现在的箅子、蒸格。早在新石器时代就有陶甑，说明人们已知道用蒸汽为导热媒体蒸馏食物。商周时期出现了铜甑，战国时期又出现了铁甑。

笼由甑演变而来，至迟到南北朝时已出现。笼多以竹篾编制，以木为帮圈，造价低，使用轻便，可放置多层，一直使用到现在。

战国夔纹耳甑

二、古代的饮食器

（一）爵、角、觥（gōng）、尊、觯（zhì）、杯、瓢

爵是青铜器时代最有代表性的饮酒器，盛行于商周时期。爵身似酒杯，有鋬，上口有槽形的"流"，另一头有尾，槽边有两柱，下身是三只尖足，爵身及流的下面雕饰有精细的图案，整个造型像一只昂首翘尾的雀。

角形似爵而无柱，两尾对称，有盖。

觥腹部椭圆，有流、鋬，上有盖，底部有圆座。《诗·周南·卷耳》载："酌彼兕觥。""兕觥"以犀牛角雕刻而成，《诗经》中经常出现，在两周十分盛行。

尊为圆筒鼓腹形，有圆足，侈口，无鋬和流。也有的为方形，称作方尊。尊多用青铜制作，后又以金、银、瓷制作。

商后期亚丑父丙爵。
酒器。高 22.6 厘米

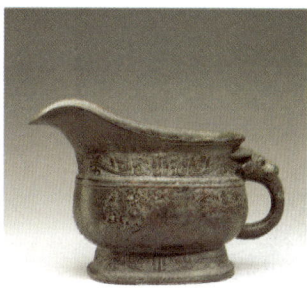

西周父辛觥。高 18.8 厘米

觶形似尊而小，有的有盖。《礼记·礼器》载，宗庙之祭，"尊者举觶，卑者举角"。

杯一直沿用到今天。开始以陶制作，后用青铜、金、银、玉、瓷。杯的形态各异，有方有圆，有鸟兽花果等各种造型。其实，爵、觥、尊在今天都可称作杯，只不过是流、鋬、足有无的区别。

此外，古代的饮酒器还有觞（shāng）、觚（gū）、斝（jiǎ）等。

瓢是一般贫民饮水、舀水的器具，有时也用来饮酒。瓢是将葫芦剖成两瓣，煮熟去瓤而成。贫民的盛食器叫"箪"，是用竹条或苇编制的。所以，"箪食瓢饮"是贫苦生活的写照。《论语·雍也》讲："一箪食，一瓢饮，在陋巷，人不堪其忧，回也不改其乐，贤哉回也。"

（二）盉、卣、缶、罍、罂

盉及卣、缶、罍、罂是古代的盛酒器。盉形制似鬲，有盖和长流，如现在的鼓腹圆茶壶加三个空心足，其功能如今天的酒壶，兼能温酒。

卣深腹，圆口或椭圆口，有圆足、盖和提梁，可像篮子一样提着。

缶是盛酒的陶器，也有的用青铜制作，小口大腹，似今天的坛子加盖和圆足。《礼

西周青铜带座卣。34.3 厘米 ×24.1 厘米 × 22.9 厘米

南宋错金银提梁盉

商中晚期钩连乳丁纹羊首罍

记·礼器》称："五献之尊，门外缶，门内壶。"缶在秦国还是一种乐器，以使音乐节奏分明。渑池之会上，蔺相如迫使秦昭王击缶，为赵国挽回了颜面。《风俗通义》曰："缶者，瓦器，所以盛酒浆，秦人鼓之以节歌也。"[1]

罂比缶大，形制相同。楚汉战争时，韩信以木罂载士兵偷渡黄河，可以想象其形制大小。

罍以陶或青铜制作，圆形或方形，小口、广肩、深腹，有盖和圆足，肩部有两环耳，腹下有一鼻。《诗·周南·卷耳》言："我姑酌彼金罍。"《尔雅·释器》郭璞注："罍形似壶，大者受一壶。"

（三）铏、笾、豆、簠（fǔ）、簋（guǐ）

铏是鼎的一种，也是三足两耳，有的有盖，用来烹羹、盛羹，主要盛放有肉、菜、调味品的美味羹，称作"铏羹"。

笾和豆是古代筵席必不可少的餐具，形似高足盘。笾用竹篾编制，涂以漆，主要盛放果脯、糗饵等干食品。豆以陶、青铜、木漆制作，主要盛放各种菹菜及醯食、糁食等。先秦时，各级贵族所用的豆有严格的等级规定。《礼记·礼器》载："天子之豆二十有六，诸公十有六，诸侯十有二，上大夫八，下大夫六。"超过规格，即为越礼。

簠和簋用来盛放黍、稷、稻、粱等饭食，以木或青铜制作。簠呈长方形，盖与器形相同，各有两耳，下有底座。簋呈圆形，有两耳、底座，有的底座呈方形。《周礼·地官·舍人》言："凡祭祀，共（供）簠簋，实之陈之。"郑玄注曰："方曰簠，圆曰簋，盛黍、稷、稻、粱器。"

---

〔1〕《史记·廉颇蔺相如列传》裴骃集解引，北京：中华书局，1959年版。

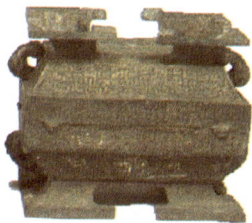

春秋宋公栾簠　　　　　　西周追簋

由于簠簋为方为圆，又是祭器，古代有因不廉而废者，称作"簠簋不饰"，弹劾贪官污吏也用此语。

（四）中国的筷子

筷子是中国最富特色的餐具。西方人用刀叉就餐，中国人只用两根小棍，大到整鱼整虾，水饺面条，小至米粒细丝，都能随意拈来。

民间传说，大禹为了不耽误治水，兽肉开锅就急着进食，汤沸滚，无法下手，就折树枝戳夹，发明了筷子。使用木棍、石块本就是原始社会的取材方式，在大禹前就应该有戳夹、翻动炊具里食物的筷子了。先秦秦汉时，筷子称作"箸（zhù）""梜""梜提"。魏晋后，箸又写作"筯"。《韩非子·喻老》载："昔者，纣为象箸而箕子怖。"《淮南子·说山训》《史记·十二诸侯年表》亦有类似记载。南朝齐周盘龙吃饭时，听说儿子没入敌阵，"弃筯，驰马奋稍，直奔虏阵"[1]。隋唐时，人们嫌其有停滞之意，遂改称"快"。宋以后又加"竹"头而成"筷"。明人陆容《菽园杂记》卷一载："民间俗讳，各处有之，而吴中为甚。如舟行讳住、讳翻，以箸为快儿，幡布为抹布。"

有了筷子，结束了手抓饭的历史。周朝时，只用箸夹菜，吃饭还是用手抓着吃。《礼记·曲礼上》称："饭黍毋以箸""共饭不泽手"。孔颖达疏曰："古之礼，饭不用箸，但用手。既与人共饭，手宜洁净，不得临食始捼莎手乃食。"《曲礼》又载："羹之有菜者用梜，其无菜不用梜。"郑玄注

---

[1]《南齐书·周盘龙传》，北京：中华书局，1972年版。

曰："梜犹箸也，今人或谓箸为梜提。"孔颖达疏曰："有菜者为铏羹是也，以其有菜交横，非梜不可。无菜者谓大羹湇（qì）也，直歠（chuò）之而已。其有肉调者，犬羹、兔羹之属，或当用匕也。"匕是汤匙，与筷子合称"匕箸"。曹操对刘备说："今天下英雄，唯使君与操耳。"刘备正在吃饭，"失匕箸"[1]。

　　筷子的构造简单，用料除少数用象牙、金、银、玉等外，大部分以竹、木制作，但功能却十分绝妙，不传热，不怕烫，不粘饭，上粗下细，上方下圆，放在桌上不滚，夹菜入口不伤唇舌。尤其是夹面条、粉条一类的食品，比勺、叉更得心应手。它不仅具有方便、文雅、安全、卫生等诸多优点，还有益身心健康。它能牵动人体30多个关节，50多条肌肉。1983年，著名物理学家李政道在东京谈到中国的科技成就时，评价筷子说："如此简单的两根东西，却是高超绝伦地应用了物理学上的杠杆原理。它是人类手指的延长，而且不怕高热，不怕寒冻，真是高明极了。"

　　中国的小孩从吃饭开始就学习用筷，大人们从没给他们讲什么杠杆原理，而是让孩子在实践中揣摩体会筷子的奥妙。七八岁后，所有的孩子都能像大人一样熟练无误地使用筷子了。这一人人具备的高超技巧真是让外国人叫绝。有人说，中国人手巧，与自小使用筷子有很大关系。

　　中国的孩子自小还受到筷礼的教育。大体说来，中国人的筷礼有以下忌讳。一忌迷筷，即举筷不定。二忌翻筷，从碗底翻食。三忌剔筷，以筷剔牙。四忌吸筷，把筷放到口中吸食。五忌敲筷，以筷敲打碗盘。六忌指筷，以筷指点人。七忌返筷，把夹过的饭菜再放回去。八忌背筷，用筷时手背朝上。

　　从古代起，中国的筷子就传入西域及朝鲜、日本等国家。近几年来，西方国家又兴起了用筷热。由于它造价极低，一次性使用，既卫生又方便，又能开发智力，活动关节。因此，筷子更加适应现代快节奏、高智能社会的需要。

---

[1]《三国志·蜀书·先主传》，北京：中华书局，1959年版。

三、饮食器具的文化意蕴和食俗

（一）专制等级的礼制标志

古代的饮食器具大都是祭祀天地祖先的祭器和作为专制等级外在标志的礼器，具有世代相传的保存价值和纪念意义。

鼎在中国饮食器具中有显赫的地位，它还是政治等级和统治权力的象征。从饮食上讲，钟鸣鼎食是古代贵族的等级礼仪。张衡《西京赋》讲："击钟鼎食，连骑相过。"王勃《滕王阁序》载："钟鸣鼎食之家。"钟是乐器，贵族进食有人击钟奏乐。鼎食是列鼎而食。古代贵族饮食，列鼎的数量，盛放的食品，有严格的等级区别。《春秋公羊传·桓公二年》载："宋始以不义取之，故谓之郜鼎。"东汉何休注曰："天子九鼎，诸侯七，卿大夫五，元士三。"西汉主父偃说："丈夫生不五鼎食，死则五鼎烹耳。"[1]追求的就是能列五鼎而食的卿大夫。

大禹铸九鼎，已脱离饮食器，转变为世代相传的立国重器，是夏商周三代天子和王权的象征。另外，鼎还用来纪念重大事件，宣布重大的政治变革。1939 年，安阳殷墟出土的司母戊大方鼎，是祭祀、纪念母亲戊的。春秋晋国赵鞅等人把范宣子的刑书铸在鼎上，以公开法律。我们常讲的问鼎、鼎立、鼎足、鼎盛、鼎鼎等都足以说明它的等级含意和在中国文化中的地位。

凡具有重大纪念意义的青铜器一般都有铭文。周初的大盂鼎高约 1 米，内铸铭文 291 字。周宣王时的毛公鼎有 497 字，是目前发现的铭文中的长篇。这些铭文被称作金文，还是中国文字发展的一个重要阶段。由于这些器物是权力、财富的象征，一般都刻有"子子孙孙永宝用"的字样，鲜明地反映了其保存价值。

（二）实用价值和审美价值的统一

中国人善于从自然界吸收美感，以自然界的某些现象为原型，进行艺术加

---

〔1〕《汉书·主父偃传》，北京：中华书局，1962 年版。

工，给生活以美的享受和高雅的情趣。古代每一件饮食器具几乎都是精湛的工艺美术品。饮食器具的造型在美观实用的同时，还按照鸟兽虫鱼的形态来设计器物的立体形状。陕西华县太平庄出土了一件仰韶文化时的鹰鼎，形状像鹰，构思巧妙，栩栩如生。爵实际上是雀的造型。像鸮卣、豕卣、犀尊、龙虎尊、四羊方尊等，都是动物的造型。

古代每一件饮食器具几乎都要进行雕镂装饰。尤其是商周时代的器物花纹更加富丽繁缛。有饕餮纹、夔纹、蝉纹、云雷纹、蟠龙纹等。商王武丁妻子妇好墓中出土的两个带鋬的象牙杯，通体雕刻鸟兽图案和纤细的地纹，还用小米粒大的绿松石镶嵌成一组组图案，堪称稀世珍宝。

唐宋以后，金、银、铜、玉、象牙等珍贵质料的饮食器外，瓷器逐渐成为普遍使用的餐具。一般百姓大多用陶器和竹木器。饮食器具的艺术审美价值，仍为各阶层人们的不同层次的追求。书法、绘画，自然界的花鸟虫鱼，都被装点在瓷质饮食器具上。直到今天，哪怕是最普通，最一般的碗、盘，也都有花纹。

（三）分餐制的食俗

丰富多彩的饮食器，还反映了一种被人忽视的食俗：中国古代实行的是分餐制。

现代许多人都从卫生、健康的角度出发，批评、指责中国人的"伙食"，极力倡导西方的"份饭"和分餐制。其实，分餐制恰恰是中国古代的传统食俗，它存在的时间要远远超过"伙食"的历史。

古代食器由于是专制等级外在的礼仪标志，天子、诸侯、大夫、士、庶人吃饭时所用的器具，所设的食品菜肴，都是不一样的。古人席地而坐，最初是将有足的饮食器直接放到席上，后来是各人面前放一个食案，各吃各的饭菜。战国孟尝君厚遇食客，曾待客夜食，有一人蔽火光，食客中有人误以为饭菜不等，辍食离席而去。孟尝君追上去，端着自己的饭菜让他验证，这位食客竟惭愧自尽了。[1]假如大家同桌而食，菜肴同出一盘，就不会发生这样的误会了。

---

[1] 参见《史记·孟尝君列传》，北京：中华书局，1959年版。

这个故事说明，即便是好客的孟尝君，也是和客人分餐而食。这种食俗一直延续到魏晋南北朝。南朝梁孔休源住在孔登家里，侍中范云到孔登家拜访孔休源。孔登以为是来拜访自己，奉上丰盛的饭菜。范云不动筷子，等待孔休源归来。孔休源回来后，孔登为他准备的只是平常的"赤仓米饭、蒸鲍鱼"。范云坚持与休源吃同样的饭菜，"不举主人之馔"[1]，使孔登非常尴尬。范云是当朝宰相，孔休源是他器重的朋友，如果能够"伙食"的话，三人共桌而食就行了，孔登就用不着为难了。

可知，分餐制的优点是，不用等，随到随吃，且有利于卫生健康。但缺点也不容忽视：其一，菜分开了，人情也凉了；其二，做菜、分菜的工序太麻烦、太浪费，且饭菜单调。如果把孔登三人的饭菜摆到一起吃，不仅关系融洽了，一个人还可以尝到各种不同的饭菜。

也就是从魏晋南北朝，开始了由分食向"伙食"的转变。转变的原因有三：

第一，由于该时期儒学的失控，许多士人倡导"越名教而任自然"，以觉醒了的自我意识来否定以往礼俗中的成规，追求任纵放荡的生活方式，圆坐相向，同盘共饮食成为他们放纵的具体表现。西晋阮咸与宗人饮酒，不用杯觞斟酌，"以大盆盛酒，圆坐相向，大酌更饮"[2]。

第二，士族门阀制度的形成、发展，使家族观念不断得到强化，共食、同居、共财，成为家庭孝悌和睦的标志，也是家族凝聚力的纽带。北魏大臣杨椿曾告诫子孙说："吾兄弟若在家，必同盘而食。若有近行不至，必待其还，亦有过中不食，忍饥相待。吾兄弟八人，今存者有三，是故不忍别食也。又愿毕吾兄弟世，不异居、异财。"[3]

第三，随着室内家具由矮趋高的演变（参见第三章第三节），座椅据桌逐步取代了席地而坐的起居方式，长桌、方桌、八仙桌、圆桌、火炕的出现，使一家人团坐共食成为可能，"伙食"的食俗逐步定型。古代饮食器具由长足到短足，到无足，即反映了这一渐变的过程。

到唐宋时期，同吃一碗菜、同喝一碗汤的"伙食"风俗基本形成。唐朝的宰臣在政事堂议事，有一种"工作餐"性质的"会食"。宰相杨炎因生病，

〔1〕《南史·孔休源传》，北京：中华书局，1975年版。
〔2〕《晋书·阮籍传》，北京：中华书局，1974年版。
〔3〕《魏书·杨椿传》，北京：中华书局，1974年版。

"饮膳无节，或为糜餐（稀粥），别食阁中，每登堂会食，辞不能偶"。别
有用心的人乘机在门下侍郎卢杞面前挑拨说："杨公鄙公，不欲同食"[1]。
可知这种"会食"不是每人一案的分食，而是合在一张桌上的"伙食"。否则，
杨炎就可以把糜餐带到政事堂上和大家各吃各的了。至于在家庭饮食中的"伙
食"，当然普及更快。《宋史·孝义·陈兢传》载，北宋江州德安陈氏"十三
世同居，长幼七百口，不畜仆妾，上下姻睦，人无间言。每食，必群坐广堂，
未成人者别为一席。有犬百余，亦置一槽共食。一犬不至，群犬亦皆不食"。
可见一家老小团坐共食，已开始深入人心。

这种"团坐伙食"虽然富有人情味，充满家庭团圆、和睦的温馨氛围，且
做菜分菜工序上也简单易行，然而缺点也是不容忽视的：其一，不利于健康卫
生；其二，只要有一人不到，就得等，否则，后来者将吃残羹剩饭。

当然，即使在唐宋以后的上流社会，仍然留有分案而食的风气。但"团坐
伙食"的食俗与家族孝悌、和睦、稳定的宗法观念产生了强烈的共鸣，很快得
到人们的普遍认同，成为中国饮食文化的主流。

击钟、列鼎、设豆而食，固然反映了"分等级，定尊卑"的古代礼制，而
客观上有利于健康卫生的"分餐制"也出自这一礼制，它的功与过的统一就是
中国古代的饮食文化。所以，现在推行分餐制，与其说是学习西方，不如说是
中国古代饮食文化有选择的复兴。

第六节　中国饮食文化品评

中国饮食文化历史悠久，博大精深。中国人民不仅以自己卓越的美食艺术
智慧烹制出色彩纷呈的美味佳肴，还将饮食文化的精神价值充分高扬，使饮食
作为一种道德建树、礼仪规范、生活准则流传下来，形成中国人民独具特色的
饮食价值观念。

---

[1]《资治通鉴》卷二二七《德宗建中二年》胡三省注引《建中实录》，北京：北京古籍出版
社，1956 年版。

一、饮食结构与中国人的个性

中国是以农为本的农业国，主食是五谷和菜，饮料是粮食酿造的酒和茶，有病喝中草药。调味品除椒、姜等植物外，酱、醋、糖、油等也都是植物做的。中国人几乎把自然界维持人类生存和健康的植物恩赐都纳入了自己的食谱。尽管古代有贵族阶层的"肉食者"，但他们也遵从着"五谷为养，五果为助，五畜为益，五菜为充"[1]的配膳原则。直到明清时期，仍把偶尔吃上一点肉叫作"打牙祭"。所以，中国古代的饮食主要是植物食品。有人明确概括为中国人是吃小米的，日本人是吃大米的，西方人是吃肉的。

从饮食习惯上讲，中国人吃热食，不仅酒、茶喝热的，做好了的熟食凉了也要再馏热。西方的面包、牛排、啤酒、白兰地都是凉的，且有着冷食、冷饮的习惯。

中国古代就已探讨食物构成对动物性格的影响了。《大戴礼·易本命》讲：

> 食水者善游能寒，食土者无心而不息，食木者多力而拂，食草者善走而愚，食桑者有丝而蛾，食肉者勇敢而悍，食谷者智慧而巧，食气者神明而寿，不食者不死而神。

这些说法未必都正确，且有荒诞之处，但作者已注意到食物对动物的性格、智慧、技能、寿命的影响了。在20世纪80年代的文化研究中，有人提出中国人是植物性格，西方人是动物性格，虽过于牵强，但也不无道理，因为通过饮食来把握民族文化的特征更为直接而准确。动物界食肉的狮子、老虎、狼与吃草的鹿、山羊、兔，在性格上确有凶猛和温和的鲜明差别。

农业生活和植物食品的饮食结构，热食的习惯，滋养了中国人民温和、善良的性格，特有的人情味和热情好客的传统美德，培育了他们对土地的深厚感情和植物心态。

以农业文化为特征的儒家思想一直是中国传统文化的主干，在它的规范下，和谐、仁爱、与人为善，"和为贵"，成为中国人际关系的主旋律，而不主张

---

[1]《黄帝内经·素问》，北京：中医古籍出版社，2003年版。

双方的冲突、争斗和玉石俱焚。"血气方刚，戒之在斗"[1]，还成为人生三
戒之一。生活在一起的人们尽管一天无数次见面，再见面时总要问一句："您
吃饭了吗？"正是这种过分的热情，才创造了人们之间温馨、和谐，富有人情
味的生活气息和社会环境。

几乎所有的中国人都不好意思用家常饭招待客人，酒、茶、食品被广泛
地应用于接风、送行、压惊、待客等人际交往场合。中国人讲"有仓卒客，
无仓卒主"[2]。东晋陶侃母"截发延宾"，传为千古佳话。现代中国人为
一次宴请，可以拿出个把月的工资，也可以夫妻准备上一个周。八仙桌、圆
桌团坐在一起用餐的习俗，把一家人牢固地凝聚在一起，吃顿团圆饭比什么
都重要，少了一个人就像塌了半边天，宁肯等上个把小时，甚至饭菜凉了再
热上几遍，却使儿女情长、家庭人伦等各种团圆的人际伦理通过一张圆桌得
以兑现。中国文学作品中大团圆的思维模式和类同化的结局，与中国饮食文
化风俗有着必然的联系。

中国人对赖以休养生息的土地有着深厚的感情，他们安土重迁，讲求入
土为安，客居他乡者渴望像树木一样落叶归根。《史记·孟尝君列传》载，
木偶人与土偶人相与语，木偶人说："天雨，子将败矣！"土偶人说："我
生于土，死则归土。今天雨，流子而行，未知所止息也。"把木偶人驳得哑
口无言。在他们看来，客死他乡，"死无葬身之地"是多么可怕。

中国人的植物心态还表现在强调以理节情，对人生世事采取既乐观又清
醒冷静的人生态度。在干事情之前，善于计划周详，儒家叫"三思而后行"[3]。
专门从事冒险的战争的兵家，虽讲"出奇制胜""陷之死地而后生""不入
虎穴，焉得虎子"，但基本原则仍然是"知己知彼""不打无把握之仗"。
这种不贪图侥幸，不做无把握冒险的思想，来自中国人求稳、安守本分的处
世原则和行为方式，它体现了人比其他动物更有计划性、目的性，提高了行
动的成功率。

上述种种，都反映了中国人纯朴、善良的个性和富有情感、理智的传统美
德。传统文化的优点和缺点是结合在一起的，在这些优秀品质的背后又透露出

---

〔1〕《论语·季氏》，载《诸子集成》，上海：上海书店，1986 年影印版。
〔2〕《太平广记》卷二一五引《西京杂记》，北京：中华书局，1961 年版。
〔3〕《论语·公冶长》，载《诸子集成》，上海：上海书店，1986 年影印版。

中国人的种种弱点。

　　强调人际间的和谐以及温和、善良的性格，往往使人们缺乏竞争意识和开拓进取的精神。春秋战国时期，当社会文明进步带来的欲望、争战、罪恶日益暴露，社会越来越强力抗争的时候，道家消极避世，主张超脱、避开这些罪恶；儒家积极入世，企图通过仁、义、礼、智、信，"和为贵"来消除这些罪恶。谁都没能从这些罪恶和争斗中净化出正当的竞争意识。《周易·乾卦》中的"天行健，君子以自强不息"，中国人安分守己的个性，只是对旧环境克己、坚韧的适应，而不是与对手竞争。

　　中国人的热情和人情味固然可贵，然而过分的热情却冲淡了人们的卫生健康意识。从唐宋到现代，中国人一直保持着各吃各的饭，共享一盘菜的"伙食"习惯。在一盘菜内，你一筷，我一勺，交流着七八个人的唾液和病菌。古已有之的分餐制在 1000 多年后的今天竟是那么遥远和陌生，人们竟如此热衷于"一个锅里摸勺子"。抵制现代分餐制的，正是中国人的过分亲密。因为菜分开了，人情也淡了。

　　清醒冷静，反对冒险，不仅得不到那些可能偶然出现的重大成功，还使中国人干事情之前，左盘算，右计划，延长了犹豫不决的思维过程，待决断之后，机遇早已丧失了。事实上许多首创的事情都是需要冒险的，中国历史上的出奇制胜者，西欧开辟新航路的航海家，都付出了冒险的代价。

二、饮食与中国人的人格尊严

　　讲求仁、义、礼、智、信、忠、孝、节、廉等个体品格的高度完善，是中国传统文化的鲜明特征，它渗透在中国人的衣、食、住、行等社会生活的各个领域，而饮食方面尤其鲜明突出。

　　中国人特别重视饮食方面的礼节，从小就接受这方面的教育。《礼记·曲礼上》载：

　　"虚坐尽后，食坐尽前，坐必安。"

　　"共食不饱，共饭不泽（摩）手。毋抟饭，毋放饭，毋流歠（chuò），毋咤食，毋啮骨，毋反（返）鱼肉。"

　　"长者举未釂，少者不敢饮。"

"赐果于君前,有核者怀其核。"

《礼记·玉藻》载:"凡尝远食,必须近食……凡侑(yòu)食不尽食,食于人不饱。"

《礼记·内则》载:"男女不同席,不共食。"

《论语·学而》载:"君子食无求饱,居无求安。"

在座次方面的礼仪更加严格。顾炎武《日知录》卷二十八讲:"古人之坐,以东向为尊。"宋代出现八仙桌后,按照天子祭祖活动的灵位排列尊卑。太祖东向居中,左昭右穆,在八仙桌上则为尊贵者之位。西向的末位是祭祀者,则为卑下者之位。现在宴席上的座位更加讲究,主陪的右左两边是上宾,副陪的右左两边是第三、四位。位置排错了,有些挑礼的人就不肯入席,这也符合孔子"席不正不坐"〔1〕的传统。

上述规范都反映了饮食上的隆礼特征。

《礼记·内则》列举了一系列供父母食用的精美食品,要求子女对父母"问所欲而食之",现在讲"吃饭穿衣敬父母",反映了中国的孝道。另外,宣传孔融让梨是悌;"食君禄,报王恩"是忠;"志士不饮盗泉之水,廉者不食嗟来之食""不为五斗米折腰"是节。中国人特别注重饮食上的气节,反对在饮食上堕落丧志,"饱食终日,无所用心"〔2〕。孔子讲:"君子谋道不谋食。"〔3〕一般士大夫讲"非礼虽万钟不受,若申其志,虽箪食不厌"〔4〕。在"义"字上,中国人讲"滴水之恩当涌泉相报",讲"一饭千金",显得特别慷慨仗义。外国人在一起吃饭各付各的钱,而中国人则在哥们义气、仗义的激励下,争着慷慨解囊,一个人承担全部花销。

总之,中国的传统伦理道德都渗透、落实在中国人的饮食风俗中,成为每个中国人必须遵从的守则。它有效地维护了餐桌上的秩序和人际关系的和谐。通过饮食,使每个人的品质、气节、欲望都得到了道德上的净化。

然而,它又是一些中国人的缺点。它形成了一些中国人不务实际的慷慨之风和对其道德、精神价值的过分追求,这些人用力所不及的投入来维护自己热

〔1〕《论语·乡党》,原意为席地而坐的"席"安放不正,便不坐。
〔2〕《论语·阳货》,载《诸子集成》,上海:上海书店,1986年影印版。
〔3〕《论语·卫灵公》,载《诸子集成》,上海:上海书店,1986年影印版。
〔4〕《后汉书·樊英传》,北京:中华书局,1965年版。

情好客的虚荣，享受精神上空洞的高尚。

中国人在饮食上对道德、精神价值的追求，一方面表现为对别人的慷慨，另一方面表现为饿着肚子追求自己人格、身份、气节的完善，这两者都达到近乎虚伪而不能长久的地步。仅以上述的慷慨解囊为例，一个人支付十几个人一顿饭的花销，仅有"仗义"没有经济实力是不可能长久的，用不了三次就无法仗义了。而中国的传统文化就是这样完善和互补，与这种哥们义气配套的还有"礼尚往来，往而不来非礼也"[1]"投我以桃，报之以李"[2]"人情大于王法"，不能总让一个人掏钱包。结果是，这次我掏，下次你掏，再下次他掏，大家轮流做东，总算账还是各付各的钱。那么，这种"哥们义气""仗义"实际上也就不存在了。在饮食上保持自己的气节、人格固然重要，关键在于中国人太苛求精神价值了。《礼记·檀弓下》记载的那个"不食嗟来之食"者，在人家赔礼道歉后仍不食而死，连曾子都不赞成他这种气节，认为"其嗟也可去，其谢也可食"，而后来的人们却一直弘扬这种气节。外国人吃饭发现一道好菜，能频频举筷到吃光为止，中国人却要"共食不饱""食于人不饱"，否则失了身份，遭人蔑视。直到现在，许多爱面子的人到别人家吃饭或在礼仪场合都要约束自己，绝对不能狼吞虎咽，也不敢吃饱。

三、饮食等级与消费观念

中国饮食文化在演进的过程中，从"糟糠不厌"的贫民，到"箪食瓢饮""粗茶淡饭"的一般农户，到"钟鸣鼎食""酒池肉林"的"肉食者"，满足着从生存到享受多层面的追求，也成为古代专制等级制度的鲜明写照。

早在商周时代，就形成了饮食上严格的等级礼仪。《周礼·天官·膳夫》载："凡王之馈，食用六谷，膳用六牲，饮用六清，羞用百有二十品，珍用八物，酱用百有二十瓮。"

《礼记·礼器》载："天子之席五重，诸侯之席三重，大夫之席再重。"

《礼记·内则》载："大夫燕食，有脍无脯，有脯无脍，士不贰羹胾（zì），庶人耆老不徒食。"

---

〔1〕《礼记·曲礼上》，载《十三经注疏》，北京：中华书局，1980年影印版。
〔2〕《诗·大雅·抑》，载《十三经注疏》，北京：中华书局，1980年影印版。

《礼记·王制》载："诸侯无故不杀牛，大夫无故不杀羊，士无故不杀犬豕，庶人无故不食珍。"

在餐具的陈列上，从天子九鼎二十六豆到卿大夫的五鼎八豆，无不反映着饮食等级的森严。

这些森严繁缛的等级规定，形成了古代两极分化的饮食追求和消费观念。

上层位的饮食追求以孔子为代表。他提出的"食不厌精，脍不厌细"和十三个不食的原则，奠定了中国色、香、味、形、器五方面的美食原则，形成了儒家在饮食上刻意追求和隆礼的鲜明特征。后来的官僚贵族阶层，对食品精益求精，夸富斗奢，追求高消费的心态，就是受了儒家思想的影响。

西晋士族何曾"日食万钱"，蒸饼不正好裂作"十"字就不吃。他的儿子何劭日食二万钱。士族王济宴请晋武帝，有一道清蒸小猪，味道极佳，竟用人乳蒸煮而成。北宋蔡京用蟹黄馒头宴客，一餐费至 1300 余缗。清代的满汉全席更是奇珍异味的集大成者，即使一般的富豪也不敢问津。他们不仅吃得脑满肠肥，而且在品尝美味的实践中不断积累着敏锐的口感。西晋荀勖在宴席上竟能准确地指出某道菜肴是"劳薪所炊"。直到现在，许多酒肉穿肠过的"吃货"，对菜的做工说起来仍然头头是道。

然而，正是上层位人们对饮食高档次、高口味的追求，才促进了中国美食文化的博大精深，也形成了讲身份、讲排场和夸富斗奢的风气。

墨子的饮食观代表了普通中国人的消费心态，叫作"量腹而食，度身而衣"[1]。自古以来，中国的农民一直过着男耕女织的自给自足的贫苦生活，养成了节衣缩食、勤俭持家的优良传统，既无商品意识，也没有高消费的奢望，粗茶淡饭足矣。食物的种类追求耐饥、耐吃，甚至以少量的精细食品换回多量的粗劣食品来食用。中华人民共和国成立前，中国的农民以细粮换粗粮的现象非常普遍。甘薯、玉米传入中国后，之所以在北方迅速普及，也出于这种消费观念。

节衣缩食的传统和贫困生活，也促使百姓增强饮食的计划性和节约意识，中国的农民常讲"吃饭穿衣料家当"，一般不敢"寅吃卯粮"，到时揭不开锅。除过节、来客外，从不想一饱口福，在他们心目中，"今朝有酒今朝醉"的生

---

〔1〕《墨子·鲁问》，载《诸子集成》，上海：上海书店，1986 年影印版。

活方式根本就行不通。浪费粮食更是极大的犯罪，"谁知盘中餐，粒粒皆辛苦"，与中国的农民产生着长期的心理共鸣。

两极分化的饮食追求和消费观念，形成了两种不同的心态。有的以高消费、讲排场为荣，夸富羞贫；有的以勤俭持家为荣，不羞贫贱。其中，勤乎耕稼的农民大多属于后一种，直到中华人民共和国成立后，农村的农民做点好吃的，都不让孩子讲出去。

四、中国饮食文化与思维方式

西方人对待吃，仅把它看成是给机器加油料，而中国人则视吃为人生至乐。近人林语堂讲："吾们曾公开宣称'吃'为人生少数乐事。"[1] 的确如此，西方人的饮食多从理性考虑，注重营养和卫生，对味道之美反而不太讲究，呈现出味道单一，营养价值一目了然，缺少艺术氛围的特点。中国无论是宴席还是团圆饭，都是一种和欢的活动，是一种幸福，即人们平常说的"一饱口福"。

其实，中国与西方饮食观念的差异远不仅如此。

首先，中国饮食文化是一种高雅的艺术，讲究色、香、味、形、器的完美统一，追求强烈的美感和文化享受，绘画、雕塑、乐舞乃至诗词等艺术都被运用于饮食菜肴之中。

其次，追求个体品格的完善，人际伦理的融洽，人生礼仪的规范，使中国的饮食文化具有鲜明的人文意识。

第三，中国饮食讲求咸、苦、酸、辛、甘五味调和，而五味之说来源于中国哲学中的五行学说。《尚书·洪范》载："五行，一曰水，二曰火，三曰木，四曰金，五曰土。水曰润下，火曰炎上，木曰曲直，金曰从革，土爰稼穑。润下作咸，炎上作苦，曲直作酸，从革作辛，稼穑作甘。"端午吃角黍，冬至吃"米圆"，是因为"冬至，阳气始萌，故食米圆。凡阳象圆，阴象方。五月阴始生，黍先五谷而熟，则为角黍，以象阴。角，方也。冬至阳始生，则为米圆，以象阳"[2]。因此，中国饮食又带有阴阳五行等宇宙本体论和

〔1〕林语堂：《吾国与吾民》，长沙：岳麓书社，2000 年版，第 290—291 页。
〔2〕丁世良、赵放主编：《中国地方志民俗资料汇编》华东卷下引清乾隆三十三年《福建续志》，北京：书目文献出版社，1995 年版，第 1195 页。

天人合一的哲学意味。

正由于中国饮食文化带有丰富多彩的文化意蕴，反而忽视了对纯食物自身成分的分解研究。中国博大精深的美食文化与中国悠久的中医理论，道家的养生之道并行了 2000 多年，既没能从人体肠胃消化、吸收的具体过程中去研究食物怎样变成人体所需要的能量，也没能产生像西方那样的把食物分解为碳水化合物、脂肪、蛋白质以及钙、铁、盐等无机物、维生素等成分的营养学。中国人用了数千年的筷子，还有剪刀、辘轳，一直没有悟出杠杆原理。中国人的思维方式一直停留在模糊、笼统的整体把握和直观经验的体会上，而不善于逻辑上的理性思辨和物质内部构成的具体分解。中国古代的四大发明都是直观经验的体会，没有也不需要科学的理论。中国古代科技的发达，虽得益于这种思维方式，但却很难把中国学术引向近现代科学。

第三章　居住风俗

住居是人类生存的四大方式之一。主要包括居室、家具、宅院、树果、六畜等在建造、经营、使用、传承过程中形成的风俗习惯，以及由此而产生的文化观念。由于住宅是构成村落、城镇的基本建筑，它还是一个国家、民族、地区，社会物质文明的外在标志。

第一节　构木为巢的启示

旧石器时代的人类，没有建造居室的能力，处在"穴居而野处"的时代。《韩非子·五蠹》载："上古之世，人民少而禽兽众，人民不胜禽兽虫蛇。有圣人作，构木为巢，以避群害，而民悦之，使王天下，号之曰有巢氏。"有巢氏是第一个教人"构木为巢"，创立住居生活的圣人。

《礼记·礼运篇》载："昔者先王未有宫室，冬则居营窟，夏则居橧（zēng）巢。"这是对人类营建的两种居住形式的概括。气候寒冷干燥的北方，

有巢氏像。清人绘

由穴居、半穴居，上升到地面房屋；炎热潮湿的南方，由巢居、半巢居，下降为地面建筑。

北方最原始的住居是穴居。穴居的形式有两种。一种是横穴居室，在向阳的山坡上挖成拱形的洞。仰韶文化中的山西石楼岔沟，龙山文化早期的内蒙古凉城圆子沟遗址，都曾发现。现在黄土高原上的窑洞，也属于这种横穴式居室。另一种是竖穴居室，在平原高处或高台上挖竖穴。距今七八千年的河南新郑裴李岗文化、河北武安磁山文化遗址中，都发现有口小底大的袋状窖穴。这两种穴居形式，中华人民共和国成立前在陕北、山西、甘肃仍然存在。民国二十四年甘肃《重修镇原县志》详细介绍了这方面的情况："平、庆、泾、固人民，以木料维艰，傍山凿穴居之，名曰'窑'。冬温夏凉，登高望之如蜂房。""至所谓'地坑庄'者，以高原无山可依，于平地上挖一大坑，内修窑只，中砌水池，以防阴雨。望之不见人烟，及入其门，则鸡鸣犬吠。白叟黄童，几疑别有天地，非人间矣。"

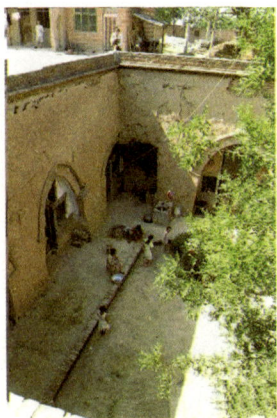

竖穴窑洞

半穴居的住宅，以西安半坡最著名。房屋有圆有方，通常挖50—80厘米深，以坑壁作墙壁，周围竖木柱支撑用草木搭成的屋顶。地面、墙壁、屋顶都涂抹草筋泥，以防雨防潮。半坡遗址中还有一处160平方米的大房间，后面有三个小房间，已初步具备一堂三室的布局。

仰韶文化晚期的房屋，已成为完全的地面建筑。甘肃秦安大地湾遗址的901号大屋，已全建在地上。该屋以长方形的主室为中心，有左右对称的两侧室，利用主室后墙建成单独的后室，前面有广阔的广场。室内大柱（顶梁柱）、壁柱、屋外柱支撑梁架，墙壁不承重，仅起间隔和封闭作用。梁上有密集的木椽，椽上是草木泥。地面用草泥烧土、砂粒、石子混合压制而成，外观极像水泥地面。据测定，这种地面相当于100号水泥砂浆地面的强度。

大地湾901号房址的发现，说明早在5000年前，远古人类已脱离了穴居、半穴居的状态，初步形成前院后屋，堂和侧室、后室，木构梁柱式结构等中国传统住居的建筑模式。

南方多水卑湿，最初的巢居应在南方。《魏书·獠传》载，居住在今四川西昌一带的獠族，"依树积木，以居其上，名曰'干兰'，干兰大小，随其家口之数"。这种以树木为支点，上面架铺木板，高离地面的房屋，建筑史上称作"干栏式"建筑。

在浙江余姚河姆渡、嘉兴马家浜、江苏吴县（1995 年撤县改市，改吴县市。2001 年撤吴县市，原辖区划入苏州市吴中区与相城区）

干栏式住居

草鞋山的新石器时代遗址中，都发现有干栏式建筑。河姆渡前期是把成排的木桩打入地下，上端用卯榫与地梁相接，地梁上铺设企口相接的木板，再在木板上立柱、架梁、盖顶。后期发展为栽柱式地面木结构建筑。现代中国南方的壮、傣、布依等少数民族，仍然住这种"干栏"，一般用木、竹做桩柱、楼板和墙壁。下层有的无墙壁，有的用砖石从地面砌筑。上层住人，下层养牲畜或放置农具杂物。

史前时期的住居一般为木土结构。夏商时开始用版筑、土坯筑墙。商王武丁的大臣傅说，就是个版筑奴隶。河北藁城台西村商代遗址的墙壁，下面用版筑，上面用土坯。房柱的基础有的已

明朝中期山西大宅院（陶葬）。53.34 厘米×91.44 厘米×182.88 厘米

使用柱石[1]。这样能加高墙壁和房屋，使其更加宽敞。

[1]《河北藁城台西村商代遗址发掘简报》，载《文物》，1979 年第 6 期。

烧制瓦、砖也成为制陶业的一个分支。《太平御览》卷第七六七《杂物部二》引《古史考》曰："夏世昆吾氏作屋瓦。""乌曹氏作砖。"昆吾氏是远古一支氏族部落，颛顼的后裔，制陶业的发明者。西周时的瓦，只用于宫殿的屋脊，春秋时，砖瓦已使用于各国的宫殿了。《左传·隐公八年》载，齐僖公、宋殇公、卫宣公"盟于瓦屋"。《列子·汤问》张湛注："师旷为晋平公奏《清角》……裂帷幕，破俎豆，飞廊瓦。"战国时的考古遗址有瓦砾、瓦当出土。砖也叫甓（pì）。《尔雅·释宫》称："瓴甋（dì）谓之甓。"西晋郭璞注："甋（lǔ）砖也，今江东呼瓴甓。"

到春秋战国为止，不仅传统住居的基本结构确立了，住居建设所用的木、石、砖、瓦，也都齐备了。

第二节　传统住居的基本结构

古人称住居为"第宅"。《释名·释宫室》称："宅，择也。择吉处而营之也。"《太平御览》卷一八一《居处部九·第》引《汉书》注云："有甲乙次第，故曰第。又曰出不由里门，面大道者名曰第。"由于中国疆域辽阔，民族众多，自然环境不同，第宅的形式、结构、布局、材料也不尽相同。北方草原居民多住穹庐，黄土高原居民多住窑洞，南方多住干栏，江河湖海地区有以船为屋者。中原地区的贫民住草屋泥舍，官僚富商住宫殿楼阁。下面仅就中原一般住居的传统结构做一介绍。

一、四合院

中原居民的住居，虽有贫富差别，其基本结构是共通的。如主体建筑坐南朝北，都有堂室、庭院、院墙、院门、栏厩、厕所等。贫民的第宅为茅庐泥舍，官僚富豪之家除大量使用砖、瓦、石之外，再扩大面积和规模，加添厢房、耳房、倒座（南屋）、楼阁、廊庑、门屋、影壁、石狮。贫民的住宅遮挡风雨而已，富人则追求结构、造型、装饰上的豪华和美观，反映了不同阶层的审美追求。

从广义上讲，贫民和富人的第宅都是一个封闭的四合院，自先秦秦汉确立下来，以后基本没有太大的变化。现代一般把有倒座和东西厢房的院落称四合院，以北京的四合院最典型。其特点是院落四周都是房子，窗子开向院内，对外不开。大型的院落有多层四合院，称作"进"，可供四世、五世同堂的大家族居住。明清民国时，北方富豪之家都营建这种大规模的四合院。中华民国二十三年天津《静海县志》[1]载：

> 吾邑住室普遍室中隔为三间或五间，中为堂。两旁为室，别内外也。以土坯筑者曰草房，以瓦砖筑者曰瓦房，楼居则绝无。而仅有三间一正一倒，旁有两厢，曰"小四合套"。五间一正一倒，旁三厢曰"大四合套"。窗牖尚宽阔，胜于南省只开天窗，而四面只有门无窗也。

二、堂、室、火炕

《说文十三下·土部》称："堂，殿也。"《释名·释宫室》载："古者为堂，自半以前虚之谓堂，自半以后实之谓室。堂者当也，谓当正向阳。"由此可知，秦汉以前是前堂后室，秦汉以后才发展为一字形的一堂二室。

据《考工记》载，古代宫殿、官府、士大夫的住居都是前堂后室，也称"前朝后寝"。天子、官府的大堂，既称堂也称朝。东汉会稽太守刘宠被徵为将作大匠，有几位老人为他送行说："山谷鄙生，未尝识郡朝。"[2]《礼记·礼器》载："天子之堂九尺，诸侯七尺，大夫五尺，士三尺。"

普通居民一般为一堂二室，也有三室、四室者。《汉书·晁错传》载："家有一堂二内，门户之闭，置器物焉。"堂是家庭成员祭祀、饮食、议事、待客的地方。《论语·先进》称："由（子路）也升堂矣，未入于室也。"升堂入室比喻学术上的造诣达到上乘境界，它的原意是对这户人家已十分熟悉，不仅能登堂，还可以入室。由于堂是家庭成员议事的场所，故古代称父母为"高堂"。

---

〔1〕丁世良、赵放主编：《全国地方志民俗资料汇编》华北卷引，北京：书目文献出版社，1992年版，第72页。
〔2〕《后汉书·循吏·刘宠传》，北京：中华书局，1965年版。

李白《送张秀才从军》诗："抱剑辞高堂，将投霍冠军。"先秦时前堂后室，后室也称北堂。《仪礼·士昏礼》讲："妇洗在北堂。"后因以"北堂""令堂"作母亲的代称。祖孙三代的家庭都活动在一个堂内，所以，叔伯兄弟姐妹，也称"堂兄弟姐妹"。

现代北方居民，在堂门内的左右两边垒厨灶，烟火与隔壁居室内火炕相通，唐以前没有这一习俗。顾炎武《日知录·土炕》讲："北人以土为床而空其下以发火，谓之炕，古书不载。"他认为，古代没有火炕，但古人已知用灶火取暖。《新序·刺奢》载，宛春对卫灵公说："君衣狐裘，坐熊席，隩隅有灶。"隩隅是居室的西南角，是尊贵的位置，"灶"是用来取暖的。古代"君子远庖厨"[1]，不会是厨灶。《水经注》卷十四《鲍丘水》载："土垠县有观鸡寺，寺内有大堂甚高广，可容千僧。下悉结石为之，上加涂墍，墍内疏通，枝经脉散，基侧室外，四出爨火，炎势内流，一堂尽温。"把整个大堂修建在大火炕上，堂的地面即火炕的盖顶，是最早的"地暖"。《旧唐书·东夷·高丽传》载，高丽"冬月皆作长坑（炕），下然（燃）煴火以取暖"。《新唐书·东夷·新罗传》载，新罗"市皆妇女贸贩，冬则作灶堂中"。南宋徐梦莘叙述女真族的火炕说："环屋为土床，炽火其下，相与寝食起居其上，谓之炕，以取其暖。"[2]所以，火炕的发明应是汉族和高寒地区少数民族集体智慧的结晶。南宋以后，火炕很快在北方广大居民中普及，并取代了床。火炕上铺炕席，上炕犹如古代的登堂入席，但跪坐已改为盘坐了。直到现在，北方广大的农村仍睡火炕。

三、门户、门楼、门匾、石狮

古代双门曰门，半门曰户，门户是用来封闭、保护第宅的。《释名·释宫室》称："门，扪也。在外为人所扪摸也。""户，护也，所以谨护闭塞也。"《说文十二上·门部》载："门，闻也，从二户。""户，护也，半门曰户。"

《礼记·月令》载，仲春之月"耕者少舍，仍修阖扇"。郑玄注曰："耕事少闲，而治门户也。用木曰阖，用竹苇曰扇。"《礼记·儒行》还提到"筚门""蓬户"。"筚门"是以荆竹编的门，"蓬户"以蓬草编制。由于编制的

---

〔1〕《礼记·玉藻》，载《十三经注疏》，北京：中华书局，1980年影印版。

〔2〕徐梦莘：《三朝北盟会编》卷三，上海：上海古籍出版社，1987年版，第17页。

门通风不保暖，要涂上泥巴，即《诗经·豳风·七月》的"塞向墐户"。贵族的门以木板制作，称作"阖"，古代传说的天门称"阊"，楚人称为"阊阖"，后因指皇宫门为阊阖。王维有"九天阊阖开宫殿，万国衣冠拜冕旒"的名句。

门户上的构造名称有阈（yù）、阃（kǔn）、枨（chéng）、楔（xiē）、枢、楣等。

阈、阃是指门限、户限，现在叫门槛。《礼记·玉藻》载："宾入，不中门，不履阈。""履阈"即踩着门槛，是非礼的。阃也指城郭的门槛。《史记·张释之冯唐列传》载："上古王者之遣将也，跪而推毂曰：'阃以内者，寡人制之；阃以外者，将军制之。'"裴骃集解引三国韦昭曰："此国门之阃也，门中橛曰阃。"张守节正义曰："阃……谓门限也。"后因称军事职务为"阃外"。

枨和楔是门两旁的木，即门框。《礼记·曲礼》讲："为人子者，行不中道，立不中门。"立门要避到枨后，让父亲站在门中间。门靠枨的一边，上下各伸出一块木转轴，叫作"户枢"。由于户枢不停地转动，故有"户枢不蠹"之说。承受户枢转动的叫"枢达"，上曰"檼（yǐn）"，下曰"达"，俗语称"落时"。贫民有的没有枢达，用绳系户枢，称作"绳枢"。

《尔雅·释宫》称："枨谓之楔，楣谓之梁，枢谓之椳，枢达北方谓之落时。"门户上的横梁称"门楣"，也作家庭门户的代称。杨贵妃得宠后，民间谚语曰："生男勿喜女勿悲，君今看女作门楣。"[1]

第宅的大门也称外户。《礼记·礼运篇》称："外户而不闭。"古人十分重视门户的装饰，它代表一个家族的门面，包括门楼、门匾、镇宅石狮等。

门楼又称门屋。《诗·陈风·衡门》载："衡门之下，可以栖迟。"这种可以栖迟的衡门可视为最早的门楼。从唐到明清，品官士庶之家竞修门楼。《稽古定制》载，非品官不得修门屋。《明会典》载，明朝王府违制者门楼高达三层，朝廷明确规定，一二品官门屋三间五架，三至五品三间三架，六至九品一间三架。直到现在，一般居民的院门都有门楼。四合院式的住居有倒座，门楼和倒座连在一起，形成过间，门楼顶部高出，加以装饰。

门匾又称门额，是一块镶在门楣与檐顶间的长方形横木牌，朝下朝前倾斜，既美观又能封闭门上部到门楼上盖的空间。门匾上书字，称作"门铭"。门铭

---

〔1〕《资治通鉴·玄宗天宝五载》，北京：北京古籍出版社，1956年版。

由来日久。陆游《吕文靖门铭跋》称："一言可以行之者，其'恕'乎，此圣门一字铭也；诗三百篇，一言以蔽曰'思无邪'，此圣门三字铭也。"古代朝廷旌表门闾的方式之一就是赐门铭匾额。南朝严世期乐善好施，宋文帝榜其门曰"义行严氏之门"[1]。明清时期，匾额盛行。有功名者，挂御赐门匾；有德行者，挂乡里赠送的门匾。一般居民也请人在门匾上书字。《红楼梦》第二回："正门上有一匾，匾上大书'敕造宁国府'五个大字。"民国二十年辽宁《义县志》[2]载：

> 吾邑世家，大门、二门皆挂匾额。科第者或题"拔贡"，或题"恩进士"及"岁进士"，或题"乡魁"，或题"进士"，或题"太史第"，或题"青云初步"，或题"父子进士""父子乡魁""兄弟拔贡""兄弟同榜"。武魁出仕者或题"大夫第"。影壁则用三台，俱置吻兽，房脊亦置之。门两旁竖单斗或双斗旗杆，视功名而用之（举人单斗，进士双斗）。民国贵或富家门额，或大总统题曰"孝义之门"，或邑令题曰"热心公益"。其节妇门额，或大总统题曰"节励松筠"，与清朝节妇门额题曰"节孝可风"及孝子门额题曰"纯孝格天"者，后先辉映。吾邑重公益及孝、节、义，亦可概见于所居矣。

狮子古称"狻猊（suān ní）"，为西域之奇兽。《后汉书》屡载西域月氏、安息、疏勒向东汉进贡狮子。《尔雅·释兽》及许多典籍都称它食虎豹，制百兽，目光如电，声吼如雷，为百兽之长。佛教传入中国后，说释迦出生时作狮子吼，"天上天下，唯我独尊"。文殊菩萨是骑狮子的法像。自南北朝开始，许多建筑都用它来镇座制猛。北魏孝静帝，"美容仪，力能挟石狮逾墙"[3]。《洛阳伽蓝记·龙华寺》载："永桥南道东，有白象狮子二坊。"可知当时已有石狮了。元明清三朝的高第，大都以石狮镇宅。《山西通志》载，元朝忠臣崔斌、崔彧的住宅，门口石狮清代犹存。《红楼梦》第六十六回，柳湘莲说：

―――――――

〔1〕《南史·孝义·严世期传》，北京：中华书局，1975 年版。
〔2〕丁世良、赵放主编：《全国地方志民俗资料汇编》东北卷引，北京：书目文献出版社，1992 年版，第 212 页。
〔3〕《北史·魏孝静帝纪》，北京：中华书局，1974 年版。

"你们东府除了那两个石狮子干净……"

墨子讲，上古尧时，"堂高三尺，土阶三等，茅茨不剪"[1]。后人力求门第高大，把门基垫高，门前设石阶，门槛高者达半米，再加上虎视眈眈的石狮，醒目的匾额，更显得高大气派。这一对门面的追求与魏晋以来的门第观念是一脉相承的。

四、墙和影壁

墙是构成房屋和院落的主要部分，又称作"垣""堵""墉""序"。《尔雅·释宫》讲："墙谓之墉。""东西墙谓之序。"

从夏商时期，中国人就以版筑墙。这种版筑墙浑然一体，结实异常。十六国夏国统治者征发十万人蒸土筑城，"锥入一寸，即杀作者"[2]。其实，版筑墙干后，锥子根本插不进去。

从汉代开始，以香椒和泥，涂后妃所住的宫墙。椒有香气而多子（籽），班固《西都赋》有"椒房后妃之室"的辞句。后赵石虎"以胡粉和椒涂壁，曰'椒房'"[3]，故椒房成为后妃的代称。一般人以白粉涂墙，这样的墙称作"垩（è）"。刘禹锡《故洛城古墙》诗："粉落椒飞知几春，风吹雨洒旋成尘。"其中的粉和椒都指墙的涂料。

墙的主要作用是保护宅院，防止野兽和盗贼进入。在中国，院墙、村寨墙、城墙还是一种防御工事。《释名·释宫室》载："垣，援也。人所依阻，以为援卫也。"为了防御，有的人家还修夹墙，也称复壁。秦始皇焚书时，济南伏生将书藏在复壁内得以保存。唐朝李林甫作恶多端，晚上怕有人行刺，藏在复壁中，一夜换好几个地方，就连他的家里人也不知道他的住处。

古人在门口内外，还要修一段短墙，正对着门口，叫作"影壁""照墙"，先秦时称作"罘罳""萧墙""屏""树"。西晋崔豹《古今注》载："罘罳，屏之遗象也。""臣来朝君，行至门内屏外，当复思应对之事也。""汉西京罘罳合板为之，亦筑土为之，每门阙殿舍前皆有焉。"王莽代汉后，派人毁

---

[1]《汉书·司马迁传》，北京：中华书局，1962年版。
[2]《晋书·赫连勃勃载记》，北京：中华书局，1974年版。
[3]《太平御览》卷七一九《服用部二一·粉》引《邺中记》，北京：中华书局，1960年影印版。

掉汉元帝渭陵、汉成帝延陵前的罘罳，说："毋使汉民复思也。"[1]《论语·季氏》载孔子语曰："吾恐季氏之忧不在颛臾，而在萧墙之内也。"郑玄注曰："萧之言肃也，墙谓屏也。君臣相见之礼，至屏而加肃敬焉，是以谓之萧墙。"《礼记·郊特牲》言："台门而旅树。"郑玄注曰："旅，道也。屏谓之树，树所以蔽行道……天子外屏，诸侯内屏，大夫以帘，士以帷。"《风俗通》[2]载："屏，卿大夫以帷，士以帘，稍有第，以自障蔽也。示臣临见，自整屏气处也。"

由此可知，影壁在先秦时是天子、诸侯才有的礼，天子修在门外，诸侯修在门内，是为了让臣下"复思""肃敬"而屏气凝息。一般人不得修影壁，否则即为越礼。孔子曾批评管仲"邦君树塞门，管氏亦树塞门""管氏而知礼，孰不知礼？"[3]管仲是齐国大夫，按周礼规定不该"树塞门"，所以孔子批评他不知礼。

影壁

秦汉以后，这种内屏、外屏逐步流行到民间。《盐铁论·散不足第二十九》讲："富者黼绣、帷幄、涂屏、错跗（fū）。"《红楼梦》第三回："北边立着一个粉油大影壁。"现在农村住宅大都在门内修影壁，正对着院门口，上面绘画或写上"福""寿"之类的大字，用这鲜艳美观的屏障，挡住门外人的视线。如果宅院门口正对着旷野，则在门口街道的外侧修一外影壁，也正对着门口。现在这一景观已不多见了。

〔1〕《汉书·王莽传》，北京：中华书局，1962年版。
〔2〕《太平御览》卷一八五《居处部·屏》引，北京：中华书局，1960年影印版。
〔3〕《论语·八佾》，载《诸子集成》，上海：上海书店，1986年影印版。

五、卜宅

住宅不仅是饮食起居的凭依，还是家族世代相传的财产。在古代命定思想的迷惑下，产生了一种荒诞的观念意识：住宅风水关系着家族的兴衰和子孙的吉凶祸福。因此，自先秦就流行着相宅、卜宅的风俗。"鲁哀公欲西益（扩大）宅，史（史官）争之，以为西益宅不祥"〔1〕。西晋魏舒住外祖父家，相宅者说："当出贵甥。"〔2〕后来，魏舒果然位至三公。

古代的相宅术叫作"形法""堪舆"。《汉书·艺文志》称，"形法者，大举九州之势以立城郭室舍形"，还载有《堪舆金匮》《宫宅地形》等相宅书。魏晋南北朝隋唐，相宅风大行。自隋朝萧吉著《宅经》后，各种《宅经》泛滥成灾。唐太宗命吕才等十余人共同刊正《宅经》。堪舆风水之书竟惊动了朝廷，受到如此重视。后来，相宅风俗一直是民间天命迷信信仰的一项重要内容。

第三节　由矮趋高的室内家具

中国古代室内家具的演变，是随着各民族间的文化交流和起居方式的变化而发展的。

一、由席地跪坐到垂足而坐——席、榻、胡床、椅凳、蒲墩

古人席地而坐，两膝着地，臀部着足后跟上。上身和大腿部挺直，臀部离开脚跟，叫作"长跪"。《战国策·魏策四》载："秦王色挠，长跪而谢之。"像现代人这样，臀部着地，两脚前伸，坐在地上，古代叫作"踞（倨）""箕踞"。

---

〔1〕《淮南子·人间训》，载《诸子集成》，上海：上海书店，1986 年影印版。《论衡·四讳篇》记载略同。
〔2〕《晋书·魏舒传》，北京：中华书局，1974 年版。

荆轲刺秦王受伤，"箕踞以骂"[1]。秦末郦食其拜见刘邦，刘邦正倨床洗足，郦食其恼怒说："必聚徒合义兵诛无道秦，不宜倨见长者。"[2]可见"箕踞"是一种极不礼貌的坐法，所以《礼记·曲礼》讲："坐毋箕。"

这种跪坐的起居方式与当时的服饰有关。古代男女下身均着裳（即裙），内穿裈，箕踞是很不雅观的。另一个原因则是堂室内的陈设。

古代自天子至庶人起居坐卧皆用席。《诗·小雅·斯干》曰："上莞下簟（diàn），乃安斯寝。"《大雅·行苇》曰："肆筵设席。"莞是蒲草编的席；簟是竹席，也称筍席。筵也是竹席，比较大，先铺在地上，再根据不同身份地位加铺较细致的席。不同身份的人，席位的层数是不一样的，"天子之席五重，诸侯之席三重，大夫再重"[3]。席一般是现铺现坐，坐完了再卷起来。《礼记·内则》讲："鸡初鸣，咸盥漱、衣服、敛枕簟，洒扫室堂及庭，布席。"

铺在床上的席叫"衽"。《仪礼·士丧礼》言："衽如初。"郑玄曰："衽，寝卧之席也。"古代子女对父母要"昏定晨省""昏定"即为父母铺衽席被褥。

榻似床而矮小，有四个短腿，便于移动。《释名·释床帐》称："长狭而卑曰榻，言其体榻近地也。"古代坐榻也是跪坐。三国管宁"常坐一榻，积五十余年，未尝箕股，其榻上当膝处皆穿"[4]。管宁是个遵礼法的，不遵礼法者也有"箕股"的。

胡床

胡床又称"交椅""绳床"，是一种可以折叠的轻便坐具，类似现在有靠背的"马扎子"。其坐法与现代人相仿，史书一般写作"踞胡床"。东汉时，胡床由西域传入。据《高士传》载，汉灵帝"好胡床"。曹操在关中遭到马超突袭，仍"坐胡床不起"[5]。由于胡床便于携带，且制作简单，很快由达官贵戚、军队流行到平民百姓。隋朝鲁郡太守郑善果处理公务，其母坐胡床在屏障后监听。郑母是清河崔氏女，知书达礼，教子有方，如果"踞胡床"不流行，断不会出此风头。

〔1〕《战国策·燕策三》，上海：上海古籍出版社，1985年版。
〔2〕《史记·郦生陆贾列传》，北京：中华书局，1959年版。
〔3〕《礼记·礼器》，载《十三经注疏》，北京：中华书局，1980年影印版。
〔4〕《三国志·管宁传》注引《高士传》，北京：中华书局，1959年版。
〔5〕《三国志·武帝纪》注引《曹瞒传》，北京：中华书局，1959年版。

魏晋南北朝时，出现方凳、圆凳、束腰圆凳等高型坐具，不断冲击着席地跪坐的习俗。北齐颜之推《颜氏家训·勉学》曾指责那些不学无术的士族子弟，穿高齿木屐，"坐棊（棋）子方褥"。这种"棊子方褥"就是圆凳和方凳。五代画家顾闳中的《韩熙载夜宴图》，坐具有长凳、圆凳、方凳、扶手椅、靠背椅、圆椅等等。

没有靠背、扶手的叫凳，有扶手和靠背的叫椅。南宋出现一种带荷叶托首的太师椅。据南宋张端义《贵耳集》[1]载："今之校（交）椅，古之胡床也，自来只有栲栳样（圈形靠背），宰执侍从皆用之。因秦师垣（秦桧）宰（在）国忌所，偃仰片时坠巾。京伊吴渊奉承时相，出意撰制荷叶托首四十柄，载赴国忌所，遣匠者顷刻添上。凡宰执侍从皆有之。遂号'太师样'。今诸郡守倅必坐银校椅，此藩镇所用之物，今改为太师样，非古制也。"这种由胡床改造而来的"太师椅"，后来颇为流行。

座面呈正方形的方凳叫"杌子"。南宋以后还有一种用蒲草编织的圆形坐具，叫"蒲墩"。当时，从皇室到百姓都用杌子、蒲墩。宋真宗时，丁谓一度罢相，皇帝赐坐，左右为他拿来蒲墩。丁谓说："有旨复平章事。"[2]一听丁谓恢复了相位，赶紧为他拿来杌子。明太祖朱元璋来到弘文馆学士罗复仁家，罗复仁正在修墙壁，急忙让妻子搬杌子给皇帝坐。直到现在，北方农家仍有杌子和蒲墩。

当然，席地跪坐的传统不会荡然无存，尤其是在士大夫之家。南宋陆游《老学庵笔记》卷四载："往时士大夫家，妇女坐椅子、兀（杌）子，则人皆讥笑其无法度。"这里虽然说妇女坐椅子无法度，却又反映了椅子、杌子在士大夫之家的流行，连妇女都坐上了。

二、几、案、桌、八仙桌、抽屉桌

几的用途和现在不同，它与席配套使用。古人坐席必有几，衰老者居则凭几，行则携杖。如果说杖是行走的拐杖，那么几就是跪坐用的拐杖。跪坐时，把几放在身边作为凭依，或者放置物品。

几的形制，面狭长，两端有足。《左传·襄公十年》载，晋国荀偃等人请

---

〔1〕《古今图书集成·考工典·座椅部》引，北京：中华书局，成都：巴蜀书社，1985年版。
〔2〕《宋史·丁谓传》，北京：中华书局，1977年版。

太师椅。 清末　香樟木
56 厘米 ×46 厘米 ×103 厘米

案。 明末清初　紫檀
27.9 厘米 ×28.9 厘米

联三闷户橱。 清早期　黄花梨
163 厘米 ×52.7 厘米 ×89.5 厘米

凉榻。 明末清初　榆木　218 厘米 ×101 厘米 ×58 厘米

长条几。 清　红木嵌影木黄杨　130 厘米 ×34 厘米 ×30 厘米

求班师，"智伯怒，投以几"。从智伯能扔几打人来看，几应该类似今天的长方形小板凳。古人宽衣博带，凭依在几上后，就看不明显了。所以古代常称"隐几而坐""抚几而叹"。

古代的几，主要是用来礼敬老人。肆筵、设席、授几，是一整套礼仪。《礼记·月令》载："仲秋之月……养衰老，授几杖。"《礼记·曲礼上》载："谋于长者，必操几杖以从之。""赐几杖"还是朝廷优宠老年大臣的一种礼遇。西汉吴王刘濞称病不朝，汉文帝赐几杖以示优宠。西晋张华在《倚几铭》中说："倚几之设，设而不倚。作器于此，成礼于彼。"

案在古代有两种。一种是无足的食案，有长方形和圆形，类似今天的托盘，故东汉孟光能"举案齐眉"。西汉石奋，每逢子孙有过错，就对案不食。这种食案一直沿用到今天。北方居民在火炕上吃饭，用一块长方形的案，放上碗筷饭菜，一块儿端放到火炕上。吃完，再一块端下来。山东人把它叫作"圆盘"（实际是长方形的）。另一种是条案、大案、书案等，多为长方形，有较高的案足，可以看书写字和置物。南朝江秉之为新安太守，"在郡作书案一枚，去官留以付府"[1]。临去官交付官府，可见书案是数得上的大件家具了。

出现垂足而坐的高坐具后，与席地而坐联系着的几和案也相应加高，这种加高了的几案称作"卓"。"卓"即高的意思，后改写为"桌"。几也失去"几杖"的礼制意蕴，成为较低的桌。

隋唐开始出现长桌、方桌等，宋代又出现形制较大的八仙桌。清翟灏《通俗编》载："晁补之《鸡肋集》有八仙案铭云'东皋松菊堂，饮中八仙案……'。按此桌名，自北宋有之。""饮中八仙"是唐代李白、贺知章、李适之、李琎、崔宗之、苏晋、张旭、焦遂八人，杜甫曾作《饮中八仙歌》，八仙桌的名称如出自他们，则至晚在北宋已出现。到南宋，各种高桌子已遍布茶馆酒肆了。《宋史·赵从善传》载，赵从善为临安尹，上司命他一日内筹办300张红桌子。赵从善命人从市场上收集形制相同的茶桌，糊上清江纸，涂上红色，一天就准备好了。

八仙桌多置于堂中，两侧配置太师椅，这一配套家具一直延续到中华人民共和国成立后。现在广大城乡居民的家中，偶尔还能见到，但已是稀奇之物了。

---

[1]《南史·江秉之传》，北京：中华书局，1975年版。

饮中八仙图卷。明代尤求绘。藏于中国厦门市博物馆

清代灵芝纹八仙桌

现代的桌、橱、台、柜上都有抽屉，这一装置起自宋代，当时叫"抽替"。南宋周密《癸辛杂识》[1]载："昔李仁甫（李焘）为长编，作木橱十枚，每橱作抽替匣二十枚。每替以甲子志之，凡本年之事，有所闻必归此匣，分月日先后次第之，井然有条，真可为法也。"宋以后，抽屉便安装在各种家具上了。其中，在长桌上安装两个或三个抽屉，就成为书桌，称作"抽桌""抽屉桌"。

---

〔1〕《古今图书集成·考工典·柜椟部》引，北京：中华书局，成都：巴蜀书社，1985年版。

三、楎椸（huī yí）、箧笥（qiè sì）、簏（lù）、橱、柜

古代居室狭小，席地跪坐，没有高大的柜箱。存放衣物、书籍的家具主要是楎椸、箧笥、簏等。

《礼记·内则》载，妇"不敢悬于夫之楎椸，不敢藏于夫之箧笥"。楎椸是古代的衣架，直者曰楎，一般钉在墙上；横者曰椸，以竹竿制作。

箧是盛衣服的木箱。《庄子·胠（qū）箧》中的"胠箧"即撬开箱子，"摄缄縢，固扃鐍（jiōng jué）"，是把箱子用藤绳、关锁加固。箧也用来装书，后世又称作"青箱"。《战国策·秦策二》载，战国魏文侯派乐羊进攻中山国，三年才攻克，回来论功，魏文侯"示之谤书一箧"。南朝王准之五代熟悉朝仪，家世相传，"缄之青箱，世人谓之王氏青箱学"[1]。北宋赵普，"每归私第，阖门启箧，取书读之竟日，及次日临朝，处决如流。既薨，家人发箧视之，则《论语》二十篇也"[2]。

笥是竹制的箱子，可以盛衣服，还可以盛饭，盛饭和"箪"配套，称作"箪笥"。《礼记·曲礼上》郑玄注曰："箪笥，盛饭食者，圆曰箪，方曰笥。"

箧笥比较矮平，高竖的竹器叫"簏"。《说文五上·竹部》称："簏，竹器也。"三国曹丕为争太子之位，"以车载废簏，纳朝歌长吴质与谋"[3]。西晋贾皇后用簏偷装少年男子，进宫淫乱。[4]可知簏足有一人高，可视为古代的立橱。

魏晋时，出现了以木制作的橱。东晋郗绍著《晋中兴书》，将书稿放在斋内橱中，被何法盛偷去，故世传何法盛《晋中兴书》[5]。南朝宋顾绰放高利贷，其父顾觊（yǐ）之"诱出文卷一大橱，悉令焚之"[6]。

具有现代含义的立柜、躺柜，出现于南北朝隋唐时期。武周定州刺史孙彦高，在州城被突厥攻破后，"乃入柜中藏"。隋朝开河都护麻叔谋好食小儿，

〔1〕《宋书·王准之传》，北京：中华书局，1974 年版。
〔2〕《宋史·赵普传》，北京：中华书局，1977 年版。
〔3〕《三国志·陈思王植传》注引《世语》，北京：中华书局，1959 年版。
〔4〕《太平御览》卷七〇五《服用部七·簏》引王隐《晋书》，北京：中华书局，1960 年影印版。
〔5〕《南史·徐广传》，北京：中华书局，1975 年版。
〔6〕《南史·顾觊之传》，北京：中华书局，1975 年版。

吓得附近百姓都把小儿藏在木柜中。[1] 这种能藏人的柜，即由前代的箧、橱演变而来。

《旧唐书·王伓传》载，唐朝大臣王伓"室中为无门大柜，唯开一窍，足以受物，以藏金宝，其妻或寝卧于上"。这种没有门，上面能睡觉的大柜，必是横卧式的躺柜。

四、床、帐、屏风、户帘

《释名·释床帐》称："床，装也，所以自装载也。"先秦时的床较矮。1957 年，河南信阳长台关楚墓出土一张大床，长 2.18 米，宽 1.39 米，高仅 0.19 米。周围有栏杆，留有上下床的口。[2] 魏晋南北朝时，随着室内家具的增高，床也加高了。东晋顾恺之《女史箴图》中的床，已和今天相差无几了。

床是居室内的主体陈设，从古代起就在床上设帐，也叫"帷帐""帷幕"。据《释名·释床帐》讲，像屋一样的大帐叫"幄"，类似现在的帐篷，是军旅用的，刘邦讲的"运筹帷幄之中"即指此。"在旁曰帷，在上曰幕""张施于床上曰帐""帷者围也，所以自障围也"。帷帐的目的是自围障，以别男女，故古代男女无别叫作"帷幕不修"。

屏风古代称作"扆（yǐ）"。《释名·释床帐》载："扆，猗也，在后所倚依也。"屏风的作用是障目挡风，美化室内环境，多为富贵人家所陈设。古代天子出行，为了遮蔽风尘和挡住别人的视线，也要设屏风，叫作"步障""行障"。魏晋时期，士族官僚以步障夸富斗奢。王恺作紫丝步障 40 里，石崇作锦步障 50 里。以后奢侈之风虽减，遇有嫁娶仍有作步障者。唐人范摅《云溪友议》载，唐代云阳公主下嫁，郎中陆畅赋诗咏其步障曰：

> 碧玉为竿丁字成，鸳鸯绣带短长萦。
>
> 强遮天上花颜色，不隔云中笑语声。

---

[1]《古今图书集成·考工典·柜椟部》引《朝野金载》《开河记》，北京：中华书局，成都：巴蜀书社，1985 年版。
[2] 参见《信阳长台关第 2 号楚墓的发掘》，载《考古》，1958 年 11 期。

　　一般的屏风则设在屋内。其形制为框架形，中间镶以丝绸等质料，能根据需要而移动，许多框架组成平面形、曲尺形、多折形等。屏风之上绘画、刺绣、书字，故又称"画屏""绣屏"。

　　先秦时，"天子设斧依于户牖之间"[1]。"斧依"即天子用的画上黑白相间的斧形的屏风，以显示天子的威严。东汉刘秀在屏风上图画美女，和大臣宋弘交谈，不断向后看。宋弘严肃地说："未见好德如好色者。"[2]三国曹不兴善画，为孙权画屏风时点错了一点，就势画作一个苍蝇。孙权以为是真的，竟用手去扑打。[3]

　　一般官僚贵族也陈设画屏。北周上柱国窦毅之女才貌双全，窦毅在门屏上画一孔雀，有能以二矢射中孔雀二目者即许婚，结果被李渊射中。[4]后世因称求婚中选为"雀屏中选"，孔雀屏风也盛行起来。元朝诗人张昱还曾留下"细雨灯深孔雀屏"的佳句。

　　屏风上还可以写字，以告诫本人。唐太宗、唐宪宗、唐宣宗等，都在屏风上书写治国之道。唐太宗把魏徵的奏疏列为屏风，还把地方官的姓名、政绩随时都记在屏风上。房玄龄集古今家训于屏风上，每个儿子送一副。看来，屏风还是古人"齐家治国平天下"的工具。

　　现代家庭住居中，屏风已不多见。宾馆、酒店、旅馆及单位接待厅多设屏风。有的用来间隔座席，有的只起装饰和雅观的作用。

　　门帘是挂在居室门外的垂帘，从门楣一直垂到门槛下。由于挂在门外，不影响门扇的启闭，即使开着门，也把门口遮得严严的。《释名·释床帐》讲："帘，廉也。自障蔽为廉耻也。"

　　帘一般以布、苇、竹等材料制作，又称作"帘箔"。达官贵人的户帘以珠玉金银制作，称作"珠帘""锦帘""珠箔"。后赵石虎"结珠为帘，垂五色玉佩，（风）至铿锵和鸣"[5]。

　　帘的上方装一木轴，可将帘卷起。有的在门旁挂一帘钩，可将帘钩在门旁。李白《怨情》诗"美人卷珠帘""珠箔垂银钩"，即指此。

〔1〕《仪礼·觐礼》，载《十三经注疏》，北京：中华书局，1980 年影印版。
〔2〕《后汉书·宋弘传》，北京：中华书局，1965 年版。
〔3〕《太平御览》卷九四四《虫豸部二·蝇》引《吴录》，北京：中华书局，1960 年影印版。
〔4〕见《旧唐书·后妃传上·高祖太穆皇后窦氏传》，北京：中华书局，1975 年版。
〔5〕《太平御览》卷七〇〇《服用部二·帘》引《拾异记》，北京：中华书局，1960 年影印版。

由于户帘用来"自障蔽为廉耻"，古代又讲究男女有别，女主临朝称制，往往要"垂帘听政"。《旧唐书·高宗纪下》载："上每视朝，天后垂帘于御坐后，政事大小，皆与闻之。"

古代庶民也普遍挂设户帘。西汉周勃世代以织帘箔为生。直到中华人民共和国成立后，几乎家家挂门帘。新婚大喜，绣织的大红门帘是不可缺少的嫁妆。20世纪60年代后，随着农村玻璃门的兴起，传统的门帘被窗帘式的短门帘取代，只有以各种材料制作的珠帘，仍然存在。

第四节　古代的庭院经济

中国自古就是以一家一户为一个独立经济单位的，自给自足的自然经济，住宅不仅是生活起居的凭依，以树艺木果、饲养六畜为内容的庭院经济，还是家庭的重要经济来源。

战国时期的孟子十分注重庭院经济的开发，他向魏惠王构画了一个田宅、农桑、禽畜相结合的，自给自足的小农家庭经济蓝图。《孟子·梁惠王上》载：

　　五亩之宅，树之以桑，五十者可以衣帛矣；鸡豚狗彘之畜，无失其时，七十者可以食肉矣；百亩之田，勿夺其时，数口之家可以无饥矣。

以后，发展庭院经济，成为政府劝课农桑的一部分。《汉书·循吏传·龚遂传》载，西汉渤海太守龚遂，要求百姓每人种一棵榆树，"家二母彘，五鸡。民有带持刀剑者，使卖剑买牛，卖刀买犊"。

一、庭院树果

从很远的古代起，人们就在宅院内外树艺木果。《史记·货殖列传》称，千树枣、千树栗、千树橘、千树楸，"其人与千户侯等"。古代谚语称："家有千树似封侯。"无名氏《移树》[1]诗:"虽言有千树,何处似封侯。"陆游《村饮示邻曲》载:"偶失万户侯,遂老三村树。"

庭院中栽种的树果有桃、李、杏、梨、枣、柿、石榴、核桃、柑橘、樱桃、枇杷、荔枝、龙眼等果树;椒、椿、桂、橡、榛、桑、漆等经济树类;松、竹、杨、柳、槐、榆、杞、檀、梓、楸、樟、木便、楠、榕、梧桐等器材树。由于奇果异树众多,难以一一尽述。《百泉种树记》[2]载,翁大立"命候吏移梧桐二十余本,竹数本,植之书院前。桧、柏、椿、杨、楝、桃、杏、榴、枣诸木,视隙地即植之"。

树艺木果的首要目的在于获利,也是古人营产业,遗子孙的一部分。北齐颜之推在《颜氏家训》中讲:"筑室树果,生则获其利,死则遗其泽。"西晋王戎、和峤家里有良种李子,和峤的弟子到园中食李,"皆责核计钱"[3]。王戎怕别人得种,出卖时先将李核钻坏。在强烈的获利欲望的驱动下,竟产生出超前的竞争和专利意识。北魏淮阳王元欣"多树艺木果,京师名果皆出园"[4],几乎垄断了京师的果品市场。由于果树可得华子之利,生长周期短的桃子特别受人青睐。《诗·周南·桃夭》即有"桃之夭夭"的诗句。宋人陆佃《埤(pí)雅》[5]记民谚说:"白首种桃。"又曰,"桃三李四梅子十二""言桃生三岁便放花果,早于梅李。故首虽已白,华子之利可待也"。

中国自商代开始植桑养蚕,除山桑、田桑外,宅院内也植桑。《诗·郑风·将仲子》载:"无逾我墙,无折我树桑。"隋朝赵轨家"东邻有桑,甚落其家"[6]。从唐代诗人岑参"桑叶隐村户",韩偓"万里清江万里天,一村桑柘一村烟"的诗句中,也可以看到宅院植桑的盛况。由于桑与"丧"同音,一般不栽在门前。山东一带流传:"前不栽桑,后不栽柳。"

除获利外,房前屋后植树还有做器材、柴薪,遮阴,祈求宅院吉祥等目的。

东汉樊宏想做器物,先种梓漆,几年后都派上了用场。古代在宅院内外植

〔1〕《古今图书集成·草木典·木部》引,北京:中华书局,成都:巴蜀书社,1985年版。
〔2〕《古今图书集成·草木典·木部》引,北京:中华书局,成都:巴蜀书社,1985年版。
〔3〕《古今图书集成·草木典·木部》引《语林》,北京:中华书局,成都:巴蜀书社,1985年版。
〔4〕《北史·魏宗室传》,北京:中华书局,1974年版。
〔5〕《古今图书集成·草木典·木部》引,北京:中华书局,成都:巴蜀书社,1985年版。
〔6〕《隋书·赵轨传》,北京:中华书局,1973年版。

树，准备将来盖新房、打家具的现象非常普遍。

杜甫《题桃树》诗："小径升堂旧不斜，五株桃树亦从遮。"民间谚语"前人栽树，后人乘凉"，是讲植树遮阴乘凉。

《周礼·秋官·朝士》载："面三槐，三公位焉。"故古人称槐树为"三公槐"。宋杨万里《槐》诗："荫作官街绿，花开举子黄。公家有三树，犹带风池香。""风池"指中书省，其长官中书令是三公之一。古人院中多槐树，有的人特意只栽三棵。北宋王祐植三株槐树于庭，说："吾之后必有为三公者，此所以志也。"[1]

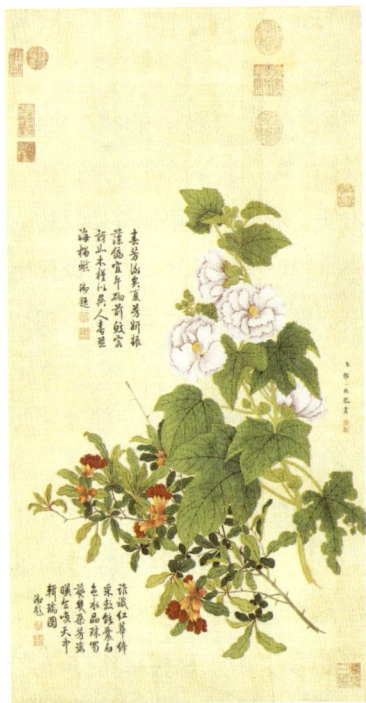

清代邹一桂绘《蜀葵石榴图》。83.4厘米×44.6厘米

其子王旦，果然在宋真宗时拜相。

梧桐栖凤，能制作琴瑟，具有不裂、防腐的特性，而且根部轻软，枝梢坚实，被称作"贵孙枝"[2]，古人多植梧桐以为吉祥，并用来作桐棺。

自石榴传入中国后，马上与中国多子多福的观念产生共鸣。西晋潘岳《河阳庭前安石榴赋》[3]称它"十房同膜，千子如一""天下之奇树，九州之名果"。《洛阳伽蓝记》载民谚曰："白马甜榴，一实值牛。"南宋陆游有"风拆安榴子满房"的诗句。《北齐书·魏收传》载，北齐文宣帝高洋到安德王高延宗的妃子家做客，"妃母宋氏荐二石榴于帝前，问诸人莫知其意，帝投之"。魏收说："石榴房中多子，王新婚，妃母欲子孙众多。"高洋赶紧让魏收把扔出去的石榴捡回来。从古到今，人们一直把它栽在庭中，以期"榴房多子"。

〔1〕《宋史·王旦传》，北京：中华书局，1977年版。
〔2〕《古今图书集成·草木典·木部》引《苏东坡集》，北京：中华书局，成都：巴蜀书社，1985年版。
〔3〕《古今图书集成·草木典·木部》引，北京：中华书局，成都：巴蜀书社，1985年版。

二、六畜

五谷丰登、六畜兴旺，是古今农家的美好追求。《礼记·曲礼下》载："问庶人之富，数畜以对。"春秋范蠡讲："子欲速富，当畜五牸字。"[1]古人营建住居，除宗庙外，首先想到的是饲养六畜的栏厩。"君子之营宫室，宗庙为先，厩库为次，居室为后。"[2]

《荀子·荣辱》载："今人之生也，方知蓄鸡狗猪彘，又蓄牛羊。"汉高祖刘邦因父亲思念家乡，在长安附近仿造了新丰县，将旧丰县的居民迁来，不仅人找到了自己的新家，"放犬、羊、鸡、鸭于通途，亦竞识其家"[3]。家畜、家禽和宅院、树果一起构成了农业社会的家庭住居体系。

中国传统的六畜是马、牛、羊、猪、狗、鸡，其广义则包括骡、驴、兔、猫、鸭、鹅在内的所有家畜和家禽。游牧民族和官养的牲畜，不在家畜、家禽之列。

古人以车马代步，有车马的富贵之家养马。如孟尝君家"狗马实外厩"。从先秦到明清，大户人家门前都竖有拴马的石桩，有的以穿鼻石块砌在墙壁上。高大豪华的四合院，门前再拴上几匹马，显得更加气派。

大牲畜中还有骡、驴。骡是牡驴牝马杂交而成，产于匈奴。《说文十上·马部》称："骡，驴父，马母。"

拴马石

骡子是马与驴杂交而生的牲畜。战国时期，有少量骡进入内地，成为王公贵族的手中之珍。《吕氏春秋·爱士》曰："赵简子有两白骡而甚爱之。"汉代时，骡子仍然非常珍贵，其身价可与珊瑚、珠玉相媲美。一些西北的少数民族也常把骡子当作稀有之物进献给汉朝。汉以后，骡子逐渐在中原畜养。骡"大于驴

---

〔1〕《齐民要术》卷六《养牛马驴骡》，北京：中华书局，1956年版。
〔2〕《礼记·曲礼下》，载《十三经注疏》，北京：中华书局，1980年影印版。
〔3〕《太平御览》卷九一九《羽族部·鸭》引《西京杂记》，北京：中华书局，1960年影印版。

而健于马"〔1〕，挽力大而能持久，抗病力、适应性都很强，多作挽车和驮乘之用。

早在殷商时期，新疆一带已开始驯养驴。汉初，陆贾在《新语》中提到了驴，但与犀、象、玳瑁、琥珀、珊瑚、翠玉同列，足见其珍贵程度。东汉末，与西域来往日益频繁，大量驴被运入内地。东汉魏晋时，出现一股学驴叫的怪俗。东汉戴良母喜驴鸣，戴良学驴鸣。诗人王粲好驴鸣，王粲死后，曹丕率一帮文士一齐作驴鸣为他送葬。〔2〕西晋孙楚作驴鸣，向好友王济致哀。这一怪俗的出现，来自士人对礼教的蔑视和发泄，但却说明驴得到人们的赏识和认同。明清和中华民国时，许多人专养驴来驾车或运送客人。

中国几千年小农家庭结构的模式是"二亩土地一头牛"。早在牛耕发明以前，牛就和中国人结下了不解之缘。相传，商的先祖王亥作服牛，即用牛拉车。西周用牛作祭祀用的牺牲，春秋时发明了牛耕。《国语·晋语九》载："宗庙之牺，为畎亩之勤。"从此，牛为中国农业辛勤耕作了2000多年。

《诗·小雅·无羊》载："谁谓尔无牛，九十其犉。"战国齐将田单用火牛阵破燕军时，在久困的即墨城内收集了千余头牛，说明先秦时牛的数量就很可观。养牛的牛栏就建在庭院内，一般是刍养和放牧。春秋齐人宁戚是个养牛的，他以《饭牛歌》说齐桓公，其中有"从昏饭牛薄夜半，长夜漫漫何时旦"〔3〕的歌词。农谚讲："蚕无夜食不长，马无夜草不肥。"大牲口要夜里添刍料，牛栏必需靠近居室，或者主人睡在牛棚内。牛栏要天天清扫，保持卫生。西晋王祥受继母虐待，天天扫除牛栏。白天不耕作，要把牛牵出拴在门外，农家门前到处可见拴着的卧牛。宋人范成大《春日田园杂兴》诗："系牛莫碍门前路，移系门西碌碡边。"草木繁茂时，则牵牛放牧。西汉宗室刘盆子就是个牧牛童。人们发现，牛吃过的草很快会长出新叶，而羊吃过的草则悴槁，所以古代谚语说："牛食如浇，羊食如烧。"〔4〕骑在牛背上的牧牛童，田地上的牛耕图，街头巷尾的卧牛，是田园生活的特有景观。

羊在古代有多种名称，公羊称"羝(dī)"。苏武被扣押在匈奴牧羊，说是"羝乳乃得归"，即等公羊哺乳小羊才能让他回来。黑色公羊曰"羖(gǔ)"。春

〔1〕《本草纲目·释名》，北京：中医古籍出版社，1994年版。
〔2〕《世说新语·伤逝》，载《诸子集成》，上海：上海书店，1986年影印版。
〔3〕《史记·鲁连邹阳列传》裴骃集解，北京：中华书局，1959年版。
〔4〕（明）郎瑛：《七修类稿》卷一七《牛羊食草》，北京：中华书局，1959年版。

秋百里奚被秦穆公以"五羖羊皮"从楚国赎回来，因此称作"五羖大夫"。白色公羊曰"羒（fén）"，母羊曰"羭（yú）"，小羊曰"羔"。从种类上看，有绵羊、山羊两种。羊性情温和，羊肉鲜美，故"善""美""鲜""养"等字，都带"羊"字。《诗·小雅·无羊》称："谁谓尔无羊，三百维群。""亡羊补牢"的故事说明，先秦时期，羊的数量就很多，丢个三五只，仍有许多只，还需要"补牢"。

清代任伯年绘《苏武牧羊图》

　　猪也称"豕""豚""豮""豨（xī）"，母猪称"豝（bā）"，公猪称"豭（jiā）""豵（zòng）"。《史记·秦始皇本纪》中《会稽石刻》言："夫为寄豭，杀之无罪。"司马贞索隐曰："豭，牡猪也。言夫淫他家，若寄豭之猪也。"先秦时，养猪就很普遍，曾参家和孟子东邻都养猪。汉代公孙弘、承宫、吴祐、杨匡、孙期、公沙穆等都放过猪。

东汉铅绿釉陶猪圈。13.3厘米×23.5厘米

狗又称"犬""尨（máng）""獒"。《诗·召南·野有死麕》曰："无使尨也吠。"《尔雅·释畜》曰："狗四尺为獒。"狗性机警，听觉灵敏，善于和人沟通，且富有攻击性，不仅是庭院的住客，还是人类驯化的第一位动物朋友。《礼记·少仪》言："既受，乃问犬名。"郑玄注曰："畜养者当呼之名，谓若韩卢、宋鹊之属。"孔颖达疏曰："犬有三种：一曰守犬，守御宅舍也；二曰田犬，田猎所用也；三曰食犬，充君子庖厨庶羞用也。田犬、守犬有名，食犬无名。"犬有食犬、守犬、田犬、警犬、信犬、役使犬、爬犁犬等等。食犬即肉食犬。《史记·刺客列传》载，战国荆轲在燕国，"日与狗屠及高渐离饮于燕市"，吃的当然是狗肉。西汉樊哙也是个屠狗的。犬也可用作祭祀的牺牲，《礼记·曲礼下》载："凡祭宗庙之礼……犬曰羹献。"守犬用来看守门户。《风俗通·祀典·杀狗磔邑四门》讲："狗别宾主，善守御，故著四门以辟群贼也。"西汉焦赣《易林·乾之第一》讲："中夜犬吠，盗在墙外。"苏东坡亦有"昼驯识宾客，夜悍守门户"的诗句。田犬用来帮助狩猎。上述韩卢、宋鹊是战国著名的猎犬。古代猎犬还负责捕鼠。《吕氏春秋·士容篇》载："齐有善相狗者，其邻假以买取鼠之狗。"《东方朔别传》[1]讲："天下之良马将以捕鼠深宫之中，曾不如跛犬也。"可知，先秦两汉时期普遍用狗捕鼠。现代歇后语说"狗拿耗子——多管闲事"，在古代却是责无旁贷的职责。春秋战国时期就有警犬。《墨子·备穴》记载当时用警犬担任警戒说："穴垒中各一狗，狗吠即有人也。"《晋书·陆机传》载，西晋吴郡人陆机在洛阳当官，将书信装在竹筒中，系到爱犬黄耳的脖子上，黄耳千里跋涉，把信送到家中，"其后因以为常"。上述"狐白裘"中孟尝君那个会"狗盗"的门客，学习的就是役使犬的技艺。《三国典略》[2]载，北齐广宁王高孝珩每次射箭，都呼狗为其取箭。他呼召左右不来，狗就用嘴把那些人一一拖来。这也是役使犬。生活在东北黑龙江流域的女真人，最早驯养爬犁狗，当时的爬犁称作"狗车"。《大元一统志》载："狗车以木为之，其制轻简，形如船，长一丈，阔三尺许，以数狗拽之。"另外，狗还可以运米、带路、救难等等。现代军事、公安、消防、侦察、缉私、报震、抢险、找矿、交通、导盲、杂技娱乐、体育比赛等，都留下犬的身影。由此可以理解"效犬马之劳"的巨大付出了。

---

〔1〕《太平御览》卷九〇四《兽部一六·狗上》引，北京：中华书局，1960年影印版。
〔2〕《太平御览》卷九〇四《兽部一六·狗上》引，北京：中华书局，1960年影印版。

鸡在六畜中是唯一的家禽。养鸡可食肉、下蛋孵雏,雄鸡司晨。《论语·微子》载,孔子弟子子路遇见一位老丈,"杀鸡为黍"招待子路。古代农谚曰:"养鸡生雏,畜马得驹。"在中国人眼里,母鸡下蛋孵雏,雄鸡司晨,是它们的天职。

《尚书·牧誓》称:"牝鸡之晨,惟家之索。"这虽是对女人的鄙视和污蔑,却反映从远古起,中国人即以雄鸡司晨了。它与古人的起居密切相关。《礼记·内则》载:"鸡初鸣,咸盥漱。""鸡鸣"即丑时,从早上 1 时到 3 时。实际上,不用刻漏根本无法判定,梦中的人们只能以鸡叫的时间为准。雄鸡实际叫的时间比丑时稍晚些,到了冬天,雄鸡还可本能地向后推延,这就更显得可贵。秦国还把鸡鸣定为开启函谷关的时间。孟尝君逃到函谷关前,有一门客学鸡叫,才骗开关门逃走。这也说明,国家也按鸡实际鸣叫的时间制定法令。西晋末,刘琨、祖逖"闻鸡起舞",即听到鸡鸣起床舞剑练武。一般的农家在鸡鸣时,就必须得下田干活了。高玉宝写的"半夜鸡叫",就反映了这一风俗。《风俗通·祀典·雄鸡》称:"俗说,鸡鸣将旦,为人起居,门亦昏闭晨开,扞难守固。礼贵报功,故门户用鸡也。""一唱雄鸡天下白",在数千年的起居生活中,鸡鸣几乎是所有人白昼活动的开端,它天天召唤着人们的觉醒,由此可知"鸡司晨"的伟大意义。

鸭,又称"鹜""凫",家鸭、野鸭通称。屈原《离骚》"将与鸡鹜争食乎"中的"鹜",是指家鸭。王勃《滕王阁序》中"落霞与孤鹜齐飞"的"鹜",是指野鸭。除专业饲养者外,鸭多为靠近河湾沟池的家庭所饲养。

鹅,江东呼为"舒雁",江淮以南饲养较多。东晋王羲之好鹅,为一道士写《道德经》,换回了一大群。会稽一孤老太太家中养一只鹅,听说王羲之喜欢,烹鹅以待羲之。其实,王羲之是为了观察鹅划水的动作,来领悟书法的奥妙。苏轼的《东坡集林》讲,"鹅能警盗却蛇",有的人家也用来防守门户。

近代徐悲鸿绘《竹鸡图》

猫在古代称作"狸""狸奴"。陆游《赠猫》诗："裹盐迎得小狸奴，尽护山房万卷书。"秦桧的孙女还养了一只狮猫，丢失后临安府追访不着，以金猫赔偿才交了差。大部分人养猫，不是当作宠物，而是用来捕鼠。《礼记·郊特牲》讲："迎猫为其食田鼠也。"后来又有古谚说："猪来穷家，狗来富家，猫来孝（耗）家。"[1] 穷家墙破篱穿，故猪来；富家遗弃的肉骨多，故狗来；因老鼠消耗粮食多的人家，则猫来。

三、树果六畜的文化意蕴

中国人喜欢以人的文化心态，人的生命运动方式去感受、体会家中的一切，他们同树果六畜在一个庭院中共处了数千年，在对树果六畜的臧否褒贬中，把它们都纳入了人的吉凶祸福、善恶荣辱、悲欢离合之中，使其成为人的文化载体和符号，以此来突出人的主体地位和主动意识。

（一）树果六畜的人化

几千年来，中国人对树果六畜倾注了太多的人情，把从中获得的情感，经过心理加工后，再反馈到树果六畜身上，为树果披上生命的灵光，给六畜赋以人的名分。

中国的桃、杏、李等树果后面都有"子"字，又称桃李为弟子、梧桐为贵孙枝、槐树为三公，石榴为多子房。人兽之别，本来是一种强烈的道德价值判断，可一进入家畜家禽的行列，就完全变了。从先秦时，中国人就给狗起名字。顾炎武《日知录》说，河北、山东称猫为"男猫、女猫"。西晋崔豹《古今注》载，驴被称为"长耳公"，羊称"髯须主簿"，猪称"长喙参军"，不仅为它们起名字，还要封官加爵。龙的传人，竟称呼自己的儿子为"犬子"。《颜氏家训·风操》说："周公名子曰禽，孔子名儿曰鲤……卫侯、魏公子、楚太子皆名虮虱，长卿名犬子，王修名狗子……北土多有名儿为驴、驹、豚子者。"直到现在，仍可听到"大牛""二狗"等乳名。

---

[1]《古今图书集成·禽虫典》引《雪涛丛谈》，北京：中华书局，成都：巴蜀书社，1985 年版。

中国人不仅把树果六畜异化成人，而且还以它们来计算时间，为它们规定节日。用干支纪年、月、日、时的十二地支把六畜全部录用在内。由于用它来纪年，每个中国人必须属狗或者属牛。从正月初一到初七，分别为鸡、狗、猪、羊、牛、马、人的节日，鸡日不杀鸡，狗日不杀狗，竟把人和家畜排在一起。

这种把树果六畜当作人的异化物、参照物的现象，绝不是对人性的亵渎，恰恰衬托了人性的崇高、伟大和博爱。也是中国人热爱家园心态的折射，古代叫作"爱屋及乌"。一个远离家乡的人，望见村头的老槐树，看到家中的鸡狗，都会倍感亲热。然而，自给自足的小农家庭经济基础，又决定了中国人不可能像西方一样把某种家畜当作宠物，它们必须承担起马驾乘、牛耕田、鸡司晨、犬守门、猫捕鼠、猪羊充庖的职责。近几年来，城市家庭饲养宠物，是一种新兴的价值取向。

（二）伦理道德的载体

树果六畜被赋以仁、义、礼、智、信、忠、孝、节、廉等各种道德秉性，通过其精神价值的强化和高扬，来显示人际伦理的必然和高尚。

红豆相思，石榴多子，松柏不凋，翠竹著节，人的情感被映印在树果、六畜身上，是儒家和普通民众普遍存在的文化心理。中国人常讲，"人要脸，树要皮""人争一口气，树活一张皮""好马不吃回头草""好马不配二鞍"，是讲树畜也有气节和廉耻；乌鸦反哺、羊羔跪乳，是讲禽兽也有孝道；"桀犬吠尧，各为其主"，是讲犬马也重忠义。《韩诗外传》卷二第二十三章说，鸡有文、武、勇、仁、信五种道德素质："头戴冠者，文也；足傅距者，武也；敌在前敢斗者，勇也；见食相呼者，仁也；守夜不失时者，信也。"

树果六畜也是人们显示人际伦理的替代物。曾参之父喜食羊枣（软枣），父死后曾参不忍食羊枣。孔融四岁让梨。《礼记·曲礼》载："尊客面前不叱狗。"老百姓还讲"打狗看主人"。因此，树果六畜还蕴载着孝悌、礼敬、邻里和睦等文化精神。

综上所述，这些都反映了传统伦理道德的强大渗透力，体现着中国人民纯朴、善良的传统美德。然而，也正是这种伦理道德模糊了中国人的视野，他们虽然发现树果对阳光的竞争，也看到禽兽间的弱肉强食，却没形成西方那样的，以生存竞争、优胜劣败、自然选择为基础的进化论。

（三）人生哲理的体验

中国人善于从树果六畜中引发和体验人生哲理，并将其纳入日常生活的吉凶祸福之中，形成逢凶化吉的思维方式和行为习惯。

中国人的许多人生哲理都与树果六畜有关，除上述涉及的之外，还有：

"十年树木，百年树人。"[1]

"桃李不言，下自成蹊。"[2]

"宁为鸡口，无为牛后。"[3]

"见兔而顾犬，未为晚也；亡羊而补牢，未为迟也。"[4]

"服牛乘马，引重致远。"[5]

"一犬吠形，百犬吠声。"[6]

本章第二节中所述的卜宅的风俗，也涉及树果六畜。"凤凰来翔""牝鸡之晨"等树果六畜的自然现象，被认为是祥瑞、灾异，不仅关系到家族、子孙的吉凶祸福，也关系到国家的成败兴衰。历代正史的《五行志》《灵徵志》都大量记载这些现象。像狗冠人衣冠、犬豕相交、禽畜怪胎、雄鸡生蛋等现象都是灾异，称作"祸"；而"嘉禾双穗""树木连理"则是祥瑞，象征着国家富强，"八方为一"。

然而，在中国传统文化中，又有"君子以自强不息"的奋发进取精神，在这些吉凶祸福的体验中，中国人又产生了"逢凶化吉"的行为习惯和思维方式，使这种被动、命定思想又有主动、人定的因素。

梨与"离"音同，改称"圆果"。陆容《菽园杂记》称："讳梨（离）散，以梨为圆果。"而且不分割吃梨。栗有"寒栗"之意，把它与枣配套，转义为"早立子"。桑与"丧"谐音，不仅不栽在门前，而且化解为"桑梓"，用来

〔1〕《管子·权修》，载《诸子集成》，上海：上海书店，1986 年影印版。

〔2〕《史记·李广列传》，北京：中华书局，1959 年版。

〔3〕《史记·苏秦列传》，北京：中华书局，1959 年版。

〔4〕《战国策·楚策四》，上海：上海古籍出版社，1985 年版。

〔5〕《易经·系辞下》，载《十三经注疏》，北京：中华书局，1980 年影印版。

〔6〕（东汉）王符：《潜夫论·贤难》，北京：中华书局，1979 年版。

表示对父母的怀念。柳宗元《闻黄鹂诗》曰："乡禽何事亦来此，令我生心忆桑梓。"桑和榆组合成"桑榆"，表示晚霞的余光。刘禹锡《酬乐天咏老见示》道："莫道桑榆晚，为霞尚满天。"

这种"逢凶化吉"的观念，不仅反映了脆弱的小农对凶祸的恐惧，对吉祥的向往，而且在这种被动、命定意识的背后，还表现了人们企图用自己的努力、智慧，来主宰生活的进取精神。尽管它是荒唐的，与科学精神相悖的。

第五节　中国人的家园意识巡视

"家"这个的称呼，对人来说，简直是太亲切、太温馨了。人们的生老病死、饮食起居、婚丧嫁娶、交际往来、悲欢离合、善恶荣辱都和家紧密相连。几千年来，中国人对它倾注了无数的精力、财力和情感，不仅获得了安定、温暖的回报，还从中发掘、体味出家的各种文化意蕴，形成了中国人普遍而独特的文化心态。

一、封闭的文化圈与中国人的内向心态

中国的住居结构是一个封闭的文化圈。宅院四周被房屋、院墙严密封闭，不向外开窗不仅是北京四合院的特点，还是中国传统住居的特点。外部世界通向宅院的唯一通道是门户，可中国人特别注意门户的把守。除"犬守门"外，门口设门神、艾人、桃符、影壁、石狮，房梁上写着"太公在此"，正对桥梁、巷口处有"泰山石敢当"的刻石。即使这样，还担心"没有不透风的墙"。中国人喜欢高大而没有透明度的墙，西汉焦赣《易林》[1]载："千仞之墙，祸不入门。"宅院有院墙，村寨有寨墙，都城有城墙，整个国家北方还有万里长城。这种层层封闭的居住结构，鲜明地反映了中国人的盲目排外心理，自我封闭意识和不开放的内向心态。

---

〔1〕《太平御览》卷一八七《居处部·墙壁》引，北京：中华书局，1960 年影印版。

中国人从床上走出家，要越过床帐、屏风、门户、门帘、影壁、门槛等层层障碍，所以很难向别人展示自己内心的感情世界。家中的一切都要遮得严严的，门口设门帘、影壁，是"家有长幼，不欲外人窥之"。"逾墙"和"钻穴隙相窥"都是不道德的。"家丑不可外扬"，是至今奉行的千古遗训。

封闭的文化圈，使人们对家产生了强固的凝聚力和安土重迁，故土难离的恋土意识。

中国的老百姓喜欢守家在地，他们常讲"破家值万贯""金窝银窝不如自己的土窝"。北宋邵雍还把自己的住居叫"安乐窝"。故土家园又和古代的邦国意识结合在一起，叫作"父母之邦""父母之国"。孔子去鲁，曰："迟迟吾行也，去父母国之道也。"[1]孟子主张"死徙无出乡"[2]。中国人不在万不得已的情况下从不愿意迁徙，历代王朝的移民大都有强制或惩罚的性质。

离开祖祖辈辈居住的家园或者丧失家园的人们，为此付出了巨大的悲痛和哀思。西晋灭亡后，避乱迁徙到南方的士族经常在江边聚会，举目北望，痛哭流涕。"克复神州""北伐中原"，成为极富时代精神的口号。"烽火连三月，家书抵万金。"千百年来，"家"一直是中国人歌颂和哀痛的永恒的主题。

中国人对故土家园的热恋，成为保家卫国、抵御外侮的动力和源泉。然而，这一封闭的文化圈把中国人祖祖辈辈圈固在同一个小圈子内，又限制了人们视野和境界的开阔，窒息了向外界进取的开拓精神。

二、住居礼仪与安守本分的个性

中国传统文化具有鲜明的隆礼特征，住宅是演习和实施礼仪的场所之一。"为人子者，行不中道，立不中门""宾入，不中门，不履阈""寝不尸，居不容"[3]，"坐毋箕"，登堂脱履等，都是耳濡目染和必须遵守的礼仪规范。是否遵守它，不仅是衡量每个人道德水平和修养的外在尺度，还成为个人道德自律的主动欲求。宰予昼寝，孔子骂他"朽木不可雕也"[4]。直到现在，

---

〔1〕《孟子·万章下》，载《诸子集成》，上海：上海书店，1986年影印版。
〔2〕《孟子·滕文公上》，载《诸子集成》，上海：上海书店，1986年影印版。
〔3〕《论语·乡党》，载《诸子集成》，上海：上海书店，1986年影印版。
〔4〕《论语·公冶长》，载《诸子集成》，上海：上海书店，1986年影印版。

中国人仍用这些起居礼仪自觉地约束自己。"家有长幼，不欲外人窥之"的旧观念，使现代人进别人家，即使门开着也要敲门；到别人家后，主人不让座，一般不自己主动坐下；尊重家庭隐私的观念，即使关系再好的人也不能在朋友家翻箱倒柜。进到人家居室内，发现家里没人，会感到说不出的不自在。

几千年的居住礼仪规范，养成了中国人循规蹈矩、安守本分的个性。"走后门""旁门左道""歪门斜道"，不仅是对不安本分者的鄙视，还说明居住礼仪已渗透到人的所有行为规范中，成为传统礼教的有机成分。就连古代超越礼制，临朝称制的皇太后，也要安守"男女有别"的本分，来个"垂帘听政"。

三、睦邻择邻与中国人的邻里观念

古制，五家为邻，又以五家为伍，聚族列里而居，邻居也称"邻伍""邻里"。这一组织形式将闭塞、孤立的住宅联系起来，形成了古代的邻居关系。中国的住宅往往都是祖祖辈辈居住的"祖居"，邻里也是世代交往的"世交"，或者是同一血缘的宗族。所以，中国人特别注意邻里之间的和睦、互助，而反对"以邻为壑"。《左传·昭公三年》记载当时民谚曰："非宅是卜，唯邻是卜。"《孟子·滕文公上》讲："乡田同井，出入相友，守望相助，疾病相扶持。"近代民谚说："远亲不如近邻，近邻不如对门。"

《礼记·檀弓上》载："邻有丧，舂不相；里有殡，不巷歌。"西汉王吉因妻子摘东家的枣而出妻，东家知道后欲伐其树，迫使王吉收回成命。邻里为之语曰："东家有树，王阳（吉）妇去；东家枣完，去妇复还。"[1]王勃《杜少府之任蜀州》诗："海内存知己，天涯若比邻。"这些都反映了古人对邻里关系的关注、珍视和赞誉。白居易《欲与元八卜邻先有是赠》诗，鲜明地反映了当时择邻、睦邻风俗：

平生心迹最相亲，欲隐墙东不为身。

---

[1]《汉书·王吉传》，北京：中华书局，1962年版。

> 明月好同三径夜，绿杨宜作两家春。
>
> 每因暂出犹思伴，岂得安居不择邻。
>
> 可独终身数相见，子孙长作隔墙人。

道德品格的自律和"非礼毋视"的观念，使中国人很早就注意到邻里之间的互相影响，西晋傅玄在《太子少傅箴》中称作"近朱者赤，近墨者黑"。老百姓受孟母择邻的影响，叫作"跟好邻，学好邻，跟着姑娘会下神"。南朝高季雅用1100万巨资买一新居，说："一百万买宅，千万买邻。"[1]光绪二年（1876年）甘肃《文县志》载民谚曰："千贯治家，万贯结邻。"后来，中国一直流传"千金买邻"的谚句。

四、墨子、庄子的思想与中国人的家园保护意识

中国的住宅还是一个御防盗贼野兽、祛除鬼怪凶祸的综合防御体系，其中主要是御防盗贼。

战国时期的墨子，是较早阐述庭院保护意识的思想家。他以小生产者的私有财产为价值取向，认为从"入人园圃，窃其桃李""攘人犬豕鸡豚"，到"入人栏厩，取人牛马"；从"小为非"到"大为非""亏人愈多，其不义兹甚"[2]。所以，墨子的社会批判思想，是通过非道德数值的递加、积累，来进行逻辑推理的，而基点和出发点，是对危害宅院的"鸡鸣狗盗"的批判。庄子的"强盗逻辑"，似乎与墨子并不矛盾。他虽怒斥"窃国者"，但并不赞成"窃钩者"。他描述的盗跖绝不是一个鸡鸣狗盗之徒，而是一个"盗亦有道"，具备圣、勇、义、智、仁等五种道德素质的"大盗"。

墨子、庄子的思想与中国人对强盗的是非价值判断产生了强烈的共鸣。中国人最痛恨的是那些毁灭、抢夺土地家园的侵略者，把他们视为不共戴天的强盗。在日常生活中，凡是损害宅院利益的偷鸡摸狗行为，被人们鄙视和不齿，轰轰烈烈的"江洋大盗"的胆气为人们钦服，秋毫无犯的仁义之师则得到人们的拥护。

〔1〕《南史·吕僧珍传》，北京：中华书局，1975年版。
〔2〕《墨子·非攻》，载《诸子集成》，上海：上海书店，1986年影印版。

第四章 行旅风俗

行旅是人类社会经济发展到一定阶段的产物。行旅风俗主要包括出行、旅行、旅游，以及舟车、乘骑、道路、旅店等行旅设施，出行礼俗、行旅观念等。

第一节 古代行旅之程

"行旅"一词，在《孟子·梁惠王上》中已出现："行旅皆欲出于王之塗（途）。"《说文二下·行部》讲："行，人之步趋也。""旅，军之五百人为旅。"作为"行""寄""旅行"之义的旅是后起的，如乐府《十五从军征》载："中庭生旅谷，井上生旅葵。"

许多远古的传说，如神农尝百草、夸父逐日、精卫填海等，实际上都是人类文明最初阶段的旅行活动。

《史记·五帝本纪》载，黄帝经常巡游，"东至于海，登丸山，及岱宗。西至于空桐，登鸡头。南至于江，登熊、湘。北逐荤粥，合符釜山……迁徙往来无常处"。《史记·封禅书》载："中国华山、首山、太室、泰山、东莱，此五山黄帝之所常游，与神会。"大禹治水"陆行乘车，水行乘舟，泥行乘橇，山行乘檋（jú）""披九山，通九泽，决九河，定九州"[1]，足迹遍布大半个中国。这些传说，揭开了中国旅行历史的朦胧篇章。

夏、商、周三代，商旅活动非常活跃。除了商旅，还有天子诸侯的游猎、巡游之旅。如夏朝君主太康好田猎游乐，常到洛水边游嬉，放纵于"淫湎康乐"

---

[1]《史记·夏本纪》，北京：中华书局，1959年版。

宋代李唐绘《晋文公复国图》。图中描绘的是晋文公（重耳）流亡在外十九年，最后回国即位的故事。因为晋文公很多时间是在路上，所以图中多有车马等描绘

而失国于后羿。《穆天子传》等典籍中记载的周穆王西游，"升于昆仑之丘，以观黄帝之宫""觞西王母于瑶池之上，西王母为天子谣曰：'白云在天，山陵自出，道里悠远，山川间之，将子无死，尚能复来？'"周穆王和之以《东归》。这些神奇美丽的传说，对后来的旅游产生了神秘莫测的影响。

春秋战国时期，商人"负任、担荷，服牛、辂马，以周四方"[1]，因此出现了《史记·货殖列传》中"天下熙熙，皆为利来；天下攘攘，皆为利往"的盛况。被西方世界称为"塞里斯"的精美丝绸，约在公元前四、五世纪进入古希腊城邦国家。巴特侬神庙的命运女神像、埃里契西翁的加里亚狄像等，身上都穿着透明的丝织物，说明这一时期中国的丝绸已远销古希腊、欧洲地区。

天子诸侯的游猎、游览活动也非常普遍。《列子·力命》载，齐景公游牛山，望着齐国说："美哉国乎！郁郁芊芊。"他"游于海上而乐之，六月不归"[2]。楚宣王"游于云梦，结驷千乘，旌旗蔽日"，仰天而笑曰："乐矣，今日之游

---

[1]《国语·齐语》，上海：上海古籍出版社，1978年版。
[2]《太平御览》卷六〇《地部二十五·海》引《说苑》，北京：中华书局，1960年影印版。

也。寡人万岁千秋之后，谁与乐此矣？"[1]。蔡灵侯嗜游忘归，"南游乎高陂，北陵乎巫山……驰骋乎高蔡之中"[2]。另外，"春秋之中，弑君三十六，亡国五十二，诸侯奔走不得保其社稷者不可胜数"。这就出现了一种极为悲凉的行旅活动——流亡。齐桓公、晋文公即位前，都曾经在外流亡。

春秋战国时期的行旅，还出现了两种新现象：一是"士"阶层为"以布衣取卿相"而进行的游学、游说之旅；二是儒家和道家首先提出了自己的旅游理论。儒家的代表人物孔子在周游14国的基础上，提出了"知者乐水，仁者乐山"[3]的旅游理论，后世称之为"比德说"。道家的代表人物庄子则开了中国古代"心游""神游"的先河，提出了"乘云气，御飞龙，而游乎四海之外"[4]的"逍遥游"思想，后世称之为"情感说"。

秦汉时期是我国第一次大一统的时期，在海内一统、地大物博、国力强盛、

[1]《战国策·楚策一》，上海：上海古籍出版社，1985年版。
[2]《战国策·楚策四》，上海：上海古籍出版社，1985年版。
[3]《论语·雍也》，载《诸子集成》，上海：上海书店，1986年影印版。
[4]《庄子·逍遥游》，载《诸子集成》，上海：上海书店，1986年影印版。

政通人和的社会环境下，行旅表现出一种前所未有的强劲态势。世人不再满足于空守书宅，而是展开了轰轰烈烈的旅行和远游。因此，秦汉时期的行旅形式更加多样，范围更加广阔，有出巡万里的帝王巡游，有游学、游宦、科学考察的文人之旅，有汲汲于途的商旅，有张骞、班超等人的外交探险之旅，还有方士、僧侣的宗教之游，下层劳动人民的民俗节日游，等等，形成了独具一格的行旅风尚。

魏晋南北朝时期，儒学式微，玄学、佛教、道教趁机兴起，旅游风尚从"知者乐水，仁者乐山"的功利旅游，变为恣情山水的玄游、仙游、释游等逍遥游。

由于政局动荡，知识分子为了明哲保身，大多遁世避俗，寄情山水，形成了蔚为壮观的玄游之风。如阮籍"登临山水，经日忘归"。王羲之与谢安、孙绰等41位名士会于山阴（今浙江绍兴）兰亭，饮酒赋诗，"畅叙幽情"，留下了千古名篇《兰亭集序》。弃官后，王羲之"与东土人士尽山水之游，弋钓为娱。又与道士许迈共修服食，采药石不远千里，遍游东中诸郡，穷诸名山，泛沧海"[1]。谢灵运素爱山水，为永嘉太守时，便不理政事，终日登山临水。"称疾去职"后，经常带着僮仆和门生数百人到处探奇访胜。据说他"尝自始宁南山伐木开径，直至临海，从者数百人。临海太守王琇惊骇，谓为山贼，徐知是灵运乃安"[2]。他发明的"谢公屐"，就是为了登山旅游的。

除了玄游之外，佛教的释游、道教的仙游等宗教旅游也非常盛行。

在这一时期，"旅游"一词正式产生，南朝梁沈约《悲哉行》一诗曰："旅游媚年春，年春媚游人"。"旅""游"两字虽然出现得很早，使用频率也较高，但大都分开使用。这一专用名词的出现，表明了"旅游"在"衣、食、住、行"等社会生活中的位置。因此，中国严格的旅游之风，实开自魏晋。

魏晋时的旅游虽已觉醒，却是由于不满社会而寄情山水，"昼短苦夜长，何不秉烛游"，表现出一种对世俗既愤懑又无可奈何的失落，难免显得小家子气。而隋唐的旅游则洋溢着一种豪放壮美、乐观自信的磅礴大气，旅游天地更为广阔。"海内存知己，天涯若比邻""大鹏一日同风起，扶摇直上九万里""莫愁前路无知己，天下谁人不识君"等，就是这一时代精神的反映。

唐代的陆路交通，"东至宋、汴，西至歧州，夹路列店肆待客，酒馔丰溢。每店皆有驴赁客乘，倏忽数十里，谓之驿驴。南诣荆、襄，北至太原、范阳，

〔1〕《晋书·王羲之传》，北京：中华书局，1974年版。
〔2〕《宋书·谢灵运传》，北京：中华书局，1974年版。

西至蜀川、凉府，皆有店肆，以供商旅。远适数千里，不持寸刃"〔1〕。水路交通也达到鼎盛，"天下诸津，舟航所聚，旁通巴、汉，前指闽、越，七泽十薮，三江五湖，控引河路，兼包淮海。弘舸巨舰，千轴万艘，交贸往还，昧旦永日"〔2〕。唐太宗李世民斥远游、主近游的旅游观念使帝王巡游减弱，取而代之的是胸怀经纶大志、有建功立业雄心的中下层知识分子的旅游。这使得唐代旅游群体的重心开始下移，寒门士子成为旅游活动的主力军。

宋元时期的旅游显得恬淡娴静。有宋一代，国土沦丧，程朱理学兴起，已没有唐代旅游那种奋进激昂的气魄，而是更具理性，重情趣，习惯在游山玩水中探求人生和自然的种种哲理。

欧阳修在《醉翁亭记》中描绘了醉翁亭的山水景色和人们的熙来攘往后，慨叹"醉翁之意不在酒，在乎山水之间也"，其情趣令人回味无穷。著名的理学家朱熹，更是善于格物致知。他通过游川流和湖塘，用"半亩方塘一鉴开，天光云影共徘徊，问渠哪得清如许，为有源头活水来"证实流水不腐，自学之道必须吐故纳新，立身之道应正本清源的哲理。宋代因游言理、追求理趣的旅游之风，在审美水平和意境领悟上，较之唐代更高一层。

此外，宋代因为一直处于内忧外患的困境中，所以当时人虽然频繁出游，但总是触景生情，爱国忧国之心存于字里行间，这也为我国古代的旅游文化增添了历史的沉重感。如北宋宰相寇准被贬到地方任职时，常以出游来寄托边患未平、社稷未固的忧国之情。在游河阳的河心亭时，他不仅不能游而忘情，反而更增愁绪："峰阔樯稀波渺茫，独凭危槛思何长。萧萧远树疏林外，一半秋山带夕阳。"著名政治家范仲淹在描写完洞庭湖阴晴四季的景色后，发出了"先天下之忧而忧，后天下之乐而乐"的呼唤，成为以游寄情的典型。

元朝地跨欧亚大陆，"北逾阴山，西极流沙，东尽辽左，南越海表"〔3〕，为旅游活动提供了一个广阔的空间。统治者实行极端的民族歧视政策，所以国内旅游受到压制，显得较为平淡。这一时期的国际旅游却非常活跃，出现了像耶律楚材、丘处机、汪大渊、马可·波罗、伊本·巴图塔这样的大旅行家，使旅游和东西方文化传播融为一体。

〔1〕（唐）杜佑：《通典·食货·历代盛衰户口》，北京：中华书局，1988年版。
〔2〕《旧唐书·崔融传》，北京：中华书局，1975年版。
〔3〕《元史·地理志一》，北京：中华书局，1976年版。

　　明清时期是专制主义中央集权高度强化和资本主义萌芽产生的时期，旅游活动也在曲折中持续发展：审美能力进一步提高，艺术化倾向悄然滋长。明初，为了扩大海上交通，与海外各国建立友好关系，朝廷先后数十次派遣使者分赴南海和印度洋诸国，从而造就了海外旅行的兴盛。其中最为著名的是航海家郑和七次下西洋，它与明后期西方传教士的东来一起，改变了人们的华夷观念，由原来中国和四夷的对立逐渐转变为中国和西洋的对立。

　　明代中叶以后，一些知识分子受资本主义萌芽的影响，开始摒弃空谈性理的风气，向经世务实转变。主张"不必矫情，不必逆性，不必昧心，不必抑志"[1]，走出书斋，迈向大自然。这就使明代旅游向实地游览考察、科学研究方向发展，导致学术考察游之风大涨。著名地理学家徐霞客穷毕生精力，"问奇于名山大川"，探索大自然的奥秘，通过实地考察，写成了被誉为"世间真文字、大文字、奇文字"的《徐霞客游记》，为我国的地理学、地质学、游记文学做出了重大贡献。清代前期出现的"康乾盛世"，使旅游活动更为普及。康熙、乾隆帝多次巡游江南，兴起了古代帝王巡游的最后一次高潮。其后大清国运每况愈下，古代旅游逐渐成为逝去的风景。

第二节　旅游的类型

　　旅游可按照主体的不同，分为帝王巡游、士人游学游宦、科学考察游、商旅之游、宗教之游、民俗节日游、漫游等等。

一、帝王巡游

　　巡游，又称为"宸游""巡幸""巡狩""巡省"等，是指统治者驾出京城，前往各地巡视，考察官吏政绩、山川地形以及游览名山大川的活动。在行旅史上，一般称之为巡游之旅。《晋书·礼志下》载："古者帝王莫不巡狩。"

---

〔1〕（明）李贽：《焚书》卷二，北京：中华书局，1975 年版。

上述第一节中已谈到，黄帝及其后裔尧、舜、禹都有过巡游经历。《尚书·舜典》载，舜"岁二月东巡守，至于岱宗""五月南巡守，至于南岳""八月西巡守，至于西岳""十有一月朔巡守，至于北岳"。最后确立，天子"五载一巡守"。

到夏商周三代以至春秋战国时，统治者的巡游除了政治目的外，开始有了游山玩水的性质。上述周穆王、齐景公、楚宣王、蔡灵侯的游玩，都因景色美丽而乐以忘归。

秦汉时期，最辉煌壮观的帝王巡游莫过于秦始皇和汉武帝。

秦始皇可谓帝王巡游的第一人，开创了我国封建帝王巡游的基本范式。他封禅泰山，又奠定了封建帝王的巡幸和封禅制度。秦始皇在位期间，共进行过五次大规模的巡游，几乎有一半时间是在各地旅行中度过，留下了不少遗迹和佳话。如秦始皇颂德纪功的峄山刻石、泰山刻石、琅邪刻石、芝罘刻石、会稽刻石、碣石刻石，尤其是命丞相李斯篆书的泰山刻石，至今仍遗有十个残字，成为稀世珍宝。秦始皇下泰山途中，"风雨暴至，休于树下，因封其树为五大夫"，这就是泰山五大夫松、五松亭的由来。

与秦始皇相比，汉武帝巡游的规模之大、次数之多、历时之长，更有过之而无不及。他在位 54 年，一共进行了各种形式的封禅、巡幸、游历达 30 多次，曾两次北巡，六次西巡，两次东巡，一次南巡。西至雍县，抵于汾阴；北登单于台，至朔方，临北河；东巡齐鲁，封禅泰山，巡游渤海；南达南郡，巡游荆扬，许多名山大川都留下了他的足迹。汉武帝本人也自夸说："朕巡荆扬，辑江淮物，会大海气，以合泰山。上天见象……其赦天下"[1]。元封二年（公元前 109 年）三月，汉武帝东巡，先登游中岳太室，在嵩山观看了相传"石破北方而启生"的夏后启母石，并登览中岳的最高峰，下诏封嵩山为"嵩高"。相传汉武帝在登嵩山时，突然听到山谷中传来"万岁"的呼声，便附会说这是山神的呼唤，遂将此山峰命名为"万岁峰"。游览了嵩山后，汉武帝又东巡齐鲁，到渤海访神求仙。再由渤海巡游至奉高县（今山东泰安）、蛇丘、历城等地，登泰山、梁父之巅，大行祭祀天地的封禅之礼。下山后，汉武帝又循当年秦始皇的足迹，北上碣石以观沧海，最后自辽西沿边塞西行，南返甘泉

〔1〕《汉书·武帝纪》，北京：中华书局，1962 年版。

宫（今陕西淳化甘泉山上）。元封五年（公元前106年）冬，汉武帝开始南巡。他经由盛唐（今安徽安庆）向湖南九嶷山遥祭虞舜，再由湖北江陵东下安徽潜山县，登天柱山，设台祭岳，封皖山为"南岳"。后渡过长江到达浔阳（今江西九江），游庐山，祭祀庐山山神匡俗，封匡俗为大明公。之后顺流东下，至今安徽枞阳县弃船登岸，北游琅邪，观沧海，封禅泰山，在泰山上立"无字碑"，表示自己的功绩超过历代帝王，已无法用言语表达。

"我梦江都好，征辽亦偶然。"与前代相比，隋炀帝杨广的巡游少了许多遮掩，流露出更多的游山玩水之情，甚至置江山社稷于不顾。他荒淫无度、穷奢极欲，为了游江都，制造了数万艘船只。他自己乘坐的龙舟高45尺，宽50尺，长200尺。船分四层，上层有正殿、内殿及东西朝堂，中间两层有房间160间，且用金玉装饰得富丽堂皇，极尽奢华之能事。巡游时，"舳舻相接，二百余里"[1]，骑兵在陆上夹岸护送，旌旗蔽野，人马逶迤，场面非常阔气壮观。当他第三次巡游时，全国已燃起农民起义的熊熊大火，但杨广仍是不以为然，照旧寻欢作乐，醉生梦死，最终导致隋朝灭亡。

宋、元、明、清时期，都有帝王巡游，其中尤以康熙、乾隆为最。康熙帝曾在康熙二十三年（1684年）至四十六年（1707年）的二十余年间六次巡游江南，留下了许多墨宝。在金山"留云亭"里题"江天一亭"，故此亭又名"江天一览"亭；在拜谒明孝陵时，御笔亲题"治隆唐宋"，以示对汉族皇帝的尊重；游西湖时，题写了西湖"苏堤春晓""平湖秋月""断桥残雪""雷峰夕照""花港观鱼""柳浪闻莺""三潭印月""双峰插云""曲院风荷""南屏晚钟"十景，使西湖更加闻名遐迩。相传绿茶"碧螺春"的名号也是由康熙帝所题，一直沿用至今。乾隆帝即位后，也曾前后六次巡游江南，走的路线与康熙的基本一致，但其游览色彩又大大超过康熙。

总体说来，帝王巡游兴师动众，劳民伤财，对人民生活来说往往有破坏而无裨益。但从旅游史或旅游文化的发展来看，则有一定的积极影响。如秦始皇为了方便巡游，"治驰道""堕坏城郭，决通川防，夷去险阻"，大大促进了交通、旅行方面的建设。巡游还开发了许多名山大川的旅游资源，如五岳之所以成为名山，就与帝王的不断"临幸"有很大的关系。

---

〔1〕《隋书·炀帝纪上》，北京：中华书局，1973年版。

清代徐扬等绘《乾隆南巡图》（第六卷：大运河至苏州）（局部）

二、文人士大夫的旅行

古代文人士大夫的旅行可分为游学、游宦、科学考察游等。

（一）游学

"游学"指远游异地，从师求学。先秦秦汉时期的"游学"，带有很大的名利性，与游宦紧密相连，表现为读书游说。孔子周游列国，开创了游学、游宦的风气。战国时期的策士苏秦、张仪等人周游各国，向统治者陈述自己的主张，以谋求高官厚禄。《史记·张仪列传》载，魏国人张仪游说诸侯到了楚国，被人打得遍体鳞伤，其妻说："子毋读书游说，安得此辱乎？"张仪说："视吾舌尚在不？"其妻笑曰："舌在也。"张仪曰："足矣！"由此可知策士们对游学、游宦的自信和热衷。

两汉时期，"征天下举方正贤良文学材力之士，待以不次之位"[1]，使文人学子的游学之风一度高涨。成都人扬雄40余岁时客游长安，汉成帝时被荐入朝，陪伴皇帝出游甘泉宫，作《甘泉赋》。不久，扬雄又随成帝到河东汾阴祭祀后土。仪式结束后，随天子游览汾阴东北的介山，到龙门（今山西河津）观黄河奔腾之势。抵盐池（今山西运城南），览万顷雪色。登西岳，"以望八荒"。张衡年少好学，曾游学三辅，历览太华山、终南山等名胜，考察了关中历史、物产及民俗状况，为日后写《二京赋》搜集了丰富的原始资料。后来他到京师洛阳"观太学"，博览群书，最终"通《五经》，贯六艺"。北海高密（今山东高密）人郑玄，曾游学各地，同时考察沿途山水，"每经历山川"皆终身不忘。西汉鲁地学者申公"终身不出门""弟子自远方至受业者千余人"[2]。东汉姜肱博通《五经》，"士之远来就学者三千余人"[3]。汉阳（今甘肃天水）书生赵壹宦游洛阳，交结官僚，"名动京师，士大夫想望其风采""州郡争致礼命"[4]。

唐朝时实行科举制，"以诗取士"[5]，文人墨客为了获取作诗的灵感，经常纵情于山水之间，矢志不渝地读书、行路、漫游天下，使负笈游学之风大盛。荆州江陵人岑参20岁献书长安，求仕不遇，奔走京洛，漫游河朔。孟郊早年在嵩山游学，学成后游历长安，参加科举，却屡试不第，直到50岁时，才考中进士。他无限欢欣，赋诗曰："昔日龌龊不足夸，今朝放荡思无涯。春风得意马蹄疾，一日看尽长安花。"

清初著名学者刘献廷在《广阳杂记》中，这样概括旅游与求学的关系："昔人五岳之游，所以开阔其胸襟眼界，以增其识力，实与读书、学道、交友、历事相为表里。"同时代的张潮在《幽梦影》中说："山水亦书也，棋酒亦书也，

---

〔1〕《汉书·东方朔传》，北京：中华书局，1962年版。

〔2〕《汉书·儒林传·申公传》，北京：中华书局，1962年版。

〔3〕《后汉书·姜肱传》，北京：中华书局，1965年版。

〔4〕《后汉书·文苑传下·赵壹传》，北京：中华书局，1965年版。

〔5〕严羽著，郭绍虞校释：《沧浪诗话校释诗评》，北京：人民文学出版社，1998年版，第147页。

花月亦书也；善游山水者，无之而非山水。书史亦山水也，诗酒亦山水也，花月亦山水也。"他还多次表达了"读万卷书，行万里路"的志向："昔人欲以十年读书、十年游山、十年检藏。予谓检藏尽可不必十年，只二三载足矣。若读书与游山，虽或相倍蓰，恐亦不足以偿所愿也。"

由此可知，古代读书与旅游有着密不可分的关系。

（二）宦游

宦游指在外求官或做官。《汉书·司马相如传上》载："长卿久宦游，不遂而困。"唐杜审言《和晋陵陆丞早春游望》曰："独有宦游人，偏惊物候新。"在外求官与上述游学同义，也称游宦。《史记·张丞相列传》载："复自游宦而起，至丞相。"西晋陆机《为顾彦先赠妇二首》云："游宦久不归。"在此讲的宦游，是指官吏新任、升迁、贬谪途中的旅行活动和在任期间的外出游观。

古代由于交通不便，新任、升迁、贬谪的官员要到达目的地一般需要较长的时间。在旅途中，文人骚客不失闲情雅意，往往登山临水、寻访古迹、结交文友，从而形成了独具特色的文官宦游。

唐宋时期，宦游活动逐渐高涨。如唐初陈子昂随建安王武修宜远征契丹时，"因登蓟北楼，感昔乐生、燕昭之事，赋诗数首，乃泫然流涕而歌曰：'前不见古人，后不见来者，念天地之悠悠，独怆然而涕下。'"白居易出任地方官时专门选择名山胜水之地，如杭州、苏州等。据说白居易一到苏州，即为其美景所陶醉，经常深夜泛舟太湖，

明代钱谷绘《雪山行旅图》。288.2厘米×56.1厘米。图中描绘的是大雪天气，一名旅人正要骑驴过溪

留宿洞庭山下。孟郊在任溧水县尉时，县境内有投金濑、平陵城等名胜，孟郊常到那里游览，以至误了公事，县令便分其半俸，以假尉代理，任其出游。"永贞革新"失败后，柳宗元被贬为永州司马，从此便开始了悠游山水的生活，写下了脍炙人口的《游黄溪记》《永州八记》等近 400 篇作品，造就了他文学上的辉煌。宋代苏轼仕途经历极不平常，曾在密州、徐州、湖州、杭州、定州、惠州、廉州、永州等 16 个州县任地方官，可谓半生都在宦游中。他的《游金山寺》诗云："我家江水初发源，官游直送江入海"。乾道六年（1170 年），陆游从故乡山阴（今绍兴）赴任夔州（今四川奉节）。他一路探访名胜古迹，游览了金山、焦山、甘露寺、九华山、黄冈赤壁，凭吊了李白、白居易、杜甫等人的遗迹，"道路半年行不到，江山万里看无穷"。陆游沿途记载所历名胜山水，写成了六卷本的《入蜀记》，开创了我国以日记形式描绘山河景观的先河。

（三）漫游

漫游指没有具体的目标，信马由缰、无拘无束的旅游。大诗人李白，"一生好入名山游"，游洞庭，上庐山，登金陵，至泰山，历江苏、浙江等，占用了他一生大部分时间。漫游使李白开阔了眼界，激发了灵感，写出了《望庐山瀑布》《黄鹤楼送孟浩然之广陵》等脍炙人口的瑰丽诗篇。被誉为"诗圣"的杜甫，曾前后三次漫游吴越、齐赵、梁宋等地，写出了"会当凌绝顶，一览众山小"等许多传颂千古的佳句。

（四）科学考察游

科学考察游主要是指一些科学家、地理学家或矢志求学之士为了考证先贤遗著的正误或探索客观世界的奥秘，而进行的实地游览或考察的旅行活动。在古代，司马迁、郦道元、徐霞客、顾炎武是这类旅行的杰出代表。

汉代著名史学家司马迁"二十而南游江淮，上会稽，探禹穴，窥九疑，浮沅湘。北涉汶泗，讲业齐鲁之都，观夫子之遗风，乡射邹峄。阨困蕃、薛、彭城，过梁楚以归。于是迁仕为郎中，奉使西征巴蜀以南，南略邛、筰、昆明，还报命""适长沙，观屈原所自沉渊""适北边，自直道归，行观蒙恬所为秦筑长城亭障""适丰沛，问其遗老，观故萧、曹、樊哙、滕公之家"〔1〕。后来又随汉武帝巡游，东行海上，北至碣石，巡辽西，历北边，至九原。正是由于"纵观山川形势，考察风光，访问古迹，采集传说"，才写成了被鲁迅誉为"史家之绝唱，无韵之离骚"的《史记》。司马迁的旅行活动，开创了知识分子"遍历九州，览其山川形势，访遗佚，交其豪杰，博采轶事，以益广其见闻，而质证其所学"〔2〕的优良传统，是我国古代学术考察旅行的典范和榜样。

北魏地理学家郦道元自幼热爱山水，游历了不少名山大川。入仕后，他多次随北魏孝文帝巡游，足迹遍布河北、河南、山东、山西、江苏、安徽、内蒙古等地。他每到一处，都会对当地的山川景物、水文地理做详细的考察，从而发现以前的地理著作或错误不实，或过于简略，下决心以自己的实地考察为依据，以汉代桑钦所著的专门记述全国水道的地理书《水经》为纲，为其作注。郦道元的《水经注》记载大小河流共1252条，对河流的发源、支流、各流域的历史遗迹、风土人情、经济生活等都有详尽的记述。注文约是原书的20倍，改变了我国古代地理著作"简而不周""周而不备"的旧貌，堪称一部古代的旅游指南书。

明代杰出旅行家徐霞客，可谓我国古代科学考察旅游的集大成者。徐霞客一生鄙弃功名，不入仕途，说："大丈夫当朝碧海而暮苍梧，乃以一隅自限耶？"他从22岁开始"周览名山大川"，东渡普陀，北历燕冀，南涉闽粤，西北直攀太华之巅，西南远达云贵高原的腾冲，历时30多年，足迹踏遍今天的江苏、浙江、山东、安徽、河北、河南、山西、陕西、广东、广西、云南、贵州、湖北、湖南、福建、江西16个省区和北京、天津、上海等地。他克服种种艰难险阻，历经千山万水，考察地形地貌，寻访物产民俗，"遇名胜，必披奇抉奥；一山川，必寻源探脉"〔3〕，穷尽毕生精力写成了日记体体裁的《徐霞客游记》。该书内容涉及山川名胜、地质水系、城镇聚落、地名交通、民情风俗、气候变化、动植物类别等各方面，特别是对云贵一带石灰岩溶蚀地貌的研究，取得了重大

〔1〕《史记·太史公自序》及《屈原贾生列传》《蒙恬列传》《樊郦滕灌列传》，北京：中华书局，1962年版。

〔2〕（清）王源：《居业堂文集》卷十八《刘处士墓表》，北京：中华书局，1985年版，第286页。

〔3〕（明）史夏隆：《徐霞客游记·序》，载（明）徐宏祖《徐霞客游记》卷十下，上海：上海古籍出版社，1980年版，第1266页。

成果，是地理地质史中极为珍贵的资料，在世界旅游地理史上占有重要的地位。

明清之际的著名学者顾炎武一生"足迹半天下"。在抗清失败后，他长期漂流于北方，往来秦、晋、冀、豫、齐、鲁之间，从事学术考察活动。每次出游时，顾炎武必定雇上两匹马和两匹骡，用以驮书。到要塞时，总要向老兵请教要塞的历史变迁。遇到与平日听闻不符的情况，就翻书对勘，予以改正。他每到一处，总要"考其山川风俗，疾苦利病"，然后记录有关的事实，"皆作蝇头行楷，万字如一"，最后写成了《天下郡国利病书》《肇域志》《昌平山水记》等著作。

三、商旅之游

商旅，顾名思义，即商贾之旅。《白虎通义·商贾》对商贾做了以下定义："商之为言，商其远近、度其有亡、通四方之物，故谓之商也。贾之为言固，固有其用物以待民来，以求其利者也。行曰商，止曰贾。"实际上，除了"千里游敖""日款于塞下"的行商外，"坐列贩卖，操其齐赢"之贾，也"日游都市"。所以，商人因其流动性的特点，是出行频率极高的群体。

中国历史上的商旅活动出现较早，史书记载的"肇牵车牛，远服贾用"[1]就属于殷末周初商人的行旅活动。春秋战国时，商人的旅行活动更加活跃，出现了临淄、邯郸、郢都、洛阳等大型商业中心与都会。《史记·货殖列传》载，孔子弟子子贡，"结驷连骑，束帛之币以聘享诸侯，所至，国君无不分庭与之抗礼"。南阳孔氏"连车骑，游诸侯，因通商贾之利"。周师史"转毂以百数，贾郡国，无所不至"。

秦统一以后，采纳了李斯"强本弱末"的建议，商旅活动受到一定的打击。汉初实行与民休息政策，"开关梁，弛山泽之禁，是以富商大贾周流天下，交易之物莫不通，得其所欲"[2]，商业旅行得到空前发展。汉文帝时，商人"千里游敖，冠盖相望，乘坚策肥，履丝曳缟"[3]，为世人所侧目。

汉代"丝绸之路"开通后，往返于这条道路上的商旅活动一直经久不衰。

---

[1]《尚书·酒诰》，载《十三经注疏》，北京：中华书局，1980年影印版。
[2]《史记·货殖列传》，北京：中华书局，1959年版。
[3]《汉书·食货志上》，北京：中华书局，1962年版。

商贾跋山涉水，披星戴月，涌向汉朝边塞，呈现出"驰命走驿，不绝于时月。商胡贩客，日款于塞下"[1]的繁荣景象。据《后汉书·乌桓传》载，东汉顺帝阳嘉四年（135年）冬，乌桓侵扰云中，一次即遮截道上商贾牛车千余辆。《水经注·河水三》载："皇魏桓帝十一年，西幸榆中，东行代地，洛阳大贾赍金货随帝后行。"商旅之行的兴盛可见一斑。

明代后期，随着商品经济的高度发展，"人为铜钱，游遍世间"[2]的观念深入人心，商业旅行风行一时。如苏州府洞庭籍的行商"商游江南北，以迤齐、鲁、燕、豫，随处设肆，博锱铢于四方"[3]，"靡远不到，有数年不归者"。商人席铭"历吴越，游楚魏，泛江湖"。明代的徽商素有儒商之称，经商之余颇好游历，"凡名山胜迹无不游览"[4]。

商贾们走南闯北、东西逐利，亲历各地，耳闻目睹，大大促进了旅游知识和民风民俗的传播。

四、宗教之游

宗教之游主要有道教徒的仙游和佛教徒的释游两种。

仙游是道教徒或慕道者为了追求成仙而辗转于仙境圣地的一种旅行活动。道教养生服气需要到人迹罕至的深山幽谷中吸风饮露、采药炼丹；而要得到仙人的点化，也需到草木丰润、环境幽深的洞天福地中访神求仙。可以说，"为道者必入山林"[5]。如东晋葛洪为了搜集方术，采炼丹药，广游大江南北的奇山异水；陆修静遍访巴蜀山水、蛮荆瓯越，直至晚年隐居庐山金鸡峰太虚观，仍游兴不减，跟名僧释慧远、诗人陶渊明交游往来，同游同乐；陶弘景"每经涧谷，必坐卧其间，吟咏盘桓，不能已已"[6]，他曾对弟子说："吾见朱门广厦，虽识其华乐，而无欲往之心。望高岩，瞰大泽，知此难立止，

〔1〕《后汉书·西域传·车师传》，北京：中华书局，1965年版。
〔2〕朱载堉：《山坡羊·钱是好汉》，载康金生编著：《元明清曲》，成都：天地出版社，1997年，第206页。
〔3〕顾炎武：《天下郡国利病书·苏州备录下·东洞庭》，载《顾炎武全集》卷十二，上海：上海古籍出版社，2011年版，第538页。
〔4〕许宗元：《徽商与旅游》，载《安徽大学学报》，1997年第3期。
〔5〕《抱朴子·内篇·明本》，载《诸子集成》，上海：上海书店，1986年影印版。
〔6〕《梁书·处士·陶弘景传》，北京：中华书局，1973年版。

自恒欲就之"[1]，表现出对情寄山水的痴迷。全真道的丘处机曾行程万里，会成吉思汗于雪山，其弟子李志常撰有《长春真人西游记》，虽不是仙游，却是道教云游的杰出代表。

释游即佛游，是指佛教徒居静修行、传经、取经或名士追随佛学、朝拜佛陀而开展的旅行活动。释游分为三类，一是那些到处化缘、求布施的行脚僧、游方和尚。杜牧《大梦上人自庐峰回》称："行脚寻常到寺稀，一枝藜杖一禅衣。"二是在自然山水中寻觅幽静之处，居静修行、清谈佛经的旅行，东晋名僧支道林、释道安、慧远都是这类释游的楷模。三是为传经、取经而开展的中外旅行，其中最为著名的代表人物是法显、玄奘、鉴真等。

法显是东晋伟大的旅行家。隆安三年（399 年），已 62 岁高龄的法显一行 11 人从长安出发，经敦煌，西出阳关，经鄯善、乌夷，横穿我国最大的塔克拉玛干大沙漠，又历经千辛万苦翻越葱岭，来到了天竺（印度）。义熙五年（409 年），法显乘船纵渡孟加拉湾，来到狮子国（今斯里兰卡）。两年后，经印度尼西亚爪哇岛北上，于义熙八年（412 年）从山东青岛崂山登陆返回建康（今南京）。法显的旅行历时 14 年，现代人所有的旅游都不可能用这么漫长的岁月。法显根据自己的所见所闻，写成了著名的《佛国记》，既是记述中亚、印度地理风俗和海上交通的第一部著作，也是中国古代宝贵的旅游地理著作。

玄奘，俗名陈祎，于唐太宗贞观三年（629 年）从长安出发，经秦州、兰州、凉州、瓜州出玉门关，抵达伊吾、高昌。又经阿耆尼（今新疆焉耆）、屈支（今新疆库车），过凌山，历尽艰难险阻到达东叶。后跨过帕米尔高原，经赭时（今乌兹别克斯坦共和国塔什干）、铁门关，到达

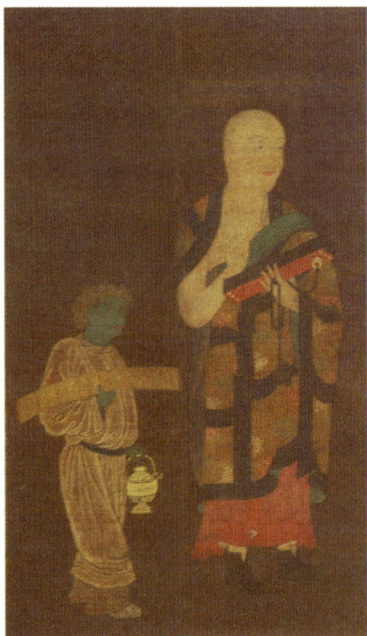

日本春日基光绘《玄奘三藏像》。
123.8 厘米 ×74.3 厘米

---

[1]《南史·隐逸·陶弘景传》，北京：中华书局，1975 年版。

天竺。玄奘在印度 15 年，遍历北天竺、中天竺、东天竺、南天竺与西天竺，是第一位周游印度全境的中国旅行家。贞观十七年（643 年），玄奘满载佛经、佛像和名花珍木的种子启程，经阿富汗、帕米尔，沿喷赤河北上，过疏勒、于阗、敦煌、瓜州等地，于贞观十九年（645 年）回到都城长安。回国后，完成了闻名中外的《大唐西域记》。书中记录了当时 100 多个国家的山川河流、城邑关防、风土习俗等，是研究中国西北地区、印度、尼泊尔、巴基斯坦、孟加拉国、中亚等地古代历史、地理、文化的重要文献。

唐代另一位杰出宗教旅行家是鉴真。为弘扬佛法，鉴真以 55 岁高龄，应邀到日本传授戒律。从天宝元年（742 年）到天宝十二年（753 年），以百折不挠的毅力，经六次东渡终于到达日本九州，完成了一次艰苦卓绝的海上旅行。

五、民俗节日游

古代面朝黄土背朝天的农民，日出而作，日暮而息，游山玩水对他们来说是那么的陌生和不可企及。西汉晁错描述农民的生活说："春耕夏耘，秋获冬藏，伐薪樵，治官府，给徭役。春不得避风尘，夏不得避暑热，秋不得避阴雨，冬不得避寒冻，四时之间亡日休息。"[1] 他们根本没有闲情逸致从事较长时间的、远距离旅游，而三月上巳修禊、清明踏青、九月初九重阳登高等就地近游却蔚然成风。

隋唐以前的春游是与三月上巳节被禊（fú xì）联系在一起的，它为古代的男女到郊外春游提供了大好时机。

《诗经·郑风·溱洧（zhēn wěi）》描绘了三月上巳，郑国青年男女相约出游，借春游机会谈情说爱，洗濯嬉戏的情景："溱与洧，方涣涣（水势盛大）兮。士与女，方秉蕑兮。女曰：'观乎（去看看吧）！'士曰：'既且（已经看过了）。''且往观乎（再去看看吧）！'洧之外，洵訏且乐。维士与女，伊其相谑（互相嬉戏），赠之以勺药。"

《论语·先进》中曾点（皙）的"莫春者，春服既成，冠者五六人，童子六七人，浴乎沂，风乎舞雩，咏而归"，即是一次春游活动的真实记录，历来

〔1〕《汉书·食货志上》，北京：中华书局，1962 年版。

被认为是我国古代最早描写春游的篇章。

西汉以降，郊外踏青游乐的成分日趋增加。东汉杜笃在《京师上巳篇》中说："窈窕淑女美胜艳，妃戴翡翠珥明珠。"张衡的《南都赋》也描述了三月上巳这一天，男女姣服，车马杂沓，纷纷到郊外踏青春游。游人们歌落舞起，弹筝吹笙，赛马的、叉鱼的、射雁的各逞所好，优哉游哉，好不热闹。直到日暮，人们才恋恋不舍地驾车而归，"夕暮言归，其乐难忘，此乃游观之好"。《后汉书·礼仪志》注称："大将军梁商，亦歌泣于洛禊也。"

魏晋时期，上巳节被禊春游更加盛行。《荆楚岁时记》[1]载："三月三日，四（士）人并出江渚池沼间，为流杯曲水宴。"东晋文人学士每逢三月三还要借踏青春游之机，在一起饮酒赋诗。王羲之的《兰亭集序》就是三月三留下的千古绝笔。

到唐朝，清明节最后定型，也彻底摆脱被禊禳灾的阴影，人们纷纷相携至郊外，沐浴这风和日丽的大好春光。杜甫《丽人行》称："三月三日天气新，长安水边多丽人。"杜牧在《清明》中言："清明时节雨纷纷，路上行人欲断魂。借问酒家何处有，牧童遥指杏花村。"

宋代清明踏青的风气比前代更浓。北宋画家张择端的《清明上河图》就再现了当时民间开封城外以汴河为中心的清明节游娱盛况。由于各地气候不同，踏青郊游的时间也不尽一致。宋代苏辙《踏青》诗："江上冰销岸青青，三三五五踏青行。"据诗序讲，是正月八日，这是蜀地的气候。

沈榜在《宛署杂记》中载，明朝都城北京"小民男妇盛服携盒酒祭其先墓，祭毕野坐，醉饱而归。每年是日，各门男女拥集，车马喧阗"。诗人王思任在《扬州清明曲》一诗中，对扬州清明节的祭祖饮宴郊游活动有详尽的描述，其中几句写道：

> 寒食游春共借名，扬州分外作清明。
> 西门笋轿千钱贵，要促爷娘早出城。
> ……
> 其六
> 绿女红儿踏踏肩，游人目语各心然。

〔1〕《太平御览》卷三〇《时序部一五·三月三日》引，北京：中华书局，1960 年影印版。

莫只平山看跌博，且来法海放风鸢。

其七

梅花烟岭接邗沟，日暮隋冈已畅游。

漫把甜红俱罄倒，还留余兴上迷楼。

明朝文学家袁宏道《高梁桥游记》载，明清时北京高梁桥（今北京西直门外）一带"两水夹堤，垂杨十余里，流急而清，鱼之沉水底者，鳞鬣皆见……朝夕设色以误游人。当春盛时，城中士女云集，缙绅士大夫非甚不暇，未有不一至其地者也"，是当时人们踏青的胜地。

九月九日重阳节，天高气爽，秋风徐来，春秋齐景公时已经有了登高游玩的习俗。两汉时，重阳正式形成节日，也形成了九月九日登高避邪的风俗。唐以后，重阳登高逐渐成为一项普遍性的民众娱乐活动。南宋孟元老《东京梦华录》卷八《重阳》载，每逢重阳节这一天，"都人多出郊外登高，如仓王庙、四里桥、愁台、梁王城、砚台、毛驼冈、独乐冈等处宴聚"。南宋韩元吉在《水调歌头·九日》中描写了重阳赏菊及登高观景的情形："今日我重九，莫负菊花开。试寻高处，携手摄展上崔嵬。放目苍崖万仞，云护晓霜成阵，知我与君来。古寺倚修竹，飞槛绝尘埃。"《燕京岁时记》曾指出，重阳登高是件令人快慰的事儿："京师谓重阳为九月九。每届九月九日，则都人士提壶携榼，出郭登高……赋诗饮酒，烤肉分糕，洵一时之快事也。"

第三节　出行礼俗

行旅，在现代人看来，是一件极为普通平常的事情。但在古代，却绝非轻而易举之事，今日能够朝发夕归的路程在古时往往要经年累月。从上述住居风俗中中国人故土难离的恋土意识可知，人们对背井离乡的畏惧和伤感。在古代交通和科学不发达的情况下，出门意味着艰难重重，甚至生死离别。因此，先民们视旅游为畏途，出行前要占卜吉凶，祖道饮饯，赠言赋诗，接风洗尘，久而久之，便形成了一些出行的程式和禁忌，从而形成了中国人独具特色的出行礼俗。

一、"逢吉方行，遇凶则止"的卜行、择吉

古代人外出旅行是件前途未卜、比较危险的事情，"道路张弓拔刃，然后敢行"[1]。由于认识能力低下，认为在旅行路上到处都有妖魔鬼怪威胁自己。因此，无论帝王出游、迁徙移民、军队出征，还是平民百姓出行，都极为谨慎、小心，出行之前必会占卜，以预测出行的吉凶。

《史记·秦始皇本纪》载，秦始皇三十六年（公元前211年），"始皇卜之，卦得游徙吉。迁北河榆中三万家。拜爵一级"。《史记·孝文本纪》载，汉文帝以代王入据汉天子时，"卜之龟，卦兆得大横。占曰：'大横庚庚，余为天王，夏启以光。'"

1975年12月，考古工作者在云梦睡虎地11号墓中发掘了大量秦代竹简，其中的《日书》便是确定时日吉凶以趋吉避凶的术数书，这也是我国现存最早、最完整的一部术数书。《日书》总计423支简，内容为"行规宜忌"者多达151支，甲种《行》《归行》《到室》，乙种《行日》《行者》《行忌》《行祠》等篇中，专门记载了出行种类和禁忌。如"正月丑，二月戌，三月未，四月辰，五月丑，六月戌，七月未，八月辰，九月辰，十月戌丑，十一月未，十二月辰，凡此日不可以行，不吉"；"入正月七日"等各月的某一日"凡此日以归，死；行，亡"；又有"丁卯不可以船行""六壬不可以船行""六庚不可以行"等等。

除了出行禁忌外，还有出行的良日。若逢吉日出行或归家，可逢一至九"喜""乙酉从远行人，有三喜。禹须臾。戊己丙丁庚辛旦行，有二喜。甲乙壬癸丙丁日中行，有五喜。庚辛戊己壬癸铺时行，有七喜。壬癸庚辛甲乙夕行，有九喜"。

另外，《日书》甲种中又有关于出行方向诸宜忌的内容。如"午，北吉，东得，南凶，西不反（返）。未，东吉，北得，西凶，南毋行。申，西南吉，北凶。酉，西南吉，东凶。戌，东南、西吉，南凶。毋以亥行""凡春三月己丑不可东，夏三月戊辰不可南，秋三月己未不可西，冬三月戊戌不可北。百中大凶，二百里外必死。岁忌""毋以辛壬东南行，日之门也。毋以癸甲西南行，

[1]《汉书·严延年传》，北京：中华书局，1962年版。

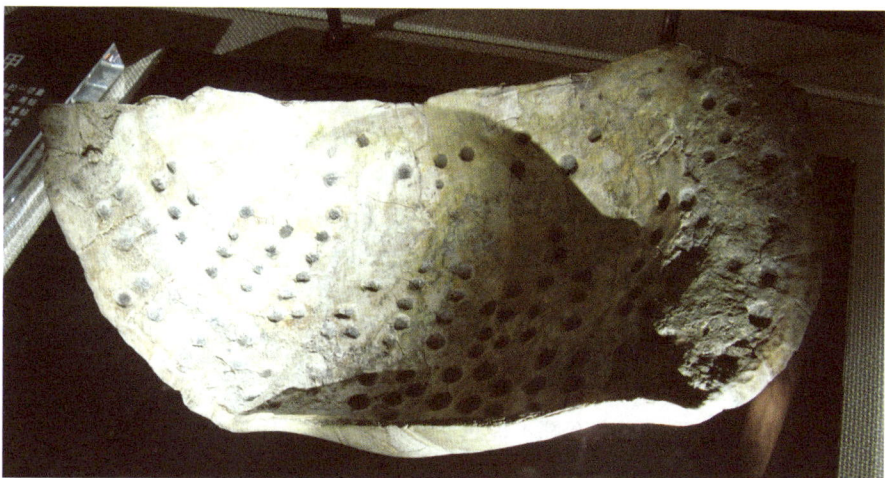

龟甲占卜。商代，成都金沙博物馆藏

月之门也。毋以乙丙西北行，星之门也。毋以丁庚东北行，辰之门也"。《日书》中"所列行忌凡 14 种，若简单合计，'不可以行'之日数总和竟然超过 355 日"。排除可能重复的行忌，全年行忌日已多达 165 日，占全年日数的 45.2%以上"[1]。可见秦时出行禁忌的繁密苛严，人们的出行活动受到严格限制。

　　汉代人依然遵从卜筮的方式来确定吉凶，有的甚至因此而丧命。如曾任丹阳太守的张竦"知有贼当去，会反支日，不去，因为贼所杀"[2]。他明明知道有贼会去，却因为恰逢"反支日"而执意不走，最后落了个身首异处。哲学家桓谭对此以"通人之蔽"而惋叹。《后汉书·郭躬传附弟子镇传》载，桓帝时汝南陈伯敬"行路闻凶，便解驾留止，还触归忌，则寄宿乡亭"。《颜氏家训·杂艺》批评说："去圣既远，世传术书，皆出流俗，言辞鄙浅，验少妄多。至如反支不行，竟以遇害；归忌寄宿，不免凶终。拘而多忌，亦无益也。"

　　唐宋时期，卜行、择吉风俗已比较成熟。如唐诗人杜牧曰："终日求人卜，回回道好音。"敦煌出土的宋雍熙三年（986 年）具注历，就标注了旅行应注意的日期及方位，如十二月历日说："正月小建庚寅，自去旧年十二月十八日立春，已得正月之节，即天道南行宜向南行，宜修南方天德。"《马可波罗行纪》载，南宋都城临安"如有一人欲旅行时，则往询星者，告以生辰，卜其是

〔1〕王子今：《秦汉交通史稿》，北京：中共中央党校出版社，1994 年版，第 552 页。
〔2〕《汉书·游侠·陈遵传》，北京：中华书局，1962 年版。

否利于出行，星者偶若答以不宜，则罢其行，待至适宜之日。人信星者之说甚笃，缘星者精于其术，常作实言也"。

至清代时，民间择吉风俗达到鼎盛。当时的择吉书比比皆是，如李光地的《星历考原》、姚承舆的《择吉会要》、张祖同的《诹吉述正》、允禄的《协纪辨方书》等。

时至今日，民间出行仍有许多禁忌。如有俗语云："老不上北，少不上南""老不入川，少不游广""老勿走新疆，少勿走苏杭"。山东一带，俗忌正月初五出行。因为初五为"破五"，害怕不吉利。又有忌黑道日出行的，每月的初五、十五、二十五都不能远行。河北有"要回家，二五八，要往外走三六九"〔1〕的俗语。萧县一带有"三六九，向东走，二四七，向正西"的说法。在民间最流行的出行日禁忌俗语是"七不出门，八不回家"或"七不往，八不归"。意思是凡初七、十七、二十七忌出行；凡初八、十八、二十八忌归家。据说"七出"令人联想到休妻的"七出""妻出"；"八归"令人联想到"王八龟"，因而避忌之。

二、祖道

"祖道"也简称"祖"，是指古人出行时祭祀行神，以祈求保佑和旅行一路顺风。行神也称道神、路神，它的来源有三种说法：共工之子、黄帝之子及黄帝之妻。

东汉应劭《风俗通·祀典·祖》曰："谨按《礼传》：'共工之子曰脩，好远游，舟车所至，足迹所达，靡不穷览，故祀以为祖神。'祖者，徂也。"认为行神是共工之子脩。

崔寔《四民月令》曰："祖者，道神。黄帝之子曰累祖，好远游，死道路，故祀以为道神。"《汉书·临江闵王刘荣传》载："祖于江陵北门。"颜师古注曰："祖者，送行之祭，因飨饮也。昔黄帝之子累祖好远游而死于道，故后人以为行神也。"认为行神是黄帝之子累祖。

唐王瓘《轩辕本纪》曰："帝周游行时，元妃嫘祖死于道，帝祭之以为祖

〔1〕丁世良、赵放主编：《中国地方志民俗资料汇编》华北卷引中华民国十八年《新河县志》，北京：书目文献出版社，1995 年版，第 508 页。

神。"宋丁度《集韵·平脂》载："黄帝娶西陵氏女，是为嫘祖。嫘祖好远游，死于道，后人祀以为行神。"认为行神是黄帝之妻嫘祖。

三种说法莫衷一是，这正反映了中国信仰的多元性特征，中国的门神、财神、药王，都有好几个人选。

祖道的具体仪式，分軷（bá）祭和饯行两步。《仪礼·聘礼》载："出祖，释軷，祭酒脯，乃饮酒于其侧。"郑玄注曰："《诗传》曰：'軷，道祭也。'谓祭道路之神。《春秋传》曰：'軷涉山川。'然则軷山，行之名也，道路以险阻为难，是以委土为山，或伏牲其上，使者为軷，祭酒脯祈告也。卿大夫处者，于是饯之，饮酒于其侧。礼毕，乘车轹（lì）之而遂行，舍于近郊矣。其牲，犬、羊可也。"祭祀路神时，要用土培一土山，放上一只牲畜，献酒和肉脯以祈祷。然后，大家在旁边饮酒饯行。礼毕，乘车从牲畜身上碾过。軷祭的牲畜，用犬、用羊都可以。《诗·大雅·生民》载："取羝（dī）以軷。"就是用公羊軷祭。

在中国古代社会前半期，祖道之风十分盛行。

《诗经·大雅·烝民》曰："仲山甫出祖。"

《左传·昭公七年》载："襄公将适楚，梦周公祖而遣之。"

《吴越春秋》卷七载："越王勾践五年五月，与大夫种、范蠡入臣于吴，群臣皆送至浙江之上。临水祖道，军阵固陵。"

《史记·刺客列传》载，荆轲去刺杀秦王之前，与燕太子丹、高渐离等"至易水之上，既祖，取道，高渐离击筑，荆轲和而歌"，发出了"风萧萧兮易水寒，壮士一去兮不复返"的慷慨悲歌。

《汉书·临江闵王刘荣传》载，临江王刘荣因罪被汉景帝征召，"祖于江陵北门，既上车，轴折车废"，江陵父老因而私下流涕窃言："吾王不反（返）矣！"后来，刘荣果然畏罪自杀。《汉书·刘屈氂传》载，贰师将军李广利将出兵击匈奴，丞相刘屈氂"为祖道，送至渭桥"。东汉蔡邕曾写了一篇祖道时的祝词《祖饯祝》：

令岁淑月，日吉时良。爽应孔嘉，君当迁行。

神龟吉兆，林气煌煌。著卦利贞，天见三光。

鸾鸣雍雍，四牡彭彭。君既升舆，道路开张。

风伯雨师，洒道中央。阳遂求福，蚩尤辟兵。

> 仓龙夹毂，白虎扶行。朱雀道引，玄武作侣。
>
> 勾陈居中，厌伏四方。往临邦国，长乐无疆。

另外，在甘肃居延出土的汉简中也有关于祖道的记载："候史褒予万岁候长祖道钱，出钱十。付第十七候长祖道钱，出钱十。付第廿三候长祖道钱，出钱十。"

西晋嵇含《祖道赋序》云："祖之在于俗尚矣，自天子至于庶人，莫不咸用。"西晋孙楚的《祖道诗》、陆机的《祖道潘正》、张华的《祖道征西应诏诗》、何敬祖的《洛水祖王应诏诗》等，都是当时祖道风俗的反映。从这些诗的内容可看出，祭祀行神的本意已逐渐淡漠，转而注重对人的惜别之情，反映了它正在向饯行演变的趋势。

三、饯饮送别

饯饮是指在祭祀完路神后，亲友们为旅行者设宴饯行，以表示惜别与祝福的一种道别仪式，它通常与祖道风俗相伴而行，称为"祖饯"。

《诗经·大雅·韩奕》曰："韩侯出祖，出宿于屠。显父饯之，清酒百壶。"东汉郑玄注曰："祖于国外毕，乃出宿，示行不留是也。"

《诗经·邶风·简兮》曰："出宿于泲（jǐ），饮饯于祢。"郑玄笺曰："祖而舍軷，饮酒于其侧曰饯。"

《汉书·刘屈氂传》曰："丞相为祖道，送至渭桥。"颜师古注曰："祖者，送行之祭，因设宴饮焉。"

可见旅行者在临行前，要先"祖道"，軷祭路神，然后设酒宴饯行。祖饯毕，就在近郊住宿，表示已经上路。因此，古人饯行时，往往在野外路旁设帷帐，称作"祖帐"。唐诗人王维《齐州送祖三》诗："祖帐已伤离，荒城复愁入。"

两汉时期，饯行的规模十分庞大。西汉太傅疏广告老还乡，"公卿大夫故人邑子设祖道，供张东都门外，送者车数百两（辆）"[1]。东汉第五永由京兆尹升为都军御使，将赴任时，"百官大会，祖饯于长乐观"[2]。《世说新语·文学》刘孝标注云："袁绍辟（郑）玄，及去，饯之城东，欲玄必醉，

〔1〕《汉书·疏广传》，北京：中华书局，1962年版。
〔2〕《后汉书·文苑传下·高彪传》，北京：中华书局，1965年版。

会者三百余人，皆离席奉觞，自旦及莫（暮），度玄饮三百余杯，而温克之容，
终日无怠。"

可看出，这时的"祖饯"被强化，而"祖道"的仪式却被淡化了。魏晋以
后，祖饯和祖道逐渐分离。张华《祖道征西应诏诗》曰："庶寮群后，饯饮洛
湄。感离叹凄，慕德迟迟。"这"祖道"之诗中讲的却是"饯饮"的内容。

唐诗中，李白的《金陵酒肆留别》，王维的《送元二使安西》，白居易的
《琵琶行》，都是描写饯行的诗，反映的都是单纯的饯行饮酒，不再和祖道的
仪式结合在一起了。王维《送元二使安西》写道：

> 渭城朝雨浥轻尘，客舍青青柳色新。
>
> 劝君更尽一杯酒，西出阳关无故人。

饯饮送别在宋代也颇为流行。如柳永在《雨霖铃》中云："寒蝉凄切，对
长亭晚，骤雨初歇。都门帐饮无绪，留恋处，兰舟催发。执手相看泪眼，竟无

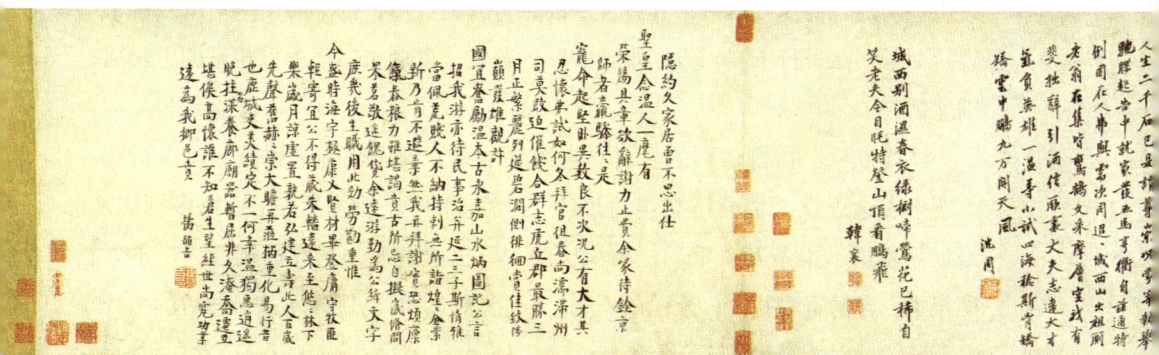

明代沈周绘《虎丘饯别图》。32厘米 ×116厘米

语凝噎。念去去，千里烟波，暮霭沉沉楚天阔。"描述了在郊外帐幕中饯饮的男女离别之情，成为传颂古今的离别佳作。

中国的饯行酒，还有一种特殊的形态——为死囚犯饮酒饯行。南朝宋孔觊临刑求酒说："此是平生所好。"[1]酒后被诛，说明南朝宋尚无此俗，以后逐步相沿成习。

四、折柳送别

《诗经·小雅·采薇》中"昔我往矣，杨柳依依"，已赋予杨柳"依依不舍"之意，到汉代形成了折柳送别的风俗。《三辅黄图·桥》载："灞桥在长安东，跨水作桥。汉人送客至此桥，折柳赠别。"灞桥位于今西安市东郊灞水之上。灞水原名滋水，相传春秋时期秦穆公欲彰霸业，故改名霸水，后加水旁而写成"灞"。灞桥处在长安东去的交通要冲，长安城里的官员送别朋友必经此地。汉时灞桥之畔遍地杨柳，设有稽查亭，检查来往行人。汉元帝曾在此为王昭君饯别，把她送上出塞之途。

送别之所以用柳枝，一则因为柳条细长柔软，用它赠友送别，以表达柔情萦绕不舍之意；二则柳与"留"谐音，有"挽留"之意。三则因为古人视柳树为可以驱鬼避邪的"鬼怖木"。北魏贾思勰《齐民要术》曰："正月旦取柳枝著户上，百鬼不入家。"古人认为带着柳枝上路可使百鬼望而生畏，从而确保旅途的平安。

折柳赠别的风俗在汉代时还被民间音乐家谱成《折杨柳》的曲子，用以专门表达离别之情。《古诗十九首》中的"青青河畔草，郁郁园中柳"就以柳来表达女子"荡子行不归，空床难独守"的苦寂，以柳来象征千里相系的思念离别之情。

汉代以后，折柳送别的习俗一直绵延不衰，到唐代时达到鼎盛。以折柳为题来表达思念之情的诗文连篇累牍，如孟郊的"杨柳多短枝，短枝多别离。赠远累攀折，柔条安得垂"；韦承庆的"万里边城地，三春杨柳节……不忍掷年华，含情寄攀折"；李白的"无令长相思，折断杨柳枝"；张九龄的"纤

---

[1]《宋书·孔觊传》，北京：中华书局，1974年版。

纤折杨柳，持此寄情人"；白居易的"人言柳叶似愁眉，更有愁肠似柳丝。柳丝挽断肠牵断，彼此应无续得期"；等等。皆以柳枝寄托人们的惜别、相思之情。

唐代的灞桥杨柳依旧，尤其是阳春时节，柳枝吐絮，如冬日雪花飞舞，故有"灞桥风雪"之景，为长安八景之一。据《开元天宝遗事·销魂桥》载："长安东灞陵有桥，来迎去送皆至此桥，为离别之地，故人呼之销魂桥也。"日本著名诗人阿倍仲麻吕在唐代为官多年，与王维、李白等结下了深厚的友谊。天宝十二年（753 年），阿倍仲麻吕回国时，李白便在灞桥为他送别，写下了《灞陵行送别》："送君灞陵亭，灞水流浩浩……正当今夕断肠处，骊歌愁绝不忍听。"

宋代时，折柳赠别的习俗仍流行。周邦彦《兰陵王·柳》诗："长亭路，年来岁去，应折柔条过千尺。"柳永《少年游》言："参差烟树灞陵桥，风物尽前朝。衰杨古柳，几经攀折，憔悴楚宫腰。"

明代以后，折柳赠别的习俗逐渐淡薄，但"灞桥折柳"的典故却经常出现于文人的诗词中，成为相思怀乡的代名词。

五、赠别

赠别指离别时以钱物和诗文相赠。上述折柳送别，其实也是赠别。

《诗经·郑风·溱洧》曰："赠之以勺药。"《韩诗外传》曰："芍药，离草也。"崔豹《古今注》[1]云："牛亭问曰：'将离相赠与芍药，何也？'答曰：'芍药一名何（合）离，故将别赠以芍药。犹相招，则赠以蘼芜，蘼芜一名当归也。'"芍药别名离草、何草，含离别、合离之义，故离别赠以芍药，召唤赠以当归。

《汉书·萧何传》载，刘邦因徭役将赴咸阳，"吏皆送奉钱三，（萧）何独以五"。

《晋书·袁宏传》载"（袁）宏自吏部郎出为东阳郡，乃祖道于冶亭。时贤毕集，（谢）安欲以卒迫试之，临别执其手，顾左右取一扇而授之曰：'聊

---

〔1〕《太平御览》卷九八九《药部六·当归》引，北京：中华书局，1960 年影印版。

以赠行。'"

《资治通鉴·晋纪·海西公太和五年》载："王猛之发长安也,请慕容令参其军事,以为乡导。将行,造慕容垂饮酒,从容谓垂曰:'今当远别,卿何以赠我,使我睹物思人?'垂脱佩刀赠之。"

由此可知,赠别所用的物品,一般是芍药、钱及随身携带的扇、佩刀等。

赠言、赋诗的送别习俗在先秦时期即已流行,主要风靡于文人、士大夫之间。

《孔子家语·观周》载,孔子去周,老子送之曰:"吾闻富贵者送人以财,仁者送之以言。吾虽不能富贵,而窃仁者之号,请送子以言乎!"

《晏子春秋·内篇杂上第五》载:"曾子将行,晏子送之曰:'君子赠人以轩,不若以言,吾请以言乎?以轩乎?'曾子曰:'请以言。'"

《左传·昭公十六年》载:"夏四月,郑六卿饯宣子于郊。宣子曰:'二三君子请皆赋,起亦以知郑志。'"东汉第五永在赴幽州任职时,议郎蔡邕、郎中高彪等人为其赋诗作箴。

另外,李陵的《赠苏武别诗》、曹植的《送应氏诗》、谢灵运的《邻里相送至方山诗》、徐陵的《别毛永嘉诗》、李白的《赠汪伦》等都是离别赋诗的佳作。

六、洗尘

"洗尘",又称接风,旅行者自远方归来,亲朋好友为迎接他们,往往设宴摆席,为其洗去一路风尘。

秦汉时"洗尘"一词并未产生,但款待来客的习俗已经形成。东汉范式与张劭少游太学,告归乡里时约定两年后赴张劭家探望尊亲孺子。到了约定的日期,张劭让母亲准备酒菜等待范式,二人尽欢而别。东汉荀淑有八子,时人号曰"八龙"。陈寔到荀淑家做客,荀淑"使叔慈应门,慈明行酒,余六龙下食"[1]。

《颜氏家训·风操》称:"别易会难,古人所重。"相逢饮酒在人际交往中显得异常重要。白居易《对酒》云:"相逢且莫推辞醉。"岑参《凉州馆中与诸判官夜集》云:"一生大笑能几回,斗酒相逢须醉倒。"王维《少年行》

---

[1]《世说新语·德行》,载《诸子集成》,上海:上海书店,1986年影印版。

云："相逢意气为君饮，系马高楼垂柳边。"这些诗虽无"洗尘"的字句，但都是相逢饮酒风俗的反映。

洗尘之俗起自五代。清翟灏《通俗编·仪节》载，五代"凡公私值远人初至，或设饮，或馈物，谓之'洗尘'"。五代以后的文学作品中，接风、洗尘比比皆是。

苏轼《和钱穆父送别并求顿递酒（次韵）》诗云："忙闻东府开宾阁，便乞西湖洗塞尘。""洗塞尘"即"洗尘"的意思。因为客人是从塞外而来，所以称为"洗塞尘"。

宋人无名氏《大宋宣和遗事·亨集》曰："这人是师师的一个哥哥，在西京洛阳住。多年不相见，来几日，也不曾为洗尘，今日办了几杯淡酒，与洗泥则个。"

《水浒传》第三十三回，宋江来到花荣驻地，花荣"便请宋江更换衣裳鞋袜，香汤沐浴，在后堂安排筵席洗尘"。第五十回载，宋江率众攻打祝家庄大获全胜，归寨时，"寨里头领晁盖等众人擂鼓吹笛，下山来迎接，把了接风酒，都上到大寨里聚义厅上扇圈也似坐下。"

吴敬梓《儒林外史》第十回云："两公子欢喜不已，当夜设席接风，留在书房歇息。"

《红楼梦》第四回："合家俱厮见过，又治席接风。"

洗尘又称"软脚"。唐敦煌变文《捉季布传文》曰："归宅亲故来软脚，开筵列馔广铺陈。"北宋乐史的《杨太真外传》载："出有钱饮，还有软脚。"清钱谦益的《燕新乐小侯》云："软脚筵开乐句和，濯龙吐凤客骈罗。"

直到今天，接风洗尘的习俗仍然流行于中国人的日常生活中，并成为人际交往的重要礼仪。

第四节　徒行和行旅工具

因贫富等级、出行目的、水陆地形不同，行旅工具的使用也迥然相异。

一、徒行

古代步行称作徒行、徒步。《论语·先进》载孔子语曰："吾从大夫之后，不可徒行也。"徒行即步行。《左传·襄公元年》孔颖达疏曰："徒，犹空也，谓无车空行也，步行谓之徒行。"

《老子》第六十四章讲："千里之行，始于足下。"古时平民出行无车，主要靠步行。《后汉书·徐穉（稚）传》载："穉尝为太尉黄琼所辟，不就。及琼卒归葬，穉乃负粮徒步到江夏赴之。"即便是足迹遍天下的商人，有的也担货步行。如上述《国语·齐语》中"负任担荷"，韦昭注曰："背曰负。肩曰担。任，抱也。荷，揭也。"清朝后期，关东开禁放垦，大多数山东人都是用独轮小推车推着老人孩子步行闯关东。有钱买船票，才从山东龙口、烟台坐船到辽宁大连，然后还是步行。

由于平民徒步出行，徒步还成为平民的代称。《汉书·公孙弘传》载："起徒步，数年至宰相，封侯。"

行走速度的缓急，各有不同的名称。《释名·释姿容》载："徐行曰步，疾行曰趋，疾趋曰走。"

步，是慢行。行走时跨出一足为跬（kuǐ），再跨出一足为步。《荀子·劝学》讲："不积跬步，无以至千里。"由此可知，古代的步，相当于我们现在的两步，周以八尺为步，秦以六尺为步，都是现在的两步。

趋，是快步而行，也指小步快行，以表示恭敬。如《礼记·曲礼上》载："遭先生于道，趋而进。"《庄子·胠箧》载："巨盗至，则负匮、揭箧（qiè）、担囊而趋。"我们说的"亦步亦趋"出自《庄子·田子方》，颜渊对孔子说："夫子步亦步，夫子趋亦趋，夫子驰亦驰，夫子奔逸绝尘，而回（颜渊）瞠若乎后矣！"后因用来形容追随和模仿他人。

走，现在是步行的通称，古代是跑。如《韩非子·喻老》言："扁鹊望桓侯而还走。"扁鹊见蔡桓侯已病入膏肓，不可救药了，所以赶快往回跑。《诗·大雅·緜》言："来朝走马。""走马"即跑马，如果慢慢地溜达，"走马观花"还真能把花看清楚。

奔的含义也是急行，往往与"走"合称"奔走"，但不一定是步行。《左传·僖公五年》载："虢公丑奔京师。"《后汉书·史弼传》载："平原吏人奔走诣阙讼之。"

登山涉水称跋涉。《诗·鄘风·载驰》称："大夫跋涉，我心则忧。"西汉毛亨传曰："草行曰跋，水行曰涉。"《左传·襄公二十八年》载："跋涉山川，蒙犯霜露。"

二、行缠

行缠也称邪幅、行縢，即绑腿布。古时徒步走远路，为了行动敏捷，减轻疲劳，往往用绑腿布把膝盖以下的小腿缠扎起来。《诗·小雅·采菽》言："邪幅在下。"郑玄笺曰："邪幅，如今行縢也。逼束其胫，自足至膝，故曰'在下'。"古代女子也着行缠。《乐府诗集·清商曲辞六·双行缠曲》称："新罗绣行缠，足跌如春妍。"军队行军亦着行缠。《三国志·吴志·吕蒙传》载："为兵作绛衣行縢。"唐人杜宝《大业杂记》载，隋炀帝御龙舟游江都，"其引船人普名殿脚，一千八百人，并着杂锦、采装、袄子、行缠、鞋袜等"。

近代的军队八路军、新四军以及国民党军队都打绑腿。

三、车

车是陆路交通中历史最悠久、范围最广的交通工具，相传创始于黄帝。

《淮南子·说山训》载："见窾（kuǎn）木浮而知为舟，见飞蓬转而知为车。"

《荀子·解蔽》载："奚仲作车，乘杜作乘马，而造父精于御。"杨倞注曰："奚仲，夏禹时车正。黄帝时已有车服，故谓之轩辕。"

《汉书·地理志上》载："昔在黄帝，作舟车以济不通，旁行天下。"

蜀汉谯周《古史考》讲："黄帝作车，引重致远，少昊时略加牛，禹时奚仲加马。"

春秋工匠鲁班在造车方面更是有神奇的造诣。黄帝等发明的是用人力、畜力牵拉的车，鲁班发明的是用木人驾驶的、以机关为动力的自动车。东汉王充《论衡·儒增篇》载："世传言：'鲁般（班）巧，亡其母。'言巧工为母作木车马，木人御者，机关备具，载母其上，一驱不还，遂失其母。"古人为车的发明和改进耗费了大量人力、物力，连鲁班的母亲都有为机械车的试验而献身的大无畏精神。

古代马车最为盛行。上述周穆王使造父御，驾赤骥、盗骊、白义、渠黄、骅骝、逾轮、騄耳、山子等八骏之乘西巡守，淮水流域的徐偃王叛乱，"一日千里以救乱"。这"八骏"都是驾车的千里马。马车既是重要的交通工具、战争的战具，又是社会地位和权力的象征。当时用两匹马驾的车叫"骈（pián）"，用三匹马驾的车叫"骖（cān）"，用四匹马的叫"驷"。由于马车以四马为常，所以多以"驷"为单位计数马匹和车辆。如《论语·季氏》说"齐景公有马千驷"，即表示他有 1000 辆车和 4000 匹马。四马加一车为"一乘"，当时又以车乘多少来衡量一个国家的国力，因而出现了"万乘之国""千乘之国""百乘之国"等不同的称呼。到了汉代，马车作为战车逐渐退出历史舞台，而主要用来载货运客。这一时期，人们仍然非常看重由马驾的车辆，以乘马车为尊贵。上层阶级的社会活动，往往聚集车马达千百数。陈豨过赵，"宾客随之者千余乘"[1]。《后汉书·周荣传附孙景传》载，周晖兄弟"出入从车常百余乘"。《后汉书·郭太传》载，郭太归乡里，"衣冠诸儒送至河上，车数千两（辆）"。

大体说来，古代的车有以下几种。

（一）轺车

轺车是一马驾驶的轻便车。《释名》[2]曰："轺，遥远也。四向远望之车也。"

《史记·季布栾布列传》载，西汉侠士朱家"乃乘轺车之洛阳"。《晋书·舆服志》载："轺车，古之军车也。一马曰轺车，二马曰轺传。汉世贵辒辌而贱轺车，魏晋重轺车

东汉铜轺车

〔1〕《史记·韩信卢绾列传》，北京：中华书局，1959 年版。
〔2〕《太平御览》卷七七五《车部四·轺车》引，北京：中华书局，1960 年影印版。

而贱辎軿。"可见轺车是普通人乘的车。

轺传是古代驿站里的轺车，驾两匹马。《汉书·儒林·申公传》载，汉武帝"使使束帛加璧，安车以蒲裹轮，驾驷迎申公，弟子二人乘轺传从"。

（二）辎軿（píng）

辎軿是辎车和軿车的合称，后世泛指有屏蔽的车子。

辎车是有帷盖的大车，既可载物，又可作卧车。《释名·释车》讲："辎车，载辎重卧息其中之车也。"《汉书·张良传》载："上（刘邦）虽疾，强载辎车，卧而护之。"《后汉书·桓荣传》载："以荣为少傅，赐以辎车乘马。"

軿车是古代贵族妇女所乘的有帷幕的车。《魏书·礼志》载："小行则御绀罽（jì）軿车，驾三马。"

由于辎车和軿车都有帷幕屏蔽，也统称这类车子为辎軿。

《汉书·张敞传》载："礼，君母出门则乘辎軿。"颜师古注："辎軿，衣车也。"《资治通鉴·孝武帝太元十一年》言："秦主登立世祖（符坚）神主于军中，载以辎軿。"胡三省注："车四面有屏蔽者曰辎軿。"

辎軿一直沿用到清代。清厉鹗《玉泉寺题壁》诗："春来古寺聚辎軿，鱼乐鱼惊镜里悬。"

（三）高车

高车是车盖高，可以立乘的车。《释名·释车》称："高车，其盖高，立载之车也。"《晋书·舆服志》载："车，坐乘者谓之安车，倚乘者谓之立车，亦谓之高车。"后世也用"高车驷马"泛指高大的车子。《覃山人隐居》诗："高车驷马带倾覆。"

（四）安车

古代可以坐乘的一马小车叫安车。《礼记·曲礼上》载："大夫七十而

致事……适四方，乘安车。"孔颖
达疏曰："古者乘四马之车，立乘。
此臣既老，故乘一马小车，坐乘也。"

汉代朝廷用安车来礼遇老年大
臣，这种安车用四匹马，称作"安
车驷马"。为了防止颠簸，有时还
以蒲草裹轮。上述汉武帝"使使束
帛加璧，安车以蒲裹轮，驾驷迎申
公"即是。《汉书·赵充国传》载：
"充国乞骸骨，赐安车驷马。"

（五）辂（ ㄌㄨ ）车

《释名》曰："天子所乘曰辂。
辂亦车也。谓之辂，言行路也。金
辂以金玉饰车也。象辂、革辂、木辂，各随所名也。"

《论语·卫灵公》载："行夏之时，乘殷之辂，服周之冕。"邢昺疏曰：
"殷车曰大辂，木辂也，取其俭素，故使乘之。"

董巴《舆服志》曰："殷瑞山车，金根之色，殷人以为大辂。于是，秦皇
作金根之车。汉承秦制，为乘舆。即孔子所谓乘殷之辂也。"

《卤簿令》曰："玉辂驾六马……金辂、象辂、革辂、木辂以次相随，并
驾六马。""皇太子金辂驾四马。""王公以下象辂驾四马。"[1]

由此可知，辂车有玉辂、金辂、象辂、革辂、木辂，始自商朝，秦始皇改作
金根车，两汉沿袭，但仍然有辂车。天子之辂六匹马驾驶，皇太子、王公之辂四马。

先秦时期，天子、国君往往把辂车赏赐给贵族，以示恩宠。《晏子春秋·内
篇杂下》载，齐国晏婴"乘弊车，驾驽马"，齐景公派人"遗之辂车乘马"，
被谢绝了。周天子曾赐辂车给鲁国贵族叔孙豹，结果引起了季孙氏的嫉妒。

上述图中乘辂者为孔子，按照规定，孔子没有资格乘辂车，但后人将孔子

辂车。选自《琳琅秘室丛书》

---

[1] 《释名》、董巴《舆服志》《卤簿令》，均为《太平御览》卷七七四《车部三·辂车》引，
北京：中华书局，1960 年影印版。

尊为素王，指有帝王之德而未居帝王之位者，并有 "千年礼乐归东鲁，万古衣冠拜素王" 的说法，所以后人画有孔子乘辂图。

（六）牛车

牛车又称犊车，俗称 "大车"。《周礼·考工记·辀人》云："大车之辕挚。" 郑玄注曰："大车，牛车也。" 生活在北方的奚族还制造了一种奚车，一般用牛挽之，不能任重，但利于行山。

先秦两汉时，贫穷之士乘牛车，政府官员乘之则被鄙视。《汉书·蔡义传》载，蔡义 "家贫，常步行，资礼不逮众门下，好事者相合为义买犊车，令乘之"。东汉钜鹿太守谢夷吾因乘柴车，被指责为 "仪序失中，有损国典" [1]，降职为下邳令。东汉许庆家贫，"为督邮，乘牛车，乡里号曰辄车督邮" [2]。

东汉后期，乘牛车者逐渐增多。汉末游侠孙宾硕 "乘犊车，将骑入市" [3]。《后汉书·宦者·单超传》载，汉桓帝时，宦者四侯横行，"其仆从皆乘牛车而从列骑"。

魏晋时期，乘牛车成为一时的风尚。《晋书·舆服志》讲："古之贵者不乘牛车……其后稍见贵之。自灵献以来，天子至士遂以为常乘。"《旧唐书·舆服志》亦载："魏、晋已降，迄于隋氏，朝士又驾牛车。" 西晋石崇、王恺，东晋王导等人都乘牛车。《晋书·石崇传》载，石崇 "尝与恺出游，争入洛城，崇牛迅若飞禽，恺绝不能及"。东晋丞相王导将诸妾安置在外，妻子曹氏性妒，要到诸妾处闹事。王导唯恐众妾被辱，赶紧乘牛车前往，"以所执麈尾柄驱牛而进" [4]。

北魏皇帝和皇后也乘牛车。《北史·晁崇传》载，天兴五年（402 年）牛大疫，"舆驾所乘巨犗（jiè 犍牛）数百头，亦同日毙于路侧，自余首尾相继"。《魏书·礼志四》载，天子、太皇太后、皇太后郊庙，乘坐一种大楼辇、小楼辇，均由 12 头牛驾驶。

---

〔1〕《后汉书·谢夷吾传》，北京：中华书局，1965 年版。
〔2〕《太平御览》卷七七五《车部四·辄车》引谢承《后汉书》，北京：中华书局，1960 年影印版。
〔3〕《三国志·魏书·阎温传附张就传》，北京：中华书局，1959 年版。
〔4〕《晋书·王导传》，北京：中华书局，1974 年版。

据《隋书·礼仪志五》载，南朝梁的画轮车、衣书车、记里车，诸侯、三公有勋德者乘坐的皂轮车，列侯和四品以上官员的轺车，都用牛来驾驶。直到隋代，上层社会仍风行用牛车。大将军、吏部尚书牛弘之弟牛弼，"尝因醉，射杀弘驾车牛"[1]。

因为牛车能负重且平稳，所以妇女出行也常乘牛车。唐代杨贵妃姊妹"竞车服，为一犊车，饰以金翠，间以珠玉，一车之费，不下数十万贯。既而重甚，牛不能引"[2]。宋代陆游《老学庵笔记》卷二载："成都诸名族妇女，出入皆乘犊牛。惟城北郭氏车最鲜华，为一城之冠，谓之'郭家车子'。"

（七）羊车

《释名》[3]曰："羊车，以羊所驾名车也。"羊车不能负重致远，只能供统治者游戏、玩耍之用。

《晋书·后妃上·胡贵嫔传》载，晋武帝"多内宠，平吴之后复纳孙皓宫人数千，自此掖庭殆将万人。而并宠者甚众，帝莫知所适，常乘羊车，恣其所之，至便宴寝。宫人乃取竹叶插户，以盐汁洒地，而引帝车"。竹叶、盐都是羊爱吃的东西，羊到了门口，贪吃就不走了。

魏晋士族放荡不羁，乘羊车成为一时风尚。西晋中护军羊琇乘羊车，被司隶校尉刘毅弹劾。晋武帝自己在宫内乘羊车，又想遏制这种放荡不羁的风气，下诏说："羊虽无制，非素所乘者，可如所奏。"[4]羊琇因此被罢官。

《晋书·卫瓘传》载，卫瓘孙卫玠"总角乘羊车入市，见者皆以为玉人"。文天祥《咏羊》诗"牵引驾车称卫玠"，即指此。

（八）鹿车

鹿车是一种用来载货、载人的人力手推独轮车。《后汉书·赵熹传》载，

〔1〕《隋书·牛弘传》，北京：中华书局，1973年版。
〔2〕《唐五代笔记小说大观本》，引（唐）郑处海《明皇杂录》，上海：上海古籍出版社，2000年版。
〔3〕《太平御览》卷七七五《车部四·羊车》引，北京：中华书局，1960年影印版。
〔4〕《太平御览》卷七七五《车部四·羊车》引《晋太元起居注》，北京：中华书局，1960年影印版。

赵熹"以泥涂仲伯妇面，载以鹿车，身自推之"。李贤注引《风俗通》曰："俗说鹿车窄小，裁（才）容一鹿。"

鹿车

《后汉书·列女·鲍宣妻传》载，西汉鲍宣娶少君为妻，陪送妆奁甚盛，鲍宣不悦。少君曰："既奉承君子，惟命是从。""乃悉归侍御服饰，更著短布裳，与宣共挽鹿车归乡里"。

由于鹿车主要是用来载货的手推车，贵族乘坐则有失身份。蜀汉董允要参加葬礼，其父命其乘鹿车前往，"允有难载之色"[1]。

三国时，诸葛亮发明的"木牛流马"，就是经过改进的鹿车，它不仅能在险狭的山地上行进，而且载重量大大提高，成为蜀军运送粮草的重要工具。

宋代时，流行的江州车也是一种人力独轮手推车。宋曾敏行《独醒杂志》卷九载其制曰："江乡有一等车，只轮，两臂，以一人推之，随所欲运，别以竹为篰（bù），载两旁，束之以绳，几能胜三人之力，登高度险，亦觉稳捷，虽羊肠之路可行。"

当时还有一种两人力的独轮车——羊头车。明姜南《瓠里子笔谈·羊头车》曰："自镇江以北，有独轮小车，凡百乘载皆用之。一人挽之于前，一人推之于后，虽千里亦可至矣。谓之'羊头车'。"

清代时，出现了挂帆的独轮车，它巧妙地利用风力以节省人力，显示出劳动人民的聪明才智。

独轮车是我国交通史上的一项重大发明，而欧洲独轮车的出现则比我国晚了一千多年。直到今天，我国一些偏远地区及农村仍然广泛使用，如四川的鸡公车、江南的羊角车、陕西的狗脊梁推轮车等，实际上都是独轮车。山东的小推车更著名，陈毅元帅和粟裕大将都曾盛赞山东人民的小推车在淮海战役中的作用。

车因用途、形状、材料、挽力、工艺的不同，有很多种名称。例如魏晋时

---

〔1〕《三国志·费祎传》，北京：中华书局，1959年版。

期还有一种象车，《晋诸公赞》[1] 载："平吴后，南越献驯象，作大车驾之，载黄门鼓吹数十人。"

（九）辇

辇是由两个人挽拉的人力车，亦是后代轿子的前身。《说文十四上·车部》曰："辇，輓车也。"段玉裁注曰："谓人挽以行之车也。"商代铜器《辇卣》上铭刻的辇字，酷似两人挽车之状，有人认为这是商代辇车的真实写照。《左传·成公十七年》载："齐庆克通于声孟子，与妇人蒙衣乘辇而入于闳。"《史记·货殖列传》载，卓王孙迁蜀，夫妻二人"推辇而行"。《汉书·娄敬传》曰："敬脱輓辂。"苏林注曰："一木横遮车前，二人挽之，一人推之。"这种一人推，二人拉的辂车，实际就是辇。

辇一开始上下通用，秦汉以后，便多为皇族所用。《通典·礼典》云："夏氏末代制辇……秦以辇为人君之乘，汉因之"。《史记·梁孝王世家》载，梁孝王刘武"以太后亲故，王入则侍景帝同辇，出则同车游猎"。

皇族乘坐的辇种类很多，通常称帝辇、凤辇。唐高宗时，始制七辇，"每有大礼，则御辇以来往。爰洎则天以后，遂以为常"[2]。后来又有大凤辇、玉辇、仙游辇、四环金饰辇、平头辇、逍遥辇等等。

元代，皇帝出行则乘"象辇"。象辇即驾在大象背上的大木轿子，插有旌旗和伞盖，里面衬着金丝座垫，外包狮子皮，每象有一名驭者。象辇虽舒适，但非常不安全。至元十九年（1282 年），吏部尚书刘好礼就曾谏言："象力最巨，上往还两都，乘舆象驾，万一有变，从者虽多，力何能及？"[3]

此外，古代还有驴车、骡车等等。东汉灵帝"驾四驴，帝躬自操辔，驱驰周旋，京师转相仿效"。有人评论说："驴者服重致远，上下山谷，野人之所用耳，何有帝王君子而驂驾之乎？"[4]"（蜀）后主刘禅，乘骡车降邓艾"[5]。直到现在，北方农村仍然有驴车、骡车。

---

〔1〕《太平御览》卷七七五《车部四·象车》引，北京：中华书局，1960 年影印版。

〔2〕《旧唐书·舆服志》，北京：中华书局，1975 年版。

〔3〕《元史·刘好礼传》，北京：中华书局，1976 年版。

〔4〕《后汉书·灵帝纪》注引《续汉志》，北京：中华书局，1965 年版。

〔5〕《太平御览》卷七五五《车部四·骡车》引《蜀志》，北京：中华书局，1960 年影印版。

四、步辇、肩舆、轿子

由于古代道路质量不高，车轮又是用铁皮包的木轮，坐在上面非常不舒服。两晋时便干脆拆掉车轮，改为人抬，称为步辇、肩舆，这就是最初的轿子。《隋书·礼仪志》载："辇，制象辂车，而不施轮……用人荷之。"

《晋书·山涛传》载："帝尝讲武于宣武场，涛时有疾，诏乘步辇从。"

《晋书·王导传》载，西晋末琅邪王司马睿初镇建康，吴人不服，"会三月上巳，帝亲观禊，乘肩舆，具威仪，（王）敦、（王）导及诸名胜皆骑从"。

《世说新语·简傲》载：东晋王徽之"肩舆径造竹下，讽啸良久"。

彩陶肩舆

唐代画家阎立本画有唐太宗乘步辇接见吐蕃使臣禄东赞的《步辇图》。《因话录》卷三载，郑还古"初家青齐间，遇李师道渐阻王命，扶侍老亲归洛。与其弟自舁（yú 抬）肩舆，晨暮奔迫，

步辇。《步辇图》卷（局部）。唐代阎立本绘。故宫博物院藏

两肩皆疮"。

步辇又称篮舆、兜笼、檐子、编舆。白居易有"驿路崎岖泥雪寒，欲登篮舆一长叹"的诗句。《三才图会》中有篮舆图，说："陶元亮（陶渊明）有脚疾，每有游历，使一门生与其异以篮舆。"

篮舆、编舆用竹子编造，形状像篮，乘者盘坐于篮中。篮舆上有二梁，以一杠穿过，由二人抬着，大多由妇女乘坐。《新唐书·车服志》载，永徽（650—655 年）中，妇女"坐檐以代乘车"。《册府元龟》也称："唐文宗时，妇人本来乘车，近来率用檐子，事已成俗。"

兜笼，又名兜子。《旧唐书·舆服志》载，"兜笼，巴蜀妇人所用""易于担负，京城奚车、兜笼，代于车舆矣"[1]。《新唐书·车服志》亦载："乾元（758—760 年）初，蕃将又以兜笼易负，遂以代车。"《桂苑丛谈》载，李德裕曾"召兜子数乘，命关连僧人对事，咸遣坐兜子。"从"易于担负"来看，兜笼应该是网绳状、类似担架一类的辇。

唐时，虽然形成了乘轿的文弱之风，但一般仅限妇女和有疾病的官员，大多数人仍然骑马乘车。

清人福格的《听雨丛谈·肩舆》讲："唐时宰相乘马，五代始用擔（或作檐）子。"后周时，"轿子"一词正式出现。宋王铚《默记》载，"艺祖（宋太祖）初自陈桥推戴入城，周恭帝即衣白襕，乘轿子出居天清寺"。

宋代时，轿子大兴，出现了花檐子、龙肩舆、山舆、腰舆、板舆、梯轿等新名称。

花檐子即后世的花轿，因其装饰以各种彩色的饰物而得名，主要用于迎亲嫁娶、重大节日等隆重热闹的场合，以增添喜庆气氛。

据《宋史·舆服志二》载，龙肩舆又名"棕檐子""龙檐子""异以二竿，故名檐子……中兴，以太后用龙舆，后惟用檐子"。其形制为方形棕顶，用朱漆红黄藤编制而成，以百花龙纹帷帐为屏障，红色门帘，朱漆藤座椅，下面设有踏子，内置红罗茵褥，软屏夹幔，供达官贵人及其女眷使用。

山舆又称山轿，是一种形制较为简单，专供行走山路时所使用的轿子。当时的文人士大夫走陡峭的山路，常乘山舆。南宋杨万里《过白沙竹枝歌》诗：

---

〔1〕《旧唐书·舆服志》，北京：中华书局，1975 年版。

"绝壁临江千尺余，上头一径过肩舆。舟人仰看瞻俱破，为问行人知得无。"

据《宋史·舆服志五》载，北宋李昉曾奏请："工商、庶人家乘檐子，或用四人、八人，请禁断，听乘车。"宋太宗诏从之。到宋哲宗时，"京城士人与豪右大姓，出入率以轿自载，四人舁之。甚者饰以棕盖，彻去帘蔽，翼其左右，旁午于通衢"。宋徽宗时，"京城内暖轿，非命官至富民、娼优、下贱，遂以为常"。

南宋迁都江南后，乘轿之风更盛。《朱子语类·本朝二》曰："南渡以前，士大夫皆不甚用轿，如王荆公伊川皆云不以人代畜。朝士皆乘马。或有老病，朝廷赐令乘轿，犹力辞后受。自南渡后至今，则无人不乘轿矣。"

有坐轿子的，就有抬轿的。明代谢肇淛《五杂俎》载，南宋"京师之人，衣食于此（抬轿）者，殆及万余"，足见江南轿业之发达。

明清以来，轿子的使用已平民化，"人人皆小肩舆，无一骑马者"[1]。这时期已形成了官民不同的官用轿和民用轿。官用轿即官员乘坐之轿。明朝景泰四年（1453年），政府规定在京文官三品以上的官员可以乘轿。弘治三年（1494年）又规定，凡符合乘轿条件的文武官员，只能乘坐四人扛抬大轿，而其他如"五府管事、内外镇守、守备及公、侯、伯、都督等，不问老少，皆不得乘轿"[2]。违例乘轿及擅用八人轿者，严厉惩处。明代正德、嘉靖以后，这一规定逐渐遭到破坏，违例乘轿已成社会风气。

清代时，朝廷按照官员品级的不同，对轿夫的人数、轿子装饰做了详细规定：三品以上汉人文职京官所乘轿舆用银顶，皂色帏帘，在京乘四人轿，出京乘八人轿；四品以下文官，用锡轿顶，轿夫两人；直省督、抚，轿夫八人；司、道以下，教职以上坐四人轿；钦差官三品以上坐八人轿。武官不得乘轿，只许骑马。将军、提督、总兵官年老不能骑马者可以报请批准坐轿。[3]官轿除因公受皇上赏识特别赐予的外，一般由官员自备。清代官员出行乘坐的轿子有严格的限制，不得僭越，所以人们通常一瞧便知轿中之人的身份和官品地位。

民用轿即一般平民所坐之轿。它通常是两人抬的青布小轿。明代时，民间

〔1〕（明）顾起元：《客座赘语》，上海：上海古籍出版社，1999年版。
〔2〕《明史·舆服志一》，北京：中华书局，1974年版。
〔3〕见《清史稿·舆服志一·皇帝五辂》，北京：中华书局，1977年版。

二人小轿。选自《清国京城市景风俗图》

所使用的轿子有暖轿和凉轿之分。暖轿又称暗轿，其顶盖呈四面坡形，四角不上翘，顶尖饰有宝瓶，是一种有帷幔遮蔽的轿子。凉轿又称亮轿或显轿。其形制为一把大靠椅，两旁扛有竹杠，椅下设有踏脚板，不上帷子，多与华盖罗伞相配用，类似中华人民共和国成立前四川山区一带流行的"滑竿"。

五、船

（一）刳（kū）木为舟，剡（yǎn）木为楫

我国古代最早的船是筏子和独木舟。筏子的制作比较简单，用几根树干或竹子排扎在一起即可。《物原》语："伏羲始乘桴。"《论语·公冶长》载孔子语曰："道不行，乘桴浮于海。"桴即筏子。

独木舟是用一段粗大的树干挖成的小船。《淮南子·说山训》讲："见窾（kuǎn）木浮而知为舟。""窾木"即中空木。《易经·系辞下》说，伏羲氏"刳木为舟，剡木为楫"。《汉书·地理志上》说，黄帝"作舟车以济不通"。另外还有共鼓、巧垂、伯益、番禺造舟的神话。

到商代，出现了用数块木板组装而成的木板船。受筏子制作原理的启发，人们将两舟连接起来，又制造出了能提高稳定性和装载量的舫。《通俗文》云："连舟曰舫。"

周代规定："天子造舟，诸侯维舟，大夫方（舫）舟、士特舟，庶人乘泭（桴）。"[1]天子乘坐由多条船连成的造舟，诸侯乘坐"维连四船"的维舟，大夫乘"并两船"的方舟，士乘单只船的特舟，一般平民则只能乘筏。

连接多条船只的造舟、维舟、方舟，说明人们已经知道防止船的摇晃和颠簸，但也从另一个方面说明，限于当时的技术水平，还不能制造形制太大的船。

（二）橹、舵、帆、锚

先秦时，船的动力主要是操桨，秦汉时出现了橹。橹是一种效率较高的人力推进工具，一橹的功效是一桨的三倍，"用膂力然后舟行也"。长沙伍家岭西汉船模型显示了橹的早期形态，山东沂南东汉画像石的内河航行船图像可以看出橹的进一步发展和成熟。橹是我国造船与航行技术的一项杰出发明，有的外国学者称："橹可能是中国发明中最科学的一个。"

汉代还出现了舵、帆和锚。

舵当时又称柁或桅，用来控制船的航向。东汉刘熙《释名·释船》讲："其尾曰柁。柁，拖也，在后见拖曳也，且言弼（辅助）正船，使顺流不他戾（拐弯）也。"1955年，广州近郊一座东汉墓中出土了一只陶制船模型，长54厘米，宽11.5厘米，高16厘米，船首系锚，船尾有一宽叶桨板，似作掌舵，一般认为这是我国发现的、最早的舵。

风帆是利用风力使船航行速度加快的器具，始见于东汉中期。《释名·释船》曰："帆，泛也。随风张幔曰帆，使舟疾，泛泛然也。"马融的《广成颂》对帆的使用情况作了生动的描写："方余皇，连舼舟，张云帆，施蜕帱，靡飔风，陵迅流，发櫂歌，纵水讴，淫鱼出，菁蔡浮，湘灵下，汉女游。"[2]为了增加受风面积，更充分地利用风力，还出现了双桅以至三桅、四桅船。

锚到东汉时已渐趋成熟。上述广州东汉陶制船模型首部悬挂有锚，其性质已经脱离了锚的初始阶段，锚上既有锚爪又有横杆，使锚爪易于插入水底泥中，基本上具备了后世锚的特点。

---

〔1〕《尔雅·释水》，载《十三经注疏》，北京：中华书局，1980年影印版。
〔2〕《后汉书·马融传》，北京：中华书局，1965年版。

（三）楼船、轮船、指南针、神舟、宝船

秦汉时期，出现了多型式的船只，如舸、舫、艇、扁舟、轻舟、舲舟，以及用于军事的先登船、赤马舟、斥候船、楼船、戈船、艨艟等。

最能说明造船技术高超的是"楼船"。《史记·平准书》载，汉武帝在京师昆明池"治楼船，高十余丈"。东汉刘熙《释名·释船》讲，这种楼船有庐、飞庐、雀室三个楼层："船上屋曰庐，象舍也。其上重室曰飞庐，在上故曰飞也；又在其上曰雀室，于中候望，若鸟雀之惊视也。"由于制作楼船是用于军事，故汉代的水军称楼船。楼船也可供出行游乐使用，《后汉书·公孙述传》载，公孙述曾建造"十层赤楼帛兰船"，这种豪华壮观的楼船即供公孙述出行享乐之用。

唐代出现了车船，即轮船，用轮子转动划水，推动船前进，比欧洲早800多年。《旧唐书·李皋传》载："挟二轮蹈之，翔风鼓浪，疾若挂帆席。"是当时世界上最早的轮船。车船到宋代时大行于世。南宋起义军杨么使用的大车船，长30余丈，宽4丈有余，高3层，可载千余人，轮桨多达32个，"以轮激水，其行如飞"[1]。唐朝造船已普遍采用了卯榫相接，铁钉钉连的方法，这比木钉、竹钉联结要坚固牢靠得多。如1960年3月江苏扬州出土的唐代木船，使用的便是榫接钉合技术。而且此时的船舱已用隔舱板间隔成数间，予以密封，称为水密舱。这种结构大大提高了船舶的坚固性和抗沉性，是中国对世界造船技术的一大贡献，其他各国直到18世纪末才开始吸收这种先进技术。唐人李肇《唐国史补》还提到一种俞大娘航船："江湖语云：'水不载万。'言大船不过八九千石。然则大历、贞元间，有俞大娘航船最大，居者养生、送死、嫁娶悉在其间。开巷为圃，操驾之工数百。"一条船竟囊括了衣、食、住、行、养生、送死、嫁娶，还能开圃种花植菜，其规模可想而知。

宋代的船只已广泛使用指南针，并应用于航海。北宋朱彧在《萍洲可谈》中写道："舟师识地理，夜则观星，昼则观日，阴晦观指南针。"宋代工匠还能根据船性能和用途的不同要求，先制造出模型，进而画出船图，再依据模型

---

[1]《宋史·岳飞传》，北京：中华书局，1975年版。

和图进行施工。而欧洲在16世纪才出现简单的船图，落后中国三四百年。宋神宗时，明州建造的"神舟"，又称万斛船，规模宏大，载重量在1100吨以上。宣和年间，徐兢出使高丽乘坐的便是万斛船，"长阔高大、什物器用、人数，皆三倍于客舟"，航行时"巍如山岳，浮动波上，锦帆鹢首，屈服蛟螭"，以至驶达高丽国时，高丽人"倾国耸观，而欢呼嘉叹"[1]，惊赞不已。

　　明代造船场之一的龙江船场占地约8100余亩，年产超过200艘，郑和下西洋的宝船就是由该场承造的。宝船长44丈，宽18丈，"张十二帆"[2]，船上篷帆铁锚，"非二三百人莫能举动"[3]。郑和率62艘宝船、200多艘其他船只和27000多名船员七下西洋，出使了亚非30多个国家，显示了当时中国造船技术和航海能力在世界上的一流水平。

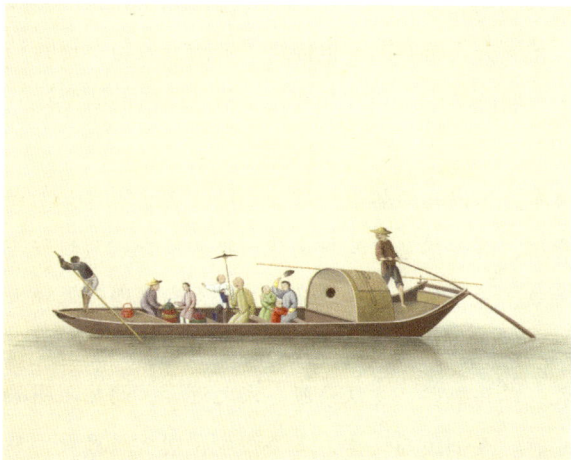

横水渡。选自《中国清代外销画》。横水渡是水路客运交通工具，用于狭窄及平静的河流或水道之上

六、马、驴、骡、骆驼

　　古人驾驶舟车的同时，也骑乘马、驴、骡、骆驼等，主要是骑马。

　　春秋战国之交，赵武灵王"胡服骑射"，骑马之俗开始流行。魏晋南北朝时马镫的出现，增加了骑乘的稳定性和舒适性，从而避免了没有马镫时的巨大

---

〔1〕（宋）徐兢：《宣和奉使高丽图经》卷三十四《客舟》《神州》，北京：中华书局，1985年版。
〔2〕（明）费信：《星槎胜览·占城国》，北京：海洋出版社，2005年版。
〔3〕（明）巩珍：《西洋番国志·自序》，北京：中华书局，1961年版。

体力消耗，是中国骑乘史上的突破。到唐代，骑马终成一代风尚。上述"服饰风俗"中提到，唐朝宫人皆骑马。《旧唐书·舆服志》载："开元十一年冬，（玄宗）将有事于南郊，乘辂而往，礼毕，骑而还。自此行幸及郊祀等事，无远近，皆骑于仪卫之内。其五辂及腰舆之属，但陈于卤薄而已。"上行下效，更加剧了骑马之风的蔓延。当时朝臣上朝骑马，已成惯例。尚秉和在《历代社会风俗事物考》中说："夫官至四品，在唐时亦尊甚矣，而骑马赴朝。可见当时朝臣殆无不骑马也。"另外，"两骑翩翩来者谁""良人玉勒乘骢马""骑马过斜桥""马上相逢无纸笔"等等，无不反映出唐时骑马之盛。唐代不仅男子骑马，女子出行也一度风行骑马。《唐传奇》曰："从二女奴，皆乘白马。"盛唐时女子骑马的习俗以杨贵妃之姊、虢国夫人最为张扬。据《明皇杂录》载，虢国夫人"每入禁中，常乘骢马，使小黄门御。紫骢之俊健，黄门之端秀，皆冠绝一时"。画家张萱的《虢国夫人游春图》也描绘了虢国夫人与女眷骑马出行游玩的景象。《旧唐书·舆服志》中，刘知几叙述了骑马风俗的演变：

> 古者自大夫已上皆乘车，而以马为騑服。魏晋已降，迄于隋代，朝士又驾牛车……至如李广北征，解鞍憩息；马援南伐，据鞍顾盼。斯则鞍马之设，行于军旅，戎服所乘，贵于便习者也。案江左官至尚书郎而辄轻乘马，则为御史所弹。又颜延之罢官后，好骑马出入闾里，当代称其放诞。此则专车凭轼，可摄朝衣；单马御鞍，宜从褒服。求之近古，灼然之明验矣。自皇家抚运，沿革随时。至如陵庙巡幸，王公册命，则盛服冠履，乘

唐代张萱绘《虢国夫人游春图》。51.8厘米×148厘米

彼辂车。其士庶有衣冠亲迎者，亦时以服箱充驭。在于他事，无复乘车，贵贱所行，通鞍马而已。

刘知几的意思是说，由于乘车必须朝衣盛服，骑马则可褒衣便服，所以在唐朝，无论贵贱，祭祀、巡幸、册命、迎亲等正规礼仪场合则坐车，而私下非正规场合则"无复乘车""通鞍马而已"。

明佚名绘《明宣宗马上像》。252.2厘米×124.8厘米

宋代除乘车、轿外，骑马出行的现象也较为普遍。如宋初诗人王禹偁曰："马穿山径菊初黄，信马悠悠野兴长。"《李学士家谈》云："先公尝言，近日举子，多衣紫皂衫，乘马以虎豹皮装饰鞍，谒见士大夫。"[1] 苏轼有诗云："横槎晚渡碧涧口，骑马夜入南山谷。"

明清时，轿子成为普遍使用的交通工具，但仍保持了骑马出行的风尚。

骑驴出行，往往多是平民。东汉张楷，家贫无以为业，常乘驴到县城卖药[2]。魏晋阮籍喜欢骑驴出行，司马昭任他为东平太守，"籍便骑驴径到郡"[3]。《魏书·萧宝夤列传》载，萧宝夤从南方逃往北方时，曾藏匿于山洞，向居民"赁驴乘之"。

由于骑驴者多为贫穷之士或平民，一般不如骑马者尊贵。隋唐时，驴被称为"劣乘"。隋朝杜子春由富而贫，其出行则相应地"去马而驴，去驴而徒"[4]。

---

〔1〕《宋朝事实类苑》卷六一《举子投贽》，上海：上海古籍出版社，1981年版。
〔2〕《后汉书·张霸传》，北京：中华书局，1965年版。
〔3〕《世说新语·任诞》刘孝标注引《文士传》，载《诸子集成》，上海：上海书店，1986年影印版。
〔4〕《太平广记》卷一六《杜子春》，北京：中华书局，1961年版。

《云溪友议》载，冯氏兄弟因贫穷"共有一驴赴京"。因驴子的价格便宜，所以在民众中普遍使用。一些隐居高士或我行我素的人，往往以骑驴为超凡脱俗之举，并以此为尚。唐德宗时山人宰相李泌喜欢骑驴上朝，杜甫、李贾、贾岛等也都经常骑驴出行。宋人骑驴出行的也颇多。如苏轼《和子由渑池怀旧》诗云："路长人困蹇驴嘶。"陆游《剑门道中遇微雨》诗："细雨骑驴入剑门。"王安石言"辞相位，居钟山，惟乘驴"[1]。北宋张择端的《清明上河图》中有驴数十匹，有驮运杂物的，有拉车运货的，有饮水喂料的，更有驮人代步的，可知历代市井中使用毛驴是很普遍的。

驴善驮负，便于妇人、小孩骑乘。俗话说"骑驴看唱本，走着瞧"，说明看着唱本也能骑驴。清代诗人富蔡明义在《中顶竹枝词》中描写妇女骑驴赶庙会回家的情景说："庙散人空日已斜，跨驴红袖慢归家。"

由于骑驴者众多，便出现了靠赶毛驴供人乘骑的行业，称作"赶脚"。唐代杜佑《通典·食货·历代盛衰户口》讲，唐代"东至宋、汴，西至歧州，夹路列店肆待客，酒馔丰溢。每店皆有驴赁客乘，倏忽数十里，谓之'驿驴'。"这种"驿驴"，应是"赶脚"的前身。清末，北京人进城或城里人出城，都爱租骑小毛驴。因而在北京的四城门洞，有许多牵着毛驴"赶脚"的驴把式，他们了解自己毛驴的秉性，认路儿，不论上哪儿，不错不绕。伺候旅客，上驴要架，下驴要搀，牵着驴把客人送到目的地，收缰点钱。固定的短程，驴走熟了路子，可以自行往来，驴把式则不必跟着一趟趟地往返跑路了。旧时北方媳妇骑毛驴回家，是北方一大风俗景观。河南曲剧、山东吕剧、五音戏《王小赶脚》，反映的就是这一风俗。

古人有时也乘骡子、骆驼出行。

《三国典略》载："（南朝）齐阳休之尝乘骡游于公卿门，略无惭色。"《太平广记》载，唐人李泌"所乘骡忽惊轶而走"。唐朝蔡州藩镇军队中有"骡子军""最为劲悍，官军恒警备之"[2]。骡子作为军队作战的骑乘，骑骡子肯定已有很长的历史了。南宋周密《齐东野语》卷一九《清凉居士词》讲："韩忠武王以元枢就第，绝口不言兵，自号清凉居士。时乘小骡，放浪西湖泉石间。"

骑骆驼者，如《资治通鉴·天宝十二载》载，哥舒翰"每遣使入奏，常乘

〔1〕（北宋）邵伯温：《邵氏见闻录》卷十一，西安：三秦出版社，2004年版，第137页。
〔2〕《太平御览》卷九〇一《兽部·骡》引《唐书》，北京：中华书局，1960年影印版。

白橐驼，日驰五百里"。《宋史·高昌传》云："行者皆乘橐驼。"到今天，骆驼仍然是沙漠地区必不可少的交通工具。

七、火车、汽车、电车、自行车、轮船

上述行旅工具的共同特点是：速度慢，靠人力、畜力、自然力，而没有机械力。清代后期，随着鸦片战争的爆发，西方先进的交通工具如火车、汽车、电车、自行车、轮船等逐渐传入中国，导致了中国传统交通工具的变革。于是人们的出行方式也随之一变，由骑马、坐轿、乘船改为乘火车、汽车、电车、自行车、轮船，大大推动了中国人出行的范围和效率。

中国最早的铁路建于同治四年（1865 年）。有一位叫杜兰德的英国商人，在北京宣武门外修建了一条一里多长的观赏铁路，意在宣传火车的优越性，劝说清政府同意外国人修筑铁路的计划。试运行时，火车迅疾如飞，京师人"诧所未闻，骇为妖物，举国若狂，几至大变。旋经步军统领衙门饬令拆卸，群疑始息"[1]。这条铁路虽被拆毁，但也确实起到了广告宣传的作用。1876 年，中国第一条营业铁路——淞沪铁路修建成功，这是我国最早办理客货运输业务的铁路。1881 年，中国人自己修筑了唐山至胥各庄的铁路。这条唐胥铁路是中国真正成功保存下来并加以实际应用的第一条铁路，从而拉开了中国自主修建铁路的序幕。到 1911 年清王朝灭亡时，中国已修铁路 9100 多公里，形成了一个初具规模的铁路交通网。乘火车旅行一时成为时髦风尚。

汽车最早在中国出现，是 1898 年外国人赠送给慈禧太后的。这辆汽车是德国杜依尔汽车公司所生产的第一代奔驰轿车，呈长方形，有前后两排座位。但由于司机的座位在车前面，慈禧认为有失体统，很不高兴，因此只坐了一次便弃而不用了。进入中华民国以后，汽车数量逐渐增多，乘坐者大多为政府显贵、洋买办、富商等，一般民众是很难有机会乘坐的。

电车即是以电力行驶的车。清光绪三十二年（1906 年），比利时商人在天津铺设有轨电车。电车开通的当日，"搭客甚多，道傍观者如堵"[2]。1908 年，上海有轨电车开通。由于电车安全、便宜，很快被民众所认可，成为市民最常乘的

〔1〕宓汝成：《中国近代铁路史资料》第一册，北京：中华书局，1984 年版，第 17 页。
〔2〕《大公报》，1906 年 2 月 17 日。

交通工具。

自行车又称脚踏车，于 19 世纪 70 年代传入我国。记述出现在上海的自行车形制说："车式前后两轮，中嵌坐垫，前轮两旁没铁条踏蹬一，上置扶手横一。若用时骑坐其中，以两足踏蹬，运转如飞，两手握横木，使两臂撑起，如挑沙袋走索之状，不致倾跌。"[1]此时的自行车还未采用链条转动，而是脚蹬子与前轮轴相连，用前轮转动带动后轮前进。后来随着自行车结构的改进和数量的增多，骑的人也越来越多。据《申报》报道，在 19 世纪末上海的黄浦滩一带，自行车已是"此往彼来，有如梭织"了。起初还主要是外国人骑乘，后来华人也争相使用，"迩日此风盛行于沪上，华人之能御者亦日见其多，轻灵便捷，其行若飞"[2]。

近代新式轮船是以蒸汽机为动力的。19 世纪中叶，中国开始试制近代轮船。1864 年，徐寿、华蘅芳在南京制造了中国第一艘蒸汽动力船"黄鹄"号。此后，轮船招商局成立，中国的航运业开始走向近代化。到 1921 年，全国已有大中小轮船公司 1328 家，拥有轮船 2332 艘。

轮船、火车等大型交通工具的引进，改变了过去长途旅行耗时较长的状况，大大提高了长途旅行的效率。清末曾有一首竹枝词称赞说：

> 报单新到火轮船，昼夜能行路几千。
>
> 多少官商来往便，快如飞鸟过云天。[3]

第五节　道路、旅店、长亭

一、道路

道路伴同人类活动同步产生，是社会文明和科学进步的象征和标志。

---

〔1〕参见（清）葛元煦：《沪游杂记》卷一《脚踏车》，上海：上海书店出版社，2006 年版，第 17 页。

〔2〕《申报》，1898 年 1 月 28 日。

〔3〕（清）李静山：《增补都门杂咏》，载潘超、丘良任等编《中华竹枝词全编》（一），北京：北京出版社，2007 年，第 248 页。

　　原始的路，是由人践踏而形成的小径。《释名·释道》讲："道，蹈也；路，露也，言人所践蹈而露见也。"《尔雅·释宫》称："一达谓之道路，二达谓之歧旁（岔道），三达谓之剧旁（三岔路），四达谓之衢（交通四出），五达谓之康，六达谓之庄，七达谓之剧骖，八达谓之崇期（四道交出），九达谓之逵（四道交出，复有旁通）。"由此可知，我们说的"康庄大道"，就是有五六个方向的交叉路。

　　在4000年前的新石器晚期，中国就有记载役使牛马为人类运输而形成的驮运道。伴随上述黄帝作车、少昊加牛、奚仲驾马，必定是道路的修建。西周时，道路初具规模。"武王克商，通道于九夷八蛮"[1]。《韩非子·内储说上》载："殷之法，弃灰于公道者断其手。"这是最早维护道路卫生的法规。

　　周代的道路已很完善。《周礼·匠人》载："国中九经、九纬，经涂（途）九轨……环涂七轨，野涂五轨。"道路规划为"经、纬、环、野"四种。南北为经，东西为纬。都城中九经九纬，呈棋盘形。围城为环，出城为野。"环涂"是环城路。"野涂"是野中的道路。轨是车辙的宽度，一般是古尺八尺，"九轨"即七十二尺。郊外道路分为路、道、涂、畛、径五个等级，并根据其功能规定不同的宽度。

　　当时已建立了道路管理制度。《国语·周语中》载："司空视途。""周制有之曰：列树以表道，立鄙食以守路。""先王之教曰：雨毕而除道，水涸而成梁。"这几段话的意思是，周朝的制度，司空负责管理道路，以树木做路标，四鄙十里有庐，庐有饮食。雨后修理道路，沟洫干涸修理桥梁。《诗经·小雅·大东》称："周道如砥（磨石），其直如矢。"经过整修的道路，才如此平滑、笔直。

　　《礼记·王制》载："道路，男子由右，妇人由左，车从中央。"这是中国较早的、带有男女伦理特色的交通规则。

　　我国川、陕、甘、滇各省峭岩陡壁上还有一种栈道，又称阁道、复道，是在悬崖峭壁上凿孔，插入木梁，上铺木板或再覆土石而成的路。也有的在石崖上凿成台级，形成攀援上下的梯子崖。《史记·范雎蔡泽列传》载，战国秦昭王时，"决羊肠之险，塞太行之道……栈道千里，通于蜀汉"。秦惠王命司马

────────────

[1]《太平御览》卷一九五《居处部二三·道路》引《家语》，北京：中华书局，1960年影印版。

错伐蜀，又修建了从陕西褒城褒谷到郿县（今眉县）斜谷的褒斜栈道，成为巴蜀通秦川的主要干道。

秦始皇强调"车同轨、书同文"[1]，修建了以咸阳为中心、四通八达的驰道、直道、"五尺道""新道"。《汉书·贾山传》载："为驰道于天下，东穷燕齐，南极吴楚，江湖之上，濒海之观毕至。道广五十步，三丈而树。"汉代道路发展的最大成就，是开辟了举世闻名的"丝绸之路"，使古代经商、旅游有了鲜明的外向性特色。唐代沿路设置土堆，名为堠，以记里程，是今天里程碑的滥觞。汉、唐、明、清等各代皇朝，均有为传车、驿马通行的、四通八达的交通大道，沿途还设立了驿站，因此称作"驿道"。清末，汽车公路兴起后，传统的驿道仍起作用，有些至今遗迹犹存。

二、旅店

旅店是行人食宿和休息的场所，称作馆、传、逆旅、驿站、传舍、客舍。

《说文五下·食部》称："馆，客舍也。"

《释名》[2]："传者传也，人所止息而去，后人复来，转相传，无常人也。"古代供传递公文的人或来往官员途中歇宿、换马的处所称作驿站。

先秦时期，国野道路上的馆驿已经很完善了。《周礼·地官·遗人》载："凡国野之道，十里有庐，庐有饮食；三十里有宿，宿有路室，路室有委；五十里有市，市有侯馆，侯馆有积。"庐、路室、侯馆都是道路上饮食、住宿等服务性设施，可以说是早期的驿站。

先秦两汉时期的驿站，也称作"传舍"。《史记·廉颇蔺相如列传》载："舍相如广城传。"《史记·郦生陆贾列传》载："沛公至高阳传舍。""广城""高阳"，都是秦国和秦朝传舍的名称。

汉朝的驿站分为邮、亭、驿、传四类，大致上 5 里设邮，10 里设亭，30 里设驿或传，传舍之间约 1 天的路程。《后汉书·光武帝纪》载："光武乃自称邯郸使者，入传舍。"

唐朝还在水路设置水驿。驿有驿田，设驿长，置车、马、船和当役的役夫。

---

[1]《礼记·中庸》，载《十三经注疏》，北京：中华书局，1980 年影印版。

[2]《太平御览》卷一九四《居处部二二·传舍》引，北京：中华书局，1960 年影印版。

明代钱谷绘《梁店驿》。 25.1 厘米×38.4 厘米

唐玄宗开辟了从长安到岭南的驿道，沿途驿站的驿马像接力棒一样为杨贵妃传送荔枝，送到长安，色味不变。诗人杜牧《过华清宫》写道："一骑红尘妃子笑，无人知是荔枝来。"

古代私人旅店叫"客舍"、逆旅、客邸、店肆、客栈。

《史记·商君列传》载，秦国商鞅变法失败后遭追捕，逃到函谷关下，"欲舍客舍，客人不知是商君也，曰：'商君之法，舍人无验者坐之。'""验"即官府颁发的凭证。这种客舍是私人的旅店，如果是官府的驿站，商鞅不会去自投罗网。唐朝亦称客舍，上述"钱饮送别"处的王维诗："客舍青青柳色新。"

逆旅之称，也起于先秦。《史记·齐太公世家》载，姜太公被封到营丘（今山东临淄），"东就国，道宿行迟，逆旅之人曰：'吾闻时难得而易失，客寝甚安，殆非就国者也。'太公闻之，夜衣而行，黎明至国。"姜太公刚到齐地，所住的这个"逆旅"不可能是诸侯的馆驿，而是私家的旅店。从文中可知，行走住旅店者，也称"逆旅之人"。《庄子·山木》载："阳子之宋，宿于逆旅。"《郭林宗别传》[1] 载："林宗每行宿逆旅，则躬洒扫，及明去后，人至见之曰：'此必郭有道昨宿处也。'"这里的逆旅，也都是私人旅店。

客邸也是旅店。《宋史·黄榦传》载："榦因留客邸。"古代还有一种邸

---

〔1〕《太平御览》卷一九五《居处部二三·逆旅》引，北京：中华书局，1960 年影印版。

《清明上河图》沿街店铺的情景

店，是城市中供客商堆货、寓居、进行交易的行栈，也有旅店的性质。南朝梁临川王萧宏在建康开设的邸店有数十处。《隋书·食货志》载，北齐后主时，"给事黄门侍郎颜之推奏请，立关市、邸店之税。"足见其数量之多。

唐人杜佑描写唐朝的店肆说："东至宋、汴，西至歧州，夹路列店肆待客，酒馔丰溢。每店皆有驴赁客乘，倏忽数十里，谓之驿驴。南诣荆、襄，北至太原、范阳，西至蜀川、凉府，皆有店肆，以供商旅。远适数千里，不持寸刃。"[1]

明清时期的旅店也称客栈，现在仍沿袭这一名称。章炳麟《新方言·释宫》讲："行旅所止之屋，谓之客栈。"

三、长亭

《释名·释宫室》称："亭，停也。人所停集也。"《风俗通》[2]讲："汉

〔1〕（唐）杜佑：《通典·食货·历代盛衰户口》，北京：中华书局，1988年版。
〔2〕《太平御览》卷一九四《居处部二二·亭》引，北京：中华书局，1960年影印版。

家因秦，大率十里一亭。亭，留也。今语有亭留、亭待。盖行旅食宿之所馆也。亭亦平也，民有讼诤，吏留辩处，勿失其正也。"

由此可知，十里长亭出自汉代的"十里一亭"，本是驿道上的短程驿站，官吏有时候也在此处理讼诤。后来每五里有一短亭。白居易《白氏六帖》卷九称："十里一长亭，五里一短亭。"李白《菩萨蛮》曰："何处是归程，长亭更短亭。"由于古时多在此停留送别，所以有了长亭送别的说法。南宋词人何梦桂《摸鱼儿》言："记年时、人人何处，长亭曾共杯酒。酒阑归去行人远，折不尽长亭柳。"元朝王实甫《西厢记》中的道白："今日送张生赴京，红娘快催小姐，同去十里长亭。"

第六节　中国行旅风俗观览

中国古代的出行和旅游，有如下特点：

一、停留在"国内""海内"的旅行范围

求稳求静的农业社会和半封闭的大陆环境造就了中国人含蓄而内敛、稳健而保守的旅游风格，也形成了重近游、轻远游的旅行风尚，从而导致其旅游足迹基本停留在了"国内""海内"。

中国古人凭借土壤肥沃、气候温和等优越的自然条件，精耕细作，大力发展农业生产，形成了自给自足的农耕型自然经济。农民日出而作，日落而息，追求的是"在自己的故土从事周而复始的自产自销的农业经济所必须的安宁和稳定"[1]，对土地的深深眷恋使中国人养成了稳健内敛、安土重迁的旅游性格，对远距离旅游心存恐惧，少有冒险色彩。元佚名在《朱砂担》楔子中引述古人言："离家一里，不如乡里。"清吴趼人在《情变》卷一中写道："在家千日好，出外一朝难。"这种出门困难重重的恋乡情结，阻碍了人们的外出旅行，结果就如梁实秋所说："我们中国人是最怕旅行的一个民族。"[2]王维的"西出阳关无故人"，孟浩然的"天涯一望断人肠"，吴敬梓的"苍茫去乡国，无事不伤情"，都是这一心境的写照。

从地理环境上讲，中国文化发源于黄河和长江流域，中国大陆东南是长长的海岸线，西南是横断山脉的天然屏障，北方又有茫茫无边的草原、沙漠。沧海茫洋与高山大漠使中国长期处于封闭状态，阻碍了中国的对外发展，使中国古人的旅游足迹基本停留在"海内"，海外旅行裹足不前。如《后汉书·西域传》载，甘英出使大秦，到达条支，临大海，远至波斯湾头，本想渡海，只因闻"海中善使人思土恋慕，数有死亡者"，于是望而却步。

古代交通工具主要是以自然力、人力、畜力为主的船、轿子、车等，"行路难"困扰了古人的出行。李白的《行路难·其一》描述行路的艰辛说："欲渡黄河冰塞川，将登太行雪满山。闲来垂钓碧溪上，忽复乘舟梦日边。行路难，行路难，多歧路，今安在？长风破浪会有时，直挂云帆济沧海。"所以人们旅行一般徘徊于国内。

在古代，古人走出国门的旅行记录与外人入华记录相比，无论是在数量、

---

〔1〕张岱年，方克立：《中国文化概论》，北京：北京师范大学出版社，2003年版，第272页。
〔2〕梁实秋：《梁实秋散文精品》，浙江：浙江文艺出版社，1992年版，第59页。

规模，还是持续时间上，都不能望其项背。钟叔河在《走向世界》一书中就这样说过："从公元 166 年大秦始通中国算起，之后整整一十五个世纪中，只见欧洲人'自西徂东'来到中国，不见中国人'自东徂西'去到欧洲。在中国同欧洲人员交往的历史上，这是一个自西徂东的时代。"[1]

"露从今夜白，月是故乡明。"中国人尽量不出游、少出游，实在要出游，也是在中国大陆范围内，一般不会出海。在中国古代的各类旅游中，除官员、商人、僧道之游中有极少航海旅行的成分外，一般都是内陆旅游。虽然有郑和七下西洋、出海游历的壮举，但也只是昙花一现，很快在海禁政策的打压下归于沉寂。中国人对大海总有一种畏惧的心理，孔子的"道不行，乘桴浮于海"[2]，是在走投无路中发出来的绝望念头。明代开明思想家李贽更是坚持"非生长于海者，不可以履于海"的观点。

时至今日，中国人的旅行也一般是徘徊于国内，选择向往已久的景点。出国旅行占极少数，而且是改革开放后的新旅游观念。

二、层次鲜明的旅游主体

从旅行主体看，中国古代的旅游有着明显的层次性，上层社会成员是旅游的主体，下层民众绝无旅游的"非分之想"。

中国古代的旅游类型有帝王的巡游，外交官的出使之游，文人士大夫的游学、游宦，商人的商务旅行，僧道的宗教之游，普通民众的节日民俗游，等等。旅游主体基本以上层社会成员为主，社会下层民众的出游则受到种种限制，不同于今天现代旅游的"全民性"特点。

中国历代的封建王朝都利用严格的户籍和里甲制度控制人身，用"重农抑商"政策牢牢地将农民附着于土地上，大大限制了基层民众的正常出游。如周代"凡通达于天下者必有节，以传辅之"，否则"不得通达于天下"[3]。战国商鞅在《商君书·垦令》中下令废除私人旅店，认为"废逆旅，则奸伪、躁心、私交、疑农之民不行。逆旅之民无所于食，则必农"。汉代时实行关禁制

---

〔1〕钟叔河：《走向世界》，北京：中华书局，1985 年版，第 15 页。

〔2〕《论语·公冶长》，载《诸子集成》，上海：上海书店，1986 年影印版。

〔3〕《周礼·地官·掌节》，载《十三经注疏》，北京：中华书局，1980 年影印版。

度，出入关卡时，只有持有通行证书"符传"，合之才能过。明清时实行海禁政策，严禁私人出海旅行。从总体上看，古代旅游法规大多是限制基层群众出游的，如南宋叶适说："古之善政者，能防民之佚游，使从其教"[1]，就反映了古代统治者对百姓旅游的抑制态度。

宗法血缘和伦理秩序对古代旅游尤其是下层社会起着深层的抑制作用。宗法制讲究同族聚居，使中国人产生了重血缘、重乡土的社会心理。除非极端严重的战乱或灾荒，下层民众是决计不愿背井离乡的。孔子主张"父母在，不远游""三年之丧练，不群立，不旅行"[2]，孟子讲"死徙无出乡"，这些金科玉律如绳索般层层捆匝在人们身上，大大束缚了青年后生的外出行旅。在敦煌变文《子与项橐相问书》中项橐对孔子说："吾不游也，吾有严父，当须待之；吾有慈母，当须养之；吾有长兄，当须顺之；吾有小弟，当须教之。"《晋书·赵至传》载，赵至"又将远学，母禁之"。明代邵璨也在小说《香囊记》中写道："语云：'父母在，不远游'。孩儿情愿在膝下习些孝悌之道，不敢违亲远出。"可见年轻人并非不愿外出旅游，而是不敢违亲远出。

受上述宗法伦理观念的影响，现代中国人的旅游则充满血缘亲情特色，一般是扶老携幼，阖家共游。

三、重收获和"天人合一"的旅游价值观

在旅游价值观上，西方人多注重休闲、娱乐和感情释放，中国人则多注重实惠、收获和观物比德。在旅游审美上，西方人注重"动观"，强调人与自然的对立，偏向于征服自然的参与性行为；中国人注重"静观"，讲求"天人合一"，强调人与自然的和谐，偏向于身心与自然山水的交融。

西方人处在激烈竞争的工商业文明中，充满了来自各方面的压力，旅游为他们提供了一个放松身心、发泄内心郁闷和压力的机会。只有在冒险、猎奇的旅游狂欢中，才能忘却残酷的竞争，放松和缓解一下自己紧张的神经。因此，他们喜欢寻求刺激，对漂流冲浪、滑翔跳伞、滑雪蹦极、攀岩爬壁等征服自然、

---

〔1〕叶适：《醉乐亭记》，载《叶适集》，北京：中华书局，1961年版。
〔2〕《礼记·曾子问》，载《十三经注疏》，北京：中华书局，1980年影印版。

展现自我的、刺激玩命的旅游项目特别感兴趣。

中国人的旅游重实惠、求收获，这主要来自传统的消费观念。中国人量入为出，储蓄意识强烈，重视有形的、实用物品的消费，轻文化娱乐消费。由于旅游消费在很大程度上是一种文化娱乐消费和劳务消费，因而被视为可有可无的奢侈品，最多只能偶尔为之，这也是中国人旅游动机相对疲弱的原因。中国古代几乎没有单一意义的纯旅游，游学、游宦、游商却很盛行，即都是在仕宦、出使、求知、求婚、经商、探亲访友中顺带旅游。古人常讲的"行千里路，读万卷书"，东汉班彪在《冀州赋》中讲的"历九州而观风，亦哲人之所娱"，明确点出了旅游在丰富阅历，增长知识方面的收获。直到现在，中国人出外旅游首先想到的是到目的地购买廉价、实惠的特产。孔子在《论语·雍也》中讲："知者乐水，仁者乐山；知者动，仁者静；知者乐，仁者寿。"他肯定了游览山水能给仁人君子以美的艺术享受，但更应在游观中获得品德的陶冶，这就是儒家观物比德的旅游价值观，即旅游也要在道德上有收获。

中国的旅游是一种"静观"的审美活动，注重内心关照、心灵体验，用"身心"越过表层去进行深层次的观赏和体验，品味自然山水内在的神情、气韵和品格，在欣赏自然的同时抒情言志。因此，追求人与自然的交融，偏重于物我合一、神与物游，就成为中国旅游审美的主旨和徜徉山水的最高境界。孔子弟子曾点（皙）阐述自己的春游观说："暮春者，春服既成，冠者五六人，童子六七人，浴乎沂，风乎舞雩，咏而归。"[1]沐浴在春风中载歌载舞，从而达到投身于大自然之中的忘我境界。基于这一审美选择，西方那些玩命、惊险、刺激、冒险的旅游项目是不会受欢迎的。

四、行旅中感悟出的智慧

中国人善于从行旅、舟车中引发和体验人生哲理，并将其纳入人生吉凶祸福、处世原则、治国方略之中。

---

[1]《论语·先进》，载《诸子集成》，上海：上海书店，1986年影印版。

（一）人生哲理的体验

中国的许多人生哲理都与行旅有关，像"前有车，后有辙""车到山前必有路""你走你的阳关道，我走我的独木桥"，等等。

1.同舟共济

中国人向来就有这样的传统：越是面临艰险、危机，就越发万众一心、同仇敌忾。乘船遇到风浪，在船翻人亡的紧要关头，更是如此。《孙子·九地》讲的"投之亡地然后存，陷之死地然后生"，就是利用了这一群体心理。

《邓析子》曰："同舟涉海，中流遇风，救患若一，所忧同也。"

《孙子·九地》载："夫吴人与越人相恶也，当其同舟而济，遇风，其相救也，如左右手。"

2.立身、行道、学问

《老子》第六十四章云："千里之行，始于足下。"

屈原《离骚》曰："路漫漫其修远兮，吾将上下而求索。"

《文子》载："舟浮江海，不为莫乘而沉；君子行道，不为莫知而止。"

《庄子·逍遥游》载："水之积也不厚，则其负大舟也无力。"

《庄子·天下》载："惠施有方，其书五车。"

《荀子·劝学》载："不登高山，不知天之高也；不临深谿，不知地之厚也；不闻先王之遗言，不知学问之大也。"

谯周《法训》载："以道为天下者犹乘安舟而由广路。安舟难成，可以久处也。广路难至，可常行也。"

关于立身行道，韩愈在《送李愿归盘谷序》中还用举足行步讽刺了一些"伺候于公卿之门，奔走于形势之途"的势利小人，叫作"足将进而趦趄（zī jū），口将言而嗫嚅（niè rú）"。

（二）个体品格的自律

《礼记·表记》载："君子不失足于人。"儒家的道德人格思想，强调个体品格的完善、高扬及其主动性、独立性，使中国的行旅风俗带有鲜明的伦理道德特征。

上述"父母在，不远游""三年之丧，练不群立，不旅行"说明，旅游行为还必须符合忠孝节义、礼乐教化等礼仪规范，必须体现对父母的孝道。《尚书·酒诰》讲得更明确："牵车牛远服贾，用孝养厥父母。"

"杨朱泣歧"的典故，更是反映了行旅风俗中个体品格的自律。

《荀子·王霸篇》载："杨朱哭衢涂（途）曰：'此夫过举跬步而觉跌千里者夫！'哀哭之。"杨朱是战国魏国人，当他走到交通四出的衢路时，感到这也是人生的十字路口，一两步之错，将差之千里，不觉悲哀得哭了。

《淮南子·说林训》载："杨子见逵路而哭之，为其可以南，可以北；墨子见练（白）丝而泣之，为其可以黄，可以黑。"

《吕氏春秋·慎行论·疑似》讲，"悲歧路"的是墨子而不是杨朱："墨子见歧道而哭之。"但后人多认同杨朱。三国阮籍《咏怀》曰："杨朱泣歧路，墨子悲染丝。"五代李翰《蒙求》诗："墨子悲丝，杨朱泣歧。"后常用"杨朱泣歧"来表达对误入歧途的感伤忧虑，失之毫厘，差之千里，或描写离情别绪。如明人杨仪《明良记》讲："唐解元寅既废弃，诗云：一失足成千古笑，再回头是百年人。"《礼记·经解》称："君子慎始，差若豪（毫）厘，缪（谬）以千里。"唐诗人王勃《杜少府之任蜀州》言："无为在歧路，儿女共沾巾。"

（三）治国方略的感悟

中国古代还把行旅中感悟出的名言至理运用到治国方略中，像"前车之鉴""载舟覆舟"、因势利导等，都成为后来统治者的共识。

1."重势"和因势利导

战国法家中重"势"的思想，就是从乘车载舟，周行天下中感悟出的道理。

《慎子》曰："燕鼎之重乎千钧，乘于吴舟，则可以济，所托者浮道也。""行海者生而至越，有舟也；行陆者立而至秦，有车也。秦越远途也，安坐而至者，械也。"

《邓析书》载："舟行于水，车转于陆，此势自然者也。"

《韩子》载："千钧得船则浮，锱铢失船则沉。非千钧轻而锱铢重也，有势之与无势也。"

杜夷《幽求》曰："轻舟可以救溺，濡幕可以济焚。"

2. 载舟覆舟

《荀子·王制》曰："君者，舟也；庶人者，水也。水则载舟，水则覆舟。"

《家语》曰："舟非水不行，水入舟则没；君非民不治，民犯上则君危。"[1]

《汉书·贾谊传》曰："前车覆，后车诫。"

3. 奔车之上无仲尼，覆舟之下无伯夷

古人还从"奔车覆舟"中感悟出社会安定和谐对道德塑造的重要性。《韩非子·安危》讲："奔车之上无仲尼，覆舟之下无伯夷。号令者，国之舟车也，安则智廉生，危则争鄙起。"意思是说，马受惊或遇到陡坡而狂奔的车上，翻了的船下，人们各顾逃生，没有孔子、伯夷那样讲仁、义、廉、耻的人。国家的号令就像舟车，安定才会有仁义礼智和廉耻，危乱则产生争斗，导致道德沦丧。

4. 车服以庸

《尚书·舜典》载："敷奏以言，明试以功，车服以庸。"意思是，使用官吏要先听取他的言论，再交给他任务进行考察，最后用车服表扬他的功劳。汉代的安车驷马，后来的肩舆，都成为皇帝优宠大臣的措施。

另外，像"明修栈道，暗度陈仓"等军事谋略，"逆水行舟，不进则退"的哲理，都是在行旅中创造出来的。

---

[1] 上述凡"四、行旅中感悟出的智慧"中有关舟的引文，凡无篇名者，均为《太平御览》卷七六八、卷六七九《舟部·叙舟》引，北京：中华书局，1960 年影印版。

第五章（上）　岁时风俗

岁时风俗即年、季、月、节气、候、日、时、更、刻等时间体系，以及观测、区分、使用这些岁时的历法、器具、名称、习惯等。它是人类对宇宙、光阴的认知水平发展到一定阶段的产物，其形成是一个历史积淀的过程。它反映着一定时代人们的生活方式、心理特征、审美情趣和价值观念。正是因为有了它，人们才年复一年、月复一月、日复一日地沿着历史的长河走过来了。

第一节　年、月、季和古代的历法

岁时来自古代的历法，而历法又与农业生产紧密相连。尧的时候，"乃命羲和，钦若昊天，历象日月星辰，敬授民时"[1]。即尧命令羲和，遵守上天的旨意，根据日月星辰的运行来制定历法，确定年、月、日、时。

一、年、月、季

年在古代有多种名称，《尔雅·释天》载："夏曰岁，商曰祀，周曰年，唐虞曰载。"

古代很早就知道，将月亮盈亏一个周期、亦

敬授民时图。 选自《钦定书经图说》，清代孙家鼐等编

---

〔1〕《尚书·尧典》，载《十三经注疏》，北京：中华书局，1980年版。

即月亮绕行地球一周作为一个月，也叫"朔望月"，把庄稼成熟的一个周期，即春播秋获称作一年。所以，古代先有春秋，后有冬夏，春秋就代表一年，孔子写的历史就叫《春秋》。东汉郑玄注释《诗·鲁颂·閟宫》中的"春秋"说："春秋，犹言四时也。"年在古代写作"季"，《说文七上·禾部》载："季，谷熟也。"庄稼收成好，叫"有年"。《谷梁传·宣公十六年》载："五谷大熟，为大有年。"至今人们仍把庄稼丰收称作"年成好"。

中国古代历法不纯属阴历，是一种阴阳合历[1]，月的概念是阴历，年的概念是阳历。实际上地球绕太阳公转 1 周的时间约为 365.2425 天，而月亮盈亏 12 个周期，即 12 个月的时间平均是 354.3672 天，比它少了约 10.8753 天，积 3 年就多出了 1 个多月。对于阳历、阴历，古人并不清楚，但阴历的月和阳历的年的矛盾，他们却能直观地发现。比方原来 3 月播种，3 年后就成了 4 月了，再往下延续，就成了 10 月播种了。为了解决这个矛盾，商代开始置闰，即每 3 年设一个闰月。《尚书·尧典》云："以闰月定四时，成岁。"孔颖达疏曰："一岁有余十二日，未盈三岁足得一月，则置闰焉。"春秋时期又确定了 19 年 7 闰法，来调整阴历的月，让它与阳历的年同步。

商周时期，一般把闰月放在年末，称作"十三月"。秦朝使用的《颛顼历》以十月为岁首，九月是年末，闰月叫"后九月"。秦汉以后，随着历法的逐步精密，安置闰月的历法更加准确合理，把不含中气的月份作为闰月，直到今天仍然使用。

《周易·节》载："天地节而四时成。"天地有节而形成了春、夏、秋、冬四时，也称四季。我国历法发展史经过"观物象""观星象"等阶段。顾炎武《日知录》卷三十《天文》讲："三代以上，人人皆知天文。"这是观星象。通过观星象，人们确定，黄昏时北斗星斗柄指向东方是春天，黄昏时北斗星斗柄指向南方是夏天，指向西方是秋天，指向北方是冬天。由此来确立一年的四季。孔子讲："天何言哉，四时行焉，百物生焉。"[2]四时就是由春播秋获和观星象产生的。

---

[1]春秋战国到秦朝，中国古代共有黄帝历、颛顼历、夏历、殷历、周历、鲁历 6 种历法，其共同特点是以 365+1/4 日为一个回归年，由于分母中有 4，故又称为四分历；以 29+499/940 日（29.530851）为一朔望月；19 年 7 闰。六历的差别主要是岁首和施行地区不同。
[2]《论语·阳货》，载《诸子集成》，上海：上海书店，1986 年影印版。

中国传统的农历把一年分为 12 个朔望月，一年四季，每季 3 个月。《周礼》[1]曰："凡四时成岁，岁者春、秋、冬、夏，各有孟、仲、季，以名十有二月。"古代除用正月、二月、三月等序数纪月外，还用四季来命名一年的 12 个月。春天的 3 个月称孟春，仲春，季春；夏天的 3 个月称孟夏、仲夏、季夏；秋天的称孟秋、仲秋、季秋；冬天的称孟冬、仲冬、季冬。

农历的第一个月也称正月。《春秋·隐公元年》言："元年，春，王正月。"西晋杜预注曰："凡人君即位，欲其体元以居正，故不言一年一月也。"可知正月的"正"是人君常居正道，以施政教之义。农历十一月又称冬月，是因为在没有闰月的情况下，冬至一般在这个月。从秦朝开始把农历十二月称为"腊月"，后世因之。《史记·陈涉世家》载："腊月，陈王之汝阴。"《风俗通义·祀典》载："腊者，猎也，言田猎取禽兽，以祭祀其先祖也。或曰：腊者，接也，新故交接，故大祭以报功也。"农历十二月猎取禽兽以祭祀祖宗神灵，辞旧迎新，故称腊月。

现在无论是农历还是阳历，都有某月上旬、某月中旬、某月下旬的说法。这一岁时风俗，远古就有。

中国古代用天干纪日，每 10 日周而复始，所以远古时期就以 10 天为"旬"。《尚书·尧典》称："期，三百有六旬有六日。"《庄子·逍遥游》中也使用了"旬"的概念："旬有五日而后反（返）。"

唐朝时即把每月的前 10 天称作上旬，第二个 10 天称作中旬，余下的天数称作下旬。唐人段成式《西阳杂俎》卷十七《广动植之二·虫篇》载："蚺蛇……其胆上旬近头，中旬在心，下旬近尾。"

唐朝官吏每 10 天休息洗沐一次，称作"休浣""休沐"，后因称每月上、中、下旬为上浣、中浣、下浣。《新唐书·刘晏传》载，刘晏"质明视事，至夜分止，虽休浣不废"。明人杨慎《丹铅录》载："俗谓上浣、中浣、下浣为三浣，盖本唐制十日一休沐，而今犹袭之也。"

值得注意的是，"旬"在古代有十、周、满等多种含义。"旬月"指整一个月，也指 10 个月。《三国志·魏书·凉茂传》云："旬月之间，襁负而至者千余家。"是指一个月。《汉书·车千秋传》云："旬月取宰相封侯，世未尝有也。"是

---

〔1〕《太平御览》卷一七《时序部二·四时》引，北京：中华书局，1960 年影印版。

指 10 个月。"旬年"与"旬月"同样。《后汉书·何敞传》称:"旬年之间,历显位,备机近。"《汉书·翟方进传》云:"旬年间,免两司隶。"都是指一年。颜师古注曰:"旬,遍也,满也。旬岁,犹言满岁也。"而我们说的七旬大庆,则是指 7 个 10 年,即 70 岁。《三国志·魏书·刘廙传》云:"修之旬年,则国富民安矣。"这个"旬年"即 10 年。

农历的朔望月,每月初一称作"朔",月亮和太阳同时从东方升起,从地面看不到月亮任何明亮的部分;每月十五月圆,称作"望",十六称作"既望";每月最后一日称作"晦"。

二、农历和阳历

世界上的历法有三类:第一类是阳历,全称叫太阳历,又称公历,中国也称"国历"。阳历力求年的长度精确地与地球绕太阳公转周期 365.2425 天相符合,月的长短则是人为决定,与月亮圆缺无关。现代各国通用的公历就是由阳历改编而成的。第二类是阴历,全称叫太阴历,以月亮的月相周期、即朔望月 29.5306 为 1 个月,大月 30 天,小月 29 天,12 个月为 1 年,1 年 354 天或 355 天。第三类是阴阳合历,努力调和阴阳,既保证每年的时间与地球公转的时间相同,又力求一月的周期与月亮运行的周期相等,中国传统的历法就是阴阳合历,称作农历、旧历、阴历、夏历、华历、汉历、中历等。把它称作阴历,只是约定俗成的称呼,其实它不是严格的阴历。

采用阳历是辛亥革命以来我国岁时节庆最明显的变化。1912 年 1 月 1 日,中华民国临时大总统孙中山通电各省,中华民国改用阳历,以 1912 年 1 月 1 日(黄帝纪元四千六百零九年十一月十三)为中华民国元年元旦。至此,中华民国政府,以及报纸、电讯传播处等单位,均采用阳历。从此,中国开始了两历并行的历史。中华民国二十三年山东《夏津县志续编》载:"民国肇始,改用阳历……迨党国统一,有鉴于斯,称国历以示郑重,订罚则以严遵守,惟各界狃于习惯,废历节序依旧举行。"中华民国二十三年山东《临清县志》[1] 载:"授时之典,政府颁行者曰'国历',即'阳历';民间沿用者曰'夏历',即'阴历'。"

---

[1] 丁世良、赵放主编:《中国地方志民俗资料汇编》华东卷上引,北京:书目文献出版社,1995 年版,142、340 页。

中国传统的农历有现代阳历所不具备的优点：

第一，能较好地与四季对应，岁首正月是春天的第一个月，岁末腊月是冬天的最后一个月，一年四季，一季三个月，四季分明。

第二，能准确地反映月相，每月的朔日（初一），从地面看不到月亮任何明亮的部分；每月的望日（十五），必定是月圆。

第三，能准确地计算大海的潮汐涨落。沿海百姓都知道一句"初一十五两头干"的谚语，意思是每逢初一、十五，早上和傍晚总是退潮。

然而，农历又有许多明显的缺点：

第一，有不确定闰月，有了闰月一年就有十三个月，二十五个节气，会出现双春年。而农历平年中，有的年份只有二十三个节气，二十四节气唯独少了个立春，叫"无春年"。

例如，农历2017年闰六月，正月初七立春，腊月十九又立春，是双春年。农历2018年正月没有立春，但腊月三十是立春。2019年则是无春年。农历2020年闰四月，正月十一立春，腊月廿二又立春，是双春年。农家在长期观察中发现，双春年豆类作物往往歉收，民谚叫作"一年两头春，带角的贵齐金"[1]。

第二，农历一年长度长者达385天，短者只有353天，误差太大。农历的2017年闰六月，一个农历年有384天。

阳历的优点有：

第一，具有世界通用性，在时间上和世界同步；

第二，月数、天数固定，置闰规则，历年只有365日和366日两种，误差很小。"一三五七八十腊，三十一天永不差；四六九冬三十天，唯有二月二十八。"说的就是阳历的准确性。

第三，由于阳历没有闰月，二十四节气在哪个月、哪一天基本是固定的。中国传统的二十四节气，用公历计算更为准确。所以，中华民国实行阳历以来，二十四节气歌很快形成。

当然，阳历也有不可克服的弱点：

第一，岁首元旦没有明显的物候标志，春天从阳历2月开始，一年之初春

---

[1] 丁世良、赵放主编：《中国地方志民俗资料汇编》华东卷上引中华民国二十三年《夏津县志续编》，北京：书目文献出版社，1995年版，第145页。

打头，让人在感觉上就很别扭。

第二，阳历的月不反映月亮的圆缺变化，与月亮毫无关系，不是真正意义的月。

农历、阳历各有短长，两历并用互补才能综合两种历法的优点而避免其缺点。例如，古人发现，如果立秋来得晚，天气炎热，必定庄稼丰收。来得早则天气凉得早，不利于庄稼生长。农谚讲："六月秋，样样丢；七月秋，样样收。"正因为阴历不准确，才出现六月立秋、七月立秋的不固定现象。如果纯用阳历，立秋永远在8月8日前后，根本没有六月秋、七月秋，这句农谚就"死"了，或者说失去它的意义了。

然而，两历并用又导致了一种重复、荒唐的现象：一年过阳历年、农历年两个年，放两次年假，不仅不觉得滑稽、荒唐，反而觉得理所当然。若按此逻辑推理，所有的节日都有阴、阳两个日期，都可以一年过两次，两个清明、两个端午、两个中秋节。一人一年可以过两次生日，如果碰上闰月，还可以过三次。一个死人一年有两个忌日，他要死两次或者死三次。然而，风俗文化本身就具有矛盾组合性，是不能较真的。

第二节　一日之内的计时

古代一日之内的计时，与六十甲子紧密相关。在没有钟表的情况下，时刻的确定，白天看太阳，晚上看星星，准确的时刻则要靠日晷和漏刻。

一、六十甲子

六十甲子又称六十花甲子，从商周到秦汉，逐渐把它推广到纪日、纪时、纪年、纪月当中。商周时期已有甲、乙、丙、丁、戊、己、庚、辛、壬、癸共10个传说的太阳名，称作"天干""十干"；又有子、丑、寅、卯、辰、巳、午、未、申、酉、戌、亥共12个月名，称作"地支"，二者合称"干支"。当时是用干支循环组合纪日，甲子、乙丑、丙寅……60日一循环。孔子的《春秋》，左丘明的《左传》，公羊高的《公羊传》都用干支纪日。如《左传·僖公五年》载："冬十二月丙子朔。"用"丙子"纪十二月初一。以此类推，"丁丑"是十二月初二，"戊寅"是初三……。《左传·襄公十九年》又载："夏五月壬辰晦，齐灵公卒。"用"壬辰"纪五月三十日。到了东汉，正式用干支纪年。这样纪年、纪日、纪时，都用六十甲子了。

干支纪月用得不太普遍，只是后来星相家用来推算八字。旧时星相家以人出生的年、月、日、时为"四柱"，合四柱之干支即为人的生辰"八字"。比方说，农历 1911 年 10 月 10 日 12 时是辛亥年、己亥月、甲辰日、庚午时，如果出生在这个时刻，他的"八字"就是"辛亥己亥甲辰庚午"。

二、日晷和漏刻

有些时刻虽然可以靠鸡鸣、日出、隅中、日中、日昳、日入、黄昏等天色变化和禽兽活动来判断，但精准地划分，或者是在阴天看不到太阳、星星时，则要靠日晷和漏刻。

日晷的"日"指太阳，"晷"是影子，日晷的意思为"太阳的影子"。日晷也指白天测日影、定时间的仪器。

最古老的日晷叫土圭，在地上垂直立一根杆子，以观察太阳投射的影子。后来用玉制作，仍称土圭。《周礼·地官·大司徒》称："以土圭之法测土深，正日景（影）。"又《周礼·春官·典瑞》云："土圭以致四时日月。"

日晷由晷盘和晷针组成。晷盘是一个带刻度的石圆盘，中央装一根与盘面垂直的铜晷针，也

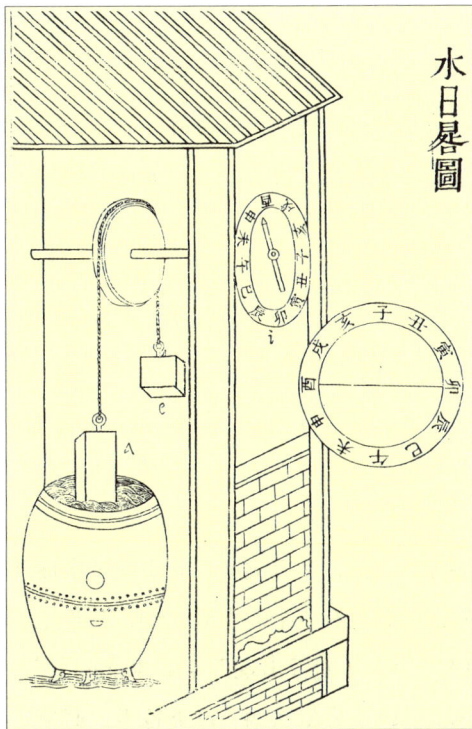

水日晷图。选自《古今图书集成》

北京故宫太和殿前的明代日晷

称作"表"。北京故宫太和殿前的明代日晷，至今犹存。大家知道，一天的日影在不断地改变。北半球早晨的日影在西方，影子最长，随后逐渐变短。中午日影在北方，影子最短，随后又重新变长。傍晚日影在东方。日晷不仅能根据白天日影的长短或方向准确显示出白天的时辰，还可根据一年日影的长度测量出夏至、冬至、春分、秋分的准确时间。尤其是制定历法，更是不可缺少的仪器。《汉书·律历志上》载，西汉武帝时，命公孙卿、司马迁等人"议造汉历，乃定东西，立晷（guǐ）仪，下漏刻"。"晷仪"即日晷。

由于日晷必须依赖日照，不能用于阴天和黑夜，因此周代又有漏刻相配。《周礼·夏官·挈壶氏》曰："凡军事，悬壶以序聚柝。"东汉郑玄注曰："郑司农云：悬壶以为漏。"挈壶氏就是周代专司漏刻的官员。

漏刻又称"漏壶""刻漏""壶漏""玉漏"，是用漏壶计时的仪器，与日晷合称"表漏""晷漏"。漏壶有一个贮水壶和一个受水壶，受水壶里有带浮标的立箭，刻有刻度，立箭随蓄水逐渐上升，露出刻数，以显示时间。西汉初的漏刻只有一个贮水壶，水压变化大，计时的精准度较低。元朝延祐（1314—1320年）年间曾出现四个贮水壶的漏刻。四个铜壶自上而下叠置，最上面的铜壶装满水后依次滴入以下各壶，避免了壶内水压变化而滴水不均匀的现象，提高了计时的精度。

古代把一昼夜 24 小时分为 100 刻。《说文十一上·水部》载："漏，以铜受水，刻节，昼夜百刻。"每刻相当于现在的 14.4 分钟。清代以后改为 96 刻，每刻正好 15 分钟。所以，我们现在把 15 分钟称为"一刻钟"，就是来自漏刻。

表漏在古代政事、军事中普遍流行。《隋书·天文志》载："揆日晷，下漏刻，此二者测天地，正仪象之本也。"春秋齐将司马穰苴率军反击"燕晋之师"，和监军庄贾约好"旦日日中会于军门，穰苴先驰至军，立表下漏，待贾"[1]。司马贞索隐按："立表谓立木为表以视日景（影），下漏谓下漏水以知刻数也。"军事上要保证时间绝对无误，所以同时用日晷和漏刻。当约定的时间过后，司马穰苴"仆表决漏"。索隐按："仆者，卧其表也。决漏谓决去壶中漏水。"显然是为了便于行军携带。

明朝万历以后，西方的钟表传入中国，漏刻逐渐弃置不用。

三、十二时辰

十二时辰是古人根据一日间太阳出没的规律、天色的变化以及日常生产活动、生活习惯的特点而创造的独特纪时法。它用十二地支纪一天之内的时间，用现在 24 小时计算，恰好两小时一个时辰，每个时辰又有特定的名称。

子时，从 23 点到 1 点，又称作夜半、子夜。《左传·哀公十六年》载："夜半而遣之。"清人王士禛《池北偶谈·谈异一·地震定数》载："夜半有急叩门者。"

丑时，从 1 点到 3 点，又称鸡鸣。《诗·齐风·鸡鸣》以对话的形式叙述陈贤妃凤夜警戒，催促齐哀公起床。这就是后来"鸡鸣戒旦"的典故。

寅时，从 3 点到 5 点，又称昧爽、平旦、平明。曹魏王肃《孔子家语》卷九《五仪解第七》称："昧爽凤兴，正其衣冠。"

卯时，从 5 点到 7 点，又称日出、日始、破晓、旭日、旦、早、朝、晨。古代官衙查点人数在卯时进行，故称"点卯"。

辰时，从 7 点到 9 点，又称食时、蚤（早）食、朝食，是吃早饭的时间。

---

[1]《史记·司马穰苴列传》，北京：中华书局，1959 年版。

《左传·成公二年》载，齐军与晋军战于鞌（在今山东济南），齐顷公轻狂地说："余姑剪灭此而朝食。"

巳时，从9点到11点，又称隅中。白居易《十二时行孝文》云："隅中巳，终孝之心不合二。"

午时，从11点到13点，又称日中。春秋齐国司马穰苴为将，与监军庄贾约定"日中会于军门"，庄贾夕时才到，司马穰苴"斩庄贾以徇三军"[1]。我们常说的"午时三刻"，大约是现在的11∶45时。

未时，从13点到15点，此时太阳蹉跌而下，开始偏西，故又称日昳（dié）、昃。《尚书·无逸》载："自朝至于日中、昃，不遑暇食。"意思是，从早上5点，到中午12点，又到下午3点，忙得没有功夫吃饭。

申时，从15点到17点，又称晡时，是吃晚饭的时间。

酉时，从17点到19点，又称日入、夕、暮、昏、晚。《国语·鲁语下》中，鲁国公父文伯之母提到的"日入监九御"，就是酉时。她还讲："朝夕处事，犹恐忘先人之业。""朝夕"是卯时到酉时，用来表示从早到晚。

戌时，从19点到21点，又称黄昏。

亥时，从21点到23点，又称人定。汉乐府曰："奄奄黄昏后，寂寂人定初。"

春秋齐国人宁戚《饭牛歌》称："从昏饭牛薄夜半，长夜漫漫何时旦。"[2]用了"昏""夜半""旦"三个时辰名称。《史记·留侯世家》载，秦末张良在桥上与一老人约见，也用了"平明""鸡鸣""夜未半"（未到夜半）3个时辰名称，说明这些时间概念很早就在民间流行。

明末清初，从欧洲传入了钟表，带来了新的"时"。为了区分这两个"时"，中国十二时辰的"时"称作"大时"，或仍然称作"时"，而西方传入的则改称为"小时"。

四、更和鼓

汉魏以来，又用更、鼓和甲、乙、丙、丁、戊来计算夜间的时间。《世说新语·言语》载，东汉祢衡曾被曹操"谪为鼓吏"。北齐颜之推《颜氏家训·书

---

〔1〕《史记·司马穰苴列传》，北京：中华书局，1959年版。
〔2〕《史记·鲁仲连邹阳列传》裴骃集解，北京：中华书局，1959年版。

证》对此做了系统的解释：

> 或问："一夜何故五更？更何所训？"答曰："汉、魏以来，谓为甲夜、乙夜、丙夜、丁夜、戊夜。又云鼓，一鼓、二鼓、三鼓、四鼓、五鼓，亦云一更、二更、三更、四更、五更，皆以五为节。《西都赋》亦云：'卫以严更之署。'所以尔者，假令正月建寅，斗柄夕则指寅，晓则指午矣。自寅至午，凡历五辰（寅卯辰巳午）。冬夏之月，虽复长短参差，然辰间辽阔，盈不过六，缩不至四，进退常在五者之间。更，历也，经也，故曰五更尔。"

夜，分甲夜、乙夜、丙夜、丁夜、戊夜共 5 个时间单位，每个单位 2 小时，用来计算夜间的时间。丙夜相当于子时。《资治通鉴·魏纪七·邵陵厉公嘉平元年》曰："自甲夜至五鼓。"元胡三省注："甲夜，初夜也。夜有五更：一更为甲夜，二更为乙夜，三更为丙夜，四更为丁夜，五更为戊夜。"

更，与夜相同，也用来计算夜间的时间，共五更，一更约 2 小时，三更相当于子时。

古代击鼓报更，故鼓为更的代称。一更一鼓相当于戌时，也称甲夜；二更二鼓相当于亥时、乙夜；三更三鼓相当于子时、丙夜；四更四鼓，相当于丑时、丁夜；五更五鼓，相当于寅时、戊夜。

《南史·檀道济传》载，南朝宋檀道济之弟檀祗东晋末任广陵相，有亡命司马国璠兄弟率百余人夜间攻入广陵（治今江苏扬州），并欲进攻府衙，檀祗被射伤，语左右曰："贼乘暗得入，欲掩我不备，但打五鼓惧之，晓必走矣！"亡命者听到鸣鼓，知天将拂晓，乃奔散。

唐朝初年，京师还用击鼓来警示晨、暮，这一方法起自唐朝人马周。《旧唐书·马周传》载："先是，京师诸街每至晨暮，遣人传呼以警众。周遂奏诸街置鼓，每击以警众，令罢传呼，时人便之。"由马周创造此法可知，古人对更、鼓是非常熟悉的。

第三节　二十四节气

由于中国传统的农历不精确，不能指导农业生产，于是另创造了类似公历的二十四节气。它根据太阳在黄道（即地球绕太阳公转的轨道）上的位置来划分，可以说是古代精确的阳历，便于指导农事。

一、少昊氏以鸟名官

前面说到，古人通过观星象确立了春、夏、秋、冬四季，而在观星象之前则是观物象，也叫观物候。物候指植物冬芽萌动、抽叶、开花、结果，动物的冬眠、复苏、繁育、换毛、迁徙，以及非生物现象如始霜、始冻、始化冻等对节候的反映。中国老百姓讲的"花木管时令，鸟鸣报农时"就是观物候，二十四节气就是通过观物候而逐渐发现的。

二十四节气起源于古代东夷族少昊氏的候鸟纪历法。《左传·昭公十七年》载，春秋郯国（在今山东郯城北）是少昊的后裔，郯子到鲁国，叔孙昭子问："少昊氏鸟名官，何故也？"郯子以无限的自豪感，滔滔不绝地讲述了先祖这段远古职官史。少昊以知天时的凤鸟氏任历正，总管历法方面的事务。历正之下再设四官：玄鸟氏即燕子，春分来，

少昊。选自《古今君臣图鉴》明，潘恋编绘祖

秋分去，负责主管春分、秋分；伯赵氏即伯劳鸟，夏至鸣，冬至止，主管夏至、冬至；青鸟氏即鸧（cāng）鹒，立春鸣，立夏止，负责主管立春、立夏；丹鸟氏即锦鸡，立秋来，立冬去，主管立秋、立冬。这五个鸟图腾氏族，是主管历法的官。从这段记载看，在传说的东夷族少昊氏时就已经通过知天时的候鸟来确定春分、秋分、夏至、冬至、立春、立夏、立秋、立冬了。春秋战国时期，又运用圭表测日影的方法确定了春分、夏至、秋分、冬至等的具体时间。秦汉间，二十四节气完全确立。通常在朔望月的分布如下表：

正月	二月	三月	四月	五月	六月	七月	八月	九月	十月	冬月	腊月
立春	惊蛰	清明	立夏	芒种	小暑	立秋	白露	寒露	立冬	大雪	小寒
雨水	春分	谷雨	小满	夏至	大暑	处暑	秋分	霜降	小雪	冬至	大寒

二十四节气比较准确地反映了一年季节、温度、气象、物候等方面的变化，从北方流行的农谚即可看出它对农业生产的指导作用。例如：清明前后，种瓜种豆；清明麻，谷雨花，立夏栽稻点芝麻；立秋无雨是空秋，万物历来一半收；白露早，寒露迟，秋分种麦正合适；立冬萝卜小雪菜；等等。

二、七十二候

七十二候是中国古代结合天文、气象、物候的知识分解二十四节气的历法。它源于黄河流域，至晚成书于战国的《逸周书·时训解》有完整的记载。七十二候把每个节气分为3候，每候5天。各候均以一个物候现象相应，称"候应"。各个节气的气象、物候特征一目了然。

立春：初候东风解冻；二候蛰虫始振；三候鱼陟负冰，鱼渐上游而近于冰。

雨水：初候獭（tǎ）祭鱼，獭咬死鱼后陈列整齐若祭祀；二候（小）雁北；三候草木萌动。

惊蛰：初候桃始华（开花）；二候仓庚（黄鹂）鸣；三候鹰化为鸠。天气渐暖，鹰开始躲起来繁育后代，原本蛰伏的鸠鸟开始鸣叫、求偶。

春分：初候玄鸟（燕）至；二候雷乃发声；三候始电。

清明：初候桐始华，即白桐花开放；二候田鼠化为鴽（rú，鹌鹑），田鼠

现代画家卿成绘《谷雨图》

躲回洞穴，鸳鸟开始出来活动；三候虹始见。

　　谷雨：初候（浮）萍始生；二候鸣鸠拂其羽，斑鸠开始鸣叫着梳理自己的羽毛；三候戴胜［织网之鸟，一名戴鵀（rén）］降于桑，女功兴而戴鵀鸣。

　　立夏：初候蝼蝈鸣；二候蚯蚓出；三候王瓜生，王瓜的蔓藤开始快速攀爬生长。

　　小满：初候苦菜秀；二候靡草（葶苈 tíng lì 之属）死；三候麦秋至，小麦籽粒开始饱满。

　　芒种：初候螳螂生；二候鹍（伯劳）始鸣；三候反舌（百舌鸟）无声。

　　夏至：初候鹿角解（脱落）；二候蜩（tiáo，蝉）始鸣；三候半夏（药草）生。

　　小暑：初候温风至；二候蟋蟀居壁（避暑热）；三候鹰始挚，老鹰因地面气温太高而在清凉的高空中活动。

　　大暑：初候腐草为萤，萤火虫产卵于枯草上，此时萤火虫卵化而出，古人认为萤火虫是腐草变成的；二候土润溽（rù，湿）暑，天气闷热，土地潮湿；三候大雨行时。

　　立秋：初候凉风至；二候白露降；三候寒蝉鸣。

　　处暑：初候鹰乃祭鸟，鹰把捕到的猎物摆放在地上，如同陈列祭祀；二候天地始肃（清）；三候禾乃登。

　　白露：初候鸿雁来；二候玄鸟归；三候群鸟养羞，储备粮食过冬。

　　秋分：初候雷始收声；二候蛰虫坯户，修理洞穴，准备冬眠；三候水始涸。

　　寒露：初候鸿雁来宾，大雁南飞；二候雀入大水为蛤，雀鸟都不见了，海边很多蛤蜊贝壳出现与雀鸟相似的花纹和颜色，古人误以为是雀鸟变成的；三候菊有黄华（花）。

霜降：初候豺乃祭兽，豺狼开始捕获猎物；二候草木黄落；三候蛰虫咸俯，进入冬眠状态。

立冬：初候水始冻；二候地始冻；三候雉入大水为蜃。雉是野鸡一类的大鸟，蜃为大蛤。立冬后，野鸡一类的大鸟不见了，而海边却可以看到外壳与野鸡线条、颜色相似的大蛤，古人认为雉到立冬后变成大蛤了。

小雪：初候虹藏不见；二候天（阳）气上升，地（阴）气下降；三候闭塞而成冬。

大雪：初候鹖鴠（hé dàn，夜鸣求旦之鸟，亦名寒号虫）不鸣；二候虎始交；三候荔（马蔺叶）挺出（抽出新芽）。

冬至：初候蚯蚓结，众多蚯蚓交缠在一起，结成块状，缩在土里过冬；二候麋角解；三候水泉动，深埋于地底的水泉开始流动。

小寒：初候雁（大者）北乡；二候鹊始巢；三候雉雊（gòu 鸣）。

大寒：初候鸡乳，母鸡开始孵小鸡；二候征鸟厉疾，鹰隼（sǔn）之类的、能飞越太平洋的征鸟，正处于捕食能力极强的状态，特别凶恶；三候水泽腹坚。水中的冰经过一冬天的严寒一直冻到水中央，最结实、最厚。

三、二十四节气歌

中国传统的二十四节气，用公历计算更为准确，所以，民国实行阳历以来，二十四节气歌很快形成：

> 春雨惊春清谷天，夏满芒夏暑相连，
> 秋处露秋寒霜降，冬雪雪冬小大寒。
> 上半年在六二一，下半年在八二三，
> 一月两节日期定，有时相差一两天。

阳历 2 月是立春、雨水，3 月是惊蛰、春分，一个月两节，以此类推。上半年每月的第一个节日如立春、惊蛰等在 6 日前后，第二个如雨水、春分在 21 日前后，下半年在 8 日、23 日前后。由于阳历没有闰月，二十四节气在哪个月是固定的，在哪一天基本是固定的。

四、二十四节气与置闰

由于二十四节气根据太阳在黄道上的位置来确立，是古代精确的阳历，准确地调整它在农历每个朔望月中的分布，也就等于调整了古代阴阳合历中阳历的年和阴历的月的矛盾，所以，它还成为古代置闰的参照。《周礼·春官·大史》称："正岁年以序事。"唐人贾公彦疏曰：

> 一年之中有二十四气：正月立春节，启蛰中；二月雨水节，春分中。三月清明节，谷雨中。四月立夏节，小满中。五月芒种节，夏至中。六月小暑节，大暑中。七月立秋节，处暑中。八月白露节，秋分中。九月寒露节，霜降中。十月立冬节，小雪中。十一月大雪节，冬至中。十二月小寒节，大寒中。皆节气在前，中气在后。节气一名朔气，朔气在晦，则后月闰。中气在朔，则前月闰。

按照贾公彦的疏，二十四节气在农历的正常分布是一月两节，前者叫节气，也叫朔气，后者叫中气。节气在前，中气在后。各月的"节气"和"中气"如下表：

月	正月	二月	三月	四月	五月	六月	七月	八月	九月	十月	冬月	腊月
节气	立春	惊蛰	清明	立夏	芒种	小暑	立秋	白露	寒露	立冬	大雪	小寒
中气	雨水	春分	谷雨	小满	夏至	大暑	处暑	秋分	霜降	小雪	冬至	大寒

然而，二十四节气是按照地球绕太阳公转一周为一年、每月 30.4368 日来分配的，而农历朔望月的一个月只有 29.5306 日，相差了将近一天。这样，中气在朔望月的日期会逐月推迟一天，一旦推迟到这个月的最后几天，下个月只有一个节气，就没有中气了。那么，就把这个月作为闰月。如农历 2017 年六月三十日（晦）是大暑（中气），下个月十六是立秋（节气），再下个月初二才是处暑（中气），六月的下个月只有一个立秋（节气），没有中气，

因此作为闰六月。这就是贾公彦说的"朔气在晦，则后月闰"，其实应该是"中气在晦，则后月闰"。农历 2020 年四月二十八是小满（中气），闰四月十四是芒种（节气），而作为中气的夏至在五月初一（朔）。这个月（闰四月）没有中气，所以被置为闰四月。贾公彦说的"中气在朔，则前月闰"，就指这种情况。

五、二十四节气与三伏、九九

三伏是初伏、中伏、末伏的统称，它就是通过二十四节气的夏至、小暑、大暑、立秋和"干支纪日法"来计算的。夏至一般在阳历 6 月 21 日，夏至后第三个庚日开始为初伏，约在阳历 7 月中下旬，第四个庚日开始为中伏。立秋（一般在 8 月 8 日）后第一个庚日为三伏。每伏 10 天，三伏共 30 天。有的年份中伏为 20 天，则共有 40 天。

三伏大部分时间都在小暑、大暑期间，是一年中最热的时节，俗语有"热在三伏，冷在三九"之说。从古代开始，人们十分注意三伏天防暑降温、养生保健。南朝梁宗懔《荆楚岁时记》载："六月、伏日，并作汤饼（面条），名为'辟恶'。"[1]唐人段成式的《酉阳杂俎》卷七《酒食》曾提到山东济南人的一种独特而新颖的防暑食俗——碧筒饮。

> 历城北有使君林，魏正始中，郑公悫三伏之际，每率宾僚避暑于此。取大莲叶置砚格上，盛酒二升，以簪刺叶，令与柄通，屈茎上轮菌如象鼻，传吸之，名为碧筒杯。历下学之，言酒味杂莲气，香冷胜于水。

碧筒杯的发明者，是曹魏正始（240—249 年）年间的郑悫及其宾僚们。所谓碧筒饮，就是用卷拢如盏、刚刚冒出水面的新鲜荷叶盛酒，将叶心用簪子戳穿，使之与叶茎相通，然后从茎管中吸酒，酒和莲叶的芳香呵成一气，清凉爽口，诚为暑天清供之一。碧筒杯又称"荷叶杯""荷爵""荷杯""荷盏"，顾名思义，就是荷叶制成的杯、爵。因为茎管弯曲状若象鼻，故又

---

〔1〕《太平御览》卷三一《时序部一六·伏日》引，北京：中华书局，1960 年影印版。

有"象鼻杯"之称。

　　用碧筒杯饮酒，可谓花样翻新，不落俗套，是雅中之雅。它不仅给人以高雅的情趣，还可治病健身，这是古人始料不及的。荷叶具有清热、健脾胃的功效，略带苦味的荷叶汁液和酒入口，清凉败火，荷香怡人，是夏日消暑健身的佳品。

　　自碧筒饮产生后备受推崇，历代文士乐此不疲，流传甚久。据北宋王谠的《唐语林》记载，唐代宰相"李宗闵暑月以荷为杯"，有正始遗风，传为士林佳话。唐诗宋词中吟及荷叶杯与碧筒饮的，比比皆是。像唐曹邺的"乘兴挈一壶，折荷以为盏"，白居易的"疏索柳花碗，寂寞荷叶杯"等，都是讴歌碧筒饮的佳句。

　　民间俗语讲："冬养三九，夏治三伏。"各地三伏食俗均强调"补""治"二字。北方流行"伏日造酱""三伏作豆豉"。乾隆二十七年山东《乐陵县志》载："夏至后第三庚为初伏，四庚为中伏，立秋后初庚为末伏。初伏食长面，三伏作豆豉、面酱。"民间谚语讲："头伏饺子二伏面，三伏烙饼摊鸡蛋。"上海、江苏有"头伏馄饨二伏茶"的风俗。清嘉庆二十二年的《松江府志》[1]载："食馎饦（馄饨），云解痊夏疾。"上海《青浦县志》《罗店镇志》都有相同记载。中华民国二十二年江苏《吴县志》载："六月三伏宜热，谚云：'六月不热，五谷不结。'好施者于门首普送药饵，广结茶缘。窨冰上市担卖，曰'凉冰'……茶坊以金银花、菊花点汤，曰'双花饮'。"

　　由于三伏"冬病夏治"正当时，各地还流行三伏贴膏药、拔火罐、针灸、艾灸等习俗。

　　冬季从冬至之日起，即进入了"数九"寒天。"数九"又叫"九九"，是适应我国黄河中下游地区的一种民间节气。从冬至开始算起，第一个9天叫"一九"，第二个9天叫"二九"……"三九""四九"以此类推。过了9个"九"，刚好81天，即为"出九"，那时就春暖花开了。

　　自春秋时期就有"数九"的萌芽。《管子·轻重己》载："以冬日至始，数四十六日，冬尽而春始。"冬至后46天，恰好是立春。这和我们现在的农谚"春打六九头"如出一辙。

〔1〕丁世良、赵放主编：《中国地方志民俗资料汇编》华东卷上引，北京：书目文献出版社，1995年版，第4页。

春秋时期是中国 5000 年来第二个温暖期，立春时要比近代暖和得多。到南北朝时，"九九"已很完善了。南朝梁宗懔《荆楚岁时记》载："俗用冬至日数及九九八十一日，为寒尽。"

冬至开始"进九"，意味着严寒的到来，因而明清以来，各地又有办消寒会、画消寒图的风俗。

从唐末开始，文人墨客冬至后每逢"九"日，轮流做东，举行雅聚，称作消寒会。与会人数或 9 人、18 人、27 人不等，必合"九"之数。大家坐炉旁饮酒、赋诗、作画、行酒令亦必应"九"之典。菜肴也以九盘、九碗或"花九件"为席。《红楼梦》第九十二回描写了贾母举办消寒会的情景，还让宝玉请假不用上学了。

消寒图又称"九九消寒图"，是明清时期流行的一种画描"九九"的图画。1935 年山东《德县志》[1] 载：

> 十一月长至日，旧时仿唐王仁裕之暖寒会，朋侪醵饮联欢，曰"消寒会"。好事者制"九九消寒图"。按《帝京景物略》："冬至日，画素梅一枝，为瓣八十有一，日染一瓣，瓣尽而九九出。后仿其意，用九画之字九字编为文，空白双钩，日书一画，书遍则九九终矣。"今尚有制此图者。

清末徐珂《清稗类钞·时令类》载，清道光皇帝曾御制九字消寒图"亭前垂柳珍重待春风"，共 9 个字，每字 9 画，"日填一画，凡八十一日而毕事"。

消寒会、消寒图从自然中吸收美感，把数九严寒变为美的享受和高雅的情趣，深受士大夫阶层的喜好。北方各地方志均有画消寒图，作消寒会的记载。如 1941 年《潍县志稿》载，山东潍县过冬至，"绘九九消寒图以消寒，间有同人醵饮作'消寒会'者"。

一般农家没有士大夫阶层的雅兴，他们当中广为流传的是"九九消寒歌"：

> 一九、二九不出（舒）手，
> 三九、四九冰上走（三九、四九，冻破碓臼；三九、四九，冻煞猪狗），

---

[1] 丁世良、赵放主编：《中国地方志民俗资料汇编》华东卷上引，北京：书目文献出版社，1995 年版，第 115 页。

五九、六九，河边看柳（沿河寻柳），

七九河开，八九雁来（七九八九，赏花饮酒），

九九加一九，耕牛遍地走。

第四节　节气向节日的演变

节日和节气是不同的概念，以笔者愚见，二者区别有两点：

第一，节气是根据星象、气候、物候的变化划分的时段，节日则不一定具备这个特征。如三八妇女节、五一劳动节、五四青年节、八一建军节、十一国庆节等纪念节日显然没有这一特征。

第二，节日有一定的主持单位、过节方式、风俗事项等庆祝活动，节气则不一定有。比方说，春节、端午节、中秋节等传统节日的主持者是家庭，过节方式是吃好饭、穿新衣；纪念节日的主持者是单位和学校，过节方式是集会、演讲；礼拜节、浴佛节、上元节等宗教节的主持者是教会，过节方式是礼拜和祭祀。任何一个岁时节气，只要赋予主持单位、过节方式、风俗事项等庆祝活动，就转变为节日了。

二十四节气开始是历法，后来许多节气演变为节日。周代天子和百官在立春、立夏、立秋、立冬都有迎接、祭祀春神、夏神、秋神、冬神的仪式，并赏赐百官兆民，庆贺节日。立春、立夏、立秋、立冬已身兼节气和节日的双重特征。

汉代官吏已开始在夏至、冬至之日休假，叫"日至休吏"。西汉薛宣为左冯翊（相当于郡守，治今西安东北），"及日至休吏，贼曹掾张扶独不肯休，坐曹治事。宣出教曰：'盖礼贵和，人道尚通。日至，吏以令休，所由来久。曹虽有公职事，家亦望私恩意。掾宜从众，归对妻子，设酒肴，请邻里，壹笑相乐，斯亦可矣！'扶惭愧。官属善之。"师古曰："冬夏至之日，不省官事，故休吏。"[1]

到南朝，冬至演变为阖家团圆的节日。《南史·王昙首传附王志传》载，

────────────

[1]《汉书·薛宣传》，北京：中华书局，1962年版。

琅邪临沂（今属山东）人王志在南朝齐为东阳太守，"郡狱有重囚十余，冬至日，悉遣还家，过节皆反，唯一人失期。志曰：'此自太守事，主者勿忧。'明旦果至，以妇孕"。

到唐代，始有"四时八节"的说法。唐诗人杜甫《短歌行·赠四兄》称："四时八节还拘礼，女拜弟妻男拜弟。"四时当然指春、夏、秋、冬四季，八节是：立春、春分、立夏、夏至、立秋、秋分、立冬、冬至共 8 个节日，全都是由二十四节气转化来的。由于春分和秋分没有特定的风俗活动和纪念意义，在此省略不述。

一、四立：立春、立夏、立秋、立冬

《后汉书·蔡邕传》载："天子以四立及季夏之节，迎五帝于郊，所以导致神气，祈福丰年。"李贤注："四立谓立春、立夏、立秋、立冬。"

早在周代，立春、立夏、立秋、立冬就身兼节气和节日两种特征，《礼记·月令》载：

> 先立春三日，大史谒之天子曰："某日立春，盛德在木。"天子乃齐（斋），立春之日，天子亲率三公、九卿、诸侯、大夫以迎春于东郊，还反（返），赏公卿、诸侯、大夫于朝，命相布德和令，行庆施惠，下及兆民。
>
> 先立夏三日，大史谒之天子曰："某日立夏，盛德在火。"天子乃齐（斋）。立夏之日，天子亲率三公、九卿、大夫以迎夏于南郊，还反（返），行赏，封诸侯，庆赐遂行，无不欣说。
>
> 先立秋三日，大史谒之天子曰："某日立秋，盛德在金。"天子乃齐（斋）。立秋之日，天子亲率三公、九卿、诸侯、大夫以迎秋于西郊，还反（返），赏军帅武人于朝。天子乃命将帅，选士厉兵，简练杰俊，专任有功，以征不义。
>
> 先立冬三日，大史谒之天子曰："某日立冬，盛德在水。"天子乃齐（斋）。立冬之日，天子亲率三公、九卿、大夫以迎冬于北郊，还反（返），赏死事，恤孤寡。

可知，周代天子十分重视"四立"，掌管节序的大史要提前 3 天提醒某一节日的到来，天子要斋戒 3 天，到时率领百官到东、南、西、北郊迎接春、夏、秋、冬的到来，祭祀四方天地和四季之神。回来后，行赏百官于朝，赏赐兆民，庆贺节日。只是由于四季的基调不同，庆祝方式才略有区别。

（一）立春

立春一般在阳历 2 月 6 日前后，农历正月春节期间。如果是无春年，则在春节前；双春年，则在一年的两头。

西汉董仲舒在《春秋繁露·四时之副》讲："春暖以生，夏暑以养，秋清以杀，冬寒以藏……天有四时，王有四政……庆为春，赏为夏，罚为秋，刑为冬。"《淮南子·主术训》《史记·太史公自序》也有"春生夏长，秋收冬藏"的说法。《春秋繁露·阴阳义》又讲："天人一也。春，喜气也，故生；秋，怒气也，故杀；夏，乐气也，故养；冬，哀气也，故藏。"董仲舒讲天人合一、天人感应，认为天有春夏秋冬、暖暑清寒，生养（长）杀（收）藏，人有喜乐怒哀，春喜、夏乐、秋怒、冬哀。政有庆赏罚刑，春庆、夏赏、秋罚、冬刑。所以，立春的基调是"生""喜""庆"，除谋反、谋大逆外，春天不能执行死刑。《真诰》[1] 讲："立春日，勿行威刑"。

1. 迎春和青帝、句（gōu）芒

从先秦到唐宋，立春的主要风俗是祭祀青帝和句芒。《后汉书·祭祀志中》载："立春之日，迎春于东郊，祭青帝、句芒，车旗服饰皆青。"《开元礼》[2] 也讲："立春，祀青帝丁东郊。"可知，当时的迎春就是祭祀春神青帝和句芒。

从先秦到西汉初，东方青帝太昊、南方赤帝炎帝、中央黄帝、西方白帝少昊、北方黑帝颛顼等五大天帝并立。除了中央黄帝之外，其他四帝分别掌管春、夏、秋、冬四时。古人以"五行相生"来解释春、夏、秋、冬的更替说："四时代谢，皆以相生。立春，木代水，水生木。立夏，火代木，木生火。立冬，水代金，金生水。至于立秋，以金代火，金畏火，故至庚日必伏。庚者，金也。"[3]

〔1〕《太平御览》卷二〇《时序部五·春下·立春》引，北京：中华书局，1960 年影印版。
〔2〕《太平御览》卷二〇《时序部五·春下·立春》引，北京：中华书局，1960 年影印版。
〔3〕《太平御览》卷三一《时序部一六·伏日》引《历忌释》，北京：中华书局，1960 年影印版。

由于夏天五行属火，秋天五行属金，火生土，土生金，所以在夏秋之间插入了个五行属土的黄帝。

《淮南子·天文训》系统记述了五行、五大天帝、辅佐神、四季、五星、四象、五音、天干的对应关系，对青帝的记载是："东方木也，其帝太皞（昊），其佐句芒，执规而治春，其神为岁星（木星），其兽苍龙，其音角，其日甲乙。"青帝是远古东夷族首领太昊，五行属木，主管着东方和春天、树木、百花，被尊为东方天帝。泰山玉皇顶西南有青帝宫，就是太昊的庙宇。

句芒是青帝的辅佐神。《左传·昭公二十九年》载："木正曰句芒，火正曰祝融、金正曰蓐收，

句芒图。选自清代《钦定补绘萧云从〈离骚〉全图》

水正曰玄冥，土正曰后土。"木正即春官，火正即夏官，金正即秋官，水正即冬官。该书又说，"少昊氏有四叔"，其中"重为句芒"。东汉学者郑玄、高诱说是少昊之子。《礼记·月令》载："其帝太皞，其神句芒。"郑玄注曰："少皞氏之子曰重，为木官。"

句芒是古代传说中的主木之官，称作木神、春神、春官。他的形象是鸟身人面，乘两龙，手里拿着圆规，管理春天，主管树木的发芽生长，春耕和播种。他还是网的发明者，作罗捕鸟以减轻农害。

《山海经·海外东经》载："东方句芒，鸟身人面，乘两龙。"

《世本·作篇》称："句芒作罗。"

《说文七下·网部》称："羅，以丝罟鸟也，从网从维。古者芒氏初作罗。"

句芒发明"罗"的目的，有两种可能，一是帮助青帝太昊对付少昊的鸟图腾部落；二是句芒帮助父亲少昊氏管理、网罗鸟图腾部落。

南朝梁萧统《纂要》称："一年之计在于春，一日之计在于晨。"立春以

年画：《春牛图》

后，很快就要春耕和播种了，祭祀青帝和句芒，让它们保佑春耕和庄稼播种、生长的顺利进行。《宋史》卷一百《礼志三》说是"导四时之和气"。

2.打春、春牛

两汉时期就有造春牛的记载了。《后汉书·礼仪志上》载："立春之日，夜漏未尽五刻，京师百官皆衣青衣，郡国县道官下至斗食令史皆服青帻，立青幡，施土牛耕人于门外，以示兆民。"当时"施土牛耕人于门外，以示兆民"，就是昭示农夫们，立春了，春耕开始了。后来的民间谚语说："春争日，夏争时，一年大事不宜迟；立春一年端，种地早盘算；立春雨水到，早起晚睡觉。"这些农谚蕴含的精神与两汉时期的这一风俗非常吻合。

五代宋元明清时期，祭祀春神演变为迎春、打春、送春的风俗。打春也叫"鞭春"，是指立春日鞭打春牛。《东京梦华录》卷六《立春》载："立春前一日，开封府进春牛入禁中鞭春。"南宋周密《武林旧事》卷二《立春》载："（立春）前一日，临安府造进大春牛，设之福宁殿庭。及驾临幸，内官皆用五色丝彩杖鞭牛。"

到明朝，宫中迎春和鞭春的习俗很快遍及各州、府、县。明俞汝楫《礼部志稿》卷二十二《进春仪》载，永乐中定："每岁，有司预期塑造春牛并芒神。立春前一日，各官常服，舆迎至府、州、县门外，土牛南向，芒神在东西向。"

明清时期，各地在立春的前一日用泥塑和纸糊的方法"预造土牛、芒神"，在县令等地方官的率领下到东郊外迎春，一般要迎至县大堂，还要设春宴庆祝。第二天行鞭春礼，又称"打春牛"，表示鞭策耕牛，辛勤耕耘。届时，百姓老幼聚观，所以民间把立春又叫作"打春"。有的还"以鼓吹导小春牛及芒神分送各缙绅，谓之'送春牛'"[1]。

关于鞭春牛的风俗，康熙十二年（1673 年）山东《齐河县志》[2]记载得较为系统：

> 立春前一日，作泥牛、芒神，预设于东郊，行户办杂剧故事，各职官吉服出拜迎春，饮盒酒，回于县堂上，仍设筵邀诸缙绅饮春酒。各行户过堂演扮梨园，作戏竟日。芒神并泥牛设于县大门内，至立春时，各职官拜芒神毕，各执春杖打牛三次，随令众役将牛打碎，各回本衙。又做小泥牛、芒神送诸缙绅家，谓之"送春"。

鞭春牛是一种极热闹的场面，将土牛打得稀巴烂后，围观者一拥而上，争抢碎土，据说扔进自己田里，庄稼就能丰收。预先在纸扎的春牛"肚子"里装满五谷，俟"牛"被鞭打破后，五谷流出，是丰收的吉兆。

步入近代社会以来，立春日迎春的风俗逐渐减弱了，但芒神的形象却留在了《春牛图》年画中。他不再是鸟身人面，乘两龙，手拿圆规的形象，而变成春天的"芒童"，头有双髻，手执柳鞭，骑着或赶着一头健壮的大春牛。

官府迎春礼俗至民国而废，一般无业游民，每临立春，身穿红袍，头戴乌帽，扮作春官模样，手持《春牛图》，上画红、黄、青、白各色土牛，并书来年农事节候，串门挨户分送。至店家则唱："黄牛到，生意俏"；至农家则唱："黄牛到，五谷好"，以索取钱物。中华民国二十四年《首都志》引《金陵岁时记》[3]载："立春前后，有击腰鼓、小锡锣，沿门唱里谣者，背负印文一纸，颁自阴阳学。俗云南乡冯家边人惯说吉利话，即此。按，明时教坊司每于岁首五日内，或四人，或五六人，往富贵人家奏乐一套，谓之'送春'。"

〔1〕丁世良、赵放主编：《中国地方志民俗资料汇编》华东卷上引乾隆二十八年《福山县志》、道光二十六年《招远县志》，北京：书目文献出版社，1995 年版，第 225、226、229 页。
〔2〕丁世良、赵放主编：《中国地方志民俗资料汇编》华东卷上引，北京：书目文献出版社，1995 年版，第 119 页。
〔3〕丁世良、赵放主编：《中国地方志民俗资料汇编》华东卷上引，北京：书目文献出版社，1995 年版，第 362 页。

3.戴春胜、春幡

两汉以来，立春日还有佩玉的习俗，后发展为戴"春胜""春幡"。两宋之际马永卿《嬾真子》卷三讲，他在关中士人王鲝家中，见到一件西汉时的玉器，"汉人以正月卯日作，佩之，铭其一面曰'正月刚卯'，乃知今人立春或戴春胜、春幡，亦古制也"。南朝陈徐陵《杂曲》云："立春历日自当新，正月春幡底须故。"宋词人辛弃疾《汉宫春·立春日》词："春已归来，看美人头上，袅袅春幡。"反映的都是立春戴春幡的习俗。

宋人陈元靓《岁时广记·赐春胜》解释说："旧俗于立春日或挂春幡于树梢，或剪缯绢成小幡，连缀簪之于首，以示迎春之意。"可知"春胜""春幡"即将缯绢剪成各种花样，或者旗幡形状，以簪钗连缀，戴在头上，随风飘动，既有迎春之意，又可增加美色。

4.咬春

隋唐时期，民间就有立春食生菜、喝粥和贮水造酒的习俗。《齐人月令》载："凡立春日，食生菜，不可过多，取迎新之意而已。及进浆粥以导和气。"唐人韩鄂《四时纂要》[1]："立春贮水，谓之水神，酿酒不坏。"后来民间百姓立春日用葱、蒜、椒、姜、芥调和成五辛盘，啖春饼、食生菜，称作"咬春"。有的约亲朋宴饮，名曰"春宴"。京津、河北一带，"立春之时，无贵贱皆嚼萝卜，名曰'咬春'。互相宴请，吃春饼和菜"[2]。

（二）立夏

立夏一般在阳历5月6日前后，农历四月，又称四月节。按照上述"立春"中董仲舒所讲的"夏暑以养""赏为夏""夏，乐气也，故养"的说法，以及"春生夏长"的说法，夏天气温上升，基本调子就是"养""赏""长""乐"。中医上叫"夏养阴，冬养阳"。

1.迎夏与炎帝、祝融

---

[1]《齐人月令》《四时纂要》，均为《太平御览》卷二〇《时序部五·春下·立春》引，北京：中华书局，1960年影印版。

[2]丁世良、赵放主编：《中国地方志民俗资料汇编》华北卷引光绪二十八年《顺天府志》，北京：书目文献出版社，1995年版，第1页。

立夏开始进入农忙时期，如同立春一样，周朝时，立夏这天，帝王要亲率文武百官到郊外"迎夏"，祭祀夏神炎帝和祝融，回来后，封赏诸侯百官。

《淮南子·天文训》载："南方火也，其帝炎帝，其佐朱明（祝融），执衡而治夏，其神为荧惑（火星），其兽朱鸟，其音徵，其日丙丁。"炎帝神农氏是中华民族的人文始祖，被尊南方天帝，五行为火，四象为朱鸟，五音为徵，天干为丙丁，使者为火星，辅佐神为祝融，主管着火、南方和夏天。

祝融是远古的火神、夏官。《左传·昭公二十九年》叙述了木正曰句芒，火正曰祝融等之后，又说："颛顼氏有子曰犁，为祝融。"袁珂《山海经校注·海外南经》说："南方祝融，兽身人面，乘两龙。"袁珂校注引经据典，全面地叙述了祝融的传说。关于祝融的出身，一说他是炎帝的后裔，另一种说法是黄帝的后裔，两种说法莫衷一是；《山海经·海内经》记载，鲧假传黄帝之命治水失败，祝融奉黄帝之命杀掉了鲧；《墨子·非攻下》载，商汤伐夏桀，天命祝融降火于城间，帮助商汤灭掉了夏桀；《尚书大传》载，祝融等七神雪天远来，帮助西周灭亡了商朝；司马贞《补三皇本纪》载，共工与祝融战，不胜而怒触不周山；等等。总而论之，祝融似乎是传说中正义的卫道士。他的形象是"兽身人面"，骑两龙，拿着秤杆，管理着火和夏天。

到汉代，京师百官都穿着鲜艳的红衣服，共庆立夏节。《后汉书·祭祀志中》载："立夏之日，迎夏于南郊，祭赤帝、祝融，车旗服饰皆赤。"《后汉书·礼仪志中》亦载："立夏之日，夜漏未尽五刻，京都百官皆衣赤，至季夏衣黄。"

秦汉以后立夏，还要食用防暑降温的玄冰丸、飞霜散和道教的"六壬六癸之符"。《抱朴子》[1]载："立夏之日或服玄冰丸，或服飞霜散，及六壬六癸之符，则不热。幼伯子、王仲都此二人衣之以重裘，曝之于夏日之中，周以十炉之火，口不称热，身不流汗，盖用此方者也。"

可能是炎帝、祝融的地位太高，宋以后没像春官句芒那样继续留在民间立夏风俗中，而是销声匿迹了，但"夏暑以养"的基调越来越得到人们的重视。由于中国南北方气温的差异，立夏日"南国似暑北国春"，南方最重视立夏，风俗活动也丰富多彩。

---

〔1〕《太平御览》卷二三《时序部八·立夏》引，北京：中华书局，1960 年影印版。

2. 预防疰（zhù）夏

立夏是夏天的第一天，以后天气逐渐炎热潮湿，能量消耗大，小儿和体质虚弱者会因排汗功能障碍而引起热病，腹胀厌食，睡眠不佳，乏力消瘦，称作"疰夏""苦（枯）夏"。我国中南地区及东南沿海地区较为多见。中华民国二十二年江苏《吴县志》载："俗以入夏眠食不服曰疰。"为了不使身体因疰夏而亏损消瘦，人们想出了种种措施事先预防进补，这些措施汇集到立夏日，成为立夏的节日风俗之一。

立夏日，大部分地区都有吃鸡蛋的风俗。人们认为吃了鸡蛋就能使心气精神不受亏损。谚语说："立夏胸挂蛋，孩子不疰夏。"嘉庆十三年江苏《如皋县志》载："立夏日，家食鸡鹅卵，烹苦荬菜。老人忌坐门槛，可免厄夏之病。"

东南省份小麦熟得早，立夏时麦粒业已形成，人们纷纷制作"麦蚕"，煮熟或生食，用来防治疰夏。中华民国八年江苏《太仓州志》载："麦蚕，采新麦炒熟，磘为细条如蚕形。"光绪三十年江苏《常昭合志稿》载："麦蚕，用新麦穗煮熟，去芒壳，磨成细条。此品自宋有之，见《梦粱录》。"上海《外冈志》载："立夏日，食麦饭，云不蛀（疰）夏。"同治十年《上海县志》载："取麦穗磨之粘如蚕，名麦蚕，小儿所食。"光绪八年上海《嘉定县志》载："立夏日，取半熟麦磨细生食，曰麦蚕。"

南方各地用"七家茶"防治疰夏。"七家茶"顾名思义，就是从7家邻居讨来的茶叶。乾隆十六年江苏《无锡县志》载："立夏日，合七家茶米食之，云不病暑。"光绪八年《苏州府志》载："饮七家茶，免疰夏。"[1]

上海、江苏立夏日吃"摊粞"，也是防治疰夏的节令食俗。记录清代上海风俗的《沪城岁时衢歌》讲："立夏日，剪野菜，有所谓'草子头'者。磨米作粞，入草子头煎之，味甚脆香，名'摊粞'。""草子头"也称"草头""金花菜"，学名叫苜蓿。摊粞就是用糯米粉和草头摊成的煎饼。民间以为，立夏日吃"摊粞"就不会疰夏。同治十年《上海县志》[2]载，立夏日"人家皆以金花头入米粉食，名'摊粞'"。

---

〔1〕《吴县志》《如皋县志》《太仓州志》《常昭合志稿》《外冈志》《上海县志》《嘉定县志》《无锡县志》《苏州府志》，均为丁世良、赵放主编：《中国地方志民俗资料汇编》华东卷上引，北京：书目文献出版社，1995年版，第379、523、417、430、63、8、55、455、371页。
〔2〕丁世良、赵放主编：《中国地方志民俗资料汇编》华东卷上引，北京：书目文献出版社，1995年版，第8页。

另外，各地防止疰夏的风俗还有："立夏日，煮麦豆和糖食之，云不注（疰）夏"；"立夏小儿骑坐门槛，啖豌豆糕，谓之不疰夏"。据说，"男女各试葛衣""小儿服夏衣"，皆可免疰夏之疾。[1]

立夏之日，东南地区还有吃夏饼的习俗。"立夏日，人家以粉米团饼，诸亲馈遗，名曰夏饼"。也有的"杂蔬笋各物和之"，或"以韭菜和米浆煎粿"，名曰"夏粿"。台湾立夏日，"以虾煎面而食，称曰'食虾日'。闽南语音'虾'与'夏'通，为可餍夏也"，也可看作是一种夏饼。[2]

夏天是酷暑炎热的季节，立夏日还有食用樱桃、青梅、蚕豆、玫瑰花、竹笋、松花、海蛳、谷芽饼、新茶等清淡食物和水果的风俗，它实际上是在告诫人们，这些是防暑降温的食物，以后要多吃。光绪三十年江苏《常昭合志稿》[3]载："立夏日，食麦蚕……俗说立夏节物曰'樱桃九熟'，谓樱桃、青梅、新茶、麦蚕、蚕豆、玫瑰花、象笋、松花、谷芽饼也。是日饮烧酒，食海蛳、腌鸭蛋、腌蒜、煎肉圆，或煮豆和糖食之，云免疰夏。"

3. 立夏称人

进入炎热的夏季，体力消耗大，人容易消瘦，体重减轻，于是又有了立夏称人的风俗。清人顾禄《清嘉录》卷四《秤人》载，立夏日"家户以大秤权人轻重，至立秋日又称之，以验夏中之肥瘠"。清人吴曼云《江乡节物词·小序》亦载："杭俗，立夏日，悬大秤，男妇皆称之，以试一年肥瘠。"

此俗主要流行于天气炎热的南方，据说也是为了不疰夏。道光十六年上海《川沙抚民厅志》载，立夏日"悬称称人，曰不疰夏。"民国十八年江苏《光福志》载："立夏，以称权身轻重，云可免疰夏。"[4]

其实，立夏称人只是检测疰夏的方法。立秋后，人体开始积累脂肪准备过

〔1〕丁世良、赵放主编：《中国地方志民俗资料汇编》华东卷上引明崇祯十二年《常熟县志》、民国二十四年南京中正书局《首都志》、道光二十四年《震泽镇志》、民国十九年《相城小志》，北京：书目文献出版社，1995年版，第424、360、447、398页。

〔2〕丁世良、赵放主编：《中国地方志民俗资料汇编》华东卷下引道光十一年福建《罗源县志》、道光十三年《永安县志》、民国二十二年《连江县志》、1977—1983年《云林县志稿》，北京：书目文献出版社，1995年版，第1204、1352、1207、1744页。

〔3〕丁世良、赵放主编：《中国地方志民俗资料汇编》华东卷上引，北京：书目文献出版社，1995年版，第430页。

〔4〕丁世良、赵放主编：《中国地方志民俗资料汇编》华东卷上引，北京：书目文献出版社，1995年版，第22、392页。

冬，疰夏之疾不治自愈，这时再称一下，就会知道一个夏天瘦了多少，就能判断出是否疰夏。

4. 祭雹神

立夏以后，开始出现冰雹，京津、河北地区受害尤重。因此，该地区普遍流行立夏祭祀雹神的习俗。民国十六年河北《晋县志》载："立夏日，祭雹神防灾。"民国二十二年河北《藁城县志》载："立夏日祭雹神，以祈免灾。"民国二十四年河北《新城县志》载："立夏前后三日内，祭雹神。"[1]

5. 荐新之祭

中国人特别强调对死去的父母先人的祭祀，其中有个按节气祭祀新鲜食品的"荐新"之祭，也叫"尝新"。立夏开始有新鲜水果和作物成熟，"荐新"之祭也就开始了。如苏州有"立夏见三新"之谚，三新为樱桃、青梅、麦子，用来祭祖。道光六年《昆新两县志》载："立夏日，设樱桃、梅子、麦蚕〔炒新麦䅶（去壳）之如蚕状〕、窨糕、海蛳等物，饮火酒，谓之'立夏见三新'。"光绪八年《苏州府志》和民国二十二年《吴县志》均载："立夏日，荐樱、笋、麦蚕、蚕豆。"[2]

即便没有新收获的水果食物，立夏日也要祭祀祖先神灵。民国三十七年福建《藤山志》载："立夏日，家家煮鼎边糊，炊碗糕，祭祖先，谓之'做夏'。"台湾《云林县志稿》载："立夏日，以百笋、咸蛋、芥菜等物祭祖享神。"[3]

（三）立秋

立秋一般在阳历8月8日前后，农历七月。古人"一叶落而知秋"，秋天气温逐渐下降，谚语说："早上立了秋，晚上凉飕飕。"秋天还是万物成熟收获的节气，即现在说的秋收、秋耕、秋种等"三秋"。当然，三秋也指三年；也指孟秋、仲秋、季秋三个月。《诗经·王风·采葛》有"一日不见，

---

〔1〕丁世良、赵放主编：《中国地方志民俗资料汇编》华北卷，北京：书目文献出版社，1995年版，第88、101、333页。
〔2〕丁世良、赵放主编：《中国地方志民俗资料汇编》华东卷上引，北京：书目文献出版社，1995年版，第404、370、379页。
〔3〕丁世良、赵放主编：《中国地方志民俗资料汇编》华东卷下引，北京：书目文献出版社，1995年版，第1199、1744页。

如三月兮""一日不见，如三秋兮""一日不见，如三岁兮"的诗句。我们经常说的"一日不见如隔三秋"，明显不是三个月或三年，而是三个秋天，9个月。

按照西汉董仲舒在《春秋繁露·四时之副》所讲，"秋清以杀""罚为秋""秋，怒气也，故杀"，以及"秋收冬藏"的说法，秋天的基调就是"清""收"或"杀""罚"。古代的死刑，一般是秋冬行刑，叫"秋后问斩""严霜之诛""秋决"。《礼记·月令》载："凉风至，白露降，寒蝉鸣，鹰乃祭鸟，用始行戮。"这是立秋三候和处暑的第一候，是开始行戮的时间。《周书时训》[1]曰："立秋之日凉风至……凉风不至，国无严政。"所以，立秋日是可以行戮的第一天。《汉书·孙宝传》载，西汉京兆尹孙宝立秋日任命侯文为东部督邮，说："今日鹰隼始击，当顺天气去奸恶，以成严霜之诛。"

1. 迎秋与白帝、蓐收

立秋开始进入收获季节，如同立春一样，周朝时，立秋之日，天子亲率三公、九卿、诸侯、大夫迎秋于西郊，郊祀白帝和蓐收。回来后赏赐军队各级将校，并命令将帅"选士厉兵，简练杰俊，专任有功，以征不义"。

到汉代，京师百官都穿着象征秋天的白色衣服迎秋，回来后改穿绛（深红）色，直到立冬。《后汉书·祭祀志中》载："立秋之日，迎秋于西郊，祭白帝、蓐收，车旗服饰皆白。"《后汉书·礼仪志中》亦载："立秋之日，夜漏未尽五刻，京都百官皆衣白，施皂领缘中衣，迎气（于）白郊。礼毕，皆衣绛，至立冬。"

《淮南子·天文训》载："西方金也，其帝少昊，其佐蓐收，执矩而治秋。其神为太白（金星），其兽白虎，其音商，其日庚辛。"少昊是远古东夷族首领，被尊为西方天帝、白帝，为古代司秋之神，使者为太白金星，五行属金，四象为白虎，五音为商，天干为庚辛。我们经常说的"金秋"，就是因为秋天五行属"金"。

蓐收是少昊的辅佐神，又称秋神、金神，手拿着直角尺，管理着西方和秋天，在典籍中有多种传说。《左传·昭公二十九年》叙述了"金正蓐收、水正玄冥"等之后，说："少昊氏四叔……该为蓐收"。《礼记·月令》言："其

---

〔1〕《太平御览》卷二五《时序部一〇·立秋》引，北京：中华书局，1960年影印版。

帝少皞（昊），其神蓐收。"东汉郑玄注曰："蓐收，少皞氏之子曰该，为金官。"袁珂《山海经校注·海外西经》载："西方蓐收，左耳有蛇，乘两龙。"据《国语·晋语二》载，春秋时，虢公梦见在宗庙见到一位神人，白毛、虎爪、执钺，对他说："你别跑，天帝命令晋国袭入你国门。"醒后，虢公让史嚚占卜解梦，史嚚说："据您描述，这是蓐收，是天上的刑杀之神。"6年后，虢国果然被晋国灭亡了。《山海经·西山经·西次三经》还说他是司日入之神。所以，蓐收又是古代的刑杀之神和司日入之神。

2.戴楸叶

早在唐宋时期民间妇女就有立秋戴楸叶的风俗，人们希望早早结束盛夏的暑热，通过戴楸叶来迎接秋天的到来。《东京梦华录》卷八《立秋》载："立秋日，满街卖楸叶，妇女儿童辈皆剪成花样戴之。"时至南宋，此风犹盛。南宋吴自牧《梦粱录》卷四《七月》载，立秋日"都城（临安，今杭州）内外，侵晨满街叫卖楸叶，妇人女子及儿童辈争买之，剪如花样插于鬓边，以应时序"。南宋诗人范成大《立秋二绝》还有"折枝楸叶起园瓜"的诗句。

延至明清时期，戴楸叶的风俗经久不衰，各地方志均有记载。如，康熙三十三年《登州府志》载："立秋，（妇女）戴楸叶。"乾隆三十九年山东《曲阜县志》载："立秋之日，妇女皆佩楸。"民国十二年江苏《至顺镇江志》亦载："立秋，戴楸叶。"[1]乾隆四十三年河北《安肃县志》[2]载："立秋日，皆戴楸叶"。立秋这天，妇女儿童将剪成各种花样的楸叶或插于鬓角，或佩于胸前，除迎接秋天到来外，还寓意着秋季平安。

3.悬秤称人、贴秋膘、咬秋、防疟痢、荐新

立秋悬秤称人是立夏称人的继续。伏天人们胃口差，所以不少人都会瘦一些，俗话说"一夏无病三分虚"。立秋悬秤称人，将体重与立夏日所秤之数对比，如果体重减轻得严重，就叫"疰夏"。瘦了当然需要"补"，故称"贴秋膘"。《京都风俗志》载："立秋日，人家亦有丰食者，谓之'贴秋膘'。"光绪十二年河北《通化通志》载："立秋日，啖瓜果肥甘，曰'填秋膘'。"

---

〔1〕丁世良、赵放主编：《中国地方志民俗资料汇编》华东卷上引，北京：书目文献出版社，1995年版，第217、290、475页。

〔2〕丁世良、赵放主编：《中国地方志民俗资料汇编》华北卷引，北京：书目文献出版社，1995年版，第337页。

沧州一带"立秋节家家食水饺子"，也是为了"贴秋膘"。[1]

"咬秋"也称"啃秋"，一般是在立秋这天吃西瓜或香瓜。清人张焘《津门杂记·岁时风俗》载："立秋之时食瓜，曰咬秋，可免腹泻。"民国二十四年南京《首都志》载："立秋前一日食西瓜，谓之啃秋。"[2]

俗话说"立秋之日凉风至""立秋洗肚子，不长痱子拉肚子"。肚子受了凉或吃了不洁的食物很容易得疟痢，这是一种非常可怕的急性传染病。人们纷纷用吃瓜、饮用新水、烧酒，吃"七粒豆"等防治疟痢。京津、河北"立秋日相戒不饮生水"[3]。淞沪地区"立秋日饮新汲水，云不病疟痢"，也有的"立秋日食瓜，饮新汲水，云令人不疟痢"。江苏"立秋日取西瓜和烧酒食之，以防疟痢。"无锡一带"立秋日食瓜，或以赤豆七颗和水吞之，以防疟痢"。[4]

由于立夏以来不断有新鲜作物收获，祭祀祖先的荐新也随时进行。民国二十二年江苏《吴县志》[5]载："立秋前一月，市肆已罗列西瓜，至是居人始荐于祖祢，俗称'立秋西瓜'。"河北、北京一带把"十月一，送寒衣"放在立秋开始。光绪二十八年《顺天府志》[6]载，立秋日"祀先以麻秸奠酒为诚，买纸钱、冥衣，烧化于坟，谓之'送寒衣'。仍以新土覆墓"。

（四）立冬

立冬，也称作"阳日"，一般在阳历 11 月 8 日前后，农历十月。按照上述西汉董仲舒在《春秋繁露》所讲，"冬寒以藏""刑为冬""冬，哀气也，故藏"的说法，由于冬天是"万物终成"，其基调就是"藏"；又由于"刑为

〔1〕丁世良、赵放主编：《中国地方志民俗资料汇编》华北卷引，北京：书目文献出版社，1995 年版，第 252、369 页。

〔2〕丁世良、赵放主编：《中国地方志民俗资料汇编》华东卷上，北京：书目文献出版社，1995 年版，第 361 页。

〔3〕丁世良、赵放主编：《中国地方志民俗资料汇编》华北卷引《顺天府志》，北京：书目文献出版社，1995 年版，第 5 页。

〔4〕丁世良、赵放主编：《中国地方志民俗资料汇编》华东卷上引光绪八年《嘉定县志》、光绪八年《宝山县志》、光绪二十二年江苏《锡金识小录》、嘉庆十八年《无锡金匮县志》，北京：书目文献出版社，1995 年版，第 55、67、451、454 页。

〔5〕丁世良、赵放主编：《中国地方志民俗资料汇编》华东卷上，北京：书目文献出版社，1995 年版，第 381 页。

〔6〕丁世良、赵放主编：《中国地方志民俗资料汇编》华北卷，北京：书目文献出版社，1995 年版，第 5 页。

帝颛顼高阳氏

颛顼。选自《古今君臣图鉴》

冬"，另一个基调是"哀"和"刑"。所以冬天是处决死刑犯的季节。京房《易占》[1]曰："立冬……人君当兴边兵，治城郭，行刑决罪。"

《三礼义宗》[2]讲："十月立冬为节者，冬，终也。立冬之时，万物终成。"立冬万物终成，秋季作物全部收获、晒干，收藏入库，动物也已藏起来准备冬眠。冬季开始了。

1. 迎冬与颛顼、玄冥

立冬如同立春、立夏、立秋一样，周朝时，帝王要亲率文武百官到郊外"迎冬"，祭祀冬神颛顼和玄冥，回来后要"赏死事，恤孤寡"。到东汉时，文武百官都要穿上黑色服饰，到北郊祭祀冬神黑帝和玄冥。《后汉书·祭祀中》载："立冬之日，迎冬于北郊，祭黑帝玄冥，车服服饰皆黑。"《后汉书·礼仪志中》亦载："立冬之日，夜漏未尽五刻，京都百官皆衣皂，迎气于黑郊。礼毕，皆衣绛，至冬至绝事。"这种"四郊迎气"的礼俗直到两宋，仍然奉行不替。

《淮南子·天文训》载："北方水也，其帝颛顼，其佐玄冥，执权而治冬。其神为辰星（水星），其兽玄武，其音羽，其日壬癸。"颛顼高阳氏是黄帝的曾孙，传说的"五帝"之一，被尊北方天帝、黑帝，五行为水，四象为玄武，五音为羽，天干为壬癸，使者为水星，辅佐神为玄冥，主管着水、北方和冬天。

颛顼为五帝之一，黄帝之孙。他建都于高阳古城（今河北省高阳县），故称高阳氏，其所居玄宫为北方之宫，北方色黑，五行属水，因此古人说他是以水德为帝，又称他玄帝。他以句芒为木正、蓐收为金正、祝融为火正、玄冥为

---

〔1〕《太平御览》卷二八《时序部一三·立冬》引，北京：中华书局，1960年影印版。

〔2〕《太平御览》卷二八《时序部一三·立冬》引，北京：中华书局，1960年影印版。

水正、句龙为土正，严格遵循黄帝的政策行事，使天下安定太平。

玄冥是黑帝颛顼的辅佐神，手拿秤锤，管理着冬天。上述《左传·昭公二十九年》载："水正曰玄冥。"水正即水官、冬官。该篇又说，"少昊氏有四叔"，"重为句芒，该为蓐收，修及熙为玄冥"。东汉学者郑玄、高诱认为，玄冥是少昊之子。《礼记·月令》言："其帝颛顼，其神玄冥。"郑玄注曰："玄冥，少暤氏之子曰修，曰熙，为水官。"《汉书·扬雄传上》言："终始颛顼、玄冥之统。"颜师古注引应劭曰："颛顼、玄冥，皆北方之神，主杀戮也。"《风俗通·祀典·雨师》称玄冥为雨师。实际上，"冥"是商朝始祖契的 6 世孙，因"勤其官而水死"[1]，被后人奉为水神。《左传·昭公十八年》言："禳火于玄冥、回禄。"杜预注："玄冥，水神。回禄，火神。"

总之，玄冥的传说较多，有水神（官）、冬神（官）、雨师、北方之神、主杀戮之神等诸多的头衔。

2."五风信"和开仓收租日

据各地方志记载，由于立冬被十月一"寒衣节"冲淡，庆祝活动较少。淞沪和江苏太湖一带较重立冬节。民国二十二年《吴县志》载："（十月）初五日为五风生日，太湖渔者千余家飨濒湖诸神。是月有风，每五日如期而至，终岁皆然，可以扬帆捕鱼，谓之'五风信'。立冬日取桑叶风干入药。农既登谷，业田者开仓收租。"同治十年《上海县志》和光绪五年《青浦县志》均载："立冬起五风信，五日一风，有雨，名'湿五风'。"《吴县志》所说的"取桑叶风干入药""田者开仓收租"，也是该地区普遍流行的习俗。光绪八年《苏州府志》亦载："立冬日取桑叶风干入药。农既登谷，业田者开仓收租。"[2]由此可知，立冬还是封建租佃关系盛行时的开仓收租日。

二、二至：夏至和冬至

"二至"指夏至和冬至，早在春秋时期就有此称。《左传·昭公二十一年》曰："二至二分，日有食之不为灾。"杜预注曰："二至，冬至、夏至；

〔1〕《国语·鲁语上》，上海：上海古籍出版社，1978 年版。
〔2〕丁世良、赵放主编：《中国地方志民俗资料汇编》华东卷上引，北京：书目文献出版社，1995 年版，第 383、9、47、370 页。

夏至致日图。选自《钦定书经图
说》，清代孙家鼐等编

二分，春分、秋分。""二至"是相反相应的节气，也是二十四节气中通过观物象最早被确定的两个节气。《左传·昭公十七年》讲到"少昊氏鸟名官"时说："伯赵氏，司至者也。"杜预注曰："伯赵，伯劳也。以夏至鸣，冬至止。"由于伯劳鸟夏至鸣叫，冬至停止，太昊氏命以伯劳鸟为图腾的氏族负责主管夏至、冬至。

（一）夏至

夏至在古代也称夏节，在阳历 6 月 21 日前后，阴历一般在五月。《月令七十二候集解》讲："夏，假也，至，极也。万物于此皆假大而至极也。"《汉学堂经解》所辑崔灵恩《三礼义宗》讲："至有三义：一以明阳气之至极；二以明阴气之始至；三以明日行至北至。"夏至这天，阳气至极，阴气始生，阳光几乎直射北回归线，是北半球一年之中，白昼最长，黑夜最短的一天。"日长之至，日影短至，故曰夏至"。民谚有"吃过夏至面，一天短一线""长到夏至短到冬"的说法。由于夏至前后日长夜短，古代计时的刻漏规定："夏至之日，昼六十五刻，夜三十五刻。"[1]

1. 天子祭天与"助微气之养"

《周礼·春官宗伯第三·大司乐》载："冬日至于地上圜丘奏之……夏日至于泽中方丘奏之。"这是讲，冬至日天子祭天于"地上圜丘"，夏至日祭地于"泽中方丘"，大司乐负责奏乐。

《史记·封禅书》载："冬日至，祀天于南郊，迎长日之至；夏日至，祭地祇。"

《晋书·武帝纪》载："并圜丘、方丘于南北郊，二至之祀合于二郊。"

根据上述典籍记载，从西周开始，天子就有"夏至日祭地于泽中之方丘"的典礼。"圜丘"和"方丘"，都在郊外，所以也称为"郊祀"。古人认为天圆地方，方丘是一象征大地的方坛，四周有水像湖泽一样，也叫"方泽"。古

---

〔1〕《太平御览》卷二三《时序部八·夏至》引《古今历术》，北京：中华书局，1960 年影印版。

代认为夏至是阳尽阴生的开始，地又代表着阴，所以夏至祭地，意为清除荒年。现在北京的地坛，就是明清两朝皇帝每年夏至祭地的场所。

北京地坛

由于夏至阴气始生，冬至阳气始生，为了"助微气之养"，先秦时期的天子"二至"期间须修息静养，不兴师动众，不听政事，商旅不行。《周易·复卦》称："雷在地中，复。先王以至日闭关，商旅不行，后不省方（君主不省巡四方）。"《五经通义》[1]曰："夏至阴始动而未达，故寝兵鼓，不设政事，所以助微气之养也。"

2.夏至的庆贺活动

两汉以前，帝王百官贺冬至而不贺夏至。因为"冬至阳气起，君道长，故贺；夏至阴气起，君道消，故不贺"[2]。其实，从汉代开始，人们就已庆贺夏至。《风俗通义·怪神》载："予之祖父郴，为汲令，以夏至日诣见主簿杜宣，赐酒。时北壁上有悬赤弩，照于杯，形如蛇，宣畏恶之，然不敢不饮。其日，便得胸腹痛切，妨损饮食，大用羸露，攻治万端，不为愈。后郴因事过至宣家窥视，问其变故，云：'畏此蛇，蛇入腹中。'郴还听事，思惟良久，顾见悬弩，必是也。则使门下史将铃下侍徐扶辇载宣，于故处设酒，杯中故复有蛇，因谓宣：'此壁上弩影耳，非有他怪。'宣遂解，甚夷怿，由是瘳平。"这个"杯弓蛇影"成语的版本出处姑且不论，应劭的祖父是东汉人，主簿杜宣去见他，如果不是庆贺夏至节，二人不可能在办公的地方喝酒。

南北朝开始大张旗鼓地庆贺夏至。《南史》卷五十七《沈约传》载，东晋末年沈穆夫兄弟遭沈预陷害致死，其子沈林之、沈田之长大后为父辈报仇，"五月夏节日至，（沈）预政大集会，子弟盈堂。林之兄弟挺身直入，斩预首，男女无论长幼悉屠之"。沈预一家"大集会，子弟盈堂"，显然是在庆祝夏至节。

〔1〕《太平御览》卷二三《时序部八·夏至》引，北京：中华书局，1960年影印版。
〔2〕《太平御览》卷二八《时序部一三·冬至》引《汉书》，北京：中华书局，1960年影印版。

3. 祭祖荐新

夏至时值麦收，自古以来有在此时庆祝丰收、祭祀祖先之俗，以祈求消灾年丰。乾隆二十八年《福山县志》载："夏至荐麦，用青麦炒半熟磨成条，名曰'碾转'。"光绪七年《增修登州府志》亦载："夏至，荐新麦。"乾隆十七年上海《金山县志》载："夏至日，祀先，荐新麦。"[1]

夏至这天，北方各地普遍吃面条，有"冬至馄饨夏至面"的谚语。

（二）冬至

冬至又称"冬节""一阳节""长至节""亚岁""至日""长至""短至""日南至"等，民间俗称"过冬"。在阳历 12 月 23 日前后，一般在阴历十一月。

夏至是一年之中，北半球白昼最长，黑夜最短的日子，冬至则是一年当中，北半球白昼最短，黑夜最长的一天，以后白昼就慢慢长了。唐诗人杜甫有"刺绣五纹添弱线"的诗句。是说，冬至后因白昼变长，刺绣的宫女能比平时多织一线之功，需日添一线。民间叫"吃了冬至饭，一天长一线"。

《太平御览》卷二十八《时序部一三·冬至》引《三礼义宗》讲，冬至有三义："一者阴极之至；二者阳气始至；三者日行南至。故谓之冬至也。"

"阴极之至"是说，阴气到了极盛的顶点；"阳气始至"，即阴气盛极而衰，阳气开始回生，也叫"一阳生""阴极而阳始至"。杜甫《小至》有句诗叫"天时人事日相催，冬至阳生春又来"。"日行南至"，也叫"日南至，渐长至"。由于地球是斜着身子绕太阳公转的，有时是北半球对着太阳，有时是南半球对着太阳。夏至时，太阳光直射点在北纬23° 26′的纬线上，我们把它叫北回归线。夏至过后，太阳直射点逐渐从北回归线南移，到冬至时，直射点在最南界的南纬23° 26′，叫作南回归线。这就是我们说的"日行南至"。

后来也把"冬至三义"叫"三至"。其实，冬至有好多至：阴极之至，阳气始至，日南至，日短之至，夜长之至，日影长之至。

---

[1] 丁世良、赵放主编：《中国地方志民俗资料汇编》华东卷上引，北京：书目文献出版社，1995 年版，第 226、221、37 页。

1. 天子祭天

根据上述夏至所引《周礼·春官宗伯第三·大司乐》《史记·封禅书》《晋书·武帝纪》的记载，从西周开始，天子于"冬至日祀天于地上之圜丘"。古人认为天圆地方，圜丘是一座圆形的祭坛。冬至"圜丘祀天"与夏至"方丘祭地"，都在郊外，所以也称为"郊祀"。

北京天坛

后来，唐宋元明清的皇帝冬至日都要举行祭天大典，叫"冬至郊天"。现在北京天坛的圜丘，就是明清两朝皇帝每年冬至祭天的场所。

2. 冬至禁忌："安身静体""静而不扰"

西汉刘向《五经通义》等许多典籍都记载，冬至这天"阳气萌，阴阳交精，始成万物，气微在下，不可动泄"，所以要"安身静体""静而不扰"。这天除"圜丘祀天"外，什么也不能干，朝廷上下放假休息，天子不上朝，百官不办公，军队不操练，边塞闭关，商旅停业，百姓不出门旅游，亲朋各以美食相赠，相互拜访，欢乐地过一个"安身静体"的节日。

《太平御览》卷二十八《时序部十三·冬至》援引各书载：

《五经通义》："冬至寝兵鼓，商旅不行，君不听政事，曰冬至阳气萌，阴阳交精，始成万物，气微在下，不可动泄。王者承天理，故率天下静而不扰也。"

《神农书》："冬至，阴阳合精，天地交让，天为尸湿，地为不冻，君为不朝，百官为不亲事，不可出游。"

《白虎通》："冬至前后，君子安身静体，百官绝事不听政。择吉辰而后省事。"

《续汉书·礼仪志》："冬至前后，君子安身静体，百官绝事不听政。择吉日而后省事。绝之日，夜漏未尽五刻，京都百官衣皂，听事之日，百官皆衣绛。"

今本《后汉书·礼仪志中》亦载："冬至前后，君子安身静体，百官绝事不听政，择吉日而后省事。绝事之日，夜漏未尽五刻，京都百官衣绛，至立春。"冬至百官停止办公时穿黑衣服，选择吉日恢复办公后，穿深红色衣服，直到立春。

今山西一带，到晚清民国时期仍然传承着这一习俗。民国九年山西《虞乡县新志》[1]载："冬至即冬节，关门闭户，以养微阳。"

当然，不从其俗，出门远行，或者冬至处理公务者，也大有人在。《吕氏春秋·有始》载："冬至日，行远道，周行四极，命曰玄明。"东汉有两个爱民如子的廷尉，一个是傅贤，"每冬至断狱，迟回流涕"[2]。还有个盛吉，每到冬节判案，总是拖到晚上再看卷宗，盛吉手持丹笔，妻子为他执烛，"夫妻相向垂泪"[3]。

3. 贺节、献履袜、作赤豆粥

古代帝王百官以"冬至阳气起，君道长，故贺；夏至阴气起，君道消，故不贺"[4]。故而，古代有"贺冬至而不贺夏至"之说。《易通卦验》载："冬至始，人主与群臣左右纵乐五日，天下之众亦家家纵乐五日，以迎日至之礼。"[5]今本《礼记·月令》亦载："日短至。"东汉郑玄引《易》及《乐春秋说》云："冬至，人主与群臣从八能之士，作乐五日。"这应该是庆贺冬至的最早由来。

从两汉到两宋，朝廷十分重视冬至，唐中宗曾讲："俗谚云：'冬至长于岁。'"[6]这是后来"冬至大于年"谚语的最早来源。各级官员、各国使节要向皇帝贺节，仅次于元旦正朝，称作"亚岁"。官僚士大夫也要互相拜贺，称作"贺节"。群臣还要向皇帝进献鞋袜，并作赤豆粥（红豆饭）庆贺。《太平御览》卷二十八《时序部一三·冬至》引《宋书》曰："魏晋冬至日受万国及百僚称贺，因小会，其仪亚于岁朝也。""冬至朝贺享祀皆如元日之仪，又

〔1〕丁世良、赵放主编：《中国地方志民俗资料汇编》华北卷引，北京：书目文献出版社，1995年版，第709页。

〔2〕《太平御览》卷二八《时序部一三·冬至》引《后汉书》，北京：中华书局，1960年影印版。

〔3〕《通典》卷二五《职官七·大理卿》，北京：中华书局，2016年版。

〔4〕《太平御览》卷二八《时序部一三·冬至》引《汉书》，北京：中华书局，1960年影印版。

〔5〕《太平御览》卷二八《时序部一三·冬至》引，北京：中华书局，1960年影印版。

〔6〕《旧唐书·礼仪志一》，北京：中华书局，1975年版。

进履袜，作赤豆粥。"

三国曹植有《冬至献袜颂表》，讲到朝廷有冬至"献履贡袜""迎福践长"的礼仪，并提到"亚岁迎祥，履长纳庆"，全文曰：

> 伏见旧仪，国家冬至献履贡袜，所以迎福践长。先臣或为之颂，臣既玩其嘉藻，愿述朝庆。千载昌期，一阳嘉节，四方交泰，万物昭苏，亚岁迎祥，履长纳庆，不胜感节，情系帷幄，拜表奉贺。并献纹履七量，袜若干副，上献以闻。谨献。

由于冬至照出来的日影最长，人们从冬至中悟出一个"长"字，也叫"长至"，人们要穿上新鞋袜"践长至"。北魏崔浩《女仪》[1]讲："近古妇人常以冬至日上履袜于舅姑（公婆），践长至之义也。"看来，冬至还是媳妇祝福公婆尊长"迎福践长"、健康长寿的节日。直到清代，孔夫子的家乡山东曲阜一带仍然传承着这一孝道，冬至"妇人进履焉于舅姑"[2]。

4.阖家团圆

阖家团圆是中国传统节日的主旋律，尤其是春节和中秋节。其实。从先秦到两宋，冬至节、重阳节强调阖家团圆的程度远胜于中秋节，元明清时期逐渐淡化。

《南史·席阐文传》载，南朝梁浙江东阳太守席阐文，冬节把监狱的犯人全部放回家，过完节后都回来认罪伏法，无一逃亡。《南史·循吏传》还载，南朝梁傅歧为浙江始新县令，冬节到了，想把一死囚犯放回家，看守监狱的狱曹掾说："古者有此，今不可行！"傅歧说："其若负信，县令当坐。"傅歧的意思是，如果他不守信用逃匿，我负法律责任。冬节过后，这个死囚犯按时返回。从狱曹掾说的"古者有此，今不可行"来看，南北朝以前，国家一直有冬至监狱的囚犯回家团圆，庆祝冬至节的法律。

隋唐时期过冬至，更加强调阖家团圆。杜甫《冬至》诗"年年至日长为客，忽忽穷愁泥杀人"，就抒发了生活穷困，冬至日流落他乡，不能与家人团圆

---

〔1〕《太平御览》卷二八《时序部一三·冬至》引，北京：中华书局，1960 年影印版。
〔2〕丁世良、赵放主编：《中国地方志民俗资料汇编》华东卷上引《曲阜县志》，北京：书目文献出版社，1995 年版，第 290 页。

的伤感。白居易《邯郸冬至除夜思家》诗，字里行间都表达了自己的思念家人之情。

> 邯郸驿里逢冬至，抱膝灯前影伴身。
>
> 想得家中夜深坐，还应说着远行人。

这首诗与王维的《九月九日忆山东兄弟》如出一辙。

《东京梦华录》卷十《冬至》载："十一月冬至，京师最重此节，虽至贫者，一年之间，积累假借，至此日更易新衣，备办饮食，享祀先祖。官放关扑，庆贺往来，一如年节。"穷人一年到头积攒钱，就是为了冬至这天买新衣服，备办冬至饭，祭祀祖先，如果攒不够，就是借贷，也得置办。为了庆贺冬至节，"官放关扑，庆贺往来，一如年节"。关扑即类似现在赌博、有奖销售、有奖竞猜一类的游戏。冬至这天，这类娱乐场所不受时间限制，可以通宵达旦。

5. 拜冬

明清时期，北方地区冬至祭祖拜师，非常普遍，有的还要拜朝廷、拜官府，通称"拜冬"。京师一带"冬至日，百官朝贺毕，退祀其先，具刺互拜如元旦仪"。天津、河北"冬至，拜官府，谒师长，为年节礼，绅衿行之"[1]。山东济南"长至日，缙绅随地方官诣万寿宫望阙朝拜，士亦投刺拜贺，弟子致礼于先生。"[2]

中国的传统节日特别强调对死去的父母祖先的祭祀和缅怀，对尊长的孝敬。除春节、清明节外，最为突出的就是冬至节了。祭祀祖先时，有的"悬祖考遗像于中堂，设拜奠"，有的在祠堂祭拜，有的上冢祭享，"有宗祠者族祭"[3]，其规格如同元旦。"如有无故不与祭者，族之人咸议之"[4]。民国四年北京《顺义县志》讲："冬至祭祖先，官府拜贺如元旦。"民国六

---

〔1〕丁世良、赵放主编：《中国地方志民俗资料汇编》华北卷引《宛平县志》、光绪二十五年《天津府志》，北京：书目文献出版社，1995年版，第15、43页。

〔2〕丁世良、赵放主编：《中国地方志民俗资料汇编》华东卷上引道光二十年《济南府志》，北京：书目文献出版社，1995年版，第92页。

〔3〕丁世良、赵放主编：《中国地方志民俗资料汇编》华东卷上引明嘉靖刻本江苏《江阴县志》、光绪元年山东《陵县志》，北京：书目文献出版社，1995年版，第457、110页。

〔4〕丁世良、赵放主编：《中国地方志民俗资料汇编》华东卷下引中华民国六年福建《长乐县志》，北京：书目文献出版社，1995年版，第1210页。

年天津《宝坻县志》讲："冬至向尊长行庆贺礼，谓之拜冬。一岁中自元旦外，惟立春、冬至为大节，故交相贺也。"[1] 从宋代开始，就以馄饨祭祀先祖。南宋周密《武林旧事》卷三《冬至》载："享先，则以馄饨。"淞沪地区"冬至，治花糕，刲羊豕祀先"。江苏一带，"家无大小，必具酒食祀其先。祀时虽暖，必炽炭于案下，至日祀神享先，必用粉团"，对祖先的寒暖饮食，可谓无微不至。山东曲阜把冬至祭祖和按时令荐新祭祀放到一起，"冬至，陈新历荐黍"[2]。东南沿海一带"冬至，舂米粉为丸荐祖考"[3]，称作是"告冬之义"，即祷告先人，冬日到来了。

京津、河北一带的学校尤其重视冬至节的拜师之礼，冬至节几乎成为学校的专门节日，释菜先师孔子、拜先生、同窗交拜、盛宴飨师，成为学校冬至节的主要活动。咸丰九年河北《固安县志》、光绪二十年《广平府志》均载："冬至日行释菜先师礼，悬像或设主，师生以次肃拜，奠献毕，敬撤像、主，则跪焚之。弟子拜先生，窗友交拜，谓之'拜冬'。"民国二十四年河北《张北县志》载："冬至节……从前，私塾重视此节，谓之过小年，盛宴飨师，各生互相拜年，放假一日为娱乐。"也有的是老师宴请学生。光绪十六年河北《定兴县志》载，冬至"教授于家者，以此日宴饮弟子，答其终岁之仪，多食馄饨"。民国以后，改为"释菜先师，学校儿童醵金祭孔，午聚餐校内"[4]。到民国后期，冬至拜师的风俗歇绝。民国三十年山东《潍县志稿》[5]讲："冬至日清晨，凡在家塾学生各更易新衣，往拜其师，谓之'拜冬'。此俗今已歇绝。"

6. 从赤豆粥到"冬至馄饨夏至面"

两汉魏晋南北朝过冬至，就有做赤豆粥的习俗。《荆楚岁时记》载："十一

〔1〕丁世良、赵放主编：《中国地方志民俗资料汇编》华北卷引，北京：书目文献出版社，1995年版，第21、64页。

〔2〕丁世良、赵放主编：《中国地方志民俗资料汇编》华东卷上引嘉庆二十二年《松江府志》、中华民国二十二年《吴县志》、乾隆三十九年《曲阜县志》，北京：书目文献出版社，1995年版，第4、383、290页。

〔3〕丁世良、赵放主编：《中国地方志民俗资料汇编》华东卷下引清光绪六年《福宁府志》，北京：书目文献出版社，1995年版，第1271页。

〔4〕丁世良、赵放主编：《中国地方志民俗资料汇编》华北卷引，北京：书目文献出版社，1995年版，第293、424、157、463页。

〔5〕丁世良、赵放主编：《中国地方志民俗资料汇编》华东卷上引，北京：书目文献出版社，1995年版，第210页。

月冬至日，作赤豆粥，以禳疫。"上述《太平御览》引《宋书》亦有冬至作赤豆粥的记载。

中国传统节日食品严格而且规范，即便是再清贫，也不能免俗。《北齐书·慕容俨传》载，北齐郑州刺史、领军大将军库狄伏连家有百口，每日口粮仅仓米二升，家人"常有饥色"。"冬至之日，亲表称贺，妻为设豆饼。伏连问：'此豆因何而得？'妻对：'向于食马豆中分减充用。'伏连大怒，典马、掌食之人并加杖罚"。库狄伏连是吝啬，还是克己奉公姑且不论，其妻所做的"豆饼"，应该是赤豆粥的替代物。

隋唐以后，这种吃红豆粥的习俗，被腊八粥取代了。到宋元明清时期，馄饨、水饺、面条、汤圆，成为冬至的节日食品。

北方各地普遍流传"冬至馄饨夏至面"的谚语。有的是"冬至饺子夏至面"，有的是饺子、馄饨同食。民国二十年《天津志略》称："冬至日食馄饨，犹夏至之必食面条也。故俗语云：冬至馄饨夏至面。"清光绪二十四年河北《滦州志》解释说："冬至日作馄饨为食，取天开于子，混沌初分，人食可以益聪明。"[1]光绪二十六年山东《宁津县志》载："冬至，祀先，拜尊长，治酒食，或啖馄饨，烹水饺。"也有的冬至吃面条，如清道光二十三年江苏《武进、阳湖县合志》曰："长至，食面。谚云：'夏至馄饨冬至面。'吴门最重。"[2]

南方则吃汤圆，汤圆又称"团圆""圆餔子""米圆""粉圆""米丸""冬至丸"。明末清初福建漳浦人李瑞和有诗曰："家家捣米作团圆，知是明朝冬至天。""人家作米团而食，谓之'添岁'。门扉、器物各以一丸粘其上，谓之'饲（祀）耗'"，说是"取其圆以达阳气"。"冬至，阳气始萌，故食米圆。凡阳象圆，阴象方。五月阴始生，黍先五谷而熟，则为角黍，以象阴。角，方也。冬至阳始生，则为米圆，以象阳。"[3]中国饮食带有阴阳五行等宇宙

〔1〕丁世良、赵放主编：《中国地方志民俗资料汇编》华北卷引，北京：书目文献出版社，1995年版，第54、265页。

〔2〕丁世良、赵放主编：《中国地方志民俗资料汇编》华东卷上引，北京：书目文献出版社，1995年版，第153、467页。

〔3〕丁世良、赵放主编：《中国地方志民俗资料汇编》华东卷下引中华民国二十五年《漳浦县志》、清康熙三十年《诏安县志》、清乾隆三十三年《福建续志》，北京：书目文献出版社，1995年版，第1318、1319、1195页。

本体论和天人合一的哲学意味，就表现在这里。

除上述节日风俗外，还有冬至测日影以占来年丰凶水旱；埋谷种以验来年丰歉；农家窖菜；贮水造酒；数九；作消寒会、消寒图；射猎；"冬春"；等等。

尽管有"冬至大如年""肥冬瘦年"[1]的民谚，甚至是民国初年还重新确立冬至为冬节，与元旦春节、端午夏节、中秋秋节相提并论，实际上从明朝开始冬至就每况愈下了。明朝万历三十三年《扬州府志》载："冬至前一夕设牺醴祀先，往年民间亦罢市称贺，迩来渐省，相贺者惟官僚士夫，独泰（兴）、兴（化）犹仍旧俗。"明朝崇祯六年《泰州志》亦载："冬至前一日，各家俱祀神、祀先，至正日罢市相贺。今不复行。"到民国十年的江苏《江阴县续志》满怀惋惜地记载说："冬至，贺节。《城堡志》云：'五十年前有之，今则无矣。'谚云：'冬朝大于年朝。'可见当日冬节之重大。"到清末，有的地方过冬至，没有任何节日活动。清道光十七年的山东《临邑县志》载："长至，不作节事。"清光绪二十五年《惠民县志》载："冬至为履长节，他处以是日祀祖先，惠俗不行此礼"。[2]现代人过冬，更没有任何节日活动，只剩下"冬至馄饨夏至面"了。

三、中国岁时风俗探析

从中国岁时风俗的演变，我们可以看出中国社会风俗的许多鲜明特征：

（一）对家庭伦理的珍视

珍视家庭伦理，包括对祖先的崇敬和缅怀，对父母尊长的孝敬，对子孙绵长的希冀。中国的传统节日都有重视家庭伦理、合家团圆的特征，但各个节日表现的侧重点不同。而冬至节除阖家团圆外，特强调儿女对父母寒暖温饱的关爱，冬至进鞋袜，一是严冬保暖，履行儒家"冬温夏清"的孝道；二

〔1〕丁世良、赵放主编：《中国地方志民俗资料汇编》华东卷上引清嘉庆二十二年《松江府志》，北京：书目文献出版社，1995年版，第5页。
〔2〕丁世良、赵放主编：《中国地方志民俗资料汇编》华东卷上引，北京：书目文献出版社，1995年版，第486、507、461、126、162页。

是履长、践长、践长至，祝愿父母长寿。几千年不得温饱的农耕生活，使活着的人在节日中反复进行着"荐新"、祭祖活动，毕竟先人们在阴间更不容易解决温饱问题。

（二）天人合一的宇宙观

中国强调人与自然的和谐，讲天人合一。中国的节日以揭示气候、季节的变化规律，指导农时为主题，体现了古代鲜明的天人合一特征。所谓的天就是自然，就是天地、日月、四时、寒暖、阴晴、风雨、霜露、冰雪等等。《周易·文言》叫作"与天地合其德，与日月合其明，与四时合其序"。就是要人们认识自然规律，掌握自然规律，按自然规律生活，按自然规律生产。中国的二十四节气；七十二候；"春夏养阳，秋冬养阴"；春生夏长，秋收冬藏，就是要"与四时合其序"。

（三）物极必反、盛极而衰的哲理

夏至阳气盛极而衰，阴气始生；冬至阴极阳生，是典型的物极必反、天道循环。就是这种信念，使中国人有了物极必反、否极泰来、柳暗花明的循环论思想，从而使中国人始终以乐观主义的态度眺望未来。即便是冬至，也没陷入数九严寒的恐怖中，而是热烈、乐观地眺望未来，一首"九九消寒歌"，即让人沉浸在"冬至阳生春又来"的美好循环之中。

（四）厚生爱民意识

三伏天防暑降温、养生保健的碧筒饮，"冬病夏治""冬养三九，夏治三伏""夏养阴，冬养阳"的说法；立夏称人防疰夏、贴秋膘的风俗；"冬至萝卜夏至姜，适时进食无病恙""冬至不端饺子碗，冻掉耳朵没人管"的谚语；"二至"期间"安身静体""静而不扰"；等等，无不反映了这一观念。

（五）乐观主义的人生态度

中国人乐观主义的人生态度还渗透到岁时节庆中。一方面是对生活的高度重视和认真负责精神。中国的年、季、月、日、时、刻、更、鼓，以及二十四节气、七十二候，对时光倾注了太多太多的关注和情思，本身就反映了对生活的高度重视和认真负责的精神；另一方面是从自然中吸收美感，给生活以欢乐的氛围、高雅的情趣和美的享受。立春日热闹、喜庆的鞭春牛习俗，三伏天的碧筒饮，都是最好的诠释。人们还从数九严寒中吸收美感，冬至"献履贡袜""迎福践长""亚岁迎祥，履长纳庆"、九九消寒歌、消寒会、消寒图，都给生活增添了高雅、美好的情趣。

第五章（下） 节日风俗

节日是人们从一年中确立的，值得纪念、庆祝、传承的日子。它是人类社会发展到一定阶段的产物，流淌着的源远流长的历史和文化，在人们的社会生活中具有不可或缺的位置和价值。

第一节　节日的由来和演变

节的本意是竹节，《说文五上·竹部》称："节，竹约也。"即把一年像竹节一样分为各个阶段就是节。与农时、天文、历法密切相连的节日，起源于原始崇拜和迷信禁忌。

原始社会，由于生产力低下，人们认识世界，征服自然的能力弱，形成了对天地、日月及各种动植物的图腾崇拜和各种迷信禁忌。例如，中国人崇拜龙，闻一多先生认为，古代越族祭祀龙图腾的"龙舟竞渡"，就是端午风俗形成的渊源[1]。另外，商周时代的天子，都有祭祀社稷山川、日月星辰的祀典。《史记·武帝本纪》裴骃集解引应劭语曰："天子春朝日，秋夕月，拜日东门外。朝日以朝，夕月以夕。"这种对日、月等自然的崇拜，成为后来节日的渊源。

古代人还凭借着感性的、质朴的生活方式，来认识宇宙万物和自然现象，它往往和原始巫术掺杂在一起。例如，经过一冬的干燥，春天一打雷，极容易引起火灾，便产生了远古禁火冷食的禁忌。春秋管仲治理齐国，"修火宪，敬

---

〔1〕闻一多：《端午考》，载《闻一多全集》卷五，武汉：湖北人民出版社，1993年版。

山泽林薮积草"〔1〕。《周礼·秋官司寇·司烜（xuǎn）氏》亦载："中春，以木铎修火禁于国中。"这就是寒食节禁火冷食的来源。每年春季，是瘟疫、流行感冒的易发季节，古人就在这时祓禊（fú xì）防疫，这便是修禊节的来历。阴历五月已进入夏季，蛇、蝎、蜈蚣、蜂、蚊、蝇等毒虫都进入旺季，受伤后的伤口也容易发炎，由于它给人们带来的种种不幸，便把它视为恶月。齐国流行"不举五月子"风俗，这便是五月端午的来源。由于古人对各种天灾人祸得不到合理的解释，在新的一年到来前的腊月，要进行驱逐鬼怪瘟疫的仪式，叫作"驱傩（nuó）""大傩"。这种仪式成为春节除夕的渊源。

为节日提供准确时间概念的是天文、历法。例如春节，首先要确立一年的岁首和正月的朔日。所以，年、月、日、时等岁时，不仅为日常生活计时，也为节日的形成提供了准确的时间。

中国的传统节日，在先秦时期大部分已产生了。可以说，先秦时期是节日的萌芽时期。汉朝是中国传统节日风俗的定型时期。除夕、元旦、元宵、上巳、寒食、端午、七夕、重阳等主要节日风俗都产生了。到魏晋南北朝进一步充实、发展、融合。

从两汉到魏晋南北朝的节日，有以下特点：

第一，儒学的独尊和神学化，使迷信有了完整体系的理论依据。节日的自然崇拜氛围淡化，宗教巫术式的禁忌、祓禊、禳除等风俗强化，节日不是佳节良辰，而是笼罩在恶月恶日、邪鬼、瘟疫的恐怖中，折射着远古人类同险恶生存环境抗争的蹒跚足迹。

第二，道教的产生，佛教的传入，冲击了传统节日。道教的三元节（正月十五上元节、七月十五中元节、十月十五下元节）〔2〕，佛教的浴佛节（四月八日）、盂兰盆会节（七月十五），都渗透到节日风俗中。

第三，对后稷、屈原、介子推、伍子胥等历史人物的祭奠代替了某些原始崇拜活动，节日出现人文化倾向和纪念性意义。

随着节日风俗的发展演变，隋唐时期又呈现出了新的特点：

第一，节日从禁忌、祓禊、禳除等神秘、恐怖气氛中解放出来，转变为礼仪型、娱乐型的"良辰佳节"。

---

〔1〕《管子·立政》，载《诸子集成》，上海：上海书店，1986 年影印版。
〔2〕本章所讲的月、日，如无特殊说明，都是农历。

隋唐时期是中国封建社会的鼎盛时期，在鼎盛国力的拥抱中，到处洋溢着一种清新奔放的时代气息和豪迈昂扬的自信。节日风俗也呈现轻松愉快的生活情调。庄严神秘的仪式变成了喜闻乐见的娱乐活动，爆竹不再是驱鬼的手段，而是欢快和热烈的象征。驱傩变成了街头演出的小戏。上巳节被禊为游春踏青所替代，元宵祭神的灯火变成人们观赏的花灯。有关节日的鬼神也不再狰狞可怕，变得浪漫而富有诗情画意。凶神恶煞的门神先由钟馗武举取代，又转让给威武潇洒的将军。

第二，荡秋千、放风筝、蹴（cù）鞠、打马球、拔河、游猎等大量体育娱乐活动出现在节日中。

第三，节日成为统治者奢侈腐化、与民同乐、歌舞升平的手段。

隋炀帝庆祝元宵节，西域诸国酋长毕集洛阳，在端门大演百戏，戏场绵亘八里，歌舞演员达3万人，灯光照耀天地，彻夜不灭，一连折腾了一个月。唐玄宗制作一巨型灯轮，高达20丈，悬挂花灯5万盏，犹如霞光万道的花树。如果说隋唐本来就是太平盛世，统治者讲究排场是歌舞升平的话，那么，后来的封建统治者在内忧外患的情况下，仍秉承这一传统，则纯粹是粉饰太平了。

第四，隋唐时期的节日，呈现南北风俗融合的特点。

隋唐是对十六国、南北朝以来民族融合的总结和积淀。这种融合、积淀也表现在节日风俗方面。如端午节，并州人民纪念介子推，吴越之地纪念越王勾践、伍子胥、孝女曹娥，荆楚人民纪念屈原。唐宋时，融汇为纪念具有爱国主义精神的屈原了。

明清时期的节日，除沿着游乐型方向发展外，统治者和士大夫阶层出现复古风，主要表现为：其一，用汉魏旧俗来追求原来的"年味"。许多人除热衷于元旦"投刺"，饮椒柏酒、屠苏酒等外，有的同时挂秦琼、尉迟敬德及郁垒、钟馗的画像。有的在年画、春联盛行的情况下偏要挂桃符，或者是既挂门神，也钉桃符，又贴春联。其二，讲究节日的礼仪性和应酬性，年节互相拜谒，庸俗地应酬，虚伪的人际关系，充斥到节日风俗中。

第二节　除夕和元旦

元旦在古代称上日、元日、朔旦、元正、正日、正朝，民间叫作"过年"，辛亥革命后叫春节，是中国传统节日中最隆重、最受重视的节日。

一、由元旦到春节的流变

《诗经·豳风·七月》记载，西周的农夫到年底10月和改岁（过年）前，为庆祝丰收和新一年的到来，集合在一起，"朋酒斯飨（xiǎng），曰杀羔羊，跻彼公堂，称彼兕（sì）觥，万寿无疆！"即备好酒，杀了羊，登上公堂，举起牛角杯，共祝万寿无疆。在这首诗里，已具备了春节的雏形。但它还没固定在某一天进行，并且是在正月之前，还算不上严格意义上的元旦。

元旦的定型，需要一年岁首的定型。夏商周秦，每一次改朝换代，为了表示受命于天，都要"改正朔"。《白虎通·三正》载："王者受命必改朔何？明易姓，示不相袭也。明受之于天，不受之于人，所以变易民心，革其耳目，以助化也。故《大传》曰'王者始起，改正朔，易服色，殊徽号，易器械，别易服'也。"正，指岁首正月，是一年的开始；朔，指每月初一，是一月的开始。正朔是一年第一天的开始。

夏朝以建寅之月（夏历正月），即孟春为岁首正月，以平旦为朔。商代以建丑之月（夏历十二月），即季冬为岁首正月，以鸡鸣为朔。周代以建子之月（夏历十一月），即仲冬为岁首正月，以夜半为朔。秦朝以建亥之月，即孟冬十月为岁首，就称十月，不叫正月。

东汉的儒学家们在《白虎通·三正》中发挥说，周以十一月为正，是天正；商以十二月为正，是地正，夏以十三月（孟春）为正，是人正。这叫作"三正""三统""三微之月"。这"三正"都可以做岁首正月，与此对应的有夜半、鸡鸣、平旦三个时辰可以作朔日的开始。"改正朔"就是重新确立一年的岁首正月和朔日的开始时间。朱熹在《论语集注》中也说："天开于子，地辟于丑，人生于寅，故斗柄建此三辰之月，皆可以为岁首，而三代迭用之。夏以寅为人正，商以丑为地正，周以子为天正也。"

由于从夏朝至汉武帝前，岁首正月不断地改变，所以作为节日的元旦也始终没有定型。汉武帝太初元年（公元前104年），正式实施司马迁、落下闳、邓平等人改定的《太初历》，以夏历正月为岁首。以后，除王莽的新朝和魏明帝一度用殷正，武则天和唐肃宗一度用周正外，历代历法虽有变更，基本上都使用夏正，即以孟春之月为岁首。因此，元旦的节日风俗最晚萌芽于西周，定型于汉武帝。

辛亥革命后，以元旦为春节，端午为夏节，中秋为秋节，冬至为冬节，把阳历1月1日称为新年，而不称元旦。1949年9月27日，中国人民政治协商会议第一届全体会议通过使用公元纪年法，才将阳历1月1日正式定为元旦，而农历正月初一改为春节。在中国古代，元旦一直是春节新年的通用名称，自阳历确立后，元旦的名称被阳历抢走了。

其实，"春节"指的是二十四节气中的立春、春季、春天，或者是二十四节气中春天的六个节气。《后汉书·杨震传》载："冬无宿雪，春节未雨。"指的是春季。中国古代阴历的正月初一，只是元旦，而不是春节。商朝以夏历十二月为正月，周朝以夏历十一月为正月，秦朝和西汉初以夏历十月为岁首，都不是立春之月，当然不能叫春节。

二、除夕

除夕是元旦的前夜，本是腊月的节日，应放在"年底"叙述，但民间向来把它与元旦视同一体，除夕已经沉浸在元旦的享受和兴奋中。再者，民间"过年"最忙碌、最急切盼望的是除夕，真正过年了反倒有点失落了。在此，把除夕与元旦连同一体。

（一）逐傩

除夕是元旦前的最后一天，最首要的活动是要把恶鬼驱逐出家门，这就是逐傩。逐傩是一种驱逐疫疠凶鬼的巫舞，又称"傩""大傩"。《论语·乡党》载：

"乡人傩。"《礼记·月令》载："命有司大傩。"《吕氏春秋·季冬纪》注云："腊岁前一日，击鼓驱疫，谓之逐除。"可见，先秦时期这种逐傩仪式已很盛行。

傩舞由方相氏带领上百人进行，还要击鼓呼噪。《周礼·夏官司马第四·方相氏》载："方相氏掌蒙熊皮，黄金四目，玄衣朱裳，执戈扬盾，率百隶而时傩，以索室驱疫。"《庄子》[1]中以游岛、雄黄对话的形式讲述了当时的傩舞。游岛问雄黄曰："今

宋代佚名绘《傩图》

逐疫出魅击鼓呼噪，何也？"雄黄曰："黔首多疾，黄帝氏立巫，咸使黔首沐浴斋戒，以通九窍；鸣鼓振铎，以动其心；劳形趋步，以发阴阳之气；饮酒如葱，以通五脏。夫击鼓呼噪，逐疫出魅鬼。黔首不知，以为魅祟也。"

从"咸使黔首沐浴斋戒"来看，当时的傩舞是在方相氏的带领下，所有的人都参加，在驱鬼逐疫的同时，还通过傩舞"劳形趋步"，来通畅心气、祛疾健身。

到了汉代，不仅流行于民间，宫中也形成了隆重而盛大的驱鬼逐疫仪式。据《后汉书·礼仪志中》记载，汉宫中的大傩仪式，选10—12岁的中黄门子弟120人为侲子（侲，音zhèn，驱鬼的童子），头带红帻，身穿皂衣，手持鼓。又有人身披熊皮，手执戈和盾，扮作方相氏主舞，带领由12人扮演的猛兽，一边挥舞，一边呼喊。皇帝和文武官员齐集殿前。傩舞反复三遍后，持火炬送疫疠凶鬼出端门，再由千名骑士接过火把送出司马门。门外又有五营骑士千人接过火把，送到洛水边，将火把投入水中。这幅人神联合驱鬼的场面极其壮观，别说没有鬼，就是真有恶鬼，也早被这强大的阵势吓跑了。

到唐宋时，傩舞仪式发展为傩戏，驱鬼逐瘟的功能淡化了，表演性、观赏性和娱乐气氛加强了。

---

[1]《太平御览》卷五三〇《礼仪部九·傩》引，北京：中华书局，1960年影印版。

宫廷的傩戏，有音乐伴奏，文武百官可带家眷一起观赏。宋朝的宫廷傩戏十分奢侈、排场。据《东京梦华录》卷十《除夕》记载，傩戏由皇城亲事官和值班卫士担任。又从教坊中挑选有表演技能的各色人来扮演。这些人要戴假面具，铠甲、旗帜、刀剑一应俱全。扮演的角色有将军、门神、钟馗与小妹、灶神、土地神及各种神兵等，共计有千余人。陆游《老学庵笔记》卷一载，宋徽宗政和（1111—1118年）中大傩，桂府进奉的面具"以八百枚为一副，老少妍陋，无一相似者"。

民间的傩舞也发展为只有三四人的歌舞，可即兴表演说唱故事，也是卖艺者乞钱谋生的手段。名称有打夜胡（狐）、跳灶王、跳钟馗。为了乞钱，这种三五人表演的傩舞，一进腊月门就开始了。由他们扮演的灶公、灶婆、钟馗满街串，住户都要施舍米、钱，不然就不离开。到腊月二十四，跳灶王停止，跳钟馗一直到除夕。

明清时期，傩戏在大部分地区演变为元宵节扮演杂剧，除夕前扮傩戏者逐渐减少，且多为儿童，已非普遍流行的风俗了。辞灶后"儿童击锣鼓，饰鬼面，有傩戏逐疫之遗""有用兵戈金鼓，彩旗色衣，涂面为逐疫之戏者，则童子群趋之"。[1]

晚清民国以后，傩戏演变为正月里唱大戏。电视机出现后，又演变为中央电视台除夕之夜举行的春节文艺晚会。它彻底清除了逐傩的阴影，将喜庆、欢快的娱乐气氛推至高潮，并赋予了时代和科学的新内容、新艺术。

（二）门神、桃符、春联、年画

经过逐傩仪式把恶鬼赶走后，决不能让它们再进家门，中国人很早就有除夕贴门神的习俗。

中国最早的门神是神荼（shū）和郁垒（lǜ）。据东汉王充《论衡·订鬼》引《山海经》《风俗通·祀典》引《黄帝书》、蔡邕《独断》记载，沧海度朔山上有棵大桃树，伸展三千里，其枝的东北曰"鬼门"，有万鬼出入。树上有神荼、郁垒兄弟俩，负责领阅万鬼，拿着苇索，有恶鬼就捆起来喂老

---

〔1〕丁世良、赵放主编：《中国地方志民俗资料汇编》华东卷上引乾隆二十七年山东《乐陵县志》、康熙四十九年山东《茌平县志》，北京：书目文献出版社，1995年版，第132、313页。

虎。黄帝请他俩驱鬼，以桃木梗（gěng）
削神荼、郁垒的形象立在门上，并在门
上悬挂苇索，称作"悬苇"。

　　《战国策·齐策三》载，苏秦对孟
尝君说："今者臣来，过于淄上，有土
偶人与桃梗相与语。桃梗谓土偶人曰：
'子，西岸之土也，挺子以为人，至岁八月，
降雨下，淄水至，则汝残矣。'土偶曰：
'不然。吾西岸之土也，土则复西岸耳。
今子，东国之桃梗也，刻削子以为人，
降雨下，淄水至，流子而去，则子漂漂
者将何如耳。"这两个被捏制、雕刻的
偶人应该就是战国时摆放在门前的门神，
冬春干旱少雨，能够安然无恙，八月雨
多就被冲毁了。待傩舞驱鬼逐疫后，再
重新做一对摆放在门口。

　　唐末五代时，人们又以钟馗为门神。
据《唐逸史》和《梦溪笔谈》记载，唐玄
宗病中梦见一个大鬼捉住一个小鬼，把小
鬼的眼睛剜出来吃了。大鬼自称是落第武
举钟馗，为玄宗扫除妖孽。玄宗醒后，病
就好了。于是，命画家吴道子画钟馗像，
手持宝剑，捉一小鬼。这样，钟馗取代
了神荼、郁垒，成为第二任门神。

　　钟馗任门神不久，大概是因为他狰
狞的形象与春节欢快的气氛不和谐，显
得不够庄重；也可能是因为他一个人把
不住两扇门，不符合中国人对称的习惯，
很快又被撤换，把门神的职位让给了秦
琼、尉迟敬德。据《三教搜神大全》载，

清代年画《门神：神荼、郁垒》

清代年画《门神：钟馗、秦琼、尉迟敬德》

清代年画《门神：马武、姚期》

清代年画《门神：燃灯道人、赵公明》

唐太宗患病，夜里常听到恶鬼呼叫。秦琼、尉迟敬德自愿守门，恶鬼就不敢来了。唐太宗不好老烦劳二人守门，命画二人的像，贴在宫门上，恶鬼照样不敢来。后来，渐渐传到民间，南宋以后民间的门神，大部分是秦琼、尉迟敬德的画像了。明人吴承恩还把这一传说写进了《西游记》中。

唐宋时，因刻桃木人太麻烦，老百姓干脆就在桃木板上画二人的像，或写上二人的名字，除夕更换，叫作"仙木""桃符"。王安石《元日》诗："爆竹声中一岁除，春风送暖入屠苏。千门万户曈曈日，总把新桃换旧符。""换旧符"就是更换这种桃符。

唐代已兴起了雕版印刷术，人们开始在纸上印门神。印出来的门神不仅能驱鬼，而且还具有观赏、装饰价值。于是，到宋代便出现了木版年画。现存最早的木刻年画是宋版的《隋朝窈窕呈倾国之芳容》，画的是王昭君、赵飞燕、班昭、绿珠四人，习惯上称《四美图》。明末清初，以天津杨柳青、苏州桃花坞、山东潍县的木刻年画最著名。

清代年画《新春图》　　　年画《新春大吉》

雕版印刷的门神出现后，桃符逐步失去了原有的意义。五代时，人们开始在桃符上写一些吉利词句，挂在门上。《宋史·五行志》载，宋朝"命翰林为词，题桃符，正点置寝门左右"。据《宋史·蜀世家》记载，五代十国时，后蜀孟昶（chǎng）自题桃符板"新年纳余庆，嘉节号长春"，一般认为是中国第一副春联。后蜀太子曾在本宫策勋府桃符上题"天垂余庆，地接长春。"乾德三年（965年），北宋灭后蜀，任命兵部侍郎，参知政事吕余庆知军府事，以蜀太子策勋衬为处理军务的处所。有人认为："吕公名余庆，太祖皇帝诞圣节号长春，天垂地接，先兆皎然，国之兴替，固前定矣。"[1]

---

〔1〕黄休复：《茅亭客话》卷一《蜀光兆》，上海：上海古籍出版社，2012年版，第99页。

　　中国的对偶句有深厚的文化土壤，汉魏六朝的骈体文刻意追求对偶，古诗中特别是唐诗中有许多对偶佳句，在此基础上春联很快沿袭成俗。直到今天的农村，仍久盛不衰。

　　春联上方两边各有一个"福"字，明清时期也有了。乾隆二十一年（1756年）山东《黄县志》载："除日，贴对联，宜春，迎福字，换门神，桃符。"

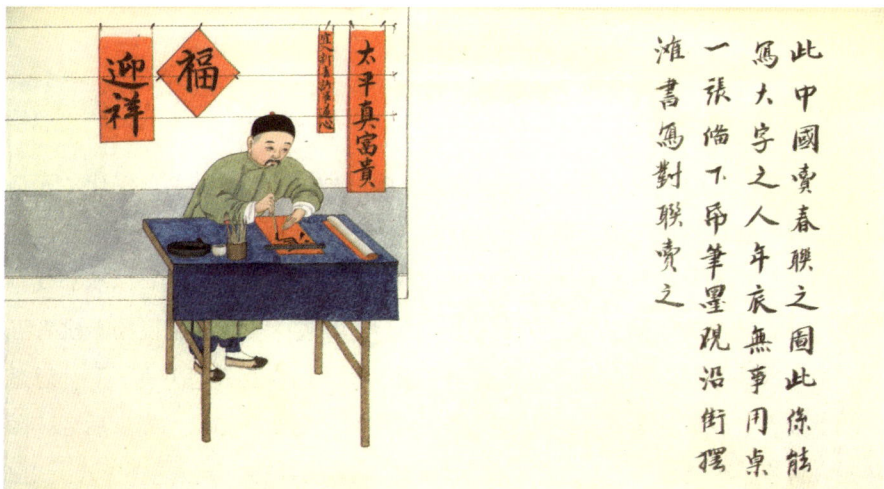

清代《卖春联之图》

　　明清时期，早已被撤职的门神神荼、郁垒、钟馗，过时的桃符，还成为士大夫复古，追求年味的寄托。如道光二十六年山东《招远县志》载："除日……造桃板著门左右枨，谓之'桃符'，换新春联及郁垒、钟馗像。"全国各地的方志都有类似的记载。

（三）守岁

　　"一夜连两岁，五更分二年"。除驱傩、贴门神外，元旦前的主要活动就是守岁了。西晋周处《风土记》载："除夕达旦不眠，谓之守岁。"士庶之家欢聚一堂，围炉团坐，是阖家团圆幸福的时刻。西晋临淄令曹摅，除夕巡监狱，对囚犯们说："新岁人情所重，岂不欲暂见家邪？"[1]让囚犯们都回家过年，克日令还。到了约定的日期，犯人们自动投狱，无一逃亡。《北齐书·循吏传》载，北齐张华原

〔1〕《晋书·良吏·曹摅传》，北京：中华书局，1974年版。

为兖州刺史，"至年暮，唯有重罪者数十人，华原亦遣归家申贺，依期至狱"。

隋唐时期，守岁风俗大行。据说，隋炀帝除夕守岁，用沉香、檀木两种香木架篝火，火焰高达十余丈，香闻数十里，一夜要烧掉珍贵香木 200 多车。唐代宫中守岁，在傩舞的同时，也"燃巨烛，燎沉檀"，并大摆宴席，大臣应制作诗。唐太宗就作过《守岁》诗。唐朝诗人沈佺期在《守岁应制》诗中写道：

> 殿上灯人争烈火，宫中傇子乱驱妖。
> 宜将岁酒调神药，圣祚千春万国朝。

沈佺期在诗中提到岁酒，是守岁或元日喝的椒柏酒、屠苏酒。汉代"元日进椒柏酒。椒是玉衡星精，服之令人身轻，能耐老。柏是仙药。又云进酒次第当从小起，以年少者为先"[1]，还要饮用桃树叶、茎熬成的桃汤，以压邪气。魏晋以后，又增加了屠苏酒。《荆楚岁时记》[2]载："元日服桃汤。桃者五行之精，厌服邪气，制百鬼。今人进屠苏酒、胶牙饧，盖其遗事也。"孙思邈的《千金方》有屠苏酒方。饮酒的次序与传统的敬老次序相反，先少后老。因年少者得岁，年老者失岁，含重视子孙后代之意。明韩奕《新岁述怀》云："白首坐中堂，屠苏最后尝。"

从隋唐到明清、民国，守岁之俗相沿不衰。北宋苏东坡因在陕西任职，给弟弟苏辙写了《守岁》《馈岁》《别岁》二首诗，其中有"儿童强不睡，相守夜喧哗"的诗句。南宋文天祥被俘后，在铁窗内还写过《除夜》诗，其中有"无复屠苏梦，挑灯夜未央"之句。

宋代以后的守岁，房厨灯烛彻夜不灭，称作"守岁烛""照年""上灯"。富贵人家的守岁烛粗大如椽，穷困小户用细烛，灯火微弱，只要终夜不灭就行了。

除家中的烛火外，隋唐时期除夕"架篝火"的旧俗演变为燃烧束草和点天灯，称作"照庭""旺火"。清康熙五十七年山西《临汾县志》载："元日夙兴，燔柏叶，或焚束薪，名曰'兴旺火'。"[3]所谓"点天灯"是在天井中树一根高数丈的杆子，绑上松柏枝燃之，或点一只灯笼，挂在杆子上。《帝京景物

---

〔1〕《太平御览》卷二九《时序部一四·元日》引东汉崔寔《四民月令》，北京：中华书局，1960 年影印版。

〔2〕《太平御览》卷二九《时序部一四·元日》引，北京：中华书局，1960 年影印版。

〔3〕丁世良、赵放主编：《中国地方志民俗资料汇编》华北卷引，北京：书目文献出版社，1995 年版，第 642 页。

清代黄钺绘《春社迎祥图》

略》载："竿标楼阁，松柏枝荫之，夜灯之，曰'天灯'。"[1]现在除夕夜，则家家户户挂灯笼，通宵达旦。

明清时期，除夕守岁出现许多和元旦日重复的习俗，如放爆竹、礼百神、祀祖先、拜尊长、亲族互拜等，称作"辞岁""辞年""分岁""添岁"。康熙三十三年《登州府志》载："至戊夜（五更），明燎爆竹，礼百神，祀祖先，俱同元旦之仪。祭事毕，群子弟暨卑幼各称觞，为父兄尊长寿，谓之'添岁'"。所谓"俱同元旦之仪"，是说这些仪式，到元旦还要再来一遍。

"辞岁"拜贺尊长完毕，家长要给卑幼者分"守岁钱"。道光二十六年《招远县志》载："家长集群子弟为守岁宴。稚子则饼饵啖之，人予以守岁钱，自幼而长，婢仆皆然云。"直到今天的春节，"守岁钱""压岁钱"仍在全国各地盛行。

三、元旦

经过除夕一夜的折腾和盼望，终于迎来了新的一年，也就开始了新年的仪式。

（一）放爆竹

汉代没有火药，在堂前用火烧烤竹节发出噼噼啪啪的响声，以"辟山臊恶

---

〔1〕丁世良、赵放主编：《中国地方志民俗资料汇编》华北卷引，北京：书目文献出版社，1995年版，第2页。

放鞭炮。选自清宫绘本《升平乐事图册》

鬼"。据说，山臊恶鬼居深山中，有一尺多高，人碰上就会生病。

《神异经·西荒经》载："西方深山中有人焉，身长尺余，袒身捕虾蟹，性不畏人，见人止宿，暮依其火，以炙虾蟹，名曰山臊，其音自叫。人尝以竹著火中，爆火朴而出，臊皆惊惮。犯之令人寒热。"

《荆楚岁时记》载："正月一日，是三元之日也，春秋谓之端月。鸡鸣而起，先于庭前爆竹以辟山臊恶鬼。"

魏晋时，炼丹家们发现硝石、硫黄、木炭合在一起能燃烧。宋代高承《事物纪原》说，"马钧始制爆仗"，恐不确。爆仗的出现应该与火药同步或稍晚一点。唐代仍用爆竹，称作"爆竿"。宋代已普遍使用纸裹火药制成的爆仗、鞭炮和"起火"。以后逐步改进，并推广到各种喜庆场合。

（二）穿新衣、吃水饺、拜年和投刺

明清时期的元旦，"无论男女贫富，俱着新洁衣履"[1]，先焚香祀天地、祖先，再拜尊长，吃水饺。然后出门拜宗族亲朋。

中国隋唐时期已有水饺，俗称"饺子""元宝汤"。进入近代以来，饺子的花样增多了，并成为必食的元旦节日食品。中国有句俗语叫"谁家过年不吃

---

〔1〕丁世良、赵放主编：《中国地方志民俗资料汇编》华东卷上引康熙四十七年山东《巨野县志》，北京：书目文献出版社，1995年版，第306页。

顿饺子"。光绪二十四年河北《滦州志》[1]讲："元旦日，食必水饺，其俗千里不异。"民国三十年山东《潍县志稿》[2]载："无贫富均食饺子（俗呼曰扁食），殆取更新交子之义。或暗以花生、枣、栗及铜钱藏之饺子中，家人食得者则辄幸，遇事顺利。"

汉代已有拜年之风。朝廷文武百官首先要给天子行贺年礼，叫作"正旦大会""正朝"。正朝自汉至清沿袭不改，礼仪越来越森严，由普天同庆、与民同庆，发展到纯粹为皇帝一人拜年。

据《后汉书·礼仪志中》记载，汉代的正朝，公侯以璧，二千石官以羊羔，六百石官以雁，四百石以下官以雉，送给皇帝作拜年礼。皇帝要设宴招待群臣。晋朝还要给百官增禄。南朝梁除赐宴外，要赐群臣辟恶散、却鬼丸等物。隋唐时期，皇帝也要赐柏叶，赐御酒，颇有点君臣礼尚往来的味道。

明清时期就不同了。明朝不仅京官正朝，地方官也要向皇帝遥祝。清代元旦朝贺从子夜就开始了。皇帝祭天地，百官要在午门外相送，回来到永寿宫祭祖，给太后行礼，到太和殿接受外臣朝贺，回乾清宫接受嫔妃、太子、公主、郡主、宫女、诸王三跪九叩礼，百官都要恭候，跟着一块跪拜。从子夜一直折腾到中午，不知磕了多少头，折了多少腰，早已是饥肠辘辘，头昏眼花，然而皇帝却不赐宴，大臣们各自拖着疲惫的身子回家用膳。皇帝仅为宗室、王公、贝勒等近臣赐宴。这哪儿是庆贺，简直是一种肉体摧残。这种演变，反映了君主专制制度的僵化和没落。

民间拜年主要是拜同宗族的尊长和亲戚，一般在元旦当日，拜亲戚可推后。据《元史·孝友传一》记载，浙江金华郑氏每逢元旦等岁时，家主郑大和端坐堂上，"群从弟子皆盛衣冠，雁行立左序下，以次进，拜跪奉觞上寿毕，皆肃容拱手，自右趋出"。气氛肃穆，无一人敢喧哗、拥挤。

明清时期，士大夫阶层出现复古风，讲究节日的礼仪性和应酬性，元旦拜年变得复杂、烦琐，庸俗、虚伪的人际关系充斥到节日风俗中。尤其是拜尊长和亲族互拜，除夕夜刚刚进行过，转过身来再拜。清人富察敦崇《燕京岁时记》

〔1〕丁世良、赵放主编：《中国地方志民俗资料汇编》华北卷引，北京：书目文献出版社，1995年版，第263页。
〔2〕丁世良、赵放主编：《中国地方志民俗资料汇编》华东卷上引，北京：书目文献出版社，1995年版，第207页。

《拜贺尊长图》。选自清代《年节习俗考全图》

载，拜年时"亲者登堂，疏者投刺而已。貂裘莽服，道路纷驰，真有车如流水，马如游龙之盛"。

投刺类似今天的递名片、名帖，是古人交往的一种形式。古人谒见，先要投刺。秦末郦食其（yìjī）欲见刘邦，瞋目按剑叱责刘邦的使者，"使者惧而失谒，跪拾谒"[1]。"谒"，就是郦食其见刘邦的名帖。这种谒，到西汉末又称刺。清人赵翼《陔余丛考·名帖》载："古人通名，本用削木书字，汉时谓之谒，汉末谓之刺。汉以后虽用纸，而仍相沿曰刺。"

宋人平时以名刺广交朋友，元旦忙得不能登门拜贺，都是望门投刺。明清时期更加盛行。有的叫"飞贴""拜年贴"，素不相识也互相投贴。有的人家干脆在门口挂上红纸袋，号为"门簿"，来接受拜年贴，以收得多者为荣。

说到名刺，还有一段慈禧太后与吴棠交往的传说。据清末恽毓鼎《崇陵传信录》载：

孝钦后为叶赫那拉氏。天命朝，大兵定叶赫，颇行威戮，男丁罕免者。部长布扬古临没愤言曰："吾子孙虽存一女子，亦必覆满洲。"以此祖制，宫闱不选叶赫氏。孝钦父任湖南副将，卒官。姊妹归丧，贫甚，几不能办装。舟过清江浦，时吴勤惠公棠宰清江。适有故人官副将者，丧舟亦叔河畔。勤惠致赙三百两（或传两千两，非也），将命者误送孝钦舟。复命，勤惠怒，欲返璧，一幕客曰："闻舟中为满洲闺秀，入京选秀女，安知非

〔1〕《史记·郦生陆贾列传》，北京：中华书局，1959年版。

贵人，姑结好焉，于公或有利。"勤惠从之，且登舟行吊。孝钦感之甚，以名刺置奁具中，语妹曰："吾姊妹他日倘得志，无忘此令也。"既而孝钦得入宫，被宠幸，诞穆宗。妹亦为醇贤亲王福晋，诞德宗。孝钦垂帘日，勤惠已任知府，累擢至方面，不数年督四川。勤惠实无他材能，言官屡劾之，皆不听。薨于位，易名曰惠，犹志前事也。

民国时，由于西方文化的传入，公历新年也送印刷而成的贺年片。1911年正月十一日上海《民立报》登载的《新式名片出现》称：

近年吾国用品每喜参用西式，即名柬一项亦都以西式为便。惟此种名柬均为日本人仿造，颜色纯素，于吾国交际场中不甚相宜，每人溢出之利亦颇不少。商务书馆有鉴于此，特制新式名柬十余种，或画或字，模样既精致可喜，设色亦美丽动人，供闺阁名姝之用，也可备新年贺禧之需也。

其实，名片、贺年片，都是中国旧有的传统，是古代人际交往的一种媒介。

（三）破五

唐代诗人张籍《吴楚歌词》有"今朝社日停针线"的诗句，可知隋唐时期的节日就有诸多的忌讳。明清以来，人们越发讲求万事大吉，除夕和春节的忌讳明显增多了。过年"相见各道吉利语"[1]，所有不吉利的字眼都不能吐口。尤其是对小孩，大人总是千叮咛，万嘱咐，一旦口出不吉利的话语，就会遭到大人的训斥。民国时流行这样一段笑话：

有一店铺掌柜大年三十图吉利，给一个伙计取名高升，另一个伙计取名进财。并告诉他俩，初一早上喊他们吃饺子时，一定要响响快快地答应。初一凌晨，掌柜早早煮好水饺，喊他俩起来，吆喝一声："进——财！"进财一边穿衣服，一边大声回答："出去了！出去了！"掌柜听了很扫兴。接着又喊："高——升！"高升住在阁楼上，连忙答应："下来了！下来了！"掌柜气得连话都说

〔1〕丁世良、赵放主编：《中国地方志民俗资料汇编》华东卷上引中华民国二十二年江苏《吴县志》，北京：书目文献出版社，1995年版，第377页。

不出来了。

其他的忌讳还有很多，除夕夜"各室遍燃灯烛，时以百灵下界，鸡不鸣，犬不吠，污水不泼地，炊食不拉风匣，盖惧有冲撞也"。元旦期间"不以生米为炊""不汲水，不洒扫，不乞火，不用针剪""男子不举笔，妇人不拈针，罢市三日"。[1]乾隆四年《天津志略》[2]载："元旦日食黍糕，曰年年糕。（拜年）于至亲、至友处则登堂叩头，主人饷以百事大吉盒，中置柿饼、荔枝、桂圆、核桃、枣、栗等品，一品必佐以吉语，柿饼曰事事如意，核桃曰和和气气，更合枣、栗、花生、桂圆，而曰早生贵子。……是日，禁刀剪及裁割、扫除、倾水等事……初五日谓之'破五'，五日内最忌损坏物件及煎烤食物。"

所谓"破五"，是说过了正月初五这天，除夕和春节的诸多禁忌都可以破，祭祀、拜年、酒宴等，也都停止了。从初六开始，工商开市，农民劳作，一切恢复到平日状态，元旦结束了。从以下方志的记载即可看出这一习俗的含义：

民国二十二年北京《顺义县志》："元旦燃烛、爇（ruò）香、放爆竹。各户互拜年，分别尊卑长幼，至五日止。"

清康熙三十二年福建《建宁府志》："元旦祈年，男女夙兴，洁厅宇，陈酒果，焚楮（chǔ）币，以拜上下神祇。庆节缋祀毕，序拜称觞，然后亲族里邻更相造拜，设酒食相款，凡五日止。谒墓、祭灶、祭门，亦初五日止。"

民国二十二年辽宁《铁岭县志》："五日午前，各神位前供品一致彻（撤）去，家主跪拜如仪，曰'送神'。是日晨，家家乃食水饺子，曰'捏破'。此五日内，无分贫富，饮食丰美。屋内忌洒扫，尘垢堆积屋角，过六日始除之。初六日，农家即于是日工作，工商各户亦是日开始营业……年前新婚夫妇于是日具礼物同往母家，曰'拜新年'。"

民国十八年辽宁《锦西县志》："初五日名'破五'，家家均啖荤饺，并于是日撤供，即送神也。初六日，工商开市。"

---

〔1〕丁世良、赵放主编：《中国地方志民俗资料汇编》华东卷上引中华民国二十四年山东《青城县志》、中华民国三十年《潍县志稿》、中华民国八年江苏《太仓州志》、中华民国九年江苏《六合县续志稿》，北京：书目文献出版社，1995年版，第182、207、415、367页。

〔2〕丁世良、赵放主编：《中国地方志民俗资料汇编》华北卷引，北京：书目文献出版社，1995年版，第52页。

民国十六年辽宁《兴城县志》："初五日，朝膳捏面饺食之，俗曰'捏破'。是日也，撤供桌，开箱规，试剪刀，过此妇女始外出拜贺，亦曰破五。初六日为商家开市之期。"

民国十八年吉林《安图县志》："初五日，俗呼为'破五'。晨起，于各神位前拈香叩首，事毕，然后一律撤供。"

民国二十年吉林《辑安县志》："初一至初五，谓之'破五'，因系一年中吉凶所观，此五日内不煮生米为饭……初六则为'过破五'，而不禁忌矣。"[1]

"百里不同风，千里不同俗"，正月初五破五又称作"五穷日""送穷""送五穷""送五穷鬼"。这一习俗由来已久。宋人释心道《烧木佛》有"石崇犹自送穷船"的诗句。清光绪十一年山西《屯留县志》[2]讲："五日送穷，谓仿石崇送穷船之意，虽韩子辨之甚悉，然鄙俗不能革。""韩子"是指唐朝文学家韩愈，《全唐文》卷五百五十七载有他的《送穷文》。

文中讲，主人韩愈认为自己被"智穷、学穷、文穷、命穷、交穷"五个穷鬼缠身，使他一生困顿。他吩咐仆人扎柳车草船，装上干粮，把五个穷鬼送走。不料穷鬼们不但不走，反而历数自己40多年来追随主人韩愈备尝艰苦的经历和耿耿忠心，并要求主人把送走他们的理由说清楚。主人回答说："你们五个穷鬼中，'智穷'鬼让我刚强高尚，恶圆滑而喜正直，耻于奸诈，不忍伤害别人；'学穷'鬼让我探究真理，博采百家学说；'文穷'鬼让我的文章切中时弊，不容当世，只能自娱；'命穷'鬼让我外表丑而心灵美，不牟私利而敢于承担；'交穷'鬼让我诚信待友，忠肝义胆，而对方却怨我恨我。你们让我沉迷于这些品德，让我倒霉，陷于饥寒，遭人讹传讥讽，却又无怨无悔……

话没说完，五鬼瞪眼吐舌，拍手顿脚，对主人韩愈说："你实在是小聪明大糊涂。人生能有几何？我们替你立身扬名，百世流芳。小人君子，其心不同，

---

[1] 丁世良、赵放主编：《中国地方志民俗资料汇编》引，北京：书目文献出版社，1995年版，华北卷第22页，华东卷下第1239页，东北卷第112、230、236、295、337页。
[2] 丁世良、赵放主编：《中国地方志民俗资料汇编》华北卷引，北京：书目文献出版社，1995年版，第639页。

只有不趋炎附势，才能和天理相通。你在这世上的知音，莫过于我们。你虽遭贬斥，我们仍不忍心疏远你，你好好从'诗书'中研究研究这些道理吧。"

主人韩愈被五穷鬼说得理屈词穷，连忙拱手称谢，烧掉车船，把他们"延至上坐"。

韩愈的《送穷文》诙谐有趣，实际上赞扬了古代士人"穷不失义"、安贫乐道，敢于针砭时弊的高尚品格，文章说是"送穷"，实则是"赞穷""留穷"。

大概是从西晋石崇、唐朝韩愈以后，民间正月初五有了燃放鞭炮"送穷"的风俗。有的是"五穷鬼"，有的传说是颛顼宫中的"穷鬼"，有的是"五穷媳妇"，从下列方志记载中即可看出：

清康熙五十六年山西《解州志》："《金谷园记》云：昔颛顼时，宫中生一子，好服浣衣，人作新衣与之，即裂破，以火烧穿着，宫人共号'穷子'。其后以晦日卒，人葬之，曰'今日送穷'。因此相承，号'送穷'。昌黎（韩愈）有《送穷文》，但送穷，古以晦日，今用五日，稍异。"

清光绪八年河北《怀来县志》："初四晚，扫室内卧席下土，室女剪纸缚秸，作妇人状，手握小帚，肩负纸袋，内盛糇粮，置箕内，曰'扫晴娘'，又曰'五穷娘'，昧爽有沿门呼者：'送出五穷媳妇来！'则启门送出之。人拾的则焚，灰于播种时和籽内，谓可免雀鸟弹食。或不焚，逢阴雨悬之檐端，可扫翳祈晴。"

民国二十三年河北《万全县志》："正月初五，俗谓之'破五'。是日，商肆整理账目、货物，以备照常交易，居民亦各谋所业。是晚，各家皆用纸扎一妇人，高约四五寸，身背纸袋，将屋隅秽土扫置其袋内，燃炮炸之门外，俗谓之'送五穷'。儿童并为谚，高声歌于街巷曰：'五穷媳妇五穷排，家家门上送出来。不管秃子、瞎子送出一个来。'"

民国十八年山西《翼城县志》："正月初五日谓之'破五'。取炉灰少许于筐，剪楮人五，送至门外，焚香放一炮而还，名曰'掐五鬼'。亦曰'送穷气'。是日，以刀切面，煮而食之，名曰切五鬼。晚则撤祖先案上陈列祭品，放鞭炮，焚香礼拜，移神主于旧龛内，谓之'送祖宗'。"

清同治十一年山西《河曲县志》："初五日，俗谓之'破五'。黎明，扫室中尘土污秽送于巷口，焚香燃爆，名曰'送穷'。间有剪纸为妇人形者，则曰'送穷媳妇'。韩昌黎送穷鬼岂妇人耶？里巷不经之事，付之一噱（xué）可也。"[1]

破五的第三个风俗含义是"送穷土"。由于从除夕到破五前，俗忌洒扫，到初五这天将这几天的尘土污秽一并扫地出门。民国二十八年河北《赵州志》载："五日扫除秽土置门外，曰送'五穷'。"也有的既送穷土，又送五穷媳妇。民国二十四年《张北县志》载："正月初五日，俗谓之'破五'，各家用纸制造妇人，身背纸袋，将屋内秽土扫置袋内，送门外燃炮炸之，俗谓之送五穷。亦有儿童高喊歌唱者。"[2]

几千年不得温饱的贫穷生活，使脆弱的小农谈穷色变，只能借助元旦送穷的习俗来表达自己的美好愿望，享受这空洞的慰藉和满足。

由于正月初五是元旦的结束，民间"五日，祀五路神，以祈财利。自子至辰，爆竹不绝声"。"五日，市贾祀财神开市。嘉、道年间，初三日始有开店者，今初二日列肆满街，盖民贫俗俭，买者卖者均无力坐食矣"[3]。"五路神"即财神，在明代许仲琳《封神演义》中的五路财神是赵公元帅和招宝天尊萧升、纳珍天尊曹宝、招财使者陈九公、利市仙官姚少司。也有的说"五路"谓东、西、南、北、中，意为出门五路，皆可得财。民间传说正月初五是财神的生日，各家置办酒席，为财神贺辰，希望它在新的一年保佑大家财源滚滚。

（四）初一以后的节日

宋朝以后，随着娱乐活动和拜访的增多，春节的时间拉得越来越长。由于节日太多，以至于出现节中套节的现象。同时，节日的密度也增大了，从元旦到元宵，几乎天天都有，甚至是鸡狗菜果都排上了节日。

各地许多方志都引西汉东方朔《占书》云："一日为鸡，二日为犬，三日

〔1〕丁世良、赵放主编：《中国地方志民俗资料汇编》华北卷引，北京：书目文献出版社，1995年版，第689、140、206、655、566页。

〔2〕丁世良、赵放主编：《中国地方志民俗资料汇编》华北卷引，北京：书目文献出版社，1995年版，第111、156页。

〔3〕丁世良、赵放主编：《中国地方志民俗资料汇编》华东卷上引清光绪八年江苏《周庄镇志》，中华民国八年江苏《太沧州志》，北京：书目文献出版社，1995年版，第390、415页。

皮影戏。民间一种庆祝春节的传统庆典狂欢活动

为猪，四日为羊，五日为马，六日为牛，七日为人，八日为谷，九日为果（有的为蚕），十日为菜（或麦），是日晴和则吉，阴惨则否。"

据《北史·魏收传》载，东魏孝静帝"问何故名'人日'"？群臣"皆莫能知"，魏收回答说："晋议郎董勋《答问礼俗》云：正月一日为鸡，二日为狗，三日为猪，四日为羊，五日为牛，六日为马，七日为人。"魏收只提晋董勋，不提西汉东方朔的《占书》，可能《占书》所记是后人附会的。但至少从魏晋时期，就有这种说法了。后来民间又把正月十一日作为庄稼会。

其实，这些日子并不是独立的节日，而是正月里的风俗事项，人们只是"以天之晴阴验人畜、谷菜之否泰、丰歉"[1]。在这些节日中，最重要的是初七人日。唐诗人杜甫有"人日题诗寄草堂"的诗句。《荆楚岁时记》载："正月七日为人日，以七种菜为羹，剪彩为人，或镂金箔为人，以贴屏风，亦戴之头鬓。又造华胜相遗。"《杂五行书》[2]讲："正月七日，男吞赤豆七颗，女吞二七颗，竟年无病。"这种人和家畜、庄稼一起排序的风俗，是中国农业与家庭畜牧业相结合、自给自足的自然经济的反映。

后来，从元旦到元宵节一直充满节日气氛。甚至有"有心拜节（年），寒食不迟"[3]之说。

---

〔1〕丁世良、赵放主编：《中国地方志民俗资料汇编》华北卷引中华民国二十年河北《乾安县志》，北京：书目文献出版社，1995年版，第228页。

〔2〕《太平御览》卷三〇《时序部一五·人日》引，北京：中华书局，1960影印版。

〔3〕《古今图书集成·岁功典·元旦部》引《直隶志书》，北京：中华书局，成都：巴蜀书社，1985年版。

第三节　元宵节

夏历正月十五是元宵节。道教称作上元节，是上元天官降凡赐福之日，在民间影响不大。

一、元宵节的起源

元宵节是先秦时期"庭燎"、汉武帝祭祀"泰（太）一"神，佛教燃灯礼佛互相融合的产物。

先秦时的庭燎有两种。一种表天子勤政。诸侯来朝时，天子在夜未央燎烛以问夜，等待时刻到来，以使诸侯早朝。《诗·小雅·庭燎》歌颂周宣王说："夜未央，庭燎之光，君子（诸侯）至止，鸾声将将。"另一种是丧葬、祭天、来宾等邦国大事，皆燎烛照众。《周礼·秋官司寇·司烜氏》载："凡邦之大事，共坟庭燎。"郑玄注曰："坟，大也。树于门外曰大烛，于门内曰庭燎，皆所以照众为明。"这种庭燎之俗，没固定在某天进行，可视为元宵节放灯的最早渊源。

汉武帝在五帝之上又设立了个最高天帝，叫泰一神，在甘泉宫修建泰一神祠坛。正月十五黄昏开始，用盛大的灯火祭祀，通宵达旦。东汉明帝时，蔡愔从印度求得佛经归来，为了弘扬佛法，下令正月十五在宫廷和寺院"燃灯表佛"。据唐道世撰《法苑珠林》说，东汉明帝永平十四年（71年），召诸山道士与西域和尚在白马寺比较法力。道士设坛焚经，而和尚的舍利经像"光明五色，直上空中，旋环如盖。于时，天雨宝花，大众咸悦"。当时道教仅有黄老道等原始形态，上述说法显然是为了扬佛抑道而作。不过，正月十五放灯火的确是中印文化交流的结果。东汉班勇《西域记》[1]载："摩揭陀国正月十五日僧

---

〔1〕《太平御览》卷三〇《时序部一五·正月十五日》引，北京：中华书局，1960年影印版。

《宪宗行乐图》。图中描绘的是明代成化帝朱见深正月十五在皇宫里庆赏元宵节游玩的各种场景

徒俗众云集，观佛舍利放光雨花。"佛教燃灯礼佛的形式，把汉宫中放灯火祭泰一神的风俗带到了民间。从此，就有了正月十五张灯结彩的风俗。

中国古代有宵禁之制。《周礼·秋官司寇·司寤（wù）氏》载："掌夜时，以星分夜，以诏夜士夜禁。禁晨行者，禁宵行者、夜游者。"汉代两都亦有宵禁之制，由执金吾负责。后来历代王朝均奉行不替。如《元史·兵志四》载：

"其夜禁之法：一更三点钟声绝，禁人行；五更三点钟声动，听人行。"汉代皇帝特许，正月十五和前后两晚弛禁，允许百姓观灯。

元宵节始盛行于隋朝，后历代王朝经久不衰。

《隋书·柳彧传》记载，柳彧上书隋文帝说，每逢正月十五，人们"充街塞陌，聚戏朋游，鸣鼓聒天，燎炬照地，人戴兽面，男为女服，倡优杂技，诡状异形"，有的"高棚跨路，广幕陵云，袨（xuàn）服靓妆，车马填噎……竭赀破产，竞此一时"，请禁绝这一竞奢的风俗。隋文帝还算个节俭的皇帝，采纳柳彧的建议，禁止元宵张灯及娱乐活动。相州刺史长孙平因禁止不力，被免官。到隋炀帝时，又带头铺张起来。据《隋书·音乐志》载："每岁正月，万国来朝，留至十五日。于端门外，建国门内，绵亘八里，列为戏场。"化了妆，穿上五彩缤纷的妇人服的歌舞人员有3万多人。文武百官都在路旁搭起棚子观看。灯火光照天地，彻夜不灭，歌舞也夜以继日，直到正月三十日。

随着元宵放灯活动越演越烈，唐代"正月十五日夜，敕金吾弛禁，前后各一日，以看灯火。"[1]

宋徽宗在金国虎视眈眈的情况下，每年都隆重庆祝元宵节。宣和四年（1122年），元旦刚过，宋徽宗便数着天数盼望元宵节的到来。一嫌日子过得太慢，二怕到了那天天阴下雪扫了兴，竟想出了一个荒唐的新招——预借元宵。有位无名氏者，写了一首《贺圣朝》云："太平无事，四边宁静狼烟渺。国泰民安，谩说尧舜禹汤好……奈吾皇，不待元宵景色来到，只恐后月，阴晴未保。"没过五年，宋徽宗就当了金人的俘虏。

明成祖永乐七年规定："上元节自十一日为始，赐节假十日。"[2]

二、放灯、观灯和歌舞百戏

元宵节最主要的景观是放灯。从朝廷到庶民都制作各式各样的花灯挂在门

[1]《太平御览》卷三〇《时序部一五·正月十五日》引《两京新记》，北京：中华书局，1960年影印版。
[2]《古今图书集成·岁功典·上元部》引《永乐七年诏》，北京：中华书局，成都：巴蜀书社，1985年版。

口街旁。当然还是朝廷带头，上行下效。

唐玄宗先天二年（713 年）正月十五，在安福门外制作一巨型灯轮，高达 20 丈，以金银丝缎为饰，悬挂花灯 5 万盏，犹如霞光万道的花树，灯下还有数千宫女轻歌曼舞。唐玄宗还命南方工匠毛顺制造了一座高 150 尺、阔 20 间的灯楼，微风吹来，金玉铮铮作响，灯上虎豹龙凤腾跃。[1]

皇帝带头，皇亲国戚也夸富斗奢。《开元天宝遗事》载，杨贵妃的大姐韩国夫人，制作了"百枝灯树"，高达 80 尺，放在高山上，百里之外皆见光明。

宋代的花灯更加巧夺天工。在棚上张灯结彩，成山林状，点燃后，万灯齐明，称作灯山。皇宫内的灯山有文殊跨狮子，普贤骑象。菩萨的手臂活动自如，手指能喷出五道水柱，飞流直下，状如瀑布，是中国最早的人工喷泉技术。北宋汴京相国寺大殿前，还有诗灯牌，上书"天碧银河欲下来，月华如水照楼台""火树银花合，星桥铁锁开"等诗句。制作时先将木板镂空成字，放进灯，点燃灯火，再用彩色纱绢罩贴。[2]其他如火龙灯、琉璃灯、白玉灯、走马灯等，均精奇豪华，独具匠心。

豪华精奇的花灯，激发了文人学士的绝妙文思。唐诗人苏味道《正月十五夜》云："火树银花合，星桥铁索开。"宋人何梦桂《灯夕乐舞》云："天碧星河欲下来，东风吹月上楼台。玉梅雪柳千家闹，火树银花十里开。"简直句句锦绣，字字珠玉。

因此，元宵之夜的京师成为最热闹的地方。士女无不争相观看，人山人海。唐代长安街上甚至有人被挤得悬空而起，自己不挪步，被带出数十步远。

各地地方官也令穷乡僻壤的百姓元宵放灯。南宋陆游《老学庵笔记》卷五记载了一位叫田登的知州，"自讳其名，触者必怒，吏卒多被榜笞，于是举州皆谓'登'为'火'。上元放灯，许人入州游观。吏人遂书榜揭于市曰：'本州依例，放火三日。'""只许州官放火，不许百姓点灯"的典故，由此而来。

宋代元宵节的灯品，增加了两项新内容：一是兴起了焰火，又称烟火，现在叫礼花。南宋周密《武林旧事》卷二《元夕》记载了南宋孝宗时元宵节放灯的盛况。当时有一种"金炉脑麝""如祥云五色，荧煌炫转，照耀天地"，为

---

〔1〕《古今图书集成·岁功典·上元部》引《朝野佥载》《灯影记》，北京：中华书局，成都：巴蜀书社，1985 年版。
〔2〕参见南宋孟元老：《东京梦华录》卷六《元宵》《十六日》，北京：文化艺术出版社，1998 年版。

舞龙。选自清代《年节习俗考全图》

花篮灯。选自清宫绘本《升平乐事图册》

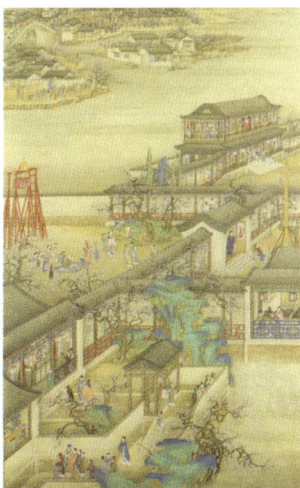

正月观灯。
选自《雍正十二月行乐图》

大花灯。选自清宫绘本《升平乐事图册》

了观赏这奇妙的景色，为孝宗擎辇的随从都倒着行走。越到深夜，焰火越多，"宫漏既深，始宣放烟火百余架"。二是出现了灯谜，即把谜语贴在灯上，供游人猜射。《武林旧事》卷二《灯品》载："又有以绢灯剪写诗句，时寓讥笑，及画人物，藏头隐语，及旧京诨语，戏弄行人。"明人徐祯卿《翦胜野闻》[1]载："（明）太祖尝于上元夜微行京师，时俗好为隐语，相猜以为戏。乃画一

---

〔1〕《古今图书集成·岁功典·上元部》引，北京：中华书局，成都：巴蜀书社，1985年版。

妇人赤脚怀西瓜，众哗然。帝就视，因喻其旨谓淮西妇人好大脚也，甚衔之。明日命军士大僇居民，空其室。盖马后祖贯淮西，故云。"看来，古代的节日也不光是喜庆欢乐，还有统治者的暴虐和平民百姓的灾祸。

除放灯、观灯，元宵节还有歌舞百戏。《东京梦华录》卷六《元宵》载，歌舞百戏在正月初七前就开始了，"奇术异能，歌舞百戏，鳞鳞相切，乐声嘈杂十余里，击丸蹴鞠，踏索上竿……奇巧百端，日新耳目"。《武林旧事》卷二《舞队》记载的南宋元宵节大小全棚傀儡舞就有查查鬼、快活三郎、瞎判官、快活三娘、男女竹马、男女杵歌、孙武子教女兵、扑蝴蝶、划旱船、踩高跷、耍和尚等70余种。到了清代，又增加了扭秧歌、打腰鼓等许多民间娱乐形式。有的地方以跳绳为戏，称作"跳百索"。正月十六日男女群游观灯称作"走百病"。临水的地方，元宵多放河灯。有的用萝卜之类的东西做灯台，插上灯芯，放一点油，屋内院内及野外祖坟上各送一盏，称作"送灯"。

三、吃元宵

元宵又称"圆宵""圆子""汤圆"，是必食的节日食品。

《荆楚岁时记》载，东晋正月十五"作豆糜加油糕"，已有吃糕的习俗。唐代开始吃元宵，当时叫"油䭔（dui）"，北宋陶谷《清异录》叫"油画

打灯虎儿。
选自《清国京城市景风俗图》。也就是猜谜的活动，因其从李广射虎的故事中引申而来，所以俗称"打灯虎"

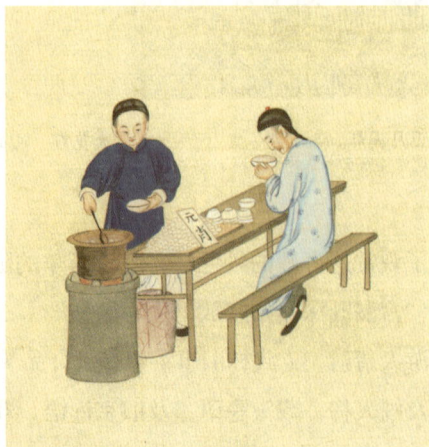

卖元宵。选自《清代民间生活图集》

明珠"。宋人因其熟后浮于水面，称"浮圆子"。南宋始包糖馅，叫"乳糖圆子"。后来，又以白糖、枣泥、芝麻、核桃、山楂、豆沙等制馅，花色品种也就日益多样化了。

把香甜美味装到里面的元宵、月饼以及包子、水饺、馄饨，说明中国人特别重视实际内容的价值取向。反映在人际关系上，中国人特别鄙视那些花言巧语而不务实际的人，总要"观其言而察其行"，把那些内里一团糟的人，叫作"金玉其外，败絮其中"。

第四节　清明节

清明节是二十四节气之一，但它与上述"四时八节"不同，"四时八节"的节日风俗都是由它自身的时令演变出来的，而清明节的主要风俗寒食、修禊、扫墓等，已脱离了气候、物候、农事的性质。

一、清明节探源

清明节由寒食、修禊、扫墓三种风俗事象融汇而成。

经过一冬的干燥，春天一打雷，很容易引起火灾，所以先秦时有春天禁火的风俗。《周礼·秋官司寇·司烜氏》载："中春，以木铎修火禁于国中。"

山西晋地流传，寒食是纪念春秋晋文公时的介子推。介子推辅佐晋文公在外流亡19年，晋文公当上国君后封赏功臣，遗忘了介子推，遂和母亲隐居绵上山中。晋文公得知，圈绵山为介子推封田，故后人又称绵山为介山。晋地传说，介子推曾在困饿之际，割下大腿肉给晋文公吃，后来晋文公烧山逼他出来，介子推与母亲抱树被烧死。晋文公哀痛不已，令当地在介子推死日不得举火。查《左传》与《史记》，介子推未得封，隐居绵山，晋文公改绵山为介山，并作为介子推的封地，确有其事，但并无烧山和下令寒食之事。

最早记载晋文公焚山、介子推被烧死的是《庄子》和西汉末刘向的《新序》，但无寒食的记载。如《庄子·盗跖》载："介子推至忠也，自割其股

介子推。选自《人镜阳秋》

以食文公。文公后背之，子推怒而去，抱木而燔死。"这里只是说介子推被燔死，但没明确说晋文公焚山。东汉末蔡邕的《琴操》[1]将禁火与介子推联系起来，但时间是五月五日，而不是清明："介子绥（推）割腓骨以啖重耳，重耳复国，子绥独无所得，甚怨恨，乃作龙蛇之歌以感之。终不肯出，文公燔山求之，子绥遂抱木而烧死。文公令民，五月五日不得发火。"

禁火寒食纪念介子推的风俗起自汉代的晋地，但时间是盛冬，而不是清明。《后汉书·周举传》载：

> 周举稍迁并州刺史，太原一郡旧俗以介子推焚骸，有龙（火）忌之禁。至其亡月，咸言神灵不乐举火，由是土民每冬中辄一月寒食，莫敢烟爨。老小不堪，岁多死者。举既到州，乃作吊书以置子推之庙，言盛冬去火，残损民命，非贤者之意，以宣示愚民，使还温食。于是众惑稍解，风俗颇革。

把寒食放在清明的前几日，是在魏晋时期。东晋陆翙（huì）《邺中记》[2]载："并州俗，冬日后百五日为介子推断火冷食三日。"冬至后105天，正好

---

〔1〕《太平御览》卷三一《时序部一六·五月五日》引，北京：中华书局，1960年影印版。
〔2〕《太平御览》卷三〇《时序部一五·寒食》引，北京：中华书局，1960年影印版。

是清明之前。另外，《晋书·石勒载记》《魏书·高祖纪》分别记载了后赵石勒、北魏孝文帝禁断寒食的规定，其时间和唐宋时期基本一致。《东京梦华录》卷七《清明节》也记载："冬至后一百五日为大寒食……寒食第三节（日）即清明日矣。"

禁火寒食仅在山西介山一带流行，且魏晋南北朝才放在清明前，在其他地区则不太流行。古代大部分地区清明前后的传统节日是第四章提到的、与春游联系在一起的修禊节，也叫春禊。因在三月上旬的第一个巳日举行，又叫上巳节。

先秦时期即流行修禊的风俗。《周礼·春官宗伯·女巫》载："女巫掌岁时祓（fú）除。"《后汉书·礼仪志上》注引《韩诗》曰："郑国之俗，三月上巳，之溱、洧两水之上，招魂续魄，秉兰草，祓除不祥。"春天是瘟疫和流行感冒的易发季节，所以要到水上盥洗，以祓除疾病。可见，修禊节是祛病免灾的节日。

两汉时期，无论官民都要修禊。《后汉书·礼仪志上》载："是月（三月）上巳，官民皆洁于东流水上，曰洗濯祓除，去宿垢疢（chèn，热病），为大洁。洁者，言阳气布畅，万物讫出，始洁之矣。"李贤注曰："后汉有郭虞者，三月上巳产二女，二日中并不育，俗以为大忌。至此月日讳止家，皆于东流水上为祈禳，自洁濯。"

魏晋南北朝隋唐时期，修禊节固定在三月三日举行，并由"洗濯祓除，去宿垢疢"的祈禳防瘟疫节日向春游性质的佳节演变。

《晋书·礼志下》载："自魏以后，但用三日，不以上巳也。"《邺中记》[1]载："石虎三月三临水会，公主、妃、主，名家妇女无不毕出临水。施张（帐）幔，车服灿烂，走马步射，饮宴终日。"西晋末年，王导为提高司马睿的声望，率领北方士族众星捧月般扈从司马睿出行，也选择了士女毕出的修禊节。

东晋永和九年（353 年）修禊节，琅邪临沂（今属山东）人王羲之与谢安、孙绰等 41 人在山阴（今浙江绍兴）兰亭"修禊"，大家"一觞一咏"，汇成《兰亭集》，王羲之为他们写了赞誉千古的《兰亭集序》。该文叙述了兰

---

[1]《太平御览》卷三〇《时序部一五·三月三日》引，北京：中华书局，1960 年影印版。

《兰亭修禊图》（局部）

亭周围的山水之美和聚会的欢乐之情，已没有了瘟疫垢疢的恐怖和祓禊禳灾
活动了。

唐代以后，彻底摆脱了祓禊禳灾的阴影，被踏青郊游所取代。

关于扫墓的风俗，请参见本书第七章第四节扫墓和祭祖部分。

到了唐朝，寒食、修禊以及扫墓，都融汇到清明节中。清明节作为中国的
传统节日，最后定型。寒食、清明虽混为一谈，但仍有先后之别。一般清明前
两日为寒食，需禁火冷食，第三日是清明。

二、清明节的风俗活动

隋唐以后，清明节的风俗活动明显增多，除由修禊节演变而来的踏青春游、
饮酒赋诗外，许多体育娱乐风俗都渗透到清明节中。

（一）"换新火"与清明戴柳

先秦时期就有钻燧易火、杼井易水、薰屋墐灶的风俗。《管子·禁藏》载："当春三月，萩（qiū）室熯（hàn）造（燥），钻燧易火，杼井易水，所以去兹毒也。"《管子·轻重己》亦载："冬尽而春始……教民樵室钻燧、墐灶、泄井，所以寿民也。"鲁国也有类似的风俗。《论语·阳货》载："旧谷既没，新谷既升，钻燧改火，期可已矣。"

这里讲了齐鲁春天流行的四项禳祓消毒、卫生长寿的风俗：

第一，"萩室熯 hàn 燥"，也叫"樵室"。即燃蒿草薰屋消毒，如果是新造之屋，则燃蒿使之干燥。"萩"是一种似艾草的蒿草，有香气，山东至今仍有这种草。

第二，"杼井易水"。"杼"通"抒"，意为舀，取出。即把井里的陈水淘干，使其冒出新水，也叫"泄井"。直到明清时期，齐国旧地仍有清明"淘井"的风俗。

第三，"钻燧易火"即"换新火"。古人认为："四时变火，以救时疾。明火不数变，时疾必兴。"[1] 换新火能防治疾病，当然是认识的误区，但这种在险恶生存环境下的探索和开拓精神是值得肯定的。

第四，"墐灶"，即用泥土涂塞炉灶，使之焕然一新。

到隋文帝时，员外散骑侍郎王劭"以古有钻燧改火之义，近代废绝，于是，上表请变火"。王劭还讲，由于两晋时期不换新火，以致"有以洛阳火渡江者"[2]。隋文帝采纳了他的建议。因此，钻燧改火的风俗在隋唐再度流行，并放在清明节。唐诗人沈佺期《寒食》诗"普天皆灭焰，匝地尽藏烟"，讲的是清明前的断火寒食风俗；杜甫《清明二首》诗"朝来新火起新烟"，元人张弘范《寒食后》诗"家家钻火露新烟"，讲的是寒食后的换新火风俗。

由于寒食火种灭绝，清明要重新钻木取火。据《辇下岁时记》《岁时广记》记载，唐代宫中有关人员都在宫殿前钻柳榆取火，先钻得者还能得到赏赐。皇帝还将钻取的柳榆火种赐给近臣。有的达官显贵将传火的柳条插在门前，以向

---

〔1〕《隋书·王劭传》，北京：中华书局，1973 年版。
〔2〕《隋书·王劭传》，北京：中华书局，1973 年版。

人炫耀。唐诗人韩翃《寒食》写道：

春城无处不飞花，寒食东风御柳斜。

日暮汉宫传蜡烛，轻烟散入五侯家。

据唐朝段成式《西阳杂俎》卷一《忠志》载，唐朝皇帝还"赐侍臣细柳圈，言带之免虿毒"，这应是清明戴柳的最早记载。五代、宋时，这种炫耀御赐柳条的方式，演变为在门口插杨柳枝的风俗。《东京梦华录》卷七《清明节》载，寒食的前一日谓之"炊熟"，开封用麦面做成枣饼飞燕，用柳条串起来，插在门楣上，称作"子推燕"。宋南渡后，插柳的风俗被带到了杭州。明清时期，南北各地均有在檐前门上插柳枝的习俗。由于柳枝有御赐的荣耀，人们纷纷用细柳枝编成柳冠、柳圈、柳球或者柳枝戴在头上，长沙一带称作"记年华"。当时有民谚说："清明不戴柳，红颜成皓（一作白）首。"[1]清代的杭州，每逢清明，满街都是卖柳条的。杨韫华《山塘棹歌》描绘说：

清明一霎又今朝，听得沿街卖柳条。

相约比邻诸姊妹，一枝斜插绿云翘。

（二）荡秋千

秋千起源于春秋齐桓公，汉代仍流传于宫中。《古今艺术图》[2]讲："寒食秋千，本北方山戎之戏，以习轻趫（qiáo）者也。"齐桓公伐山戎，传入中国。宋人高承《事物纪原》讲，秋千是汉武帝时的后宫之戏，本为千秋，后倒语为"秋千"。

南北朝时，秋千传到民间。南朝宗懔（lǐn）的《荆楚岁时记》载："春时悬长绳于高木，士女衣彩服坐于其上而推引之，名曰打秋千。"

唐代清明，打秋千十分盛行。《开元天宝遗事》载，每到清明，唐宫中都要竖秋千。唐玄宗看见那些体态轻盈的宫女凌空飞舞，呼之为"半仙之戏"。

---

〔1〕《古今图书集成·岁功典·清明部》引《西湖游览志余·熙朝乐事》《直隶志书》，北京：中华书局，成都：巴蜀书社，1985年版。

〔2〕《太平御览》卷三〇《时序部一五·寒食》引，北京：中华书局，1960年影印版。

杨柳荡千。选自清陈枚绘《月曼清游图册》

杜甫《清明二首》称："万里秋千习俗同。"唐诗人韦庄生动地描写了清明打秋千的情景：

> 满街杨柳绿似烟，画出清明三月天。
>
> 好似隔帘红杏里，女郎撩乱送秋千。

隋唐时期，秋千主要流行于北方，南宋时传到江南，明朝蔚成风俗。明人王问《秋千行顾园作》云：

> 此戏曾看北地多，三三五五聚村娥。
>
> ……
>
> 今日江南初见此，丽人如花映瑶水。

说到打秋千，山东寿光、潍县的巨型人力"转秋千"，无论是秋千的规格，还是打秋千的技艺，都让人惊叹不已。嘉庆五年《寿光县志》载：

> 人家植双木于院落，系绳板为秋千，唐人所谓"半仙之戏"也。又或于市町广场竖巨木高数丈，缚车轮于木杪（miǎo），而垂屈板于周遭，有多至

三十二索者，横巨木于下，而以人力推转，妇女靓妆盘旋空中，飞红扬紫，翩若舞蝶。千百为群，蹴尘竞赴，大抵皆齐民中下之家也。

潍县转秋千。载 2010 年 8 月 17 日《潍坊晚报·潍县传统节日习俗民风》

这种人力转轮秋千，同时可坐上数十百人凌空飞舞，场面十分壮观，应是现代摩天轮的前身，反映了古代机械制造方面的高超技艺和惊人的创造力。1941 年《潍坊志稿》[1] 又载：

秋千之在人家庭院者悉属旧式，惟城外白浪河边沙滩上坎地竖一木柱，上缀横梁，四面绳系画板，谓之"转秋千"。小家女子多着新衣围坐画板上，柱下围一木栅，内有人推柱使转，节之以锣。当锣声急时，推走如飞，画板可筛出丈余。看似危险，而小女子则得意自若也。又于秋千柱上顶悬一小旗，并系以钱，则有多数勇健少年猱（náo）升而上，作猴儿坐殿、鸭鸭浮水、童子拜观音种种把戏，谓之"打故事"。捷足者得拔旗，携钱以归。观者乃夸赞，呵好不绝。此盖多年积习，至今未改。

潍县的"转秋千"亦独具特色。小女子敢在高空旋转如飞，且"得意自若"，必定是从小打秋千锻炼出来的胆量。那些攀升秋千的勇健少年，已接近专业打秋千的杂技水平了。

（三）蹴鞠和马球

蹴（cù），亦作蹵、鞠、蹋。蹴鞠即中国古代的足球。西汉刘向《别录》[2]讲："寒食蹴鞠，黄帝所造，本兵势也。或云起于战国。按鞠与毬同，古人踏鞠以为戏。"西汉骠骑将军霍去病带兵击匈奴，在塞外"穿域蹋鞠"[3]。唐

---

〔1〕《寿光县志》《潍坊志稿》，均为丁世良、赵放主编：《中国地方志民俗资料汇编》华东卷上引，北京：书目文献出版社，1995 年版，第 195—196、209 页。
〔2〕《太平御览》卷三〇《时序部一五·寒食》引，北京：中华书局，1960 年影印版。
〔3〕《史记·卫将军骠骑列传》，北京：中华书局，1959 年版。

司马贞索隐曰："今之鞠戏，以皮为之，中实以毛。"由此可知，汉代蹴鞠是一项以踢球为内容的军事体育活动。"穿域"即造场地。球以皮制作，里面塞上毛，所以古代的球写作"毬"。由上述刘向《别录》的"寒食蹴鞠"可知，汉代民间过寒食也有这项活动。

唐代，蹴鞠成为清明节举行的一项娱乐活动。球的制作工艺改进了。外层

宋太祖蹴鞠图

为八片皮革缝成，内用动物膀胱作球胆充气，既结实又有弹性。可以集体竞赛，也可两人对踢。唐人仲无颜在《气毬赋》中写道："寒食景妍，交争竞逐，驰突喧闹，或略地丸走，乍凌空似月圆。"两人对踢，以踢的花样和次数来定胜负，称作"白打"。军队也以此习武娱乐。唐诗人韦应物《寒食后北楼作》诗："遥闻击鼓声，蹴鞠军中乐。"

唐宋时代的清明节，还盛行打马球，称作"击鞠"、击球、打球。马球类似足球，在球场立一球门，球放在场中，参赛者骑马手执一头弯曲的球杖，以先将球击过球门者获胜。

唐朝皇帝太宗、玄宗、宣宗、僖宗，都是球艺精湛的高手。唐僖宗曾对优人石野猪说："朕若应击球进士举，须为状元。"广明元年（880年）三月，宦官田令孜奏请以陈敬瑄等四人镇三川。僖宗荒唐地命四人"击球赌三川"。结果，陈敬瑄得第一，任西川节度使，杨师立为东川节度使，牛勖（xù）为山南西道节度使。

《资治通鉴·后梁纪·太祖开平元年》载，淮南节度使杨渥，"然（燃）十围之烛以击球，一烛费钱数万"。其奢靡且不论，以蜡烛照明，夜间打球，是中国最早的灯光球场。

（四）拔河

拔河的风俗源起先秦。《墨子·鲁问》载："公输子（鲁班）自鲁南游楚焉，始为舟战之器，作为钩强之备。退者钩之，进者强（拒）之。"可知，春

秋鲁班最初设计的是一种舟战之器，其中钩住、拉住对方后退战船的方法，演变为后来的拔河。《隋书·地理志》记载，南郡、襄阳"有牵钩之戏，云从讲武所出，楚将伐吴，以为教战，流迁不改，习以相传。钩初发动，皆有鼓节，群噪歌谣，震惊远近，俗云以此厌胜，用致丰穰。其事亦传于它郡"。

南北朝时，这种牵钩之戏盛行于南方。南朝梁宗懔《荆楚岁时记》载："施钩之戏以绠作篾相胃（juàn），绵亘数里，鸣鼓牵之。"

南朝仍把它作为一项军事体育活动，并在军事上用来对付敌人的钩车。南朝宋元嘉二十八年（451年），北魏太武帝猛攻盱眙（今属江苏省），"以钩车钩垣楼，城内系以彄縆（kōu gēng），数百人叫唤引之，车不能退"[1]。

唐朝，牵钩之戏发展为拔河比赛，并放在春天二、三月举行，清明节达到高潮。当时，不仅名称和现在相同，比赛规则也基本一致。唐人封演《封氏闻见记》载："古用篾缆，今民则以大麻絙，长四五十丈，两头分系小索数百条持于前，分二朋，两勾齐挽。当大絙之中，立大旗为界，震鼓叫噪，使相牵引，以却者为输，名曰拔河。"

《资治通鉴·睿宗景云元年》载，唐中宗"命文武三品以上抛球及分朋拔河。韦巨源、唐休璟衰老，随絙踣（bó）地，久之不能兴"，惹得唐中宗、后妃、公主等仰面大笑。

（五）放风筝

风筝在中国有悠久的历史。《墨子·鲁问》载："公输子（鲁班）削竹木以为鹊，成而飞之，三日不下。"后来，人们又以纸制作，称作"纸鸢（yuān）"。五代时，又在纸鸢上装竹哨，风吹哨响，声如筝鸣，故称"风筝"，南方则称"鹞子""纸鹞"。宋人高承《事物纪原》载："纸鸢俗称风筝。"从宋代开始，放风筝的习俗盛行民间。由于春季多风且暖，多在清明前后进行。宋伯仁在《纸鹞》诗中写道：

弄假如真舞碧空，吹嘘全在一丝风。

唯渐尺五天将近，犹在儿童掌握中。

---

[1] 《宋书·臧质传》，北京：中华书局，1974年版。

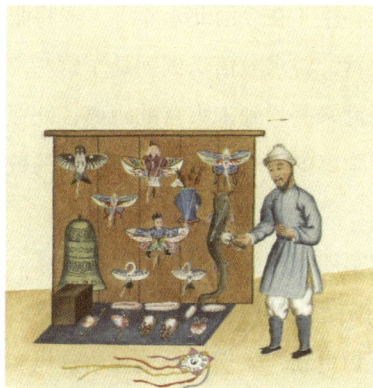

卖风筝。选自《清国京城市景风俗图》

蝙蝠风筝。选自《升平乐事图册》。清宫绘本。中国台北故宫博物院藏

明清时期，清明放风筝的风俗遍及全国各地。明人徐渭写《风鸢图》十首，其中一首写道：

江南江北纸鹞齐，线长线短迥高低。

春风自古无凭据，一任骑牛弄笛儿。

由于风筝能随风飘扬到很高很远的地方，古代人很早就将其运用到军事上。

十美放风筝。清代年画

《新唐书·田悦传》载，藩镇田悦的军队进攻临洺（在今河北永年），守将张伾力战粮尽，以纸为风鸢，高百余丈，越过敌营，将求救信送到朝廷军营。南宋杨万里《诚斋杂记》还记载，西汉韩信放纸鸢来测量到未央宫的距离，欲穿地道入宫中。这当然是后人的附会，不过其中隐寓的勾股定理，西汉时期的数学家确已创造出来了。

另外，清明节还盛行踏青春游风俗，上述第四章行旅风俗中业已述及。

总之，从唐朝开始，清明节已从瘟疫、邪灾、火禁的恐怖中解放出来，介子推的情感也不再被理会。随着春回大地，万物更新，人们尽情地沐浴这风和日丽的春光，到处呈现出轻松欢快的生活气息。只是由于中国人祖先崇拜和宗法观念的浓重，唯一没有忘记的是到父母先人的坟墓上烧香拜土，在欢乐的气氛中保留了一份庄严肃穆的情感。

第五节　端午节

端午节在夏历五月五日，又称端五、重午、端阳。它的形成是各地风俗互相融合的产物，现在仍有不同的地区特色。一般说来，北方起自五月是恶月，端午是驱邪避恶之日；南方起自越民族的龙图腾祭祀和龙舟竞渡。

一、恶月恶日的恐怖

至迟到战国时期，北方已把五月五日视为恶月恶日了。《史记·孟尝君列传》载，孟尝君田文于五月五日生，其父田婴告诫孟尝君母说，"勿举也"，孟尝君母偷偷把他养活下来。待田婴发现，孟尝君已经长大了，田婴对孟尝君母大发雷霆说，"五月子者，长与户齐，将不利其父母"。孟尝君据理力争，这才活了下来。

两汉时期的人认为，不仅五月子不吉利，整个五月都万事不利。《风俗通·佚文·释忌》云："俗说五月五日生子，男害父，女害母。""俗云五月到官，至免不迁。"《论衡·四讳》讲："讳举正月、五月子。"这些观念，不仅使古人处在恶月恶日的恐怖中，而且使生在该日的婴儿惨遭遗弃，有幸活下来的也时刻有一种不祥的感觉。

《西京杂记》载，王凤五月五日生，其父欲不举，其叔父曰："昔田婴敕其母勿举田文，文后为孟尝君，以古事推之，非不祥。"父亲才把王凤养了下来。《世说》[1]载，东汉"胡广本姓黄，五月五日生，父母恶之，置瓮中投于江。胡翁闻瓮中有儿啼，往取之，养为子，遂七登三司。"东晋末王镇恶五月五日生，家人以俗忌欲出继疏族，祖父王猛将他留了下来，名之为"镇恶"。宋徽宗五月五日生，因俗忌改为十月十日，并称为"天宁节"。

从这些事例可以看出，古人本身就对五月子不祥表示怀疑，只是由于俗忌才不得已而为之。其实，视五月为恶月也有一定的道理。五月已进入夏季，蛇、蝎、蜈蚣、蜂、蛾五毒虫[2]和蚊、蝇等毒虫都进入旺季，人们受伤后的伤口也容易发炎。由于它给人们带来的种种不幸，所以将其视为恶月。古人开始以感性的、质朴的认识来改造自然，顽强地生存。于是，又产生了五月端午的种种风俗。

二、天师符、五时图、五色丝、艾草、菖蒲酒、石榴花、雄黄

从汉代开始，人们在端午日挂青、红、黄、白、黑五种颜色写的桃木板，叫"朱索五色印"、桃印，用来止恶气。道教产生后，又演变为贴天师符，用来镇恶。《后汉书·礼仪志中》载："五月五日，朱索五色印为门户饰，以难止恶气"。五色印又称桃印，是以五色书文的桃木板。道教产生后，桃印又演变为天师符，用来镇恶。北齐魏收《五日》诗："辟兵书鬼字，神印题灵文。"

唐人段成式《酉阳杂俎》卷一《礼异》载，北朝妇人"五月进五时图、五时花，施帐之上"。所谓"五时图"，是在纸上画蛇、蝎、蟾蜍、壁虎、蜈蚣等五毒虫，也称"五毒符"。据说这五种毒虫互为天敌，蜈蚣克蛇，蛇克蟾蜍，蟾蜍克壁虎，壁虎克蝎子，蝎子克蜈蚣。当它们同时存在时，谁也不敢互斗，只好和平共处。将五时图挂在床帐上，无论哪一种毒虫，都能从图中看到自己

---

[1]《西京杂记》《世说》，均为《太平御览》卷三一《时序部一六·五月五日》引，北京：中华书局，1960年影印版。

[2]旧时指蛇、蝎、蜈蚣、壁虎、蟾蜍为五毒，此据《言鲭·谷雨五毒》。

的天敌，就不敢叮咬人了。后来又把五毒虫绣到小孩肚兜上，用来驱毒虫。

《风俗通》[1]载："五月五日以五彩丝系臂者，辟兵及鬼，令人不病瘟。"又曰："亦因屈原，一名长命缕，一名续命缕，一名避兵缯，一名朱索。"又曰，五色缯"青、赤、白、黑以为四方，黄为中央"。即汉代以青、赤、黄、白、黑等色合成的五色丝系于手臂，又称作"百索"，可以避兵、驱瘟、除邪、止恶气。

隋唐以后，朝廷过端午时，皇帝和文武百官往往互相赠送五色丝。唐人窦叔向《端午日恩赐百索》诗："仙宫长命缕，端午降殊私。事盛蛟龙见，恩深犬马知。"宋朝端午，则由文武百官向皇帝献朱丝。章得象《端午阁贴子》云："清晓会披香，朱丝续命长。一丝增一岁，万缕献君王。"辽朝时，君臣在端午宴会上共系五彩丝，谓之"合欢结"。

可见，隋唐以后的五色丝已由避鬼除邪而演变为长寿欢乐之义了。

《夏小正》载，五月"蓄药，以蠲除毒气也"。《大戴礼记》[2]称："五月五日蓄兰为沐。"兰是兰草，即香草，可供药用。屈原《离骚》讲："纫秋兰以为佩。"古代人佩兰、以兰草水沐浴，都是为了清毒祛毒。

南北朝时，又出现了在门口挂艾人禳毒的风俗。《荆楚岁时记》[3]云，五月五日，"将艾以为人，悬门户上以禳毒气"。有的将艾草做成虎形，称作艾虎，戴在头上。明彭大翼《山堂肆考·宫集》载："端午以艾为虎形，或剪彩为虎，粘艾叶以戴之。"陈元靓《岁时广记》卷二十一载王沂公《端午贴子》云："钗头艾虎辟群邪，晓驾祥云七宝车。"南宋陆游《重午》诗："世间各自有时节，萧艾著冠称道陵。"

艾草有香味，晒干后燃烧，可驱蚊蝇，也可灸治伤病，所以端午节最受人们重视。

唐朝又形成端午饮菖蒲酒的风俗。菖蒲是水生植物，可入药。最初饮菖蒲酒也是为了预防五毒叮咬和外伤发炎，后转化为和平长寿之意。唐人殷尧藩《端午日》诗："少年佳节倍多情，老去谁知感慨生。不效艾符趋习俗，但祈蒲酒话升平。"宋人无名氏《夫人阁端午贴子词》云："共荐菖蒲酒，君王

---

〔1〕《太平御览》卷三一《时序部一六·五月五日》引，北京：中华书局，1960年影印版。
〔2〕《太平御览》卷三一《时序部一六·五月五日》引，北京：中华书局，1960年影印版。
〔3〕《太平御览》卷三一《时序部一六·五月五日》引，北京：中华书局，1960年影印版。

寿万春。"〔1〕

宋代端午始戴石榴花。上述陆游《重午》诗："叶底榴花蹙绛缯。"无名氏《重五》诗亦有"重五山村好榴花"的诗句。到了明朝，又将端午称作"女儿节"，小闺女端午簪以榴花蔚成风俗。除艾草、菖蒲酒外，明朝又出现用雄黄涂耳鼻的习俗。《直隶志书》载："五月五日，家悬五雷符，插门以艾，幼儿佩纸符簪榴花，曰'女儿节'。是日午，具角黍渍菖蒲酒，阖家饮食之。以雄黄涂耳鼻，取避虫毒之义也。"〔2〕雄黄是一种矿物，俗称鸡冠石，具有解虫蛇毒、燥湿、祛痰的功能。每逢端午，人们把房子打扫干净，洒上雄黄水，以杀死或防止毒虫。

由以雄黄涂耳鼻的习俗，又发展为端午喝雄黄酒。中国民间有"喝了雄黄酒，百病都远走"的谚语。传统戏曲《白蛇传》中，白素贞饮雄黄酒现原形的情节，即取材于这一传说。

用艾草、菖蒲、雄黄等草药驱毒祛瘟，本是古代中医的职责。所以，五月端午还是古代医学家采药制药的日子。除上述《夏小正》"蓄药以蠲（juān）除毒气"的记载外，《齐民要术》《农政全书》《本草纲目》等，都有端午采药、合药、制药的记载。因此，端午还应视为中国古代的制药日。

有的达官显贵深怕草药、天师符镇不住邪气，还要请道士一类的术士来家驱邪。宋人戴复古《扬州端午呈赵帅》写道：

> 榴花角黍斗时新，今日谁家不酒樽。
> 堪笑江湖阻风客，却随蒿艾上朱门。

三、龙舟竞渡和伍子胥、曹娥、屈原

在北方度恶月恶日的同时，南方正进行着激烈的龙舟竞渡活动。

南方越族以龙为图腾，在先秦时期就有祭祀龙的节日，龙舟竞渡是其活动之一。《事物原始》引《越地传》云："竞渡之事起于越王勾践，今龙舟是也。"1935年在河南汲县战国墓出土的鉴，1965年四川成都出土的铜壶上，

---

〔1〕《古今图书集成·岁功典·端午部》引，北京：中华书局，成都：巴蜀书社，1985年版。
〔2〕《古今图书集成·岁功典·端午部》引，北京：中华书局，成都：巴蜀书社，1985年版。

都有竞龙舟的图案。说明战国时期就有龙舟竞渡风俗，而且不仅仅局限于吴越地区。

从汉到南北朝，中国的节日开始赋予纪念意义和人文化的倾向。由于五月五日是恶月恶日，许多著名历史人物放在此日死去，正符合当时的观念。

至于五月端午纪念的历史人物，因地区而各不相同。

今山西一带纪念介子推，但与竞渡无关。南方吴越之俗，是纪念伍子胥和曹娥。据南宋吴自牧《梦粱录》卷九《浙江》载，伍子胥自杀后，被吴王夫差以鸱夷之革裹着扔进钱塘江，化为波神。《史记·伍子胥列传》也载，伍子胥死后，夫差以"鸱夷革"盛尸，浮之江中。吴人为他立祠于江边，命曰胥山。每年五月五日，当地人都要泛舟江上，以迎波神。《曹娥碑》载："五月五日，以迎伍君。"

曹娥是东汉会稽人。《会稽典录》[1] 载，曹娥之父"絃歌而为巫"，五月五日溯涛迎波神而溺死。曹娥年方 14 岁，寻找父尸，投江而死，与父尸一起浮出江面。当地人以其孝女，为其立碑。

每到阴历五月五日，当地为纪念曹娥，在龙舟上为其塑像，划龙舟竞渡。

赛龙舟纪念屈原的说法，流行于荆楚地区。

南朝梁宗懔的《荆楚岁时记》做了较为全面的说明："五月五日竞渡俗，为屈原投汨罗日，伤其死，故并命舟楫以拯之。舸舟取其轻利，谓之飞凫……邯郸淳曹娥碑云，五月五日时迎伍君，逆涛而上，为水所淹，事又东吴之俗，事在子胥，不关屈平（原）也。《越地传》云，起于越王勾践，不可详也。"

总之，在南北朝以前，五月端午各自纪念本地的历史人物。隋唐统一后，经过各地风俗的渗透、汇融和人民的普遍筛选，具有爱国主义精神的屈原击败了其他对手，龙舟竞渡纪念屈原的说法，得到人们的普遍认同。

唐朝编撰的《隋书·地理志下》载："屈原以五月望日赴汨罗，土人追至洞庭不见，湖大船小，莫得济者。乃歌曰'何由得渡！'因尔鼓棹争归，竞会亭上，习以相传，为竞渡之戏。"

《松江府志》[2] 记载，徐守斋 11 岁时，偷偷从家里跑出去观竞渡，其父

〔1〕《太平御览》卷三一《时序部一六·五月五日》引，北京：中华书局，1960 年影印版。
〔2〕《古今图书集成·岁功典·端午部》引，北京：中华书局，成都：巴蜀书社，1985 年版。

惩罚他说："汝能作一诗，当贳汝。"守斋应声而作：

> 艾虎悬门日，龙舟竞渡时。
>
> 屈原遗恨在，千载楚人思。

松江府在今上海市吴淞江以南地区，旧属吴地，竞渡应纪念伍子胥或者曹娥，至此也变成屈原了。

四、角黍

角黍俗称粽子，是南北方普遍食用的端午节日食品。

西晋时的五月五日就吃粽子了，当时一名曰"粽"，一名曰"角黍"。西晋周处《风土记》[1]载："俗以菰叶裹黍米，以纯浓灰汁煮之，令烂熟，于五月五日及夏至啖之。一名粽，一名角黍。盖取阴阳尚相裹，未分散之时像也。"自五月端午纪念屈原的说法产生后，逐渐与屈原联系在一起了。南朝梁吴均《续齐谐记》[2]载：

> 汉建武（25—56 年）中，长沙区迴白日忽见士人，自称三闾大夫，谓迴曰："君常见祭，甚诚，但常年所遗，俱为蛟龙所窃，今君惠，可以楝（楝）树叶塞其上，以彩丝缠缚之，此二物蛟龙所惮也。"迴谨依旨。今世人五日作粽，并带楝（楝）叶及五色丝，皆汨罗之遗风。

以竹筒贮米，是最早的筒粽。从南北朝开始，粽子不仅和屈原联系起来，而且以楝叶包裹，系以五彩丝了。

隋唐以后的粽子，形制和花样不断增多。有百索粽、九子粽、角粽、锥粽、菱粽、筒粽、秤锤粽等等。粽内不仅包裹枣、栗、糖果等，皇宫内的粽子还包杨梅。宋人无名氏诗："不独盘中见庐桔，时于粽里得杨梅。"[3]贫民

---

[1]《太平御览》卷八五一《饮食部九·粽》引，北京：中华书局，1960 年影印版。

[2]《太平御览》卷八五一《饮食部九·粽》引，北京：中华书局，1960 年影印版。

[3]《古今图书集成·岁功典·端午部》引，北京：中华书局，成都：巴蜀书社，1985 年版。

清代徐扬绘《端阳故事图册》。
绢本，设色，共八开，每开20.7厘米×18.2厘米。图册分别描绘了端阳节期间的民俗活动

《赐枭羹》。题：『汉令郡国贡枭为羹赐官以恶鸟，故食之。』

《养鸲鹆》。题：『取鸲鹆儿毛羽新成者去舌尖，养之皆善语。』

《系采丝》。题：『系采丝，以五色丝系臂，谓之长命缕。』

《观競渡》。题：『观競渡，聚众临流称为龙舟胜会。』

《射粉团》。题：『唐宫中造粉团角黍饤盘中，以小弓射之，中者得食。』

《採药草》。题：『五日午时蓄採众药治病，最效验。』

《悬艾人》。题：『荆楚风俗以艾为人悬门户上，以禳毒气。』

《裹角黍》。题：『以菰叶裹粘米为角黍取阴阳包裹之义，以赞时也。』

之家过端午，也要吃粽子，陆游《端午》诗："贫家犹裹粽，随时答年光。"
每到端午，人们将自己制作的粽子互相馈赠、品尝，已不再扔到江里供飨屈原了。

第六节　七夕节

七夕节在夏历七月七日夜，它与中国古代一个美丽的爱情神话联系在一起。

一、牵牛星和织女星的传说

西周时期，人们就认识了牵牛星和织女星。《诗·小雅·大东》云："跂（qí）
彼织女。""睆（huǎn）彼牵牛。"当时，她们虽没有爱情纠葛，但在先秦的
占星术中已被人格化了。《史记·天官书》云："牵牛为牺牲……其北织女。"
张守节正义曰："（牵牛星）不明、不通，天下牛疫死。""织女三星……主
果蓏（luǒ）、丝帛、珍宝。占：王者至孝于神明，则三星俱明；不然，则暗而微，
天下女工废；明则理。大星怒而角，布帛涌贵；不见，则兵起。"

到了汉代，人们开始给牵牛、织女联姻。汉代的《古诗十九首》描绘说：

> 迢迢牵牛星，皎皎河汉女。
>
> 纤纤擢素手，札札弄机杼。
>
> 终日不成章，泣涕零如雨。
>
> 河汉清且浅，相去复几许。
>
> 盈盈一水间，脉脉不得语。

东汉应劭《风俗通·佚文·阴教》载："织女七夕当渡河，使鹊为桥。"
应劭算是为古代的自由婚姻搭了鹊桥，后来追求婚姻自由的人们，应该向他致
以崇高的谢意。

直到南北朝，牵牛和织女才正式结婚，但她们的婚姻很不美满。据《月令
广义·七月令》引南朝梁殷芸《小说》载，织女是天帝孙女，年年在机杼上纺

织，天帝见她可怜，将她嫁给天河西边的牛郎。但织女结婚后，竟变成一个贪欢恋爱的懒女子，不再纺织了。天帝大怒，责令她回到河东，一年只允许和牛郎见一面。南朝梁吴均《续齐谐记》也载，七月七日织女渡河，"世人至今云织女嫁牵牛也"。道教的玉皇大帝和王母娘娘形成后，民间按照自己的喜好进行改造，逐渐演变为现在的传说。

二、乞巧与看牛女相会

据《物原》[1]记载，战国"楚怀王初置七夕"。从牵牛、织女故事的演变来看，七夕节正式形成于汉代。七夕节的主要风俗活动是乞巧和看牛郎织女相会，汉代都已产生了。

乞巧，即乞求做针线纺织的技巧。《西京杂记》[2]载："汉彩女常以七月七日穿针于开襟楼，俱以习俗也。"汉高祖刘邦戚夫人的侍儿贾佩兰云："在宫时，见戚夫人侍高祖，至七月七日，于临百子池，作于阗乐，毕以五色缕相羁，谓为'连爱'。"汉文帝"窦后少小头秃，不为家人所齿，七夕人皆看织女，独不许后出"。这些已是七夕乞巧，看牛郎织女相会的萌芽。

牛郎织女的婚姻悲剧发生后，把织女说成一个贪恋情爱的懒女人，不符合劳动人民的意愿。于是，民间又把乞巧和织女附会在一起，把她塑造成一个心灵手巧的勤劳妇女的形象。《荆楚岁时记》[3]载："七夕妇人结彩缕，穿七孔针，或以金银、鍮（tōu）石为针，陈瓜果于庭中以乞巧。"

由于乞巧与中国"重农贵织"的农业自然经济相吻合，因而特别受到重视。《舆地志》[4]载，南朝"齐武帝起层城观，七月七日宫人多登之穿针，世谓之穿针楼"。唐朝织染署将七月七日定为祭杼日[5]。《开元天宝遗事》载，唐玄宗专门修了一座乞巧楼，他与杨贵妃对天盟誓的艳事就发生在乞巧节。民间妇女更需向织女乞巧。唐人崔颢《七夕》诗载："长安城中月如练，家家此夜持针线。"唐代神童林杰六岁时即赋乞巧诗：

---

〔1〕《古今图书集成·岁功典·七夕部》引，北京：中华书局，成都：巴蜀书社，1985年版。
〔2〕《太平御览》卷三一《时序部一六·七月七日》引，北京：中华书局，1960年影印版。
〔3〕《太平御览》卷三一《时序部一六·七月七日》引，北京：中华书局，1960年影印版。
〔4〕《太平御览》卷三一《时序部一六·七月七日》引，北京：中华书局，1960年影印版。
〔5〕《新唐书·百官志》，北京：中华书局，1975年版。

　　七夕今宵看碧霄，牛郎织女渡河桥。

　　家家乞巧望秋月，穿尽红丝几万条。

　　从唐朝到明清，每逢七夕，"宫廷宰辅、士庶之家，咸作大棚，张挂七夕牵牛织女图，盛陈瓜果酒饼、蔬菜、肉脯，邀请女流作巧姐会，称曰'女孩儿节'"〔1〕。《直隶志书》载，河北妇女，削瓜芽如花瓣，放上针，置盘中乞巧。《山西志书》载，山西七夕生麦豆芽，称作"巧芽"，以麦豆芽尖"漂针试巧"。《江南志书》载，江苏武进一带以凤仙花染指甲乞巧。也有的向织女乞丰收，乞米价，乞美容等。有的人十分体谅此刻织女的心情，主张不要去打扰她。一位不知名的诗人在《七夕》〔2〕诗中写道：

　　月帐星房次第开，两情惟恐曙光催。

　　时人不用穿针待，没得心思送巧来。

　　牵牛、织女一年只能在七夕相会一次，还要由喜鹊搭桥。古人对此寄予了无限的同情和遗憾。千百年来，尽管从未看到牵牛星和织女星在银河上相会，还是以极大的耐心和企盼，每逢七夕观看不辍。宋代词人秦观七夕观看牛女相会，写下了《鹊桥仙》，抒发了二人不能相会的感慨：

　　柔情似水，佳期如梦，忍顾鹊桥归路。

　　两情若是久长时，又岂在朝朝暮暮。

　　宋人陈三聘观看牛女相会，在《南歌子》中对牛女相思寄予了极大的同情：

---

〔1〕丁世良、赵放主编：《中国地方志民俗资料汇编》华北卷引《析津志》，北京：书目文献出版社，1995 年版，第 5 页。

〔2〕此段文献均为《古今图书集成·岁功典·七夕部》引，北京：中华书局，成都：巴蜀书社，1985 年版。

七月乞巧。选自《雍正十二月行 明代张灵绘《织女图》 七月桐荫乞巧。选自清陈枚绘《月曼清游图册》
乐图》

旧怨垂千古，新欢只片时。

一年屈指数佳期，到得佳期别了，又相思。

牛郎织女和中国老百姓的情感更为亲近。每逢七夕，家家陈瓜果酒肴，一
边眺望清澈的银河，一边谈论牛郎织女的传说。据《山东志书》载，七夕前后
下雨是织女泪。七月七日，人间无喜鹊，喜鹊都到天上为织女架桥去了。七月
八日，喜鹊回来，但鹊尾皆秃。山东禹城一带的牧童，还在七月十日采野花插
在牛角上，谓之"贺牛生日"。

三、曝衣晒书

夏历七月已进入秋季，经过雨季的潮湿，气温渐趋干燥，正是需要曝晒衣
物的季节。曝衣晒书的风俗，也是随着季节的变化而产生的。

曝衣晒书之俗起于汉代。宋卜子《杨园苑疏》载，西汉建章宫北有太液池，
池西有曝衣阁，"常至七月七日，宫女登楼曝衣"。东汉崔寔《四民月令》[1]
载："七月七日作曲合蓝丸及蜀漆丸，暴经书及衣裳，不蠹。"以发酵的曲合

---

〔1〕《古今图书集成·岁功典·七夕部》引，北京：中华书局，成都：巴蜀书社，1985 年版。

蓝丸、蜀漆丸来防止经书、衣裳不被虫蠹，这是中国最早的有关卫生球的记载。

魏晋南北朝时，曝衣晒书的风俗广泛流行，甚至形成以此夸富斗奢，炫耀知识渊博的陋习。

据王隐《晋书》记载，司马懿不愿做曹操的官，推托有风病。曹操派人查看，正巧碰见司马懿七月七日曝书。曹操大怒，司马懿不得已而应命。

《晋书·阮咸传》载，西晋阮咸蔑视礼法，放荡不羁。道北诸阮七月七日盛晒衣服，皆锦绮，光彩夺目。阮咸家贫，住在道南，以竹竿挑大布犊鼻（短裤头）晾晒，说："未能免俗，聊复尔耳。"

《世说新语·排调》载："郝隆七月七日出日中仰卧，人问其故，答曰'我晒书'。"由于七月七日人家皆晒书，郝隆无书可晒，故到日下晒肚皮，以表示在晒腹中书。

唐代亦流行曝衣之俗。唐诗人沈佺期《七夕曝衣篇》，借曝衣揭露了唐宫的奢侈：

> 宫中扰扰曝衣楼，天上娥娥红粉席。
> 曝衣何许曛半黄，宫中彩女提玉箱。

唐朝以后，七夕曝衣晒书之俗仍在某些地方流行。《直隶志书》载，河北内丘县七夕"暴衣书不知乞巧"。《江南志书》[1]载，江苏建平一带"七夕日中曝书辟蠹"。《广东志书》载，广东高明县（在今佛山市高明区）"取海水浸物不坏"。河北河间一带"七夕乞巧浣衣"。许多地区都流传"七月七，晒棉衣"的谚语。

第七节　中秋节

古代人民不仅通过观星象认识牵牛星、织女星，想象出美妙的故事，而且

---

[1]《江南志书》《广东志书》，均为《古今图书集成·岁功典·七夕部》引，北京：中华书局，成都：巴蜀书社，1985 年版。

还认识和描绘月亮，以观月、赏月为主要活动的中秋节，就是由对月亮的崇拜和遐思，而成为传统节日的。

中秋一词，最早见于《周礼·夏官司马·大司马》："中秋，教治兵。"

现在也有的写作"仲秋节"，严格地说应为"中秋节"。因为"仲秋"所表示的时间概念是秋天中间的整整一个月。《古今图书集成》用"仲秋部"记载整个的阴历八月，用"中秋部"记载八月十五中秋节这一天。对此，明人徐炬《事物原始》引唐诗人欧阳詹《玩月》序云："秋之于时，后夏先冬；八月于秋，季始孟终。十五于夜，又月之中。稽于天道，则寒暑均；取诸月数，则蟾兔圆，故曰'中秋'。言此日为三秋之中也，又谓之月夕。"

一、中秋节的起源

中秋节是由天子夕月、秋社、赏月以及月宫的传说等多种风俗事项汇合而成的，它起源于先秦，最后定型于唐朝。

夕月即古代天子秋分祭祀月亮。《周礼·春官宗伯·典瑞》郑玄注："天子常春分朝日，秋分夕月。"《史记·孝武本纪》裴骃集解引应劭语曰："天子春朝日，秋夕月，拜日东门外。朝日以朝，夕月以夕。"现在北京的月坛，原名夕月坛，就是明清皇帝秋分祭月的场所。

由于秋分的晚上不一定有月亮，有月亮也不一定圆，未免大煞风景，于是民间渐渐把秋分祭月放到中秋了。

八月中秋正是收获季节，古人要举行祭祀土神的仪式，叫作"秋报""秋社"。《白虎通·社稷》载："仲秋之月，择元日，命民社。《援神契》曰：'仲春祈谷，仲秋获禾，报社祭稷。'"

夕月、秋社，可视为中秋节的渊源。

由于中秋的月亮特别皎洁晶莹，从汉代开始，由祭月、礼月逐步形成赏月之风。汉代文学家枚乘有《月赋》，西晋陆机，南朝谢灵运、沈约、鲍照，北周王褒都有咏月、赏月的诗赋，但并没固定在八月十五日，所以并没有形成节日。如西晋陆机《拟明月何皎皎》诗：

安寝北堂上，明月入我牖。

照之有余晖，揽之不盈手。

南朝宋鲍照《玩月城西门廨中》诗：

始见西南楼，纤纤如玉钩。末映东北墀，娟娟似蛾眉。
蛾眉蔽珠栊，玉钩隔琐窗。三五二八时，千里与君同。
夜移衡汉落，徘徊帷幌中。……

北周王褒《关山月》诗：

关山夜月明，愁色照孤城。半形同汉阵，全影逐胡兵。
天寒光转白，风多晕欲生。寄言亭上吏，游客解鸡鸣。[1]

这些诗赋，都没提到中秋月。

中秋赏月风俗的正式形成是在唐代。据《开元天宝遗事》载，八月十五日夜，唐玄宗备文酒之宴，与禁中直宿诸学士玩月。以后每年八月十五，都照例赏月。为了与杨贵妃一起望月，还敕令于太液池西岸筑百丈高台，因安史之乱爆发，没有修成。自唐玄宗以后，中秋咏月诗大量出现了。如唐诗人白居易的《八月十五日湓亭望月》云：“西北望乡何处是，东南见月几回圆。”韦庄的《送李秀才归荆溪》云：“八月中秋月正圆，送君吟上木兰船。”司空图《中秋》云：“此夜若无月，一年虚过秋。”北宋苏东坡的《水调歌头》云：“明月几时有？把酒问青天。”都是中秋赏月的佳句。不仅文人学士赏月、咏月，平民百姓亦“千家看露湿，万里觉天清”[2]。

宋代中秋节赏月的风俗十分盛行。《东京梦华录》卷八《中秋》载：“中秋节前，诸店皆卖新酒，重新结络门面、彩楼、花头、画竿、醉仙锦旆。市人争饮至午未间……中秋夜，贵家结饰台榭，民间争占酒楼玩月……儿童连宵嬉戏，夜市骈阗，至于通晓。”

---

〔1〕《太平御览》卷四《天部四·月》引，北京：中华书局，1960年影印版。
〔2〕（唐）张南史：《和崔中丞中秋月》，参见《古今图书集成·岁功典·中秋部》引，北京：中华书局，成都：巴蜀书社，1985年版。

宋代以后的中秋赏月更加流行。宫中八月十五，"日供月饼、瓜藕，候月上，焚香，即大肆饮啖，多竟夕始散"[1]。民间则设瓜果酒馔，祭月燕饮。有的地区借月圆之意，称作"团圆会""团圆节""圆月"等。北方许多地区还有"酬佣工"的风俗。家人和长工、短工一起饮酒赏月，酬谢他们一年的劳作。

由于中秋节赏月，元宵节放花灯，许多地区都发现，中秋节云遮月，来年元宵节必下雨雪。安徽一带民谚云："云暗中秋月，雨打上元灯。"[2]山东一带流传"八月十五云遮月，正月十五雪打灯"。

二、月宫的传说

人们在夕月、赏月的同时，不断演绎出种种月亮的传说，主要有蟾蜍、嫦娥奔月、玉兔、桂树、吴刚伐桂等等。

早在战国以前，古人就传说月中有蟾蜍。屈原《天问》云："顾菟在腹。"闻一多先生在《天问释天》中论证，顾菟即蟾蜍，故古代人称月亮为"蟾宫"。

据说，中秋节蟾蜍吐出来的光辉能养育人间万物。《临溪时话》载，北宋宰相李迪八月十五日生，进士杜默写《中秋》诗说："蟾辉吐光育万种，我公蟠屈为心胸。"[3]李迪被人作诗称颂是得蟾蜍精华而孕育，可见当时是非常光彩的事。蟾蜍吐的光辉还可以治病。北方许多县志记载有"天灸"的风俗。中秋节前，采得蟾蜍光辉的百草露水研墨，用筷子点小儿额，可除百病。

到了汉代又增加了玉兔、桂树、嫦娥。

东汉王充《论衡·说日》引儒者语曰："日中有三足鸟，月中有兔、蟾蜍。"因此，"玉兔""白兔"成了月亮的代称，"金乌""赤乌"成为太阳的别名。如白居易《劝酒》诗"白兔赤乌相趁走"，即月亮、太阳互相追赶，日月如梭之意。许仲琳《封神演义》第十二回："乌飞兔走，瞬息光阴，暑往寒来，不觉七载。"

〔1〕《古今图书集成·岁功典·中秋部》引《酌中志略》，北京：中华书局，成都：巴蜀书社，1985 年版。
〔2〕《古今图书集成·岁功典·中秋部》引《秦淮故事》，北京：中华书局，成都：巴蜀书社，1985 年版。
〔3〕《古今图书集成·岁功典·中秋部》引，北京：中华书局，成都：巴蜀书社，1985 年版。

《天平御览》卷九〇七《兽部一九·兔》引《博物志》载"兔，望月而孕，兔吐子，旧有此说，余目所见也。"北宋陈师道《后山谈丛》[1]亦云："中秋无月则兔不孕，蚌不胎，荞麦不实。兔望月而孕，蚌望月而胎，荞麦得月而秀。世兔皆雌，惟月兔雄尔。故望月而孕。"

古人认为兔无雌雄，望月而孕。北宋何薳《春渚纪闻》对此怀疑说："东坡先生云：中秋月明，则是秋必多兔。野人或言：兔无雄者，望月而孕。信斯言则《木兰诗》云'雄兔脚扑朔，雌兔眼迷离'何也？"这是古人美好的想象与传说，是不能较真的。

蚌胎指珍珠。东汉扬雄有"剖明月之珠胎"的诗句。古人以为蚌孕珠如人怀妊，并与月的盈亏有关。唐人李善讲："明月珠，蚌子珠，为蚌所怀，故曰胎。"西晋临淄人左思《吴都赋》曰："蚌蛤珠胎，与月亏全。"唐诗人高适《和贺兰判官望北海作》诗："日出见鱼目，月圆知蚌胎。"

了解了这些传说，我们不仅可以理解传说的"得日月之精华"对万物生长的价值所在，而且可以得知，月亮的精华实际就是蟾蜍的光辉，玉兔的精华，它们都是月亮的代称。

《淮南子·览冥训》载："羿请不死之药于西王母，姮（嫦）娥窃以奔月。"这就是嫦娥奔月的传说。由于她偷吃神药，背夫不忠，汉代人还诅咒她变成了蟾蜍。东汉张衡《灵宪》[2]说："羿请不死之药于西王母，姮娥窃以奔月，托身于月，是为蟾蜍。"

这个神话故事有两层意蕴：

第一，把嫦娥奔月的传说与舜的"鸟工"，鲁班削木为鹊联系起来，反映了远古先民有着丰富的思维想象力，它为后来脚踏实地的科学研究提供了研究课题，如果不是后来重实际，轻幻想的价值选择的掣肘，中国应是宇宙飞船、飞机、降落伞的故乡。

第二，嫦娥偷吃的是长生不老药，西方也有个偷吃的神话，是亚当、夏娃在伊甸园里偷吃了禁果——智慧果，从而造成了人类的原罪。中西两个偷吃的神话，反映了两种不同的人生价值选择：中国人重生命，重长生；西方人重智慧。

---

〔1〕《古今图书集成·岁功典·中秋部》引，北京：中华书局，成都：巴蜀书社，1985 年版。
〔2〕《太平御览》卷四《天部四·月》引，北京：中华书局，1960 年影印版。

明代唐寅绘《嫦娥执桂图》

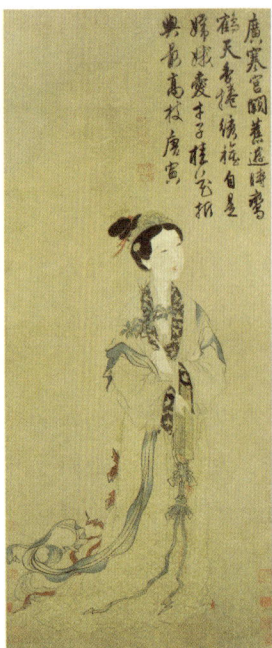

明代人绘《三兔望月图》

清佚名绘《中秋佳节图》。212.1厘米×71.1厘米

清蒋溥绘《月中桂兔图》。99.3厘米×43.5厘米

琼台玩月。选自清陈枚绘《月曼清游图册》

《太平御览》卷九五七《木部·桂》引《淮南子》云："月中有桂树。"汉武帝太初四年（公元前 101 年）建桂宫，故址在今西安市西北。南朝时又把月宫称作"桂宫"。南朝沈约《登台望秋月》诗："桂宫袅袅落桂枝，露寒凄凄凝白霜。"

由桂树又演变出"吴刚伐桂"的故事。唐人段成式《酉阳杂俎·天咫》载："旧言月中有桂，有蟾蜍。故异书言月桂高五百丈，下有一人常砍之，树创随合。人姓吴名刚，西河人，学仙有过，谪令伐树。"

毛泽东《蝶恋花·答李淑一》也反映了这一传说："我失骄杨君失柳，杨柳轻飏直上重霄九，问讯吴刚何所有，吴刚捧出桂花酒。"毛泽东这首诗非常浪漫和人性化，吴刚本来判的是无期徒刑，却让他酿桂花酒，喝桂花酒，在月宫中生活得很滋润。

自汉代传说月中桂树后，后人遂以桂枝比喻世间少有。西晋郤诜（qiè shēn）举贤良对策列为上第，后迁雍州刺史。晋武帝于东堂会送，问他感到荣耀不。郤诜对曰："臣举贤良对策，为天下第一，犹桂林之一枝，昆山之片玉。"[1]唐代科举正好在八月举行，应试得中者称"折桂"。温庭筠《春日将欲东归寄新及第苗绅先辈》诗："犹喜故人先折桂，自怜羁客尚飘蓬。"

古人又把月宫称作广寒宫。据《龙城录·明皇梦游广寒宫》传说，八月望日夜，唐玄宗与道士申天师、鸿都客三人，在云上游月中，寒气逼人，见一大宫府榜曰"广寒清虚之府"。又见白衣素娥舞于大桂树之下，音乐清丽。明皇暗自览记，回宫后编律成音，制霓裳羽衣曲。《漱石闲谈》《杨太真外传》[2]，亦有类似的传说。

三、中秋月饼

关于"月饼"的来历，说法众多。民间传说，元末江苏高邮人张士诚（一说朱元璋）为号召人民反元，中秋节将纸条夹到月饼中，约定起义的时间。从此，每逢中秋节吃月饼，纪念这一斗争的节日。河北《新河县志》载："相传月饼之会为朱元璋杀鞑子之暗记。"山东《青城县志》载："八月十五杀鞑子。"《台

〔1〕《晋书·郤诜传》，北京：中华书局，1974 年版。
〔2〕《古今图书集成·岁功典·中秋部》引，北京：中华书局，成都：巴蜀书社，1985 年版。

南县志》载："汉人以密令藏月饼，相约一时起义，遂于一夜杀完元兵，所以才有俚言'三家养一员，一夜刽完元。'"[1]其实，从这些传说本身即可证明，元朝就有中秋吃月饼的习俗。

作为节日食品的月饼，唐代就有了。《洛中见闻》载，唐僖宗中秋吃月饼，味道极美，命御膳房将月饼赐给新科进士。

南宋吴自牧的《梦粱录》卷十六《荤素从食店》，元朝周密的《武林旧事》卷六《蒸作从事》，都提到月饼。月饼最初由家庭制作，到明清逐步演化为商品。据《燕京岁时记》载，清代前门致美斋制作的月饼为京都第一。直到今天，每逢中秋节，各个食品店都摆满了琳琅满目的月饼，花色、品种、样式、口味，应有尽有。中秋向亲友馈赠月饼，成为必须履行的人情，也是中秋节前人际间主要的交往形式。奇怪的是，像粽子、年糕、元宵一类的节日食品，平日也可以吃。唯独月饼，不是中秋节前后，既无卖的，也无吃的，是最具特定意义的节日食品。

到唐代为止，有关中秋神话、传说、风俗，以及节日食品等，都基本齐备了，中国传统的中秋节最后定型。

第八节　重阳节

重阳节是夏历九月九日。《易经》将九定为阳数，九月九日的月、日都是九，故曰"重阳"。魏文帝曹丕《与钟繇九日送菊书》讲："岁往月来，忽复九月九日。九为阳数，而日月并应，俗嘉其名，以为宜于长久，故以享宴高会。"

一、重阳节的起源

重阳节在战国时期已经萌芽，重阳的名称、餐菊、登高的习俗都产生了。

---

[1] 丁世良、赵放主编：《中国地方志民俗资料汇编》，北京：书目文献出版社，1995年版，华北卷第513页，华东卷上第183页，华东卷下第1831页。

屈原《远游》曰："集重阳入帝宫兮，造旬始而观清都。"《离骚》云："朝饮木兰之坠露兮，夕餐秋菊之落英。"北宋高承《事物纪原》载："齐景公始为登高。"

至于登高、餐菊是否固定在九月九日，已无从可考了。重阳节作为一种节日，至迟在两汉时期已经形成了。《西京杂记》[1]载："汉武帝宫人贾佩兰云，在宫时，九月九日佩茱萸，食蓬饵，饮菊花酒，令人长寿。"东汉崔寔《四民月令》[2]也记载："九月九日，可采菊华（花）。"

东汉开始流传用登高、菊花酒、茱萸囊攘除恶气、灾厄的说法。南朝梁吴均《续齐谐记》[3]载，东汉汝南桓景随方士费长房学道。费长房告诫桓景说："九月九日汝家有灾厄，宜令急去，家人各作绛囊盛茱萸以系臂上，登高饮菊花酒，可消。"重阳过后，待桓景全家回来一看，院中的鸡、狗、猪、羊、牛全都暴死。费长房说，这是家畜代你们受了祸。从此，"世人每至此日，登高山、饮酒、戴茱萸囊是也。"由此可知，重阳节还是古人同灾难、瘟疫、厄运抗争的避难节，民间有句话叫"躲过三月三，躲不过九月九"，与重阳节避难不无关系。

二、重阳节的风俗活动

（一）登高

重阳节登高最著名的典故是"龙山落帽"和项羽戏马台。

东晋桓温九月九日于龙山（今安徽当涂东南）大宴僚佐，参军孟嘉被风吹落帽子而不觉。待其如厕，桓温命左右取帽放其座上，并命孙盛作文嘲弄他。孟嘉返回，作文回赠，

清代任伯年绘《龙山落帽》

---

〔1〕《古今图书集成·岁功典·中秋部》引，北京：中华书局，成都：巴蜀书社，1985年版。
〔2〕《太平御览》卷九九六《百卉部三·菊》引，北京：中华书局，1960年影印版。
〔3〕《太平御览》卷九九一《药部八·茱萸》引，北京：中华书局，1960年影印版。

"其文甚美，四座嗟叹"[1]。后来，"龙山落帽"成为才华横溢的典故。辛弃疾《念奴娇》称："龙山何处？记当年高会，重阳佳节，谁与老兵共一笑？落帽参军华发。"

楚汉战争时，项羽自立为西楚霸王，定都彭城，在城南南山检阅士兵操练兵马，故名项羽戏马台。东晋末年，大将刘裕九月九日"出项羽戏马台，至今丞相以为旧准"[2]。项羽戏马台因而成为重阳登高、赋诗的名胜，谢灵运、谢瞻、韩愈、苏轼、辛弃疾、文天祥都曾到此登台咏诗。

今徐州项羽戏马台位于徐州市区南部户部山上。明朝天启年间徐州大水，徐州户部分司署迁台上办公，此后改称户部山。现戏马台为1987年重修，占地800平方米，修复和新增景点30余处。

（二）插茱萸

《茱萸图》。选自日本江户晚期绘本《本草图谱》

茱萸是一种常绿带香的植物，具有杀虫消毒、逐寒祛风的功能，被称为"辟邪翁"。西晋周处《风土记》[3]载："俗九月九日谓为上九，茱萸到此日气烈，熟，色赤，可折茱萸囊以插头，云避恶气御冬。"隋唐时期，重阳节插茱萸蔚成风气，王维的《九月九日忆山东兄弟》载：

独在异乡为异客，
每逢佳节倍思亲。
遥知兄弟登高处，
遍插茱萸少一人。

---

〔1〕《晋书·孟嘉传》，北京：中华书局，1974年版。
〔2〕《南齐书·礼志》，北京：中华书局，1972年版。
〔3〕《太平御览》卷九九一《药部八·茱萸》引，北京：中华书局，1960年影印版。

（三）采菊花、饮菊花酒

两汉时期，采菊花，饮菊花酒已蔚成风气。《风土记》[1]载："汉俗，九日饮菊花酒以被除不祥。"由于菊花可辟邪，令人长寿，所以古人称菊花为"延寿客""制颓龄"。两汉以后，菊花和重阳节结为不解之缘，人们纷纷采菊、赏菊、咏菊、饮菊花酒，用菊花配制不老方。

九月重阳赏菊。选自清陈枚绘《月曼清游图册》

陶渊明是古代最喜欢重阳节饮酒咏菊的诗人，辞官隐居后，"九月九日无酒，宅边东篱下菊丛中摘（菊）盈把，坐其侧。未几，望见白衣人至，乃王弘送酒也。即便就醉而后归"[2]。他写的《九日闲居》[3]序也有此心境："余闲居，爱重九之名，秋菊盈园而持醪靡由，空服九华，寄怀于言。"其中有"酒能祛百虑，菊为制颓龄"的诗句。这就是"陶公咏菊""白衣送酒"的故事。唐初王勃《九日》诗，"九日重阳节，开门有菊花，不知来送酒，若个是陶家"，描写的就是这件事。

南朝宋王韶之《太清记·不老方》[4]载："九月九日采菊花与茯苓、松脂，久服之，令人不老。"《本草纲目》亦载："九月九日采白菊花，名曰金精菊花二斤，茯苓一斤，捣罗为末，每服二钱，温酒调下，日三服。或以炼过松脂和丸，鸡子大，每服一丸。主（治）头眩，久服令人好颜色，不老。"

在古代，几乎是"无菊无酒不重阳，不插茱萸不过节"。南宋吴自牧《梦粱录》卷五《九月》载："日月梭飞，转盼重九。盖九为阳数，其日与月并应，故号曰'重阳'。是日孟嘉登龙山落帽，渊明向东篱赏菊，正是故事。今世人以菊花、茱萸浮于酒饮之，盖茱萸名'辟邪翁'，菊花为'延寿客'，故假此

〔1〕《古今图书集成·岁功典·重阳部·汇考》引，北京：中华书局，成都：巴蜀书社，1985年版。

〔2〕《太平御览》卷三十二《时序部一七·九月九日》引《续晋阳秋》，北京：中华书局，1960年影印版。

〔3〕《古今图书集成·岁功典·重阳部·艺文二》引，北京：中华书局，成都：巴蜀书社，1985年版。

〔4〕《古今图书集成·岁功典·重阳部·汇考》引，北京：中华书局，成都：巴蜀书社，1985年版。

九月赏菊。
选自《雍正十二月行乐图》

明代陈洪绶绘《玩菊图》。118.6厘米×55.1厘米

两物服之,以消阳九之厄。年例,禁中与贵家皆此日赏菊,士庶之家亦市一二株玩赏。"宋元之交周密《乾淳岁时记》[1]载,偏安江左的小朝廷南宋过重阳,也要在临安(今杭州)庆瑞殿点菊花灯,"分列万菊"。

(四)赋诗

两汉以后,皇帝百官、文人学士重阳节登高饮酒,赋诗咏怀等风雅之事,史不绝书。唐朝宫中重阳节,皇帝也和文武百官一起饮酒赋诗,并赐重阳宴。唐中宗景龙三年(709年)九月九日,与群臣登高饮酒赋诗。规定,最后成诗者罚酒。结果,卢怀慎最后完成,被罚了酒。《新唐书·王勃传》载,王勃的父亲左迁交趾令,王勃前去省亲,路过南昌,恰碰洪州都督阎氏九月九日大宴

---

〔1〕《古今图书集成·岁功典·重阳部·纪事》引,北京:中华书局,成都:巴蜀书社,1985年版。

宾客于滕王阁。都督原计划让其婿作序，以在宾客面前夸耀，故意拿出纸笔让宾客们写。王勃泛然不辞，都督怒起更衣，让手下看王勃写些什么，逐句禀报。当都督看到"物华天宝""人杰地灵""落霞与孤鹜齐飞，秋水共长天一色"等佳句时，由衷感叹说："天才也！"

当然，更多的还是赏菊、咏菊的诗。陶渊明有"采菊东篱下，悠然见南山"的诗句。从此，"东篱"成为菊花园的别称，为咏菊文人所津津乐道。北宋词人柳永《玉蝴蝶·重阳》有"西风吹帽，东篱携酒"的诗句。南宋女词人李清照重九写的《醉花荫》，也借"东篱"组词，留下了"东篱把酒黄昏后，有暗香盈袖。莫道不销魂，帘卷西风，人比黄花瘦"的千古佳句。

唐末农民起义领袖黄巢写过著名的《不第后赋菊》：

待到秋来九月八，我花开后百花杀。
冲天香阵透长安，满城尽带黄金甲。

南宋张端义《贵耳集》[1]载，黄巢五岁时和父祖一起对菊花联句。祖父正在思考，黄巢信口抢答道："堪与百花为总首，自然天赐赭黄衣。"父亲大怒，上前就要打。祖父制止说："孙能诗，但未知轻重，可令再赋一篇。"黄巢应声吟道：

飒飒西风满院栽，蕊寒香冷蝶难来。
他年我若为青帝，报与桃花一处开。

子孙在父祖面前要礼让，赋诗撰文也不能占先。由此可知，古代重阳节还蕴含着儒家的孝道和改天换地的豪情。毛泽东就是继承了这种豪情，写下了《采桑子·重阳》：

人生易老天难老，岁岁重阳，今又重阳，战地黄花分外香。
一年一度秋风劲，不似春光，胜似春光，寥廓江天万里霜。

---

〔1〕《古今图书集成·草木典·菊部·纪事》引，北京：中华书局，成都：巴蜀书社，1985年版。

（五）射箭

西周时期，天子、诸侯、卿大夫有宾射、燕射、大射之礼。一般民众也有春秋定期举行的乡射之礼。射还是当时礼、乐、射、御、书、数六艺之一。秦汉以后，朝廷除定期举行大射之礼外，在春蒐、夏苗、秋狝、冬狩等四时围猎及宫廷宴会等场合，都少不了较射讲武。重阳节饮酒射箭，就是注重讲武习射传统向节日的渗透。

《南齐书·礼志》讲："九月九日马射。或说云，秋金之节，讲武习射，象汉立秋之礼。史臣曰：案晋中朝元会，设卧骑、倒骑、颠骑，自东华门驰往神虎门，此亦角抵杂戏。宋武（刘裕）为宋公，在彭城，九日出项羽戏马台，至今相承，以为久准。"可知重阳节骑马射箭之俗，起于东晋南朝。南朝陈后主重阳节观马射，还写下了《同管记陆瑜九日观马射》诗：

> 且观千里汗，仍瞻百步杨。
>
> 非为从逸赏，方追塞外羌。

唐太宗贞观十六年（642年）重阳节，"赐文武五品以上，射于玄武门"[1]。唐初宋国公萧瑀不习射，九月九日赐射，竟一箭不中，欧阳询赋诗取笑说：

> 急风吹缓箭，弱手驭强弓。
>
> 欲高翻复下，应西还更东。
>
> 十回俱著地，两手并擎空。
>
> 借问谁为此，乃应是宋公。[2]

（六）食糕

糕，古代称作"饵""粢"。《释名》曰："饵，而也。相粘而也。"[3]

---

〔1〕《唐会要》卷二六《大射》，北京：中华书局，1955年版。

〔2〕《古今图书集成·岁功典·重阳部·纪事》引《启颜录》，北京：中华书局，成都：巴蜀书社，1985年版。

〔3〕《太平御览》卷八六〇《饮食部一八·饵粢》引，北京：中华书局，1960年影印版。

先秦时期谷贱黍贵，带黏性的黍米饭是"食之贵者"。《周礼·天官·笾人》载："羞笾之实，糗饵粉餈。"郑玄注曰："餈谓干，饵，饼之也。此二物皆粉稻米、黍米所为也。合蒸曰饵，饼之曰餈。"郑玄认为，周代就有将黍磨成面粉合蒸的糕了。上述贾佩兰说的"蓬饵"，就是糕。

也有的认为汉代以后才有糕。《野客丛谈》[1]载，唐朝诗人刘禹锡作九日诗，想用"糕"字，但想到《五经》中没有，所以没敢用。宋真宗时的名臣宋祁认为，《周礼·天官·笾人》中的"饵""餈"就是糕，遂写《九日食糕》诗道：

> 飙馆轻霜拂曙袍，糗餈花饮斗分曹。
> 刘郎不敢题糕字，虚负诗中一世豪。

隋代杜台卿《玉烛宝典·食蓬饵饮菊花酒》讲："九日食蓬饵（糕）饮菊花酒者，其时黍秫并收，因以粘米嘉味，触类尝新，遂成积习。"《隋书·五行志》载当时民谚说："七月刈禾伤早，九月吃糕正好。"可见，重阳节食糕的风俗，与收获已毕的农事季节有关。

《嘉话录》[2]载，唐朝袁师德的父亲叫袁高，因为"高"与"糕"同音，袁师德重阳节"不忍食糕"。这固然反映了儒家孝道中避父祖名讳的荒唐，但也说明孝亲比遵从节日风俗重要得多。

隋唐以后，重阳节食糕的风俗十分流行，糕的种类与花样也名目繁多。

《东京梦华录》卷八《重阳》载，重阳"前一二日，各以粉面蒸糕遗送。上插剪彩小旗，掺飣果实，如石榴子、栗黄、银杏、松子肉之类。又以粉作狮子蛮王之状，置于糕上，谓之狮蛮"。

除此之外，还有食禄糕、枣栗花糕、丹桂花糕、高丽栗糕、松糕、菊黄糕等等。

咏菊、饮酒、射箭、赋诗，是皇帝百官及文人学士的高雅之戏，普通民众最流行的是做节日食品。每逢重阳节，家家蒸糕互相馈送。江苏一带流传："重阳吃块糕，过寒也不焦；重阳吃块饼，过寒也不冷。"许多地区过重阳节都将嫁出

---

〔1〕《古今图书集成·岁功典·重阳部·杂录》引，北京：中华书局，成都：巴蜀书社，1985年版。
〔2〕《古今图书集成·岁功典·重阳部·纪事》引，北京：中华书局，成都：巴蜀书社，1985年版。

去的姑娘接回来，来往过程中则互送花糕，名曰"追节""迎九""女儿节"。有的切一块糕，贴到儿女脑袋瓜上，祈祷三声说："愿儿百事俱高（糕）！"

农耕生活的处境，使中国的老百姓时刻注意节日的气候和来年的收成，总结出许多有关农时气候的规律和谚语。他们发现，重阳刮东北风，则来年丰收；刮西北风，则来年歉收。重阳日晴，则一冬晴，雨则皆雨。如南方谚语说："重阳无雨看十三，十三无雨一冬干。""不怕重阳雨，只怕重阳风。"[1]

三、重阳节的传说

重阳节的传说很多，在此仅举两例。

东晋干宝《搜神记》卷五载，安徽省全椒县有一姓丁的媳妇不堪忍受恶婆婆的虐待，于九月九日自缢而死。这位媳妇还不错，没有忘记受苦受难的阶级姐妹，变为神灵托身巫祝说："妇女天天劳作，不得休息，九月九日不能再干活。"于是，江南人尊她为"丁姑"，把九月九日作为"息日"。这是古代唯一记载妇女劳作辛苦和妇女休息日的典籍，应该是中国古代最早的妇女劳动节。

《后汉书·独行·范式传》载，山阳金乡人范式字巨卿，与汝南张劭字伯元少游太学，告归乡里时，范式对张劭说："后二年当还，将过拜尊亲，见孺子焉。"到了约定的日期，张劭让母亲准备酒菜等待范式的到来。母亲说："二年之别，千里结言，尔何相信之审邪？""范巨卿信士，必不乖违。"范式果然准时赴约，二人尽欢而别。后张劭病死，托梦给范式，范式又千里迢迢到汝南奔丧。临安葬，张劭的棺枢怎么也不肯进墓穴，母亲知他在等待范式，命停棺枢等待。一会儿，范式素车白马，号哭而来，亲自"执绋而引"，张劭的棺枢才肯前行。范式为张劭修坟栽树，安置停当才离去。

后人出于对范、张二人"信义生死交"的钦佩和推崇，不断进行演义加工。明人冯梦龙《喻世明言》第十六卷在吸收前人文学加工的基础上，演义出一段令人肝肠寸断的故事，叫作"范巨卿鸡黍生死交"。

东汉山阳商人范式在洛阳近郊染上风寒，困在客店中。恰逢汝南人张劭进京应选，与范式同宿一家店里。在张劭的精心照料下，范式很快恢复了健康。

---

[1]《古今图书集成·岁功典·重阳部·汇考》引《江南志书》《福建志书》，北京：中华书局，成都：巴蜀书社，1985年版。

范、张二人遂结拜为生死兄弟。分手时，范式约定来年黄花红叶的重阳节到张劭家拜见其母。张劭承诺：当杀鸡煮黍以待。

第二年重阳节，张劭早早起床，把院子、房间洒扫干净，拿出专门酿制的美酒，让弟弟杀了专门饲养的肥鸡，让母亲煮好黍米饭。摆好桌椅，让母亲坐在中间，旁边摆上范式座位。遍插菊花、茱萸于瓶中，等待范式到来。母亲说："山阳到我们家迢迢千里，又是一年前的约定，恐怕范式未必能到。等他来了，再杀鸡也不晚。"张劭说："范巨卿，信士也，今日必到。我曾承诺以鸡黍招待，人家一进门就看见我承诺的饭食，才显出我们的诚意。"

范式回家后，忙于经商，忘记日期。重阳早上邻居送来茱萸酒，他这才猛然想起重阳"鸡黍之约"。可迢迢千里，无论如何也赶不到。范式想起古人讲的"人不能行千里，魂能日行千里"，范式嘱咐妻子说："我死后不要下葬，等我兄弟张元伯来了，方可入土。"说完，他自刎而死。范式的魂魄架阴风千里赴约。

张劭等范式不来，迷迷蒙蒙地进入梦乡。梦境中，听范式讲述了实情，一下子就哭醒了。连夜起程，赶赴金乡。数日后到达，一打听果然如梦中情景一样，他就直奔墓地而去，哭倒于地。随后，令人买来祭物和香烛纸帛，陈列于范式灵柩前。祭后朝着范式灵柩连磕三个响头，拔剑自刎而亡。众人来不及阻拦，在惊愕中，忙为之设祭，备好棺椁把二人合葬于墓穴之中。

范、张二人死后，金乡范庄的老百姓念及他们重诺守信的壮举，改范庄为"鸡黍"，即现在的山东金乡县鸡黍镇，镇上有"二贤祠"与"范张林"。

"鸡黍之交"把承诺、信义的价值放在自己的生命价值之上，再现了古代君子之交的圣神和高尚，为重阳节又增添了一份厚重的文化意蕴。

除上述主要传统节日外，还有二月二日中和节、腊八节、辞（祀）灶节等，限于篇幅，就不一一缕述了。

第九节　传统节日点评

中国的节日大致可分为以下七类：

第一类：元旦（春节）、清明、端午、中秋、重阳等类的传统节日。

第二类："三八"妇女节、"六一"儿童节、"十一"国庆节等类的纪念节日。

第三类：各地东岳庙会，北京广甸、地坛、白云观庙会等一类的庙会节日。

第四类：道教正月十五天官上元节、七月十五地官中元节、十月十五水官下元节，佛教四月八日浴佛节、七月十五盂兰盆会节等一类的宗教节日。

第五类：傣族泼水节、西南地区火把节、高山族的丰收节等一类的少数民族节日。

第六类：国际孔子文化节、潍坊国际风筝会、北京奥林匹克文化节、泰山国际登山节等一类的文化节。

第七类：外国舶来的情人节、愚人节、母亲节、父亲节、圣诞节等"洋节"。

这种多元化的节日格局，反映了现代节日越来越社会化、市场化、区域化、个性化的新趋势和节日价值的新追求。其中，传统节日的文化意蕴最深厚，它是远古生产力低下的历史回音，记载着中华先民蹒跚的历史足迹，反映着中华民族的历史和文化，在今天仍有其宝贵的文化价值。

一、教化万民的工具

越往远古，社会风俗就越是国家政治教化的组成部分。节日是古代统治者推行礼乐教化的工具，通过节日来歌舞升平，与民同乐，营造出欢乐祥和的气氛，是维护统治的有效方式。

《尚书·舜典》孔颖达疏曰："节气晦朔，皆天子颁之。"

《礼记·孔子闲居》载："天有四时，春秋冬夏，风雨霜露，无非教也。"

商周时期，王者立四时之序而化天下。《礼记·月令》记载了周天子一年四季的礼仪活动，有些内容成为后来节日的渊源。当时的许多风俗活动都由专职的官员负责。如修火禁由司烜氏负责，修禊由女巫负责。也可以说，当时的岁时节令是统治、教化天下万民的组成部分。在传统节日形成过程中，许多节日风俗，如逐傩、放灯、扫墓、拜月等，本身就是统治者确立和倡导，经反复传袭而形成的。就连四月八日的浴佛节也是南朝梁武帝所倡导的，只是没成气候。

封建统治者之所以大力提倡过节，显然是利用了中国人爱过节的心理，让下层人民沉浸在短暂而连续不断的欢乐中，得到情感的满足、补偿和宣泄，以转移社会矛盾的视线，冲淡下层人民愤怨，消磨他们的斗志。正因如此，封建统治阶级尽管享有各种特权，唯独不要过节这个特权，几乎没有一个不让下层人民参加的节日。甚至中国有这么多的封建王朝，竟没规定一个王朝建立纪念节。因为过节是为了与民同乐，普天同庆，统治者单独过节，就失去利用节日维护统治的意义了。这也是秦汉以后统治者明智、长进的地方，在先秦时期讲"礼不下庶人"[1]，有些节日性的礼，庶人是没有的。

　　当然，封建统治阶级更愿意过节。过节既是隋炀帝一类天子好大喜功，讲究排场的大好时机，又是宋徽宗一类君臣文恬武嬉，粉饰太平的生活方式。有了这普天同庆，国泰民安的心理满足，也就够了。

二、农业文化的印记

　　传统节日反映着农业社会的生活规律，几乎所有传统节日都与农时紧密相连，反映着季节、气候变化，流传着许多有关农时、气候的谚语。"年"的雏形就是庆丰收，老百姓都企盼"瑞雪兆丰年""干冬湿年，禾谷满田"。"上元无雨则春旱"，告诫人们及早作抗旱的准备；"清明前后，种瓜种豆"，则提醒人们播种季节的到来；"七月十五定旱涝，八月十五定收成"，是对一年气候和丰歉的总结；"云暗中秋月，雪打上元灯"，是对天气雨雪的预测；"不怕重阳雨，只怕重阳风"，反映了对干旱的担忧。

　　古人还将从正月初一到十一，依次分别归属鸡、狗、猪、羊、牛、马、人、谷、果、菜、庄稼的日子，是农业与家庭畜牧业相结合的自然经济的鲜明写照。从节日的内容上看，七夕节作为中国式的"情人节"虽然浪漫，但典型地反映了男耕女织，一夫一妻一头牛的小农家庭模式。

　　几千年来，中国农民一直过着不得温饱的生活，"吃好饭，穿新衣"是传统节日的过节模式，反映的就是农民解决温饱问题的质朴要求。所以，中国的节日饮食严格而规范，即使再清贫，节日食品也是必备的，不然会被人笑话。中国人有句话叫"谁家过年不吃顿饺子"。南宋陆游有句诗叫"贫家犹裹粽，

---

〔1〕《礼记·曲礼上》，载《十三经注疏》，北京：中华书局，1980 年版。

随时答年光"。民谚还讲:"重阳吃块糕,过寒也不焦;重阳吃块饼,过冬也不冷。"这实际上也是对"量腹而食,度身而衣"的农耕生活的一种补偿。直到改革开放前,农村的农民做顿改样饭。都要到祖先神灵面前供养一下,再联系古代按时令节气供养新鲜食品的"尝新"之祭和"十月一,送棉衣",说明古代的祖先神灵也没解决温饱问题,他们也有这方面的要求。现在温饱问题解决了,但过年吃饺子,正月十五吃元宵,端午吃粽子,中秋吃月饼等过节方式却保留下来了,即使再富有,节日食品也是必须吃的。

几千年的宗法家族社会,不仅使一家一户的小农家庭成为生活、生产的组织核心,还是传统节日的组织者和主持者。把传统节日和纪念节日比较,我们会发现它们之间的不同特点:第一,传统节日的过节方式是吃好饭,穿新衣,而纪念节日的过节方式是集会、做演讲、演节目;第二,传统节日的组织者是家庭,而纪念节日的组织者是单位、学校、幼儿园。每到纪念节日,绝没有"每逢佳节倍思亲"的感觉。一个儿童没了幼儿园和小学,就没了儿童节。父母说,孩子别哭,爸爸妈妈给你过节。不行,你过不出那个味来。第一,你不是儿童节的组织者;第二,你的过节方式的吃好饭,穿新衣,而儿童节的孩子们要举行集会,做游戏、演节目,你过得了么?

中国的农民日出而作,日落而息,年复一年地默默劳作,单调、乏味、循环而闭塞的生活,需要一种高强度的精神宣泄和沉闷的精神麻醉,传统节日恰恰迎合了这种特定的农业文化心态。中国人不仅小孩爱过年,大人也喜欢过节。尤其是春节,总觉得它过得太快,过完节有说不出的失落感。唐代诗人苏味道《正月十五夜》写的"玉漏莫相催",倒是恰切地反映了这一心理。中国的鞭炮之所以受欢迎也出自这种宣泄心理,一听到高强度的鞭炮噪音,他们就感到兴奋,就会获得快感和短暂的精神刺激。其他像舞狮龙、踩高跷、跑旱船、敲锣鼓、扭秧歌等节日娱乐形式,中国人不仅爱看,更喜欢参与,也是出于这种农业文化心态。

三、阖家团圆的旋律

正由于传统节日的组织者是家庭,没有或离开家庭,也就没有了传统节日,这也是许多单身每逢传统节日必须回家或特别难过的原因。七夕节所昭示的就是：家庭和夫妻团圆是多么的珍贵。文人学士也围绕着"阖家团圆"耗尽了情思和灵感。像王维的"每逢佳节倍思亲"，苏东坡的"但愿人长久，千里共婵娟"，之所以千古传颂，就是因为它与阖家团圆的节日观念发生强烈的共鸣。直到现在，只要看看春节前拥挤的车站，就可以理解，家庭团聚在人们心目中是多么的重要。为了吃那顿节日团圆饭，付出的代价实在是太大了。

由于中国人祖先崇拜和宗法观念的浓重，阖家团圆的旋律还包括对家庭人际伦理的珍视，对祖先的崇敬和缅怀，对父母尊长的孝敬，对子孙绵长的希冀。祭祖先、敬尊长、崇伦理、守礼仪成为节日的主要内容和基本特征。

节日期间，亲戚、朋友之间繁琐的互访、馈赠，流于世俗的应酬，成为和谐人际关系、礼尚往来的主要渠道。春节挂家堂祭祖，清明节扫墓，十月一送寒衣等，祭祀祖先的活动在节日中持续不断地进行。胡朴安的《中华全国风俗志》讲，广州人送寒衣特心急，给祖先想得特周到。七月前半月就开始送衣、烧衣。有的把做冥衣的金纸、银纸等衣料，纸币、纸元宝等包成一个包焚化。可能广州阴间手工业和商品经济发达，不送成衣送衣料和钱，找人制作更合身。由于是提前寄来，现购买、现制作都耽误不了祖先冬天穿。

传统节日更是承载着敬老爱幼的传统美德。除夕元旦敬拜父母尊长；冬至日儿媳妇向公婆献鞋袜，祝他们"践长""履长"；九九重阳节祝父母"久久"长寿。被称为"延寿客""制颓龄"的菊花让老人沉浸在老树新花的喜悦中。端午节、七夕节、重阳节都称作"女儿节"，端午为儿女系五色丝、簪榴花、涂雄黄，七夕为女儿乞巧，重阳节让儿女"事事俱糕（高）"，还有老人们元旦"屠苏最后尝"的谦让，都寄托着中国人子孙绵长期望。基于严格遵守节日礼仪的道德传统和老少几代人共聚一堂的节日环境，中国不可能产生像西方那样放纵情感的狂欢节和带有欺诈和恶作剧的愚人节。

与浓厚的宗法伦理氛围相反，西方的圣诞节、复活节、受难节、感恩节则充满了浓厚的宗教色彩，多寄托着对神的幻想与遐思，教会成为节日的组织者，礼拜和祈祷是过节的主要方式。换句话说，在重今生，轻来世的中国宗法社会，主要是和人过节，而重来世、奉上帝的西方宗教社会，则是对神的缅怀和敬奉。

四、自强不息的精神

节日是远古生产力低下的历史回音，记载着先民蹒跚的足印和征服自然的顽强信念。中国传统节日中反映的自强不息的精神，主要表现为对人类险恶生存环境的抗争，对自然、神灵的征服、改造、利用，对远古新生活的开拓。

除夕驱鬼逐疫，"劳形趋步"、祛疾健身；饮椒柏酒和屠苏酒压邪；元旦放爆竹"辟山臊恶鬼"；元宵节走百病；修禊节洗濯被除；端午节采药、插艾叶、带五色丝、饮雄黄酒祛毒；中秋收露水合墨除百病；重阳节登高避难，佩茱萸避恶气；等等。祛邪禳灾、防御侵害，保护人类的各种举措，在一年四季的节日中重复进行着。它折射出远古人类生存环境的险恶，让人领略到古人对恶月恶日、瘟疫、鬼怪、灾厄等不屈不挠的抗争和征服。这种抗争和征服，不仅让节日中的门神、灶神、财神委身于千家万户，甚至让四方天帝太昊、炎帝、少昊、颛顼等分别掌管春、夏、秋、冬四时，为农耕生活服务。古人还把节日从恶月、恶日、邪鬼、瘟疫、虫毒的恐怖中解放出来，创造和开拓为礼仪型、娱乐型的"良辰佳节"。黄巢的重阳节菊花诗"他年我若为青帝，报与桃花一处开"，让菊花在春天开放，不仅是对青帝太昊的利用，而且是真正意义的改造自然。

回首先民们的蹒跚足迹，就能领略到节日风俗中蕴涵的生生不息的精神和征服自然的顽强信念。节日的传承是为了弘扬这一可贵文化精神，而不是沿袭、照搬古人在探索中的具体结论。如果仍然痴迷上述的种种说法，则演变为陋俗，演变为对自然，对宗教神灵的屈服、迷信和个体自我意识的迷失。

五、传统技艺的载体

传统节日传承着高科技含量的文化和高超的食品、器物制作工艺，是保存、传承传统文化的载体。

年、季、月、朔、望、旬、时、刻、更、鼓等，以及闰月、二十四节气、七十二候、六十甲子、大量有关气候的农谚，是古代先民对大自然奥秘不懈探索而取得的科技成果，它就蕴含在岁时节日体系之中。中秋节嫦娥奔月、蟾辉吐光、兔蚌望月的传说，洋溢着先民们探索宇宙奥妙的强烈欲望。清明节的风筝，韩信利用风筝测量地面距离，张伾用风筝送信，以及大型转秋千，不仅说明中国人很早知道运用空气的浮力，而且反映了器物制作上的高超技艺和使用上的高智商。

中国的传统节日都有固定的节日食品，过年吃饺子，端午吃粽子，中秋吃月饼，重阳节吃糕，等等。还有许多具有较高文化艺术水平的节日民俗物象，如：潍坊杨家埠、天津杨柳青、苏州桃花坞木版年画，春节和元宵节的花灯、秧歌、高跷、狮子舞，端午节的龙舟竞渡等，不是过节，既没有卖的、玩的、展示的，也没有吃的、观赏的。借助节日，这些制作工艺和文化艺术才得以传承下来。没有节日，也就失传了。

六、个体品格的陶冶

传统节日还涉及具有忠义品格的介子推、伍子胥，孝亲品格的曹娥，爱国主义精神的屈原，注重承诺、信义的范式和张劭，具有祭祖先、敬尊长、崇伦理、守礼仪的一系列程式。所以，过节还是每个人个体品格的陶冶和印证。

中国社会的现代化和节日的多元化，淡化了传统节日的古典氛围，也加速运载了其中的文化精神。文化节的出现，虽然沿袭了政府颁行节日的传统，但却完成了由政治教化到经济创收的转折。"洋节"的时髦，固然没有"玉梅雪柳千家闹"的盛况，但节日的倡导者和组织者却不再是政府、家庭、单位，而是个人，体现了挥洒个性，凸现自我的价值观。"洋节"的倡导者不是过节者的猎奇、趋新和率先垂范，而是对它情有独钟的厂家、商家的推波助澜。如果说，春节、中秋节是传统节日的流行促进了鞭炮、月饼的生产和销售，对"洋节"来说正好相反，是厂家、商家对圣诞帽、玫瑰花、康乃馨等众多"洋节"礼品的促销活动推动了"洋节"的流行。春节电视文艺晚会的出现，把全家人围成的"圈"拆成了一条直线，使一家人的亲密相对疏远，但它又是"傩舞""正月里唱大戏"的化身和传承者；机械化送来的噪音使人们丧失了对鞭炮、锣鼓的快感，但火车提速、私人汽车的涌现又提高了赶年关团聚、春节烦琐应酬的效率；现代化的通信网络破坏了迟缓的农业生活节奏，却又高效率地传送了阖家团圆的情思和信息。

节日是活生生地流淌着的中华民族的历史和文化，是大量独特的民俗生活意境和深远的民族生活气息的文化记忆。在现代节日文化的急剧变化中，许多传统节日逐渐被淡漠、冷落，从而失去了原来的"味"。如何保护这些人类口头和非物质文化遗产，留住节日文化的"根"，如何给节日赋予现代化转型的新形式、新内涵，使它成为一种"活的古典文化"，已成为越来越多的人思考和讨论的话题。

第六章　婚姻风俗

　　婚姻是人类得以繁衍生息的主要方式和构成家族、亲族的基础。婚姻风俗主要包括婚姻形态、媒介、礼仪以及离婚、改嫁、夫妇间的地位等种种风俗观念。

第一节　婚姻形态的演变和定型

　　《诗·邶风·谷》曰："宴尔新昏，如兄如弟。""宴尔"又作"燕尔"，原为安乐之意，后又作新婚的代称，即我们现在说的"新婚燕尔"。

　　《说文十二下·女部》称："婚，妇家也。礼，娶妇以昏时，妇人阴也，故曰婚。""姻，婿家也，女之所因，故曰姻。"

　　《礼记·昏义》孔颖达疏曰："案郑《昏礼目录》云：'娶妻之礼，以昏为期，因名焉'。必以昏者，取其阴来阳往之义。日入后二刻半为昏，以定称之。婿曰昏，妻曰姻。《经解注》云：'婿曰昏，妻曰姻'是也。谓婿以昏时而来，妻则因之而去也。若婿之与妻之属名，婿之亲属名之曰姻，女之亲属名之为昏。故郑注《婚礼》云'女氏称昏，婿氏称姻'。《尔雅》云：'婿之父为姻，妇之父为婚。'又云：'婿之党为姻兄弟，妇之党为婚兄弟'是也。"

　　上列旨义，似乎婿和妇家称婚，妻和夫家称姻。其实，"男昏女姻，散则通"，可以互称，婚姻即指夫妇。婚姻之婚为什么也写作"昏"？郑玄说是"以昏为期，因名焉"。现在娶妻以白昼，且挂红彩，古代以迎女为迎阴气至家，必夜行，车服尚黑，执烛前往。

　　也有的说，"婚"之所以写作黄昏的"昏"，来自远古昏时进行的抢劫婚。

《周易·屯》载："乘马班如，匪寇婚媾。""乘马班如，泣血涟如。"《诗·豳风·七月》云："女心伤悲，殆及公子同归。"公元前604年春，鲁宣公到齐国，齐国大夫高固看中了他的女儿叔姬，留住鲁宣公，强逼鲁宣公答应了婚约，直到夏天才放鲁宣公回国。这种强迫性质的婚姻，应是远古抢劫婚的残余。至今仍有一句俗语，叫作"捆绑不成夫妻"，其缘起也应该是抢劫婚。

陆游《老学庵笔记》卷四载："辰、沅、靖州蛮……嫁娶先密约，乃伺女于路，劫缚以归。亦忿争叫号求救，其实皆伪也。生子乃持牛酒拜女父母。初亦阳怒之，邻里共劝，乃受。"

明清民国时期，安徽、江苏、上海、浙江一带，仍然存在这种抢亲的旧俗。

1911年3月13号上海《民立报》载，上海田大令为抢亲风俗特意发出"保护寡妇之县谕"，指出，"迩来人心险恶，风俗浇漓，抢孀逼醮，层见叠出，乡民习以为常。甚至夫病笃而先经议价；夫甫亡而肆抢谋"，颁谕"严禁此风，以期永久净绝"。

民国十九年《嘉定县续志》载："凡民间聘妻，女家力争财礼。无力迎娶或悔婚不愿嫁者，则纠人抢之，虽控告到官，往往因已成婚，薄责而和解之而已……甚有寡妇不愿适人，抢去逼醮者，谓之'抢醮'。"上海宝山《月浦志》亦载："棍徒窥有少艾孀妇，则贿诱其远族，私立婚书，纠结党伙，昏夜破门而入，挟妇登舆，不问其从与否，谓之'扛孀'。"[1]

《列子·汤问》载，远古时代"长幼侪（chái）居，不君不臣。男女杂游，不媒不聘。"这种杂乱性交没有特定的约束规范，构不成氏族、家族，也不知道生育的秘密，往往归结为"感神龙""践巨人迹""吞薏苡（yì yǐ）"等，还算不上严格的婚姻。瑞士法学家和史学家巴霍芬（1815—1877年）在《母权论》中用"杂婚"揭示了这个阶段，恩格斯充分肯定了他的贡献，但指出他用了个不恰当的名词，恩格斯叫作"杂乱的性交关系""所谓杂乱，是说后来由习俗所规定的那些限制那时还不存在"[2]。

人类最早的婚姻形式是血缘家族，当时已排除了父母与子女之间的性交

[1]丁世良、赵放主编：《中国地方志民俗资料汇编》华东卷引，北京：书目文献出版社，1995年版，第56、79页。
[2]恩格斯：《家庭、私有制和国家的起源》，载《马克思恩格斯选集》第一卷，北京：人民出版社，1972年版，第5、6、31页。

关系，是一种同胞兄弟姐妹间的血缘婚，这种血缘婚相当伏羲氏时代。传说，伏羲氏曾让人兄妹结婚，并率先垂范，与妹妹女娲结为夫妻。唐人李冗《独异志》[1]载："昔宇宙初开之时，只有女娲兄妹二人在昆仑山，而天下未有人民，议以为夫妻，又自羞耻。兄即与其妹上昆仑山，咒曰：'天若遣我兄妹二人为夫妻，而烟悉合，若不，使烟散。'于是烟即合，其妹即来就兄，乃结草为扇，以障其面。"

唐人绘《伏羲女娲像》。
传说，伏羲氏曾让人兄妹结婚，并率先垂范，与妹妹女娲结为夫妻

台湾高山族传说，洪水把世上的人都淹死了，只剩兄妹二人。妹妹要和哥哥结婚，哥哥不同意。妹妹说，山洞里有个姑娘，你和她结婚吧。哥哥去山洞，果然见一蒙面姑娘，婚后才知道正是自己的亲妹妹。海南岛的黎族传说，上古天翻地覆，人类尽遭厄运，仅剩兄妹二人。妹妹把脸上刺上花纹，让哥哥认不出来，二人结了婚。从此，黎族姑娘开始纹面。

这时，人类不仅知道了生育的秘密，而且逐渐认识到同一血缘结婚的害处，在古代，叫作"男女同姓，其生不蕃"[2]。在远古认识愚昧低下的阶段能够认识到近亲结婚的害处似乎难以置信，其实是可以理解的。

首先，许多兄妹结婚的传说，都是在各种天灾之后，仅剩下兄妹二人，别无选择，表现了一种万般无奈的心理否定；其次，许多兄妹结婚后，都有生下肉球、肉瓜、葫芦、无四肢五官等怪胎的传说，反映了人们抵制血缘婚的朴素

〔1〕《古今图书集成·家范典·夫妇部·外编》引，北京：中华书局，成都：巴蜀书社，1985年版。
〔2〕《左传·僖公二十三年》，载《十三经注疏》，北京：中华书局，1980年影印版。

观念；再次，现代许多婚俗比较落后的民族，不仅对同血缘婚姻有清醒的认识，而且实行的基本上都是族外婚。

于是，人们先从禁止父母与子女间的婚姻关系入手，再禁止亲兄弟姐妹、堂兄弟姐妹、远房兄弟姐妹，最后，本氏族内不准通婚，这就产生了族外婚。

族外婚是甲氏族的一群兄弟出嫁到乙氏族，与乙氏族的一群姐妹互相婚姻。在中国古代，一般是两个氏族结成世代通婚的联盟。如姬姓氏族与姜姓氏族即是长期通婚的联盟。

中国的媳妇一直称公婆为"舅姑"。《尔雅·释亲》载："妇称夫之父曰舅，称夫之母曰姑。"这种称谓，就是族外婚的残余。由于世代互相通婚，甲氏族的男子嫁到乙氏族，乙氏族的男子嫁到甲氏族。媳妇的公公实际上是自己母亲的兄弟，婆婆实际是自己父亲的姐妹，就是媳妇的舅舅和姑姑。

族外婚在具体通婚形式上有以下三种，这三种形式也显示了向对偶婚发展的线索。

第一种形式是野合而婚。古代和现代某些少数民族，都要定期举行祭祀女神的仪式和各种形式的集会，目的之一就是为两氏族青年男女提供建立婚姻关系的机会。恩格斯在《家庭私有制和国家起源》说："加利福尼亚半岛的居民（蒙昧时代高级阶段），据班克罗夫特（美）说，则有一些节日，在节日里几个部落聚集在一起，进行不加区别的性交。"恩格斯还引用芬兰人韦斯特马尔克的《人类婚姻史》指出，在印度，"在某些非洲民族和其他民族中，都有这种定期的沙特恩节。"中国到商周时代，仍有这种旧俗。

《周礼·地官司徒·媒氏》载："中春之月，令会男女，于是时也，奔者不禁。"

《史记·滑稽列传》载："州闾之会，男女杂坐……握手无罚，目眙不禁，前有坠珥，后有遗簪……日暮酒阑，合尊促坐，男女同席，履舄交错，杯盘狼藉，堂上烛灭……罗襦襟解，微闻香泽。"

另外，《诗经》中反映男女野合调情的例子很多，孔子就是其父叔梁纥与颜氏女野合而生的。

第二种形式是公共房屋。解放初期的云南彝族阿细人氏族男女分居，女住"黑衣德"，男住"若衣德"。其中，黑衣德也是女子晚上招待外氏族男子的场所。由于本氏族男子晚上都出去了，若衣德实际成了老人和小孩睡觉的地方。

《三国志·魏志·东夷传》载，高句丽"女家作小屋于大屋后，名婿屋。婿暮至女家户外，自名跪拜，乞得就女宿，如是者再三，女父母乃听使就小屋中宿"。这种"婿屋"，可为上述公共房屋之佐证。

第三种形式是走访婚。随着族外婚的发展，由本氏族一群兄弟的集体拜访，发展到单个人的拜访。上述高句丽的婚俗就是典型的走访婚。云南宁蒗县永宁区与四川省盐源县交界的泸沽湖地区的纳西族的阿注婚，就是典型的走访婚。这种婚姻的特点是男不娶妻，女不嫁夫，男子夜间到女子家里过偶居生活，白天返回自己的母亲家里。凡过这种偶居生活的男女，不算夫妻，而以"阿注"相称。建立阿注关系，主要通过劳动、节日、庙会等场合，一般不受年龄、辈分的限制。解除也很简单。据二十世纪五十年代的民族调查，一般是女方说了算。只要女方说："明天你不要来了！"或者女方把男方的行李物品收拾整齐，放在门外，就行了。双方都没有忧伤和痛苦，也没有独占、嫉妒、失恋、精神恍惚、痛不欲生的感觉。他们说："旧的阿注走了，新的阿注来了。""你的阿注也是我的阿注，我的阿注也是你的阿注。"[1]

族外婚也是群婚，随着它的发展，双方要求保持相对专一、稳定的婚姻关系，于是出现了对偶婚。恩格斯在《家庭私有制和国家起源》中讲，在对偶婚的情况下，"一个男子在许多个妻子中有一个主妻，而他对女子来说，也是她的许多丈夫中的一个主夫"。上述纳西族的阿注婚有两种情况：一是男方仅仅晚上到女方那儿去，白天的生产、生活是分开的。另一种是不光在女方居住，白天的生产、生活也在一起，就是一种对偶婚。

父权制确立后，中国传统婚姻实行严格而虚伪的一夫一妻制。它要求妇女严守片面的贞操，绝对不准同时有两个丈夫，男子则可同时拥有众多个媵妾，但"礼无二嫡"[2]，妻子同时只能有一个。后来也出现过双妻，但都是不合法的。

自兄妹血缘婚开始，人类的婚姻生活正式创立，到一夫一妻制为止，传统的婚姻形态最后定型。

---

〔1〕严汝娴、宋兆麟：《永宁纳西族的母系制》，云南人民出版社，1983 年版。
〔2〕《晋书·礼志中》，北京：中华书局，1974 年版。

第二节　婚姻媒介

中国传统的婚姻媒介是"父母之命，媒妁之言"。除外，尚有收继、典当、冥婚、自愿婚等。

一、媒妁婚和冰人、月老

远古社会男女自由择偶，不需要通过媒妁。商周时期，自由谈婚论嫁的氏族遗风仍大量存在。

《左传·庄公三十二年》载："初（庄）公筑台临党氏，见孟任，从之，閟（bì），而以夫人言许之，割臂盟公，生子般焉。"

《左传·昭公十一年》载："泉丘人有女，梦以其帷幕孟氏之庙，遂奔（孟）僖子，其僚（邻女）从之，盟于清丘之社曰：'有子无相弃也！'"

从这两件事反映的情况来看，"盟誓"是男女自由结合的一种形式。汉乐府《上邪》宣誓曰："上邪！我欲与君相知，长命无绝衰。山无陵，江水为竭，冬雷震震，夏雨雪，天地合，乃敢与君绝！"反映的正是远古这种自由择偶。

西周的统治者开始推行父母之命，媒妁之言等古代婚姻媒介的新风尚。无论是鲁国的"变其俗，革其礼"，还是齐国的"因其俗，简其礼"，都是对远古社会氏族遗风的逐步改造，对新社会风尚的倡导和推行。从男女自由择偶，到媒妁权威的树立；从对"烝""报""通"等男女关系的容忍，到"烈女不更二夫"，社会风俗传承的基本趋势是：远古氏族遗风逐渐消失，各种风俗礼制逐步树立。婚姻方面的移风易俗，齐鲁是率先垂范的地区。

传说中的媒人是女娲，被称作"神媒"。《风俗通·佚文·阴教》载："女娲祷祠神，祈而为女媒，因置昏姻，行媒始行明矣。"南宋罗泌《路史》亦载："女娲氏正媒氏，职婚姻，通行媒，以重万物之别，是曰'神媒'。"

其实，最早出现的媒人，是国家法定的官员，亦即官媒。《周礼·地官司徒・媒氏》记载，媒氏职掌男女结合、登记造册，防止聘礼逾制、处理夫妻诉讼等。

齐国的官媒称"掌媒"，负责"合独"，合独是齐国的"九惠之教"之一。《管子・入国》介绍说："一曰老老，二曰慈幼，三曰恤孤，四曰养疾，五曰合独，六曰问疾，七曰通穷，八曰振困，九曰接绝……所谓合独者，凡国都皆有掌媒，丈夫无妻曰鳏，妇人无夫曰寡，取鳏寡而合和之，予田宅而家室之，三年然后事之，此之谓合独。"

这段材料表明，设立媒妁是国家推行的婚姻法之一，它与安定民生，培养税源、富国强兵的统治政策联系在一起。后来的皇帝赐婚；地方官临堂做媒；王莽禁止民间铸钱，犯者邻里相坐，把几十万人押往长安，拆散人家夫妇重新匹配；三国军阀抢掠妇女配给将士，都是在执行官媒的职能。《元典章・户部》规定，媒妁由地方长老保送信实的妇人充当，充官为籍。

从西周到战国，媒人、父母主宰婚姻的作用逐渐增大，媒妁的职权也由仅仅主管鳏夫、寡妇的"合独"，扩大到系结未婚男女的婚姻，无媒嫁娶开始受到社会舆论的指责。

东汉许慎在《说文十二下・女部》中谈媒妁的职责时讲道："媒，谋也，谋合二姓。""妁，酌也，斟酌二姓也。"

《诗经・豳风・伐柯》称："伐柯如何？匪斧不克。娶妻如何？匪媒不得。"后来称做媒为"作伐""执柯""伐柯"，即出此。

《诗经・齐风・南山》讲："娶妻如之何？必告父母。""娶妻如之何？匪媒不得。"

《诗・卫风・氓》云："非我愆（qiān）期，子无良媒。"

《礼记・曲礼上》云："男女非有行媒，不相知名。"

《公羊传・僖公十四年》何休注："礼，男不亲求，女不亲许。"

《管子・形势》云："自媒之女，丑而不信。"

《孟子・滕文公下》云："不待父母之命，媒妁之言，钻穴隙相窥，逾墙相从，则父母国人皆贱之。"

燕将乐毅攻破齐国，齐湣王的儿子法章逃匿到莒城太史敫家，和太史敫的女儿私订终身。法章后为齐襄王，立太史敫的女儿为王后。对太史敫来说应是天大的喜事，可他竟然宣布说："女不取媒因自嫁，非吾种也，污吾世！"〔1〕终身不见女儿。太史敫固然死不开窍，由此也可看出，媒妁对婚姻风俗的制控力已很强大了。

私媒的出现也很早，多由妇人充当，称作"媒媪"，元朝始称"媒婆"。由于她善于花言巧语，乱点鸳鸯，在古代威信就不高。《淮南子·谬称训》称："媒妁誉人，而莫之德也。"《战国策·燕策一》载："周地贱媒，为其两誉也。之男家曰女美，之女家曰男富。"明清民国时期的许多地方志多记有"宁做贼，不做媒"的谚语。

月老。选自清代周培春绘《民间神像图》   媒婆。选自清代《街头各行业人物》

中国古代传宗接代的婚姻价值选择，决定了媒妁在执行着一项崇高而伟大的事业，中国人对她是又恨又离不开，又送给她"冰人""月老"等种种高雅的称号。

冰人之称起自晋代。《晋书·索紞传》载，令狐策梦见站在冰上与冰下人说话，索紞为其解梦说："士如归妻，迨冰未泮，婚姻事也。君在冰上与冰下人语，为阳语阴，媒介事也。君当为人作媒。"不久，太守田豹果然来求其作媒。从此，媒人又称冰人。

---

〔1〕《史记·田敬仲完世家》，北京：中华书局，1959 年版。

月老的说法起于唐代。唐人李复言传奇小说《续玄怪录·定婚店》载，杜陵韦固多次求婚不成，为求婚住在店里。晚上见月下有一老人拿着一个包和天下定婚牍，韦固向他叙述自己求婚的情况。月下老人说，不行，你媳妇才 3 岁，17 岁才能嫁给你。我包里装的是红绳，用红绳系在男女孩的脚上，长大后虽天涯海角，仇敌之家，也要牵到一起。你脚上的线，我已经系到那女孩的脚上了。月老还领韦固到市场上，见到一个卖菜的老太婆抱着一个 3 岁丑女，说："此君妻也。"韦固大怒，指使家奴刺中了那丑女的眉心。14 年后，韦固娶了刺史王泰 17 岁的女儿，美丽绝伦，眉间贴一花钿。婚后，该女说，我是刺史的养女，父母双亡，乳母每日抱我卖菜，3 岁时被狂徒刺中眉心，留下疤痕。

这个月下老人千里红线牵姻缘的传说，虽美妙动听，却已贯穿上姻缘前世定，不可抗争的命定格调。

媒妁在中国存在了几千年，"婚嫁有媒，买卖有保"，到中华人民共和国成立后仍然流传"天上无云不成雨，地下无媒不成婚"的谚语。今天，千年的传统与现代化的形式结成跨时代的知音，先是婚姻介绍所，接着是空中鹊桥、征婚广告、电恋网等，每当出现一种新的传媒，总是首先应用于婚姻媒介。它只是打破了过去那种一对一的狭小范围，一个人可以同时面对广泛的候选对象。但它与传统的媒妁有一共同的特征：都是从陌生人中选拔配偶。媒妁之所以长期存在，主要原因是：

1. 中国传统婚姻是家族盛衰的关键，君臣父子等级人伦之根本，是家族型、社会型的，而不是个人型的，当然不能婚姻自主，必须通过父母、媒妁。

2. 男女授受不亲的观念需要媒妁来限制那些"私合"、淫奔的爱情，以保证祖宗血脉的纯正性。《白虎通·嫁娶》载："男不自专娶，女不自专嫁，必由父母，须媒妁何？远耻防淫泆也。"

二、指腹婚和童养媳

如果媒妁婚是媒妁之言的话，指腹婚就是父母之命。

指腹婚起自汉代。《后汉书·贾复传》载，贾复在激战中受重伤，汉光武大惊说："我所以不令贾复别将者，为其轻敌也，果然失吾名将。闻其妇有孕，生女邪，我子娶之；生男邪，我女嫁之。"

指腹婚在南北朝相当盛行，士族们把儿女婚事当作儿戏，来附庸风雅。北魏崔浩曾让王慧龙妻与卢遐妻指腹为婚。南朝韦放与张率指腹为子女们订婚。到明代，甚至割下母亲的衣襟作为指腹为婚的信物。清代婴儿没出生，就把童养媳抱进门，称作"望郎媳"，美其名曰："插朵花儿待儿生。"

从汉朝的王符到北宋司马光都指责这种指腹婚，司马光指出："世俗，好于襁褓童幼之时轻许为婚，亦有指腹为婚者。及其既长，或不肖无赖，或身有恶疾，或家贫冻馁，或丧服相仍，或从宦远方，遂至背信弃约，速狱致讼者多矣。"[1]

元、明、清的法律均加以禁止，直到民国时期，仍然屡禁不止。

《元史·刑法志二》载："诸男女议婚，有以指腹割襟为定者，禁之。"

《大清会典事例·刑部·户律婚姻》载："或有指腹割衫襟为亲者，并行禁止。"

与指腹婚相联系的是童养媳，它有一个发展演变的过程，童养媳起源于春秋时期的"待年"。它来自姪娣陪嫁的媵，更远则是姊妹共夫的群婚制。民国十二年的安徽《黟县四志·地理志》讲：

> 童养媳俗云小媳妇，盖始于春秋待年之女而绝似六朝拜时之妇。按隐公七年，叔姬归于纪。公羊注：伯姬弟（娣）也，待年于父母之家。拜时为权宜之制，其礼以纱蒙女首，送往夫家。夫发之，因拜舅姑，使成妇道，礼毕即归。今黟之小新妇竟依夫家，与六朝拜时稍异。

先秦时的"待年"，即不够结婚的年龄，先订婚，然后在父母家里待年。《春秋·隐公七年》载："叔姬归于纪。"杜预注曰："叔姬，伯姬之娣也，至是归者，待年于父母国，不与嫡俱行。"《春秋公羊传》何休解诂曰："叔姬者，伯姬之媵也，至是乃归者，待年父母国也。妇人八岁备数，十五从嫡，二十承事君子。媵贱书者，后为嫡，终有贤行。"

叔姬是鲁女伯姬之妹，本来应该作为"媵"随伯姬一起出嫁，因为年龄小，在家里待年。这里已有童养媳的形式，但订婚后不在舅姑家，而是住在父母家。

"拜时"婚主要流行于魏晋南朝的朝臣、世族之家。杜佑《通典》卷

---

[1] 《朱子家礼·婚礼》引《司马氏书仪》，北京：中国人民大学出版社，2016年版。

五十九《礼十九》载："拜时之妇，礼经不载，自东汉魏晋及于东晋，咸有此事。按其仪，或时属艰虞，岁遇良吉，急于嫁娶，权为此制。以纱縠蒙女氏之首，而夫氏发之，因拜舅姑，便成婚礼，六礼悉舍，合卺复乖。""拜时"是因为世道"艰虞"而又遇"良吉"之时，先择吉时到舅姑家举行婚礼，然后再回到娘家。因这是"礼经不载"，违背"六礼""合卺"礼的速成婚姻，又称作"三日之婚"，曾引起朝臣的激烈争论。

三国时，朝鲜半岛东海滨的东沃沮还有一种和现在差不多的童养媳，"女年十岁，已相设许，婿家迎之，长养以为妇，至成人，更还女家。女家责钱，钱毕，乃复还婿"[1]。该俗是先将女孩养在婿家，长大后再纳聘礼成亲。

严格意义的童养媳流行于元、明、清、民国时期，蔓延于安徽、湖广、闽浙。同治十三年刻的湖南《平江县志》载："有女甫生而过门者，谓之'血盆'。"《岳州府志》[2]叫"血盆抚养"，又叫"婆养媳"。

安徽《绩溪县志·舆地志·风俗》载："自育婴废，贫者生女，多有不举。近效江右，女生异人抱养，长即为抱养者媳。虽陋俗篾礼，然犹贤于残忍成风也。"

从上述地方志的记载来看，从小养在婆家的童养媳主要在明清民国时期。童养媳往往娘家贫寒，在夫家受到残酷的虐待。

三、收继婚

收继婚又称续婚、转房。指男方收继后母、寡嫂、弟媳等。它来自原始社会群婚的残余。汉族和各少数民族都有这种婚俗。

《史记·五帝本纪》载，尧将娥皇、女英二女嫁给了舜，舜的异母弟象千方百计要杀死哥哥，只要哥哥一死，他就可把两位嫂子继娶过来。《史记·匈奴传》亦载，匈奴族"父死妻其后母，兄弟死皆取其妻妻之"。西汉王昭君在其夫呼韩邪单于死后，又嫁给了呼韩邪的儿子。

秦汉以后，中原的收继婚开始受到限制。《淮南子·泛论训》载："昔苍吾绕娶妻而美以让其兄，此所谓忠爱而不可行也……孟卯妻其嫂，有五子焉，

〔1〕《三国志·乌丸鲜卑东夷传》裴松之注引《魏略》，北京：中华书局，1959 年版。
〔2〕丁世良、赵放主编：《中国地方志民俗资料汇编》华中卷引，北京：书目文献出版社，1995 年版。

然而相魏，宁其危，解其患。"苍梧绕是春秋时人，以妻漂亮而让给哥哥。孟卯是齐国人，娶了嫂子生了五个儿子。该文的意思是说，对兄长忠爱，也不能把媳妇让给他啊！孟卯"妻其嫂"虽然道德败坏，当官却能为魏国宁危排患。可以看出，由于汉代道德伦理观念的改变，先秦时期通行的收继婚，到汉代成为"乱伦"了。

《汉书·王尊传》载，王尊为槐里令，兼行美阳令事，美阳女子告丈夫前妻之子不孝曰："儿常以我为妻，妒笞我"。王尊说"律无妻后母之法"，把不孝子绑在树上用乱箭射死。

元明清的法律对收继婚的惩罚更加严厉。

《元史·刑法二》载："诸兄收弟妇者，杖一百七，妇九十七，离之。虽出首，仍坐。主婚笞五十七，行媒三十七。诸居父母丧奸收庶母者，各杖一百七，离之。有官者除名。诸汉人、南人，父没子收其庶母，兄没弟收其嫂者，禁之。诸姑表兄弟嫂叔不相收，收者以奸论。"

《大清会典事例·刑部·户律婚姻》载："若收祖父妾及伯叔母者（不问被出、改嫁）各斩。若兄亡收嫂，弟亡收弟妇者，各绞。"乾隆四十九年（1784年），奉天府高九收弟媳杨氏，下谕"应拟绞候，秋谳（yàn）时再核其情节轻重办理"。

尽管礼法如此，娶后母、寡嫂、弟媳的风俗仍然流行。益州牧刘璋的儿子刘瑁之妻吴氏寡居，按辈分是刘备的侄媳妇，刘备还是娶了吴氏为后。南朝宋前废帝刘子业，隋炀帝杨广都曾娶过父亲的妃子。唐太宗李世民也曾娶过弟弟李元吉的妃子。这种婚俗中华人民共和国成立前后仍然存在，叫作"转房"。

四、入赘婚和典卖婚

入赘婚起自先秦。《史记·滑稽列传》载："淳于髡者，齐之赘婿也。"《说文六下·贝部》载："赘，以物质钱。"也就是说，男子入赘女家是作为抵押品的。秦朝赘婿的地位很低，为"七科谪"[1]之一。《汉书·贾谊传》载："秦人，家富子壮则出分，家贫子壮则出赘。"应劭注曰："出作赘婿也。"

---

[1] 即有罪的官吏；逃犯；赘婿；有市籍的商人；曾有市籍的商人；父母曾有市籍的；祖父母曾有市籍的。

唐朝颜师古注曰："谓之赘婿者，言其不当出在妻家，亦犹人身体之有肬赘，非应所有也。一说，赘，质也，家贫无有聘财，以身为质也。"把赘婿看作是身之"肬赘"，其低下的地位可想而知。

先秦两汉时，出赘在贫苦人家十分流行。《汉书·严助传》载："间者，数年岁比不登，民待卖爵赘子以接衣食。"东汉如淳注曰："淮南俗卖子与人作奴婢，名为赘子，三年不能赎，遂为奴婢。"颜师古注曰："云赘子者，谓令子出就妇家为赘婿耳。"即令子到女家为赘婿或为奴婢，以换取一定的钱财。

赘婿在封建社会低贱的地位有两个表现：

其一，赘婿入赘女家，子女随女方姓，甚至本人也要随女家的姓。

《元曲选·罗李郎大闹相国寺》有段道白说："老夫陈州人士，姓李名玉字和之，在罗家入赘，人顺口，都叫我罗李郎。"

《明史·陈友谅传》载，陈友谅"沔阳渔家子也，本谢氏，祖赘于陈，因从其姓。"

其二，婚姻的决定权在女方。女方随时可将赘婿赶走，叫作"逐婿"。

姜太公就是个"逐婿"，《韩诗外传》卷八第二十四章载："太公望少为人婿，老而见去，屠牛朝歌，赁于棘津，钓于磻溪。"

宋、元、明、清时的赘婿始分为两种：一种是"养老婿"，终身在妻家作赘，顶门当差，田间劳作，赡养女方父母等。明初诗人王逢《浦东女》诗："丁男殉俗各出赘，红女不暇亲桑麻。"说的就是赘婿代替了女子树艺桑麻的劳作。

第二种是"舍居婿"，赘婿不改姓，待女方父母亡后携妻儿回原籍，留下一子继立女方门户。

20世纪初，山东邹县"其有风之陋者，赘婿一事，婿承岳产，为他人后，永不归宗"[1]。这种情况是养老婿，之所以被称作"风之陋者"，是因为到民国时，"永不归宗"的养老婿已不多了。民国二十六年的上海《川沙县志》载近代民谚说："入赘女婿不是人，倒栽杨柳不生根。要望丈人丈母招横事，领了家婆就动身。"[2]这是"舍居婿"，只要"丈人丈母招横事"，就可出舍独居或认祖归宗。

---

〔1〕胡朴安：《中华全国风俗志·下篇·卷二·山东·邹县之婚礼》，郑州：中州古籍出版社，1981年版。
〔2〕丁世良、赵放主编：《中国地方志民俗资料汇编》华东卷上引，北京：书目文献出版社，1995年版，第29页。

现在提倡男到女家，仍然受到世俗偏见的阻碍，被称作"倒插门"。

卖妻儿的现象从先秦到民国史不绝书，如果买者是用来做妻妾，则也是一种婚姻媒介。另外，以妻抵债、典当、赌妻等也属这一类。

卖妻之俗起于先秦。《战国策·齐策三》载："象床之直千金，伤此若发漂，卖妻子不足偿之。"《韩非子·六反》载："嫁妻卖子者必是家也。"《元典章·户部》载，江西行省段万十四将妻子假作弟妹，卖给谭小十为妻。湖广刘子明将妻作妹，受财嫁与王万四为妻。江西一带称卖妻为"嫁生妻"。《昭萍志略》载："至有嫁生妻者，尤深恶痛绝。议事多于废寺旷野中，以夜行之，见者咄为不祥。谚有'住茅房，讨生妻，愁老一世'之谣。"[1]

元代禁止受财转嫁妻子，《元史·刑法志二·户婚》载："诸受财嫁卖妻妾及过房弟妹者，禁！"

以妻抵债和赌妻之风也很普遍。

王安石夫人吴氏用90万钱为其买一妾，原来是位将军的夫人，因押运米船丢失，以家产赔偿不足，又卖妻。王安石"呼其夫，令为夫妇如初，尽以钱赐之。"[2]

明代赌妻之风尤盛。担任《永乐大典》副总裁的梁时，"其父贫无行，以博得妇，生子。逾年，又博而负，人携之去，随其毋长，乃走会稽山中读书。洪武中以善书授岷府纪善，迁翰林典籍，修《永乐大典》，充副总裁。"[3]

典妻是因经济贫困，无力维持生计，将妻子按一定的期限典当给别人。对方一般已婚无子，家财富足，缴纳一定的租金，借妻生子。这种风俗自宋代开始流行，元、明、清沿袭成俗。民国二十三年浙江《宣平县志》载："近更有典妻恶俗，或十年或八年不等，限内生子属于受典者，限满仍退还前夫。"

元明清的法律都有禁止典妻的条文，但仍屡禁不止。如《元史·刑法志》载："受钱典雇妻妾者，禁。"《大清会典·事例·刑部户律婚姻》载："凡将妻妾受财典雇与人为妻妾者，杖八十。（父）典雇女者杖六十。"

〔1〕丁世良、赵放主编：《中国地方志民俗资料汇编》华中卷引，北京：书目文献出版社，1995 年版。

〔2〕（南宋）赵善璙：《自警编》卷二《操修类·无嗜好》，载《景伊文渊阁四库全书》第八百七十五册，台湾：商务印书馆，1983 年版，第 249—250 页。

〔3〕（清）钱谦益：《列朝诗集小传乙集·梁典籍时传》，上海：上海古籍出版社，1983 年版，第 202 页。

五、冥婚

冥婚又叫鬼婚，是指未婚死人之间结为夫妻，后来发展到活人与死人结为夫妻。这一婚俗有着悠久的历史。

《周礼·地官司徒·媒氏》载："禁迁葬者与嫁殇者。"说明先秦时期就有让双方合葬成婚和嫁死人的风俗。三国曹操想让死去的爱子曹冲娶邴原的亡女，遭到拒绝后，又为曹冲娶甄氏亡女合葬成婚。[1]唐中宗李显的长子李重润，因议论武则天委政张易之，被逼令自杀，未婚而死。李显复位后，追封其为懿德太子，"聘国子监丞裴粹亡女为冥婚，与之合葬"[2]。

唐朝还有冥婚后离婚的。中宗韦皇后的亡弟与萧至忠的亡女结冥婚合葬，"及韦氏败，至忠发墓，持其女枢归"[3]。

到了宋代，冥婚大行，凡是未婚男女死了，父母都要托媒说亲，媒人称作"鬼媒人"。南宋康与之《昨梦录》载："北俗男女未婚而死，两家命媒互求之，谓'鬼媒人'。"元、明时的冥婚更加荒唐和惨无人道。《元史·列女传》载，东平杨氏，其夫死后，夫家准备找亡女骨合葬以成冥婚，杨氏竟自杀与夫合葬。

明代形成了旌扬贞节烈妇的制度和风俗，《明史·列女传》记载了许多未婚、已婚女子，因男方死了，自杀以成冥婚的事例。

清代则出现纳采（六礼的第一步，刚刚提亲，详见婚礼）后，男方夭折，女方或自杀合葬，或者仍抱着未婚夫的木主（灵牌）拜堂成亲，然后为未婚夫守节的风俗。其中后者，称作"空夫婚"。中华人民共和国成立前，广东的冥婚和空夫婚相当盛行。男方死或者在南洋不能回家，仍将媳妇娶回家，抱着木主或公鸡拜堂。

清梁绍壬《两般秋雨庵随笔》卷八载："今俗男女，已聘未婚而死者，女或抱木主成亲，男或迎枢归葬，此虽背情，亦有礼意。"

徐珂《清稗类钞·婚姻类·猪仔之婚姻》载："粤东有被人略卖至外国为苦工者曰猪仔，若其家已为聘妻，久俟不归，则仍迎娶如仪。百两既归，礼行

〔1〕参见《三国志·魏书·邓哀王冲传》，北京：中华书局，1959年版。

〔2〕《旧唐书·懿德太子传》，北京：中华书局，1975年版。

〔3〕《旧唐书·萧至忠传》，北京：中华书局，1975年版。

交拜，新妇左侧必缚一雄鸡以代之。俟行礼于天地、祖宗、翁姑后，羹汤一切，悉以责之。待男子归里，作破镜重圆之乐。否则，亦有所牵制而不容他适也。"

20世纪60年代的电影《红色娘子军》，描写吴琼花参军路上碰到一个妇女，丈夫是个躺在床上的木头人。这不是编剧凭空虚构，中华人民共和国成立前确实存在过这种灭绝人性的婚姻。

六、自由婚

自由婚应是人类婚姻的最早形式，但自父母之命、媒妁之言的礼教落实后，自由谈婚论嫁只是一种个别的、特殊的情况了。

《风俗通·佚文·阴教》载："齐人有女，二人求之。东家子丑而富，西家子好而贫，父母疑不能决。问其女：'定所欲适，难指斥言者，偏袒令我知之。'女便两袒，怪问其故，云：'欲东家食，西家宿。'"

《史记·陈丞相世家》载，西汉陈平少时家贫，谁也不愿意把姑娘嫁给他。富户张负有孙女，"五嫁而夫辄死"，陈平自愿娶了她。

《后汉书·梁鸿传》载："同县孟氏有女，状肥丑而黑，力举石臼，择对不嫁。至年三十，父母问其故，女曰：'欲得贤如梁伯鸾者。'鸿闻而聘之。"

这些自愿婚都是个别现象，且多在中国古代社会前期。从牛郎织女的传说来看，不管人们将牛郎织女如何美化，也不管如何向以天帝为代表的封建势力发泄，他们仍然是七夕见一面，说明自由婚在封建社会只占极小的比例。

男女相爱是人的天性。《礼记·礼运篇》称："饮食男女，人之大欲存焉。"《孟子·告子上》曰："食色，性也。"《孟子·万章上》曰："好色，人之所欲。"在这种情况下，即使被硬性的戒律所遏制，也会以变态或扭曲的形式反弹出来。中国古代的一见钟情就是例子。古代男女有别，见面的机会不多，要自由结合，必须采取非正常的手段。这种扭曲、变态了的一见钟情，一般有以下几种形式。

其一，私奔。《史记·司马相如列传》载，西汉卓文君为司马相如的潇洒和文采所倾倒，司马相如亦以"琴心挑之"，二人连夜私奔至成都。后来，二人又回到临邛开酒店，卓文君当垆卖酒，司马相如穿着犊鼻裤洗餐具，迫使卓文君之父卓王孙分给僮百人，钱百万和第一次出嫁的妆奁。他们凭着智慧和斗争，赢得了自己的美满姻缘，成为开"私奔"一代风气的人物。

其二，偷香窃玉。即先造成既成事实，偷食禁果，而不管后果如何。《晋书·贾充传》载，贾充的小女儿贾午看中了司空掾韩寿，通过女婢穿针引线，韩寿越墙到贾午处幽会。西域进贡一奇香，晋武帝赐给贾充和大司马陈骞，贾午偷出送给韩寿，被贾充察觉，让贾午嫁给了韩寿，成就了一段千古风流佳话。

其三，监守自盗。《世说新语·假谲》载，西晋末，温峤随刘琨北征，得一玉镜台。姑母求他为表妹作媒，温峤以玉镜台下定礼，自娶了表妹。后来，关汉卿等据此写成杂剧和传奇——《玉镜台》。

其四，相思。孟棨《本事诗·情感》载，唐朝崔护清明节独游长安城南，在桃花丛中见一女子，结果双双得了相思病。第二年清明，崔护旧地重游，桃花依旧，重门深锁，人面消失，惆怅中题诗《题都城南庄》于门：

> 去年今日此门中，人面桃花相映红。
>
> 人面不知何处去，桃花依旧笑春风。

原来，适逢该女子外出，回来看到此诗便相思成疾，粒米不进，后来有情人终成眷属。

其实，相思仅仅是在封建礼教扼制下的一种未遂的婚姻心态，它往往是软弱者既不敢冲破礼教罗网，又不能调适情感而导致的悲剧，像崔护那样能够相思成婚的，只不过是一种理想的寄托。

上述以非正常手段追求婚姻自由的人们，不管能否如愿以偿，也不管双方结合的后果，以追求个性解放和婚姻自由为价值取向，是向传统礼教挑战的斗士。这种变态、扭曲了的自由婚，是封建礼教禁锢、摧残的产物。在婚姻自由的今天，再赞扬或者效法这些形式，则是对人生的放荡和对社会无组织的发泄了。

第三节　婚　礼

《周易·序卦》载："有天地然后有万物，有万物然后有男女，有男女然后有夫妇，有夫妇然后有父子，有父子然后有君臣，有君臣然后有上下，有上下然后礼仪有所错（措）。"

《礼记·郊特牲》云："天地合而后万物兴焉，夫婚礼万世之始也。"

《礼记·昏义》云："昏礼者，将合二姓之好，上以事宗庙而下以继后世也，故君子重之。""昏礼者，礼之本也。"

婚礼被看成是君臣父子、人伦礼仪之根本，家庭盛衰的关键，受到"君子"和全社会的高度重视。古代"礼不下庶人"，只有正妻能享受婚礼，妾及寡妇改嫁没有资格享受。

《周礼·地官司徒·媒氏》称："令男三十而娶，女二十而嫁。"

《礼记·内则》载，男子"二十而冠，始学礼""三十而有室，始理男事"。郑玄注曰："室犹妻也。"女子"十有五年而笄，二十而嫁，有故二十三而嫁"。郑玄注曰："谓应年许嫁者，女子许嫁，笄而字之。其未许嫁，二十则笄。""故，谓父母之丧。"

男三十，女二十嫁娶，仅仅是礼制规定，古人的说法也不尽一致，实际都打破了这一限制。

《国语·越语上》载，越王勾践为增强国力和人力，规定："女子十七不嫁，其父母有罪；丈夫二十不娶，其父母有罪。"

《汉书·惠帝纪》载："女年十七以上至三十不嫁，五算。"

《晋书·武帝纪》载："制：女年十七，父母不嫁者，使长吏配之。"

唐玄宗开元二十二年规定："诏男十五，女十三以上，得嫁娶。"[1]宋朝仿开元婚制，唐宋两朝是倡导早婚的时期。

元、明、清三朝的婚龄，基本是男16岁，女14岁。如《明史·礼志九》载："凡庶人娶妇，男年十六，女年十四以上，并听婚娶。"

男子二十而冠，女子十五而笄，也叫"结发"。女子订婚后，即用丝缨束住发髻，表示她已经有了对象，即《礼记·曲礼》说的"女子许嫁，缨"。到成婚的当夜，由新郎解下。《仪礼·士昏礼》载："主人入，亲说（脱）妇之缨。"郑玄注曰："妇人年十五许嫁，笄而礼之，因著缨，明有系也。盖以五彩为之，其制未闻。"所以，人们称第一次结婚的夫妻为结发夫妻。《文选》

〔1〕《新唐书·食货志一》，北京：中华书局，1975年版。

载苏武诗："结发为夫妻，恩爱两不疑。"《东京梦华录》卷五《娶妇》载，男女"留少头发，二家出匹缎、钗子、木梳、头须之类，谓之合髻"。此种礼仪就是结发的演变。

传统婚礼特别重视结发夫妻的第一次结婚，再婚的礼仪就简单了。民国二十三年《夏津县志续编》载："娶再醮妇，仪式极简，无鼓吹，不亲迎，以车不以轿，故俗称'拉后婚'。"[1]

一、六礼

《仪礼·士昏礼》记载了传统婚姻六礼的详细过程。

纳采

纳，接纳；采，采择。纳采即纳采择之礼，后来也称"合婚""说媒"等。男方托媒向女方提亲，女方答应后，以兽皮和雁做小礼物向女方求婚。

《仪礼·士昏礼》称："昏礼下达，纳采用雁。"郑玄注："达，通达也。将欲与彼合昏姻，必先使媒氏下通其言，女氏许之，乃后使人纳其采择之礼。"唐贾公彦疏："男父先遣媒氏（至）女氏之家通辞往来，女氏许之，乃遣使者行纳采之礼也。言下达者，男为上，女为下，取阳倡阴和之义。"清胡培翚《仪礼正义》载："自纳采至请期五礼，皆遣使者行之。"

女方也可主动向男方求婚，

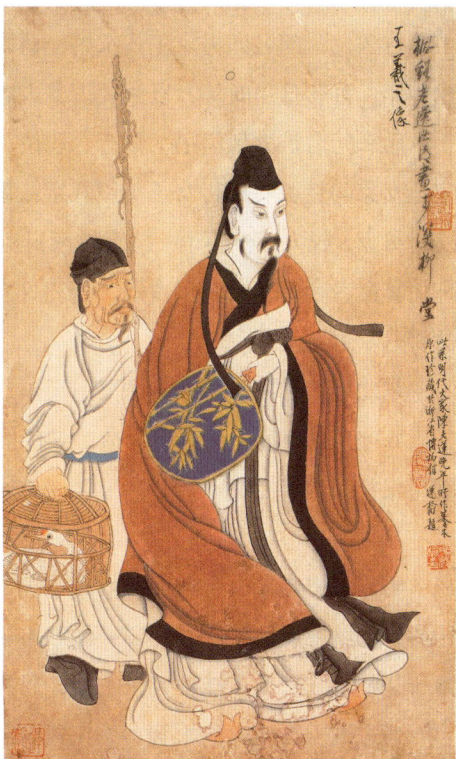

明代陈老莲绘《王羲之像》

---

[1] 丁世良、赵放主编：《中国地方志民俗资料汇编》华东卷上引，北京：书目文献出版社，1995 年版，第 141 页。

往往自谦曰"执箕帚"。秦末吕公对刘邦说："臣有息女，愿为季（刘邦）箕帚妾。"[1]东汉班昭《女诫》曰："年十有四，执箕帚于曹氏。"

东晋太尉郗鉴派门生到司徒王导家为女儿求婚，门生回来说："王氏诸少并佳，然闻信至，咸自矜持，惟一人在东床坦腹食，独若无闻。"郗鉴说："正此佳婿邪！"[2]一打听，原来是王羲之。这就是"坦腹东床"的故事。

东北地区称纳采为"换盅""放定""下小茶""押婚""挂钩"等。民国二十三年《奉天通志》载："倘婚议既定，男家将簪珥、布帛之属，偕媒人至女家行定聘礼。女家设宴，易杯而饮之，俗谓换盅，又曰放定，亦曰定聘礼。锦、义、兴城诸县谓之押婚，又有谓之挂钩者，其称尤俚，此即《仪礼》纳采之义。"

问名

《仪礼·士昏礼》称："宾执雁，请问名。"郑玄注曰："问名者，将归卜其吉凶。"问名即男家正式求婚，请媒人执雁问清女方姓氏，本人的名字及出生年、月、日、时等，以回去占卜吉凶。

后来问名扩大到门第、财产、职位、容貌、健康等诸方面。江南旧俗，男家至女家问名，女家将女子年庚八字，裹以红纸，副以红米、千年红，由媒人交付男家。媒人默然不语，持至男家厨房，供于灶神座下。如三日内家中平安，即请算命者合婚，或求签占卜。若三日内有碎碗破钵等事，或八字相克，则借故将八字退还女家。

东北地区称问名为"合婚"。民国二十三年《奉天通志》载："男家介媒氏索女之庚贴，请星士推卜命造，或有互换子女庚贴，互相推卜者，谓之合婚。即《仪礼》问名之义。"

纳吉

男家卜得吉兆，备礼通知女家，决定联姻。《仪礼·士昏礼》称："纳吉用雁，如纳采礼。"郑玄注曰："归卜于庙，得吉兆，复使使者往告，昏姻之事于是定。"贾公彦疏："未卜时，恐有不吉，婚姻不定，故纳吉乃定也。"

通过纳吉，双方的婚姻关系正式确定。浙江一带称"缠红""传红"，辽宁海城称"装烟"。胡朴安《中华全国风俗志·下篇卷二·济南采风志》载，山东"男家纳吉之日，用荤俗菜果盒、面一盘，上加枣栗、绒花鬓髻等件，谓

〔1〕《史记·高祖本纪》，北京：中华书局，1959 年版。
〔2〕《晋书·王羲之传》，北京：中华书局，1974 年版。

纳采礼筵宴图。选自清代庆宽绘《载湉大婚图册》。纳采礼成后开始纳采筵宴。参加的有内大臣、侍卫、八旗公侯以下满洲二品、汉二品以上官，宴后父于外堂

纳吉。选自清代庆宽绘《载湉大婚图册》。图中皇后（使）至邸第内堂，后母等跪迎。类似于民间男家卜得吉兆，备礼通知女家，决定联姻

之油头粉面，送之女家，多少称家之有无，谓之'合礼'。此礼最重，虽极贫者，亦不可少"。

纳徵

《仪礼·士昏礼》称："纳徵，玄纁、束帛、俪皮。"郑玄注曰："徵，成也。使使者纳币以成昏礼。"

纳徵即今天的下聘礼。周代，庶人用缁帛，士大夫用玄纁、束帛、俪皮。玄是稍微透红的黑色，纁是浅红色，玄纁是染祭服的染料。俪皮是成对的鹿皮，婚礼称"俪皮之礼"，夫妻称"伉俪"，皆由此而来。

请期

《仪礼·士昏礼》称："请期用雁。主人辞，宾许，告期。如纳徵礼。"郑玄注："主人辞者，阳倡阴和，期日宜由夫家来也。夫家必先卜之，得吉日，乃使使者往。辞，即告之。"

请期即男家卜得吉日，告知女家，征求意见，有请女方决定之意。民间多由男女双方共同商定日期，由占卜者卜定为吉日后，送一期帖至女家，或由媒人口头通知。俗称为"提日子""送日子"等。

亲迎

亲迎即新郎亲至女家迎娶。《仪礼·士昏礼》规定：亲迎那一天，新郎穿黑色礼服，乘黑漆车子，前有人执烛前导，后有从车，前往女家迎娶。

先秦时没有轿，魏晋以后才出现步辇、肩舆等。《晋书·山涛传》载："武帝尝讲武于宣武场，涛时有疾，诏乘步辇从。"阎立本的《步辇图》是唐太宗接见吐蕃使臣禄东赞时所乘，构造比较简单。据清人福格的《听雨丛谈·肩舆》讲，五代时，宰相始乘擔（或作檐）子。

五代以后，迎新娘多用花檐子（花轿），新郎骑马或乘轿，轿用红绿彩绸装饰，故称花轿，并以鼓乐前导。《东京梦华录》卷五《娶妇》讲："至迎娶日，儿家以车子或花檐子发迎客引至女家门，女家管待迎客，与之彩段，作乐催妆上车檐。"吴自牧《梦粱录·嫁娶》也说，男方"引迎花檐子或粽檐子、藤轿，前往女家，迎取新人"。后来则演变成用红绿彩绸装饰的花轿。现在称新娘下汽车，也称"下轿"。

"齐俗不亲迎"，是山东婚俗的特色。春秋齐国女子只有来到夫婿家，才能一睹新郎真面目。《诗·齐风·著》称："时不亲迎也。"其中有"俟我于著（门屏）乎而""俟我于庭乎而""俟我于堂乎而"的诗句。朱熹解释说："婚礼，婿往女家亲迎，齐俗不亲迎，故女至婿门，始见其俟己也。"

据各地方志记载，近代山东"亲迎""不亲迎"的礼俗交错存在于同一个地区。如道光二十四年《济南府志》载："自章丘以下诸县犹遵行亲迎之典，惟历城否。历之边村僻里亦有行之者，所谓'礼失求诸野也'。"胡朴安《中华全国风俗志·下篇卷二·济南采风志》讲："齐俗不亲迎，间亦有行之者。莱属之诸城，则守礼不衰，竟有不亲迎不得为妻者。"

南宋朱熹的《家礼》合六礼为三礼：纳采兼问名，纳吉（币）兼纳徵，亲迎兼请期，即两种婚礼的程序合为一次完成。《明史·礼志九》载："朱子《家礼》无问名、纳吉，止纳采、纳币、请期。"据各地方志记载，明清时期的士大夫之家多袭用六礼。

上述六礼，除纳徵外，其他五礼的礼品都有雁，后来以鸡、雉、鹜、鹅替代。《仪礼·士昏礼》中，贾公彦疏曰："婚礼有六，五礼用雁，纳采、问名、纳吉、请期、亲迎是也，唯纳徵不用雁……雁木落南翔，冰泮北徂，夫为阳，妇为阴，今用雁者，亦取妇人从夫之义。"即希望妻子像鸿雁一样，群飞有序、来去有时、前鸣后和。古代称提亲叫"委禽"，原因也在此。《左传·昭公元年》载："郑徐吾犯之妹美，公孙楚聘之矣，公孙黑又使强委禽焉。""强委禽"就是强行提亲。

二、合卺（jǐn）、拜舅姑、庙见

到男家后的礼仪比较简单，《礼记·郊特牲》讲："婚礼不用乐，幽阴之义也。乐，阳气也，婚礼不贺，人之序也。"《礼记·曾子问》说："嫁女之家，三夜不息烛，思相离也；取妇之家，三日不举乐，思嗣亲也。"到男家后的仪式，大体可分三步。

（一）合卺

合卺即夫妻"共牢而食，合卺而酳"[1]。牢指祭祀的牺牲，共牢而食是共食一牲，即一头小猪。古代一个瓠为瓢称卺，合卺而酳是各执一瓢酒漱口。《礼记·昏义》孔颖达疏曰："共牢而食者，在夫之寝，婿东面，妇西面，共一牲牢而同食，不异牲。合卺而酳者，酳，演也。谓食毕饮酒演安其气。卺谓半瓢，以一瓠分为两瓢谓之卺。婿之与妇各执一片以酳，故云合卺而酳。"

---

[1]《礼记·昏义》，载《十三经注疏》，北京：中华书局，1980 年影印版。

到了宋代，"合卺而酳"发展为喝交杯酒。《东京梦华录》卷五《娶妇》载："用两盏以彩结连之，互饮一盏，谓之交杯酒。"吴自牧《梦粱录·嫁娶》称"交卺礼""命妓女执双杯，以红绿同心结绾盏底，行交卺礼"，然后把两盏"一仰一覆，安于床下，取大吉利意"。

（二）拜舅姑

由于古代晚上行婚礼，拜舅姑是在第二天早上，到唐朝仍然如此。唐朱庆余《近试上张水部》诗："洞房昨夜停红烛，待晓堂前拜舅姑。"

《礼记·昏义》载："夙兴，妇沐浴以俟见。质明，赞见妇于舅姑。妇执笲（tán 竹器）、枣、栗、腶修（脯加姜桂曰腶修）以见。赞醴（礼）妇，妇祭脯、醢，祭醴，成妇礼也。舅姑入室，妇以特豚馈，明妇顺也。厥明，舅姑共飨妇，以一献之礼奠酬。"

第二天清晨，新娘沐浴更衣，等待拜见舅姑。天亮时，手捧竹器，内盛枣、栗、腶修，至舅姑处所行拜见礼。然后新妇用脯、醢，醴祭祀。舅姑进门后，新妇献上礼物，还要洗净手给舅姑食一特豚。《礼记·郊特牲》载："舅姑卒食，妇馂余。"即待舅姑吃完后，新妇把剩下的吃完，以表示对舅姑的孝养。舅姑食用后，共同"飨妇以一献之礼"。古代以酒食慰劳曰飨，即舅姑向新妇进酒，感谢她的拜献。如果新妇是庶子之妇，则没有飨妇之礼，派人送酒给新妇喝就行了。《仪礼·士昏礼》载："庶妇，则使人醮之。"在亲迎前，父亲也要为儿女醮酒。《礼记·昏义》称："父亲醮子而命之迎。"《仪礼·士昏礼》称："父醴女而俟迎者。"古代饮酒、主人劝酒曰"酬"，客人回敬曰"酢"，酌不酬酢曰"醮"。所以，后来寡妇改嫁称"再醮"，典出于此。

唐朝贾公彦《仪礼·士昏礼》疏曰："枣、栗，取其早自谨敬，腶修取其断断自修正，是用枣、栗、腶修之义也。"出于古代生育型的婚姻价值选择，后来无论是拜舅姑，还是婚礼的其他环节，均转义为"早立子"了。清人王士禛《池北偶谈》称："齐俗娶妇之家必用枣、栗，取'早立子'之义。"乾隆十八年《博山县志》[1]载："嫁女妆奁内多贮枣栗，谓早立也。按古礼，

---

〔1〕丁世良、赵放主编：《中国地方志民俗资料汇编》华东卷上引，北京：书目文献出版社，1995年版，第101页。

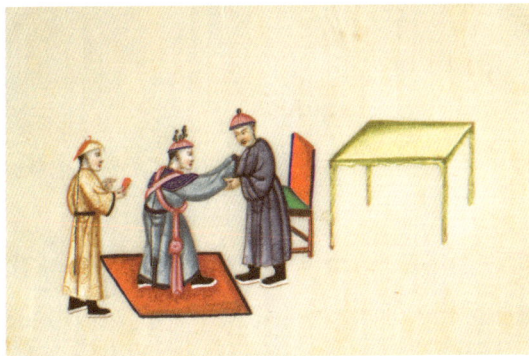

清代佚名绘《新郎拜长辈图》

送喜盒。选自《清国京城市景风俗图》。
民间结婚前送礼的情景

清代佚名绘《新人拜高堂图》

清代佚名绘《新娘拜长辈图》

妇人执贽必用枣、栗，枣音与早同，取夙兴之义；栗取慎栗之义。事同说异，
特后人传讹耳。"

　　明清民国时期拜舅姑，新妇要带自己的针线活送给舅姑和家人。

　　民国二十六年的辽宁《海城县志》载："新妇拜祖先及舅姑，以次拜宗族
前辈，俗谓'分大小'，即质明见舅姑礼也。新妇以女红献舅姑（即枕头顶、
腰搭、荷包之属），舅姑分赠戚友，谓之'散箱'。"

　　民国二十六年辽宁《桓仁县志》载，当地流传新妇婚前做鞋的歌谣："做
新鞋，仔细算，公两双，婆两双，丈夫两双我两双，剩下两双压柜箱。"

　　民国三年山东《庆云县志》[1]载："新妇进枕履、巾囊诸物于舅姑，曰'送
针线'，合家大小及戚族近者皆送。"

_____

〔1〕《海城县志》《桓仁县志》《庆云县志》，载丁世良、赵放主编：《中国地方志民俗资料汇编》
东北卷第 67、98 页，华东卷上第 155 页，北京：书目文献出版社，1995 年版。

（三）庙见

庙见即新妇拜祭夫家的宗庙，一般在三个月后举行。《仪礼·士昏礼》载："妇入三月，然后祭行。"

南宋朱子《家礼》改为三日庙见。《东京梦华录》卷五《娶妇》载，宋代结婚当日即到家庙参拜。明代民间婚礼按洪武三年（1370年）诏令，拜公婆与拜祖先一并于亲迎的第二日举行，庶子之妇则不须行庙见礼。到民国时期，庙见礼仍然存在。

安徽《黟县四志·地理志》载："婚礼三朝，夫妇同至宗祠拜祖，即妇人庙见之礼俗。"

民国二十四年山东《德县志》[1]载："三日拜翁姑已，由姑率新妇见于庙，拜祖先。"

先秦时期，新妇没庙见而死亡，则由男家盛殓，归葬女方祖茔，作"未成妇"看待。下葬时，其夫不能执杖及送葬，木主也不能进入男家宗祠。《礼记·曾子问》载："女未庙见而死，则如之何？"孔子曰："归葬于女氏之党，示未成妇也。"

没庙见前，丈夫可随时将新妇遣送回娘家。所以，妇家送新娘的车马一直留在夫家，随时准备将遭废黜的女儿接回，以表示自谦。《战国策·齐策四》载，赵太后的女儿出嫁燕国为燕后，时刻担心被遣回，每祭祀总是祷告"必勿使反"，由此可见，这种遣返率是很高的。

庙见后，男方使人将车马送回，叫作"反马"，让女方父母吃个定心丸。《左传·宣公五年》载："冬，来反马也。"孔颖达疏曰："礼，送女适于夫氏，留其所送之马，谦，不敢自安于夫。若被出弃，则将乘之以归，故留之也。至三月庙见，夫妇之情既固，则夫家遣使反其所留之马，以示与之偕老，不复归也。"

按当时礼制规定，新妇刚出嫁后是不能回娘家探望的，叫作"女安夫之

---

〔1〕丁世良、赵放主编：《中国地方志民俗资料汇编》华东卷上引，北京：书目文献出版社，1995年版，第113页。

家"〔1〕。更不能越境回娘家，"妇人既嫁，不逾竟（境）"〔2〕。"反马"时，新婚夫妇也不能亲自去。齐大夫高固娶鲁宣公的女儿叔姬，九月亲迎，冬月和叔姬一同"反马"。《春秋·宣公五年》讥刺他这种非礼行为，故意称"子叔姬"，而不称"高叔姬"，意思是只承认是鲁宣公的女儿，不承认是高固的妻子。

先秦时期，国君的女儿、夫人已有归宁的风俗，但不是在新婚之时。《左传·庄公二十七年》载："冬，杞伯姬来，归宁也。凡诸侯之女，归宁曰来，出曰来归，夫人归宁曰如某，出曰归于某。"孔颖达疏曰："归宁者，女子既嫁，有时而归问父母之宁否。父母没，则使卿归问兄弟也。"

后来新妇结婚不久就可以"归宁""回门"，就是由"反马"流变出来的。

民国二十三年的《奉天通志》载，结婚"越四日或七日，女家接女并婿，宴飨而归，谓之'回酒'，亦曰'回门'，即古反马之义。"

民国二十四年北京《怀柔县新志》〔3〕："嫁至夫家，一月归宁，谓之'反马'。"

三、两汉婚礼的变异

先秦时期的婚礼较为简约，亲迎前的五礼只是反映了双方互相磋商的过程。两汉时期，社会经济有了长足的发展，人们不再满足古板而沉闷的旧式婚礼，不愿偷偷摸摸地"昏时行礼"，不再固守婚礼"不乐不贺"的古训，不仅追求婚礼的豪华铺张、大操大办，而且制造婚礼喧嚷纷闹的喜庆色彩。

（一）婚礼的繁文缛节、聘礼的规格急剧升级

从汉代开始，帝王、富贵之家带头，上行下效，以致恶性循环、愈演愈烈。

汉惠帝娶鲁元公主之女，"聘黄金二万斤"，后汉桓帝纳梁皇后"悉依孝惠皇帝纳后故事，聘黄金二万斤，纳采、雁、璧、乘马、束帛，一如旧典"〔4〕。王莽进"杜陵史氏为皇后，聘黄金三万斤，车马、奴婢、杂帛、

---

〔1〕《左传·桓公十八年》杜预注，载《十三经注疏》，北京：中华书局，1980 年影印版。

〔2〕《谷梁传·庄公二年》，载《十三经注疏》，北京：中华书局，1980 年影印版。

〔3〕《奉天通志》《怀柔县新志》，载丁世良、赵放主编《中国地方志民俗资料汇编》东北卷第 6 页、华北卷第 18 页，北京：书目文献出版社，1995 年版。

〔4〕《后汉书·懿献梁皇后纪》，北京：中华书局，1965 年版。

珍宝以巨万计"〔1〕。

《潜夫论·浮侈篇》说："富贵嫁娶，车轵各十，骑奴侍僮夹毂节引，富者竞欲相过，贫者耻不逮及。"

汉宣帝以后，结婚要大摆宴席。《汉书·宣帝纪》载，五凤二年（公元前56年）诏曰："夫婚姻之礼，人伦之大者也；酒食之会，所以行礼乐也。今郡国二千石或擅为苛禁，禁民嫁娶不得具酒食相贺召。由是废乡党之礼，令民亡所乐，非所以导民也。《诗》不云乎：'民之失德，乾餱以愆。'勿行苛政。"

地方官"禁民嫁娶不得具酒食相贺"，正符合婚礼"不乐不贺"的古礼，在这里被说成是"苛政"了。由于结婚大摆筵席是皇帝倡导，自然就迅速蔓延了。

汉代开始，姑娘出嫁要陪送妆奁。西汉卓文君和司马相如之所以开酒店，就是为了争得妆奁。其父卓王孙被迫陪送的妆奁是僮百人、钱百万，还有第一次出嫁时的衣被财物。西汉少君嫁给鲍宣，"装送资贿甚盛"。东汉马融"家世丰豪"，其女嫁给袁隗，"装遣甚盛"，因此受到袁隗的奚落。

秦朝由于兵役徭役繁重，不养活男婴，有"生男慎勿举"的民谣。到了汉代，社会风气为之一变，闺女养大了，再陪上钱财嫁到别人家，养闺女是赔钱货的观念开始产生，世人多不举女婴。

《汉书·王吉传》载："聘妻送女亡节，则贫人不及，故不举子。"此处的"子"，即是女。

《汉书·外戚传》载，汉成帝皇后赵飞燕，"初生时，父母不举，三日不死，乃收养之"。

《颜氏家训·治家》载："世人多不举女，贼行骨肉。""吾有疏亲，家饶妓媵，诞育将及，便遣阍竖守之。体有不安，窥窗倚户。若生女者，辄持将去，母随号泣，莫敢救之。"这种弃婴现象开始于汉代，该篇引东汉陈蕃语说："盗不过五女之门。"即有五个闺女的人家陪送妆奁都陪光了，肯定穷，强盗都不去。这种重生男，轻生女的观念和弃女婴的习俗一直到中华人民共和国成立前。

民国二十年辽宁《义县志》载："娶个媳妇满屋红，赔送姑娘满屋空。"

民国十八年的河北《新河县志》载民间谚语说："儿子是柴火（财货）垛，

---

〔1〕《汉书·王莽传下》，北京：中华书局，1962年版。

闺女是赔钱货。”“一个闺女三辈子害。”

民国二十年河北《迁安县志·谣俗篇》载：“杜梨树，开白花，养活闺女是白搭。”

民国二十四年河北《晋县志料》载：“三女不富，三子不贫。”[1]

（二）制造喧嚷纷闹的喜庆色彩——闹新房、听房、盖头巾

闹新房产生于两汉，也叫闹房、吵房、戏妇，是指新婚之夜，亲朋毕聚洞房中，嬉闹新婚夫妇的活动。

东汉仲长统的《昌言下》载：“今嫁娶之会，捶杖以督之戏谑，酒醴以趣之情欲。宣淫佚于广众之中，显阴私于族亲之间。污风诡俗，生淫长奸，莫此之甚，不可不断者也。”

东晋葛洪《抱朴子·外篇·疾谬》载：“俗间有戏妇之法，于稠众之中，亲属之前，问以丑言，责以慢对，其为鄙渎，不可忍论。或蹙以楚打，或系脚倒悬，酒客酗蓄（yòng），不知限齐，至使有伤于流血，踒折支体者。”

清末《点石斋画报》上有则新闻，新郎见新娘被众人调笑，一怒之下，舀起一勺粪朝众人泼去。至今全国各地都有闹新房的风俗，无论长辈、晚辈都可参与，叫作“新婚三日无大小”。

由于闹房“宣淫佚于广众之中，显阴私于族亲之间”，破坏夫妻相敬如宾的礼仪氛围，在齐鲁礼仪之邦的流行不及南方各省份严重。近人胡朴安发现，山东“新人入门后，凡贺客登堂者皆不令见，入夜母送子入房，亲友概不得入，故无南省闹房恶习，此风最佳”[2]。直到今天，山东虽也有“新婚三日无大小”的俗语，闹恶作剧过头的较少。

闹房常要到深更半夜，也有的通宵达旦。闹房结束后，仍有一些调皮的人在窗外窃听新婚夫妇的言语与动静，以为笑乐，叫“听房”。东汉袁隗和马融之女新婚之夜的对话，都被人听去了。《后汉书·列女传》载：

---

〔1〕《义县志》《新河县志》《迁安县志·谣俗篇》《晋县志料》，载丁世良、赵放主编《中国地方志民俗资料汇编》东北卷第213页，华北卷第510、229、94页，北京：书目文献出版社，1995年版。

〔2〕胡朴安：《中华全国风俗志·下篇》卷二《山东·济南采风志》，郑州：中州古籍出版社，1981年版。

（袁）隗问之曰："妇奉箕帚而已，何乃过珍丽乎？"对曰："慈亲
垂爱，不敢逆命。君若欲慕鲍宣、梁鸿之高者，妾亦请从少君、孟光之事
矣。"隗又曰："弟先兄举，世以为笑。今处姊未适，先行可乎？"对曰：
"妾姊高行殊邈，未遭良匹，不似鄙薄，苟然而已。"又问曰："南郡君
（马融）学穷道奥，文为辞宗，而所在之职，辄以货财为损，何邪？"对
曰："孔子大圣，不免武叔之毁；子路至贤，犹有伯寮之愬（谮）。家君
获此，固其宜耳。"隗默然不能屈，帐外听者为惭。

《世说新语·假谲》载："魏武少时，尝与袁绍好为游侠，观人新婚，因
潜入主人园中，夜叫呼云：'有偷儿贼！'青庐中人出观，魏武乃入，抽刃劫
新妇，与绍还出。"这里既有听房，又有"抽刃劫新妇"的闹房活动。

魏晋南北朝时，新娘结婚开始戴盖头巾。上述"以纱縠蒙女氏之首"，即
盖头巾。唐朝段成式《酉阳杂俎》卷一《礼异》载，北朝婚俗，"女将上车，
以蔽膝覆面"。南朝新娘则以丝制的红巾和却扇遮羞。《世说新语·假谲》载，
温峤"既婚，交礼，女以手披纱扇，抚掌大笑曰：'我固疑是老奴，果如所卜。'"
南朝梁何逊《看伏郎新婚诗》云："何如花烛夜，轻扇掩红妆。"

《资治通鉴·中宗景龙二年》记载，除夕夜，唐中宗声称为御史大夫窦从
一完婚，内侍引新娘出，以金缕罗扇遮面，与窦从一对坐。中宗命窦从一朗诵
《却扇诗》数首，待拿开却扇一看，原来是中宗韦皇后的老乳母王氏。胡三省
注曰："唐人成婚之夕，有《催妆诗》《却扇诗》，李商隐代董秀才《却扇诗》
云：莫将画扇出帷来，遮掩春山滞上才。若道团圆是明月，此中须放桂花开。"

四、催妆、餪（nuǎn）女、拜堂——婚礼的进一步演变

唐朝段成式《酉阳杂俎》卷一《礼异》载："北朝婚礼，青布幔为屋，在
门内外，谓之青庐，于此交拜。迎妇，夫家领百余人，或十数人，随其奢俭，
挟车俱呼：新妇子，催出来！至新妇登车乃止。"可知催妆婚俗起自南北朝的
北方游牧民族，在门前用青布幔搭成帐篷，新娘在里面化妆，男方带人来迎娶
时在帐篷外大叫，直到新娘出来上车为止。

唐宋时期，催妆被吸收到汉族婚俗中来，挟车高呼变成了高雅的催妆诗。

唐诗中有不少催妆诗，如陆畅《云安公主下降奉诏作催妆诗》：

> 云安公主贵，出嫁五侯家。天母亲调粉，日兄怜赐花。
> 催铺百子帐，待障七香车。借问妆成未，东方欲晓霞。

为了让新娘尽快化妆，结婚前几日还要送彩缎、头面和化妆品。南宋吴自牧《梦粱录》卷二十《嫁娶》载："先三日，男家送催妆花髻，销金盖头，五男三女花扇、花粉、洗项、画彩钱果之类。"

馈女即旧志所称之"馈敬"，又称暖女，民间叫送小饭、送大饭。

乾隆二十七年山东《乐陵县志》载："女家具水角（饺）、麦面，谓之'送小饭'。二日拜家庙及翁姑与夫家之尊长，女家送酒馔进舅姑前，舅姑飨之，谓之'送大饭'。"

道光十二年山东《商河县志》亦有"妇家具馔于舅姑前"的记载。其中的按语更为详细："结婚之第一日，女家遣女眷二人以肴馔来，谓之'送小饭'。当夕，女家之尊辈以合饼来，谓之'送晚饭'。次晨，女家又遣女眷以面食来，谓之'送早饭'，俗称'送梳妆面'。是午，女之父母及眷属以肴馔来，谓之'送大饭'，亦称'馈饭'，即旧志所称之'馈敬'。"

拜堂之俗开始于唐朝，唐朝诗人王建《失钗怨》云："双杯行酒六亲喜，我家新妇宜拜堂。"据《东京梦华录》卷五《娶妇》载："次日五更，用一卓（桌），盛镜台镜子于其上，望堂展拜，谓之'新妇拜堂'。"后来的拜堂又称"拜天地""拜花堂""拜高堂"，把举行婚礼时拜天地、拜祖先、拜舅姑、夫妻对拜统统称为拜堂。

从汉代婚礼变异以来，在男家举行的仪式越来越繁复多样，《东京梦华录》卷五《娶妇》和吴自牧《梦粱录》卷二十《嫁娶》均详细记载了这些细节。

结婚前一日，女家先来挂帐，铺设房卧，谓之"铺房"。男家用车或花檐子将新娘接来，新妇下车，有阴阳人执斗，内盛谷豆钱果，望门而撒，小儿辈争拾之，谓之"撒豆谷"。新妇入门，踏青布条或毡席，不得踏地，入房中坐床上，谓之"坐富贵"。送新妇的客人急饮三杯而返，谓之"送走"。新郎于床前请新妇出，两家各出一彩缎，绾一同心，谓之"牵巾"，男挂于笏，女搭于手，男倒退，女前行，面对面而出，到家庙参拜。回房后，有妇人以金钱彩果撒掷，谓之"撒帐"。接着是"合髻"、喝交杯酒。交杯酒是用彩丝把酒杯连在一起，每人喝一杯。第二天五更，拜堂，拜尊长亲戚，新妇献上彩缎或自己做的鞋袜，谓之"赏贺"。尊长亲戚复回一匹彩缎，谓之"答贺"。第二日或三日、七日，新郎参拜妇家，谓之"回门"。三日，女家携礼物前来作会，谓之"暖女"。七日，女家接女归，男家送彩缎头面，谓之"洗头"。一月后，大会相庆，谓之"满月"。

这些记载，大体具备了近现代婚礼的雏形。"百里不同风，千里不同俗"，由于民族和地区不同，婚礼的花样、程序虽各不相同，却都大同小异。

第四节　婚姻禁忌

婚姻禁忌指双方联姻或婚姻生活中的种种禁例。

一、同姓不婚

在实行族外婚时，人们已经认识到近亲婚配的害处，开始加以限制。

《左传·僖公二十三年》称："男女同姓，其生不蕃。"

《国语·晋语四》载："同姓不婚，恶不殖也。"

《魏书·高祖纪上》载："夏殷不嫌一族之婚，周世始绝同姓之娶。"夏商时期还有同姓成婚的存在，从周代开始，认为同姓为婚是似于禽兽的乱伦行为，从制度上严禁同姓为婚。《太平御览》卷五四一《礼仪部一九·婚姻上》引《礼外传》："夏殷五世之后则通婚姻，周公制礼，百世不通，所以别禽兽也。"

《礼记·坊记》载："娶妻不娶同姓，以厚（远）别也，故买妾不知姓则卜之。"

《礼记·郊特性》载："娶于异姓，所以附远厚别也。"

《白虎通·嫁娶》载："不娶同姓者，重人伦，防淫泆，耻与禽兽同也。"

《唐律·户婚律》规定："诸同姓为婚者各徒二年，缌麻以上，以奸论。"

历史上的"秦晋之好"，就遵守了同姓不婚的原则，秦国是嬴姓，晋国是姬姓。晋献公嫁女给秦穆公，秦穆公嫁女给做人质的晋惠公夷吾的太子圉，后来即位为晋怀公。秦穆公以宗女五人嫁晋公子重耳，并以原太子圉之妻为重耳媵妾。《左传·僖公二十四年》载："晋侯（文公）逆夫人嬴氏以归（秦穆公女文嬴也）。"这种同姓不婚是严格的，但并不科学。比方中国婚俗中的姑舅、两姨亲，不是同姓，却是近亲。

尽管法律是这样，仍有同姓婚配者。就连最尊崇周礼的鲁国鲁昭公也曾娶同姓的吴女。《左传·哀公十二年》载："昭公夫人孟子卒。昭公娶于吴，故不书姓。"《论语·述而》中，陈司败指责说："君取于吴为同姓""君而知礼，孰不知礼？"

齐国同姓为婚者更不稀罕。《左传·襄公二十五年》载，齐国大夫崔杼欲娶东郭偃的姐姐棠姜，东郭偃说："男女辨姓，今君出自丁，臣出自桓，不可。"〔1〕东郭偃的意思是，您是齐丁公的后代，我是齐桓公的后代，都是姜姓，不可以通婚。崔杼坚持娶了棠姜。

齐国庆舍把女儿嫁给同宗卢蒲癸，有人对卢蒲癸说："男女辨姓，子不辟宗，何也？"卢蒲癸回答说："宗不余辟，余独焉辟之？赋诗断章，余取所求焉，恶识宗？"〔2〕卢蒲癸的意思是说，同宗都不避我，我为什么避同宗？就好像诗赋断章取义，我管它同宗不同宗？

到了清雍正时，始把同姓和同宗分开，婚姻只禁同宗，不禁同姓。

那么，什么是"宗"呢？根据《史记·五宗世家》司马贞索隐，"同母者为宗也"。汉景帝14子，除汉武帝外，其他13子为王，分别是5个母亲生的，分成5个宗，司马迁把他们归于"五宗世家"。

《大清会典事例·刑部·户律婚姻》载："凡同姓为婚者，各杖六十，离异。"雍正八年（1730年）定例："或于名分不甚有碍者，听各该原问衙门临时斟酌。议奏，其姑舅、两姨姊妹为婚者，听从民便。"虽对同姓结婚弛禁，但严禁同宗："凡娶同宗无服之亲，及无服亲之妻者，各杖一百。"

与同姓不婚相联系的还有"讥娶母党"，即不能娶母家宗族的女子。中表不婚，即兄妹、姐弟、姊妹及堂兄弟姊妹的子女不能互相婚配。实际上民间风俗并非如此，像姑舅亲、两姨亲等，相当盛行，南宋词人陆游和唐琬就是姑舅亲。

〔1〕《左传·襄公二十五年》，载《十三经注疏》，北京：中华书局，1980年影印版。
〔2〕《左传·襄公二十八年》，载《十三经注疏》，北京：中华书局，1980年影印版。

20 世纪初，胡朴安指出，山东邹县"其有风之陋者……如姑舅兄妹成亲、母女配父子、夫赘妇家，名曰'钩拐'，为之养老管业。"〔1〕

二、士庶不婚

魏晋南北朝以前，中国婚姻的门第观念并不太严重，没有士族、庶族的区别，仅有"齐大非耦""辞霍不婚"的说法。

《左传·桓公六年》载，齐僖公想把女儿文姜许给郑太子忽，被谢绝了。别人问其故，太子忽说："人各有耦（偶），齐大，非吾耦也。"旧时因用"齐大非耦"表示门第不当，不敢高攀而辞婚。南朝萧道成为儿子向桓闳求婚，桓闳推辞说："辞霍不婚，常所嘉揖。齐大非偶，所以不敢承殊眷。"〔2〕

"辞霍不婚"的是西汉京兆尹隽不疑，大将军霍光想把女儿嫁给他，隽不疑"固辞不肯当"。《文选·弹事》载，南朝沈约说："齐大非偶，着乎前诰；辞霍不婚，垂称往烈。"

自魏晋士族门阀制度形成后，士族和庶族保持严格的界限，不通婚共坐。尤其是东晋南朝的王谢家族，实际上构成了一个强强联合的婚姻集团，能高攀上这二姓的，仅有郗氏、卫氏、袁氏、庾氏、羊氏等屈指可数的士族高门。如果士族屈尊与庶族联姻，就要受到社会舆论的指责。

南朝齐富阳富人满璋之以五万钱为聘礼送东海王源，为儿子求婚，王源将女儿嫁给满氏。御史中丞沈约竟上书弹劾王源，说"王满连姻，实骇物听"，并奏请"免源所居官，禁锢终身"〔3〕。

东魏大将侯景叛降南朝梁，被封为河南王、大将军，门第不算不高。他要娶王、谢家的女儿，梁武帝拒绝说："王谢高门，非偶，可于朱（异）张（缩）以下访之。"气得侯景咬牙切齿，说："会将吴儿女以配奴！"〔4〕

甚至士族变成了穷光蛋、残废，也不肯屈尊。

南朝陈太原王氏的王元规 8 岁丧父，家道中衰，投靠临海郡的舅舅。当地

〔1〕《中华全国风俗志·下篇》卷二《山东·邹县之婚礼》，郑州：中州古籍出版社，1981 年版。
〔2〕《太平御览》卷五四一《礼仪部二〇·婚姻下》引吴均《齐春秋》，北京：中华书局，1960 年影印版。
〔3〕（南朝梁）萧统：《文选》卷四〇《弹事》，上海：上海古籍出版社，1992 年版。
〔4〕《南史·侯景传》，北京：中华书局，1975 年版。

土豪刘瑱家资巨万，想把女儿嫁给他。王元规表示："姻不失亲，古人所重，岂得苟安异壤，辄婚非类。"[1]

北朝士族博陵崔辨的孙女眇一目，没有求婚的，准备降低门第，嫁给庶族。崔辨之女哭着说："岂令此女屈事卑族！"[2]让儿子李翼娶了自己的侄女。

隋唐时期，以王谢为代表的江南士族衰落了，而北方清河（今山东武城）崔氏、博陵（今河北安平）崔氏、范阳（今河北涿州市）卢氏、赵郡（今邯郸）李氏、陇右（今甘肃）李氏、荥阳郑氏、太原王氏等五大姓，仍坚持不与庶族通婚，逼不得已，则多要陪门财，甚至连皇族李氏也不放在眼里。房玄龄、魏征、李世勣等都以能和上述五大姓联姻为光荣。唐高宗时的宰相薛元超，自认为平生有三恨："始不以进士擢第；不娶五姓女；不得修国史。"[3]和五大姓联姻，竟与进士擢第相提并论，可见当时婚姻门第观念之重。《资治通鉴·高宗显庆四年》载：

> 初，太宗疾山东士人自矜门第，婚姻多责资财，命修《氏族志》，例降一等，王妃、主婿皆娶勋臣之家，不议山东之族，而魏征、房玄龄、李勣家皆盛与为婚，常左右之，由是旧望不减。或一姓之中更分为某房、某眷，高下悬隔。李义府为其子求婚不获，恨之，故以先帝之旨劝上矫其弊。壬戌，诏后魏陇西李宝、太原王琼、荥阳郑温、范阳卢子迁、卢浑、卢辅、清河崔宗伯、崔元孙、前燕博陵崔懿、晋赵郡李楷等子孙，不得自为婚姻，仍定天下嫁女受财之数，毋得受陪门财（胡注：所谓陪门财者，女家门望未高，而议姻之家非耦，令其纳财，以陪门望）。然族望为时所尚，终不能禁。或载女窃送夫家，或女老不嫁，终不与异姓为婚。其衰宗落谱，昭穆所不齿者，往往反自称禁婚家，益增厚价。

这种情况一直持续到唐后期，文宗欲把真源、临真二公主嫁给士族，对宰相说："民间修婚姻，不计官品而上阀阅。我家二百年天子，顾不及崔、卢耶？"[4]

〔1〕《陈书·儒林传》，北京：中华书局，1972年版。
〔2〕《魏书·崔辨传》，北京：中华书局，1974年版。
〔3〕（北宋）王谠：《唐语林》卷四《企羡》，上海：上海古籍出版社，1985年版。
〔4〕《新唐书·杜兼传》，北京：中华书局，1975年版。

另外，唐代"良贱不婚""官民不婚"的禁例也比较典型。

五代以来，士族没有了，等级观念受到一定的冲击，"取士不问家世，婚姻不问阀阅"〔1〕，"娶其妻不顾门户，直求资财"〔2〕，富民可凭借资财和官员联姻，官民不婚的界限有所缩小。尽管如此，婚姻门当户对的门第观念却依然存留下来。中华人民共和国成立前的对联"朱陈百里村非远，王谢千秋门并高"，就反映了传统的婚姻门第观念。

三、居丧不婚

按古代丧服，父母死，子女要服丧三年，不能婚配。在汉文帝以前，甚至帝王举丧期间，民间也不得嫁娶。汉文帝遗诏："无禁取妇嫁女。"〔3〕

《礼记·曾子问》记载了孔子与曾参关于居丧不婚的对话：

曾子问："婚礼既纳币，有吉日（已请期），女之父母死，则如之何？"

孔子曰："婿使人吊。如婿之父母死，则女之家亦使人吊。"

曾子问："亲迎，女在途，而婿之父母死，如之何？"

孔子曰："女改服，布深衣，缟（白或未经染色的绢）緫（绢的一种）以趋丧。女在途，而女之父母死，则女反（返）。"

曾子问："除丧则不复婚礼乎？"

孔子曰："祭，过时不祭，礼也。又何反于初？"

也就是说，丧事结束后，也不能举行婚礼了。

自隋朝到清朝的法律，都把居父母丧嫁娶列为"不孝"，而不孝是十恶不赦之罪。

四、五不娶

《后汉书·应奉传》载，应奉劝汉桓帝说："宜思关雎之所求，远五禁之所忌。"这里的"五禁"即"五不娶"。《春秋公羊传·庄公二十七年》何休

---

〔1〕《通志》卷二五《氏族略第一》，北京：中华书局，1987 年版。

〔2〕吕祖谦：《宋文鉴》卷一〇八《福州五戒》，上海：上海古籍出版社，1987 年版。

〔3〕《汉书·文帝纪》，北京：中华书局，1962 年版。

注曰："妇人有七弃、五不娶……丧妇长女不娶，无教戒也；世有恶疾不娶，弃于天也；世有刑人不娶，弃于人也；乱家女不娶，类不正也；逆家女不娶，废人伦也。"《孔子家语》《大戴礼记》《韩诗外传》《白虎通》等，亦有相同记载。

（一）丧妇长女不娶。清人陈立在《白虎通疏证·嫁娶》中认为，"丧妇"当为"丧父"。《韩诗外传》说："丧妇长女不娶，为其不受命也。"亦即没有父母的长女缺乏教养，不是理想的择偶对象。

（二）世有恶疾不娶。《公羊传·昭公二十年》称："何疾尔，恶疾也。"何休注曰："恶疾谓瘖（yīn）、聋、盲、疠、秃、跛、偻（gōu）不逮人伦之属也。""世有恶疾"，应是家里有这类的遗传病。《大戴礼记·本命篇》讲："有恶疾，为其不共（供）粢盛也。"《孟子·滕文公下》讲："粢盛不洁，衣服不备，不敢以祭。"黍稷曰粢，在器曰盛，粢盛是祭祀的供品。妇有恶疾会造成粢盛不洁，不能和丈夫一同祭祀宗庙，故不娶。

（三）世有刑人不娶。古代"身体发肤受之父母，不敢毁伤"[1]，刑法多伤残肢体的肉刑，毁伤发肤即为不孝，故世有刑人之家的女儿不能娶。

（四）乱家女不娶。"乱家女"指与小功以上亲属及父亲、祖父的妾所生之女。古代认为，这是乱伦行为，故不能娶。

（五）逆家女不娶。"逆家女"指有殴打、谋杀父母、祖父母，杀伯叔父母、姑、兄、姊、外祖父母、丈夫等恶逆行为家庭的女子。因其家不行正直而行顽逆，废弃尊卑伦理，故不可娶。

五、不露闺房之私

不露闺房之私的夫妻生活禁忌，来自古代男女授受不亲的观念。

《礼记·坊记》载："君子远色以为民纪，故男女授受不亲。"

《礼记·郊特牲》载："男女有别，然后父子亲，父子亲然后义生，义生然后礼作，礼作然后万物安。无别无义，禽兽之道也。"

《礼记·曲礼上》载："男女不杂坐，不同椸枷（椸：晾衣服的竹竿。枷：

---

〔1〕《孝经·开宗明义》，载《十三经注疏》，北京：中华书局，1980 年影印版。

张敞画眉。选自《元曲选》

夫妇如宾。选自《养正图解》

衣架），不同巾栉，不亲授，嫂叔不通问，诸母不漱（浣）裳。"

《礼记·内则》规定，男子"夜行以烛，无烛则止；女子出门必拥蔽其面"。"道路，男子由右，女子由左"。

鲁大夫公父文伯之母敬姜，是恪守"男女授受不亲"的楷模。她是季康子的从叔祖母，奶奶和小孙孙在一起还避什么"嫌"？可季康子去拜见她，一个在屋内，一个在屋外，不能逾越门槛。

这种男女天隔，授受不亲的伦理限制，侵蚀到夫妻生活、夫妻感情当中，形成了许多扼制夫妻感情的伦理规范。

《礼记·内则》载："男不言内，女不言外。"妇"不敢悬于夫之楎椸（楎：钉在墙上的椸），不敢藏于夫之箧笥，不敢共湢浴。"

在中国传统的男女伦理道德看来，夫妻"双行匹至，似于鸟兽"[1]。夫妻闺房之内的行为，更不能外露，否则即为"淫"。

《后汉书·皇后纪》载："王者立后，三夫人、九嫔（昭仪、昭容、昭媛、修仪、修容、修媛、充仪、充容、充媛）、二十七世妇、八十一御，以备内职焉。"后来的皇帝可以佳丽三千，后宫万人，这些都不算"淫"，但宣露出来却不行。

鲁国公父文伯死，其母敬姜为了使儿子避免好色的名声，要求儿媳们不准毁哀过度。她按照"寡妇不夜哭"[2]的礼制，朝哭丈夫，夕哭儿子，日程安排得分毫不差。

汉高祖刘邦拥抱戚姬见大臣周昌，汉文帝与慎夫人同坐，《后汉书·皇后纪》讥刺说："高祖帷薄不修，孝文衽席无辩。"李贤注引《大戴礼》曰："大

---

〔1〕《公羊传·宣公五年》何休注，载《十三经注疏》，北京：中华书局，1980年影印版。
〔2〕《礼记·坊记》，载《十三经注疏》，北京：中华书局，1980年影印版。

臣坐污秽男女无别者，不曰污秽，曰帷薄不修。"西汉京兆尹张敞为妻子画眉，竟遭到大臣们的弹劾，汉宣帝还予以追问，并影响了他的仕途。

在这里，不仅夫妻间的情爱要遭非议，对死去的配偶表示哀痛、思念，也是违背礼法的。

正因如此，夫妻情爱被正人君子视为淫秽、道德沦丧，从而造成了他们对夫妻生活的压抑感。那些循规蹈矩的腐儒就在这种禁锢中过着不正常、没有天伦之乐的夫妻生活，每当和妻子耳鬓厮磨之际，总有一种违背礼仪的犯罪感，为了减轻做爱的罪孽，总要默默祷告："为后也，非为色也！"

这种清规戒律，造成了中国一种畸形的夫妻感情模式，叫作"相敬如宾"。夫妻关系成为宾主关系，只有礼和敬，没有情和爱，用生分、做作、虚伪的感情装饰，抑制了真感情的自然流露。

《左传·僖公三十三年》载，晋大夫臼季看见冀缺在地里干活，其妻送饭，"敬，相待如宾"，将他推荐给晋文公，当上了下军大夫。这件事说明，春秋时期，各国国君都在实行夫妻"相敬如宾"的移风易俗。春秋时期，相敬如宾还是个别现象，到汉代便逐步落实到世俗社会。东汉梁鸿的妻子孟光举案齐眉，进一步强化了这一观念。东汉樊英有病，妻子遣女婢问候，樊英郑重地下床答拜。陈寔怪而问之，樊英说："妻者齐也，共奉祭祀，礼无不答。"[1]

《资治通鉴》卷一百九十四《太宗贞观六年》载，唐太宗罢朝回宫怒气冲冲地对长孙皇后说："会须杀此田舍翁！""魏徵每廷辱我。"长孙皇后"具朝服立于庭"，非常郑重地说："妾闻主明臣直，今魏徵直，由陛下之明故也，妾敢不贺！"其实，唐太宗真要杀魏徵，早就杀了，只不过是在后宫说说气话，释放一下。但在夫妻相敬如宾的礼制下也不能讲此类随便且"无原则"的话。

举案齐眉。《博古叶子》插图。明代陈洪绶绘

---

[1] 《后汉书·樊英传》，北京：中华书局，1965 年版。

从此以后，不仅在大庭广众之下，不能和妻子温存，甚至在闺房之内，在妻子面前，也要装出一副道貌岸然的正人君子相。在中国叫作"上床为夫妻，下床为君臣"。夫妻隐私更是不能宣露的难言之隐，中国的婚姻蒙上了禁欲主义的阴影，这可能就是中国的"君子好色而不淫"吧。

第五节　夫妇双方的地位

古代中国社会男尊女卑，自毋系社会结束后，直到消化，其基本趋势是，社会越发展，妇女的地位越低，对妇女的限制、歧视、摧残就越严重。

《尚书·牧誓》载："牝（母）鸡之晨（打鸣），惟家之索（尽，完了）。"

《诗·大雅·瞻卬》载："哲夫成城，哲妇倾城。"

《列子·天瑞》载："男女之别，男尊女卑，故以男为贵。"

《论语·阳货》载孔子语曰："唯女子与小人为难养也。"

上述男尊女卑的观念是确立夫妇双方地位的理论基础。古代也讲夫妻齐体，却是夫唱妇随，夫荣妻贵等妻子依附丈夫的夫妻一体。《白虎通·嫁娶》讲："妻者齐也，与夫齐体，自天子下至庶人，其义一也。"《礼记·郊特牲》曰："故妇人无爵，从夫之爵，坐以夫之齿。"郑玄注曰："爵，夫命为大夫，则妻为命妇。"

一、夫妻比天地、君臣、父子

《仪礼·丧服》称："夫，至尊也。"

《后汉书·列女传》注引《仪礼》曰："夫者，妻之天也。妇人不二斩者，犹不二天也。"

东汉班昭的《女诫》讲："礼，夫有再娶之义，妇无二适之文。故曰夫者天也，天固不可逃，夫固不可离也。"

古人以天为阳，地为阴；君为阳，臣为阴；男为阳，女为阴。《白虎通·五行》讲："地之承天，犹妻之事夫，臣之事君也。"

以上所引，明确阐明，丈夫是天、君、父，妻子是地、臣、子。民间社会讲："夫字天出头"，也反映了夫妻间的这种地位。

二、夫为主人，妻为财产

古代的婚姻是一种变相的买卖婚，也可叫财婚，妻子在结婚拜堂时，其独立的人格、人权就被丈夫吸收和取代，成为丈夫的财产。古代妻子称"夫人"，意指"夫的人"，本身就有领属之意。除在上述"典卖婚"所述，妻子可以买卖、典当、做赌注、抵债外，甚至可以杀掉。

丈夫杀妻，在唐代以前皆有罪。后汉中山王刘焉杀姬，"坐削安险县"[1]，即被削夺了安险县的封地。南朝梁何铄有疯病杀妻，"坐法死"[2]。北魏长孙虑之母嗜酒，其父误杀其母被囚，长孙虑上书，愿代替父亲的死罪。孝文帝下诏，"恕其父死罪，以从远流"[3]。诸侯王杀姬，精神失常杀妻，误杀其妻，均逃脱不了法律的制裁。

唐以后杀妻者分轻重量刑，其中过失杀妻者勿论。元代以后，妻子与人通奸或谩骂舅姑，杀妻者均无罪。《元史·刑法志三》载："夫获妻奸而妻拒捕，杀之无罪。"而《史记·秦始皇本纪》中，秦朝的法律规定则是"夫为寄豭，杀之无罪""妻为逃嫁，子不得母"，至少在"男女絜诚"方面是平等的。

这仅仅是法律规定，随意杀妻者仍不少见。民国二十五年山东《清平县志》[4]记载谚语说："你是兄弟我是哥，装半斤，咱俩喝，喝醉了，打老婆。打死老婆怎么过？吹鼻撮眼再娶个。"这段民谚本身就反映了打死老婆不偿命的旧观念。

〔1〕《后汉书·中山王焉传》，北京：中华书局 1965 年版。
〔2〕《梁书·处士·何点传》，北京：中华书局 1973 年版。
〔3〕《魏书·孝感·长孙虑传》，北京：中华书局 1974 年版。
〔4〕丁世良、赵放主编：《中国地方志民俗资料汇编》华东卷上引，北京：书目文献出版社 1995 年版，第 322 页。

三、丈夫可纳媵（yìng）妾

按恩格斯的说法，一夫一妻制"只是对妇女而不是对男子的一夫一妻制，这种性质它到现在还保存着"[1]。中国古代的主要表现是，丈夫拥有媵、妾、小妻、小妇、旁妻、外妇、双妻等名目繁多的正妻以外的补充，而妻子同时只能有一个丈夫。

（一）媵

媵，古时指随嫁，也指随嫁的人，主要指陪嫁的女人。《公羊传·庄公十九年》载："媵者何？诸侯娶一国，则二国往媵之，以姪娣从。姪者何？兄之子也。娣者何？弟也。诸侯壹聘九女。诸侯不再娶。"

也就是说，诸侯娶妻，女方要以兄弟之女（姪）和新娘的妹妹随嫁，还要有女方同姓的两个国家送女儿陪嫁。这些陪嫁之女，叫作媵。媵非嫡妻，但地位比妾高。

第一，媵可陪同嫡妻一块享受媒聘的礼遇，妾享受不到。

第二，如果嫡妻死了，媵可以继为嫡妻。《白虎通·嫁娶》叫作"嫡死媵摄"。《春秋·隐公七年》记载的那个嫁到纪国，待年于父母国的叔姬，本来是姐姐伯姬的媵，伯姬死后，叔姬升为嫡妻。

《左传·文公七年》载，孟孙氏的始祖庆父的儿子公孙敖（孟穆伯），娶莒女戴己和妹妹声己。戴己卒，公孙敖又要求续娶，莒人以声己可继承其姊为嫡妻而拒绝了。

秦汉以后，妹妹陪姐姐出嫁的媵没有了，媵成为比妾高一级的夫人的称呼。《唐律疏义》卷二十二《斗讼律》疏文称："五品以上有媵，庶人以上有妾。"

（二）妾

妾的称呼在远古就有，"聘则为妻，奔则为妾"[2]。古代男女自由交往，

〔1〕《家庭、私有制和国家的起源》，载《马克思恩格斯选集》第四卷，北京：人民出版社，1972年版，第58页。
〔2〕《礼记·内则》，载《十三经注疏》，北京：中华书局，1980年影印版。

一开始都是以"奔"的形式结合。从中我们可以梳理、勾画出妾发生、演变的脉络。

上述媒妁婚列举了鲁庄公娶孟任，泉丘女子奔孟僖子的事例。《左传·昭公四年》还记载了一件类似现在"一夜情"式的婚姻：鲁国叔孙豹路过庚宗（今山东泗水东），一位女子管了他一顿饭，住了一宿就走了。后来，那女子领着儿子找到鲁国，叔孙豹高兴地接受了她。

像这样没有媒聘，私下盟誓或"一顿饭""一夜情"式的、用"奔"的形式结合的婚姻，有真感情的存在，是远古男女情爱的自由之花，也是"奔则为妾"的妾。随着齐鲁移风易俗的进行，把新制订的婚姻六礼、拜舅姑、庙见等礼仪都给了由媒妁牵线的嫡妻，而用"奔"的形式自由结合的妾没这个礼遇。妾从此便每况愈下了，接着便是对她低下的地位的严格定位。

《左传·成公十一年》载，鲁宣公的弟媳妇、声伯之母没有媒聘，鲁宣公夫人穆姜鄙视说："吾不以妾为姒（妯娌）。"这也难怪，因为自由择偶是一种陈旧了的风尚，明媒正聘却是一种时髦的殊荣，穆姜当然要得意了。秦汉以后，妾的自由地位完全消失了，成为丈夫诸多妻子中地位最低的阶层。

《释名·释亲属》称："妾谓夫之嫡妻曰'女君'。夫为男君，故名其妻曰'女君'也。"

《仪礼·丧服》载："妾之事女君，与妇之事舅姑等。"

《白虎通·嫁娶》载："妻者齐也，与夫齐体，自天子下至庶人，其义一也。妾者接也，以时接见也。"

这就是说，妾对待丈夫的妻子也要像服侍公婆一样，其低下的地位有以下表现：

首先，妾在家庭中构不成正当的亲属身份，娘家与夫家也构不成亲戚关系。家庭的其他成员以姨娘、姨太太相称，妾对长辈、下辈要像仆人一样呼老爷、太太、少爷、小姐，只有自己亲生的子女，才直呼其名。

《红楼梦》第五十五回：凤姐有病，王夫人让探春协理内务。探春生母赵姨娘之兄赵国基死了，按例给银20两。赵姨娘想让探春多给点，说让她拉扯拉扯。探春说："我拉扯谁？谁家姑娘们拉扯奴才了？"赵姨娘提到舅舅，探春说："谁是我舅舅？我舅舅年下才升了九省检点，哪里又跑出一个舅舅来？"探春只认王夫人为母，称生母为姨娘；只认王夫人的兄弟为舅舅，亲舅舅却是奴才。

因此，妾死后不能入宗庙，不能与丈夫合葬，有子女者也只能别祭。妾要为夫、妻、长子服丧，而夫、妻、长子不为妾服丧，丈夫只为有子的妾服缌麻。

其次，妾没有正常的法律地位和独立的人格。

唐代五品官以上，母亲皆有封号。妾的亲生儿子当了五品官，不封妾而封嫡母，无嫡母才转封生母。唐宋法律规定，夫妻杀妾仅处流刑，明清时杀妾，杖一百，徒三年，过失杀妾勿论。

先秦时，妾可殉葬。晋大夫魏颗之父临终，就要求用自己的妾殉葬。[1]

甚至儿子杀妾亦无罪。《新唐书·严挺之传》载，尚书左丞严挺之"独厚其妾英"，其子严武用铁锤"碎其首"。左右为严武开脱："郎戏杀英。"严武理直气壮地斥责父亲："安有大臣厚妾而薄妻者，儿故杀之，非戏也。"严挺之竟然惊奇地称赞说："真严挺之子！"

至于独立的人格更谈不上，帝王、官僚、文人学士将妾作为财物互相买卖、赠送、交换、赏赐的事屡见不鲜。吕不韦曾将妾送给子楚。唐朝安史之乱时，睢阳守将张巡杀妾以飨军士。

再次，妾的身份是终生的。《公羊传·僖公三年》《谷梁传·僖公十九年》《孟子·告子》中，都大声嫉呼："无以妾为妻。"公元前651年齐桓公在葵丘大会诸侯，订立盟约："诛不孝，无易树子，无以妾为妻。"[2]即使嫡妻死了，也不能以妾为嫡妻。后来的曹操、孙权、刘备等人，都不惜违背礼制，以妾为妻，颇有点不爱江山爱美人的风流豪气。这恰恰说明，他们之间难以割舍的爱情。《旧唐书·杜佑传》载，唐朝宰相杜佑德高望重，"唯在淮南时，妻梁氏亡后，升嬖妾李氏为正室，封密国夫人，亲族弟子言之不从，时论非之"。

妾在中国社会存在时间很长，先秦到民国经久不衰，从达官贵人到平民百姓都可纳妾。《白虎通义·嫁娶篇》载："士一妻一妾。"《明会典·刑部律例一》规定："庶人四十以上无子，许娶一妾。"1911年7月22号上海《民立报》的《东西南北》栏目讲："我国有三大自由：自由通衢之上便溺自由；衙署之中赌博自由；殷实之家娶妾自由。"

由于妾在家庭中的地位很低，故古代妇女都谦称"妾"。

〔1〕参见《左传·宣公十五年》，载《十三经注疏》，北京：中华书局，1980年影印版。
〔2〕《孟子·告子下》，载《诸子集成》，上海：上海书店，1986年影印版。

（三）小妇、小妻、下妻、外妇

小妇和小妻同义，在汉代史书中多见。西汉辞赋家枚乘，娶了一小妻，生子曰皋。归长安时，小妻不愿同去，枚乘大怒，给儿子留下数千钱。汉代贵家子女亦不耻为小妻。东汉窦融在西汉末已是军司马，封建武男，其妹为王邑小妻。成帝许皇后姊为淳于长小妻。小妻可不与丈夫相随，且贵家亦为之，地位不会太低。

下妻一般为被掠卖者，地位低下。东汉光武帝建武七年（31 年）下诏："吏人遭饥乱及为青、徐贼所略为奴婢下妻，欲去留者，恣听之。敢拘制不还，以卖人法从事。"建武十四年（38 年）诏："或依托为人下妻，欲去者，恣听之，敢拘留者，比青、徐二州以略人法从事。"〔1〕

外妇类似现在的情妇，是男子鉴于妻子嫉妒，安置在外的旁妻。《汉书·高五王传》载："齐悼惠王肥，其母高祖微时外妇也。"《水浒传》中，宋江杀死的阎婆惜，也是外妇。

（四）双妻

双妻的美称叫"一鸾二凤"，俗称"两头大"，现在叫重婚，在古代也是不合法的。《左传·桓公十八年》载："并后、匹嫡、两政、耦国，乱之本也。"上海《川沙县志》〔2〕载："有妻者又娶处女成婚，礼节与娶妻无轩轾，非若置妾之简略，美其名曰'两头大'，是为重婚，既背人道，又干法纪。"

魏晋始出现双妻。西晋尚书令贾充先娶妻李氏，因其父李丰犯罪遭株连而徙边，后李氏遇赦得归，贾充已娶妻郭氏。晋武帝破例特许贾充置左、右夫人。据《晋书·礼志中》载，当时因妻家犯罪，又娶后妻者很多，都与前妻破镜重圆，双妻成为一时的风尚。东晋陈诜前妻李氏被贼抢走，又娶后妻严氏，后李氏归，陈诜"籍注领二妻"。

〔1〕《后汉书·光武帝纪下》，北京：中华书局，1965 年版。

〔2〕丁世良、赵放主编：《中国地方志民俗资料汇编》华东卷上引，北京：书目文献出版社，1995 年版，第 23 页。

　　双妻的地位不分上下。贾充死后，李氏女为齐王妃，要求与自己的母亲合葬。郭氏的女儿是晋惠帝皇后，不准李氏和父亲合葬。直到"八王之乱"时，贾皇后被废，才让李氏和贾充合葬。说明双妻的地位是平等的。魏晋时期是中国"两头大"的唯一合法时期，自唐到清，朝廷严禁双妻，虽仍有个别双妻现象，已是不合法了。

　　清乾隆时，定兼祧（tiāo）之法。祧是承继后嗣，兼祧者不脱离原来的家庭，又过继给别家作嗣子，即一子顶两门。双方家庭都为他娶妻，称兼祧二妻，亦称"两头大"。从乾隆到道光，朝廷及各地官员鉴于"礼无二嫡"的古制规定，既不承认后娶之妻为正室，也不认为是构成重婚而判决离异，而是将后娶之妻视为妾。道光二十四年（1855 年）修订的《礼部则例》卷五九规定："如两房均为娶妻……所娶仍以先聘为妻，后聘为妾。"

　　女子则绝对不许同时拥有两个丈夫，即使贵为长公主，甚至是武则天那样的女皇帝，不仅不能同时嫁二夫，也不能公开设立男宠。南朝宋废帝刘子业的姐姐山阴公主，曾公开设面首（男妾）30 人，在中国历史上是绝无仅有的。

四、夫可出妻、妇不得离婚

　　古代，丈夫对妻子不满，可以将妻子送归其父母，叫"出妻"，后来叫休妻，出妻有"七出三不出"的原则，也叫"七弃三不去"。《公羊传·庄公二十七年》何休注曰："妇人有七弃、五不娶、三不去。尝更三年丧不去，不忘恩也；贱取贵不去，不背德也；有所受无所归不去，不穷穷也……无子弃，绝世也；淫泆弃，乱类也；不事舅姑弃，悖德也；口舌弃，离亲也；盗窃弃，反义也；嫉妒弃，乱家也；恶疾弃，不可奉宗庙也。"

（一）七出之一：不事舅姑

　　《左传·襄公二年》载："亏姑以成妇，逆莫大焉。"基于这一原则，妇不必在舅姑的面前有什么过错，只要舅姑不高兴，即可出妻。《礼记·内则》称："子甚宜其妻，父母不说，出。"意思是，儿子、媳妇非常般配、和睦，但父母不悦，也必须出妻。

《孔子家语·七十二弟子解》载，曾子"其妻以藜（梨）蒸不熟"而出妻。

东汉鲍永因其妻在母亲面前叱狗，即以不事舅姑而出妻。南朝刘瓛（huán）的妻子王氏，因在墙上钉钉子，有尘土落在隔壁姑的床上，姑不悦，即被刘瓛出掉。

（二）七出之二：无子

孟子讲："不孝有三，无后为大。"[1]古人娶妻以生子继宗为目的，"妇无子则出"。不仅父兄可代子弟出妻，甚至门生、朋友也可代为出妻。《后汉书·桓荣传》注引谢承《后汉书》载，东汉博士桓荣"年四十无子，（何）汤乃去荣妻为更娶，生三子，荣甚重之。"

有许多恩爱夫妻因无子离异，留下了无数遗憾。三国曹植《弃妇》诗写道："有子月经天，无子若流星。"唐人张籍《离妇诗》则更催人泪下，"薄命不生子，古制有分离……无子坐生悲，为人莫作女"，简直是对封建礼教的一纸控诉书。

（三）七出之三：淫僻

万恶淫为首，中国男子最不能容忍，最大的屈辱是妻子与人通奸，给自己戴一顶绿帽子。妻子淫僻，不仅要出掉，元代以后甚至可以杀掉。下述三不出的原则，唯独淫僻一条不在其限。

（四）七出之四：口多言

古代家族几代同居，妇多言则生是非。《诗·大雅·瞻卬》云："妇有长舌，维厉之阶。"民间谚语曰："娶妇舌长，家丑必扬。"故东汉班昭的《女诫》以妇言为四德之一。《史记·陈丞相世家》载，陈平游手好闲，其嫂说："有叔如此，不如无有。"被其兄出掉。

---

[1]《孟子·离娄上》，载《诸子集成》，上海：上海书店，1986年影印版。

（五）七出之五：嫉妒

不妒为古代妻子的美德，嫉妒出妻与生子有关。《诗·周南·螽（zhōng）斯》云："不妒忌，则子孙众多也。"

《汉书·元后传》载，汉元后王政君的母亲李氏，"以妒去，更嫁为河内苟宾妻"。北魏刘辉尚（娶）兰陵长公主，"公主颇严妒，辉尝私幸主侍婢有身，主笞杀之""请离婚，削除（公主）封位。太后从之"[1]。北魏李安世之妻博陵崔氏，"以妒悍见出"。

从北朝到隋唐，妇女嫉妒蔚然成风，北方父母嫁女，首先教导女儿如何制服丈夫，妇女们纷纷为自由人格和家庭幸福而进行抗争。《魏书·临淮王传》载："凡今之人，通无准节。父母嫁女，则教之以妒；姑姊逢迎，必相劝以忌。持制夫为妇德，以能妒为女工。"

唐朝以后把妇女嫉妒称作"吃醋"。唐人刘餗（sù）的《隋唐佳话》载，唐太宗欲赐一美人给房玄龄做妾，房夫人卢氏执意不允。唐太宗派人送给她一杯鸩酒（实则为醋），卢氏表示"宁妒而死"，端起鸩酒一饮而尽，使唐太宗闻而生畏。这就是世俗社会称嫉妒为"吃醋"的典故。

在唐人的野史笔记中，"吃醋"有好几个版本，人物不同，情节基本一致。据《新唐书·列女传》载："玄龄微时，病且死，谓曰：'吾病革，君年少，不可寡居，善事后人（后夫）。'卢泣入帐中，剔一目示玄龄，明无它。会玄龄良愈，礼之终身。"卢夫人在房玄龄病危之际，竟然剔目明志，如此刚烈的个性，一旦发现丈夫移情别恋，以死抗争是极有可能的。

（六）七出之六：恶疾

恶疾在上述"五不娶"中已谈到。有恶疾遭出的事例，史传不多见。《史记·曹相国世家》载，西汉丞相曹参的曾孙曹时尚平阳公主，"病疠，归国"，平阳公主改嫁给卫青。这是男子有恶疾而离异，但女方是皇家的公主。

清人王棠在《知新录》中曾指责，无子、恶疾两项非人所愿，因此而出妻

---

[1]《魏书·刘昶传》，北京：中华书局，1974年版。

太残忍。可见社会上确有因恶疾而出妻者。

（七）七出之七：盗窃

盗窃除本义外，还包括攒私房。古时同居共财，盗窃和私房即害同居。《礼记·内则》载："子妇无私货，无私畜，无私器，不敢私假（借），不敢私与。"接受别人的馈赠也要交给舅姑。

西汉王吉东邻有枣树垂至院中，其妻摘了一枚给王吉吃，险些被出掉。东汉李充兄弟六人同居，其妻说："妾有私财，愿思分异。"李充假装应允，将乡里内外请来，临场突然宣布："此妇无状，而教充离间母兄，罪合遣斥！"[1]其妻含着眼泪走了。

（八）三不去

三不去即三不出，结合上述《公羊传》何休注和《孔子家语》的记载，三不去为：尝更三年丧不去；先贫贱而后富贵不去；有所娶无所归不去。有这三条之一者，即不能出妻。

（九）离婚观念的转变

先秦时期，离婚之风盛行。《韩非子·说林上》载："为人妇而出，常也；其成居，幸也。"《孔子家语·后序》载："自叔梁纥始出妻，及伯鱼亦出妻，至子思又出妻，故称孔氏三世出妻。"据《礼记·檀弓上》，"三世出妻"的应是孔子、伯鱼、子思。孔子的妻子是宋国亓官氏，亓氏后人对此愤然，有"亓孔不婚"之说。上述曾参因其妻"梨蒸不熟"而出妻。《荀子·解蔽》称："孟子恶败而出妻。"自诩通悉礼仪的圣人之家尚且如此，可见出妻风俗的流行了。《汉书·董仲舒传》载："公仪子（休）相鲁，之其家见织帛，怒而出其妻。"公仪休为官清廉，不夺"园夫红女"之利，勤于纺织竟成为

〔1〕《后汉书·独行列传·李充传》，北京：中华书局，1965年版。

妻子的缺点而被出掉了。

《韩非子·外储说右上》记载了两段战国吴起出妻的故事。第一段是，吴起要妻子织一条组带，因织出的尺寸不对而出妻。其妻请娘家兄长说情，兄长说，吴起是法家，"欲以与万乘致功，必先践之妻妾然后行之"，你别指望能再进他的家门了。另一段是，吴起要求妻子织一条与样品同样的组带，妻子却织得比样品更好，以"违令"而被出。妻父为之讲情，吴起说："起，家无虚言。"这个只顾功业不顾家的吴起，把妻子当作推行军法军令的牺牲品了。管仲治齐规定："士三出妻，逐于境外；女三嫁，入于舂谷。"[1]就是为了遏止随意出妻的恶俗。

这一陋俗到汉代仍无改观。《汉乐府诗》[2]曰："上山采蘼芜，下山逢故夫。回首问故夫，新人复何如？"由于男子出妻司空见惯，连被抛弃的前妻都认为是理所当然的事了，所以她能以平和的心态问候新人。

自宋代开始，视离婚为丑事，视为人离婚为"损阴骘"。士大夫不敢轻言离婚，官吏断案也多方调解，或逼迫双方和好，不愿判离。

北宋司马光《训子孙文》载："今之士大夫有出妻者，众则非之，以为无行。"

北宋程颢《仪礼疏议》载："今世俗以出妻为丑事，遂不敢为。"

《宋会要辑稿·职官》七二之八，将出妻与卖友相提并论，校书郎奚商衡放罢，"言者论商衡身居清逸，行若市人，出妻卖友，士论嗤鼻，故有是命。"

南宋周密《齐东野语》载："士大夫偶有非理出妻者，将不齿于士类，且被免官。"

明人徐咸《西园杂记》载，一姓王的书生在僧舍读书，一佛僧每晚都看见好像有人打着两灯笼为王生照明读书，自王生回了一趟家后便没有了。佛僧问后方知，王生回家曾为亲戚代写过退婚书，让王生回家索回毁掉。结果晚上灯笼复现，王生后至大司马冢宰。故事虽属虚构，但反映的替人代写退婚书为损阴骘的观念，却是真的。

从此，在中国民间，不仅视离婚为丑事，而且视拆散别人的婚姻为缺德。到现在仍有"宁拆十座庙，不破一门亲"的俗语。

---

〔1〕《管子·小匡》，载《诸子集成》，上海：上海书店，1986 年影印版。
〔2〕《太平御览》卷五二一《宗亲部一一·出妇》引，北京：中华书局，1960 年影印版。

（十）嫁鸡随鸡，嫁狗随狗

由于夫妇比天地，夫是妇之天，丈夫可以休妻，妻不能离夫。《白虎通·嫁娶篇》讲："夫有恶行，妻不得去者，地无去天之义也。夫虽有恶，不得去也。故《礼记·郊特牲》曰：'一与之齐，终身不改。'悖逆人伦，杀妻父母，废绝纲纪，乱之大者也。义绝，乃得去也。"即除非丈夫有"悖逆人伦，杀妻父母，废绝纲纪"等重大犯罪行为，在追究丈夫刑事责任的同时，法律强制解除夫妻关系，妻子才能离婚。

唐宋时期，就有了"嫁鸡随鸡，嫁狗随狗"的谚语。北宋欧阳修《代鸠妇言》称："人言嫁鸡逐鸡飞，安知嫁鸠被鸠逐。"两宋之际庄绰（字季裕）《鸡肋编·卷下》称："杜少陵（甫）《新婚别》云：'鸡狗亦得将'，世谓谚云：'嫁得鸡，逐鸡飞，嫁得狗，逐狗走'之语也。"从此，中国妇女更加失去了基本的人生选择权，只能任人宰割了。

第六节　妇道和贞节

夫妇双方的地位、妇道、贞节观念和寡妇不得改嫁等，在先秦时期不过是儒学家们倡导的理想规范，并没有落实到世俗社会。从汉代开始，尤其从明代以后，逐渐成为摧残中国妇女的枷锁。在中国古代，妇女所受的压迫、歧视、残害，是逐步加深的。

一、贞节观念松弛的古代社会前期

在中国古代社会前期，妇道和贞节并没真正落实。春秋时期的中冓之乱相当严重，有烝母报嫂的，有抢儿媳妇的，有兄妹淫乱的，有交换妻子的，有君臣同时淫乱的，翻开先秦典籍，比比皆是。

（一）男女淫乱

古代男女淫乱称作"通"，和母辈发生关系叫"烝"，和嫂嫂、季父之妻及亲属之妻发生关系叫"报"。

《诗·邶风·雄雉》是讽刺卫宣公淫乱的诗，孔颖达疏曰："服虔云：上淫曰烝，则烝，进也，自进上而与之淫也。《左传》曰：文姜如齐，齐侯通焉。服虔云：傍（旁）淫曰通。言傍者非其妻妾，傍与之淫，上下通名也。《墙有茨》云公子顽通于君母；《左传》曰孔悝之母与其竖浑良夫通，皆上淫也。齐庄公通于崔杼之妻；蔡景侯为太子般娶于楚，通焉，皆下淫也。以此知通者总名，故服虔又云：凡淫曰通，是也。又宣公三年传曰：文公报郑子之妃。服虔曰：郑子，文公叔父子仪也。报，复也。淫亲属之妻曰报，汉律淫季父之妻曰报。"

孔颖达的疏不仅解释了"烝""报""通"的含义，还列举了一系列男女淫乱的事实。

《左传·桓公十六年》载："卫宣公烝于夷姜生急子，属诸右公子，为之娶于齐（宣姜）而美，公娶之，生寿及朔，属寿于左公子。"西晋杜预注解说："夷姜，宣公之庶母也。上淫曰烝。"

这个卫宣公上烝庶母，下抢儿媳。卫宣公死后，齐襄公又强迫卫宣公的庶子公子顽烝于宣姜，生齐子、（卫）戴公、（卫）文公、宋桓夫人、许穆夫人。《诗·鄘风·墙有茨》就是对公子顽烝宣姜的指责，并称作是"中冓之言"。庶子"烝"母，生下的子女竟有两男当上国君，两女嫁给国君，可见"烝"后母风俗的流行。

抢儿媳的除卫宣公，还有楚平王、鲁惠公。楚平王为太子建娶秦女，在费无忌的唆使下自娶了秦女。《史记·鲁周公世家》载："惠公嫡夫人无子，公贱妾声子生子息（隐公），息长，为娶于宋，宋女至而好，惠公夺而自妻之，生子允（桓公）。"

"报嫂"的风气也很普遍。鲁庄公娶齐女哀姜、叔姜，其弟庆父与哀姜私通，杀公子般而立叔姜生的儿子启方为闵公。鲁庄公的另一个弟弟季友"报"嫂成风，成风是鲁庄公之妾，鲁僖公之母。庆父之子公孙敖效法其父而过之，为堂兄东门襄仲迎娶莒女，见莒女貌美，索性将嫂嫂占为己有。东门襄仲也不是个"坐怀不乱"的正人君子，鲁文公次妃敬嬴是他的侄媳妇，为了立儿子倭为国君，向他投怀送抱，致使东门襄仲杀嫡立庶，拥立倭为鲁宣公，叔叔与侄媳妇进行了一场权与色的成功交易。

兄妹淫乱的是春秋齐襄公与文姜。齐僖公有两个女儿，长女即上述卫宣公夫人宣姜，次女文姜与同父异母的哥哥诸儿（齐襄公）淫乱，后来嫁给了鲁桓公。鲁桓公十八年（公元前694年），会齐襄公于泺（在今济南），文姜与哥哥再续旧情，被鲁桓公察觉，齐襄公派人把鲁桓公勒死在车上。

交换妻子的是齐国大夫庆封和卢蒲嫳、晋国祁氏家臣祁胜和邬藏。

《左传·襄公二十八年》载："齐庆封好田而嗜酒，与庆舍（庆封子）政。则以其内实迁于卢蒲嫳氏，易内而饮酒"。杜注："内实，宝物妻妾也，移而居嫳家。""易内"即交换妻妾。

《左传·昭公二十八年》云："晋祁胜与邬藏通室"。杜预注云："二子，祁盈家臣也。通室，易妻"。

（二）寡妇改嫁

寡妇改嫁更不稀奇。晋国公子重耳流亡时，准备离开狄国到齐国去，对妻子说："待我二十五年不来，乃嫁。"其妻说："犁（比）二十五年，吾冢上柏大矣。虽然，妾待子。"[1]这说明，重耳担心，他一离开，妻子就会改嫁。

汉代寡妇再嫁非常普遍。《汉书·张耳传》云，外黄富家之女与前夫离异后，自愿改嫁张耳为妻。陈平之妻是张负的孙女，五次嫁人，第六次改嫁给陈平，而陈平也欣然应允，足见当时人对寡妇改嫁并无什么异议。

《后汉书·宋弘传》载，汉光武的姐姐湖阳公主新寡，看中了大司空宋弘。汉光武接见宋弘，让公主坐屏风后，因谓宋弘曰："谚言'贵易交，富易妻。'人情乎？"宋弘曰："臣闻贫贱之知不可忘，糟糠之妻不下堂。"如果不是宋弘恪守夫妻道德，则要抛弃前妻，接纳这个改嫁的皇家公主。

《新唐书·公主传》共记载公主211人，改嫁的有27人，其中有3人三嫁者。五代周太祖郭威前后四娶，都是再醮妇。

宋代的寡妇也可改嫁。北宋王安石的次子、太常寺太祝王雱，把儿子杀了，

---

〔1〕《史记·晋世家》，北京：中华书局，1959年版。

还和妻子大吵大闹。为不使儿媳受委屈，王安石找了个老实人把儿媳嫁了出去。他的学生、工部员外郎侯叔献死了，其妻魏氏治丧不严肃，王安石上疏把魏氏逐回老家。京师流传谚语说："王太祝生前嫁妇，侯工部死后休妻。"[1]

宋代，儿子长大后，争着把已改嫁的母亲接回来以尽孝道，朝廷一再旌扬，蔚成风气。南宋奸相贾似道在"两淮制置大使"任上，也把改嫁的生母胡氏接回来，并把当石匠的继父沉到江中淹死。文天祥之父文仪过继给叔父，生母梁夫人改嫁到刘家。文仪成年后，将梁夫人接来奉养。梁夫人死，对文天祥来说，名义是伯祖母，实际是亲祖母，文天祥因其已改嫁到刘家，只服心丧，因而遭到政敌的攻击。

（三）妻子主动提出离婚

春秋齐相晏婴车夫的妻子主动提出离婚，颇有趣味。《史记·管晏列传》载："晏子为齐相，出，其御之妻从门闲而窥其夫。其夫为相御，拥大盖，策驷马，意气扬扬，甚自得也。既而归，其妻请去，夫问其故。妻曰：'晏子长不满六尺，身相齐国，名显诸侯。今者妾观其出，志念深矣，常有以自下者。今子长八尺，乃为人仆御，然子之意自以为足，妾是以求去也。'其后，夫自抑损。晏子怪而问之，御以实对。晏子荐以为大夫。"

西汉朱买臣的妻子主动提出离婚。《汉书·朱买臣传》载："朱买臣字翁子，吴人也。家贫，好读书，不治产业，常艾薪樵，卖以给食，担束薪，行且诵书。其妻亦负戴相随，数止买臣毋歌呕道中。买臣愈益疾歌，

朱买臣

---

[1] （北宋）魏泰：《东轩笔录》卷七，北京：中华书局，1983年版。

妻羞之，求去。买臣笑曰：'我年五十当富贵，今已四十余矣。女苦日久，待我富贵报女功。'妻恚怒曰：'如公等，终饿死沟中耳，何能富贵？'买臣不能留，即听去。其后，买臣独行歌道中，负薪墓间。故妻与夫家俱上冢，见买臣饥寒，呼饭饮之。"可知，汉代的妻子不仅能提出离婚，离婚后还可以和前夫往来，而且不用避开自己的新丈夫。

（四）男女幽会

古代称男女幽会为"桑间濮上之行""桑濮"。《礼记·乐记》载："桑间濮上之音，亡国之音也。"《汉书·地理志下》亦载："卫地有桑间濮上之阻，男女亦亟聚会，声色生焉。"

战国时期，与女子幽会的男子，甚至成为"信"的品格典范。《庄子·盗跖》载："尾生与女子期于梁下，女子不来，水至不去，抱梁柱而死。"《战国策·燕策一》载苏秦语："信如尾生，廉如伯夷，孝如曾参，三者天下之高行。"尾生对男女幽会不仅痴情，而且付出了生命的代价，竟然获得了社会的广泛赞誉，与伯夷、曾参齐名。至少说明，当时男女幽会不是什么龌龊丢人的事。

（五）女子养情夫

汉武帝之姑馆陶公主嫁堂邑侯陈午寡居，50多岁了，宠幸18岁的董偃，人称"董君"。汉武帝幸馆陶公主住的山林，刚坐定说："愿谒主人翁。"董偃"绿帻傅韝（gōu）"[1]见汉武帝。死后，这一对情夫情妇公开合葬于汉文帝的霸陵旁。

汉昭帝姐姐盖公主宠幸丁外人。按汉朝的制度，列侯才可以尚公主，左将军上官桀父子竟然请求朝廷封盖公主的情人丁外人为列侯，遭到执政霍光的拒绝后，又请求封为光禄大夫。[2]皇家公主养情夫尚且不避忌社会舆论，民间的风俗可见一斑。

〔1〕《汉书·东方朔传》，北京：中华书局，1962 年版。
〔2〕参见《汉书·霍光传》，北京：中华书局，1962 年版。

（六）女子卖淫

恩格斯在《家庭私有制和国家的起源》中，在一夫一妻制家庭时代才开始使用"卖淫"这个概念，并提到"受国家保护的卖淫"。在西方，雅典执政官梭伦（公元前638—约前559年）首倡了公娼制。雅典艺妓对古希腊文化艺术的发展起过积极的作用。中国的卖淫起源于殷商，据说那些才、情、色、艺兼具的女巫，就是早期的妓女。中国第一个开妓院的是齐桓公和管仲。

《战国策·东周策》载："齐桓公宫中七市，女闾七百，国人非之。"

《韩非子·难二》载："昔者桓公宫中二市，妇闾二百，披发而御妇人。"

"女闾""妇闾"就是当时的国营妓院，联系上述齐国掌媒的"合独"和"九惠之教"，管仲设妓院的目的有四：一为国家增加收入；二为缓解社会矛盾；三为吸引游士；四为齐桓公娱乐。

民间类似卖淫的现象也很多。《列子·说符》载，晋文公时，"邻之人有送其妻适私家者，道见桑妇，乐而与言，然顾视其妻，亦有招之者矣。"春秋末年，田氏以后宫美女拉拢宾客士人，"田常乃选齐国中女子长七尺以上为后宫，后宫以百数，而使宾客舍人出入后宫者不禁。及田常卒，有七十余男"[1]。《汉书·地理志》载，燕赵地区，"宾客相过，以妇侍宿。嫁取之夕，男女无别，反以为荣"。

二、三从四德

从伦理观念上把妇道确立下来，是在两汉。董仲舒的儒学确立下来后，儒生们开始以礼教裁量妇女的行为。西汉末刘向的《列女传》，集录了妇女的佚事，提出了妇女行为的标准，算是首开先例。

东汉班昭开始把历史上男尊女卑、夫为妻纲、三从四德的观念系统化、伦理化，写成了《女诫》[2]，整理成一副枷锁，套在中国妇女的身上。宋明理学中"饿死事小，失节事大"的名教格言，更进一步把中国妇女推向苦难的深渊。

《女诫》指出："男以强为贵，女以弱为美……故鄙谚有云：'生男如狼，

〔1〕《史记·田仲敬完世家》，北京：中华书局，1959年版。
〔2〕参见《后汉书·列女传》，北京：中华书局，1965年版。

犹恐其尪（wāng，病弱）；生女如鼠，犹恐其虎'。"

《关尹子·三极》载："夫者倡，妇者随。"

《后汉书·荀爽传》载："鸟则雄者鸣鸲（gòu），雌能顺服；兽则牡者唱导，牝乃相从。"

这些强调妇女柔弱、顺从的说法，是三从四德的依据。

《春秋谷梁传·隐公二年》记载妇女三从说："妇人在家制于父，既嫁制于夫，夫死从长子。"

《礼记·郊特牲》载："妇人，从人者也，幼从父兄，嫁从夫，夫死从子。"

四德即妇德、妇言、妇容、妇功。

《周礼·天官·九嫔》载："九嫔掌妇学之法，以教九御妇德、妇言、妇容、妇功，各帅其属而以时御叙于王所。"

《礼记·昏义》讲："古者妇人先嫁三月，祖庙未毁，教于公宫；祖庙既毁，教于宗室。教以妇德、妇言、妇容、妇功。"这里讲的是天子、诸侯的同宗之女，和天子诸侯一个祖庙时，女子未嫁前就教于公宫，毁庙后，就教于宗室。

由此可知，四德最初是天子、诸侯宫中的妃嫔应该遵守的道德规范，并用来教导同姓亲近的女子，经班昭《女诫》的发挥，成为民间女子的普遍规范。在《女诫》中，班昭对四德做了系统的发挥：

> 女有四行：一曰妇德，二曰妇言，三曰妇容，四曰妇功。夫云妇德，不必才明绝异也；妇言，不必辩口利辞也；妇容，不必颜色美丽也；妇功，不必功巧过人也。清闲贞静，守节整齐，行己有耻，动静有法，是谓妇德。择辞而说，不道恶语，时然后言，不厌于人，是谓妇言。盥浣尘秽，服饰鲜洁，沐浴以时，身不垢辱，是谓妇容。专心纺绩，不好戏笑，洁齐酒食，以奉宾客，是谓妇功。

由班昭的"不必才明绝异"与其他男强女弱的观念结合在一起，妇德慢慢演变成"女子无才便是德"。明朝赵如源《古今女史》载："妇'无才便是德'似矫枉之言。"许多明清人的著作都引用了这条谚语。由班昭的"盥浣尘秽，服饰鲜洁""专心纺绩""洁齐酒食，以奉宾客"，与"君子远庖厨""男主外，女主内"等观念的结合，把家务全部推给了妻子。

三、对烈妇的旌扬与贞节观念的树立

妇女的贞节观念和寡妇不能改嫁的观念，先秦两汉时就有了。

《周易·恒卦》载："妇人贞节，从一而终也。"

《礼记·郊特牲》讲："信，妇德也，一与之齐，终身不改，故夫死不嫁。"

《女诫》讲："夫有再娶之义，妇无二适之文。故曰夫者天也，天固不可逃，夫故不可离也。"

《魏书·房法寿传附房景先传》肆意诋毁寡妇改嫁是"弃节毁慈，作嫔异门，为鬼他族，神道不全"。最典型的则是北宋理学家程颐的"饿死事极小，失节事极大"[1]。

其实，整个中国封建社会，都没有寡妇不得改嫁的法律。《隋书·高祖纪》载，开皇十六年（596 年）"诏九品以上妻，五品以上妾，夫亡不得改嫁。"这仅仅是对品官妻妾而言，不包括民间寡妇。即便是清代的法律，也是准许寡妇改嫁的。《大清会典·事例·刑部户律婚姻》载："康熙十二年题准，凡妇人夫亡之后，愿守节者，听。欲改嫁者，母家给还财礼，准其领回。"

中国第一个贞节烈妇是鲁宣公的女儿宋伯（共）姬，嫁宋共公六年而寡，守节 30 年。宋国晚上发生火灾，伯姬遵从"傅母不在，宵不下堂"[2]的礼制，非要等"傅母"陪同才肯离开，左右反复劝她下堂避火，可见伯姬原有机会避灾免死，可她眼睁睁地被火烧死。在她看来，贞节的价值远远高于生命的价值。

秦汉时期开始旌扬贞节烈妇。《史记·秦始皇本纪》载，秦始皇巡会稽石刻有"有子而嫁，倍死不贞，防隔内外，禁止淫泆，男女絜诚"的词句。秦朝有个巴蜀寡妇清，"能守其业，用财自卫，不见侵犯。秦皇帝以为贞妇而客之，为筑女怀清台"[3]，是秦始皇树立的第一个节妇。不过，这个贞妇不仅贞节，还是发家致富，"用财自卫"的女强人。

《汉书·宣帝纪》载，神爵四年（公元前 58 年）诏赐"贞妇顺女帛"。

《后汉书·安帝纪》载："诏赐贞妇有节义谷十斛，甄（zhēn）表门闾，旌显厥行。"

---

〔1〕《二程遗书》卷二二下，上海：上海古籍出版社，1992 年影印版。
〔2〕《谷梁传·襄公三十年》，载《十三经注疏》，北京：中华书局，1980 年影印版。
〔3〕《史记·货殖列传》，北京：中华书局，1959 年版。

这些政策，仅行一时，并没有连续性。妇女贞节和寡妇守节成为一种不可抗拒的社会风俗，从明朝开始。朱元璋有一道诏令："民间寡妇三十以前夫亡守志，五十以后不改节者，旌表门闾，免除本家差役。"〔1〕理学、朝廷旌表、家族亲族贪图荣利等因素结合在一起，形成了严格的寡妇不得改嫁和妇女的贞节观念。其表现有以下几方面：

第一，贞节烈女的含义发生了变化。明以前的烈女主要指：才行高秀；刚烈的人格自尊；对家庭、丈夫的责任感。明清时期的烈女，主要是生理上不失身。

东汉末蔡文姬，初嫁卫仲道，二嫁匈奴左贤王，三嫁董祀。范晔以其"才行高秀"，仍把她列入《后汉书·列女传》。到唐宋元时期，对妇女行为是否检点，是否失身，也不是十分计较。成书于唐朝的《晋书·列女传》称，本篇的撰述原则是："一操可称，一艺可纪，咸皆撰录。"两宋之际庄绰《鸡肋编》卷下记载了一位淮阴节妇。其乡人与节妇的丈夫一块经商，贪恋节妇的美色，外出经商时将其丈夫推入水中淹死，丈夫挣扎出水面，指着水泡说："他日水泡为我作证。"回来后，乡人对死者的母亲、妻子谎称死者不小心堕水而死，痛哭流涕，为之厚葬。经商所得，一无所取，全用来抚恤婆媳二人。婆婆视乡人为亲子，数年后将节妇嫁给乡人，生子女数人，夫妻和睦。一日，天降大雨，乡人坐檐下望着院中水泡窃笑，被节妇问出根由，节妇遂将杀害前夫的乡人告到官府，为前夫报了仇。这位节妇大义灭亲，勇敢地承担了对亡夫的责任。

元朝脱脱监修的《金史·列女传》称："若乃嫠居寡处，患难颠沛，是皆妇人之不幸也。一遇不幸，卓然能自树立，有烈丈夫之风，是以君子异之。"在这里，不是强调寡妇如何遵守妇道，而是"卓然能自树立，有烈丈夫之风"。因此，他监修的《宋史·列女传》竟然为妓女毛惜惜立传："毛惜惜者，高邮妓女也。端平二年（1235年），别将荣全率众据城以叛"，惜惜怒斥叛臣，表示："妾虽贱妓，不能事叛臣！"因而被杀。《金史·列女传》附录了倡女张凤奴："天兴元年（1232年），北兵（蒙古兵）攻城，矢石之际，忽见一女子呼于城下曰：'我倡女张凤奴也，许州破被俘至此。彼军不日去矣，诸君努力为国坚守，无为所欺也。'言竟，投濠而死。朝廷遣使驰祭于西门。"张凤奴不仅是烈女，而且是壮烈殉国的烈士。

---

〔1〕《大明会典》卷七八《旌表门·大明令》，北京：中华书局，1989年版。

如果按明代人的观念，蔡文姬（名琰）等人不仅不是贞节烈女，还要口诛笔伐，因为她们失身了。明人郎瑛《七修类稿》卷十五《义理类·二琰不当入列女传》就阐述了这种观念："蔡琰，邕女也，初适卫仲道，为胡骑所获，在胡生二子，曹操赎归，再嫁都尉董祀，不特再醮而已也。虽天生知音，能辩琴弦之断，善书能文，不忘父书之遗，何系于四德哉？所谓大本已失。"

《明史·列女列传》记载的贞节烈妇，主要是三种人：不失身、不改嫁、成冥婚。其中有位节妇张氏，经常教导女儿说，现在倭寇入侵，危急时刻不能失节。井、刀都能以死保全名节。不久，倭寇攻来，女儿毫不犹豫地投井保节，张氏也"含笑随之，并死"。

清《嘉庆会典事例·礼部·风教》载："康熙十一年（1672年）议准，强奸不从，以致身死之烈妇，照节妇例旌表，地方官给银三十两，听本家建坊。"嘉庆七年（1802年）又规定，若强奸已成，暴徒逃遁，其妇"衔冤茹愤，刻即捐躯者""照被人调戏，羞愤自尽旌表之例，减半给予。倘死在越日，即行扣除，以示限制"。在这种制度导向下，妇女一旦失身，只有死路一条，而且越快越好。这种重失身、轻人格的观念，一直笼罩着后来中国妇女的身心。

第二，一座座旌扬贞节烈妇的牌坊拔地而起，管制寡妇的贞节堂相继兴办，烈妇节妇受到世俗社会愚昧无知的敬仰，寡妇受到地方官府的严格管制。

在幅员辽阔的中华大地上，有一类特殊的人文景观，从繁华城镇到穷乡僻壤，到处耸立着一座座雕琢精致，巍峨高大的节孝坊。它显示着文明古国建筑、雕刻艺术的高超，又暴露着封建礼教的愚昧残忍。能工巧匠们为它付出的只是技艺和劳动，中国妇女为它付出的却是血泪和不尽的酸痛。

庵上镇节孝坊

中华人民共和国成立后，这些节孝坊大部分被清除掉了，只有少数牌坊保留了下来。现在山东省安丘市庵上镇就留有一节孝坊，坊主是诸城大北杏村的王氏，结婚未能入洞房，丈夫得病而死。王氏奉亲守志至29岁而亡。家人撮合，请下道光皇帝的圣旨，为其立坊。上面镌刻"圣旨"二字，楼匾上刻着"节动天褒，贞顺流芳"八个大字。可见，当时谁家出了个贞妇，立了牌坊，是件轰动乡里，无上荣光的大事。河北一带流传："一个寡妇，半个知县。"[1]

清朝同治（1862—1874 年）以后，又出现兴办"贞节堂"的风气。贞节堂以慈善、赈济的面目出现，由官府拨商税和商人捐资，收容留置贞女、节妇入堂。上海有恤嫠堂，金山有全节堂、崇节堂，嘉定有清节堂，嘉定罗店镇还设敬节局。凡 30 岁以内丧夫守寡的妇女，每人每季送资 800 文。30 岁以上守寡，年满 50 岁者，每人每季送资 600 文，以微量经济补贴，维持守寡者最低生活水准。1911 年 11 月 19 号上海《民立报》载，李鸿章在安庆创立了清节堂，有清节洲田地 8000 亩，淮军将领聂士成又捐银 3000 两以恤寡妇。

节妇、贞女入堂后，受到严格管制，不能无故出堂。有的规定，男亲属一概不准探视。入了堂就和天下的男人永别了，实际上是一座座封建寡妇集中营。

辛亥革命后，资产阶级非但没清除这些封建陋俗，反而从经济上加以赞助。1911 年 11 月 20 号《民立报》有一篇文章《加恩节妇》载，辛亥革命后，黎元洪都督将节妇的生活费从 400 文提高到 600 文，"省垣节堂，老少节妇莫不歌恩颂德"。直到 1931 年，江苏仍有 19 处贞节堂，留住寡妇多者 120 人，少者 23 人。

第三，家族、宗族等宗法势力成为阻碍寡妇改嫁，剥夺寡妇自由，扼杀寡妇人性的凶恶势力。

从先秦到唐宋，许多寡妇的亲属都是劝告、鼓励甚至强迫其改嫁。《三国志·曹爽传》注引皇甫谧《列女传》载，曹爽弟媳令女寡居，家里人命她改嫁，令女用刀割去鼻子，誓为曹氏守节。到明清、民国，风气为之一变。因为牺牲寡妇的幸福，不仅可免除差役，而且有无限的荣光，人人敬仰。因此，以族长为首的宗法势力对寡妇特别凶恶。他们不仅阻挠寡妇改嫁，还可以不经任何法律手续，将失贞的寡妇游街、沉河及以其他惨无人道的手段处死。

平时，则对寡妇严加看管、训斥。《礼记·坊记》中"寡妇不夜哭"，《礼记·曲礼》中"寡妇之子，非有见焉，弗与为友"等古训，也都有了付诸实践的土壤。寡妇更不能随便接触男人，"寡妇门前是非多"的俗语，把男人的同情和帮助拒于千里之外。更有甚者，寡妇还被认定是克（剋）夫命，更是被周围的人们视同洪水猛兽一样恐怖。

---

〔1〕丁世良、赵放主编：《中国地方志民俗资料汇编》华北卷引民国十八年《新河县志》，北京：书目文献出版社，1995 年版，第 510 页。

试想，一个失去男人的妇女，整天在人们冷漠和监视的眼光下生活，男人见了躲得远远的,甚至别人家的孩子也不和自己的孩子玩,心里是个什么滋味？节孝坊浸透了多少妇女的辛酸和血泪，封建礼教给妇女多少历史性的伤害，不是三言两语所能讲清楚的。

第七节　古今婚姻观念剖析

千百年来，中国一直是男耕女织的小农经济和以家族亲族为主要人际关系的宗法社会，其政治制度则是以家天下为特点的君主专制。一家一户的小农经济要求妻子承担起"精五饭，幂酒浆，养舅姑，缝衣裳"及"执箕帚""馌（yè）彼南亩"等各种家务；宗法制度要求通过婚姻，承祖先、供祭祀、嗣后世，维系家族的延续和昌盛；专制等级制度要求确立男尊女卑、男强女弱的上下等级地位。这一特定的文化土壤，把古代男女的交往和婚姻，夫妇间的相互地位，妇女的嫉妒和贞操，离婚和改嫁，夫妻生活和生儿育女，统统编织在宗法伦理和等级的罗网中，既给中国的婚姻和妇女的个性带来严重的历史损伤，成为封建礼教毒害的重灾区，又形成了中国人独特的婚姻价值观念和道德标准。

直到今天，我们仍然惊奇地发现，在现代人的婚姻行为和观念中，几乎处处可以找到旧婚俗的残迹，甚至是公认为绝迹的风俗习惯，仍作为一种观念在人们心理深层潜藏着。

一、生育型而非情爱型的婚姻价值选择

从婚姻的价值选择来看，中国传统婚姻是生育型的，而非情爱型的，这一婚姻价值选择有方方面面的表现。

首先，生子继宗是中国传统婚姻的第一价值选择,单方面强调婚姻的生育价值。《礼记·昏义》中"上以事宗庙而下以继后世"，明确点出了古代婚姻传宗接代的价值，上述"七出"中的"无子弃"更加直白：娶妻就是为了生子。

生子也是传统婚姻择妇的首要标准。《晋书·后妃传》载，晋武帝欲为太子娶卫瓘女，杨皇后纳贾、郭亲党贿赂欲婚贾氏。晋武帝说："卫公女有五可，贾公女有五不可。卫家种贤而多子，美而长白；贾家种妒而少子，丑而短黑。"从选太子妃的标准也可看出对生育价值的重视。

全国各地的婚礼中，无一例外地使用枣、栗子、钱。如上所述，婚礼用枣、栗的初衷并非"早立子"，而是"夙兴""慎栗"之义。这种传讹，反映了对生子继宗的强烈期盼和对婚姻生育价值的普遍认同。

围绕生子，不仅婚俗的传承和变异做尽了文章，婚俗之外的其他民俗，也鲜明地反映着中国宗法社会的这一价值选择。观音菩萨进入中土后，成为送子观音，坐镇山东泰山的碧霞元君产生后，成为人们信奉的送生娘娘。

现代青年男女对一个新生命个体，叫作"爱情的结晶"，而古人叫作"祖宗的血脉"，鲜明地反映了两种不同的婚姻价值观。

其次，传统婚姻确定的是夫妻"生子"的合法性，而不是夫妻性生活和情爱的合法性。夫妻之间仍有"授受不亲"的男女大防，婚姻的性爱价值受到虚伪的否定，成为正人君子的隐私和罪孽。

上述"不露闺房之私"中，夫妻"双行匹至"，张敞为妻子画眉，寡妇夜间思念丈夫而"夜哭"等，都是违背礼法的伤风败俗的行为。甚至到20世纪初，仍传承着这一价值精神。胡朴安《中华全国风俗志·济南采风志》载："女若归宁，与婿相遇于家，不令同房。济宁一带，虽生子，在母家并不与婿相见，其严有如此者。"

"文革"中，男女情爱又一次成为文化禁区，结婚是为了结成革命伴侣，"亲不亲，阶级分"。爱情不能成为文艺作品中的内容，几个样板戏中的主人翁都是没有婚姻关系的孤男寡女。

其三，以娶妻生子为目的的传统婚姻，培养了中国人对男女交往、家庭子女的责任感，恋爱、结婚、情欲、生子是一致的，而不是分离的。

正因为如此，中国的男女择偶、恋爱，一开始就以结婚为目的，总是理智而清醒地面对现实，以婚后的生活为着眼点，而不沉溺于眼前的热恋，对对方的身体、品质、能力、职业、家庭要详细地考察，一旦确认双方不能结婚，马上中止恋爱。

中国既没有西方那么多的情夫、情妇，也没有不结婚就领养私生子的现象。

用结婚来掩盖婚前的性行为和私生子，却得到世俗社会的默认，因为他们承担了对对方、对子女的责任。改革开放以来，情妇增多了，最典型的方式是"包养""包二奶"。对男方来说，"包"仍然是一种责任。

西方由于没有这种责任，情妇、情夫、私生子特别多。1999年9月19日的《参考消息》有题为《未婚妈妈问题困扰英国》的文章，2000年10月12日《齐鲁晚报》有题为《英国少女妈妈太多了》的文章，说世界上未婚妈妈的比例英国最高，16岁以下少女怀孕率达1%。目前最年轻的祖母只有26岁，14岁生一女儿，成为未婚妈妈，女儿更超前，12岁又成了未婚妈妈。英国政府每年为100多万单身母亲的补贴达4亿英镑。

二、社会型、家族型而非个人型的婚姻决定权

从婚姻的决定权来看，中国传统的婚姻是社会型、家族型的，而非个人型的。

中国的婚姻被看成是君臣父子、等级人伦之根本，家庭盛衰的关键，未婚男女的终身大事，不仅受到朝廷、官府、父母、媒妁的主宰、包办，而且受到全社会的高度重视和广泛关注。透过这些罗网，我们又可看出中国婚姻的神圣、庄严和中国人对婚姻谨慎而不草率的郑重态度。这一社会性、家族性的特征有以下表现：

其一，婚姻是一种社会、政府、家族行为。

许多民俗事象都表明，越往远古，风俗就越是国家政治的组成部分。最早出现的媒人，是国家法定的官员。《周礼》中的媒氏，齐国的掌媒，都是官媒，她们的活动，都是政府行为。齐桓公大会诸侯，有多少政治、军事、经济大政需要确立，然而订立的盟约竟有"无以妾为妻"的条文。换句话说，这就是当时的国家大政。晋武帝的"父母不嫁者，使长吏配之"，以及皇帝赐婚，地方官临堂做媒等，似乎都在说明，婚姻是一种社会、政府行为，而不是个人行为，当然不能由个人说了算。

民国新式婚礼推行后，有了"主婚人"这一概念。我们搞民俗的人也认定，主婚人是父母尊长，或者单位领导。其实，主婚人应该是新郎、新娘自主。

新世纪的大学生早已习惯了婚姻自主，也摆脱了父母、媒妁、社会的包办，可他们的婚姻仍带有传统社会的印记。有了异性朋友，往往要征求同宿舍好友的意见，对方如不同意，会马上出来干涉："不行！你不能嫁给他！"双方关

系越密切，干涉对方婚姻的力度就越大。

两汉时期，传统婚礼进入变异时期，其基本趋势是：越来越具备广泛的社会性、宗族性。现代婚礼的规模仍具有全社会、全家族的意义。各地的婚礼都讲究"亲戚毕贺"，到场的人越多越好。现代婚姻，我们还可以看到一种现象，一个人结婚全家人都跟着忙碌，把什么事都操备好了，新郎反而闲着没事干。

其二，主动求婚者低贱，被追求者高尚。

由于"男不亲求，女不亲许""自媒之女，丑而不信"的礼教禁忌，使中国人绝对没有当面向陌生人求婚的勇气和胆量。主动求婚不仅是低贱，在许多场合下还是道德败坏，当面向陌生人求婚，在西方是正当的求婚，在中国这块文化土壤上则是调戏，耍流氓。

主动求婚者对家庭的建立有首事之功，可中国人谁也不愿意居这个不光彩的"功"。夫妻生活中，它往往成为被追求者高傲的资本，开玩笑、夫妻吵架，还成为奚落对方的话柄。甚至是结婚几十年的恩爱夫妻，谁也不肯承认当年是自己主动追求了对方。这种观念，与"男不亲求，女不亲许""自媒之女，丑而不信"，仅仅是"五十步"与"百步"的区别。

现代青年仍继承着这种谁也解释不清的遗传心理，他们的求爱都带有一种高度含蓄的艺术风格，甚至嘴唇都打哆嗦。这种含蓄来自遭到拒绝就丧失自尊的恐惧，而不敢像西方人那样开门见山。因为一旦求婚失败，将无地自容。

这是中国人的优点，也是缺点。它尊重对方的感情和社会公德，而不是以自我为中心，死皮赖脸，但缺乏自信和穷追不舍的勇气，使求爱没达目的，见好就收，以放弃理想的佳偶为代价来维护自己虚伪的自尊。往往是涵养越高，自尊心越强的人，这一弱点就越明显。

三、道德、礼仪型而非法律、感情型的婚姻纽带

从婚姻家庭的维系力量来看，中国传统的婚姻是道德、礼仪型的，而非法律、感情型的。

中国传统婚姻的维护纽带是婚礼和道德舆论监督力量，而不是法律和双方的感情。传统婚礼有纳采、问名、纳吉、纳徵、请期、亲迎等六礼，不仅是双方磋商的过程，也是连接双方的纽带，每进行一礼，双方的关系就加深一步。

其实，本人连面都没见，哪来的感情？亲迎以后，只要举行合卺、拜舅姑、庙见等礼仪了，双方的关系就完全牢固了。古代婚礼中的反马，就说明了这个问题。现在我们宣传的银婚、金婚、钻石婚，也是用这种礼仪来进一步维护双方的婚姻。它思维判断的落点是：正视、维护、发展现实的存在。

婚礼与社会道德舆论紧密相连，婚姻只有得到法律和社会舆论的双重承认才有效，而社会道德舆论只看重婚礼。它向全社会庄严宣告了双方的婚姻，以获取社会道德舆论的承认，并借助社会道德舆论监督力量维护自己婚姻的权益。

正因如此，中国传统的婚姻有如下价值趋向：

其一，重婚礼，轻法律。

两汉以后，婚礼在向大张旗鼓、大操大办的变异中不断扩充，原来不属于婚礼的事项，也被吸收到婚礼当中。例如由遭抢劫时惊吓的"哭"，转化为一种必须履行的婚礼，新娘临上轿的"哭嫁"。

南宋洪迈把"洞房花烛夜"与"金榜题名时"相提并论，中国人不仅称结婚为"小登科"，也按照"小登科"的标准来充实婚礼。

民国二十三年《夏津县志续编》载："清代婚娶，新郎袍靴顶戴，俨然绅衿，故俗称'小登科'。"

民国二十二年《营口县志》载："新婿身披红锦，十字丝绦头冠扎红锦，绫穗下垂，作状之及第，谓之小登科。"

民国二十四年《莱阳县志》载："新人凤冠霞帔，蟒袍玉带，是盖明制而清因之。"

现代婚礼把小汽车、音响、录像、现代化酒楼等与几千年的旧婚俗紧密地结合在一起，成为沟通历史与现实的亮丽景观，使"君子重之"的程度丝毫不亚于古代。

现代判断结婚与否的标准也是婚礼，而不是法律。按理说登记了就是合法夫妻，但必须经过庄严的婚礼，才能得到社会舆论的认可。登记而没举行婚礼，双方分手了，从不被认为是结过婚。而一旦举行婚礼了再分手，就是真正意义上的离婚。

其二，重道德、婚礼约束，轻感情基础。

许多人都认为，未婚恋人即使发展到崩溃的边缘，突击结婚是防止双方关系破裂的有效手段，而不考虑结婚后仍有离婚的可能性。一些受传统思想禁锢的男女，在婚礼和道德舆论的约束下，似乎也有一种心理惯性，一旦结婚也就死心塌地了。

中国传统的婚姻，不主张通过婚前交往来培养双方的感情，扼杀了男女婚姻最美好的黄金季节。如果说像有人说的那样，结婚是恋爱的坟墓的话，传统婚姻则是直接进坟墓。由于缺乏几千年婚前交往经验的积累，使现代青年对婚后的各种程序轻车熟路，而对婚前的恋爱明显先天不足，显得幼稚、盲目，没有明确目标。结果是恋爱越早，时间越长，次数越多，成功率反而越低。甚至是有十几年恋爱经验的人，到三十多岁仍是孤身一人的大男大女。

尤其是现代的父母们，只要儿女找的对象称心如意，一般是催促尽快结婚，免得夜长梦多。这个"夜"即指恋爱阶段。他们认为，这个夜越长，破裂的概率就越高。说明他们仍不相信青年人能把恋爱阶段处理好，仍然充当着善意扼杀男女恋爱阶段的角色。也就是说，没有恋爱阶段的传统婚姻表面上不存在了，而这种观念却仍然在人们心中潜在着。

其三，强化夫妇感情的礼仪内涵，相敬如宾成为中国传统婚姻中夫妻感情模式的共识。

"相敬如宾""举案齐眉"，在中国传为美满夫妻的千古佳话，形成了夫妻感情的畸形。强调情欲与礼仪的合理调节，以礼制欲，夫妻感情内向而不外露，仍然是现代安分中国人遵循的原则。即使那些在恋爱阶段狂热与浪漫的恋人，一旦结婚，原先那种狂热急剧降温，回归到"相敬如宾""举案齐眉"的模式当中。许多对月影花下的浪漫生活有失落感的年轻人，则开始对婚后的平静生活厌倦，这恰恰反映了旧婚俗的支配力量。

四、终身型而非阶段型的婚姻存续观

从双方结合的时间上看，中国传统的婚姻是终身型的，而非阶段型的。

（一）中国婚姻的终身占有和依附向前后两个方向延伸

一个方向是强调白头偕老，寡妇不得改嫁，向"从一而终"的后半生的方向延伸。

先秦秦汉时，就已有夫妻白头偕老的观念。

《诗·小雅·常棣》称："妻子好合，如鼓琴瑟。"

《诗经·郑风·女曰鸡鸣》云："宜言饮酒，与子偕老。"

《诗·王风·大车》云："百岁之后，归于其室。"

《孔雀东南飞》云："结发同枕席，黄泉共为友。"

如前所述，由于先秦到隋唐离婚风气盛行，直到宋代以后"白头偕老"才成为中国传统婚姻的主旋律。《诗经·邶风·击鼓》中"执子之手，与子偕老"，原本说的是战场上的卒伍之间勤苦与共，生死互相救助的约定，也被应用到男女的婚姻之中。

这种"白头偕老"观念的深层，意味着婚姻是双方人身的终身依附和占有。夫妻双方互为专利，既不许别人涉足，也不许一方有另外的感情空间。以前的旧恋人、旧感情要讲清楚，不许保留，更不许萌发。"冬雷震震，夏雨雪，天地合，乃敢与君绝"，固然是永恒的爱情，但也是永恒的依附和占有。对第三者更是草木皆兵。说"某某有外遇"是挑拨夫妻感情的最有效的手段。白头偕老的观念，本来应该使夫妻感情牢不可破，反而造成了中国人在夫妻感情上的脆弱和不自信，缺乏与第三者竞争的胆气。

上述的银婚、金婚、钻石婚，除了用礼仪来进一步维护双方的婚姻外，也是"白头偕老"在新形势下的另一种表现。

从现代文学作品的价值趋向来看，仍然强调白头偕老和家庭的稳定。《一声叹息》《牵手》等作品，反映了现代人对婚姻的反思，但不管怎么搞婚外恋，怎么做传统的叛逆，结果总是越轨者痛心疾首地回心转意，拆散的家庭破镜重圆，一切都向传统上回归……

另一个方向，是向"青梅竹马"、童养媳、指腹婚的方向延伸，越发显示出终身型的特征。

（二）离婚被视为丑事，为人离婚被视为"损阴骘"

直到现在，离婚仍然属于道德品质问题，一个正准备提拔的干部，假如他离婚了，提干的事也就泡汤了。这与上述"士大夫偶有非理出妻者，将不齿于士类，且被免官"如出一辙。许多人呼唤"无过错离婚"，道理也在这里。

（三）婚姻成为妇女托付终身的唯一归宿

妻子对丈夫终身依附与男尊女卑、男强女弱，女子无才便是德的观念的结合，淹没了古代妇女自强、自立的独立人格和自我意识。男尊女卑不仅培养了妇女的自卑感，还形成了在婚姻问题上的惰性依赖心理，婚姻成为妇女托付终身的唯一归宿，丈夫成为妇女谋生的靠山。

三从四德中的三从，勾画了妇女一生的生平。《孟子·离娄下》载："良人者（丈夫），所仰望而终身也！"女人后半生的命运全部取决于丈夫，用不着自强自立，它要求夫妻双方的素质是"郎才女貌"。妻子只要品貌端庄，不必有特殊才能，丈夫则要有才能，或者获取功名，或者经营有道，担负起家庭的重任。粗俗点的叫"嫁汉，嫁汉，穿衣吃饭"，稍文雅点的叫"男儿只怕找错行，女儿只怕嫁错郎"。

中华人民共和国成立后这种惰性依赖仍然存在，姑娘找对象有着鲜明的时代精神。五十年代嫁农民，六十年代嫁工人，七十年代嫁解放军，八十年代嫁文凭（书生），九十年代嫁大亨。郎才女貌的新说法，叫漂亮女人加有钱男人，是最优化的资源配置。

就是文化素质较高的现代女性，也要找一个在各方面胜过自己的男人，否则就觉得掉价，别人也觉得是"鲜花插在牛粪上"，这显然是"男强女弱"在比例上的折射。比较时髦的女性常讲，要找一个生活中的强者，使自己有个安全感。把安全感建立在丈夫的基础上，而不是自强自立，也是一种惰性的依赖。

现代社会流行的"女士优先"似乎说明，妇女的权利、地位，不是自强自立而然，而是来自社会和天下男人的施舍和恩赐，它洋溢着男子汉的自豪和同情弱者的高贵品质，对妇女只是弱者地位的肯定。因此，现代的男女平等、妇女解放，关键是摆脱妇女对丈夫、对男人、对社会的惰性依赖，唤醒妇女自强自立的独立意识和群体意识。

综上所述，古代的传统婚姻，给我们留下了许多优良传统。如对婚姻和男女交往严肃认真的态度；对男女交往、家庭子女的责任感；由以礼制欲和内向心态而产生的抵制黄色淫秽、伤风败俗行为的文化传统；至今仍然存在的道德舆论监督力量扼制着婚姻道德的沦丧；等等。然而，正是这种道德舆论监督力量和千年的传统风俗在影响、主宰着中国人的心灵和行为，使中国的婚姻仍停留在以互相占有对方为基础，以家庭、道德约束为纽带的阶段。

第七章　生老风俗

生老是人生旅途的全程，包括从出世、孩提、成年、壮年到老年各阶段的人生礼俗；养生、养性等追求长生长寿，个性修养的习俗。它又与衣食住行、婚姻、丧葬、节日、信仰等风俗重叠沟通，集中地反映了中国的人生价值观念。

第一节　对新生命的呼唤

一个新生命的诞生，究竟开始于怀胎，还是分娩，医学界、法学界或许有不同的看法。生子继宗的宗法观念和婚姻价值观念却无视这些论证，而把人生礼俗大大提前了。当母亲十月怀胎，早已是各种人生礼俗的交汇点了。

一、祈子风俗

祈子风俗包括祈孕和怀孕后祈求生男孩。原始社会初期，还不知道性交与生育的内在联系，认为是"神圣母感天而生子"[1]。即女祖先感受动植物或其他非生物的精灵而怀孕。后来，人们发现了生育的秘密。《周易·系辞下》叫作"男女构精，万物化生"。

自从人类了解了生育的秘密和婚姻定型后，各种祈子的仪式便产生了。远古的各民族都存在过不同形式的生殖器崇拜，是最早的祈子仪式。龙山文化和齐家文化遗址中，都发现有石且（zǔ）和陶且，是男性的生殖器，反映了对交

---

〔1〕《说文十二下·女部》，北京：中华书局，1963年版。

合生育的祈求。根据地区、民族不同，古代都流行着各种不同的祈子风俗，最常见的是祈求送子神。

（一）古代的送子神

中国社会的送子神是一个多元而不确定的神灵，由于中国信仰的模糊性和实用功利性，高禖、土地爷爷、天后、泰山碧霞元君、观音菩萨、王母娘娘等，只要能满足人们得子的愿望，任何一位神灵都可被奉为送生娘娘或送生爷爷，都能得到求子的香火。前秦苻坚的母亲"祈子于西门豹祠，其夜梦与神交，因而有孕，十二月而生坚焉"[1]。曲阜人往往去孔子出生地尼山向山神求子。西门豹、尼山山神，也都是主宰生育的神灵。

1. 高禖

高禖是古代帝王为求子所祀的送子神。《礼记·月令》载："是月（仲春之月）也，玄鸟至。至之日，以太牢祠于高禖。天子亲往，后妃帅九嫔御。乃礼天子所御，带以弓韣（dú，弓袋），授以弓矢于高禖前。"郑玄注曰："高辛氏之世，玄鸟遗卵，娀简吞之而生契，后王以为媒官嘉祥而立其祠焉。变媒言禖，神之也。""带以弓韣，授以弓矢，求男之祥也。"这位送子神化为玄鸟遗卵，使商的始祖母娀简（简狄）受孕生子，因其祠在郊外，又称"郊禖"。

南宋郑樵《通志》卷四十三《礼二·高禖》载，每逢玄鸟到来的仲春之月，两汉、晋、北齐、隋、唐等朝皇帝、皇后都设坛庙祭祀高禖。"汉武帝年二十九乃得太子，甚喜，始立为高禖之祠于城南，祭以特牲（太牢）。后汉因之，祀于仲春之月。"北齐"每岁元（玄）鸟至之日，皇帝亲帅六宫祀青帝于坛，以太昊配而祀高禖之神，以祈子"。

高禖应是中国最早的送生娘娘，近代仍然流行。民国二十四年山东《莱阳县志》载："凡子女初生……设祭于房，由产婆奠酒焚楮，谓之谢送生神，即高禖也"。

2. 麒麟送子

古代很早就熟悉麒麟，并把它作为仁兽、嘉瑞。《春秋·哀公十四年》载：

---

〔1〕《晋书·苻坚载记》，北京：中华书局，1974年版。

清代年画《麒麟送子》

"西狩获麟。"杜预注曰："麟者仁兽，圣王之嘉瑞也。"《太平御览》卷八八九《兽部·麒麟》引《孝经右契》曰："孔子夜梦丰沛邦有赤烟气起，颜回、子夏侣往观之。驱车到楚西北范氏之庙，见刍儿捶麟，伤其前左足，束薪而覆之。孔子曰：'儿汝来，姓为谁？'儿曰：'吾姓为赤松子。'孔子曰：'汝岂有所见乎？''吾所见一禽，如麕羊头，头上有角，其末有肉，方以是西走。'孔子发薪下，麟视孔子而蒙其耳，吐三卷书。孔子精而读之。"

汉魏时传说，麒麟是吉祥的象征，能为人带来子嗣，并把麒麟"吐三卷书"的传说提前，作为孔子出生的嘉瑞。西晋王嘉《拾遗记》卷三载："夫子未生时，有麟吐玉书于阙里人家，文曰：'水精之子，系衰周而素王。'""素王"的意思是，孔子未居帝王之位而有帝王之德。文中的"水精"还真与《管子·水地》中"人，水也。男女精气合，而水流形"的说法相吻合。这是"麒麟送子"的最早传说。

魏晋南北朝时，人们常呼聪颖可爱的男孩为"麒麟"。南朝梁徐陵"母尝梦五色云化而为凤，集右肩上，已而诞陵。年数岁，家人携之以侯宝志，（摩）顶曰：'天上石麒麟也。'"[1]

到唐朝时，麒麟送子的传说已很完整了。唐杜甫《徐卿二子歌》曰："君不见徐卿二子多绝奇。感应吉梦相追随。孔子释氏亲抱送，并是天上麒麟儿。"在这首诗中，孔子、老子都成了送生神。

民间普遍认为，求拜麒麟可以生育得子。祈求麒麟送子不是祭祀礼拜，而是家家门墙上挂一张麒麟送子的年画。

3. 张仙送子

传说古代的张仙有两人：五代后蜀皇帝孟昶、蜀地道人张远霄。明人郎

---

[1]《太平御览》卷八八九《兽部·麒麟》引《三国典略》，北京：中华书局，1960年影印版。

瑛《七修类稿》卷二十六《辩证类》载："近世无子者多祀张仙以望嗣，然不知其故也。蜀主孟昶，美丰仪，喜猎，善弹弓。乾德三年（965 年）蜀亡，掖庭花蕊夫人随辇入宋宫，夫人心尝忆昶，悒悒不敢言，因自画昶像以祀，复佯言于众曰：'祀此神者多有子。'一日，宋祖见而问之，夫人亦托前言，诘其姓，遂假张仙。蜀人历言其成仙之后之神处，故宫中多因奉以求子者，遂蔓延民间。……张仙名远霄，五代时游青城山成道，老泉有赞。"

清人赵翼在《陔余丛考》卷三十五中，旁征博引，认为孟昶投降入汴京，宋太祖认识他，花蕊夫人悬挂"孟昶挟弹图"欺骗不了宋太祖，是后人因其从蜀地带来，传说为孟昶的画像。赵翼还讲："《苏老泉集》有《张仙赞》，谓张名远霄，眉山人，五代时游青城山成道。陆放翁《答宇文使君问张仙事》诗自注云：'张四郎常挟弹，视人家有灾者，辄以铁丸击散之。'又《赠宋道人》诗云：'我来欲访挟弹仙，嗟哉一失五百年。'"最后引明人胡应麟语："古来本有此'张弓挟弹图'，后人因此附会以张弓为张，挟弹为诞，遂流传为祈子之祀。此亦不加深考而为是臆说也。"也就是说，古代就有"张弓挟弹图"，后人附会成孟昶或张远霄，并附会出张仙的种种故事。

明代编修的《历代神仙通鉴》载，宋仁宗 50 多岁尚未得子，晚上梦见一美男子，面若敷粉，五绺长髯飘逸下垂，手挟着弓弹，说："我是桂宫张仙。天狗在天上掩日月，到世间吃小儿，陛下因天狗守垣，故不得嗣，今特来用弓弹逐之。"宋仁宗醒后，立刻命人画了梦中所见的张仙图，贴在宫中以祈子。

民间信仰的"张仙"根本不问他是孟昶，还是张远霄，只要能送子、佑子就够了。人们将他奉为专管人间送子之事的"诞生之神"，称他为"张仙爷"。他手里拿的弓，也和古代生男孩"悬弧"的旧俗联系起来，"弹"与"诞"字谐音，暗含"诞生"之意。

山东济南黑虎泉西侧，有一"胤嗣泉"，中华人民共和国成立前曾有一座张仙庙，庙中供奉就是给人送子的张仙。该泉在张仙庙下，故名"胤嗣泉"[1]。清光绪（1875—1908 年）年间山东潍县年画"张仙射天狗"中的张仙，左手张弓，右手执弹，作仰面直射天狗状，右上角画有一只天狗。身边还有五个天真活泼的小孩。民间过年祭神，家家要请一张张仙神像贴在房间内。

---

[1] 参见子文：《胤嗣泉与张仙射天狗的传说》，载《济南时报》，2009 年 3 月 5 日。

子孙娘娘。选自清代周培春绘《民间神像图》

4.送生娘娘

中国古代有九天玄女（玄鸟）、碧霞元君、观音菩萨、天后、王母娘娘等许多个送生娘娘。香火最盛的送生娘娘是泰山碧霞元君，全国各地都有泰山行宫、碧霞祠、元君殿，俗称"奶奶庙"，祈子，拴娃娃主要是求她。北京白云观元君殿的中座为天仙圣母碧霞元君，左座分别为催生娘娘和送子娘娘，右座为眼光娘娘和天花娘娘，整个是一处保护婴幼儿的神灵机构。泰山拴娃娃的地方主要有山顶碧霞祠送子娘娘殿、半山腰的斗母宫、山下的王母池三处，北斗众星之母的斗母娘娘，瑶池的王母娘娘，也都是送生娘娘。有的在送生娘娘庙内还供奉"送生爷爷""送生哥哥"。如山东聊城有多座泰山行宫，庙中的送生娘娘手抱婴儿，陪坐在碧霞元君之旁。这位娘娘手下就有一个"送生哥哥"，肩背一条布褡子，里面装满了泥娃娃。

（二）拴娃娃

拴娃娃又称"拴喜""拴孩儿""抱孩子"，是流行全国各地的一种普遍祈子方式，一般在碧霞宫、王母祠、观音寺、子孙堂、张仙庙、高禖祠中举行。这些祠庙为迎合民间传宗接代的需要，备有各种泥娃娃供祈子者挑选。山东聊城泰山行宫神像的供桌上有很多光着腚的泥娃娃供祈子者挑选，戴着红兜兜，留着刘海，挂着项圈，或坐或爬，嬉笑玩耍，栩栩如生，全是男孩，露着"小鸡儿"。[1]拴回来的孩子，一般都要一日三餐供奉水饭。如果生了孩子，要

---

〔1〕吴云涛：《聊城的拴娃娃与祀张仙》，载《民俗研究》，1988年第2期。

给庙主丰厚的报酬。

全国各地拴娃娃祈子风俗中，最普遍的是向泰山碧霞元君求子，这一风俗由来日久，至少可以追溯到明代中期。明嘉靖十一年（1532 年），皇太后遣太子太保来到泰山，为明世宗向碧霞元君求子，现存的嘉靖求子《御祝文》[1]，是目前所见最早的泰山求子史料。

每年的四月八日是碧霞元君的诞辰，"妇女赴泰山行宫烧香"[2]者川流不息。泰山是名山，泰山碧霞元君是最正宗的送生娘娘，全国各地来拴娃娃的也特别多。

在婚礼上，都备有百子图、枣、栗子、石榴、花生、筷子等，也都蕴含着"早生贵子"的企盼。

根据各地的地方志记载，各地刚结婚的青年男女还流行着中秋夜偷瓜祈子的风俗，叫作"摸秋"。瓜与"娃"谐音且多籽（子），尤其是与"男娃"谐音的南瓜，更是摸秋者的理想目标。民国二十一年的《新京备乘》[3]载："江南妇女艰于子嗣者，每于中秋夜潜伏菜园，摘一瓜回，以为宜男之兆，谓之摸秋。"

（三）占梦和占卜

当人们盼望的小生命孕育时，祈子仪式又演变为判断、祈求生男孩、预测新生儿的前程。

早在先秦时期，占梦、占卜判断生男生女的风俗业已流行。

《诗·小雅·斯干》载："维熊维罴，男子之祥。维虺（huī 毒蛇）维蛇，女子之祥。"这是周宣王命人以圣人之法占梦，梦见熊罴是生男孩的征兆，梦见蛇是生女孩的征兆。唐人徐夤《府主仆射王抟生日》还提到这一说法："熊罴先兆庆垂休，天地氤氲（yīn yūn）瑞气浮。"

史书上把梦感与生子联系起来的记载比比皆是。东晋王嘉的《拾遗记》[4]

〔1〕马铭初、严澄非校注：《岱史校注》，青岛：青岛海洋大学出版社，1992 年版，第 149 页。
〔2〕丁世良、赵放主编：《中国地方志民俗资料汇编》华东卷上引中华民国十八年《泰安县志》，北京：书目文献出版社，1995 年版，第 277 页。
〔3〕丁世良、赵放主编：《中国地方志民俗资料汇编》华东卷引，北京：书目文献出版社，1995 年版，第 351—352 页。
〔4〕《古今图书集成·乾象典·日部》引，北京：中华书局，成都：巴蜀书社，1985 年版。

载："帝喾（kù）之妃，邹屠氏之女也。常梦吞日则生一子，凡经八梦，则生八子。"其中，挚和尧王天下，契和弃是商、周的始祖。后来史书往往讲"梦日入怀，必生天子"[1]。汉武帝、孙权、十六国刘渊、北魏拓跋珪等，都是其母梦日怀孕而生。

春秋晋惠公夷吾流亡在梁国时，其妻怀孕过了预产期，请人占卜。卜者说是将生一男一女，但将来男为人臣（奴隶），女为人妾。夷吾为生下来的儿女取名时，男的叫圉，女的叫妾。后来，圉到秦国做了人质，妾也跟随去做了侍女。[2]

除占梦、占卜外，民间还有各种判断生男生女的风俗。有的根据孕妇的口味来判断，叫作"酸儿辣女"。有的根据肚子的形状来判断，有"肚尖生男，肚圆生女"之说。有的用男左女右的原则，根据孕妇的举止来判断。如，孕妇先用左脚过门槛生男，否则生女。

占验生男生女毕竟是被动的，古人还企图通过自己的主动进取来改变胎儿的性别。

西晋张华《博物志》卷十《杂说下》载："妇人妊娠，未满三月，着婿衣冠，平旦左绕井三匝，映详影而去，勿反顾，勿令人知见，必生男。"

《千金方·养胎论》引徐之才语曰："妊娠三月，名始胞，当此之时，未有定仪，见物而化。欲生男者操弓矢，欲生女者弄珠玑。欲子美好，数视璧玉。欲子贤良，端坐清虚。是谓外象而内感者也。"

上述风俗都反映了古人对生男孩的盼望和锲而不舍的追求。

二、胎教

古人强调"外象内感"，胎儿能受母亲言行的感化，"感于善则善，感于恶则恶"。所以孕妇必须谨守礼仪，给胎儿以良好的影响，叫作"胎教"。

汉代学者把胎教的源起归于文王、成王之母。

西汉刘向《列女传》[3]载："古者妇人妊子，寝不侧，坐不边，立不跛，

〔1〕《晋书·慕容德载记》，北京：中华书局，1974年版。
〔2〕参见《左传·僖公十七年》，载《十三经注疏》，北京：中华书局，1980年影印版。
〔3〕《古今图书集成·家范典·教子部·总论》引，北京：中华书局，成都：巴蜀书社，1985年版。

不食邪味，割不正不食，席不正不坐，目不视于邪色，耳不听于淫声。夜则令瞽诵诗，道正事。如此，则生子形容端正，才德必过人矣。"

《小学稽古篇》[1]载："太任文王之母，挚任氏之中女也，王季取以为妃。太任之性端一诚庄，惟德之行，及其娠文王，目不视恶色，耳不听淫声，口不出敖言。生文王而明圣，太任教之，以一而识百，卒为周宗。君子谓太任为能胎教。"

《大戴礼记》[2]载："周后妊成王于身，立而不跛（qì），坐而不差，独处不踞，虽怒不詈（lì），胎教之谓也。"

孟子母曾言："吾怀妊是子，席不正不坐，割不正不食，胎教之也。"[3]

可知，早在先秦时期就形成了胎教的风俗。其中，孟母胎教的故事在民间广为流传。

《博物志》卷十《杂说下》对胎教的内容做了比较全面的记载：

> 妇人妊娠不欲令见丑恶物，异类鸟兽。食当避其异常味，不欲令见熊罴虎豹，及射鸟射雉，食牛心、白犬肉、鲤鱼头。席不正不坐，割不正不食，听诵诗书讽咏之音，不听淫声，不视邪色。以此产子，必贤明、端正、寿考。所谓父母胎教之法。故古者妇人妊娠，必慎所感，感于善则善，感于恶则恶矣。妊娠者不可啖兔肉，又不可见兔，令儿缺唇。又不可啖生姜，令儿多指。

张华所阐述的胎教内容有：

其一，遵守礼仪，"听诵诗书讽咏之音，不听淫声，不视邪色""席不正不坐，割不正不食"。

其二，避丑恶异物、异味和凶险事物。如，不见熊罴虎豹等异类鸟兽，不观射鸟、射雉等打猎活动，避开异常气味等。

其三，不食禁忌食物。这一风俗是由"不视"演变来的。《淮南子·说山训》称："孕妇见兔而子缺唇。见麋而子四目。"后来，经过人们的筛选，淘

---

[1]《古今图书集成·家范典·教子部·纪事一》引，北京：中华书局，成都：巴蜀书社，1985年版。

[2]《太平御览》卷三六〇《人事部一·孕》引，北京：中华书局，1960年影印版。

[3]《韩诗外传》卷九第一章，北京：中华书局，1980年版。

汰了过于荒诞的成分，由"不视"演变为"不食"。

唐代医学家孙思邈的《千金方·养胎论》列举了许多孕妇的饮食禁忌：

> 妊娠食羊肝，令子多厄，食山羊肉，令子多病；妊娠食驴、马肉令子延月，食驴肉产难；妊娠食兔肉、犬肉，令子无音声，并唇缺；妊娠食鸡肉、糯米，令子多寸白虫；妊娠食鸡子及干鲤鱼，令子多疮；妊娠食椹并鸭子，令子倒出、心寒；妊娠食雀肉并豆酱，令子满面黑干黯黑子；妊娠食雀肉并酒，令子心淫情乱，不畏羞耻；妊娠食鳖，令子短项；妊娠食冰浆，绝胎。[1]

现在孕妇仍有许多禁忌风俗，其实就是从古代胎教中流变下来的。

胎教的目的，是培养出贤明、端正、寿考的儿子，与孔子"非礼勿视，非礼勿听，非礼勿言，非礼勿动"[2]的态度是一致的。其中固然有许多荒诞、迷信成分，但它又是古代妇幼保健、优生优育等经验的积累，包含着科学的因素。

首先，它主张优化一切影响胎儿发育的外界环境，注重用美感来诱导和感化胎儿，通过孕妇的生理、心理作用来达到优生优育，反映了古代教育的超前意识和望子成龙的强烈愿望。

其次，不见丑恶、异物、打猎等禁忌，包含着避免外界刺激和惊吓，以冲动胎气的科学因素。

再次，"见兔而子缺唇，见麋而子四目"的说法，也是对生育实践的误解。古代多近亲结婚，缺唇、四目、多指等怪胎现象屡屡恐怖着人们，探寻产生怪胎的原因，对许多不吉祥的东西因心存忌讳而产生出种种附会。每产生出一种附会，都向科学边缘靠近一步。最后终于发现："男女同姓，其生不蕃（繁）"。在科学知识贫乏的古代，它反映了古人对危害人类生育现象的抗争意识，是古代生育医学发展的必经阶段。

现代科学证明，优美的音乐能促进人体的内分泌，调节血流量和兴奋神经，也能使胎儿感知，促进其发育。孙思邈在《千金方·养胎论》中，从医学角度

---

[1]《博物志》《千金方》均为《古今图书集成·人事典·初生部》引，北京：中华书局，成都：巴蜀书社，1985年版。

[2]《论语·颜渊》，载《诸子集成》，上海：上海书店，1986年影印版。

论证说："弹琴瑟，调心神，和情性，节嗜欲，庶事清净，生子皆良，长寿，忠孝仁义，聪慧无疾，斯盖文王胎教者也。"足见胎教对促进古代优生学、医学发展和发达的作用。

第二节　幼有所长

当人们企盼的小生命呱呱坠地，各种风俗仪式接踵而至。

一、悬弧挂帨（shuì）和弄璋弄瓦

《礼记·内则》载："子生，男子设弧于门左，女子设帨于门右。三日始负子，男射女否。"

《礼记·射义》载："男子生，桑弧蓬矢六，以射天地四方。天地四方者，男子之所有事也。"

先秦时期，人家生男孩，在门左挂弓。三日后，负子用六支箭射向天地四方，以示男儿尚武和志在四方。生女孩则在门右挂一块佩巾。因此，古代生男称作"悬弧""设弧"，男子生日称作"悬弧之辰"。生女孩或女子生日则称"设帨"。刘禹锡《赠进士张诗》云："忆尔悬弧日，余为座上宾。举箸食汤饼，祝辞添麒麟。"包何《相里使君第七男生日》亦有"他时干蛊声名著，今日悬弧宴乐酬"的诗句。

《诗·小雅·斯干》载："乃生男子，载寝之床，载衣之裳，载弄之璋。""乃生女子，载寝之地，载衣之裼，载弄之瓦。"

"璋"是古代的一种玉器，"瓦"是纺织用的纺锤。该文是说，生了男孩，放到床上，穿上衣裳，玩弄玉璋，希望将来有玉一样的品德。生下女孩，放到地上，用裼衣包起来，让她玩弄纺锤，希望将来熟悉女红。所以，古代生男孩叫作"弄璋"，生女孩叫作"弄瓦"。

玉璋

清末民俗画师周培春绘《杨贵妃像》

唐朝奸相李林甫庆贺别人诞子，贺词称"闻有弄獐之庆"，把璋错写成"獐"，众客皆掩口而笑。宋代大文豪苏轼写诗讽刺他说："甚欲去为汤饼客，惟愁错写弄獐书。"[1]

二、三日洗儿和满月

三日洗儿又称"三朝洗儿""洗三""汤饼会"。追根溯源的话，来自"悬弧"风俗中的"三日始负子，男射女否"。

东魏高澄生子，"三日而孝静帝幸世子（高澄）第，赠锦彩及布帛万匹"。高澄推辞赏赐，请求允许他接受诸权贵的贺礼，"于是十屋皆满"[2]。可知当时十分重视"三日之礼"。

一般认为，"洗三"风俗起自唐代。安禄山与杨贵妃荒唐地认为母子，在母子关系的掩护下淫乱狎戏。天宝十年（751年）正月二十二日是安禄山的生日。三日那天，杨贵妃把40余岁的安禄山当作婴儿，搞了个"洗三"的闹剧。《资治通鉴·玄宗天宝十载》载：

> 甲辰，禄山生日，上及贵妃赐衣服、宝器、酒馔甚厚。后三日，召禄山入禁中，贵妃以锦绣为大襁褓裹禄山，使宫人以彩舆舁之。上闻后宫欢笑，问其故，左右以贵妃三日洗禄儿对。上自往观之，喜赐贵妃洗儿金银钱，复厚赐禄山，尽欢而罢。

杨贵妃干出如此勾当，唐玄宗还得强作欢颜地赏赐，当时"洗三"风俗必

---

〔1〕《古今图书集成·人事典·初生部》引《缃素杂记》，北京：中华书局，成都：巴蜀书社，1985年版。
〔2〕《北齐书·文襄元后传》，北京：中华书局，1972年版。

定十分流行，且已有较长的历史。

天复二年（902年），唐昭宗被逼流亡在凤翔，自顾不暇，"皇女生三日，赐洗儿果"[1]，可知"洗三"是不能免的。北宋苏轼《贺子由生孙》诗："昨闻万里孙，已振三日浴。"

洗儿除给婴儿沐浴外，还要大宴亲朋。宴会上最注重的食品是饧饼，故又称"汤饼宴"。从悬弧风俗中所引的刘禹锡、苏轼的诗可知，去庆贺的客人还自称"汤饼客"。南宋王明清的《挥麈前录》解释说，"必食汤饼者，世所谓长寿面者也"。

主人除大宴宾客外，还要染红鸡蛋，与面条一起分送乡里，谓之"喜面""分红蛋"。

苏轼讲，闽人三日洗儿，家人宾客都要戴葱和钱。葱使儿聪明，钱使儿富。[2]南宋以后，这一风俗北渐，北方亦流行起来。

满月又称"弥月""足月"。唐高宗龙朔二年（662年），"子旭轮（唐睿宗）生，满月，大赦"[3]。皇子满月要大赦天下，可知满月也是重大的人生礼俗。

满月的礼仪内容与"洗三"相似，亦称作"满月洗儿""洗儿会"，是南北风俗融汇的结果。

唐朝段公路《北户录》载："岭南俗，家富者妇产三日或足月洗儿。做团油饭，以煎鱼虾、鸡鹅、猪羊、灌肠、蕉子、姜桂、盐豉为之。"后来该俗北渐，北方也流行"满月洗儿"。《东京梦华录》卷五《育子》载："至满月则生色及绷绣线，富贵家金银犀玉为之，并果子，大展洗儿会。……浴儿毕，落胎发，遍谢坐客。"在满月，亲朋毕集，携礼贺喜。对产妇来说，满月还意味着"坐月子"期满，不能再卧床养息，该恢复正常的家务劳动了。

唐代韩愈的《寄卢仝》诗写道："去年生儿名添丁，意令与国充耕耘。"因此，古代生儿又称"添丁"。在宗法观念浓厚的中国，生子继宗，人丁兴旺是人们的普遍追求，故而庆贺添丁之喜的"洗三""满月"也一直流变到近现代。

---

〔1〕（唐）韩偓：《金銮密记》，《古今图书集成·人事典·初生部》引，北京：中华书局，成都：巴蜀书社，1985年版。
〔2〕《古今图书集成·人事典·初生部》引《爱日斋丛抄》，北京：中华书局，成都：巴蜀书社，1985年版。
〔3〕《新唐书·高宗本纪》，北京：中华书局，1975年版。

三、百岁和周岁试儿

百岁指婴儿出生 100 天，也叫"百晬（zuì）"。
百岁那天，又是亲友携礼相贺，主人设宴作庆。还
要从百家讨来铜钱，买一用金或银、铜制作的锁，
上刻有"长命富贵""百家宝锁"的字样，戴到婴
儿胸前，叫作"百家锁"或"百岁长命锁"。据说
能长命百岁，防止夭折。

百岁长命锁

周岁也叫"周晬"，主要礼俗是试儿，又称"抓周""试周""试晬"。
此俗兴起于南北朝的江南。颜之推《颜氏家训·风操篇》载：

> 江南风俗，儿生一期，为制新衣，盥浴装饰。男则用弓矢纸笔，女则
> 刀尺针缕，并加饮食之物及珍宝服玩，置之儿前，观其发意所取，以验贪
> 廉愚智，名之为试儿。亲表聚集，致宴享焉。自兹已后，二亲若在，每至
> 此日，常有酒食之事耳。

这里除详记试儿的内容外，还由于试儿和"宴享亲表"，启动了后来每年
的生日。

唐宋时，试儿风俗传到北方。《东京梦华录》卷五《育子》载："生子百
日，置会，谓之'百晬'。至来岁生日，谓之'周晬'。盛果木、饮食、官诰、
笔研（砚）、箄称等经卷针线应用之物，观其所先拈者，以为征兆，谓之'试
晬'。"北宋初大将曹彬周岁时，"父母以百玩之具罗于席，观其所取。彬左
手持干戈，右手挂俎（zǔ）豆（祭器），斯须取一印，他无所视，人皆异之"[1]。
曹彬是真定灵寿人，今属河北，周岁时当在五代，那时北方已有试儿风俗，一
直流传至今。

---

〔1〕《宋史·曹彬传》，北京：中华书局，1975 年版。

四、十二生肖

古代以天干地支纪年，人的出生之年还命定着一种特定的文化符号，叫作十二生肖或十二属相。例如，子（鼠）年出生的肖（属）鼠，丑（牛）年生的肖牛。以后每逢子年、丑年，即为本命年。用特定动物纪历的"兽历"，在印度、埃及、希腊、古巴比伦都曾存在，但把它们作为人的属相，恐怕仅见于中国。这种人与禽兽息息相关的生肖风俗有着悠久的历史和丰富的文化内涵。

十二生肖源于氏族社会的动物、星宿崇拜和古代的历法。明代学者方以智《通雅》卷十二讲："《方言》以十二生肖配十二辰，为人命所属，莫知所起。"《方言》的作者是西汉扬雄。前蜀冯鉴《续事始》讲，"黄帝立子丑十二辰，以名月，以名兽，配十二辰属子"，将此归属于黄帝的首创。

其实，十二地支与生肖的对应关系，春秋时代就初步确立了。《诗·小雅·吉日》云："吉日庚午，既差我马。"以午对马。《左传·僖公五年》载："龙尾伏辰。"以辰对龙。

1975 年，湖北云梦睡虎地发现的秦简《盗者》一篇中载：

> 子，鼠也；丑，牛也；寅，虎也；卯，兔也；辰，龙也；巳，虫也；午，鹿也；未，马也；申，环也；酉，水也；戌，老羊也；亥，豕也。

其中的"虫"，即蛇。"环"古读猨，即猿，与猴同。"水"古读雉，即野鸡。与现代不同的有午鹿、未马、戌老羊三条。竹简的年代是战国后期，当时的十二生肖已很完整了。

东汉王充《论衡·物势篇》提到寅虎、戌犬、丑牛、未羊、亥豕（猪）、巳蛇、子鼠、午马、酉鸡、卯兔、申猴十一种地支和生肖。《言毒篇》讲："辰为龙，巳为蛇，辰巳之位在东南。"可知，以十二生肖配十二辰，并"为人命所属"，在汉代已流行了。

北周宇文护之母被扣押在北齐，写信给宇文护说："生汝兄弟，大者属鼠，

子鼠（咬文嚼字）

丑牛（对牛弹琴）

寅虎（一山不容二虎）

卯兔（守株待兔）

辰龙（叶公好龙）

巳蛇（刘邦斩蛇）

午马

未羊（羊车望幸）

申猴（朝三暮四）

酉鸡（闻鸡起舞）

戌狗

亥猪

清代任薰绘《十二生肖图册》。 这本图册讲述的是十二生肖故事，每帧的图像都用生肖有关的典故来表现，比如"守株待兔""叶公好龙""闻鸡起舞"等

次者属兔，汝身属蛇。"〔1〕进入中原的鲜卑族也接受了汉族的生肖文化，并以此来激发儿子对母亲的思眷，足见南北朝时已是习以为常的风俗了。

由生肖风俗又产生出中国人特有的生辰八字。每个人出生的年、月、日、时，各有天干地支相配，四项共八个字，故称"生辰八字"。天干地支又各与五行相对应，并以此来推算一个人的命运。

把动物作为年月日时和"人命所属"的文化符号，通过生动的形象思维来增加联想，便于直观形象地推算时光和年龄，增加生活情趣。一个人的年龄是不断增长变化的，而属相却终生不变。随着时光的流逝，人们可以忘记多年不见的亲友的年龄，但只要记住属相，就能准确地推算出来。另外，通过对动物的崇拜和美化，将其集中映印在人身上，以此来体现人的主体地位，既反映了中国风俗文化的人文精神，又增加了人对大自然的热爱和归属感。

然而，生肖和八字又以五行相克和兽性来解释人的命运，尤其是在诞生、婚娶、丧葬等人生礼俗中，形成了许多忌讳。如，羊年生孩子不吉利，"三月羊，靠南墙，生活无着多凄凉"。据报道，1991 年是羊年，人口出生率大大下降〔2〕。在婚姻方面则忌讳更多，什么"青龙克白虎""虎鼠不结婚""两只羊，活不长""鸡狗相配断头婚"，到现在仍然拆散着人们的婚姻。尤其是古代的妇女，一旦丈夫早死，便被认定为克夫命，被视为比洪水猛兽更可怕，终生要面对社会的歧视、冷遇，甚至迫害。

五、举子禁忌

在我们这个强调"人为贵"和"无后为大"的国度里，又有许多举子禁忌和不得已而杀子的风俗，致使许多无辜的婴儿刚刚来到这个世界便丧失了生的权力。

自先秦时期就有"讳举五月子"的陋俗，战国孟尝君就险些因此而丧命。自两汉开始，举子禁忌逐步扩大，主要有：

其一，不举正月、五月子。

东汉王充的《论衡·四讳》称："讳举正月、五月子，以为正月、五月子

---

〔1〕《周书·宇文护传》，北京：中华书局，1971 年版。
〔2〕《今年出生的孩子为何少？》，载《文摘报》，1991 年 11 月 3 日。

杀父与母，不得已举之，父母祸死。"在五月子中，尤忌五月五日生子。婴儿生日一旦犯忌，轻者出继，重者抛弃，甚至被弄死。上述"端午节"业已论及。

南北朝时，江南又有不举二月子的陋俗。《隋书·萧后传》载："江南风俗，二月生子者不举。后以二月生，由是季父收而养之。"

孟尝君、萧后还是大难不死的幸运者，那些大量犯忌而死的小生命，甚至连为此陋俗而殉身的痛苦都感觉不到了。

其二，与父同月生子不举。

《风俗通·佚文·释忌》称："不举父同月子，俗说妨父也。"春秋时期无此俗。《左传·桓公六年》载，鲁庄公的生日与父亲桓公相同，鲁桓公说："是其生也，与吾同物（日）。"为儿子取名曰"同"。如果当时就有"不举父同月子"的风俗，即使不忍抛弃亲生，也不会取名为"同"来做纪念。

其三，"不举寤生子"。

寤生有两种说法，《风俗通·佚文·释忌》云："俗说儿堕地便能开目视者，谓之寤生。举寤生子，妨父母。"另一种说法即站生、难产。说寤生子妨父母，可能是对春秋郑庄公"寤生"的附会。郑庄公寤生惊吓了母亲，又与弟弟共叔段兄弟相残，还幽禁了母亲。其实，郑庄公既没妨父，也没害母，还和母亲和好如初。但他的事迹给人们的心理印象实在是太深了。

其四，生三子不举。

《风俗通·佚文·释忌》云："不举并生三子。俗说生子至于三，似六畜，言其妨父母。"生三子指生三胞胎，这也是秦汉时形成的。春秋越王勾践为雪会稽之耻，奖励生育，规定："生三人，公与之母。"[1]即生三胞胎，国家帮助抚养，赐给乳母。越王勾践后来称霸天下，其奖励生育的政策天下共知，当时不会有此禁忌。

从先秦到南北朝的婴儿，一直处在上述种种陋俗的恐怖中，隋唐以后逐渐消失。《新唐书·崔信明传》载，崔信明五月五日生，中午有异雀鸣集于庭树。太史令史良占卜说："五月为火，火主离，离为文。日中，文之盛也。雀五色而鸣，此儿将以文显。"占文中丝毫没有提及讳举五月子的禁忌。

由于封建政府繁重的赋税徭役和其他的陈规陋俗，历代民间都有被迫溺婴、

---

〔1〕《国语·越语上》，上海：上海古籍出版社，1978 年版。

弃婴的风俗。

秦朝兵役徭役繁重，有"生男慎勿举，生女哺用脯。不见长城下，尸骸相支柱"[1]的《长城之歌》。汉代姑娘出嫁要陪送妆奁，故"世人多不举女婴"[2]。《晋书·王濬传》载，西晋巴郡（在今四川境）临近吴境，"兵士苦役，生男多不养"。宋代杀子之风更为严重，史书记载尤多：

《宋史·宗室传》载："衢（qú）、严、信、饶之民，生子多不举。"

《古今图书集成·人事典·初生部》引《谈圃》云："闽中唯建、剑、汀、邵四州杀子，士大夫家亦然。"引《东坡志林》云："近闻黄州小民贫者生子多不举，初生便于水盆中浸杀之，江南尤甚。"

上述记载，涉及四川、湖南、湖北、江西、浙江、福建等广大地区，反映了封建压迫、剥削的严酷和社会制度的残忍。

第三节　踏上人生之路

在中国古代，"老有所终，壮有所用，幼有所长，矜寡孤独废疾者皆有所养"[3]，是儒家理想化的社会蓝图。因此，中国的人生礼仪，不同的年龄有不同的名称、义务和权力。随着专制制度的加强，越来越强调人对国家和皇帝的义务，而人生的权力却被淡化掉了。

一、孩提、幼学、成童

小儿二、三岁间在襁褓之中，可以提抱，故称作"孩提之童""孩抱"。《孟子·尽心上》称："孩提之童，无不知爱其亲者。"《后汉书·李善传》载："虽在孩抱，奉之不异长君。"

---

〔1〕《水经注》卷三，北京：华夏出版社，2006年版。
〔2〕《颜氏家训·风操》，载《诸子集成》，上海：上海书店，1986年影印版。
〔3〕《礼记·礼运篇》，载《十三经注疏》，北京：中华书局，1980年影印版。

北宋苏汉臣绘《秋庭戏婴图》。197.5厘米×108.7厘米

"小儿五岁曰鸠车之戏，七岁曰竹马之戏"[1]。据《后汉书·礼仪志》，鸠指鸠杖，是汉代赐给八九十岁老人的玉杖，长九尺，以鸠鸟为端饰。鸠鸟为不噎之鸟，有祝老人不噎之意。这里指5岁小儿骑鸠杖为车戏耍。竹马指小儿骑竹竿当马。东汉郭伋巡行州部，有数百儿童骑竹马欢迎他。李白《长干行》诗："郎骑竹马来，绕床弄青梅。"后因用"青梅竹马"来形容小儿女天真无邪，亲昵嬉戏。

《礼记·内则》载："六年，教之数与方名。七年，男女不同席，不共食。八年，出入门户及即席饮食，必后长者，始教之让。九年教之数日。十年出就外傅，居宿于外，学书记……十有三年，学乐

明人绘《婴戏图》

---

〔1〕《古今图书集成·人事典·七岁部》引《谈苑》，北京：中华书局，成都：巴蜀书社，1985年版。

诵诗，舞勺。成童，舞象，学射御。"

《汉书·食货志上》载："古者八岁入小学，学六甲、五方、书计之事，始知室家长幼之节。十五岁入大学，学先圣礼乐，而知朝廷君臣之礼。"

"六甲"，指六十甲子。"五方"指分辨五方之名和书籍。"书计"即算术。"数日"即朔望和六十甲子。"舞勺"是文舞，"舞象"是武舞。整个学习内容是自然知识和礼乐制度。

上述两条记载讲的是整个成人前的教育过程。6 岁就该让小儿掌握数字和东西南北了。《礼记·曲礼》载："人生七年曰悼，虽有罪而不加刑焉"。悼有二意，一为怜爱，二为知廉耻。《释名·释长幼》讲："悼，逃也。知有廉耻，隐逃其情也。"7 岁即男女不同席，不共食，可见"悼"应为隐逃之意。8 岁或 10 岁入小学，所以《礼记·曲礼》称："人生十年曰'幼学'。"13 或 15 岁入大学。《释名·释长幼》称："十五曰'成童'"。孔子讲的"十有五而志于学"，就是成童和入大学的年龄。

总之，从幼学开始到成童、到成人礼之前，所有的自然知识和礼仪都应该具备了。在整个古代，人们都热衷于"神童""圣童"的赞赏。孔融 4 岁让梨，项橐（tuó）7 岁为圣人师，司马光 7 岁砸缸，黄香 9 岁温席，甘罗 12 岁为上卿，都成为教育、激励子女大器早成的事例，反映古人对望子成龙的强烈期盼。

二、冠礼

冠礼即成年礼，是人生重大的里程碑。它表示从此和童年告别，正式跨入成年人的行列，人们也按照大人的礼仪来对待和要求他了。在先秦，"礼不下庶人"，冠礼只是贵族男子的专利。秦汉以后成为普遍的成年礼仪。

古代男子"二十而冠"[1]，即 20 岁举行"冠礼"，也叫"加元服"，民间俗称"上头"，所以 20 岁也称"弱冠"。

《仪礼·士冠礼》记载了这一复杂的礼仪。举行冠礼前，用蓍（shī）草占卜日期和称作"宾"的主持人，叫作"筮日""筮宾"，然后按卜得的日期在

---

[1]《礼记·内则》，载《十三经注疏》，北京：中华书局，1980 年影印版。

宗庙举行加冠仪式。加冠时，将头发挽成髻，将冠戴上，用笄和冠缨固定住。始加缁布冠，表示从此有治人权；再加皮弁，表示有当兵的权利和义务；三加爵弁，表示有资格祭祀。因此，冠礼又称"三加之礼"。加冠后，"宾"和父母用酒向加冠者祝贺，称作"醮子"。还要由"宾"起一个字。《礼记·冠义》讲："冠而字之，成人之道也……成人之者，将责成人礼焉也。"

冠礼完毕，要参拜国君、大夫、亲朋，宣告自己成人，获得社会的承认。春秋晋国赵武加冠后，分别拜见栾书、韩厥、范燮等诸大夫，大家都讲了些祝贺和勉励的话。韩厥讲："戒之，此谓成人。成人在始与善。始与善，善进善，不善蔑（无）由至矣；始不善，不善进不善，善亦蔑由至矣。如草木之产也，各以其物（类）。人之有冠，犹宫室之有墙屋也，粪除而已（喻洁身自修），又何加焉？"〔1〕大概这就是"责成人礼焉"了。

先秦庶人的成人礼，只是在发髻上覆以巾。《释名·释首饰》称："巾者谨也，二十成人，士冠庶人巾。"

女子也有成年礼，《礼记·内则》讲，女子"十有五年而笄"。把头发挽成髻，插上笄就行了。十三四岁时，头发自然下垂，或以巾覆盖，形似豆蔻，故又将女子十三四岁时称作"豆蔻年华"。杜牧《赠别》诗："娉娉袅袅十三余，豆蔻梢头二月初。"

秦汉以后，冠、笄的年龄不再局限于20岁、15岁，而是因地因人而异。秦始皇13岁即位，九年行冠礼，已是22岁了。《晋书·礼志下》载："诸王十五而冠。"《南史·孝义传》载，东晋末年，华宝的父亲要戍守长安，临行说："须我还，当为汝上头。"由于长安陷落，父亲一去不返，华宝至70岁也没婚冠。

南朝人重冠礼，北朝至隋唐则不太重视。隋朝王通在《文中子·礼乐篇》中疾呼："冠礼废，天下无成人矣！婚礼废，天下无家道矣！"唐代柳宗元在《答韦中立书》中也说："古者重冠礼，将以责成人之道……数百年来，人不复行。"〔2〕

唐宋以后的冠礼，一般在16岁左右，仪式也趋于简朴。司马光《训子孙文》讲："俟其子年十五以上，能通《孝经》《论语》，粗知礼义，然后冠之，斯为美矣。"《至元嘉禾志》载，元朝桐乡一带，"男子十六始冠，亦有婚而冠

〔1〕《国语·晋语六》，上海：上海古籍出版社，1978年版。
〔2〕《古今图书集成·礼仪典·冠礼部》引，北京：中华书局，成都：巴蜀书社，1985年版。

者，女子归而笄"。《嘉靖宁波府志》载，明朝宁波地区，士农工商多行冠礼，"一从简朴，仅取成礼"。[1]

清军入关后，严令汉民薙发梳辫，数千年的冠冕服制最后绝迹。受此冲击，冠礼的变异更加严重。清人福格《听雨丛谈·冠礼》讲："海内冠礼久失，惟国家存之。公孙胄子十八岁方许拜官，宗室子二十岁始冠顶戴。童生入学后有冠顶之礼。"这里的加冠，已变成冠顶戴了。

据各地方志记载，清朝民国的冠礼虽久不行，但仍有冠礼的遗风。民国七年上海《章练小志》载："古人冠而后字，斯礼久废。今泖滨农家，弱冠后为酒食，邀里中士人命字，召乡党食之，谓之'庆号'。"山东乾隆二十七年《乐陵县志》载："男子十五以上随便加冠。"山东道光二十一年《武成县志续编》载："古礼久废，成童则加帽。"山东民国十八年《泰安县志》载："冠礼久废，即以婚礼为冠礼。既婚娶，谓之成人。未婚娶，谓之童子。"[2]这都蕴含着"冠而字之"的成年礼俗。

古代"敬冠事"，把童年和成年清楚地界定开来。《礼记·曲礼》云："人生十年曰幼学，二十曰弱冠。"加冠后"将责成人礼焉者，将责为人子、为人弟、为人臣、为人少者之礼行焉"[3]。弱冠即成年，要立即"去幼志，顺成德"，不仅要以成人的资格和礼仪修养来进行人际交往，还要承担起对国君、父兄的忠信孝悌之道。这种界定将广大青少年未脱稚气的心灵和个性在"将责成人礼焉"的幌子下紧紧地束缚住，而容不得半点孩子气的自然存在和宣泄，无疑是对人的自然本性的扭曲和摧残。结发加冠的外表也无疑成为限制他们思想和行为的枷锁。从这个意义上讲，与其说是加冠，不如说是"加锁"。

然而，冠礼又是敦促青少年成人、成熟的界牌。它使一个乳臭未干的娃娃倏忽间跃入一个成人的境界，使自尊、自爱、自重，加强自我修养成为弱冠者的自觉意识，也使承担社会责任，为国家，为民族立事立功的男儿壮志变为有志者的强烈愿望。

汉武帝时，欲令南越王入朝。弱冠的终军请缨说："愿受长缨，必羁南越

---

[1]《至元嘉禾志》《嘉靖宁波府志》，均为《古今图书集成·礼仪典·冠礼部》引。

[2]丁世良、赵放主编：《中国地方志民俗资料汇编》华东卷引，北京：书目文献出版社，1995年版，第51、130、137、275页。

[3]《礼记·冠义》，载《十三经注疏》，北京：中华书局，1980年影印版。

王而致之阙下。"[1] 东汉班超年轻时，立下了投笔从戎、立功异域的壮志。南朝宋宗悫年少时对叔父说："愿乘长风，破万里浪。"[2] 唐代诗人王勃在《滕王阁序》中抒发自己的抱负和怀才不遇说："无路请缨，等终军之弱冠；有怀投笔，慕宗悫之长风。"

现在从法律上讲，18岁即成为国家的合法公民，可许多18岁的青少年根本没有成人的自觉境界和责任感，民间的家长也老嫌子女"没蜕孩子皮"，这与现代风俗中没有童年与成年的界定礼俗，有一定的关系。

三、姓、氏、名、字、号

姓名是每个人特定的文化符号，古代中国是个宗法社会，姓和氏又是宗法血统的标志，所以显得特别复杂和严格。

（一）姓和氏

《说文十二下·女部》讲："姓，人所生也。古之神、圣母感天而生子，故称天子……《春秋传》曰：'天子因生以赐姓。'""感天而生"即与有生命的动植物，或日、月等无生命的自然物感应而生。"因生以赐姓"即以感应物为姓，它往往也作为本氏族的图腾。

东汉王充《论衡·奇怪篇》记载了"感生得姓"的传说。

大禹母吞薏苡而生大禹，故夏以"姒"为姓。契母吞玄鸟（燕子）卵而生契，故殷商以"子"（古人称蛋为子）为姓。弃母履大人迹（熊足迹）而生弃，故周以"姬"（迹）为姓。薏苡、玄鸟、熊也分别是三代的图腾。居住在陕西黄土高原上的黄帝号有熊氏，也是姬姓。姬的古文"臣"是熊迹的象形字。姬姓的周人应该是黄帝族的直系后裔。

随着氏族的繁衍，一个同姓氏族又衍生出许多胞族和父系家族，这就出现了氏。高阳氏颛顼和高辛氏帝喾就是姬姓黄帝分支出的二氏。《史记·五帝本纪》说："黄帝二十五子，其得姓者十四人。"这里提到的姓，又是从姬姓衍

〔1〕《汉书·终军传》，北京：中华书局，1962年版。
〔2〕《宋书·宗悫传》，北京：中华书局，1975年版。

变出的氏。后来，高辛氏又分支出伯奋氏、仲堪氏、叔献氏、季仲氏；伯虎氏、仲熊氏、叔豹氏、季狸氏，两个胞族，共八氏。[1]

先秦时期，男子的姓不言自明，而氏则不断变化。鲁国姬姓，鲁孝公的后代有臧氏、郈（hòu）氏、柳氏。鲁桓公的后代有孟孙氏、叔孙氏、季孙氏。齐国姜姓，其后代有高氏、国氏、崔氏等。古代男子称氏，妇人称姓。男有氏以别贵贱，女有姓以别婚姻。

《礼记·大传》载："四世而缌，服之穷也。五世祖免，杀同姓也。六世亲属竭矣。"东汉郑玄注曰："四世共高祖，五世高祖昆弟，六世以外亲尽无属名，其庶姓别于上。"即高祖以下的所有四代子孙，都可以高祖的名号为氏。到第五代子孙出现后，原高祖的氏由嫡系子孙继承，世代流传。而非嫡系子孙以原曾祖为高祖，就以他的名号为氏了。

那么，古人取氏都有哪些依据呢？根据《白虎通·姓名》和《风俗通·佚文·姓氏》的记载，氏的来源可分为九类。

1. 氏于号。即以徽号（图腾）为氏。尧号陶唐氏，舜号有虞氏，其后裔因以唐、虞为氏。

2. 氏于谥。即以谥号为氏，如武、宣、穆等。

3. 氏于爵。即以爵位为氏。《白虎通·姓名》讲："王者之子称王子，王者之孙称王孙，诸侯之子称公子，公子之子称公孙。"《论语》中有王孙贾、公子荆、公孙朝等，都是氏。

4. 氏于国。即以国名或封邑为氏。国名如鲁、曹、宋、卫等氏。鲁大夫展禽的封邑在柳下，以他为始祖的后裔称柳氏。也有的以国名加爵名，如夏侯、葛伯等。

5. 氏于官。即以官为氏。如司马、司徒、司寇、司空、司城等。

6. 氏于字。《白虎通·姓名》讲："公孙之子，各以其王父字为氏。"先秦时的字主要是伯、仲、叔、季，其实是兄弟们的排序，伯者长也，仲者中也，叔者少也，季者幼也。长子有的称伯，有的称孟。《白虎通·姓名》载："适（嫡）长称伯，伯禽是也；庶长称孟，鲁大夫孟氏是也。"这种用来排序的字，也成为后裔的氏。

［1］参见《左传·文公十八年》，载《十三经注疏》，北京：中华书局，1980年影印版。

7.氏于居。即以居住地为氏。如城、郭、池、园、东门、东郭、百里等。

8.氏于事。即以百工技艺为氏。如从事巫卜、制陶、丘墓的后裔，各以巫、卜、陶、丘为氏。

9.氏于职典。即以掌典的职事为氏。此氏不太常见，《风俗通》提到的有三马、五鹿、青牛、白马等。

秦汉以后，姓与氏合一。无论嫡系、非嫡系都以祖上的姓、氏为姓了。由于种种原因，仍可能出现新的姓。东汉第五伦，本战国齐国田氏的后裔，因是六国旧贵族，被第五批迁徙到长陵（在今陕西省），故以"第五"为姓。其他还有皇帝赐姓，从主人、养父、继父姓，冒姓，少数民族改汉姓等。

（二）名和"五名六避"

《白虎通·姓名》称："名者，幼小卑贱之称也。""《礼服传》曰：子生三月，则父名之于祖庙。"春秋鲁国大夫申繻曾讲过取名的五条原则和六种避讳：

> 名有五，有信、有义、有象、有假、有类。以名生为信，以德命为义，以类命为象，取于物为假，取于父为类。不以国，不以官，不以山川，不以隐疾，不以畜牲，不以器币。周人以讳事神。名，终将避之。故以国则废名，以官则废职，以山则废主，以畜牲则废祀，以器币则废礼。[1]

《礼记·曲礼》《论衡·诘术》也有相同的记载。根据这些原则和以后史书的记载，古人取名大体有以下原则。

1.根据天干、地支，或干支相配五行取名。《白虎通·姓名》讲："殷以生日名子。"从商代开始，就以所生之日的天干命名。如太甲、盘庚、武丁等。到西周，又以天干相配五行，或干支相配取名。如秦将白乙丙。楚公子午，字子庚。

2.根据出生时的生理特征及有关情况命名，即申繻说的"信、义、象、假、

---

〔1〕《左传·桓公六年》，载《十三经注疏》，北京：中华书局，1980年影印版。

类"。鲁公子友的手纹象"友"字，便取名为友，这是"名生为信"。周文王出生时有圣瑞，祖父古公亶父以为能昌盛周室，为其取名为昌，这是"德名为义"。孔子的头顶中间低四周略高，像曲阜郊外的尼丘山，取名为丘，字仲尼，这是"类名为象"。孔子生子时，有人送来鲤鱼祝贺，为儿取名曰鲤，字伯鱼，这是"取于物为假"。鲁庄公的生日与父亲鲁桓公相同，取名为同，这是"取于父为类"。

秦汉以后取名，也大多遵守这些传统风俗。南朝宋范晔是母亲在厕所生的，头被砖所伤，以"砖"为小字。岳飞生时，有大禽在屋上飞鸣，因名为"飞"。两者是遵从了"假"和"义"的传统。

3. 以梦中所见之象取名，也叫"梦象法"。郑文公的妾梦见天使给她一枝兰花而怀孕生子，文公为公子取名"兰"，即后来的郑穆公。[1]因此，古代妇人怀孕，又称"梦兰""兰梦"。北周庾信《奉和赐曹美人》诗："何年迎弄玉，今朝得梦兰。"李白的名字也是母亲梦见长庚星（金星，又称太白星）而命名的。

4. 根据占卜所得的结果取名。第一节中，晋公子夷吾为儿子取名圉，为女儿取名妾，就是占卜的结果。

5. 待事而名。即初生时不取名，待以后有了值得纪念的大事时，因事命名。春秋鲁国叔孙庄叔击败狄人，俘获侨如、虺（huǐ）、豹三个俘虏，用三个人的名字分别为自己的三个儿子命名。[2]叔孙庄叔不可能在这年顿生三子，有的是生后待事而名，有的是事后而生。《左传·定公八年》载："（鲁）苫越生子，将待时而名之，阳州之役获焉，名之曰'阳州'。"为儿子取俘虏的名字来纪念战功的风俗也流行于蒙古族。也速该征讨塔塔儿部，抓了两个俘虏，年长者叫铁木真。恰好妻子生子，便为子取名叫铁木真。铁木真即后来震撼亚欧的成吉思汗。

上述申繻的话还道出了周人取名的"六避"。之所以不以国名、官名、山川名、隐疾名、畜牲名、器币名取名，是为了避名讳。如果用这些为国君之子命名，待其继位后，为了避讳，势必因重大事物名称的更改而造成混乱。晋僖公名司徒，"司徒"这个官名只好废弃。鲁献公名具，鲁武公名敖，只好将鲁

---

〔1〕参见《左传·宣公三年》，载《十三经注疏》，北京：中华书局，1980年影印版。
〔2〕参见《左传·襄公三十年》，载《十三经注疏》，北京：中华书局，1980年影印版。

国境内的具山、敖山改称"其乡之山"。古代特别重视祭祀，用猪、羊、俎、豆等命名，不仅要避讳，更不能用来做祭祀的牺牲和器物。

由此我们可以理解《礼记·曲礼》中"入境而问禁，入国而问俗，入门而问讳"的礼制意义所在。春秋晋国范献子聘于鲁，问起了具山、敖山，鲁人说是先君之讳，范献子感到自己失礼，非常尴尬。[1]

不光是国君，其他贵族和平民也要避父祖名讳。因此，也要遵守"六避"的取名原则。正如国君一样，也有偶犯避讳者。孔子弟子司马耕，字子牛，即以畜牲命名字。

《礼记·曲礼下》载，先秦时期还有一条取名礼制，叫作"君子已孤不更名"。即父亲死后，为自己取的名字不能再更改，否则就是遗弃其父。

秦汉以后，不再讲究这些原则。汉文帝名恒，汉武帝名彻，宁肯将恒山改为常山，将彻侯改为列侯，也要坚持自己的名，反映了封建君主权力的加强。上述《颜氏家训·风操》列举的，以禽、鲤、虮虱、犬子、狗子、驴子、驹子、豚子等为乳名者，比比皆是。

"君子已孤不更名"的原则也有所松动。由于名为"幼小卑贱"之称，往往不太雅，入学后许多人都改名。司马相如名犬子，"相如既学，慕蔺相如之为人也，更名相如"[2]。这里虽没说相如之父是否健在，至少说明是他以自己的意愿而更名。《南齐书·张敬儿传》载，南齐张敬儿本名苟儿，"宋明帝以其名鄙"而改。其弟也由"猪儿"改为恭儿。《南齐书·曹虎传》载，曹虎本名虎头，"世祖（齐武帝）以虎头名鄙，敕改之"。既然是皇帝敕改，就不管父亲是否健在了。

实际上，秦汉以后的名往往称"小字"，入学后再另取一名。如范晔名晔，小字砖。王安石名安石，小字獾郎。如果小字较雅，就不必另取了。

（三）幼名冠字

字是举行冠礼时正式起的称呼，即上述"冠而字之，成人之道也"。《白虎通·姓名》讲，"人所以有字者何？所以冠德明功，敬成人也"。

〔1〕参见《国语·晋语九》，上海：上海古籍出版社，1978年版。
〔2〕《汉书·司马相如传》，北京：中华书局，1962年版。

字一般要与名意义相通，《白虎通·姓名》云："闻其名即知其字，闻字即知其名。"如孔子名丘字仲尼，其子名鲤字伯鱼。后世一般也遵守这名、字互应的习俗。诸葛亮字孔明，岳飞字鹏举，毛泽东字润之等，字和名均同义。

《礼记·檀弓上》称："幼名，冠字，五十以伯仲，死谥，周道也。"是讲在称呼别人时，幼年称其名，成年称其字。对 50 岁以上的老者直呼其字也不尊重了，应称呼他的伯、仲。对死者称谥号。所以，古人自称称名，以表示自谦。称别人则称字而不能称名，表示尊敬，即"敬成人"。关系特殊称名，则表示亲昵或随便。《论语》中，孔子对弟子都称名而不称字，体现了和谐的师生关系。称名、称字所反映的"简""敬"的语气，与现在称乳名和称学名基本相同。

（四）号

号是指人的别号、绰号，先秦时期就已出现。春秋范蠡帮助越王勾践灭吴后弃官经商，先后自称"鸱夷子皮""陶朱公"。百里奚是秦穆公用五张羊皮从楚国赎回来的，号曰"五羖大夫"。吕不韦为相国，秦王政称他为"仲父"。

古人的称号可分为以下几类：

1. 赐号。即帝王对臣民赏赐的称号。如周文王号姜太公曰"太公望"，周武王又尊他为"师尚父"，齐桓公尊管仲为"仲父"。南宋孝宗赐号郭雍为"冲晦处士"，后又封"颐正先生"。有的不是赐号，而是皇帝随便给臣下起的绰号。北魏大臣古弼头尖且刚正不阿，魏太武帝呼他为"笔头"。

2. 舆论称号。即社会群众阶层所起的称号。古代民众向来有参政议政、褒贬是非、臧否人物的传统，给人的称号表达了赞誉、敬仰、讥讽、鞭笞、痛斥等各种心境，是社会舆论对某一个人的评价。汉代的召信臣、杜诗勤政爱民，被称为"召父""杜母"。包拯因铁面无私被称为"阎罗包老"。蔡京等六名奸臣被称作是"六贼"。也有的是外族起的称号。匈奴称汉代李广为"飞将军"，契丹称杨延昭为"杨六郎"。

3. 自号。自号往往是自己的个性、人生追求任真自得的写照，或是对社会、时政洒脱不羁的宣泄和讽刺。宋代的文人学士中，自号蔚成风气，最为盛行。苏轼号"东坡居士"，邵雍号"安乐先生"，陆游号"放翁"。几乎所有的文士都要为自己起个称号。明朝"江南四大才子"之一的祝允明，因右手有枝生于手指，自号枝山。

（五）妇女姓氏

值得注意的是，氏、名、字、号除像李清照那样的女性外，一般妇女是不全或者根本没有的。其实，在先秦时期，妇人不仅有姓，而且有名有字。《礼记·曲礼》载："女子许嫁，笄而字。"不过这个字仅仅是伯、仲、叔、季而已。按《白虎通·姓名》的说法，古代"男女异长，各自有伯仲"，即兄弟姐妹并不混合排序，按男女各自排序。一般的称呼是先字后姓，如"伯姬"即字伯姓姬。出嫁后，若嫁给国君，则在前面冠以国名。嫁给贵族，则冠以夫氏。如鲁国姬姓，鲁女嫁给杞国国君，称杞伯姬；嫁给宋国大夫荡氏，称荡伯姬。[1] 当时，男子50岁以上尊称伯仲，这样称呼妇女不见得怎么低下。

秦汉以后，妇女"笄而字"的"字"的风俗逐渐消失。据历代正史《列女传》记载的情况来看，历代书香之家的女子多有名有字。东汉大儒班彪的女儿名昭，字惠班。东晋谢安侄孙女字道韫。一般百姓之女则只有小字（即乳名）而无名字，从称呼来看，出嫁前称小字，出嫁后无论是否有名字，则统称张氏、李氏等姓氏了。

第四节　敬老养老

一、暮年巡礼

《论语·为政》载孔子语曰："吾十有五而志于学，三十而立，四十而不惑，五十而知天命，六十而耳顺，七十而从心所欲，不逾矩。"因此，人们又以"而立""不惑""知天命"等标志各个年龄阶段。它与古代礼制所划分的

---

〔1〕参见《春秋·僖公三十一年》《春秋·僖公二十五年》，载《十三经注疏》，北京：中华书局，1980年影印版。

年龄段基本吻合。

据《礼记·曲礼》的记载，成年礼以后可划分为如下阶段：

"人生三十曰壮，有室"。即 30 岁称"壮"，应该有家室了。孔子的"而立"也有立家室之意，主要指学立德成。晋人陆机有一首自十岁至百岁的《百年歌》讲："三十时，行成名立有令闻，力可扛鼎志干云。"

"四十曰强，而仕"。壮久则强，一是智虑强，即孔子的"不惑"。二是气力强。可以出仕做官了。《百年歌》讲："四十时，体力克壮志方刚，跨州越郡还帝乡。"

"五十曰艾，服官政"。《朱子大全》认为："艾，发之苍白者，如艾之色也。"40 岁做官是"为士，以事人治官府小事也。服官政者为大夫，以长人与闻邦国之大事也"。《释名·释长幼》讲："艾，治也。治事能断割，艾刈无所疑也。"也就是说，强年做官只是帮人处理小事，艾年则要处理邦国大事。《百年歌》讲："五十时，荷旄仗节镇家邦。"

"六十曰耆（qí），指使"。耆年无奔走服役之事，可以自己的旨意指使别人了。古代以干支纪年，60 年正好一个循环周期，故耆年又称"花甲"。唐人赵牧《对酒短歌》曰："手接六十花甲子，循环落落如弄珠。"

"七十曰老，而传"。70 岁始称"老""自称曰老夫"，传家事于子，致政事于君。所以，70 岁也是古代致仕告老的年龄。由于杜甫《曲江》诗中有"人生七十古来稀"的诗句，又称 70 岁为"古稀之年"。民间到了 70 岁也不再从事农耕了。唐人窦巩《代邻叟》诗："年来七十罢耕桑，就暖支羸强下床。满眼儿孙身外事，闲梳白发对残阳。"

"八十、九十曰耄（mào）"。80 岁也称"耋（dié）"。《诗·鲁颂·閟宫》云："黄发台背，寿胥与试。"又称耄耋为黄发，90 岁为鲐（tái）背。明人文徵明《戊午元旦》诗："百岁几人登耄耋，一身五世见曾元。"黄发台背为寿徵，应激励老年壮志。明人程嘉燧《题画赠戚四丈八十》诗："莫言八十渐衰老，叱咤可走千貔貅（pí xiū）。相逢掀髯但一笑，意气尚欲横九州。"

人生百年曰"期颐"。《庄子·盗跖》讲："人上寿百岁，中寿八十，下寿六十。"《列子·杨朱篇》讲："百年，寿之大齐。得百年寿者，千无一焉。"人寿以百年为期，故曰"期"。享年及于耄期，诚足可贵，可以颐养天年了。

清代关槐绘《香山九老图》。37.6厘米×182.1厘米

二、敬老养老

（一）儒家的敬老理想与传统风俗

敬老养老是中华民族的传统美德，也是儒家的社会理想。《礼记·曲礼上》规定的敬老原则有：

"谋于长者，必操几杖以从之。长者问，不辞让而对，非礼也。"

"年长以倍，则父事之；十年以长，则兄事之；五年以长，则肩随之；群居五人，则长者必异席。"

《礼记·乡饮酒义》载："乡饮酒之礼，六十者坐，五十者立待，以听政役。"

《礼记·王制》载："凡养老……五十养于乡（乡学），六十养于国（国中小学），七十养于学（大学）。""五十杖于家，六十杖于乡，七十杖于国，八十杖于朝。九十者，天子欲有问焉，则就其室。"

孟子对齐宣王讲："老吾老，以及人之老；幼吾幼，以及人之幼。天下可运于掌。"[1]并提出了当时流行的"为长者折枝"的敬老风俗。

进入封建社会后，历代王朝都有不同程度的赈济年长者和鳏寡孤独者的措施，偶尔给饥寒交迫的老人一点微薄的救济，尽管是敬老养老的虚伪招牌，毕竟是保留了一点进入阶级社会后逐渐消失了的美好的东西，且对社会风俗起着导向作用。民间社会风俗则仍然运载着儒家敬老养老的理想，并由古代理想的礼仪形式内化为人们的心理情感，凝结为一种带有规范性、秩序性的社会道德意识。

中国古代不仅敬老养老，而且贵老，老人的资历、经验、见识得到高度尊重。《诗·大雅·板》称："老夫灌灌，小子蹻（qiāo）蹻。"意思是老人欲尽其谋，少者却骄而不受。春秋秦穆公不听蹇叔的劝谏而伐郑，惨遭失败后，总结出"询兹黄发，刚罔所愆"[2]的教训。这大概就是现在讲的"不听老人言，吃亏在眼前"的俗语的历史渊源了。《荀子·致士篇》讲："耆艾而信，可以为师。"现代人常讲"嘴上没毛，办事不牢"。在民俗语言中，高傲者自称"老子"，称对方为"小子"，都透出了对年长、资历的看重，对年轻人的轻视。青年就意味着无知和服从，老年就意味着智慧和权威。中国人也常讲"有志不在年高""后生可畏"，这固然是对后辈的肯定，但它仍是一种贵老心态的反映，是对反常事物的惊奇发现和无可奈何的认同。正常情况下应该是年高者有志，先生者可畏。

（二）敬老文化评说

敬老尊长固然是中华民族的传统美德，也是中国礼仪之邦的文明标志。在这样一个"老有所终"的国度里，老人不仅能得到安度晚年的慰藉和对一生付出的回报，而且在孤独、寂寞、失落中少了一些遗憾和哀怨，在贵老文化的氛围中多了一些满足和平衡。

然而，这种敬老贵老的文化传统，渊源于远古的氏族制度和长期的宗法社会，适应了几千年进化迟缓而又稳定的农业生活节奏，又有着贵经验不重创新、讲资历而压抑后辈的消极作用。严复《论世变之亟》曾讲："中国夸

---

〔1〕《孟子·梁惠王上》，载《诸子集成》，上海：上海书店，1986 年影印版。
〔2〕《尚书·秦誓》，载《十三经注疏》，北京：中华书局，1980 年影印版。

多识而西人重新知。"它不仅延缓了社会新老更替的周期，而且消磨了生气勃勃的进取和创新精神，造成了人们一味迷恋传统、经验，向后看的陋习和保守求稳的惰性。

风俗文化沟通着历史与现实，在现代人的文化心理中，不仅以人的经验和资历为贵，一个国家、民族也以古老为贵。我们中国人一直在为中华民族五千年的悠久历史而感到自豪，把古老、悠久作为高傲的资本，来树立比发达国家优越的感觉，这正是来自贵老文化根的呼唤。

三、生日和祝寿

祝寿是敬老养老具体的礼仪形式之一，是指在老人诞辰举行的庆祝活动，故老人的生日又称"寿诞"。

《诗·小雅·蓼莪（lù é）》载："哀哀父母，生我劬（qú）劳。"生日那天，要思念父母生我的艰辛，作哀戚状，不能宴乐庆贺。由于敬老养老的习俗和重视生命延续的观念，先秦两汉盛行随时随地向人献酒、献金上寿的礼俗。《诗经》中有许多上寿的记载。

《诗·大雅·江汉》云："虎拜稽首，天子万年。"

《诗·小雅·天保》云："如南山之寿，不骞不崩。"

《诗·豳风·七月》云："跻彼公堂，称彼兕觥，万寿无疆。"

这里是分别向天子、贵族、主人上寿。

清代刺绣《贺寿图》。 十二条屏，201.3厘米×47.9厘米。图中为唐代郭子仪夫妻七十双寿诞的情景，体现的是子孝父荣的祥和大家景象

《管子·小称》载："桓公、管仲、鲍叔牙、宁戚四人饮，桓公谓鲍叔牙曰："阖不起为寡人寿乎?"《燕丹子》载："太子（燕太子丹）置酒请荆轲，酒酣，太子起为寿。"[1]鸿门宴上，范增为刺杀刘邦，召项庄"入前为寿"[2]。这些都是随时献酒祝寿的习俗。

送寿礼的风俗也产生了。《史记·刺客列传》载，战国严仲子"奉黄金百镒，前为聂政母寿"。《战国策·赵策三》载，赵国平原君"以千金为鲁连寿"。《史记·卫将军骠骑列传》载，西汉大将军卫青以五百金为王夫人寿。都是以金作寿礼祝寿的习俗。

祝寿、献酒和献金上寿，虽有祝愿健康长寿之意，但都不是在生日这天进行，只是单纯地上寿，而不是庆祝寿诞。

民间庆贺生日，起于南北朝的江南。上述周岁试儿，大宴宾客已启动过生日的风俗。《颜氏家训·风操》记载周岁试儿后，接着说：

> 自兹以后，二亲若在，每至此日，常有酒食之事尔。无教之徒，虽已孤露，其日皆为供顿，酣畅声乐，不知有所感伤。梁元帝年少之时，每八月六日载诞之辰，常设斋讲。自阮修容薨殁之后，此事亦绝。

当时做生日有两种情况，一种是双亲在世，生日那天设酒庆贺，父母去世后，就不再过生日了。梁元帝每年八月六日做生日，自生母阮修容死后，就不再做了。另一种是所谓的"无教之徒"，亦即民间，父母去世后仍置酒乐，庆祝生日。所以，顾炎武讲："生日之礼，古人所无。至齐梁间，乃行此礼。"[3]

这两种情况一直延续到唐前期。唐太宗对长孙无忌讲："今日吾生日，世俗皆为乐，在朕翻成伤感……诗云'哀哀父母，生我劬劳'。奈何以劬劳之日更为宴乐乎!"[4]

唐玄宗开元十七年（729年），丞相源乾曜、张说奏请，将唐玄宗的生日（八

---

〔1〕《太平御览》卷五三九《礼仪部一八·上寿》引，北京：中华书局，1960年影印版。

〔2〕《史记·项羽本纪》，北京：中华书局，1959年版。

〔3〕《日知录》卷一三，上海：上海古籍出版社，1984年版。

〔4〕《资治通鉴·太宗贞观二十年》，北京：中华书局，1959年版。

清末缂丝《寿老仙童图》。81.28 厘米 ×46.99 厘米

清代徐扬绘《野老喜晴图》。103.5 厘米 ×61.7 厘米

月初五）定为千秋节，"布于天下，咸令宴乐，休假三日，群臣以是日献甘露醇酎，上万岁寿酒"[1]。唐玄宗诏准曰："依卿来请，宣付所司。"这是皇帝明确表态把献酒上寿的古礼与生日合并起来了。

　　杨贵妃 37 岁生日时，唐玄宗亲到华清池为她祝寿，命 15 岁以下的梨园弟子在长生殿演奏新曲，从岭南运送的荔枝到达，遂将新曲定名为《荔枝香》。

　　可知自唐玄宗开始，皇帝、贵妃都开始庆贺寿诞了。依照此例，唐宋皇帝都为自己的生日立节庆贺。如唐肃宗的生日叫"天成地平节"，唐武宗叫"庆阳节"。宋代皇帝生日又称"圣节"。宋太祖的圣节叫"长春节"，宋徽宗的圣节叫"天宁节"，北宋九朝皇帝都有圣节。还有的为皇太后生日立节。宋仁宗为刘太后正月初八生日立"长宁节"。明清时期，皇帝、皇太后的生日统称为"圣寿节""万寿节"，皇后、皇太子的生日称为"千秋节"。

　　每遇皇帝、皇太后、皇后、皇太子生日，往往普天同庆。文武百官进献寿礼，皇帝大宴群臣，有时还大赦天下。明清时还要请教坊司或戏班演戏贺寿。1894 年阴历十月初十是慈禧太后 60 寿辰，不惜动用海军经费，提前几年将清

------

[1] 张说：《请八月五日为千秋节表》，载《全唐文》卷二二三，北京：中华书局，1960 年版。

漪园重修为颐和园。寿辰前后，美化
宫殿、宴席、赏赐等各项开支共耗费
白银 1000 多万两。

麻姑献寿　　　　　八仙庆寿

　　从宋代起，收取寿礼还成为各级
官吏搜刮民财的有效方式。宋太祖开
宝年间（968—976 年），神泉县令张
某张榜公布自己和妻子的生日，以暗
示僚属百姓送礼。[1] 南宋绍兴二十六年（1156 年），"诏内外见任官，因
生日受所属庆贺之礼及与之者（送礼者），各徒三年，赃重者依本法"[2]。
收取寿礼的歪风，竟严重到朝廷立法禁止的程度。由此可知，北宋末蔡京的
"生辰纲"所传不虚。

　　民间的祝寿活动也盛行起来。寿诞那天，要设寿堂，挂寿联、寿图，摆
宴庆贺。寿联上写"寿比南山松不老，福如东海水长流"之类的联语。寿图
有《寿星图》《王母献寿图》《八仙庆寿图》《麻姑献寿图》等。麻姑是传
说中的长寿女仙。东晋葛洪的《神仙传》说，她能指米为珠，曾见东海三次
变为桑田。东汉桓帝时，麻姑降蔡经家，年似十八九岁，说近日蓬莱海水又
变浅了。[3]

　　寿宴中不可缺少的是汤饼和寿桃。汤饼即上述洗儿风俗中的长寿面，此后
每年过生日都要吃，寿诞上就更不可缺少了。桃是长寿果。传说，汉武帝好长
生之道，西王母将三千年一熟的蟠桃送给他，汉武帝食后欲留核种之。西王母
说："此桃三千年一实，中土地薄，种之不生。"[4] 西王母还向汉武帝传授
了长生之道和修炼长生的符书。《西游记》中，孙悟空偷吃蟠桃，王母娘娘开
蟠桃会的说法，更加强了人们对寿桃的重视。民间庆寿的寿桃，一般用白面制
作，尖部染上红色。

　　直到今天，人们仍遵守这一古老的传统，以充分体现时代特色的各种形式
庆祝老人的生日，祝愿他们健康长寿。

〔1〕《古今图书集成·官常典·县令部》引《骇闻录》，北京：中华书局，成都：巴蜀书社，
1985 年版。
〔2〕《建炎以来系年要录》卷一七五，北京：中华书局，1966 年版。
〔3〕《太平广记》卷六〇《女仙五》引，北京：中华书局，1961 年版。
〔4〕《太平御览》卷六六一《道部三·真人下》引《集仙录》，北京：中华书局，1960 年影印版。

第五节　养生和养性

中国不像其他宗教社会那样视人生为苦海，人生有原罪，而追求来世的解脱。《孝经·圣治章》引孔子语曰："天地之性，人为贵。"道教有句话叫"天大，地大，生大"。生命是中国人心目中第一宝贵的东西。对生命的眷恋，对益寿延年的探讨和追求，对有害于生命的性格的自律，成为生老风俗的一项十分重要的内容。

一、养生

"人生苦短"，不能永恒地活在世上，始终是困扰人类的最大遗憾。古代的神仙家、医家、道家都曾以超越生命的积极进取精神力图解决这一人生课题，从而创造和融汇成了中国古代的养生文化。后来的道教吸收了这些成果，创造出服食丹药、服气、导引、按摩、叩齿、咽津、辟谷、房中等各种养生之道。

谈到养生，人们往往觉得道教的那些方法过于专深和神秘，脱离世俗生活。世俗生活中的养生之道，主要是在儒家思想影响下形成的人生健康常识。

孔子最早提出了中国具有理论形态的养生学命题，叫作"仁者寿"。"仁"是孔子对各种道德修养的概括，这里主要是指"性静""仁者不忧"，即心平气和，包括保持平衡的心态和宽广的胸怀。如"不怨天，不尤人""君子坦坦荡荡"[1]等。《孔子家语·在厄》载，子路问孔子曰："君子亦有忧乎？"孔子曰："君子其未得也，则乐其意，既得已，又乐其治，是以有终身之乐无一日之忧。小人未得也而忧不得，既得之又恐失之，是以有终身之忧而无一日之乐也。"曾子把这些思想概括出了一句养生名言，叫作"心广体胖"[2]。

---

[1]《论语·雍也》《论语·子罕》《论语·宪问》《论语·述而》，载《诸子集成》，上海：上海书店，1986 年影印版。

[2]《礼记·大学》，载《十三经注疏》，北京：中华书局，1980 年影印版。

千百年来一直被作为养生的名言至理。

要养生长寿，还需清心寡欲，限制超常的欲望。《礼记·曲礼》讲："敖不可长，欲不可纵，志不可满，乐不可极。"孔子针对好色、好斗、好贪有碍身心健康，提出了人生三戒的原则："少之时，血气未定，戒之在色；及其壮也，血气方刚，戒之在斗；及其老也，血气已衰，戒之在得。"[1]《孟子·尽心下》则明确提出了"养心莫善于寡欲"的思想。

儒家的养生之道，分养心和养身两个方面。上述《论语·乡党》中提出的饮食原则，儒家教学内容礼、乐、射、御、书、数中的乐（武舞）、射、御，《周礼·天官》中的"医师"，都是儒家关于饮食保健、体育保健、医疗保健的养身理论。

儒家的这些养生思想没有神秘色彩，贴近世俗生活，因而在养生民俗中广泛流行。《战国策·赵策四》载，触詟说赵太后时，说自己"自强步，日三四里，少益嗜食，和于身"就符合《荀子·天论》中"养备而动时，则天不能病"的原则，是民间一般的体育保健活动，现在叫作"饭后百步走，活到九十九"。

二、养性和座右铭、"忍"

养性与养生的价值选择不同，养生在于健康长寿，养性在于培养自己的性格和修养，也叫养心、修心。

养性主要指性格的自律。《论语·先进》载，孔子弟子冉求遇事退缩不前，子路鲁莽好胜，孔子分别对他们进行了开导。这是性格的他律，而不是自律。后人把孔子的人生"三戒"奉为信条，时刻告诫自己，就属于养性的范畴了。

《韩非子·观行》载："西门豹之性急，故佩韦以自缓；董安于之心缓，故佩弦以自急。"可知自先秦时期，就有以各种佩饰来告诫、鞭策自己的养性风俗。

汉代出现一种较普遍的养性形式，叫"座右铭"。东汉书法家崔瑗年轻时为兄报仇，杀人后逃亡，遇大赦而还，作铭以自戒，置座右，称作"座右铭"[2]。

〔1〕《论语·季氏》，载《诸子集成》，上海：上海书店，1986 年影印版。

〔2〕《文选·崔瑗·座右铭》，上海：上海古籍出版社，1998 年版。

崔瑗的儿子崔寔写出《政论》，当世称之。仲长统主张，"凡为人主，宜写一通，置之座侧"[1]。《旧唐书·刘子玄传》载，唐朝刘知几著《史通》，"太子右庶子徐坚深重其书，尝云：'居史职者，宜置此书于座右。'"可见座右铭的文字可多可少，形式也不拘一种。

座右铭上书写较多的是"忍"字，它不仅是古人的养性风俗，还是处世哲学。

《尚书·君陈》载："必有忍，其乃有济。"《论语·卫灵公》载孔子语曰："小不忍，则乱大谋。"儒家首先提出这个命题后，被后人奉为修身养性的千古信条。

唐玄宗时，光禄卿王守和不仅大书"忍"字在几案间为座右铭，甚至连屏风、帷帐上也绣画"忍"字，还对玄宗讲："坚而必断，刚而必折，万事之中，忍字为上。"北宋宰相富弼曾言："忍之一字，众妙之门，睦族处事，尤为先务"。宋代官场上有一句话，叫作"吃得三斗酽醋，方做得宰相"。[2]

元代赵孟頫绘《张公艺九世同居图》

古人认为，忍则事成，忍则免祸，忍则和睦。西汉韩信受辱于胯下，他的成功和岁月的流逝，洗去了他的屈辱，成为历史上"忍"的典范。《旧唐书·张公艺传》载，唐朝张公艺九代同居，北齐、隋、唐皆旌表其门。唐高宗封禅泰山路过郓州（治今山东省东平县），亲幸其家，询问齐家的诀窍。张公艺"请纸笔，但书百余'忍'字，高宗为之流涕"。"张公百忍"换来了全家和睦，也吸引着后来的张姓人家挂上了"百忍"的堂匾，可谁知道张公"百忍"了多

〔1〕《后汉书·崔寔列传》，北京：中华书局，1965年版。
〔2〕《古今图书集成·人事典·含忍部》引《开元天宝遗事》《读书镜》《官箴》，北京：中华书局，成都：巴蜀书社，1985年版。

少辛酸苦楚？

孔子尚且有"是可忍，孰不可忍"，后来倡导的忍简直"忍无可忍"。《新唐书·娄师德传》载，唐朝娄师德教育弟弟要忍耐。弟弟说："人有唾面，洁之乃已"。娄师德急忙说："洁之是违其怒，正使自干耳。"这种懦弱而荒唐的忍让，被称作"唾面自干"。

现代人除继续将"小不忍则乱大谋"挂在嘴边外，像"委曲求全""退一步，海阔天空，忍一分，风平浪静""宰相肚里能撑船"等，都笼罩着古代"忍"的阴影。

古人以"忍"养性，固然是为了培养宽广、大度的胸怀，也的确能避免许多将要发生的争斗和祸端。但是，忍让掩盖了胆怯和软弱，懦夫也分享宽宏大量的虚荣。因此，以"忍"养性又消磨了人的个性棱角和原则精神，使人们放弃了对邪恶行为的积极抗争，培养了胆小怕事、畏首畏尾的弱者心态。

第六节　人生观念评析

中国的生老风俗，集中而鲜明地体现了中国人的人生价值观念。

一、天地性，人为贵

在中国生老风俗中，祈子、胎教、悬弧挂帨、洗三、试儿、冠礼是不可缺少的人生礼仪。出生后，有三日、满月、周岁、生日、祝寿等反复进行的庆贺活动。一个人不仅有姓名，还要有字、号、生肖属相以及界定人生阶段的弱冠、而立、不惑、艾、耆、耄、耋、期颐等多种文化符号。怀孕期间有各种食物禁忌，枣、栗子、钱、葱、长寿面、寿桃等都要为各种人生欲望服务。还有儒、道、医、神仙等各家的养生之道和以座右铭、忍等为代表的养性风俗。这一切，都透露着这样一种人生观念：人生是丰富多彩的，是可贵的、庄严的、自豪的，都表现了对人生的高度重视和认真负责精神。

二、生命价值与社会价值的沟通

人生价值可分为生命价值与社会价值。其实，无论单纯强调生命价值的道家、道教、医家，还是强调社会价值的儒家，都是二者的统一。

道家和东汉产生的道教强调人的生命价值，但他们的思想理论对古代的哲学、医学、养生学及科技文化做出了重大的贡献，已在不知不觉中实现了人生的社会价值。中国的医学家（包括相当一部分道教医学家）具有"人命至重，有贵千金"的救死扶伤精神，在创造人的生命价值的同时，也实现了自己的社会价值。

儒家虽然极度强调人的社会价值，但并不否认人的生命价值，只是在二者不能兼存时，要毫不犹豫地"杀身以成仁""舍生而取义"。

中国生老风俗首先表现了对生命的重视，对"活着"的欲求。祝寿、敬老养老、养生之道以及人们常讲的"人命关天""人生易老"，甚至是"蝼蚁尚且贪生""好死不如赖活着"的俗语，无一不是这样。对人生不吉利的物象和事象，尤其是死，特别忌讳和厌恶，因而存在着许多"逢凶化吉"的行为和思维方式（参见第八章第五节丧葬与中国人的传统观念）。这种"重生恶死"的心态，反映了人们对生命价值的珍视。

然而，这个重视、保留下来的生命，又必须具有社会价值。从胎教、试儿到幼学的人生礼俗，无不充满着望子成龙的企盼。成年礼意味着弱冠请缨，建功立业的开端。"强而仕""艾服官政"，则给每个人提出了"荷旄仗节镇家邦"的要求。人生要为国家、为民族、为社会建功立业，青史留名才有价值。那些毫无意义地活着而玩物丧志的人，向来被人称作是"行尸走肉"。

司马迁讲："人固有一死，死有重于泰山，或轻于鸿毛。"[1]可以说是对古代人生价值观念的概括。

三、人生的乐和福

中国人很早就体验出人生的乐和福。

---

[1]《汉书·司马迁传》，北京：中华书局，1962年版。

乐是儒家的处世精神，孔子在体验人生之乐方面可以说影响了 2000 年来的中国人生风俗。《论语·学而》称："学而时习之，不亦说乎；有朋自远方来，不亦乐乎？"《论语·述而》载："饭疏食饮水，曲肱而枕之，乐亦在其中矣。"《孟子·尽心上》讲，君子有三乐，"父母俱在，兄弟无故，一乐也；仰不愧于天，俯不怍于人，二乐也；得天下英才而教育之，三乐也"。

宋代马远绘《孔子访荣启期图》

《列子·天瑞》载，孔子游泰山，遇到一个叫荣启期的，鹿裘带索，鼓琴而歌。孔子问："先生所以乐，何也？"荣启期回答说："吾乐甚多。天生万物，唯人为贵，而吾得为人，是一乐也；男女之别，男尊女卑，故以男为贵，吾既得为男矣，是二乐也；人生有不见日月，不免襁褓者，吾既已行年九十矣，是三乐也。"

在诸多的"乐"中，人生本身就是最大的快乐，据此，真可以做到孔子说的"无忧"了。

《尚书·洪范》讲，人有五福："一曰寿，二曰富，三曰康宁，四曰攸（喜）好德，五曰考终命（长寿善终）。"

《韩非子·解老》称："全寿富贵之谓福。"

福也是老百姓常挂在嘴边的字眼。能吃点好东西，叫作"口福"，看点好东西，叫"眼福"，甚至有个红颜知己也叫"艳福"。其他像祝福、福相、福气、福星高照、"大难不死，必有后福"等比比皆是。一个人如果不能体验人生的幸福，叫作"身在福中不知福"。中国的许多条屏都写着"福、禄、寿、禧"或者"富、贵、寿、康"四个字，可以说是对福的概括和渴求。

中国的生老风俗，从怀孕到老年庆寿，一直处在不间断的喜庆活动当中。每一项礼仪，又都是对当事人的祝福，充分反映了乐与福的人生观念和人生追求。

四、君子以自强不息

中国的生老风俗不仅充满人生乐趣，使人感到人生是那么充实，那么值得留恋，而且还激励、促进着人们日日上进，召唤着人们自尊、自重，认真执着地对待人生而决不能虚度。它所反映出的种种人生观念，凝聚为中国人的一种可贵的人生精神，那就是积极有为，执着而不放弃，勇敢地面对命运的挑战。《周易·乾卦》叫作"天行健，君子以自强不息"。

这种自强不息，首先表现为富有韧性，锲而不舍的精神和对成功的坚定信念。

《荀子·劝学篇》指出："锲而不舍，金石可镂。螾（yǐn）无爪牙之利，筋骨之强，上食埃土，下饮黄泉，用心一也。"《列子·汤问》所记载的"愚公移山"的寓言，《潜确类书》卷六十记载的"铁杵成针"的故事，也赞扬了这种毅力和自信。"事在人为""功到自然成""功夫不负有心人""若要功夫深，铁棒磨成针"的成语和谚语，说明中国的老百姓似乎更能理解它的深刻内涵。

西汉刘向《说苑》[1]载，春秋师旷讲："少而好学，如日出之阳；壮而好学，如日中之光；老而好学，如炳烛之明。"这种学无止境的精神后来叫"活到老，学到老"，也反映了一种坚忍不拔、自强不息的人生追求。

对人生的乐感和眷恋，还使中国人在命运维艰的处境中不是悲观失望，而是奋发图强，有所作为。对此，司马迁体会得最为深刻，《史记·太史公自序》称：

> 昔西伯拘羑里，演《周易》；孔子厄陈蔡，作《春秋》；屈原放逐，著《离骚》；左丘失明，厥有《国语》；孙子膑脚，而论兵法；不韦迁蜀，世传《吕览》；韩非囚秦，《说难》《孤愤》；《诗》三百篇，大抵贤圣发愤之所为作也。

---

〔1〕《古今图书集成·学行典·学问部》引，北京：中华书局，成都：巴蜀书社，1985年版。

　　中国人对人生进取的执着，有方方面面的表现和不同的人生价值选择。大到超越生命，小到日出而作，日落而息，都不轻言放弃。讲求信义者，追求"士为知己者死"；追求财富者，讲"人为财死，鸟为食亡"；追求功名者尤为痴情，竟使科举制"赚得英雄尽白头"，把一生消磨在寒窗之中，还要高唱"书中自有黄金屋，书中自有颜如玉"。即使是面朝黄土背朝天的农民，面对旱涝病虫等无数次颗粒不收的挫折，也依旧早出暮入，孜孜不倦。经不起挫折，灰心丧气，不仅是处事态度问题，更是道德意志上的堕落。"君看金尽失颜色，壮士灰心不丈夫"。这种为不同的价值信念百折不挠的追求，也是一种自强不息的表现。

第八章　丧葬风俗

丧，指哀悼死者的礼仪；葬，指处置死者遗体的方式。丧葬风俗是中国孝文化的具体表现和组成部分，主要包括居丧、墓葬、祭祀等方面的风俗和礼仪。它反映着不同民族、地区的伦理道德、宗教观念和亲族、家族意识。

第一节　灵魂不灭的迷惑

原始社会初期，人们并不掩埋同类的尸体，而是弃之于山野。《孟子·滕文公上》载："上世尝有不葬其亲者，其亲死，则举而委之于壑。他日过之，狐狸食之，蝇蚋（ruì）姑嘬（zuō）之。其颡（sǎng）有泚（cǐ），睨（nì）而不视……盖归，反虆梩（lěi sì）而掩之。"从不葬其亲到"虆梩而掩之"，出于不忍亲人遭受野兽、昆虫的伤害，这种伦理意识，成为掩埋同类的原因。

一、丧葬礼仪的定型

母系氏族社会，人们之间的血亲关系比较明确了。人们经常梦见死去的亲人仍在生活和生产，就认为他们仍然生活在另一个世界，产生了灵魂不灭的观念。18000 年前的山顶洞人把居住的山洞深处作为公共墓室，覆土掩埋死者，尸体上撒有赤铁矿粉，并有石器、穿孔兽牙等装饰品，反映了原始的宗教观念。

母系氏族公社时期，是中国墓葬的开始。以仰韶文化为代表的遗址中，大多有氏族的公共墓地，一般使用土坑葬，有单人葬、母子合葬、同性多人合葬、二次葬、埋葬儿童的瓮棺葬。有的墓地头部都指一个方向，可能是灵魂的去向。

瓮棺葬的器具都留一个小孔，以备灵魂出入。随葬的生产工具、生活用具是让死者在另一个世界用的。二次葬和统一的公共墓地便于活着的氏族成员统一祭祀死者。这些都反映了一定的丧葬仪式。

根据民族学的材料印证，当时已产生原始的巫术和巫觋。古代匈奴、鲜卑、高车、柔然、肃慎、突厥等族的氏族社会，都有从事巫术的"萨满"。西藏东南部的珞巴族，在21世纪初还处于原始社会，很早就有负责祭神、跳神的"纽布"和占卜的"米剂"。景颇族的巫师"西早"为死者主持一次"送魂"仪式，可得到一头牛。

到父系氏族社会，出现了一男一女、一男二女合葬的现象，这应是夫妻"黄泉共为友"观念的最早反映。

商代以前的丧葬礼制已难稽考，西周把一整套丧葬的繁文缛节称作凶礼，属周礼五礼之一。《仪礼》中的《丧服》《士丧礼》《既夕礼》《士虞礼》以及《周礼》《礼记》中，有详细的记载，3000年来，对中国的丧礼一直起着规范作用。周代还有一种专门相礼的行当，称作"儒"。孔子年轻时以儒为业，熟悉周礼和养生送死的各种礼仪。

因此，到西周时期，中国传统的丧葬仪式和礼制就全面确定了。

二、各民族葬法搜奇

由于各地区的地理环境、气候条件、经济生活不同，对灵魂不灭的解释也不同，产生了各地区、各民族的不同葬法。

《荀子·大略》载："氐羌之虏也，不忧其系垒（被俘虏）也，而忧其不焚也。"《墨子·节葬》载："秦之西有仪渠之国者，其亲戚死，聚柴薪而焚之，燻上，谓之'登遐'。"佛教僧侣都实行火葬，认为火葬象征着升天，到西方极乐世界。云南普米族认为，火葬可以把灵魂送入光明世界，土葬将灵魂埋入地下，永远不能转生，这显然是佛教的影响。

从远古到明朝，较流行崖葬，以南方的汉族和少数民族为多。早期是利用自然的崖穴、山洞。传说大禹死后葬在会稽山，称作"禹穴"，就是山洞。1978年，在福建武夷山悬崖绝壁的崖洞中发现有墓葬，相当于青铜时代。后期则凿崖为墓。四川地区从汉到南北朝期间，发展起众多的崖墓，有的在高峭

福建武夷山悬棺葬

的悬崖上凿崖为棺。唐朝的皇陵多依山为陵，也是崖葬。

在崖葬中有一种悬棺葬，流行于南方。有的利用绝壁上的天然平台、石墩，有的在崖上开凿横龛，有的在峭壁上凿孔钉桩，放置木棺。悬棺越高，对死者越尊重。

远古时代的崖葬，与人类早期居住山洞有关。道教产生后，认为人死"羽化升天"，入地府则为鬼，崖墓高出地面，是成仙的场所，称作"仙人山""升真洞""仙蜕岩"。唐朝和四川地区尊崇道教，故较流行崖葬。

西藏及土、怒、羌、畲、裕固、拉祜等族流行天葬，古籍上也称"鸟葬"。一般将尸体运至天葬场，割碎喂鹰，死者的头颅、骨架也要砸碎，拌糌粑投喂。若尸体被鹰食尽，则为吉祥。青海地区的天葬把尸体放在山顶上，亲友躲在远处观看，若被野禽顷刻食尽，则皆大欢喜。他们认为，鹰能把人的灵魂带入天堂，若吃不完，则是死者罪恶深重，连野鸟都不愿意吃。

东北和内蒙古的少数民族流行树葬、风葬、木架葬。《魏书·失（石）韦传》载，失韦"父母死，男女众哭三年，尸则置于林树之上"。《北史·契丹传》载，契丹人死，先置尸于树上，三年后再焚烧骨架。《周书·异域传》载，库莫奚人"死者则以苇薄裹尸，悬之树上"。

近现代黑龙江的鄂伦春、赫哲，呼伦贝尔的布特哈，内蒙古的鄂温克等民族，仍流行树葬。鄂伦春人把死者填入树洞内，或者放在利用大树搭成木架上。[1]赫哲族则在地上搭木架安放尸体。这种树葬又称"风葬"，利用呼啸的寒风吹干尸体。严寒的环境和狩猎经济意识，使他们把野兽众多的大森林当成死者的归宿，以期死后仍过着狩猎的生活。

生活在水边的人们有的实行水葬。实行这一葬法的有藏族、四川大渡河边的汉族、门巴族、傣族，四川甘孜、阿坝的各民族。浙江东部和舟山群岛一带的渔民则流行海葬。实行水葬的地区一般同时有多种葬法。暴病、凶死、夭亡者，或贫民使用水葬；富人、正常死亡的人用土葬、天葬、火葬。前者把江河湖海视为生命的源泉和灵魂的归宿，后者则认为他们的灵魂已脱离今世，升入天堂。

二次葬又称捡骨葬、洗骨葬。《后汉书·东夷列传》载，东沃沮人"其葬，

---

〔1〕参见赵芳编著：《中国古代丧葬》，北京：中国商业出版社，2015年版，第85—86页。

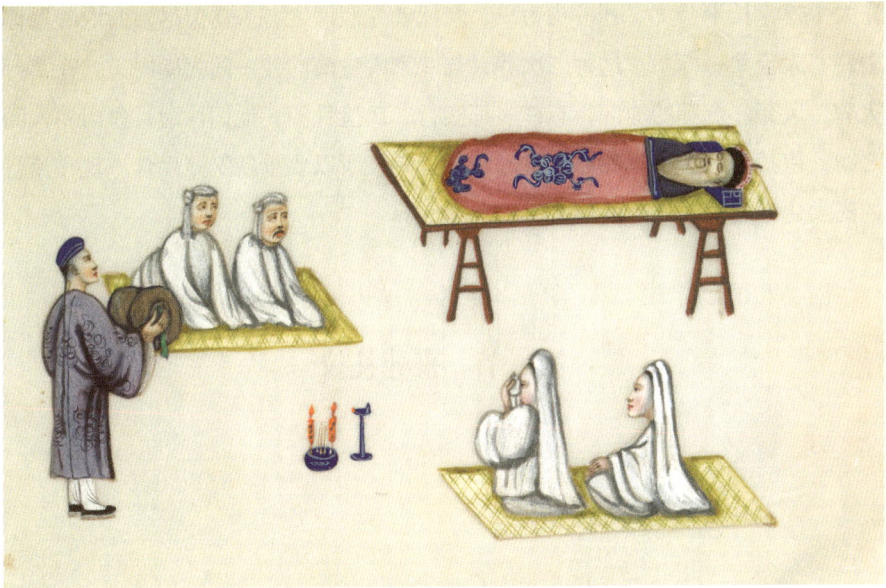

清人绘《初终图》

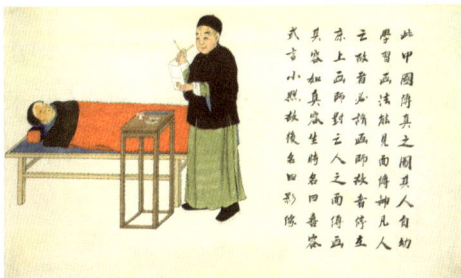

清人绘《画真容图》。选自19世纪外销画《街头各行业人物》

清人绘《报孝图》。选自19世纪外销画《街头各行业人物》

守灵。选自《中国民间信仰》

作大木椁，长十余丈，开一头为户，新死者先假埋之，令皮肉尽，乃取骨置椁中，家人皆共一椁"。这种二次葬，与一家人生前同住一间大屋同义。在实行火葬、风葬、合葬的地区，有许多都实行二次捡骨葬。他们认为，血肉属人间之物，待其腐朽后，灵魂才能进入阴间世界，所以要重新安葬尸骨。现在流行的先火化，后安葬入土的葬法，也是二次葬。

第二节　丧葬礼仪

一、初终、小殓、大殓、送葬

初终

死是人生旅程的结束，也是初终的开始。人死在床上被认为不吉，一定要在正室，也叫正寝，这样才有别于横死、客死、夭折，叫作"善终"，也叫"寿终正寝"。将死之际，家属守在身边，"属纩（kuàng）以俟绝气"[1]。即在死者鼻孔前放一点新绵丝（后用新棉花）试气，绵丝不动才能确认断气。后来把"属纩之际"作为临危的代称。

死者断气后，家人拿着死者衣服向祖先发源的方向，拉长声音高呼死者名氏，呼唤死者回来，称作"复"，俗称"招魂"。《礼记·丧大记》载："凡复，男子称名，妇人称字。"唐朝诗人王建《送阿史那将军迎旧使灵榇（chèn）》云："单于送葬还垂泪，部曲招魂亦道名。""复，尽爱之道也"[2]，表示为挽救死者做最后的努力。复之后再验纩，如还不动，才确定为真死，接着开始哭丧。男主人呜咽而啼，兄弟应大哭，妇女应捶胸顿足。

复之后，由另一人接过复用的衣服为死者穿上，用殓巾覆盖尸体，叫作"幠（hū）殓"。在尸体东侧（后改为南侧）设酒食供死者饮用，明清时称"倒头饭"。死者家属脱掉华丽衣服，摘去首饰，换上淡素衣服，开始居丧。

复之后，要在堂前西阶竖一旗幡，上书死者名氏，称作"铭（明）旌""书

---

〔1〕《礼记·丧大记》，载《十三经注疏》，北京：中华书局，1980 年影印版。
〔2〕《礼记·檀弓下》，载《十三经注疏》，北京：中华书局，1980 年影印版。

铭"。《礼记·丧服小记》称："复与书铭，自天子达于士，其辞一也。男子称名，妇人书姓与伯仲，如不知姓则书氏。"铭旌的目的是让外人知道死者是谁。《礼记·檀弓下》载："铭，明旌也，以死者为不可别已，故以旗识之。"上引王建诗的最后一句是"路人来去读铭旌"，形象地反映了铭旌的作用。

在堂前庭中置一块木牌，暂时代替死者神主，以象征死者亡灵，称作"设重"。晚上在堂上燃烛，称作"设燎"，便于亡灵享用供品。

哭丧后，要为死者沐浴，以便让死者洁净返本，称作"洗尸"。然后将珠、玉、璧、贝等物放入死者口中，称作"饭唅"。《白虎通·崩薨》载："所以有饭唅何？缘生食，今死，不欲虚其口，故唅。用珠宝物何也？有益死者形体，故天子饭以玉，诸侯以珠，大夫以璧，士以贝也。"

属纩、复、幠殓、铭旌、设重、洗尸、饭唅、设燎，以及下述的讣告，都属初终的礼仪，要在一天之内完成。

小殓

小殓是指为死者穿上入棺的寿衣，一般在第二天进行。天子七日小殓，诸侯五日小殓。《礼记·丧服大记》载："小殓，君、大夫、士，皆用複衣複衾。"前面讲过，"複衣"即夹衣、绵衣。现代小殓的寿衣，也是棉衣、棉裤。衾是大被子，用来包裹尸体。

大殓

大殓即入棺仪式。主人、主妇在执事人的帮助下，亲自奉尸入棺。《礼记·曲礼下》讲："在床曰尸，在棺曰柩。"即大殓后才可称柩。大殓礼毕，叫作"既殡"。古称殓而未葬曰殡，现在把"殡"和"葬"混在一起了。既殡后，死者家属穿上不同等级的孝服，称作"成服"。

送葬

送葬也称"既葬"。《世说新语·伤逝》载："王仲宣好驴鸣。既葬，文帝临其丧，顾与同游曰：'王好驴鸣，可各作一声以送之。'"《礼记·王制》载："天子七日而殡，七月而葬；诸侯五日而殡，五月而葬；大夫、士、庶人三日而殡，三月而葬。"秦汉以后，往往几天后就入葬。汉文帝死后七日入葬，东汉章帝十二日入葬。现代一般百姓则治丧三日。

下葬的前一天，取下铭旌放在重上，用灵车载重并行，把灵柩迁入祖庙祭奠，称作"迁柩""祖奠"。迁柩之礼后世不常举行。第二天，灵车启行，前往墓地，称作"发引"，后世又称"出殡"。发引队伍由丧主在前，边哭边行。亲属以绳索牵引灵车，称作"执引"，以绳索牵引棺柩称作"执绋"。前来助葬者也要执绋。《礼记·曲礼上》称："助葬必执绋。"

从汉代开始，执绋者要高唱挽歌。挽歌取材于齐国东部的歌谣，有《薤（xiè）露》《蒿里》两首，前者送王公贵人，后者送士大夫、平民。干宝《搜神记》曰："挽歌者，丧家之乐；执绋者，相和之声也。挽歌词有《薤露》《蒿里》二章，出田横门人。横自杀，门人伤之，为悲歌。言人如薤上露，易晞灭也。亦谓人死，精魂于蒿里。"《古辞》曰："薤露朝露何易晞，明朝更复露人死，一去何时归？二章曰：蒿里谁家地？聚敛精魂无贤愚，鬼伯一何相催促，人命不得少踟蹰。至李延年乃分为二曲，《薤露》送王公贵人，《蒿里》送士大夫、庶人，使挽柩者歌之。"〔1〕

可知挽歌起始于齐地田横门人，到汉武帝正式使挽柩者唱挽歌。所以《晋书·礼志中》讲："汉魏故事，大丧及大臣之丧，执绋者挽歌。新礼以为，挽歌出于汉武帝役人之劳歌，声哀切，遂以为送终之礼。"后来的挽歌不再局限于《薤露》《蒿里》，可随意而作。《隋书·卢思道传》载："（北齐）文宣帝崩，当朝文士各作挽歌十首，择其善者而用之。"北齐名士魏收、阳休之、祖孝征各被选中一、二首，卢思道独得八首。

后世富贵之家送葬的排场极大，由方相氏开道，乐队前导，雇人高举显示身份的旗幡，抬着纸扎的各种明器，僧尼、道士跟在后面念经诵号，一路抛撒纸钱。有的亲友在灵车经过的地方搭棚祭奠，称作"路祭"。

下葬的方法主要有两种：天子通隧道而入，诸侯以下悬棺而入。《左传·僖公二十五年》载，春秋晋文公平定了周王室王子带的叛乱，向周襄王"请隧"，周襄王拒绝说："王章也（章显王者与诸侯异）。未有代德，而有二王，亦叔父之恶也。"郑玄注曰："阙地通路曰隧。王之葬礼也，诸侯皆悬棺而下。"悬棺而入是在墓穴两旁竖石碑或楹（木桩），上头有孔，以穿孔为支点控制绳索，将棺柩慢慢放入墓穴。

鲁班曾在丧葬方法上倡导技术革新，主张用"机封"代替原来的丰碑和楹。《礼记·檀弓下》记载：

---

〔1〕《太平御览》卷五五二《礼仪部三一·挽歌》引，北京：中华书局，1960 年影印版。

季康子之母死，公输若（鲁班）方小。敛，般请以机封，将从之。公肩假曰："不可！夫鲁有初（传统礼制）——公室视丰碑（郑玄注：断大木为之，形如石碑），三家视桓楹（孔颖达疏：桓，大也；楹，柱也）。般，尔以人之母尝巧，则岂不得以（已）！其母以尝巧者乎，则病者乎，噫！"弗果从。

鲁班建议使用的机封，是一种能够代替人力的机关。守旧贵族公肩假指斥他在人家母亲身上尝试技巧，因而没能实现。这个故事说明，在封建礼制的束缚下，再先进的科技发明也难登大雅之堂。

二、讣告、奔丧、吊丧、赙赗（fù fèng）、谥号

讣告

讣告是初终的当日，派人向死者上级、亲友报丧。讣告本作"赴告"，含奔赴相告之意。天子死了，要讣告诸侯、全国及邻国。有时为了防止有人谋反、别国入侵或其他原因，不发讣告，叫"秘不发丧"。讣告一般写明死者生卒年月和祭葬时日。现在的讣告多由死者单位负责，亲友则由死者家属报丧。

奔丧

亲属接到丧讯，应立即上路返家，称作奔丧。《礼记·奔丧》讲，奔丧要"日行百里，不以夜行。唯父母之丧，见星而行，见星而舍"。

吊丧

亲属之外的朋友、同事、门生等接到讣告，要前往吊丧，亦称吊唁。《晋书·陶侃传》载，东晋陶侃母死，"有二客来吊，不哭而退，化为双鹤，冲天而去"，后因称吊丧为"鹤吊"。吊丧者要临哭，为死者执引、执绋。《礼记·檀弓下》载："行吊之日，不饮酒食肉焉。吊于葬者必执引，若从柩及圹皆执绋。"

按照周礼，国君吊唁战场上为国牺牲的将士，如果是庶人和微小之臣，在郊野外行郊吊，即可安葬或派人将尸体送回家。如果是大夫，国君应亲自到家吊唁。《左传·襄公二十三年》载，齐庄公攻打莒国，齐国大夫杞梁殖战死。齐庄公班师，在郊外遇上杞梁殖之妻，派人向她吊唁。杞梁妻推辞说："殖之

有罪，何辱命焉。若免于罪，犹有先人之敝庐在。"意思是说，如果杞梁有罪，不敢烦劳您吊唁；如果无罪，先人的庐舍还在，妾不接受郊吊，你这是不尊重殉国的烈士！齐庄公知道自己失礼，亲自到杞梁家抚恤、吊唁。所以，《礼记·檀弓下》中，曾子称赞"杞梁之妻之知礼也"。

秦汉以后，吊丧的方式增多，有的不遵礼制，以各种方式表达哀思。《后汉书·徐稚传》载，东汉徐稚为黄琼吊丧，设鸡酒薄祭，哭完不告姓名而去。郭泰母死，徐稚置一把鲜草于庐前。《世说新语·伤逝》载，西晋孙楚学驴叫为王济送葬。西晋束晳为好友作《吊哭萧孟恩文》，这种祭文后来演变为挽词、挽联。现代吊丧，形式更加多样。远者致唁电、唁函，近者则参加追悼会或遗体告别仪式。

赙赗（fù fèng）

古代送给丧主，助办丧事的钱物叫赙赗，凡前往吊丧者一般要以赙赗助丧，明清时称"奠仪"。现代所送的钱币、花圈、挽联、香纸等，仍称作奠仪。

谥号

古代诸侯、大臣死了，天子接到讣告后，也要派人或亲自前往吊唁，除赠赙赗外，还要赐谥。赐谥在迁柩前进行，先宣读诔文，以盖棺定论的形式总结死者生前的行事，叫作"诔"。诔只限于上对下，长对幼。《礼记·曾子问》载："贱不诔贵，幼不诔长，礼也。"孔子死，鲁哀公诔孔子曰："天不遗耆老，莫相予位焉。呜呼哀哉，尼父。"[1]诔之后，宣布谥号，一般只有一二个字，是死者生前行为最简明的概括。谥号有善谥，也有恶谥。唐朝张守节在《谥法解》中说："谥者，行之迹；号者，功之表……是以大行受大名，细行受细名。"北魏崔挺留恋彭城，不肯到京赴任。死后，太常议谥曰"炀侯"。魏孝文帝说："不遵上命曰灵，可谥为灵。"[2]

天子、皇帝死后也有谥号，主要由礼官议上。秦始皇曾取消这种"子议父，臣议君"的谥法，汉以后又恢复。

东汉又出现民间私谥。《后汉书·杨厚传》载，蜀郡杨厚教授门徒3000人，82岁卒，乡人尊谥为"文父"。宋元以后，"予（自）谥者仅曰某某，不系

---

〔1〕《礼记·檀弓上》，载《十三经注疏》，北京：中华书局，1980年影印版。
〔2〕《魏书·崔挺传》，北京：中华书局，1974年版。

公侯之字"〔1〕。

　　现代，谥法已发展为追悼会。谏文称作悼词，用来回顾死者的事迹，给死者一个公正的评价，以寄托人们的哀思。能开追悼会的人，大都是为人民、为社会做出贡献或者牺牲的英雄人物。近年来，多举行遗体告别仪式，但都有成文的悼词。

三、棺椁、随葬品、坟墓、相墓

棺椁

　　《说文六上·木部》称："棺，关也，所以掩尸。"《周易·系辞下》曰："古之葬者厚衣之以薪，葬之中野，不封不树，丧期无数，后世圣人易之以棺椁。"最早的棺是新石器时的陶瓮棺，商以后才用木棺，周代形成棺椁制度。棺是一层层套在一起的，中间没有空隙。大殓奉尸入棺，就是这种套棺。椁是用长方木卯榫相扣，直接装在墓穴内。《庄子·天下篇》载："古之丧礼，贵贱有仪，上下有等。天子棺椁七重，诸侯五重，大夫三重，士再重。"《荀子·礼论篇》认为"天子棺椁十重"，其他与《庄子》相同。《礼记·檀弓上》载："天子之棺四重。"郑玄注曰："诸公三重，诸侯再重，大夫一重，士不重。"按此推论，天子棺椁是四棺三椁，诸侯三棺二椁，大夫二棺一椁，士一棺一椁。

　　棺椁之间有空隙，放置随葬品。《礼记·丧服大记》载："棺椁之间，君容柷（zhù）、大夫容壶、士容甒（wǔ）。"

　　秦汉以后，不再有棺椁的区别，一般把外层的套棺称作椁。

　　贫民阶层买不起棺，则用芦席卷尸掩埋。东汉王堂瓦棺以葬，三国诸葛恪，"苇席裹其身而篾束其腰"〔2〕，投之石子冈。《南史·顾觊之传》载，南朝顾宪之任衡阳内史，郡内因瘟疫死者大半，棺椁尤贵，"悉裹之苇席"。

随葬品

　　原始社会墓中的随葬品，大都是工具、陶制品。商周时代形成厚葬的风气，大到车马，小到金玉珠玑、青铜器、货币、玺印、简册、丝绸、衣物等，后世又增加了各种瓷器。安阳殷墟发掘的商王武丁的妻子妇好墓，仅青铜器就210

〔1〕（清）福格：《听雨丛谈·谥法》，北京：中华书局，1959 年版。
〔2〕《三国志·吴志·诸葛恪传》，北京：中华书局，1959 年版。

件。湖北随县擂鼓墩曾侯乙墓中有 65 件成套编钟，加上其他青铜器约达 10 吨之多。明神宗的定陵出土文物 3000 多件，其中一对玉兔耳环，小白兔直立捣药，两只大眼睛生动传神，是用鲜红的宝石镶嵌的。所以，古代帝王、贵族的墓，几乎都是一座地下宝藏。

在商周奴隶社会，奴隶主又用活人殉葬。《墨子·节葬》揭露："天子杀殉，众者数百，寡者数十；将军、大夫杀殉，众者数十，寡者数人。"考古发掘的情况，足以证明此言不虚。在商朝殷墟发现的商王墓中，人殉多者达 400 余人，甚至小贵族和一般平民也有殉葬现象。秦汉以后，多用俑来代替人殉。举世闻名的秦始皇兵马俑，形体与真人真马相似，总数在 8000 件以上，它们都是殉葬者，用俑代替了活人，还算是历史的进步。尽管如此，活人殉葬仍未灭绝。明太祖用 46 妃殉葬，明成祖用 16 妃，一直继续到明英宗。

坟墓

坟指高出地面的土堆，墓指墓穴，也称"圹""兆域"。秦汉以前一般为竖穴土坑墓和木椁室，天子的墓穴通有隧道。诸侯以下的椁室像一口井，又称"井椁"。平民没有椁，只有一个土坑竖穴。战国晚期出现用空心砖砌筑的洞室墓，它的出现与传统的夫妻合葬有关。

中国古代一直存在夫妻合葬的风俗。《诗·王风·大车》称："百岁之后，归于其室。"《孔雀东南飞》云："结发同枕席，黄泉共为友。"白居易《赠内》诗："生为同室亲，死为同穴尘。"由夫妻合葬的习俗已升化为一种牢不可破的夫妻观念。由于夫妻双方不能同时死亡，使用土坑葬把先死者以泥土掩棺，合葬时既麻烦又不卫生，而砖砌的洞室墓打开墓门就能合葬。所以，自砖砌洞室墓出现后，很快流行开来。三国吴国人吴达全家 13 口人因病饿而死，家徒四壁。吴达夫妻伐木烧砖，终于造砖室墓埋葬了全部亲人。[1] 说明贫困小户也尽力以砖室墓安葬亲人。

坟在古代也称作"冢""封"。《礼记·檀弓上》引孔子语曰："古也墓而不坟。"《周易·系辞下》讲，上古墓葬"不封不树"。《汉书·刘向传》载："殷汤无葬处，文武周公葬于毕（今咸阳东北）……皆无丘垄之处。"崔寔《政论》讲："古者墓而不坟，文武之兆，与平地齐。""兆"指兆域，是坟墓的

---

[1]《太平御览》卷四一一《人事部五二·孝感》引《晋中兴书》，北京：中华书局，1960 年影印版。

界址。据考古发现，春秋中期以前的墓葬，包括商王墓都没有筑坟的迹象。

土丘坟出现于春秋中期。《礼记·檀弓上》载，孔子幼年丧父，长大找到父亲的墓地，与迁来的母亲合葬，感叹说："古也墓而不坟，今丘也东西南北之人也，不可以弗识也。于是封之，崇四尺。"该篇还讲，孔子见到四种丘坟："吾见封之若堂者矣，见若坊者矣，见若覆夏屋者矣，见若斧者矣。从若斧者焉，马鬣封之谓也。""若堂者"呈四方形隆起，像堂基一样；"若坊者"像堤坝一样；"若覆夏屋者"宽广而低矮，中间稍高；"若斧者"是像斧刃一样的"马鬣封"，孔子即采用了这一种。

土丘坟一出现便很快流行，并在坟头植树以为标记，合称"封树"。到战国，封树就发展为"其高大若山，其树之若林"[1]了。秦汉以后，几乎是无墓不封不树了。

坟头大小，树木多少，成为死者身份的标志。《周礼·春官宗伯·冢人》载，贵族"以爵等为丘封之度与其树数"。贾公彦疏引《春秋纬》云："天子坟高三仞（八尺为仞），树以松；诸侯半之，树以柏；大夫八尺，树以药草；士四尺，树以槐；庶人无坟，树以杨柳。"《礼记·王制》载，无爵等的庶人"葬不为雨止，不封不树"。

汉律规定："列侯坟高四丈，关内侯以下至庶人各有差。"[2]唐以后各朝对从品官到庶民的丘坟都有具体规定，一品官为18尺（清16尺）；庶人，唐为7尺，宋明6尺，清4尺。我们平日说的"四尺坟头"，源于上述孔子的"崇四尺"，也是清代庶民的丘坟。总之，在封建社会，官爵越高，坟墓越大，历代的皇陵更是高大如山，称作"陵""山陵"，反映了皇权的至高无上。

封前植树的风俗流传至今。《古诗十九首》描绘丘墓被毁的情况说："古墓摧为田，松柏摧为薪。"唐诗人张籍《野田》诗："古墓无子孙，白杨不得老。"孔子及后裔墓地的树木竟达3000多亩，发展为孔林。

相墓

相墓又称"相阴宅"。《旧唐书·吕才传》引《葬书》云："富贵官品，皆由安葬所致，年命延促，亦由坟垄所招。"《后汉书·袁安传》载，袁安觅地葬父，有三书生指一处说："葬此地，当世为上公。"汝南袁氏在东汉果然

〔1〕《吕氏春秋·安死》，载《诸子集成》，上海：上海书店，1986年影印版。
〔2〕《周礼·春官宗伯·冢人》郑玄注，载《十三经注疏》，北京：中华书局，1980年影印版。

四世三公。《晋书·羊祜传》载，相墓者称西晋羊祜的祖坟有王气，羊祜将其凿坏。相墓者说："犹出折臂三公。"后来，羊祜坠马折臂，位至三公。这些说法当然是事后附会，但却反映了当时祖坟佑及子孙的观念。两晋之际，郭璞以相墓擅名当时。南朝反检籍起义领袖唐寓之，"父祖相传图墓为业"。《旧唐书·吕才传》载，隋朝萧吉曾作《葬经》六卷，到唐初竟发展为120家，足见当时相墓风气之盛。

四、祠堂、碑碣、石雕群

祠堂

祠堂又称享堂，是用来祭祀死者的。在坟墓处建祠堂开始于西汉。司马光《文潞公家庙碑》讲，秦"尊君卑臣，于是，天子之外无敢营宗庙者，汉世公卿贵人多建祠堂于墓所"。《史记·外戚世家》载，汉文帝生母薄太后之父葬在会稽，"会稽郡置园邑三百家，长丞以下吏奉守冢、寝庙，上食祠如法"。至今犹存的东汉嘉祥武梁祠石刻，其祠堂也建在坟墓旁。南宋以后，祠堂多不建在墓地。有的在墓前建小屋，有的在墓前放一张石供桌，以备祭祀之用。

墓碑

碑是上述"悬棺"用的、木制的丰碑和楹。先秦时立在宫庙，用来测日影或拴牲口的竖石也称碑。《说文·弟九下》曰："碑，竖石也。"安放好棺枢后，往往把悬棺的碑楹一起埋入墓中。1986年，陕西凤翔秦景公大墓椁室两壁外侧发现一"木碑"，就是当初用来悬棺的。秦始皇发明刻石纪功后，原来悬棺的碑楹就不必埋到墓穴里了，换成石碑，刻上死者的名字就成了墓碑了。东汉开始把这纪功的石碑用于墓碑。《后汉书·窦宪传》载，东汉窦宪出击匈奴，命班固作铭，勒石燕然山纪功，其中有"封神丘兮建隆碣（碣）"的词句。李贤注曰："方者谓之碑，员（圆）者谓之碣。"《后汉书·循吏传》载，桂阳太守许荆死后，"桂阳人为立庙树碑"。

东汉著名的墓碑是上述"节日风俗"提到的曹娥碑，碑文为邯郸淳所作。《后汉书·列女·曹娥传》李贤注引《会稽典录》载，上虞长度尚让魏朗作碑文，文成未出。度尚的弟子邯郸淳操笔立成，无所点改。魏朗自愧不如，遂毁掉自己的文稿。文士蔡邕路过曹娥碑，又题"黄绢幼妇，外孙齑臼"八字。《世说新语·捷悟》载，曹操路过此碑，不明其意，杨修却心领神会。待走出30里路，曹操方才领悟。杨修遂解释说："黄绢，色丝也，于字为绝；幼妇，少女也，于字为妙；外孙，女子也，于字为好；齑臼，受辛也，于字为辤（今辞）。所谓'绝妙好辞'也。"曹操感叹曰："我才不及卿，乃觉三十里。"其实，上虞县（今上虞市）曹娥碑在浙江会稽东，曹操、杨修根本没到过上虞县。《三国演义》第七十一回，改为曹操征汉中，过潼关，在董祀、蔡文姬家里见到曹娥碑的图文，就符合历史事实了。

西晋杜预功名盖世，好为后世名声，常担心《左传·昭公三十二年》引《诗经》"高岸为谷，深谷为陵"的变化成为现实，刻了两座碑，一座沉万山之下，一座立岘山顶上，无论地层怎么变动，总有一座碑在世上记载他的功业。[1]

魏晋以后，墓碑大行。碑文要请文辞出众者起草，碑铭要请工于书法者书写。东晋孙绰文辞出众，王导、郗鉴、庾亮、桓温等名臣，"必须绰为碑文，然后刊石焉"[2]。北朝的碑文，大多是书法艺术的珍品，称作"魏碑"。所以，墓碑还是中国书法艺术的载体。

唐宋更加重视墓碑。著名书法家颜真卿、柳公权，文学家司马光，都为人书写、起草过碑文。唐宋还流行皇帝为大臣作碑。魏徵的墓碑为唐太宗亲自起草并书写，高宗为李勣作碑，玄宗为张说、德宗为段秀实、宋太祖为赵普、仁宗为李用和、神宗为韩琦作碑。南宋韩世忠的碑额"中兴佐命定国元勋"，由宋孝宗亲书，碑文由赵雄撰文，周必大书写，约13000余字。在整个封建社会，墓碑都贯串着刻石纪功，扬名后世的宗旨，由此可知"树碑立传"的深刻含义。

墓碑一般由碑首、碑身、碑座组成。碑首也称碑额，与碑身用同一块石头制作，方首曰碑，圆首曰碣，刻有螭、虎、龙、雀等图纹，当中留平面以题字。碑座也称"趺（fū）"，皇帝和高官以龟为趺。不同的等级身份，碑额的形制图纹，碑的高度、宽度、趺的种类、碑文，都有严格的规定。也有的皇帝、大臣立无字碑，其原因众说不一。唐

武则天乾陵无字碑　　明神宗定陵门无字碑

〔1〕参见《晋书·杜预传》，北京：中华书局，1974年版。
〔2〕《晋书·孙绰传》，北京：中华书局，1974年版。

高宗乾陵的无字碑，高 7.53 米，厚约 4.2 米，总重量约 100 吨。原则上庶人不许立碑（清代除外），但这一禁令并未执行，一般人死后墓前多树碑，只是体小制陋，无碑额和趺座，也无大篇碑铭。

石雕群

马踏匈奴石雕

石雕群是墓前和神道两旁的石人、石兽和传说中的神兽像。石人古称"翁仲"，石兽称"石像生"。唐人封演《封氏闻见记》卷六说，石雕群"所以表饰故垄，如生前之仪卫耳"。

石雕群产生于西汉。汉武帝击匈奴名将霍去病死后，坟墓筑成祁连山的形状，墓前放置了马踏匈奴、力士抱熊、石马、石虎等石雕像。东汉杨震死后，人们为他立石鸟像于墓所。皇陵的石雕群名目繁多，有文武大臣的石像、石兽和石神兽、石望柱、石华表等。西安唐高宗和武则天的乾陵，有石雕 120 多件。在朱雀门两侧，雕刻了 61 尊参加高宗葬礼的各地使者像，整整齐齐的一片。

唐朝到明清规定，五品以上官可以置石像。所以，中国广大的城乡到处都有林立的石雕群，它和墓碑、石牌坊一起，构成了中华大地的一种奇特文化景观。

第三节 守 制

守制即守孝，指孝子谢绝人事、官职，在家遵守居丧制度。《礼记·三年问》规定，守制期间，要"倚庐，食粥，寝苫，枕块，所以为至痛饰也"。即孝子要搭庐棚而居，喝粥、睡草垫、枕土块，以示十分悲痛。其间，孝子要停断正常生活，不能娶妻生子，不吃肉喝酒。《左传·襄公十七年》载："齐晏桓子卒，晏婴粗衰斩，苴绖带、杖，菅屦，食鬻，居倚庐，寝苫，枕草。"

该守制而不守制，即为不孝。《史记·孙子吴起列传》载，战国卫国人吴起对母发誓："不为卿相，不复入卫！"后拜曾子为师，母丧不归。曾子将吴起赶走，断绝师生关系。白居易《慈乌夜啼》诗："昔有吴起者，母殁丧不临。嗟哉斯徒辈，其心不如禽。"

《汉书·扬雄传下》注引应劭语曰："汉律以不为亲行三年服，不得选举。"《汉书·陈汤传》载，西汉陈汤，被富平侯张勃举为茂才，"父死不奔丧"，陈汤被拘捕入狱，张勃以"选举故不实"，削夺了200户的封邑，并被谥为"缪侯"。汉代对不守制的官员处分得也很严厉。汉哀帝时的丞相薛宣被罢官后，又因不为后母守制，削去高阳侯的爵位。

《晋书·何曾传》载，西晋阮籍居丧饮酒食肉，大臣何曾指责其为"败俗之人"，上书要将其流放四裔，"无令污染华夏"。

《魏书·礼志四》载："《违制律》：居三年之丧而冒哀求仕，五岁刑。"

《唐律疏议》规定：有父母、丈夫丧，匿不举哀者，流二千里。服丧期间，忘哀作乐，徒三年。明代顾炎武的《日知录》记载，后唐明宗天成三年（928年），滑州（治今河南滑县）掌书记孟升隐匿母丧，大理寺依法判为流放，而唐明宗以"孟升身被儒冠，贪荣禄匿母丧而不举，渎污时风，败伤名教，十恶难宽"，赐孟升自尽。

明英宗正统七年（1442年）下令："凡官吏匿丧者，俱发原籍为民。"[1]

由此可见，古代无论官民，不为父母服丧，不仅要受到风俗舆论的谴责，还要受到法律的严厉制裁。

一、虞祭、斋七、百日、周年、忌日

（一）虞祭和卒哭

死者下葬完毕，丧主用灵车载重而归，升堂而哭，称作"反哭"。反哭后进行三次祭祀，称作"虞祭"。《仪礼·既夕礼》叫作"三虞哭"。唐贾公彦疏曰："主人孝子葬之时，送形而往，迎魂而返，恐魂神不安，故设三虞安之。"三虞有初虞、再虞、三虞。虞祭要正式为死者设立神主，用桑木制作，也称木主，书死者官爵名讳，这时的神主称"虞主"。

---

[1]《中华再造善本·明代编·史部·大明会典》卷一三《资格二·丁忧》，北京：中华书局，2007年版。

先秦时的虞祭还要迎尸入门。"尸"是代表死者受祭的活人,一般以死者的孙子充当。因鬼神听之无声,视之无形,"故座尸而食之,尸饱若神之饱,尸醉若神之醉"[1]。祭祀宗庙也要选尸。"尸位""尸位素餐"即由此而来。

虞祭结束为"卒哭",意为停止哭泣。《礼记·杂记下》载:"士三月而葬,是月也卒哭。"从初终到卒哭接近100天。

(二)斋七和百日

佛教传入中国后,认为人死后在死此生彼之间,要寻求生缘,以七日为一期,七日不得生缘,再续七日,至七七必生一处。因此,又产生了做七的风俗。每隔七天做一次佛事,请僧人设斋祭奠,七七称作"断七",第一百天为"百日",更要隆重祭奠。《魏书·胡国珍传》载,胡国珍死后,北魏孝明帝下诏,"自薨至七七,皆为设千僧斋""百日设万人斋"。

与秦汉以前的祭仪相比,斋七相当于三虞,百日相当于卒哭。现代农村仍然流行斋七和百日的风俗,一般是到坟头上祭奠。

(三)周年和忌日

死者满周年,要进行小祥之祭。以栗木重新制作神主,称"吉主",代替原来的虞主,后来只做一次神主。满二周年进行大祥之祭,将神主正式迁入祖庙。大祥之祭在第25个月进行,之后不再哭丧,叫"祥外无哭"。《礼记·檀弓上》载:"鲁人有朝祥而莫(暮)歌者。"守制三年实际是三年头,25个月。《礼记·三年问》载:"三年之丧,二十五月而毕。"

大祥后隔月进行禫(dàn)祭。禫祭是除服之祭,表示守制完毕,恢复正常生活。《仪礼·士虞礼》载:"期而小祥,又期而大祥,中月而禫。"郑玄注曰:"中,犹间也。禫,祭名也,与大祥间一月,自丧至此,凡二十七月。"郑玄认为,三年之丧是27个月。从唐朝开始,三年之丧的日期确定为27个月。

---

[1]《通典·礼八》引《白虎通》,北京:中华书局,1988年版。

以后，每逢死者周年称"忌日"，都要像守制一样祭祀。"忌日不乐""君子有终身之丧，忌日之谓也"。[1]

二、孝服

为了区别与死者血缘关系的亲疏，服丧的时间和服饰也有严格的区别，这就是古代的五服制度。根据《仪礼·丧服》载，有以下五等孝服。

（一）斩衰（cuī）

斩衰是最重的孝服。子、未嫁女为父，承重孙（父为嫡长子，已死，嫡长孙为承重孙）为祖父，妻妾为夫，服斩衰三年。古代能为父母守三年丧者，称作"终丧""终制"。

斩衰之服以粗劣的生麻布制作，不缉边。以两条麻布带，一条束腰，一条束发冠，称作"苴绖（jū dié）"。用竹制而不加修理的哭丧棒，称作"苴杖"。穿菅草编的粗草鞋，称作"菅屦（jiān jù）"。后世也有用麻布片披在身上代替斩衰，叫作"披麻戴孝"。上述王建诗："汉家都护边头殁，旧将麻衣万里迎。"

[1]《礼记·檀弓上》《礼记·祭义》，载《十三经注疏》，北京：中华书局，1980 年影印版。

汉人孝子。选自《清国京城市景风俗图》

汉女人穿孝。选自《清国京城市景风俗图》

穿孝妇人。选自《清国京城市景风俗图》

穿孝衣制办丧事。选自《清国京城市景风俗图》

（二）齐（zi）衰

齐衰是第二等丧服。子、未嫁女为母，承重孙为祖母服齐衰三年。如果母先死而父在，则服齐衰一年。伯鱼母先死，父亲孔子还健在，为母服齐衰一年。之所以如此，《礼记·丧服四制》解释说："天无二日，土无二王，国无二君，家无二尊，以一治之也。故父在为母齐衰期者，见无二尊也。"唐朝改为父在也为母服齐衰三年。明清两朝又改为，未嫁之女及嫁后复归之女为父母一律服斩衰。

已嫁女为父，孙为祖父母，夫为妻，为叔伯父母、兄弟，出嗣之子为生父母，妇为舅姑，妾为妻，服齐衰一年。重孙为曾祖父母服齐衰三个月，唐朝改为五个月。玄孙为高祖父母服三个月。

齐衰用粗麻布制作，缉边。为母服齐衰用"削杖"。《礼记·丧服小记》载："苴杖，竹也；削杖，桐也。"

（三）大功

大功用于为堂兄弟、未嫁的堂姐妹，已嫁的姑、姐妹，已嫁女为伯叔父、兄弟等，服期九个月。

大功丧服以熟麻布制作。

（四）小功

小功为本宗的曾祖父母，伯叔祖父母、父亲的堂兄弟及配偶、未嫁祖姑、堂姑、外祖父母、母舅、母姨、妯娌等，服期五个月。唐代以前"叔嫂无服"，唐朝时改为"服小功五月"。

小功丧服以较细的熟麻布制作。

（五）缌麻

缌麻是最轻的丧服，用于本宗的高祖父母、曾伯叔祖父母、族伯叔父母、中表兄弟、岳父母等，服期三个月。唐以前"舅服缌麻"，唐朝改为服小功。[1]缌麻丧服以细麻布制作。

丈夫为有子的妾也服缌麻。《礼记·丧服小记》载："士妾有子而为之缌，无子则已。"鲁哀公为死去的妾服齐衰，孔子弟子有若问曰："为妾齐衰，礼与？"鲁哀公曰："吾得已乎哉？鲁人以妻我。"[2]西晋杜预注："妾之贵者为之缌耳。"也就是说，丈夫为地位较高的妾最多服缌麻，鲁哀公竟然按妻子的规格服齐衰，只好辩解说："我是不得已，鲁国人都以为她是我的妻子。"

上述"婚姻风俗"还提到文天祥为改嫁的祖母服"心丧"。《礼记·檀弓上》郑玄注曰："心丧，戚容如父而无服也，凡此以恩义之间为制。""心丧"即像对待父亲一样哀悼，但不服丧，一般对老师及有恩义者服心丧。该篇又载："孔子之丧，门人疑所服。子贡曰：'昔者夫子之丧颜渊，若丧子而无服，丧子路亦然，请丧夫子若丧父而无服。'"于是，"弟子皆服三年。三年心丧毕，相诀而去。"[3]西晋兖州刺史令狐愚因犯罪被朝廷处死，"举州无敢送丧者"，马隆"以武吏托称家客，殡送丧葬，种柏，三年礼毕，乃还。举州皆惭"[4]。唐朝员半千、何彦先的老师王义方死，"莳松柏冢侧，三年乃去"[5]。

五服制度相当复杂，历朝在细节上也稍有变更，但自先秦确立一直流行到今天。它也是确定血缘关系和婚姻关系的依据。现在的"出五服""未出五服"，也指这一制度。一般理解为是否经历五代以上了。《礼记·大传》载："四世而缌，服之穷也。五世祖免（wèn），杀同姓也。六世亲属竭矣。"郑玄注曰："四世共高祖，五世高祖昆弟，六世以外亲尽无属名。"古代"四世共高祖"，是指高祖以下的曾祖、祖、父、本人4代。缌麻为本宗的高祖父母服丧，按照"同母者为宗"的原则，则是为高祖的兄弟及配偶服丧，即"五世高祖昆弟"。如果两人同服缌麻，则是五服以内的亲属，即未出五服。出五服，则不会同为一人服丧。到两人的高祖也不是兄弟关系了，就出五服了。即"六世亲属竭矣"，或叫"六世以外，亲尽无属名"。

---

〔1〕唐朝对"丧服"的改动，均见《新唐书·礼仪志七》，北京：中华书局，1975年版。
〔2〕《礼记·檀弓下》，载《十三经注疏》，北京：中华书局，1980年版。
〔3〕《史记·孔子世家》，北京：中华书局，1959年版。
〔4〕《太平御览》卷五五四《礼仪部三三·葬送二》引王隐《晋书》，北京：中华书局，1960年版。
〔5〕《新唐书·王义方传》，北京：中华书局，1975年版。

三、丁艰、丁忧和夺情

古代遭父母之丧叫"丁艰""丁忧"。遭父丧叫"丁父艰"，遭母丧叫"丁母忧"。

《晋书·周光传》载："陶侃微时，丁艰，将葬，家中忽失牛。"

《晋书·袁悦之传》载："始为谢玄参军，为玄所遇，丁忧去职。"

《旧唐书·刘乃传》载："天宝中，举进士，寻丁父艰，居丧以孝闻。"

《南史·蔡徵传》载："（徵）七岁丁母忧，居丧如成人礼。"

官员有父母亲属丧，要辞去官职，谢绝人事，在家居丧。汉武帝时丞相公孙弘、唐中宗工部侍郎张说、明武宗时内阁首辅杨廷和等，都因辞官为父母"终丧"受到社会舆论的赞扬。

有时因官员身寄国家之重，如大战在即或者正在疆场交战的将帅、有重要政务在身而别人又无法替代的官员，朝廷急需留任，或孝子守制未满而急需召回朝廷任职，称为"起复"。"起复"出仕后，素服办公，不参加吉礼，称作"夺情""夺哀""夺丧"。

《礼记·曾子问》载，子夏问曰："三年之丧，卒哭，金革之事无避也者，礼与？初有司与？"孔颖达疏曰："子夏以人遭父母三年之丧，卒哭之后，国有金戈战伐之事，君使则行，无敢辞辟。为是，礼当然与，为当初有司强逼遣之与？"孔子曰："夏后氏三年之丧，既殡而致事。殷人既葬而致事。《记》曰：'君子不夺人之亲，亦不可夺亲也。'此之谓乎？""吾闻诸老聃曰：'昔者鲁公伯禽有为为之也。'今以三年之丧从其利者，吾弗知也。'"郑玄注曰："伯禽，周公子，封于鲁。有徐戎作难，丧卒哭而征之，急王事也。"这段对话的意思是，子夏问："为父母服丧，卒哭后，国家有战事，国君命令孝子出征，本人不能推辞、逃避。这件事是礼制规定，还是当初有关官员强迫派遣？"孔子回答："夏朝有父母丧，既殡才能夺丧为国君致事；商朝下葬致事。君子不剥夺别人的亲情，也不能被别人夺情，说的就是这个理吧？"孔子又讲："我问过老子，他说过去鲁公伯禽为母亲服丧，徐戎作乱，卒哭后即率军征伐，是国家形势紧张所迫。三年丧期间，究竟该不该夺情，我不知道。"

这段对话说明，夏商周三代，在战争等紧急状态下，孝子因急于王事，在既殡、既葬、卒哭等丧服未满的情况下，可以夺情为国君致事。后来的官员如岳飞母死、曾国藩父死，都曾起复出仕，继续在战场上为国效力，叫作"墨绖从戎"，也叫"金革夺丧"。

两汉以后，"金革夺丧"扩大到"政务夺丧"，由武将推延到文臣。《后汉书·赵憙传》载，东汉明帝时太尉赵憙"遭母丧，上疏乞身行丧礼，显宗不许，遣使者为释服"。《新唐书·张九龄传》载，唐玄宗时中书侍郎张九龄"以母丧解，毁不胜哀""是岁，夺哀拜中书侍郎、同中书门下平章事，固辞，不许。明年，迁中书令"。二人都属于夺情起复。

夺情的本意是国家夺去了孝亲之情，是朝廷愧对官员，可这样一来，显得这位官员受到朝廷的器重，地位不可取代，反倒成为一种特殊的荣耀。于是，唐宋以后，官员夺情不一定是朝廷实际需要，演变为一种对大臣的恩宠，最后演变为一种多余的政务负担。官员们由拒绝夺情，到投机钻营谋求夺情；由为国分忧、忠孝两全的高尚情操，转变为贪恋荣禄、亵渎孝道的腐化败德，甚至成为官场上结党营私、互相倾轧的政治斗争工具。

从唐朝开始，朝廷官吏管理制度中又多了一项公务——审核、批准起复。文官由吏部负责，武将则由枢密院负责。明朝吏部稽勋司专门设立有"起复科"，加强对官吏丁忧夺情的审查与核实，防止冒滥。明英宗正统十二年（1447年）下令："内外大小官员丁忧者，不许保奏夺情起复。"[1]

南宋宋理宗时的史嵩之夺情、明朝明神宗时的张居正的夺情风波，朝野震动。围绕着这两场风波，官场权力倾轧与派系政争也波澜迭起。尤其是张居正的夺情起复，不仅使他人品大受贬议，被称为"蔑伦起复"，也让世人看清，丁忧夺情已是朝廷摆脱不掉的政治赘瘤。

第四节　扫墓和祭祖

对父母祖先的祭祀，并不随着埋葬和守制的完成而结束，除忌日之外，遇重大节日还要举行祭祀。道光二十年（1840年）《济南府志》载："无庙者

〔1〕《钦定续通典》卷八七《丁忧终制议》，台北文渊阁四库全书本，上海：上海古籍出版社，1987年影印版。

设主于堂而荐之。寒食、中元、冬朔及忌日祭于墓。"古人对父母祖先"虽乞丐无不祭者""虽贩夫贩妇亦知负楮锭（纸钱串）而往"[1]，敬祖先、事宗庙、上坟拜土，既是死者的期望，也是活着的人责无旁贷的义务。

一、扫墓

扫墓俗称"上坟"，是缅怀、祭祀先人的主要活动之一。

《后汉书·明帝纪》注引《汉官仪》曰："古不墓祭，秦始皇起寝于墓侧，汉因而不改，诸陵皆以晦、望、二十四气、三伏、社、腊及四时上饭。"社有春社、秋社，指立春、立秋后的第五个戊日；腊为冬至后第三个戊日，后定为腊月初八。这是秦汉皇帝供奉皇陵的礼制。

东汉王充《论衡·四讳》曰："古礼庙祭，今俗墓祀"，这是民间祭墓的记载。

尽管许多典籍都讲"古不墓祭"，但祭墓之俗在先秦已有，可能与丘坟同时出现。《周礼·春官·冢人》有"祭墓"二字。《礼记·檀弓下》有"有司以几筵舍奠于墓左"的记载。《孟子·离娄下》载，有个齐国人每天都在外面吃得酒足饭饱，回家欺骗妻妾说是与富贵人一起吃喝。妻妾跟踪察看，原来是到东门外坟地上向祭墓者乞讨剩下来的酒肉。说明战国时墓祭已成为普遍的风俗，以至于天天都有祭墓者，足以供这个齐人酒足饭饱。

西汉，扫墓已成为子女必尽的义务了。《汉书·严延年传》载，严延年不远千里，从京师"还归东海扫墓地"。朱买臣之妻与后夫一起祭墓。东汉末，公孙瓒祭墓与先人告别。[2]

南北朝时，在职官员常请假回乡扫墓。《魏书·高阳王传》载："任事之官，吉凶请假，定省扫拜，动辄历十旬。"唐玄宗开元二十年（732年），正式下诏："寒食上墓，宜编入五礼，永为恒式。"[3]从此，国家以礼法的形式，将扫墓的时间定为寒食节，并很快流行成俗。唐代诗人王建《寒食行》讲："牧儿驱牛下冢头，畏有家人来洒扫。"可知，从唐朝开始，已是家家清明扫墓了。

---

〔1〕丁世良、赵放主编：《中国地方志民俗资料汇编》华东卷上引《崇祯历乘》，北京：书目文献出版社，1995年版，第93页。

〔2〕《三国志·魏书·公孙瓒传》，北京：中华书局，1959年版。

〔3〕《旧唐书·玄宗纪》，北京：中华书局，1975年版。

清人绘《圆坟图》。选自19世纪外销画《街头各行业人物》

清人绘《起骨图》。选自19世纪外销画《街头各行业人物》

扫墓除祭祀死者，让后代认识祖坟，培养他们的祖先崇拜意识外，还有"上坟"之意。为了防止丘坟被雨水冲坏，让其保持一定的高度，扫墓时要修整丘坟，培上新土，民间叫"上坟拜土"。《东京梦华录》卷七《清明节》载："凡新坟皆用此日（清明日）扫拜，都城人出郊，禁中前半月发宫人车马朝陵。"在古代，没人拜扫的孤墓是很凄凉的。上引王建诗有"但看垄上无新土，此中白骨应无主"的诗句。明人瞿佑在《古冢行》中描述说：

> 孤坟三尺掩黄沙，多年白骨久无家。
> 妖狐穿穴狡兔伏，树死枝枯啼老鸦。
> 断碑仆地土花碧，当日争挥谀墓笔。
> 文字摧残读不成，牧儿占作摊钱石。

《括异志》载，嘉兴西南有歌妓苏小小[1]墓，徐凝在《嘉兴寒食》中写道：

> 嘉兴郭里逢寒食，落日家家拜扫回。
> 唯有县前苏小小，无人送与纸钱灰。

清明扫墓的风俗，一直流传到今天。一般由家长组织儿女，一起为祖先扫墓。由机关学校组织祭扫革命烈士陵园，敬献花圈，缅怀先烈的业绩，告慰他们的英灵。

---

[1] 据明人郎瑛《七修类稿》卷二七考证，历史上的苏小小有二人，一为南朝齐人，一为宋人，皆钱塘名妓。

二、祭祖

（一）昭穆、毁庙、祫（xiá）祭、神像

古代祭祖在宗庙进行，天子的宗庙称作太庙。南宋出现宗族祠堂，一般庶民在祠堂祭祖。

先秦的宗庙有严格的规定。《礼记·王制》载："天子七庙，三昭三穆，与太祖之庙而七；诸侯五庙，二昭二穆，与太祖之庙而五；大夫三庙，一昭一穆，与太祖之庙而三；士一庙，庶人祭于寝。"所谓太祖，指始封之君。如周公、姜太公、康叔、唐叔分别是鲁、齐、卫、晋的始封之君。昭穆是西周的宗法制度，简单说是各代递为昭穆，父为昭，子为穆，孙又为昭，曾孙又为穆。宗庙的排列顺序是，太祖居中，左昭右穆。周代庶人没有宗庙，在家中正堂上祭祖。

随着世系的延续，七庙、五庙不够用了，对一些"亲尽"之庙，有"毁庙"制度。三年之丧完毕，因先考（父生为父，死为考，入庙称祢）的神主迁入宗庙，多出了一庙。这时，将列祖列宗的神主都请出来，进行总祭，叫作"祫祭"。然后把不在庙数的神主（太祖除外）移入"祧（tiāo）庙"内，藏在祐（shí，石函）或专设的房间内，留下最亲近的先祖。祫祭每五年举行一次。

东汉时，昭穆之庙变为同堂异室，即在宗庙内分若干室加以祭祀。

祖先牌位。清人绘。一般要挂在祠堂或者家里。美国大都会艺术博物馆藏

受佛教影响，东汉后又出现画像。西晋陆云任浚仪令，去职后，乡民图画形像，配食县社。南朝宋前废帝刘子业"令太庙别画祖考之像"[1]，这种画像称作"御容"。北宋的太庙正式陈列先皇、帝后的御容，一并祭祀，功臣亦画像祔祭。金朝太庙又设立像、座像、戎装像。后来演变成像在后，神主在前下方的形式。

大夫、士、庶人的庙制也在不断变通。秦汉公卿不敢营宗庙，只好建于墓所。魏晋门阀制度强调族望和族谱，强化了人们的宗族、家族意识。其最积极的意义在于冲击了以皇族为至尊的宗法制度，把族姓阀阅提高到与皇族分庭抗礼的高度。到唐代，以清河崔氏为首的士族并不把皇族李氏放在眼里。到北宋便把祠堂移至村镇，供奉高、曾、祖、考四代神主。宗族祠堂则供奉始祖以来的列祖列宗，召开宗族成员大会也在祠堂进行。

（二）五祀、配飨、太牢、少牢

《礼记·王制》载："天子诸侯宗庙之祭，春曰礿（yuè），夏曰禘（dì），秋曰尝，冬曰烝。"郑玄注曰："此盖夏殷之祭名，周则改之，春祠，夏礿。"秋尝、冬烝相同。祭祀在孟月进行，加上腊祭共为五祀。此外有按时令奉享新鲜果蔬的"荐新"之祭。

古代帝王还将自己的祖先与天一起祭祀，叫作"配天"。《孝经·圣治章》载孔子语曰："孝莫大于严父，严父莫大于配天，则周公其人也。"《汉书·郊祀志》载，周公"郊祀后稷以配天，宗祀文王于明堂以配上帝。"这种祭法叫"配飨（享）""配食""祔祭"。帝王祭祀祖先，还以功臣配享。三国魏齐王曹芳称帝后，祭曹真、夏侯尚、张辽等20人于太祖（曹操）庙庭，裴松之注曰："魏氏配享，不及荀彧。"[2]清代太庙（今劳动人民文化宫）的两庑，东侧为诸王，西侧为功臣，也是配享。根据这一礼制，县社出现后，有惠政的地方官则配食县社，上述西晋陆云就配食县社。

祭祀用的牺牲也有严格的规定。牛、羊、豕三牲称太牢；没有牛，只有羊、豕称少牢。《公羊传·桓公八年》载："冬曰烝。"何休注云："礼，天子、

---

〔1〕《资治通鉴·宋纪·明帝泰始元年》，北京：北京古籍出版社，1956年版。
〔2〕《三国志·魏书·齐王芳传》，北京：中华书局，1959年版。

诸侯、卿大夫，牛羊豕凡三牲，曰太牢。天子元士、诸侯之卿大夫，羊、豕凡二牲，曰少牢。"据此可知，天子、诸侯、卿大夫祭祖用太牢，士和诸侯之下的卿大夫用少牢。

祭祀是古代政治权力的象征，受到统治者的高度重视。

《左传·成公十三年》载："国之大事，在祀与戎。"《左传·文公二年》载："祀，国之大事也。"这里讲的祭祀，包括天地、山川、社稷，主要是指宗庙。所以，古代王朝灭亡称作"宗庙堕"。"君子将营宫室，宗庙为先"[1]，由此可知对宗庙的重视程度。

三、焚黄

古典戏剧中经常看到，科举登第者归家扫墓祭祖，也叫"焚黄"。明人冯梦龙《醒世恒言》第二十五卷《独孤生归途闹梦》写道，唐朝独孤遐叔科举得中状元，衣锦还乡，"回到家中，焚黄谒墓，杀猪宰羊，做庆喜筵席"。乾隆四十一年（1776年）《淄川县志》载："士宦焚黄有祭，登科第有祭，赴任有祭。"凡登科、仕宦、赴任等品官新受朝廷恩典，都要祭告家庙祖墓，告文用黄纸书写，祭毕即焚化，谓之"焚黄"。北宋王禹偁《送密直温学士西京迁葬》诗："留守开筵亲举白，故人垂泪看焚黄。"清人赵翼《王述庵道经毘陵停舟话旧》云："焚黄诏特荣先垄，飞白书应起赐楼。"民国十四年《无棣县志》载："凡乡会登科、入泮及除职赴任，荣归虵（yí）封，展墓焚黄，皆有特祭。"古代科举得中、仕宦赴任、归家祭祀，是最光宗耀祖的事情。

四、神不歆非类与无后为大

先祖接受子孙的祭祀叫作"血食""歆享"。《左传·僖公十年》称："神不歆非类，民不祀非族。"《史记·晋世家》载："神不食非其宗。"也就是说，祭祀必须是自己的真正骨血，否则祖先不歆享。春秋卫成公梦见康叔（周武王之弟，卫国始封君）说，夏王相（大禹重孙）夺我祭祀。卫成公命人祭祀

---

[1]《礼记·曲礼下》，载《十三经注疏》，北京：中华书局，1980年影印版。

相，以免自己始祖的祭品被抢。宁武子反对说，神不歆非族。相是夏族，抢康叔的祭品，是他的后代杞国、鄫（zēng）国没好好祭祀，不是我们的罪过，我们不能祭祀他。[1]

孟子讲，"不孝有三，无后为大"[2]，也是从祭祀考虑的。东汉赵岐注释说："阿意曲从，陷亲不义，一不孝也；家贫亲老，不为禄仕，二不孝也；不娶无子，绝先祖祀，三不孝也。三者之中，无后为大。"

联系上述扫墓风俗，没有人祭祀和上坟拜土，断了香火，使祖先成为抢夺别人祭品的强神饿鬼，不仅是后代不孝，还让古人不寒而栗。

第五节　丧葬与中国人的传统观念

丧葬风俗来自中国古代的宗法家族观念、孝文化意识和灵魂不灭的观念，反映着中国人的种种文化心态。

一、贵生恶死与中国人对死的忌讳

重今生，轻来世，是中国传统文化的鲜明特征。中国人蔑视丧失气节和人格的贪生怕死，但从不放弃对生命的执着追求。"人生如白驹过隙"，一直是困惑人们的最大遗憾。这种贵生恶死的心态，直接渗透到中国的丧葬风俗之中。

从宗教观念上看，佛教认为人死即脱离苦海，基督教认为人死摆脱原罪，中国虽然也有对灵魂的种种说法，但都是淡漠的，基调是"死去元知万事空"，人一死，就意味着主动地位完全丧失，只能依赖活着的人，尤其是子孙来供奉。中国人往往活着就修坟墓、做棺材和寿衣，但绝不是急着想死，而是趁着还没死把该办的事办好。

在语言、行为习惯上，把死看成是很丧气、很讨厌的事。中国人好忌讳，喜好用吉祥、洁净的词语来掩饰凶险、污秽的事物。其中，在"死"上用得最

〔1〕参见《左传·僖公三十一年》，载《十三经注疏》，北京：中华书局，1980年影印版。
〔2〕《孟子·离娄上》，载《诸子集成》，上海：上海书店，1986年影印版。

多，在一般情况下不说"死"。《礼记·曲礼下》载："天子死曰崩，诸侯曰薨，大夫曰卒，士曰不禄，庶人曰死。"后来的皇帝、太后死，仍沿袭这一习惯，叫作驾崩、山陵崩、千秋万岁后。一般人死叫物故、不讳、仙逝、就木、殁，孩童死叫夭折、殇。现在称为国捐躯叫牺牲、殉国、就义、献身，称"死"为去世、逝世。丧事为后事，棺材为寿材，衣服为寿衣，停尸房叫太平间。行为上也要忌讳，为父母服孝者在节日间一般不出门，怕被别人嫌弃。甚至人躺着的姿势也不能像尸体那样四肢伸直，仰面朝天，《论语·乡党》中，孔子叫作"寝不尸"。

因此，在我们这样一个贵生讳死的国度，更能显示出气节和视死如归的崇高、伟大。

二、厚葬久祀与祖先崇拜意识

从上述丧葬风俗可以看到，中国人为使祖先入土为安所做出的物质、精神投入实在是太多了。它与古代孝文化意识、家族意识一起，培养了中国人浓厚的祖先崇拜意识。

从丧葬文化传统上看，厚葬、久祀是中国丧葬祭祀的特点。中国人祭祖恨不得上溯几代，甚至是几十代。佛教认为，人死后很快转世轮回，用不着厚葬久祀。但这种违背宗法伦理的教义只能做传统文化的俘虏，不得不放弃原则，为中国的丧葬、祭祖活动设斋、诵经、做佛事。

在中国，祖先、祖坟是子孙后代的保护神。春秋鲁庄公将和齐国交战，认为只要虔诚地祭祀祖先，祖先就能保佑他打胜仗。[1]民间常讲"祖上有德""祖坟上烧高香了"，都是这一观念的反映。凡事希望"祖宗保佑"，成为人们习惯的思维方式。

古人还喜好炫耀祖先来提高自己的身价，有的甚至乱认祖宗。十六国匈奴贵族刘渊冒姓刘氏，李唐皇族认老子李耳为祖先。后晋石敬瑭以春秋卫国大夫石碏（què）为祖先，其实，他是沙陀族，连汉人都不是。古人以"继祖""继宗""光宗""耀先"为名字者相当普遍。中国人对祖先、家族有着强烈的归

---

〔1〕参见《左传·庄公十年》，载《十三经注疏》，北京：中华书局，1980 年影印版。

属感，脱离祖先族姓的人只要知道真相，想方设法也要认祖归宗。这种归属感使中国人收养别人的儿子特别困难，一般要隐瞒真相，而且时刻担心露馅。

对祖先的崇拜，使中国人把祖先、祖坟看得十分重要，辱骂祖宗、挖祖坟都是缺德和大逆不道的。司马迁《史记·货殖列传》讲："掘冢，奸事也。"古代金石学家明知道陵墓中藏有大量金石器物，但想都不敢想把它挖出来，哪怕是没有子孙后代的绝户坟。一个大学者去挖人家的祖坟，是很丢人的。它使中国古代的金石学，迟迟不向田野考古发掘的方向发展。

中国人的祖先崇拜意识，过分重视祖先的祭祀和家族的昌盛、延续，造成了中国人口的盲目增长，居高不下，成为 20 世纪后半期至 21 世纪初计划生育工作的严重障碍；它把祖训、祖制、祖宗之法看成是不可变更的律条，培养了循规蹈矩的保守观念，窒息了人们的改制、创新和开拓意识。然而，祖先崇拜意识也加强了炎黄子孙、中华儿女对远古始祖的认同和归属感，又成为国家、民族凝聚力和爱国思想的源泉，尤其在民族危亡的紧要关头，更能显示出祖先崇拜意识的伟大力量。

另外，中国人常讲"上对得起祖宗"，讲光宗耀祖，这些观念也激励着人们不断加强道德的自律和事业的进取，为国家，为民族而立事、立功，甚至是从容牺牲。

三、送终祭祀与对子女的投入

养老送终，上坟拜土，祭祀祖先，是古代生儿育女的价值所在。没有子孙后代，不仅上述一切丧葬仪式都要落空，还会成为饿鬼，成为无主绝户坟，出现狐兔穿穴、断碑仆地、树死枝枯，凄凉不堪的景象。因此，中国人是无论如何也不敢没有子孙的。由此可以理解，世俗社会骂人"绝户""断子绝孙"，是何等的尖酸刻薄，它触犯了中国人的最大忌讳。

从古代开始，人们就特别重视对子女的投入。《礼记·曲礼上》讲："君子抱孙不抱子。"之所以抱孙，与现在的"隔代亲"不同，是因为孙能充当虞祭自己的"尸"，还是为了祭祀。

实际上，一句"无后为大"就已包含了对子女不可估量的精神和物质投入。为了后代，古人可谓用心良苦，思虑精深。

春秋楚相孙叔敖善待优孟，临终嘱咐儿子说："我死，汝必贫困，若往见优孟，言我孙叔敖之子也。"后来，优孟扮作孙叔敖复生，楚庄王任他为相。优孟拒绝说，孙叔敖为楚相，"尽忠为廉以治楚，楚王得以霸。今死，其子无立锥之地，贫困负薪以自饮食。必如孙叔敖，不如自杀"[1]。于是，楚庄王封孙叔敖子四百户封地。

西汉于定国之父讲："我治狱多阴德，未尝有所冤，子孙必有兴者。"[2]东汉杨震、南朝徐勉不营私产，追求的是"遗子孙以清白"[3]。

孙叔敖、杨震等人虽清正廉明，但他们为子孙留下的是丰厚的无形资产，与把某种知识、技艺等家世相传，不传外姓，有异曲同工之妙。

更多的人则是为子孙留下基业财产，这是前辈责无旁贷的义务。西汉"遗子黄金满籝"[4]的谚语，就说明了这一点。西汉萧何，"买田宅必居穷处，为家不治垣屋。曰：'后世贤，师吾俭；不贤，毋为势家所夺'"[5]，也反映了为后人留下家业财产的观念。

古人还十分重视对子女的教育。《韩诗外传》卷七第二十七章载："夫为人父者，必怀仁慈之爱，以蓄养其子。抚循饮食以全其身。及其有识也，必严居正言以先导之。及其束发也，授明师以成其技。"《三字经》讲："子不教，父之过。"许多家庭都立有家教、家训、家法，以训导和规范后世子孙。孟母胎教、择邻、断织的故事，传为教子的千古佳话，引起天下父母的强烈共鸣。

如果再联系生老风俗中从诞生到成人的各种礼仪，可以看出中国的父母对子女有不尽的投入和责任。中国人不能没有子孙，中国人对子孙所做出的不尽投入和高度的责任感，反映了中国传统文化的一个鲜明特征：重子孙，轻自身。中国的子女虽然感激、回报父母的养育之恩，但也由此养成了一种惰性的是非判断，如果父母没尽到责任，则愧为人父母，成为子女拒认或者怨恨父母的理由。

在现代社会，由于独生子女的出现和家庭结构的简化，使父母对子女的物力、精力投入出现两种病态现象。一是父母甘做儿女的人梯。自己的事业刚刚

〔1〕《史记·滑稽列传》，北京：中华书局，1959 年版。
〔2〕《汉书·于定国传》，北京：中华书局，1962 年版。
〔3〕《后汉书·杨震列传》《梁书·徐勉传》，北京：中华书局，1965 年版。
〔4〕《汉书·韦贤传》，北京：中华书局，1962 年版。
〔5〕《汉书·萧何传》，北京：中华书局，1962 年版。

起步，一旦成家生子，就把子女作为自己追求人生幸福与人生价值的替代物，而忽视了自身价值的充分实现。另一种现象则是，子女对父母的惰性依赖，推迟了后代社会化的年龄。有的子女到十七八岁不仅经济上依赖父母，甚至在饮食起居上不能完全自理。这种对子女的责任感和天下父母之心固然可敬，但也可悲，而且不明智。孩子能否及早脱离家庭，能否独立适应社会化的现代生活，也是判断对子女教育成功与否的重要标志。

第九章　儒学风俗

雅文化的儒学是一种自觉的、表现为典籍形态的思想体系，为历代高知识层次的经学大师所掌握，儒学经典是封建时代学校的主要教材，科举考试的主要内容。然而，它所倡导的礼教、礼制和为人处世之道又渗透到衣食住行、岁时节庆、婚丧生老、世俗信仰等风俗领域的方方面面，成为古代社会风俗的准则。所以，儒学本身是雅文化，而普通民众对它的崇信、接受和传承，又是俗文化。一句"子曰"，就能看出它在社会风俗中的地位。

第一节　儒学的流程

一、永恒的孔子、孔府与非宗教的儒学

儒学是中国传统文化的主干和核心。自汉武帝确立儒学独尊的地位后，尽管儒学曾受到玄学、佛教、道教的冲击，其正统地位始终没有改变。2000 年来，儒学不断融汇各家学说，更化、完善、发展自己，从而保证了自己统治地位的长期稳固。其创始人孔子也凭借着儒学不断抬高了自己的身价。历代统治者层累地给孔子加上了种种桂冠：

汉平帝封孔子为褒成宣尼公

隋文帝→先师尼父

唐玄宗→文宣王

宋真宗→至圣文宣王

元武宗→大成至圣文宣王

明世宗→至圣先师

清世祖→大成至圣文宣先师

这样，孔子的头衔越封越大，以至于成了"德配天地，道冠古今"的最高偶像。在民众阶层，孔子也始终是人们崇信的"圣人"，官私学校顶礼膜拜的先师。2000多年来的中国社会，"子曰"成为判定一切的标准，否则便是非圣无法。

孔子死后第二年（公元前478年），弟子们将其生前"故所居堂"立为庙，内藏孔子"衣、冠、琴、车、书，至于汉二百余年不绝"〔1〕，这是历史上

南宋马远绘《孔子像图》。27.7厘米×23.2厘米。　孔子像。元代佚名绘

第一座孔庙。贞观四年（630年），唐太宗命令除在京师国子监修建"周公、孔子庙各一所"外，又在"州、县皆立孔子庙"。随之，与郡县学、书院合一的文庙也在全国各地诞生了。十七世纪以来，中国周边的越南、朝鲜、日本等国家和地区也兴建了孔庙。随着孔子思想的对外传播和华人的外移，欧洲、美洲和亚洲的其他国家也相继兴建。全盛时期，世界上共有孔庙3000多座。

汉高祖十二年（公元前195年），经过鲁国，"以太牢祠孔子"，这是帝王祭孔的开始。汉明帝永平二年（59年），"郡、县、道行乡饮酒于学校，皆祀圣师周公、孔子"〔2〕。《礼记·文王世子》称："凡学，春官释奠于其先师，秋冬亦如之。凡始立学者，必释奠于先圣、先师。"孔颖达疏曰："先圣周公，若孔子者，以周公、孔子皆为先圣，近周公处祭周公，近孔子处祭孔子。"从此，"释奠"逐渐成为太学和郡县学祭祀孔子的专用名词。

孔门弟子和历代的经学家也借助孔子分享人间香火。东汉永平十五年（72年），汉明帝赴曲阜，祭祀孔子及七十二弟子，首开以孔门弟子配享的先例。

---

〔1〕《史记·孔子世家》，北京：中华书局，1959年版。

〔2〕《后汉书·礼仪上》，北京：中华书局，1965年版。

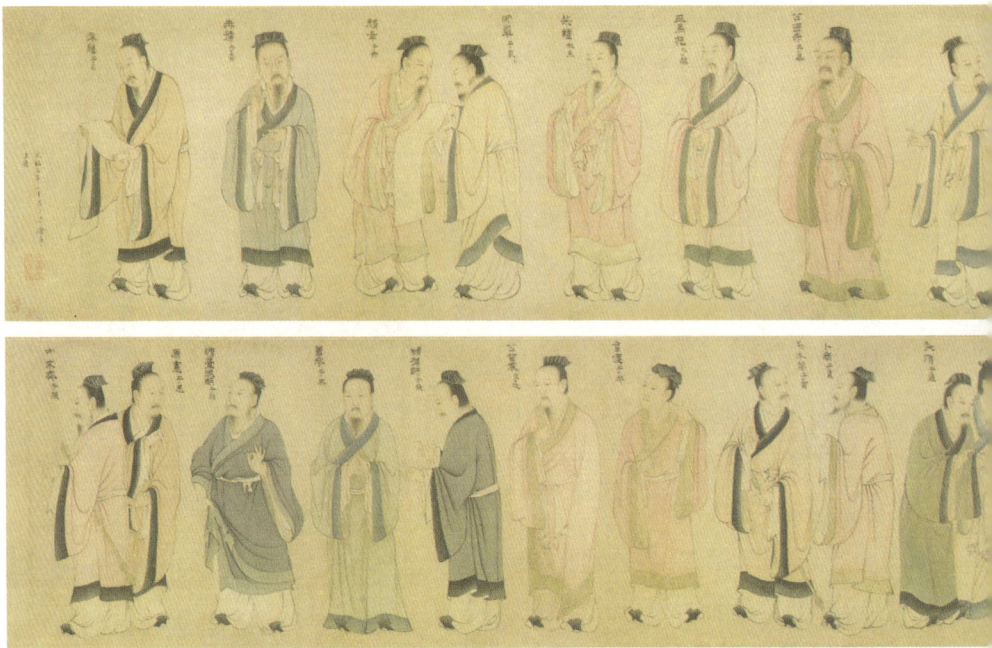

唐代阎立本绘《孔子弟子像图卷》。32.3厘米×870厘米

从三国到元朝，复圣颜回、宗圣曾参、亚圣孟轲、述圣子思相继进入孔庙配享，称作"四配"。唐太宗贞观二十一年（647年），诏左丘明、卜子夏、公羊高、谷梁赤、伏胜、高堂生、戴圣、毛苌、孔安国、刘向、郑众、贾逵、杜子春、马融、卢植、郑康成、服虔、何休、王肃、王弼、杜预、范宁22位经学大师，与颜渊俱配享孔子庙堂。唐玄宗开元八年（720年），诏闵子骞、冉伯牛、仲弓、宰我、子贡、冉有、子路、子游、子夏、子张"十哲"为坐像配享孔子之旁，绘70子及22贤画像于孔子庙壁。明清民国时期，各地孔庙中，四配、十哲、二十二贤、七十二弟子等，从祀的先贤、先儒近百人。

从20世纪80年代中期，在孔子故里曲阜孔庙恢复了祭孔活动。1989年，又创建曲阜国际孔子文化节，祭孔的规格逐步升级。祭孔大典也由民间祭祀转为政府公祭，由清代模式转为明代模式。2005年9月28日，由联合国教科文组织、国际儒联、中华民族文化促进会、国家旅游局、山东省政府联合举办的"2005年全球联合祭孔"活动在全世界的孔庙同时展开，创历年祭孔活动之最。据说，大型公祭后的传统祭祀是严格照搬明代原汁原味的祭祀程序。CCTV斥资2000万元人民币租用两套卫星现场直播4个小时。世界各地参加祭孔大典的有：北京孔庙、浙江衢州孔庙、南京夫子庙、天津文庙、福州文庙、泉州文

庙、广东德庆文庙、四川德阳文庙、香港孔教学院、台北孔庙、韩国首尔成均馆孔庙、日本足利孔庙、德国科隆孔庙、美国旧金山市齐鲁会馆等，真可谓"千年礼乐归东鲁，万国衣冠拜素王"了。

　　生活在曲阜的孔子后裔们，也享受着祖上的"阴德"，不断加官晋爵。汉平帝在追谥孔子的同时，封孔子后裔孔均为褒成侯。魏晋南北朝时，孔子后裔称宗圣、奉圣、崇圣、恭圣等，均为侯爵。北周及隋，又封为邹国公。唐玄宗追谥孔子的同时，又封其后裔为文宣公。宋仁宗至和二年（1055年），封孔子46代孙孔宗愿为衍圣公，元、明、清相沿不改。1920年，民国大总统徐世昌下令，出生刚过100天的孔子77代孙孔德成承袭衍圣公爵位，成为民国政府的特任官。1935年，南京国民政府任命孔德成为"大成至圣先师奉祀官"，在南京宣誓就职时，蒋介石亲临。2008年10月28日，孔德成在台湾逝世。长子孔维益早逝，由长孙、孔子79代嫡孙孔垂长继承为奉祀官。这样，孔府成为中国绝无仅有的，不受改朝换代限制，历时近2000年之久的公侯府第。

　　自南北朝开始，人们把儒学视为宗教，与佛教、道教相提并论。周武帝建德二年（573年），集群臣、沙门、道士，"辨释三教先后，以儒教为先，道教为次，佛教为后"[1]。此后，儒、佛、道三教并立，似乎被大多数人所认同。清末，康有为著《孔子改制考》，提出了"孔子创教"的说法，故儒学又被称为儒教、孔教。其实，儒学不是严格意义上的宗教，而是一种统治思想。

从内容上看，它讲的是统治者如何统治天下，下层人民如何自觉地接受统治，而不是对神灵或人生彼岸的皈依。从形式上看，它没有一般宗教的外在组织形式。

首先，儒家从没把一个超越的神作为最高信仰，即使信仰非人格的天命，孔子还经常避而不谈。儒学的代表人物孔子、孟子、董仲舒、朱熹等人也没有被神化为大家供奉的人格神。尽管中国有大规模的祭孔活动，人们只是像祭祖一样，来表示缅怀、崇敬，接受他的教诲，并不祈求他的保佑。人们把他看成是至圣的先师，而不是万能的上帝。

其次，儒学没有最高权威来颁布、维持教规，也没有必须遵守的宗教戒律，更没有宗教组织和祈祷活动。

然而，由于儒学在政治思想上的绝对统治地位，客观上确实起到了宗教的规范作用，人们几乎是以对待宗教的态度来对待孔子和儒学的。

二、孔孟的儒学及其思想类型

儒学一开始就与俗文化紧密相连。西周时，为人相礼的术士叫儒。《说文八上·人部》载："儒，柔也，术士之称，从人需声。"孔子自幼家贫，青年时以儒为业。他曾参加齐景公和鲁定公的夹谷之会，仍干相礼的老行当。可见孔子熟悉养生送死的各种礼仪，更熟悉周礼，他的儒学具有鲜明的隆礼特征是很正常的。

在五霸迭兴、礼崩乐坏的春秋时期，孔子表现了强烈的忧患意识和历史责任感，为了实现恢复周礼的政治目标，他创立了儒家的一系列学说，其内容主要有：

（一）阐发了带有政治伦理特色的君臣父子之道

孔子的高明之处，就是把社会政治收缩为家庭人伦，再由家庭人伦发散到社会

---

[1]《周书·武帝纪》，北京：中华书局，1971年版。

政治，从而把外在的等级制度内化为每个人必须具备的伦理道德意识和自觉要求。

孔子极力突出建立在氏族血缘基础上的君臣父子之道和人际伦理，把"仁"作为政治人伦的基本道德因素，以"孝悌"为仁的基础，"亲亲尊尊"为仁的标准，维护当时的宗法等级制度。

《论语·学而》讲："其为人也孝悌，而好犯上者鲜

元代佚名绘《松下儒讲图》。美国明尼阿波利斯博物馆藏

也。不好犯上而好作乱者，天下未之有也。君子务本，本立而道生。孝悌也者，其为人之本欤！""弟子入则孝，出则弟（悌）。"

在孔子、孟子之时，严格的忠君意识还没有形成，他们强调的君臣关系主要有三：一是称赞、歌颂圣君，"仲尼祖述尧舜，宪章文武"〔1〕，"孟子道性善，言必称尧舜"〔2〕；二是正君臣名分。《论语·子路》载孔子语曰："必也正名乎！……名不正则言不顺，言不顺则事不成，事不成则礼乐不兴，礼乐不兴则刑罚不中，刑罚不中则民无所措手足。"《论语·颜渊》载，齐景公问政于孔子，孔子对曰："君君、臣臣、父父、子子。"三是强调君臣双方必须遵守的伦理道德义务。受春秋战国工商业等价交换意识的影响，这种道德义务带有鲜明的互利、互惠、等价交换的特色。《论语·八佾》讲："君使臣以礼，臣事君以忠。"《孟子·滕文公上》载："父子有亲，君臣有义，夫妇有别，长幼有序，朋友有信。"《孟子·离娄下》讲："君之视臣如手足，则臣视君如腹心；君之视臣如犬马，则臣视君如国人；君之视臣如土芥，则臣视君如寇仇。"

儒家这种带有政治伦理特色的君臣父子论，对后来中国家国同构的社会政治产生了深远的影响。在中国古代，"家国同构"是孝道政治化最鲜明的表现。外国有政教合一的国家，中国是政治和家庭伦理合一。"家"始终是中国传统

〔1〕《礼记·中庸》，载《十三经注疏》，北京：中华书局，1980年影印版。
〔2〕《孟子·滕文公上》，载《诸子集成》，上海：上海书店，1986年影印版。

社会的核心组织，"国"也不过是"家"的放大，叫作"天下一家"。"父为家君，君为国父"，君长"以孝治天下"[1]，家长"以孝齐家"。国家由皇帝这个大家长以及各级"父母官"来实行"父权制"管理。政治上统治与被统治的关系也是家庭血缘伦理关系。"国"和"家""君臣"和"父子""忠"和"孝"是统一的。宗法上的孝，就是政治上的忠。为政者是"爱民如子"的"父母官""亲民官"，是照顾一个地方秩序和福利的"家主人"。老百姓是他们的子民、赤子。接受君父、"父母官"的统治也是恪尽孝道。

（二）提出了社会、人际、自然和谐的思想

《左传·襄公十一年》载："八年之中，九合诸侯，如乐之和，无所不谐。"孔孟在论述宇宙存在、社会政治和人际关系时，无不把"和谐"当作向往的最高的理想，这些理想主要包括人与自然的和谐、人际间的和谐、社会的和谐。

在人与自然的关系上，主张天人合一，强调人类应当认识、尊重、保护自然，而不能破坏自然，一味地向自然界索取。《周易·乾卦》讲："与天地合其德，与日月合其明，与四时合其序。"儒家对天人合一观念进行了许多阐发，最难能可贵的是超前地提出了一系列维护生态平衡的思想。孔子认为，"四时行焉，百物生焉"[2]。《论语·述而》讲："钓而不网，弋不射宿。"即只用鱼竿钓鱼，不能一网打尽，不得射猎夜宿之鸟。《礼记·祭义》载："树木以时伐焉，禽兽以时杀焉。夫子曰：'断一树，杀一兽，不以其时非孝也。'"《礼记·王制》称："田不以礼曰暴天物，天子不合围，诸侯不掩群……草木零落然后入山林，昆虫不蛰不以火田，不麛不卵，不杀胎，不殀夭，不覆巢。"很显然，儒家反对滥捕滥伐，破坏生态平衡，认为这是"暴殄天物"。

在人际间的和谐上，孔子主张"爱人""和为贵"，要求有选择地保留远古社会一些美好的东西。宗族成员之间，不光要有严格的等级秩序，还要有上下左右、尊卑长幼间的互助互爱。在《论语》中，孔子像个慈祥的长者，反复讲"仁者爱人""与人为善""老者安之，朋友信之，少者怀之"等。孟子提出了"天时不如地利，地利不如人和"的著名观点，他还提出"老吾老以及人

---

〔1〕《孝经·孝治章第八》，载《十三经注疏》，北京：中华书局，1980年影印版。
〔2〕《论语·阳货》，载《诸子集成》，上海：上海书店，1986年影印版。

之老，幼吾幼以及人之幼"〔1〕，使敬老爱幼获得了更为广泛的社会性存在价值。

《礼记·礼运篇》描绘了一个高度和谐的理想社会："大道之行也，天下为公，选贤与能，讲信修睦。故人不独亲其亲，不独子其子，使老有所终，壮有所用，幼有所长，矜、寡、孤、独、废疾者皆有所养。男有分，女有归。货恶其弃于地也，不必藏于己；力恶其不出于身也，不必为己。是故谋闭而不兴，盗窃乱贼而不作，故外户而不闭，是谓大同。"尽管这个大同社会是个没有竞争，吃伦理道德大锅饭的原始共产主义社会，但它寄托着对人人各得其所、和睦相处、团结互助的和谐社会的强烈向往。

在民族与民族、国家与国家的关系上，主张协和万邦，以德服人。《尚书·尧典》说："百姓昭明，协和万邦。"《周易·乾卦》主张"万国咸宁"。孔子提出"四海之内皆兄弟"，又说"远人不服，则修文德以来之"〔2〕。孟子倡导"以德服人"。这种以文德感化外邦，反对轻率地诉诸武力的和谐思想，是我们中华民族精神中渴望和谐社会、和谐世界的象征。

（三）阐发了人文主义的世界观

孔子充分肯定人的价值，对天命鬼神既不否定，也很少宣传。

对天命鬼神，孔子采取了一种"敬鬼神而远之"〔3〕的理性态度。《论语·先进》载，子路问事鬼神，子曰："未能事人，焉能事鬼。""敢问死？""未知生，焉知死？"

对鬼神的祭祀，孔子非常重视，但这种重视主要出自于对祖先"慎终追远"的道德情感的培养，而不是对神灵庇佑的盲目崇拜。《论语·学而》载："慎终追远，民德归厚矣。"何晏集解曰："孔（安国）曰：慎终者，丧尽其哀；追远者，祭尽其敬。"如孔子说："祭如在，祭神如神在。"一个"如"字，实际上否定了"神"的存在。宋代的程颐对此解释说："祭先，主于孝；祭神，主于恭敬。"可见孔子认为，祭祀行为不过是培养"孝"和"恭敬"的道德意识手段。

---

〔1〕《孟子》之《公孙丑下》《梁惠王上》，载《诸子集成》，上海：上海书店，1986年影印版。
〔2〕《论语·季氏》，载《诸子集成》，上海：上海书店，1986年影印版。
〔3〕《论语·雍也》，载《诸子集成》，上海：上海书店，1986年影印版。

在一般情况下，孔子也宣传、敬畏天命。如上述"生老风俗"中孔子讲的"五十而知天命"。《论语·季氏》子曰："君子有三畏：畏天命，畏大人，畏圣人之言。"但"天"在孔子的思想中主要指自然之"天"和义理之"天"。《论语·阳货》讲："天何言哉！四时行焉，百物生焉。"《论语·八佾》讲："获罪于天，无所祷也。"是把天看成是义理的天。《孟子·公孙丑》引太甲语曰："天作孽，犹可违；自作孽，不可活，此之谓也。"天降的灾害还可以躲避，自作的罪孽，逃也逃不了。孔子基本破除了主宰之"天"的观念，表明了思想的解放。

关于"命"，孔子认为它是一种必然性，但孔子不主张屈服于"命"的规定性，而是充分发挥个人的主观努力，所以常常表现出"知其不可而为之"的执着，这种执着反映了一种积极进取，而之后的荀子"制天命而用之"的思想正是从这一观念发展而来的。基于这种理性观念，孔子不信卜筮，他曾引用《易经》中"不恒其德，或承之羞"这句话来说明：真正决定自己命运的是道德。

儒家这种重人事，轻天命；重现实人生，轻来生彼岸的思想倾向，对后来儒学没有走向宗教，对中国人的人生价值、人格追求，都产生了重大而深远的影响。

（四）设计了一整套"克己复礼"，齐家治国平天下的方案

在春秋礼崩乐坏的形势下，孔子有着强烈的社会责任感和参政意识。《论语·阳货》子曰："如有用我者，吾其为东周乎。"孔子不仅有出仕的强烈欲望，而且做了充分的理论准备，提出了"克己复礼""正名""为政以德"等一系列施政方针。孔子的"仁"和"礼"就是一种治国方略，他把"德（仁）"和"礼"看作维护统治的手段，而不主张单纯的"政"和"刑"。

《论语·为政》讲："为政以德。""道之以政，齐之以刑，民免而无耻；道之以德，齐之以礼，有耻且格。"把外在的等级制度转化为内在的伦理道德后，再以"德"来诱发，以"礼"来整齐划一，上述君臣父子的秩序既有道德伦理的必然性，又有思想行为的规范性，就有条不紊了。这就使儒学完全成为一种在位者的学说，而不是夺位者的学说。西汉叔孙通说，"儒者难与进取，

可与守成"〔1〕，可谓一语中的。

现代中小学课堂上的起立就是一种礼，它的作用是政和刑不能替代的。课间，小学生都在玩耍，上课铃一响，大家乱哄哄地跑进教室，你戳我一把，我打你一下，班长一声起立，向全班庄严宣告：上课了，安静了。乱哄哄的声音越来越小，最后鸦雀无声，地下掉根针都能听到。这时大家都有一种庄严、肃穆、肃然起敬的感觉，老师一鞠躬，就把精力都集中到课堂上了。有的说，不用起立，看到哪个同学不听话，上去扇他一耳光。这样，就把上课的好心情破坏了，老师怒气冲冲，学生在流眼泪，怎么进行快乐教学、启发式教学？所以，孔子强调的"道之以德，齐之以礼，有耻且格"，实际是主张培养人的羞耻感、荣誉感、自豪感、自尊心、上进心，是非常有道理的。而政和刑培养出的大多是"免而无耻"者，死猪不怕开水烫，这样的学生就不好教育了。社会也是这样，一旦人心不古，道德沦丧、风气败坏，是非观念失衡，没有了羞耻感、荣誉感、自尊心，整个社会也就不好办了。所以，孔子把正面引导的"德""礼"放在首位，把强制规范的政和刑放在辅助地位，努力激发、呼唤社会的正能量，作为一种治国方略是非常值得借鉴的。

（五）创造了儒家的道德人格思想

在上述充分肯定人的价值的基础上，孔子把儒家仁、义、礼、智、信、忠、孝、节、廉、恭、宽、敏、惠、温、良、俭、让等所有的伦理道德素质典型化，统统集中到一个理想的载体——"君子"身上，创造了一个高度完美的理想人格形象。

孔子把社会政治收缩为家庭人伦，孟子又把家庭人伦内化为人的本性，强调其先验性、普遍性。他的性善论认为："恻隐之心，仁之端也；羞恶之心，义之端也；辞让之心，礼之端也；是非之心，智之端也。""仁义礼智，非由外铄我也，我固有之也"〔2〕。这些道德品格不是外在的命令，而是内在的本性。如果说，在孔子那儿是事亲不得不孝，与朋友交不得不信，即人不能不这样，人应该这样。到了孟子就变为：人本来就这样。他的仁政思想、民贵君轻思想、

〔1〕《史记·刘敬叔孙通列传》，北京：中华书局，1959年版。
〔2〕《孟子》之《公孙丑上》《告子上》，载《诸子集成》，上海：上海书店，1986年影印版。

大丈夫人格，都是孔子思想的进一步发展。

先秦诸子百家的学说都有自己的鲜明特征。以老庄为代表的道家阐述的是一种宇宙观和人生哲理；墨家思想是代表下层小生产者提出本阶级的主张和要求；名家和阴阳五行家都讲宇宙万物的构成和运动。名家带有中国稀有的逻辑思辨特征，后来中断了它的发展。阴阳五行家反映了中国传统的模糊笼统的整体思维方式。从天人关系上看，上述各家都在"天"这个命题上花费了很大精力，而儒家是最不愿意在"天命"上劳神的，它关心的是人事。从这个意义上讲，儒学是裁量人的"人学"，而不是崇拜神的"神学"。

从参政议政实践上看，儒家和法家、纵横家、兵家是共通的。尽管儒法两家有德治、法治的不同，但都是治国方案，所以有了后来的儒法合流。由于先秦儒家具有农业文化的保守性，很难与商业文化的，以"变通""诡道"为特征的纵横家、兵家找到共同语言。在参政实践上也无法与他们比肩，孔子、孟子最终都成为实践上的失败者。

三、董仲舒天人感应的天道系统

儒学发展的第二个里程碑是西汉董仲舒的儒学。董仲舒对儒学有两大贡献：其一，使秦朝焚书坑儒后，受压抑、受迫害的儒学取得了政治上的独尊地位，并将儒家思想付诸社会实践。其二，以儒学为主，吸收法、道、阴阳、五行等各家学说进行再创造，构筑了一个庞大的，天人感应的天道系统。

这个天人感应的天道系统，既有自然性，又有神学性；既有道德、情感，又有命运、规律，把天上、人间所接触、观察、体验到的现实与理想统统融纳进去，是一个集自然、道德、情感、人格、规律于一身的模糊体。儒家的仁学结构、治平思想、君臣父子论、个体人格，法家的君主集权、法治刑赏，以及道、阴阳、五行，都网罗到这个秩序体系之中。其运作形式则通过天人感应，五行相生相胜，阴阳交替来达到整个系统的动态平衡。它与孔孟原始儒学的区别，主要有以下几点：

其一，孔孟的儒学歌颂尧舜禅让，主张正君臣名分，董仲舒维护绝对君权，倡导三纲五常。

三纲五常是董仲舒天道系统掩盖着的政治主张。所谓"三纲"即"君为臣纲”“父为子纲”“夫为妻纲”；所谓“五常”即“仁、义、礼、智、信”。韩非发展了孔子“君君、臣臣、父父、子子”思想，为“三纲”划出了一个明晰的轮廓：“臣事君，子事父，妻事夫，三者顺则天下治，三者逆则天下乱，此天下之常道也。”[1]董仲舒对此加以继承和神化，第一次提出“王道之三纲，可求于天”[2]的说法。到西汉末成书的《礼纬》就把“三纲”的条文具体化了。

其二，孔孟的儒学“敬鬼神而远之”，注重人事，董仲舒大讲天道。

董仲舒似乎改变了孔、孟的初衷，大讲天道，忽略人事，其实是二者皆备。董仲舒的天道既不是外国宗教的人生彼岸，也不是阴阳家或道家的那种漠然寡情，“拘而多畏”的世界，而是注入了儒学中“仁”的情感，增添了人格色彩。《春秋繁露·俞序》讲：“仁，天心。”同时，董仲舒反复强调“天地之性人为贵”[3]，人才能“与天地参”。在他的天道系统中仍然充满人的主动意识和崇高地位。因此，大讲天人感应的董仲舒的儒学，并没改变儒学的入世特征。受董仲舒天道的影响，普通民众心目中的“天”，也是一个集自然、情感、道德、人格于一身的模糊体，是无法皈依或作为来生寄托的。

其三，孔孟的儒学复古、保守，董仲舒主张“应变”“更化”，天道循环。

孔子“述而不作，信而好古”[4]，孟子和荀子无论是“法先王”还是“法后王”，其道德榜样都是往古的圣贤。所以儒家以“祖述尧舜，宪章文武”而著称。

董仲舒认为：“道之大原出于天，天不变，道亦不变。”[5]

《春秋繁露·精华》讲：“春秋固有常义，又有应变。”

《汉书·董仲舒传》载董仲舒的《天人三策》曰：“譬之琴瑟不调，甚者必解而更张之，乃可鼓也。为政而不行，甚者必变而更化之，乃可理也。当更张而不更张，虽有良工不能善调也；当更化而不更化，虽有大贤不能善治也。”

董仲舒的天道系统，既有命定性、秩序性的特征，又主张“应变”“更化”，具有循环性和自行调节功能，而不是僵化固定。这个命定的，又是循环的天

---

[1]《韩非子·忠孝》，载《诸子集成》，上海：上海书店，1986年影印版。
[2]《春秋繁露·基义》，上海：上海古籍出版社，1986年版。
[3]《汉书·董仲舒传》，北京：中华书局，1962年版。
[4]《论语·述而》，载《诸子集成》，上海：上海书店，1986年影印版。
[5]《汉书·董仲舒传》，北京：中华书局，1962年版。

道，成为中国人支撑现实，调节心理的信念基础。它至少激励着中国人三种处世观念。

首先，富有韧性、自强不息的奋斗精神。

《孟子·告子下》称："舜发于畎亩之中，傅说举于版筑之间，胶鬲举于鱼盐之中，管夷吾举于士，孙叔敖举于海，百里奚举于市。故天将降大任于斯人也，必先苦其心志，劳其筋骨，饿其体肤，空乏其身，行拂乱其所为，所以动心忍性，曾益其所不能。"从孟子的"天将降大任"，到《周易·乾卦》的"天行健，君子以自强不息"，再到司马迁的"圣贤发愤"，都是建立在天道循环基础上的自强不息。

其次，乐观主义的人生态度。

对天道循环的信念，使中国人始终以乐观主义的态度对待现实人生。中国人即使在极度困苦中也相信会"否极泰来""柳暗花明""十年河东，十年河西""留得青山在，不怕没柴烧"。即使处在恶婆婆虐待下的媳妇，也以"千年的大道流成河，多年的媳妇熬成婆"来鼓励自己活下去的勇气。因为这是命定的、循环的天道。这一特定的心理调节功能，把许多悲观、绝望，想皈依宗教的人，从半路上拉了回来，从而始终保持着对现实人生的归属感。

再次，逆境成材模式。

上述孟子的"苦其心志"，司马迁的"圣贤发愤"，就是典型的逆境成材模式。后来的中国人欣赏、认同、赞扬的都是逆境成材，而不注重顺境成材。"受得苦中苦，方为人上人""宝剑锋从磨砺出，梅花香自苦寒来"。中国历史上抵御外侮的英雄，卫青、霍去病、戚继光等顺利成功者，都不被人看重，而杨家将、岳飞等没有成功，遭遇逆境，却家喻户晓、妇孺皆知。荆轲刺秦王之所以千古传诵，就在于他的不成功，成功了肯定就默默无闻了。

其四，先秦儒学博而不杂，董仲舒的儒学驳杂丰富，主张吸收外物。

董仲舒的儒学既是自然知识进步，社会思想发展的必然要求，又是战国百家争鸣以来各学派思想互相竞争、互相影响，并走向学术综合的必然结果。

自春秋战国以来，随着人们认识、改造自然能力的提高，产生了对宇宙、社会、自然、人生做出统一的、规律性的解释的要求。董仲舒的天人合一的天道系统则适应这一要求，解决了这一时代课题。因此，它是社会思想发展到一定阶段的必然，是思维发展、文化进步的阶梯。

　　董仲舒的天道系统固然具有神秘主义色彩，但却是对当时零散的、种种经验的整理和总结。比如水胜火、土生金等五行相胜相生的说法，交织着对自然本性的了解和实践经验的总结。甚至是把人的情感和生理构造与天附会，大谈天人感应，也有科学的颗粒。董仲舒的代表作《春秋繁露·人副天数》讲，人有喜怒哀乐，天有春夏秋冬；人有 360 骨节，天有 360 日；人有五脏，天有五行；人有四肢，天有四时。"天将阴雨，人之病故为之先动。"这些说法，与《黄帝内经》讲的生理、病理相去不远。所以，尽管董仲舒天人感应的天道荒谬至极，而构筑这个体系的材料，却来之当时人取得的经验和成就。

　　自融汇各家学说的董仲舒的儒学出现后，儒学在排斥外物的另一面，又有了消化外物，不断吸收其他学说的理论营养来丰富、发展自己的灵活性和融汇性。由于它处在独尊的地位上排斥外物，使任何一种外来文化都要带上中国文化的特色。

　　其五，孔孟儒学讲王道政治，主张任德不任刑，董仲舒讲德刑、王霸道并用。

　　战国时期，有王道和霸道两种统治方案。法家商鞅因景监见秦孝公，说以王道，孝公昏昏欲睡；复说以霸道，孝公大悦，语数日不厌。可见，商鞅既通王道，又通霸道，在实践中，他选择了霸道。

　　孟子和商鞅分别是儒家和法家的代表人物，"王道"和"霸道"就被视为儒、法两家的治国主张。《孟子·公孙丑上》讲："以力假仁者霸，霸必有大国；以德行仁者王，王不待大。汤以七十里，文王以百里。以力服人者，非心服也，力不赡也；以德服人者，中心悦而诚服也。"

　　董仲舒认为，"刑者，德之辅"，主张儒法并用，德主刑辅。他以阴阳解释"刑德"，主张"赏善诛恶"，给刑法制度一定的地位。在德治方面，董仲舒提出了"限民名田，以赡不足，塞兼并之路""去奴婢，除专杀之威，薄赋敛，省徭役，以宽民力"[1]的主张。从董仲舒开始，建立了"霸王道杂之"的"汉家制度"。《汉书·元帝纪》载汉宣帝语曰："汉家自有制度，本以霸王道杂之，奈何纯任德教，用周政乎？"

　　孔子的"中庸"在董仲舒的天道系统中得到充分体现，即哪方面也不走向极端，始终保持整体的和谐均衡。有些命题尽管互相矛盾，或是因为这个混杂

---

[1]《汉书·食货志》，北京：中华书局，1962 年版。

的体系还不能融会贯通，或是作为一种统治思想需要各方面的互补，这些都符合中国传统文化整体把握的思维原则。

四、宋明理学的宇宙天理

儒学发展的第三个里程碑是宋明理学。

两汉之际，佛教传入中国，东汉末道教创立，逐渐出现三教并立的局面。从两晋南北朝开始，许多儒学家从现实政治和社会利害等方面，对佛、道进行外在的批判。宋明理学的最大成就，是对佛、道的宗教理论进行内在的吸收、改造，使儒学在理论上达到了最为精致完备的程度。其代表人物是北宋的周敦颐、张载、程颢、程颐，南宋的朱熹、陆九渊，明朝的王阳明。他们自以为是继承尧、舜、禹、汤、文、武、周公、孔子的道统，所以又称为道学。

董仲舒给儒学披上"天道"的外衣，理学家们则在"理""气""无极""太极"等宇宙本体论问题上进行了多层次论证，根本核心就是要证明，君臣父子等伦理纲常，仁、义、礼、智、信、忠、孝、节、廉等，等于宇宙的必然法则，亦即天理。天理先于、高于、超越万事万物，是万事万物的本体存在。"宇宙之间一理而已，天得之而为天，地得之而为地，而凡生于天地间者又各得之以为性。其张之为三纲，其纪之为五常。盖此理之流行，无所适而不在"[1]。

为了认识这个天理，理学家们特别强调天理的主宰、统帅、命令作用。它要求把天理的绝对命令，当作自我完成的主动欲求，追求伦理上的"自律"，反对"他律"，即要求人们自觉地"穷天理，灭人欲"。

宋明理学最终完成了儒家思想的哲学形态，构筑了天人合一的理论体系。佛、道思想中的许多命题都被它吸收，模糊了其本来面目，最后确立了儒学在雅、俗两个文化层次的统治地位。

---

[1] 《朱子文集》卷七〇《读礼札记》，北京：中华书局，1985年版。

第二节　儒家的道德人格

孔子重视人的价值，必然要重视人的品格。对人格信念的珍视和执着，强调个体品格的完善和高扬，并使其理想化、典型化，是儒家道德人格的基本特征。为此，孔子、孟子一方面强调人对个体品格的能动作用，即道德的自觉和自律，主张"士不可以不弘毅""人能弘道，非道弘人"[1]，又倡导用圣人之言、礼乐制度、人格典范来规范、诱发人们的人格意识。

一、孔子的道德人格范式

孔子在对伯夷、叔齐、柳下惠、夷逸、史鱼、蘧伯玉等人的人格价值评判中，分别树立了各种类型的品格。《论语·微子》称：

> 逸民伯夷、叔齐、虞仲、夷逸、朱张、柳下惠、少连。子曰："不降其志，不辱其身，伯夷、叔齐与！"谓："柳下惠、少连降志辱身矣。言中伦，行中虑，其斯而已矣。"谓："虞仲、夷逸隐居放言（放置，口不言世事；李贤注为纵，跌荡放言），身中清，废中权（自废弃以免患）；我则异于是，无可无不可。"

在这里，孔子揭示出四种人格类型：

（一）不降不辱

《史记·伯夷叔齐列传》载：

> 伯夷、叔齐，孤竹君之二子也。父欲立叔齐，及父卒，叔齐让伯夷，

---

[1]《论语·泰伯》《论语·卫灵公》，载《诸子集成》，上海：上海书店，1986 年影印版。

伯夷曰："父命也。"遂逃去。叔齐亦不肯立而逃之，国人立其中子。于
是伯夷、叔齐闻西伯昌善养老，盍往归焉。及至，西伯卒，武王载木主，
号为文王，东伐纣。伯夷、叔齐叩马而谏曰："父死不葬，爰及干戈，可
谓孝乎？以臣伐君，可谓仁乎？"……天下宗周，而伯夷、叔齐耻之，义
不食周粟，隐于首阳山，采薇而食之……遂饿死于首阳山。

以伯夷、叔齐为代表的"不降不辱"的特点是：不改变自己意志，
不丧失自己的尊严；不入庸君之朝，冰清玉洁、傲然不群。"道不同不相为
谋""岁寒，然后知松柏之后凋"[1]，赞扬的就是伯夷"举世污浊，清士乃见"
的可贵品格。齐人"不食嗟来之食"，陶渊明"不为五斗米折腰"，秉承的
就是这一气节。

（二）降志辱身

关于少连，史籍记载不多，《礼
记·杂记》载孔子语曰："少连、
大连善居丧，三日不怠，三月不解，
期悲哀，三年忧，东夷之子也。"少
连应是个孝子的典范，与"降志辱身"
的品格无关。"降志辱身"主要指
柳下惠。

柳下惠名获，字禽，出身展氏，
又称展禽，鲁孝公的五世孙，以谙
熟贵族的礼仪而著称。孔子赞扬的
是他"为士师三黜而不去"。《论语·微
子》载，柳下惠担任典掌监狱的小官，
叫士师，被罢黜了三次，仍然在官
位上。有人说："子未可以去乎？"

柳下惠。选自明代《人镜阳秋》

---

〔1〕《论语·卫灵公》《论语·子罕》，载《诸子集成》，上海：上海书店，1986年影印版。

柳下惠说："直道而事人，焉往而不三黜；枉道而事人，何必去父母之邦？"意思是，我以直道与人相处，到哪儿也得被罢官；我违背原则和良心与人相处，在父母之邦的鲁国就能做大官。

可见柳下惠"降志辱身"的特点是：忍辱负重、安于贫贱；宽容大度而又不枉道；同流而不合污，身处污泥而不染。

柳下惠在中国民众中名声极高，除"为士师三黜而不去"外，还有几件值得称道的事。

1. 以文辞行贿，说退大举进攻鲁国的齐军

《左传·僖公二十六年》载，齐桓公死后，齐孝公率军进攻鲁国，臧文仲想出个文辞行贿的办法，鲁僖公命柳下惠措辞，命展喜前去犒齐军。对齐孝公说："昔周公、大公股肱周室，夹辅成王。成王劳之而赐之盟曰：'世世子孙，无相害也。'载在盟府，大师职之（太公为太师兼主司盟之官）。桓公是以纠合诸侯，而谋其不协，弥缝其阙，而匡救其灾，昭旧职也。及君即位，诸侯之望曰：'其率（循）桓之功。'我敝邑用不敢保聚，曰：'岂其嗣世九年而弃命废职？其若先君何？君必不然。'恃此以不恐。"

齐人崇尚功利而善虚诈，没有鲁人那么迂腐、循规蹈矩，听了展喜一番陈辞，齐孝公开始觉得滑稽可笑，后来仔细深思，真还不能丢掉"齐桓之功"这张招牌，更何况战衅一开，胜败还未可知，竟班师撤退了。用文辞说退压境之军队，固然反映了柳下惠、展喜纵横捭阖的外交艺术，但也只有在周礼尚未完全失去作用的春秋时期才能出现。后来的诗赋弭兵锋，柳下惠已开先例。

2. 反对臧文仲祀"爰居"和纵"逆祀"

《国语·鲁语上》载：

> 海鸟曰"爰居"，止于鲁东门之外三日，臧文仲使国人祭之。展禽曰："越（迂阔不知政要）哉，臧孙之为政也！夫祀，国之大节也；而节，政之所成也。故慎制祀以为国典。今无故而加典，非政之宜也。夫圣王之制祀也，法施于民则祀之，以死勤事则祀之，以劳定国则祀之，能御大灾则祀之，能捍大患则祀之。非是族也，不在祀典。昔烈山氏之有天下也，其子曰柱，能植百谷百蔬。夏之兴也，周弃继之，故祀以为稷。共工氏之伯九有（域）也，其子曰后土，能平九土（九州之土），故祀以为社。黄帝

能成命百物，以明民共财，颛顼能修之。帝喾能序三辰（日月星）以固民，尧能单（尽）均（平）刑法以仪（善）民，舜勤民事而野死（苍梧之野），鲧障洪水而殛死，禹能以德修鲧之功，契为司徒而民辑（和），冥（契六世孙，夏水官）勤其官而水死，汤以宽治民而除其邪，稷勤百谷而山死（死于黑水之山），文王以文昭（演周易，有文德），武王去民之秽（去商纣）。故有虞氏（舜后胡公，妫姓，周武王封于河南淮阳为陈国）禘黄帝而祖颛顼（祭昊天于圆丘曰禘，祭五帝于明堂曰祖、曰宗），郊（祭上帝于南郊曰郊）尧而宗舜；夏后氏禘黄帝而祖颛顼，郊鲧而宗禹；商人禘舜（应该为"喾"，契之父）而祖契，郊冥而宗汤；周人禘喾（稷之父）而郊稷，祖文王而宗武王；幕（舜后虞思，为夏诸侯），能帅（遵循）颛顼者也，有虞氏报焉；杼（少康之子季杼），能帅（遵循）禹者也，夏后氏报焉；上甲微（契八世孙），能帅契者也，商人报焉；高圉（弃十世孙）、太王，能帅稷者也，周人报焉。凡禘、郊、祖、宗、报，此五者，国之典祀也。加之以社稷山川之神，皆有功烈于民者也。及前哲令德之人，所以为明质（信）也；及天之三辰，民所以瞻仰也；及地之五行，所以生殖也；及九州名山川泽，所以出财用也。非是不在祀典。今海鸟至，己不知而祀之，以为国典，难以为仁且智矣！夫仁者讲功，而智者处（名）物。无功而祀之，非仁也；不知而不能问，非智也。今兹海其有灾乎？夫广川之鸟兽，恒知避其灾也。"

是岁也，海多大风，冬煖。文仲闻柳下季之言，曰："信吾过也，季子之言不可不法也。"使书之以为三筴（策）。

从柳下惠叙述的祭祀典章来看，古代的祭祀对象除祖先外，都是在同大自然斗争中兴利除害、造福人类的人物。可见古代祭祀不光是巫术迷信，还表现了对那些征服险恶环境，开拓远古人类生活的伟大人物的肯定和崇敬。

纵"逆祀"也是批评臧文仲。鲁闵公启方和鲁僖公申都是鲁庄公之子，僖公是闵公的庶兄。庆父作乱，杀公子般拥立了闵公，又杀闵公欲自立而败亡，季友拥立了鲁僖公。所以弟弟鲁闵公在先，哥哥鲁僖公在后。负责祭祀的鲁宗伯夏父弗忌尊崇僖公，故要将鲁僖公跻于鲁闵公之前。执政臧文仲听之任之。柳下惠指出，这是"易神之班"不祥。刚才说柳下惠谙熟贵族的典章礼仪，即指此。

3. 坐怀不乱

柳下惠坐怀不乱的传说，有一个演变的过程。

《荀子·大略》载："子夏贫，衣若县（悬）鹑。人曰：'子何不仕？'曰：'诸侯之骄我者，吾不为臣；大夫之骄我者，吾不复见。柳下惠与后门者同衣而不见疑，非一日之闻也。'"唐人杨倞注曰："后门者，君之守后门至贱者。""与后门者同衣"，是安于贫贱，与看守后门的贫贱者穿同样的衣服。

成书于西汉初年的《毛诗故训传·巷伯》（见《诗·小雅·巷伯》）云：昔者，颜叔子独处于室，邻之嫠妇又独处于室。夜，暴风雨至而室坏，妇人趋而至，颜叔子纳之而使执烛。放乎旦而蒸（薪之细者）尽，缩屋（抽屋草）而继之。自以为辟嫌之不审矣。若其审者，宜若鲁人然。鲁人有男子独处于室，邻之嫠妇又独处于室。夜，暴风雨至而室坏，妇人趋而托之。男子闭户而不纳。妇人自牖与之言曰："子何为不纳我乎？"男子曰："吾闻之也，男女不六十不间居（男女间杂）。今子幼，吾亦幼，不可以纳子。"妇人曰："子何不若柳下惠然，妪（孵卵、养育）不逮门之女，国人不称其乱。"男子曰："柳下惠固可，吾固不可。吾将以吾不可，学柳下惠之可。"孔子曰："欲学柳下惠者，未有似于是也。"

这里具有了坐怀不乱故事的雏形，《荀子·大略》的记载就被解释为，柳下惠与一女子进城晚了，被关在城门外，天气寒冷，柳下惠解开自己的衣服将她裹在怀里，由于他一贯作风正派，谁也不怀疑他有淫乱行为。

元朝胡炳文(1250—1333年)《纯正蒙求》卷上，有了成型的故事："鲁柳下惠，姓展名禽，远行夜宿都门外。时大寒，忽有女子来托宿，下惠恐其冻死，乃坐之于怀，以衣覆之，至晓不为乱。"

元末明初陶宗仪的《南村辍耕录》卷四《不乱附妄》则记述为："柳下惠夜宿郭门，有女子来同宿，恐其冻死，坐之于怀，至晓不乱。"

至此，"坐怀不乱"的故事完全成型，并且越来越成为家喻户晓的千古佳话，柳下惠成为遵守男女大防，让人绝对放心的代名词。例如，清李汝珍的《镜花缘》第三十八回，唐敖道："据这光景，舅兄竟是柳下惠坐怀不乱了？"

其实，原始儒家并不否认人的色欲。《礼记·礼运篇》称："饮食男女，人之大欲存焉。"《孟子·告子下》载："食、色，性也。"《孟子·万章上》载："人少，则慕父母；知好色，则慕少艾；有妻子，则慕妻子；仕则慕君。"

所以，孔子肯定鲁国男子的做法，因为色欲是人的正常生理要求，孤男寡女半夜同居一室，很难做到"不乱"。当然，这是汉代人代孔子立言。但孔子的确不会赞成柳下惠"坐怀不乱"的行为，他所赞扬的是柳下惠"降志辱身"的宽容，对个体品格的洁身自好，对典章礼仪的谙熟和恪守。如果后人真正严格尊崇孔夫子的教诲，"宗师仲尼"，就不会有柳下惠"坐怀不乱"的故事了。

（三）隐居放言

虞仲是西周先祖古公亶父的次子。《史记·周本纪》载："古公有长子曰太伯、次曰虞仲，太姜生少子季历。季历娶太任，皆贤妇人，生昌（周文王），有圣瑞。古公曰：'我世当有兴者，其在昌乎？'长子太伯、虞仲知古公欲立季历，以传昌，乃二人亡如荆蛮，文身断发，以让季历。"后来，太伯、虞仲相继做了吴国的国君。所以，春秋末吴王夫差在黄池之会上争霸，对晋定公说："于周室，我为长。"[1]他的先祖的确是西周姬姓的嫡长。

虞仲只是隐居，而没有放言。隐居放言的是夷逸。《论语·微子》正义引《尸子》曰："夷逸者，夷诡诸之裔，或劝其仕，曰：'吾譬则牛，宁服轭（曲木）以耕于野，不忍被绣入庙而为牺。'"由此可知，"隐居放言"的特点是：不做政治的奴仆，超然世外而放肆直言，是较为典型的隐士的自由人格。

（四）无可无不可

孔子说的"我则异于是，无可无不可"，实在是模棱两可，给后人留下无限遐思。清代学者刘宝楠的《论语正义》援引各家进行解说。西汉扬雄认为是："不夷不惠，可否之间也。"郑玄注曰："不为夷、齐之清；不为惠、连之屈，故曰异于是也。"马融认为是"亦不必进，亦不必退，惟义所在"。其实，它与孔子"过犹不及"的中庸态度是一致的，是一种审时度势的"政治智慧"。"夷齐失之过峻"，缺乏应有的宽容，"是知夷齐虽圣人所许，亦圣人所不为也"。亦即《孟子·公孙丑上》所谓的"伯夷隘（不容人，疾恶太甚），柳下

---

[1]《左传·哀公十三年》，载《诸子集成》，上海：上海书店，1986年影印版。

惠不恭（轻忽、随便），隘与不恭，君子不由也"。后来，孟子据此继续发挥和升华，塑造出另一类人格形象——"圣之时者"。

围绕如何从政，孔子树立了史鱼、蘧伯玉两种人格范式。《论语·卫灵公》子曰："直哉！史鱼。邦有道，如矢；邦无道，如矢。君子哉！蘧伯玉。邦有道则仕，邦无道，则可卷而怀之。"

史鱼即卫国大夫史鳅，他曾劝卫君任蘧伯玉、退弥子瑕，未被采纳。临终嘱其子不准治丧正堂，以尸谏卫君。《韩诗外传》卷七称他，"生以身谏，死以尸谏，可谓直矣"。史鱼创造了中国古代最极端的进谏形式——尸谏。

蘧伯玉也是卫国大夫。《左传·襄公十四年》载，孙林父欲联合蘧伯玉杀卫献公立卫殇公，蘧伯玉"从近关而出"逃避祸难。到襄公二十六年（公元前547年），卫国大夫宁喜欲联合蘧伯玉攻杀孙林父和卫殇公，迎卫献公回国，他又"从近关出"而躲避。在今天看来，是个没有责任感的政治投机者。

在这里，孔子树立了两种截然相反的政治道德人格。一类是史鱼的"有道无道，行直如矢"，是后来正直极谏和"愚忠"的典范。另一类是蘧伯玉的"有道则见，无道则隐"，是明哲保身的典范。二者当中，孔子更推崇蘧伯玉的灵活、超脱和全身远害，称他为"君子"。《史记·仲尼弟子列传》称："孔子之所严事，于周则老子，于卫，蘧伯玉。"孔子在更多的场合明确表达了对"愚忠"的反对，对明哲保身、相机行事的肯定：

《论语·泰伯》曰："笃信好学，守死善道，危邦不入，乱邦不居。天下有道则见，无道则隐。邦有道贫且贱焉，耻也；邦无道，富且贵焉，耻也。""不在其位，不谋其政。"

《论语·宪问》载："邦有道，穀（当官食俸禄）；邦无道，穀，耻也。""邦有道，危言危行（言行高峻）；邦无道，危行言孙（厉行不随俗，顺言以远害）。"

《论语·公冶长》载："子谓南容（孔门弟子），邦有道不废，邦无道免于刑戮，以其兄之子妻之。""季文子三思而后行，子闻之曰：'再，斯可矣。'""宁武子邦有道则知，邦无道则愚。其知可及也，其愚不可及也。"

《论语·卫灵公》载："可与言而不与之言，失人；不可与言而与之言，失言。知（智）者不失人，亦不失言。"也就是说，讲话要看对象，该说的说，不该说的不说，不能图一时痛快而"祸从口出"。近人林语堂《中国人的德性》讲，外国母亲嘱咐孩子：昂起你的头，爽直回答人家的问题。中国母亲总是嘱咐孩子"少管闲事"，所以中国的孩子都"学乖了"。

孔子儒学的博大精深就在于它的"中庸"，哪方面都不走向极端，哪方面的需求都给以满足。既有"知其不可而为之"的执着，又有"无可无不可"的圆滑。"仁"的品格，既有为了"仁"所表现出的牺牲精神和历史责任感，又有全身免害，明哲保身的灵活和对责任、义务的冷淡、逃避。孔子"无可无不可""愚不可及""三思而后行"的精髓也在于此。

二、孟子对道德人格范式的完善

孟子对孔子道德人格范式的完善和发展，表现在两个方面：

其一，将伯夷、柳下惠、虞仲、孔子等四种道德人格整合、筛选、升华为"圣之清者""圣之和者""圣之任者""圣之时者"。

伯夷是"圣之清者"。《孟子·万章下》称赞伯夷说："目不视恶色，耳不听恶声，非其君不事，非其民不使，治则进，乱则退……居北海之滨以待天下之清也。……伯夷，圣之清者也；伊尹，圣之任者也；柳下惠，圣之和者也；孔子，圣之时者也。"《孟子·公孙丑上》讲："非其君不事，非其友不友，不立于恶人之朝，不与恶人言。立于恶人之朝，与恶人言，如以朝衣、朝冠坐于涂炭。推恶恶之心，思与乡人立，其冠不正，望望然去之，若将浼（měi，污染）焉。"孟子着重强调了其疾恶如仇、冰清玉洁的个体品格。

柳下惠是"圣之和者"。《孟子·万章下》称赞"柳下惠不羞污君，不辞小官，进不隐贤，必以其道。遗佚而不怨，厄穷而不悯（忧愁）。与乡人处，由由然不忍去也。尔为尔，我为我，虽袒裼裸裎（chéng，脱衣露身）于我侧，尔焉能浼（měi）我哉……柳下惠，圣之和者也"。综合上述孔子的论述，柳下惠"圣之和者"的品格是：宽和敦厚，洁身自好；"降志辱身"而不"枉道"；"不卑小官"，不计名利。坐落在徂莱山南麓梁父山的柳下惠墓就叫"圣和墓"。

"伯夷之清，柳下惠之和"，是孟子树立的两种典型的人格类型。《孟子·尽心下》赞扬其对人格塑造的教化和示范作用说："圣人，百世之师也，伯夷、柳下惠是也。故闻伯夷之风者，顽夫廉，懦夫有立志；闻柳下惠之风者，薄夫敦，鄙夫宽。奋乎百世之上，百世之下，闻者莫不兴起也。"

孟子用伊尹的"圣之任者"取代了虞仲的"隐居放言"。据说，伊尹事商汤，被推荐给夏桀，夏桀不用而复归商汤，如此反复了五次。《孟子·万章下》载，伊尹曰："何事非君，何使非民，治亦进，乱亦进。曰：天之生斯民也，使先知觉后知，使先觉觉后觉。予天民之先觉者也，予将以此道觉此民也。思天下之民匹夫匹妇有不与被尧舜之泽者，如己推而内之沟中，其自任以天下之重也。"这一慷慨激昂的表白，展示了"乐以天下，忧以天下"[1]的崇高境界和博大情怀，奠定了儒家圣坛上一以贯之的道德精神，是孟子构筑的最为高尚、可敬的人格境界。它的树立，填补了孔子人格类型的空白，鲜明反映了孔子人格本位与孟子"兼善天下"不同的人格价值取向。

伊尹的"圣之任者"有两重人格特质：一是忍辱负重，具有以天下为己任的高度责任感。"隐居放言"的隐士，"有道则见，无道则隐"的投机，在它面前自惭形秽，被无情地淘汰了。二是具有"先知"的启蒙和解民于"倒悬"的自觉意识，义无反顾的奉献精神。中国古代的拯民意识发端于此，范仲淹的"先天下之忧而忧，后天下之乐而乐"，顾炎武的"天下兴亡，匹夫有责"，也滥觞于此。

孔子是"圣之时者"，也是上述三种人格范式的集大成者。《孟子·万章下》叙述了伯夷、伊尹、柳下惠后，接着说："孔子之谓集大成。集大成也者，金声而玉振之也。金声也者，始条理也；玉振之也者，终条理也。始条理者，智之事也。终条理者，圣之事也。"

"集大成"和"金声玉振"有两层含义："金声""始条理者"，是说它兼有夷齐之清、惠连之和、伊尹之任等所有的优秀品格；"终条理""玉振"，是指对人格行为的合理把握达到"圣"的境界。上述孟子说的"伯夷隘，柳下惠不恭，隘与不恭，君子不由也"，即指此。《孟子·公孙丑上》认为："自有生民以来，未有孔子。""圣之时者""金声而玉振"，是对孔子的"无可无不可"做出的高度评价。

其二，孟子的理想人格，类型化、层次化的多元特征更加鲜明。除上述"圣之清者"等四种范式外，孟子还通过权力和权威的道德化、人格化，对"圣人""大丈夫""大人""士"等进行了人格典范的再创造。

"圣人"是道德人伦方面为人师表的人格典范。

---

[1]《孟子·梁惠王下》，载《诸子集成》，上海：上海书店，1986 年影印版。

在先秦诸子心目中，"圣人"是道德智能极高的权威。《易·乾·文言》称："圣人作而万物睹。"孔子认为，圣人是可望而不可即的："圣人，吾不得而见之矣，得见君子者斯可矣！""君子有三畏，畏天命，畏大人，畏圣人之言。"[1]到了孟子，把圣人与一般人的距离缩短了，《孟子·告子上》提出了"圣人与我同类者"的说法。"圣人"一词在《孟子》书中出现十余次，把孝敬父母的舜，善养老的周文王以及伯夷、柳下惠统称作圣人，主要强调其为人师表的作用。如："圣人，百世之师也，伯夷、柳下惠是也。""规矩，方圆之至也；圣人，人伦之至也。"[2]

大人是"惟义所在""不失其赤子之心"的人格典范。

大人比圣人更令人敬畏，《易·乾卦》多次出现"利见大人"，并讲："大人者与天地合其德，与日月合其明，与四时合其序。"在孔子的"君子三畏"中，大人仅次于天命而先于圣人。大人在《孟子》书中出现十余次，为阐述其特定含义，《孟子·告子上》解释说："体有贵贱，有大小，无以小害大，无以贱害贵。养其小者为小人，养其大者为大人。"该篇中，公都子问孟子说："钧是人也，或为大人，或为小人，何也？"孟子曰："从其大体为大人，从其小体为小人。"在这里，大人已经是个明确的道德概念了。

《孟子·离娄下》论述的大人的品格有："大人者，不失其赤子之心者也。""大人者言不必信，行不必果，惟义所在。""非礼之礼，非义之义，大人弗为。"《孟子·尽心上》载："大人者，正己而物正者也。"大人的人格特点是：灵活而又明辨是非、顾全大局、永葆本色、"正己物正"。

大丈夫是顶天立地、大义凛然、轰轰烈烈的人格典范。

"大丈夫"仅在《孟子·滕文公下》一处中出现："景春曰：'公孙衍、张仪，岂不诚大丈夫哉？一怒而诸侯惧，安居而天下熄。'孟子曰：'是焉得为大丈夫乎？……居天下之广居，立天下之正位，行天下之大道，得志与民由之，不得志独行其道。富贵不能淫，贫贱不能移，威武不能屈，此之谓大丈夫。'"如果说，"圣之任者"在儒家人格圣坛上最为高尚、可敬，"大丈夫"则最具震撼力和人格魅力。后来理学家张载倡导的"为天地立心，为生民立命，为往圣继绝学，为万世开太平"的豪迈誓言，女革命家秋瑾"革命军中一小卒，顶

〔1〕《论语·述而》《论语·季氏》，载《诸子集成》，上海：上海书店，1986年影印版。
〔2〕《孟子·尽心下》《孟子·离娄上》，载《诸子集成》，上海：上海书店，1986年影印版。

天立地大丈夫"的诗词，都闪烁着"大丈夫"的人格光辉。

"士"是"穷则独善其身，达则兼善天下"的人格典范。

"士"在孔子那里已是道德人格形象，如"士不可以不弘毅，任重而道远"。在《孟子》书中，"士"约出现 24 次，其中如《孟子·离娄下》曰："无罪而杀士，则大夫可以去；无罪而戮民，则士可以徙。"应是《孟子·万章下》说的"君一位，卿一位，大夫一位，上士一位、中士一位，下士一位，凡六等"中的低级贵族。可《孟子》书中又有"齐国之士""天下之士""盛德之士""豪杰之士""志士""善士""廉士"等各种称呼，说明它已脱离原型而成为一个特定的社会阶层。《孟子·尽心上》曰："士穷不失义，达不离道。穷不失义，故士得己焉；达不离道，故民不失望焉。古之人，得志泽加于民，不得志，修身见于世。穷则独善其身，达则兼善天下。"在这里，孟子对士提出了一个动态的人格要求。所谓"独善其身"即"穷不失义"，要"修身见于世"，而绝不是消极避世，孟子那儿没有隐士的自由人格。

上述各种道德人格都可用君子品格统一起来。《孟子·告子下》整合伯夷、柳下惠、伊尹三种人格说："居下位不以贤事不肖者，伯夷也；五就汤，五就桀者，伊尹也；不恶污君，不辞小官者，柳下惠也。三子者不同道其趋一也。一者何也？曰仁也。君子亦仁而已矣，何必同。"也就是说，君子的品格有不同的表现形式，三者统属于君子"仁"的整体品格形象。后来，人们往往把孟子讲的圣人、大人、大丈夫、士等统归于君子，是符合孟子本意的。

三、孔、孟道德人格的价值特征

孔子道德人格的表层内，隐含着一个鲜为人注意的命题：道德、人格价值的合理性、独立性。

首先，"仕"与"不仕"是一种价值的判断和选择，而不是道德、是非、责任的必然命令。孔子没有严格的忠君观念，臣下的自由度要大得多。孔子既讲君臣等级名分，又主张君臣之间互尊、互惠，道德上等价交换和双向选择，臣下是否辅佐某个君主，要看他有没有辅佐价值。上述"有道则见，无道则隐"，就是一种合理的价值选择。

其次，孔子的"无求生以害仁，有杀身以成仁"，也是一种合理的价值选择，绝不是做无谓的牺牲。一个"有"字说明，"杀身成仁"不是普遍的和唯一的选择。

孔子对管仲的评价就是这样。管仲背叛公子纠，又辅佐公子纠的仇人齐桓公，孔子几次批评管仲不知礼，却坚持肯定他仁。如《论语·宪问》记载："子贡曰：'管仲非仁者与？桓公杀公子纠，不能死，又相之。'子曰：'管仲相桓公，霸诸侯，一匡天下，民到如今受其赐。微管仲吾其被发左衽矣。岂若匹夫匹妇之为谅（信，匹夫匹妇以言许人，必践其言，是之谓谅）也，自经于沟渎而莫之知也？'"孔子认为，盲目追求"杀身成仁"，是"匹夫匹妇之为谅"。在这里，孔子和管仲的价值选择是一致的：为公子纠"杀身成仁"不值，辅佐齐桓公"九合一匡"，承担自己的历史责任，才是志士仁人的大"仁"。

《管子·大匡》载，管仲曰："夷吾之为君臣也，将承君命，奉社稷，以持宗庙，岂死一纠（纠）哉。夷吾之所死者，社稷破，宗庙灭，祭祀绝，则夷吾死之。非此三者，则夷吾生。夷吾生则齐国利。夷吾死，则齐国不利。"

刘宝楠《论语·卫灵公》正义对"杀身以成仁"的解释是正确的："管仲不死，而相桓公，霸诸侯，一匡天下，民到于今受其赐，是成仁不必杀身。夫圣贤之死不死，审乎仁不仁，非谓仁必死也，非谓死则仁也。"管仲为成仁而不杀身，蘧伯玉为无"成仁"的价值而明哲保身，都受到孔子的赞扬和肯定。

第三，孔子的道德人格是一种不受社会、政治、君臣等因素干扰、制约的独立人格。"笃信好学，守死善道，危邦不入，乱邦不居。天下有道则见，无道则隐"，清楚表现了其独立性的价值选择。因此，孔子人格意识的树立，并不以自我独立意识的沦丧为代价，恰恰是对自我、独立意识的突出和高扬。

第四，在春秋那个干预国家政治缺乏必要保障的动乱时代，孔子反复强调"有道则见，无道则隐""危邦不入，乱邦不居""不在其位，不谋其政"，并将其树立为君子的一种品格范式，无疑是一种"生存智慧"和道德之术。

孟子的道德人格有如下特征：

第一，孟子使儒家道德人格真正获得了社会性的存在价值，也丧失了孔子自我人格意识的独立、自由。

如果说孔子的理想人格是一种"守死善道"的个体人格本位，对天下、社会缺乏应有的关注和责任的话，那么，孟子则把道德人格的视野放眼到万民的忧乐，天下的安危治乱。为了突出以天下、万民为己任的责任感，孟子以"圣

之任者""大丈夫""大人""士"，取代了"隐居放言"一类的隐士的自由
人格。针对孔子的"有道则见，无道则隐"，《孟子·尽心上》强调："天下
有道，以道殉身；天下无道，以身殉道。未闻以道殉乎人者也。"即便是"独
善其身"，也并非孔子的"无道则隐"，而带有"穷不失义""修身见于世"
的责任感。从孔子的"不在其位，不谋其政"，到孟子的"穷则独善其身，达
则兼善天下"，再到北宋范仲淹的"居庙堂之高，则忧其民；处江湖之远，则
忧其君"，再到南宋陆游的"位卑未敢忘忧国"，责任感越来越由价值的自由
判断和选择，变为道德、是非的必然命令了。按照孔子的说法，"不在其位，
不谋其政"，你"处江湖之远"，你"位卑"，忧什么君，忧什么国？不，这
是封建臣子道德、是非、责任的命令。

　　第二，倡导"人皆可以为尧舜"的理想目标，强调个体品格树立的可行性
和普及性。

　　《论语·阳货》中孔子认为，"惟上知与下愚不移""君子学道则爱人，
小人学道则易使也"，君子与小人之间有一先天性鸿沟，是不可逾越的。《孟
子·离娄下》认为，"舜，人也；我，亦人也""尧、舜，与人同耳"。《孟
子·告子上》载："圣人与我同类也。"《孟子·公孙丑上》载："圣人之于民，
亦类也。出于其类，拔乎其萃。"因此，在伯夷、柳下惠等人的风化下，不仅
"顽夫廉，懦夫有立志""薄夫敦，鄙夫宽"，而且"人皆可以为尧舜"[1]。
这一理想主张，消除了君子与小人的鸿沟，唤醒人们道德自律的普遍意识。

　　在此基础上，孟子倡导一种命定的逆境成材模式。《孟子·告子下》称：
"舜发于畎亩之中，傅说举于版筑之间，胶鬲举于鱼盐之中，管夷吾举于士，
孙叔敖举于海，百里奚举于市。故天将降大任于是人也，必先苦其心志，劳其
筋骨，饿其体肤，空乏其身，行拂乱其所为，所以动心忍性，曾益其所不能。"
这样，儒家的道德人格成为所有低贱、困厄境遇中人的一种普遍鼓舞力量。从
司马迁的"圣贤发愤"和中国人"受得苦中苦，方做人上人"的价值信念中，
可见其影响深远。

　　第三，将道德人格扩充、外化为一种充塞天地，无所不在的道德精神。《孟
子·公孙丑上》谈"我善养吾浩然之气"时说："其为气也，至大至刚，以直

〔1〕《孟子·告子下》，载《诸子集成》，上海：上海书店，1986年影印版。

养而无害，则塞于天地之间。其为气也，配义与道，无是馁也。"这一"浩然之气"，显示了道德人格的崇高、庄严，最终建立起儒家精神世界的人格权威、人格统治。然而，这种夸张主观精神的倾向，将人格价值建立在理想主义和热血沸腾的瞬间，实际生活中未免失之迂阔。理想人格的崇高魅力，与权势、物欲的诱惑形成了极为悬殊的落差，导致了一批批伪君子的猖獗。

对道德人格的树立，对人格信念的珍视和执着，对等级、权力、权威的道德化、人格化，是孔、孟人格思想的共同特征。但二者又有明显的差异：孔子实际，孟子理想；孔子强调人格独立、人格本位，孟子强调道义本位、社会本位；孔子的个体品格是一种"无可无不可""愚不可及"的道德之术，孟子的品格则是一种人格权威和人格统治。

四、君子与小人

君子与小人的原意是指贵族和统治者、庶人和被统治者，是一个阶级、等级的概念。

《尚书·无逸》称："君子所其无逸。"郑玄注曰："君子止谓在官长者。"

《国语·鲁语上》载："君子务治，而小人务力。"

甚至到战国时期，也仍有这种界定。《孟子·滕文公上》讲："无君子莫治野人，无野人莫养君子。"

为了强调个体人格的完善、高扬及其主动性、独立性，孔子把儒家的全部伦理道德人格化、理想化，都集中到君子身上，把它作为一个高度完美的人格典范。所以，到春秋时的孔子，把君子和小人道德化为"有德者"和"缺德者"了。

《礼记·曲礼上》载："博闻强识而让，敦善行而不怠，谓之君子。"《论语·卫灵公》载："君子谋道，不谋食。"这里的君子，已不是贵族和统治者了。

"君子"在《孟子》书中约出现60余次，除个别地方沿袭旧义，如上述"无君子莫治野人，无野人莫养君子"外，大都是具备仁、义、礼、智、信等各种道德素质的，高度完美的理想人格形象。如《孟子·尽心上》曰："君子所性，仁、义、礼、智根于心。"《孟子·滕文公上》载："君子之德，风也；小人之德，草也。"《孟子·公孙丑上》载："君子莫大乎与人为善。"俯拾即是。

自孔子树立了君子的形象后，在世俗社会产生了广泛的影响。如果说在雅文化层次上，人们追求的是"圣人""内圣外王"的话，在俗文化层次上则是君子。《礼记·表记》称："君子之接，如水；小人之接，如醴。君子淡以成，小人甘以坏。"欧阳修《朋党论》用世俗的语言表述为："君子之交淡如水，小人之交浓如醴。"唐朝虔州刺史李丹讲："天堂无则已，有则君子生；地狱无则已，有则小人入。"[1]人们在酒场上经常讲"舍命陪君子"，都表现了世俗社会对君子的敬仰，对小人的鄙视。

（一）君子品格的道德内涵

君子的品格涵盖了儒家的仁、义、礼、智、信、忠、孝、节、廉、恭、宽、敏、惠、温、良、俭、让等全部道德素质。其中，最主要的是仁、义、礼、智、信。《论语·卫灵公》载孔子语曰："君子义以为质（操行），礼以行之，孙（逊）以出之，信以成之。"上述孟子也讲："君子所性，仁、义、礼、智根于心。"

仁

《论语·里仁》讲："君子去仁，恶乎成名？"孔子的"仁"即君子的品格，"仁"有如下含义：

其一，仁是一种最高的道德境界和道德品格，是所有人类美德的总和。《论语·阳货》载，子张问仁于孔子，孔子曰："能行五者于天下，为仁矣。""恭、宽、信、敏、惠。恭则不侮，宽则得众，信则人任焉，敏则有功，惠则足以使人。"《论语·颜渊》中，颜渊、仲弓、司马牛都"问仁"，孔子的回答各不相同："克己复礼""己所不欲，勿施于人""仁者，其言也讱"。说明，只要是高尚的道德，都属于"仁"的范畴。

其二，"己所不欲，勿施于人"[2]。《论语·雍也》曰："夫仁者，己欲立而立人，己欲达而达人。"可知，"仁"的道德底线是"不损人"。

孔子认为，"仁"作为一种具有普遍意义的道德观念，并非仅仅与伟大的人物相联系，是高不可攀的。它既有最高境界，又有最低要求，只要经过努力，就可以接近它。《论语·述而》子曰："仁远乎哉？我欲仁，斯仁至矣。"《孟

---

[1]《古今图书集成·神异典·释教部·纪事卷上》引《唐国史补》，北京：中华书局，成都：巴蜀书社，1985年版。

[2]《论语·颜渊》，载《诸子集成》，上海：上海书店，1986年影印版。

子·尽心上》也讲："求则得之，舍则失之。"即修仁行义，行之即是，关键在于每一个人的道德自觉意识。

其三，仁者"爱人"。《论语·颜渊》载："樊迟问仁，子曰：'爱人。'"《孟子·离娄下》明确概括为"仁者爱人"。《孟子·告子上》还讲："恻隐之心，仁也。"

孔子思想中有选择地保留了远古社会中以"爱人"为特征的人道色彩。在《论语》中，孔子像个慈祥的长者，反复讲"仁者爱人""与人为善""老者安之，朋友信之，少者怀之""马棚失火，问：'伤人乎？'不问马"〔1〕。

值得注意的是，儒家的爱人是发自内在心理的"仁"，是超功利的，但要由近及远，也叫"爱有差等"。《孝经·圣治章》讲："不爱其亲而爱他人者，谓之悖德；不敬其亲而敬他人者，谓之悖礼。"也就是说，先得敬爱父母双亲，然后再敬爱他人。这和墨子"兼爱"的内涵和价值取向是不同的。墨子的兼爱是建立在外在功利基础上的"利"，叫"兼相爱，交相利"〔2〕，只要"交相利"，不分贵贱、贫富、亲疏都可"兼相爱"。《孟子·滕文公下》讲："杨氏为我，是无君也；墨氏兼爱，是无父也。无父无君，是禽兽也。"孟子的意思是，墨子讲"兼爱"，爱别人和爱自己的父亲一样吗？如果一样，就是无父，是禽兽。

另外，《论语·颜渊》载："君子成人之美，不成人之恶。"《礼记·坊记》载："君子贵人而贱己，先人而后己。"讲的都是君子超功利的"仁"的品格。

其四，"克己复礼为仁"。《论语·颜渊》载，颜渊问仁，子曰："克己复礼为仁，一日克己复礼，天下归仁焉。"周代贵族们认为恢复周礼是贵族的事，与平民无关。孔子把恢复周礼的任务交给周族的每一个成员，要求大家都来"克己复礼"，自觉承担起这一历史责任，并强调"仁"所应有的历史责任和牺牲精神。例如：

《论语·泰伯》载："任重而道远，仁以为己任。"曾子曰："可以托六尺之孤，可以寄百里之命，临大节而不可夺也。"

《论语·卫灵公》载："志士仁人无求生以害仁，有杀身以成仁。"

《礼记·中庸》载："君子所过者化。"

---

〔1〕《论语·公冶长》《论语·乡党》，载《诸子集成》，上海：上海书店，1986年影印版。
〔2〕《墨子·兼爱》，载《诸子集成》，上海：上海书店，1986年影印版。

这些都是君子为了"仁"所表现出的历史责任感和牺牲精神。孔子肯定管仲之"仁"，就是因为他承担了自己所应承担的历史责任。

义

《礼记·中庸》讲："义者，宜也。"《孟子·离娄上》载："义，人之正路也。"在《论语》中，"义"是个普遍的话题：

《论语·阳货》讲："君子义为上。君子有勇而无义，为乱；小人有勇而无义，为盗。"

《论语·里仁》云："君子喻于义，小人喻于利。"

《论语·为政》云："见义不为无勇也。"

以儒家思想为核心的中国传统文化在"义利"观的选择上，一贯是"重义轻利"，或叫"重仁义而轻功利"。董仲舒讲："正其谊（义）不谋其利，明其道不计其功。"[1]《孟子·告子上》讲："鱼，我所欲也；熊掌，亦我所欲也，二者不可得兼，舍鱼而取熊掌者也。生亦我所欲也，义亦我所欲也，二者不可得兼，舍生而取义者也。"现代语言的"就义"，即指"舍生取义"。在它的影响和规范下，中国人的经世观念不仅把情义放在物质功利之上，甚至放在国法、生命之上。

《史记·赵世家》载，春秋晋景公时，赵氏遭灭门之祸，赵朔妻有遗腹子，其门客公孙杵臼和好友程婴冒死救孤。宋元时编成戏剧《赵氏孤儿》，一直演到现在，歌颂的就是程婴、公孙杵臼为了成全"义"，不惜以身试法，舍命就义的品格。孟子说的"惟义所在"的大人，"富贵不能淫，贫贱不能移，威武不能屈"大丈夫，都是"义"的品格典范。

前面提到"君子之交淡如水"，也是指"义"的品格。《太平御览》卷七五七《器物部二·釜》引《风俗通》载：

> 俗说齐人有空车行，鲁人有负釜者，便持置车中二三百里，临别取釜，不相问为谁，亦不谢。后车家系狱当死，釜不相问为谁主，径往募人取之，穿壁未达，车者怒，不肯出。釜主惭，欲俱死。明日，主者以事白齐君，义而原之。

---

[1]《汉书·董仲舒传》，北京：中华书局，1962年版。

　　鲁国人将釜放在齐国人的空车上走了二三百里路，连个谢字也没说就扬长而去，仗义大度的齐人毫不计较，互相之间都没问姓名。齐人犯死罪，这位鲁人雇人穿壁，舍命相救，甚至"欲俱死"，齐人却坚决不肯接受他的回报，齐君钦佩二人的义气，赦免了这个齐人。从这一系列讲义气的链条中，我们看出了"君子之交淡如水"的内涵和真谛。

　　先秦时期妇女的"匹妇之义"，更显得大义凛然。《太平御览》卷四二二《人事部六三·义妇》引用了两则义妇事例：

　　《说苑》载，齐军攻鲁，见一妇人逃难，"抱大而挈小"。怪而问之。妇人说："大者，妾夫兄之子；小者妾之子。夫兄子者，公义也；妾之子者，私义也。"问者怅然，罢军不进，对齐王说："鲁未可攻也，匹妇之义尚如此，何况朝廷之臣乎？"

　　《列女传》载，齐宣王时，有人斗死于道，有两个孩子立其傍。官吏审问，二子都说："我杀之。"官吏上报给齐相，齐相不能决，又上报给齐宣王。王曰："皆赦之，是纵有罪；皆杀之，是诛无辜也。其母必知其子之善恶，听所欲杀活。"其母泣而对曰："杀少子。"齐相说："少子，人之所爱，今欲杀之，何也？"对曰："少者，妾之子也；长者，前妻之子也。虽痛子，独谓义何？"说完就泣不成声了。齐宣王"美其义，皆赦二子，号曰'义母'"。

　　这二位妇女，为公义而舍私义，舍弃自己的亲子，保全他人之子。这种高义，足以让那些龌龊自私的须眉丈夫无地自容了。

　　礼

　　"礼"指"周礼"，是西周的政治制度和礼仪规定，主要有"吉、凶、军、宾、嘉"五种。

　　吉礼讲祭祀，主要是祭祀祖先宗庙、社稷、天地、日、月、星、山林、川泽等。比方祭祀宗庙要跳舞，天子八佾、诸侯六佾、大夫四佾，是不能逾越的。《论语·八佾》载："孔子谓季氏八佾舞于庭，是可忍也，孰不可忍也！"

　　凶礼多属丧葬凶荒。上述丧葬风俗讲到，晋文公"请隧"，是想享受周天子的葬礼，是严重越礼的行为。

　　军礼是师旅操练、征伐之礼。《新序·义勇》载："国君之旗齐于轸（车厢底部），大夫之旗齐于轼（车厢前供人凭依的横木）。"楚国大夫司马子期猎于云梦，猎车上的旗帜拖到地上。芊尹文拔出剑来将旗帜斩断了。

宾礼主要是天子与诸侯，以及诸侯之间的往来交际之礼。《史记·齐太公世家》载，齐桓公救燕伐山戎班师，燕庄公相送，不知不觉深入齐境。齐桓公说："诸侯相送不出境，吾不可无礼于燕。"将燕庄公进入的齐地都割给了燕国，以表示燕庄公"不出境"。这不仅反映齐桓公遵守周礼，还显示了古代山东人的慷慨大方。

嘉礼是饮食、婚冠、庆贺之礼。比方说古代贵族该冠而不冠即为非礼。上述服饰风俗中，子路说："君子死，冠不免。"

周礼把西周的等级制、分封制、世袭制等所有的政治制度用礼乐表现和规定下来。一个贵族从生到死，从人事到祭祀，从日常生活到政治活动，以至于饮食起居、婚丧生老都处在与他身份等级相适应的礼中而不得僭越。它的作用就是维护贵族之间的等级秩序。它存在，西周王朝就存在。到春秋时，礼崩乐坏了，周天子就名存实亡了。比方现代军队将、校、尉军官佩戴的星和杠，当这支部队令行禁止、训练有素时，军官们穿几个星、几道杠的服饰非常严格，不得紊乱、僭越。如果大家都无视这一服饰礼仪，一个普通伙夫，穿着将军服在军营里到处招摇过市，这支军队就已经是瘫痪了。表面上是服饰礼仪，实际上是军队的生命，这就是礼的内涵。

到了孔子，礼有以下几方面的含义：

其一，礼是一种理想的政治目标，即"克己复礼"。孔子很会抓主要矛盾，就像刚才说的，贵族们在吉、凶、军、宾、嘉各个方面都遵守周礼了，西周的统治也就恢复了。上述季氏、晋文公、司马子期就是僭越周礼的罪魁，而痛斥季氏的孔子，以及齐桓公、芊尹文、子路，是恪守周礼的君子。

其二，礼是一种治国方略。上述业已述及。

其三，礼是日常生活中的行为规范和自觉意识。上述服饰风俗中，"君子不履丝屦""古之君子必佩玉"，都是君子应遵守的礼。"住居风俗"中提到的三国管宁，严格遵守跪坐礼，"五十余年，未尝箕股"，也是恪守礼仪的典范。《孟子·离娄下》讲："仁者爱人，有礼者敬人。"《孟子·告子上》载："恭敬之心，礼也。"

《论语·颜渊》中，孔子主张"约之以礼""非礼勿视，非礼勿听，非礼勿言，非礼勿动。"即遵守行为规范，不得超越自己的等级名分。

《论语·雍也》中，孔子还描绘了君子外在的礼仪形象："质胜文则野，文胜质则史，文质彬彬，然后君子。"意思是，质朴多于文采就显得粗野，文采超过了质朴又流于虚浮，文采和质朴完美地结合在一起，才是君子。

智

智，孔子称作"知"。如《论语·宪问》云："知者不惑。"孟子称作"智"。《孟子·告子上》云："是非之心，智也。"智有如下含义：

其一，实事求是，不说谎。

《论语·为政》子曰："由（子路），诲汝，知之乎？知之为知之，不知为不知，是知也。"知道就是知道，不知道就是不知道，这才是真正的智。

其二，知天、知礼、知言。

《论语·尧曰》子曰："不知命，无以为君子也；不知礼，无以立也；不知言，无以知人也。""知命"即知天命。刘宝楠正义曰："言天之所生，皆有仁、义、礼、智顺善之心，不知天之所以命生，则无仁、义、礼、智顺善之心，谓之小人。《大雅》曰：天生烝民，有物有则，民之秉彝，好是懿德。言民之秉德以则天地，不知所以则天，又焉得为君子乎？"孔子说自己"五十而知天命"，他说的天，是自然的天，道义的天。"知命"即掌握自然规律，顺应自然规律，即前面讲的"与天地合其德，与日月合其明，与四时合其序"；再就是"秉德以则天地"，遵守天所蕴含的"仁、义、礼、智顺善之心"，亦即道义。这两条都可称之为"则天"。

《孟子·公孙丑上》曰："何为知言？曰：'詖（bì，偏颇，邪僻）辞知其所蔽（包藏），淫（淫美不信）辞知其所陷（沉溺、诬陷），邪（不正）辞知其所离，遁（躲闪、搪塞）辞知其所穷。'"孟子认为，"知言""知人"，是一种识别是非善恶的能力，即上述"是非之心，智也"。

其三，具有审时度势、明哲保身的智慧。

上述"有道则见，无道则隐"的蘧伯玉；"邦有道不废，邦无道免于刑戮"的南容；"三思而后行"的季文子；既不"失言"又不"失人"的"知者"，以及《论语·宪问》中"时然后言"的公叔文子，都是君子"智"的典范。

其四，大智若愚。

前面《论语·公冶长》提到"宁武子邦有道则知，邦无道则愚。其知可及也，其愚不可及也。"意思是，国家有道时，他出谋划策，非常聪明；当国家危难时，就装傻。他的那种聪明，别人做得到，那种装痴卖傻的劲儿，谁也赶不上他。宁武子是卫国大夫，《朱子集注》说他"以有道属文公，以无道属成公"，周旋于国君之侧。孔子说的"愚不可及"，结合老子《道德经》第四十五章的"大成若缺""大盈若冲（虚）""大直若屈""大巧若拙""大辩若讷"，就会得出一种上乘境界的智慧概念：大智若愚。

《论语·雍也》中，孔子还指出了智者和仁者的个性特征："知者乐水、仁者乐山；知者动、仁者静；知者乐、仁者寿。"

信

信是树立君子形象的主要的道德因素。孔子讲，"民无信不立""人而无信，不知其可也""与朋友交，言而有信""言必信，行必果"[1]。

《论语·颜渊》载子贡语曰："惜乎夫子（指卫国大夫棘子成）之说君子也，驷不及舌。"郑玄注曰："过言一出，驷马追之不及。"后来，演变为"君子一言，驷马难追"。上述婚姻风俗中有个在桥下与女子约会，抱柱而守信的尾生，在战国时期成为信的典范。

春秋鲁国有个乐正子春，以"信"得到齐国人的高度信任。《韩非子·说林下》载，齐伐鲁，索要鲁国的谗鼎，鲁人送去一件赝品，被退了回来，并说，让乐正子春送来，我们就相信是真的。鲁君找到乐正子春，子春对鲁君说："胡不以其真往也？"鲁君说："我爱之。"乐正子春说："臣亦爱臣之信。"到西汉刘向的《新序·节士》，又把乐正子春的事迹放在柳下惠身上，塑造了个讲求诚信的柳下惠，情节大体一致，只不过把"谗鼎"说成了"岑鼎"。

《韩非子·外储说左上》记载曾子杀猪立信的故事。曾子的妻子到市场去，其子随之而泣。曾妻说："别哭，回家给你杀猪吃。"回来后，曾子捕猪杀之。曾妻止之曰："特与婴儿戏耳。"曾子曰："婴儿非与戏也。婴儿非有知也，待父母而学者也，听父母之教。今子欺之，是教子欺也。母欺子，子而不信其母，非以成教也。"于是，曾子真的杀猪煮肉给儿子吃了。

孟母更是古代以信教子的典范。《韩诗外传》卷九第一章载，孟子少时问母亲："东家杀豚何为？"孟母随口说："欲啖汝。"说完，她马上意识到失言了，说："吾怀妊是子，席不正不坐，割不正不食，胎教之也。今适有知而欺之，是教之不信也。"孟母果真到东邻家买猪肉给儿子吃了。

---

[1]《论语》之《颜渊》《为政》《学而》《子路》，载《诸子集成》，上海：上海书店，1986年影印版。

中国的统治阶级也讲信。司马光讲："王者不欺四海，霸者不欺四邻；善为国者不欺其民，善为家者不欺其亲。"〔1〕接着，他列举了四例统治者守信的典范：

齐桓公不背曹沫之盟。《史记·齐太公世家》载，齐桓公与鲁庄公会于柯（今山东东阿境），鲁人曹沫以匕首劫持齐桓公于坛上，逼其归还侵地，桓公被迫应允。待曹沫放下匕首，回到原位，齐桓公又想反悔。在管仲的劝谏下，齐桓公兑现自己的诺言，得到天下诸侯的信服。

晋文公不贪伐原之利。《左传·僖公二十五年》载，晋文公率晋师讨伐晋国附近的原国（在今山西沁水），与将士们约定，只作战三天，过了三天，无论胜败都撤兵。围攻了三天，晋文公果真就下令撤退。原国内的间谍传出消息说，原国就要投降了。将士们纷纷请求再坚持一会儿。晋文公说："信，国之宝也。得原失信，如何取信于民？"结果退出一舍（30里）之地，原国就投降了。

魏文侯不弃虞人之期。《战国策·魏策一》载，魏文侯与虞人约好一起去打猎。到了那天，魏文侯与左右喝得正高兴，天又下起了大雨。魏文侯不顾左右的劝阻，冒雨前去赴约。

秦孝公不废徙木之赏。这个秦孝公实际是商鞅。《史记·商君列传》载，商鞅变法前，树三丈之木于城南门，悬赏说，有能徙木于北门者予十金。秦民皆怪之，没有人敢徙。又悬赏说："能徙者予五十金。"有一人徙之，果然得到了五十金。王安石《商鞅》诗称赞说："自古驱民在信诚，一言为重百金轻。今人未可非商鞅，商鞅能令政必行。"

在中国，"取信于民""君无戏言，官无悔笔""天子无戏言"〔2〕，成为几千年统治经验的共识。

在民间的俗文化活动中，包括商业交换、借贷、约定，主要是靠立言、盟誓、承诺、击掌的方式进行，连中国的小孩也知道"拉钩上吊，一百年不许要"。国际间不签字的口头协定（Gentlemen's agreement），中国人翻译成"君子协定"，都渗透着中国人特有的"信"的规范性。而西方人则主要靠字据、契约、合同，缺乏相互间的信任。中国人的这些道德选择，虽然冲淡着人们的法律观念，使忠诚善良的人一次次上当受骗，却是以"信"、以"言必信，

---

〔1〕《资治通鉴·周纪二·周显王十年》，北京：北京古籍出版社，1956年版。
〔2〕《史记·晋世家》，北京：中华书局，1959年版。

行必果"为人格信仰基础的。

如果违背、否认自己的诺言，就是"食言而肥"，言而无信的小人。《左传·哀公二十五年》载，鲁国孟武伯、叔孙武叔、季康子等三桓专权，孟武伯嫉恨为鲁哀公驾车的郭重，在宴席间当众发问说："何肥也？"鲁哀公抢过话茬回答说："是食言多矣，能无肥乎？"鲁哀公意在挖苦三桓屡次说话不算数，用"食言而肥"进行嘲讽。

在《论语》各篇中，孔子反复强调君子与小人不同的道德品格：

《述而》云："君子坦荡荡，小人长戚戚。"

《子路》云："君子和而不同，小人同而不和。"君子待人和爱友善而不苟同，小人曲意逢迎而不和爱友善。

《为政》云："君子周而不比，小人比而不周。"君子团结不勾结，小人勾结不团结。

《卫灵公》云："君子求诸己，小人求诸人。"君子责求自己，小人责求别人。

《子路》云："君子泰而不骄；小人骄而不泰。"君子宏泰自如而不骄，小人趾高气扬而不自信。

《宪问》云："君子上达；小人下达。"君子向上，通达仁义，小人向下，通达财利。

《里仁》云："君子怀德，小人怀土；君子怀刑，小人怀惠。"君子心怀仁德，小人怀恋乡土；君子心怀法度，小人心怀私利。

世俗社会所认同的君子的品格，实际上是儒家倡导的各种伦理道德素质的世俗化。凡宽厚待人、以德报怨、谦虚谨慎、言行一致、心胸坦荡、忠实可靠、成人之美、见义勇为、百折不挠、不亲女色、周穷救急、乐善好施等，都是君子的品格。反之，奸诈狡猾、反复无常、口是心非、阳奉阴违、背信弃义、损人利己等所有不道德、不光彩、不坦荡、龌龊龌龊的行为，都是小人。

总之，君子承担着把儒家的全部伦理道德人格化、典型化和世俗化的功能，规范着人们把个体品格的完善当作本人的自觉意识和社会道德的必然要求。重来世天堂的西方宗教社会，创造了个神的最高偶像——上帝、佛、安拉，重今生今世人际伦理的中国宗法社会，则创造了个"人"的最高偶像——君子。它是中国人民的传统美德，又是沉重的道德包袱，还是社会发展、观念更新的障碍。

（二）君子品格剖析

君子的品格及其君子与小人的界定，就其积极的作用来讲，有以下三点：

首先，它珍视人际伦理，注重做人的道德和原则，高扬了人格、承诺、情义的神圣性和责任感，积累和加深了人间的真实、忠诚、信赖和安全感，体现了浓厚的人情味，减少了许多尔虞我诈、背信弃义、损人利己等罪恶和不道德的行为。通过君子与小人的界定，使每个人的品质、行为都得到无情的印证和鉴定。

其次，君子所具备的道德素质渗透到社会生活的各个领域，对传统职业道德的形成产生了极大的影响，在古代职业道德中，无不浸透着君子的人格形象和做人的原则。

例如，做老师的要"传道、授业、解惑""学而不厌，诲人不倦"；做军人的要"马革裹尸""执干戈以卫社稷，死不旋踵"；做官吏的要清正廉明、忧国忧民，"为官一任，造福一方"，都体现了君子的人格形象和历史责任。中国的商人之所以在人格和心灵上长期受压抑，就在于他们舍弃了君子的"义"，追求小人的"利"。即便是这样，中国的商人仍有自己的君子品格和职业道德，那就是"君子爱财，取之有道"，讲求"童叟无欺"、和气生财、言而有信、货真价实，没有现在这么多的假冒伪劣。现在的现象，起码是一种旧道德的沦丧。

君子的品格，甚至影响到那些打家劫舍、杀人越货的江洋大盗和黑社会集团，也形成了他们荒谬而合理的职业道德，即我们常讲的江湖信义，"盗亦有道"。《庄子·胠箧》载，春秋战国之际的盗跖曾讲，一个合格的大盗必须具备圣、勇、义、智、仁五种素质："妄臆室中之藏，圣也；入先，勇也；出后，义也；知可否，知也；分均，仁也。五者不备而能成大盗者，天下未之有也。"那些杀人越货的强盗是恶人而不是小人，小人没有他们的胆气，但也不是君子，因为他们走的不是正道。用君子品格、职业道德来界定他们，难免有亵渎之感，但他们确有来自君子品格影响的江湖道义和规则。如"惊大孝必触鬼神"[1]，"受人钱财，替人消灾"，"兔子不吃窝边草"等等。

第三，君子注重人的气节、社会责任和历史使命，激励着无数志士仁人为

---

[1]《后汉书·列女传》，北京：中华书局，1965年版。

了国家、民族而立事立功，甚至是从容牺牲。

戊戌变法失败，人们把慷慨就义的谭嗣同等人称作"六君子"。抗战前，上海沈钧儒、李公朴等人号召抗日救国，遭蒋介石逮捕，被称作"七君子"。从他们身上都可以看出君子品格的崇高和伟大，都闪烁着理想人格的光辉。

然而，对君子的观念又不能单方面地全面肯定，它又有着诸多消极的作用。

第一，君子的理想人格把人作为组织、裁量的对象，像一张无形的罗网把中国人的身心紧紧地束缚住，使人们时刻把道德、人格放在物质功利、个性追求之上，并作为判定一切的标准，淹没了人们的独立个性和自我意识。

君子在思想上生活得并不轻松，君臣、父子、师长、主仆、朋友等依附关系，以及人情世故、家庭伦理、等级观念，压得他们透不过气来，不得不放弃个性，追求这精神上空洞的高尚。从这个意义上讲，魏晋士族、玄学家否定名教，要求"越名教而任自然"，从不同的角度寻找被名教淹没了的自我，还复人的自然本性，就有了积极的意义。他们蔑视纲常名教、追求财富、信口雌黄、玩世不恭，甚至裸体狂欢，固然放弃了个体品格的自律，导致了社会风气的失控，却是对纲常名教，对君子品格束缚的挑战和发泄，显示了一种普遍觉醒的自我意识。

其二，君子与小人的观念是一种建立在小农经济上的道德意识，它与趋新、变更、开放、竞争等商业意识格格不入，塑造了一批批迂腐而不知权变，未老而先衰的谦谦君子，极大地束缚了中国人的竞争意识和生存能力。

中国的农民被固定在土地上，年复一年，春播秋获，往往会墨守成规，最多会产生循环的思想。农民用不着山南海北奔波，祖祖辈辈居住在同一个地方，又形成了封闭意识和内向心态。庄稼长得好坏，彼此间都无影响，更没有竞争意识。人际圈子也相当狭窄，而且都是世代交往。这一切都决定了他们在人际关系的道德选择上，必然是仁、义、礼、智、信。

工商业则相反，他们要根据行情和销路变换商品的样式和种类，必然要有趋新、变更意识。商人的足迹遍天下，使他们有了开放和外向的要求。工商业者经营好了，马上给同行造成威胁，"同行是冤家"，商场如战场，必须具有竞争意识。所有这一切，反映在人际关系上，自然是另一种道德选择：没有永恒的朋友，只有永恒的利益。商人在讨价还价时，没有一个一言九鼎的君子。

这种趋新、变更、开放、竞争意识，不仅使管仲、子贡、范蠡等商人成为时代的骄子，而且使"长于权变"的，以苏秦、张仪为代表的纵横家"朝为布衣，夕为卿相"，以游说诸侯而显名。以"诡道""善战"为特征的兵家思想，也来自商业文化的熏陶。齐国是工商业文化氛围最浓厚的国家，管理齐国工商业的陈公子完的后代，出现了孙武、司马穰苴、孙膑、田单等著名的军事家。在春秋战国那个强力抗争的时代，就是这些善于权变，崇尚"诡道"，不讲仁、义、礼、智、信的识时务者，成为驾驭时势的英雄，反映了他们强大的生存能力。北宋哲学家邵雍《战国吟》描述了他们轰轰烈烈的辉煌：

> 廉颇白起善用兵，苏秦张仪善纵横。
> 朝为布衣暮衣卿，昨日鼎食今鼎烹。

而孔子、孟子也生活在那个时代，尽管他们满怀"克己复礼""兼善天下"的政治热情，也设计出了一整套齐家治国平天下的方案，非但没能将自己的学说付诸社会实践，本人也成为周游列国的"流浪者"。

其三，君子的品格有很大的虚伪性，2000年来一直是胜利者、成功者的装饰品。

历代封建统治者都以儒学为治国思想。然而，他们当中以臣弑君、以子弑父、以弟弑兄的骨肉相残比比皆是。每位成功的政治家又都是阴谋、权术的高手。在君子品格的掩护下，财富、权势、欲望、贪婪、狡黠自私、阴险毒辣等罪恶不断地积累和增加，只要是胜利者、成功者，仁、义、礼、智、信不但不敢指责他，反而要为他们服务了。民间叫作"胜者王侯败者贼"，庄子叫作"窃钩者诛，窃国者为诸侯，侯之门而仁义存焉"[1]。

第三节　儒家的孝道

孝道是儒家思想渗透、流动于中国社会生活中最鲜明的风俗之一。它是家庭伦理的核心，社会道德的基础，仁学结构的血缘根基，君子修身、齐家、治

---

[1]《庄子·胠箧》，载《诸子集成》，上海：上海书店，1986年影印版。

国、平天下必备的道德素质。

《孝经·三才章》载孔子语曰："夫孝，天之经也，地之义也，民之行也。"

《论语·学而》云："君子务本，本立而道生，孝弟（悌）也者，其为人之本与。"

曾子认为，孝是放之四海而皆准的真理："推而放诸东海而准，推而放诸西海而准，推而放诸南海而准，推而放诸北海而准。"〔1〕

因此，孝是儒家教化的根本。《说文八上·老部》载："孝，善事父母者。从老省，从子，子承老也。"《说文三下·文部》载："教，上所施，下所效也。从文，从孝。"《孝经·广要道》载："子曰：教民亲爱，莫善于孝；教民礼顺，莫善于悌；移风易俗，莫善于乐；安上治民，莫善于礼。"

为了维护父家长传统的等级制度，孔子极力突出"孝悌""亲亲尊尊"思想。"其为人也孝悌，而好犯上者，鲜也；不好犯上而好作乱者，未之有也"〔2〕。他不仅把孝作为人格修养的根本，还把它推延到亲族、社会和政治，又经过历代儒学家们层层加码，孝由人类血缘间的自然亲情成为统治者治国平天下的伦理工具，从而形成了中国几千年根深蒂固的孝文化意识。

一、孝道的基本内容

《孝经·圣治章》载："亲生之膝下，以养父母日严（敬）。"《孝经·纪孝行章》载："子曰：孝子之事亲也，居则致其敬，养则致其乐，病则致其忧，丧则致其哀，祭则致其严。"

（一）生事奉养

《礼记·曲礼上》载："凡为人子之礼，冬温而夏清，昏定而晨省。"

冬温夏清，是讲为人子者冬天要为父母温席，夏天为父母致凉。东汉黄香，9岁为父母温席。《三字经》讲："香九龄，能温席。"《十六国春秋》载，吴猛7岁时，怕蚊子叮咬父母，脱光衣服伏在父母床下，都是冬温夏清的典型。

古人强调黄香温席和吴猛"恣蚊饱血"的现代价值是：婴幼儿可以暂时不

---

〔1〕《礼记·祭义》，载《十三经注疏》，北京：中华书局，1980年影印版。
〔2〕《论语·学而》，载《诸子集成》，上海：上海书店，1986年影印版。

孝感动天

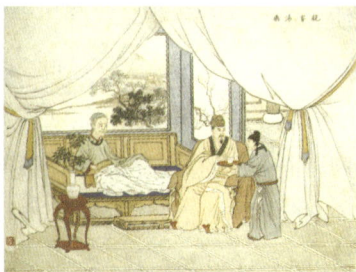

亲尝汤药

啮指痛心

百里负米

芦衣顺母

鹿乳奉亲

戏彩娱亲

卖身葬父

刻木事亲

行佣供母

怀橘遗亲

为母埋儿

清代陈少梅绘《二十四孝图册》

扇枕温衾　　　　　　　　　拾椹异器　　　　　　　　　涌泉跃鲤

闻雷泣墓　　　　　　　　　乳姑不怠　　　　　　　　　卧冰求鲤

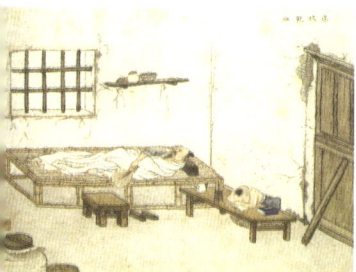

恣蚊饱血　　　　　　　　　扼虎救父　　　　　　　　　哭竹生笋

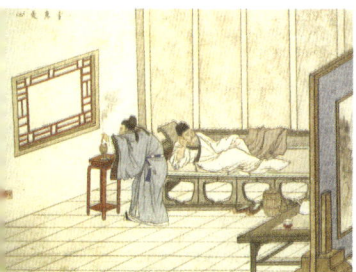

尝粪忧心　　　　　　　　　弃官寻母　　　　　　　　　涤亲溺器

承担赡养父母的全部义务，但不能没有孝敬父母的意识，不能逃避孝文化的教育和熏陶，不能没有力所能及的孝敬父母的行为。

昏定晨省，即晚上为父母定衽席，服侍就寝，早上探视，向父母问安。

在饮食方面，对父母要"问所欲而敬进之"[1]。《晋书·王祥传》载，西晋王祥"性至孝，早丧亲，继母朱氏不慈，数谮之。由是失爱于父，每使扫除牛下，祥愈恭谨。父母有疾，衣不解带，汤药必亲尝。母常欲生鱼，时天寒冰冻，祥解衣将剖冰求之。冰忽自解，双鲤跃出，持之而归。母又思黄雀炙，复有黄雀数十入其幕，复以供母。乡里惊叹，以为孝感所致焉。"这就是二十四孝中"王祥卧冰求鲤"的故事。东汉姜诗母好饮江水，其妻每天到六七里外的江中汲水。后因遇风回来晚了，被姜诗赶出家门，住在邻居家。每日纺织买美味，让邻居送给其姑吃。其姑深受感动，将她接回家。其家忽有涌泉，味如江水，每早有二鲤跃出。赤眉军路过姜诗门说，"惊大孝必触鬼神"[2]，留下米肉，弭兵而过。在《女二十四孝》中称"姜诗妻纺织养姑"。二十四孝中，子路负米、丁兰刻木、孟宗哭竹等，都是这方面的典型。

做饭时，酸、甜、苦、辣、咸要对舅姑的口味。唐朝诗人王建《新嫁娘》云："三日入厨下，洗手作羹汤。未谙姑食性，先遣小姑尝。"

饭做好后，要端给父母，端上来就走不行，见父母开始吃了才能退下。《礼记·内则》讲："父母舅姑必尝之而后退。""与恒食饮，非馂莫之敢饮食。父母在，朝夕恒食，子妇左馂。"古人吃朝、夕两餐，称作"恒食"。"馂"是吃剩饭。《礼记·曲礼》叫"父子不同席"。现在的"不同席"是不在同一酒桌上，其实是儿子得等父母吃完了以后才能吃。

父母有病，子女要忧愁侍疾，亲尝汤药。《礼记·曲礼》载："君有疾饮药，臣先尝之；亲有疾饮药，子先尝之。"汉文帝亲自为母亲薄太后尝汤药，是二十四孝中侍疾的典型。《梁书·孝行传》载，南朝齐庾黔娄为父亲尝粪验疾，若味苦，父病可治，不料味甜，月底父死。在二十四孝中叫"尝粪心忧"，更是极端的"病则致其忧"的典型。

在日常生活中的礼节等方面还有：

《礼记·内则》载："在父母舅姑之所……不敢哕噫（yuè yī，呕吐）、嚏咳、

---

〔1〕《礼记·内则》，载《十三经注疏》，北京：中华书局，1980 年影印版。
〔2〕《后汉书·列女传》，北京：中华书局，1965 年版。

欠伸、跛倚（bǒ yǐ，单腿依靠）、睇（dì）视（斜视），不敢唾洟（yí，唾痰流鼻涕），寒不敢袭（衣上加衣），痒不敢搔。"

《礼记·曲礼上》云："为人子者，居不主奥（西南隅），坐不中席，行不中道，立不中门""夫为人子者，出必告，反（返）必面，所游必有常""父母存，不许友以死。"

《论语·里仁》云："子曰：父母在，不远游，所游必有方。"

（二）送终尽孝，葬亲以礼

《孟子·滕文公上》引曾子语曰："生事之以礼，死葬之以礼，祭之以礼，可谓孝矣。"

许多孝子因为父母丧，往往多日不吃不喝。孔子认为，父母丧"三日而食，教民无以死伤生""丧不过三年，示民有终也"[1]。后世为了博取孝子的美名，变本加厉。北魏赵琰父母丧，终身不食盐及调味品，仅食麦而已。北魏李显达丧父，"水浆不入口七日，鬓发堕落，形体枯悴"[2]。《北史·崔逞传》称："崔九作孝，风吹即倒。"说的是北魏崔子约，为母亲守孝柴毁骨立，被风一吹就倒。其实，这都不是孔子的本意。关于丧葬、守制、祭祀，请参见第八章丧葬风俗。

（三）不违父母之命

《论语·为政》载，孟懿子问孝，孔子曰："无违。"就是说，子女在婚姻、仕宦、日常生活的各方面要听命于父母。对父母的错误，孔孟并不像后来理学家那样蛮横，也没提倡后来的"天下无不是的父母"[3]，而是主张谏诤。孔子在《孝经·谏诤章》中强调："父有争子，则身不陷于不义。故当不义，则子不可不争于父。"孟子的三不孝也有"阿意曲从，陷亲不义"一条。

孔孟提倡不违父母之命，但对父母不义的行为不能盲从，要进行谏诤。谏诤不从，

---

〔1〕《孝经·丧亲章》，载《十三经注疏》，北京：中华书局，1980年影印版。
〔2〕《魏书·孝感传》，北京：中华书局，1974年版。
〔3〕朱熹：《小学·嘉言》，北京：中国华侨出版社，2012年版。

还得服从。《礼记·曲礼下》曰："子之事亲也，三谏而不听，则号泣而从之。"

对待父亲的责打，也没有后来"父叫子死，子不死不孝"的愚孝，而是比较灵活、现实。孔子对待曾参的态度就是这样。《说苑》[1]载，曾参在瓜地里松土，不小心伤了瓜苗。其父曾皙拿起大杖将曾参击昏在地，曾参苏醒过来后，不但不怨恨，还问父亲累着没有。孔子知道后大怒，对弟子说，曾参来了，不要让他进门。"曾子自以无罪，谢孔子"，孔子曰："小箠则待，大箠则走。今子委身以待暴怒，杀身以陷父不义。不孝孰是大乎？"

《说苑》还记载了二十四孝中另一个受父母责打的故事，叫"伯逾泣杖"。"伯逾有过，其母笞之，泣。（母）曰：'他日未尝泣，今日何泣也？'对曰：'逾他日得笞，常痛。今母力衰，不能使痛，是以泣也。'"伯逾不仅顺从母亲的笞打，还因母亲年老力衰，打得不痛而哭了。

（四）干父之蛊

干父之蛊，亦称"干蛊"，指能继承父亲的遗志，完成父亲的未竟之业。上述"生老风俗"中的"他时干蛊声名著"即此意。

《周易·蛊》称："干父之蛊，意承考也"。王弼注曰："干父之事，能承先轨，堪其任者也。"孔颖达疏曰："凡堪干父之事，不可大小损益，一依父命，当量事制宜，以意承考而已。"

《论语·学而》载，子曰："父在，观其志；父没，观其行；三年无改于父之道，可谓孝矣。"意思是，父亲活着，能约束子女的行为，需要观察他的志向、愿望；父死，子女能随心所欲、自作主张了，应看他的行为。如果父亲过世三年了，仍然遵从先父的教诲、遗志，就是真孝了。

《论语·子张》载，曾子曰："吾闻诸夫子，孟庄子之孝也，其他可能也，其不改父之臣，与父之政，是难能也。"意思是，我听老师说，孟庄子的孝，有些可以做到，但他不更换父亲旧臣，不改变父亲的政治措施，是别人做不到的。

孔子主张父有诤子，孟子反对"阿意曲从"。"三年无改于父之道"，并不是说"父之道"无论对错都得盲从，而是"量事制宜，以意承考"。鲧用堵

---

〔1〕《太平御览》卷四一三《人事部五四·孝中》引，北京：中华书局，1960 年影印版。

塞、拦截的模式治水，大禹改为疏导入海，只是方法的改变，但没改变父亲治水的遗志。大禹是古代"干父之蛊"的孝子典范。

（五）子为父隐

孔孟既主张不违父母之命，主张父有争子，当父亲真正做出不义之事时，又主张子为父隐，都是从维护父母的名声出发的。

《春秋谷梁传·隐公元年》载："孝子扬父之美，不扬父之恶。"

《论语·子路》载孔子语曰："父为子隐，子为父隐，直在其中矣。"

孔子写《春秋》，创造了三讳事例，"为尊者讳，为贤者讳，为亲者讳"[1]，即为他们隐恶扬善。

《吕氏春秋·当务》载，楚国有直躬者，其父偷了人家的羊，直躬告官。楚王准备诛杀其父，直躬又请求代父受死。有官吏对楚王说，父窃羊儿子告官是信，父遭诛儿子替死是孝，既信且孝的人都被诛杀，国内还有不被诛杀的人吗？楚王便赦免了他们父子。孔子听后说："直躬之信，不若无信。"所以，孔子认为，父亲做了坏事，儿子就要为父隐瞒，决不能大义灭亲，也不能牺牲父亲来换取自己的名声。

可见，儒家虽然倡导"天下为公"，强调"无偏无党"，却没冲破宗法血缘的局限，在尊亲面前，它不仅使人的道德是非观念失衡，甚至干扰了古代法律应有的公正。中国古代法律中的"亲亲相隐不为罪""亲不为证"，就是受到儒家"子为父隐"的影响。

几千年"子为父隐"的传统风俗，使中国的儿女有一种维护父母声誉的本能意识。父母的形象在子女的眼里一般是高大的，甚至生理缺陷也不容别人评头论足，中国俗语叫"孩不嫌母丑，狗不嫌家贫"。

（六）避父祖名讳

为了表示对君父的恭敬，古人还要避君父的名讳。不仅不能当面直呼其名

---

〔1〕《公羊传·闵公元年》，载《十三经注疏》，北京：中华书局，1980 年影印版。

讳，在任何场合下，遇到其名讳都要避开。

先秦时的避讳并不太严格。《礼记·曲礼上》记载的避讳原则有：

"不讳嫌名，二名不偏讳。"即同音字不讳，"禹"与"雨"音声相近，可不避。两个字的名，单独出现一个字时，可以不避。孔子母名"徵在"，孔子只是不讲"徵在"，而"徵"或"在"则可单独讲。如《论语·八佾》载，子曰："夏礼吾能言之，宋不足'徵'也。"

"君所无私讳。""君前臣名。"即在国君面前可以不避父亲的名讳。《左传·成公十六年》载，晋楚鄢陵之战，栾鍼为晋厉公车右，战车陷入泥潭，栾鍼的父亲栾书驱车过来，想让晋厉公上自己的车，栾鍼大叫："书，退！"勇敢地把车扛了出来。

"庙中不讳。"郑玄注曰："为有事于高祖，则不讳曾祖以下，尊无二也，于下则讳上。"

"诗书不讳，临文不讳。"即读诗书，写文章不必避讳。

为了不冒犯人家的忌讳，《礼记·曲礼上》还强调："入竟（境）而问禁，入国而问俗，入门而问讳。"

东晋桓温之子不言"温酒"[1]，"梁武小名阿练，子孙皆呼练为绢"[2]，这是正常的避父名讳。秦汉以后，随着孝道的强化，避讳也日趋严格，甚至十分荒唐。

《颜氏家训·风操》载，南朝陆闲被斩首，其子陆襄终身不用刀切割蔬菜，"以掐摘供厨"。"江陵姚子笃，母以烧死，终身不忍啖炙"。颜之推说："亲以噎死，亦当不可绝食也。"

重阳节吃糕，糕与"高"同音，唐朝袁高的儿子袁师德因避父讳，不忍食糕。[3]韩愈《讳辩》载，唐诗人李贺父名"晋肃""晋"与进士的"进"同音，与李贺争名者攻击说："贺父名晋肃，贺不举进士为是。"李贺因此不敢应试进士。韩愈指责说："父名晋肃，子不得举进士，若父名仁，子不得为人乎？"

《唐律》中规定：凡官职名称或府号犯父祖名讳，不得"冒荣居之"。例如父亲名"安"，子孙不得在长安县任职；父祖名"常"，不得任太常寺的官

〔1〕《世说新语·任诞》，载《诸子集成》，上海：上海书店，1986 年影印版。
〔2〕《颜氏家训·风操》，载《诸子集成》，上海：上海书店，1986 年影印版。
〔3〕《古今图书集成·岁功典·重阳部》引《嘉话录》，北京：中华书局，成都：巴蜀书社，1985 年版。

职。如果本人不提出更改而任职，一经查出，削去官职，并服刑一年。

元人姚桐寿《乐郊私语》[1]载，诗人陈彦廉因父亲溺死海中，和大海结为仇敌，终身不至海上。好友黄子久约他到海上观波涛，陈彦廉哭着说："阳侯（波涛之神）我父仇也，恨不作精卫填海。"这个黄子久还真够朋友，拉着陈彦廉就往回走，并写《仇海赋》帮朋友泄愤。

写到这里，笔者也迷惑了："这都是哪儿跟哪儿啊？"

"诗书不讳，临文不讳"的古训早已扔到脑后。司马迁的父亲叫司马谈，《史记》中因此无一"谈"字，连赵谈都改成了赵同，后人看来是正常的避讳，但却也违背了"临文不讳"的原则。唐宋以后，有人为了避父讳，读书遇到父亲的名讳，干脆改读"爹爹"。元朝人仇远的《稗史》载，有一人父名"良臣"，将《孟子·告子下》中"今之所谓良臣，古之所谓民贼也"，读为"今之所谓爹爹，古之所谓民贼也"，惹得别人哄堂大笑。

现代中国社会，仍没有对父母尊长直呼其名的习惯，因为这样既不敬又不孝。西方国家的小孩都可以对父母直呼其名，而且显得很亲热。中国人不仅自己不直呼，甚至同事、朋友直呼自己父母的名讳，听着也不自在。听到别人称令尊、尊翁、令堂，则感到很舒服。

（七）父兄之仇，不共戴天

《礼记·曲礼上》载："父之仇，弗与共戴天；兄弟之仇，不反（返）兵。"

《礼记·檀弓上》载："子夏问于孔子曰：'居父母之仇，如之何？'夫子曰：'寝苫、枕干、不仕，弗与共天下也。遇诸市朝，不反兵而斗。'曰：'请问居昆弟之仇，如之何？'曰：'仕弗与共国，衔君命而使，虽遇之不斗。'曰：'请问居从父昆弟之仇，如之何？'曰：'不为魁，主人能，则执兵而陪其后。'"

这两段的意思是一致的：父之仇，不共戴天，睡在苫草上，枕着武器，不出仕做官，做一个专业复仇者，即便在公门或闹市也要格杀仇人。兄弟之仇，随时佩带武器，不和仇人共仕一国，有君命在身，遇到仇人不可上前报仇，以免贻误君命。伯叔父、堂兄弟之仇，不做复仇的魁首，若其子弟能为父兄报仇，则拿着武器跟在后面呐喊助威。朋友之仇，不共仕一国。

---

〔1〕《古今图书集成·家范典·父子部·纪事九》引，北京：中华书局，成都：巴蜀书社，1985年版。

春秋楚平王杀伍子胥之父，伍子胥矢志报仇，终于引吴国军队攻入楚都，掘开楚平王的坟墓，鞭尸三百。《晋书·桓温传》载，东晋江播曾参预杀害桓温之父，桓温18岁时，将江播的三个儿子全部杀死，受到时人的赞赏。

《旧唐书·孝友·王君操传》载，隋朝大业年间，王君操之父与乡人李君则斗殴被杀。王君操时年六岁，其母刘氏告到县里，李君则弃家亡命，追捕数年未果。隋亡唐兴，李君则觉得已经改朝换代，法律不会制裁了。又见王君操孤幼，不会有复仇的想法了，遂到州府投案自首。谁知王君操把刀藏在衣袖里，突然抽刀把李君则杀死，剖腹"取其心肝，啖食立尽"，然后到州府自首。州里的司法官说："杀人偿死，律有明文，自动投案也难求生路。"王君操置生死于不顾，回答说："亡父被杀，二十余载不得报。闻诸典礼，父仇不可同天……今大耻既雪，甘从刑宪。"州司依法判王君操死刑，唐太宗却"特诏原免"。

这种"杀父之仇，不共戴天"的观念，使双方一旦结仇，将世世代代冤冤相报，世俗社会叫作"父债子还"。中华人民共和国成立前，村寨、宗族间的仇杀、械斗世代不休，也是出于孝道。1912年6月10号的《民立报》有一篇《大伤人道之械斗》的报道，广东"惠州甲子步寮仔乡宏、简二姓械斗，两方伤亡之人共逾百数……日前，简姓有一少妇为宏族所获，轮奸既毕，遂并其肉烹而啖之。简族知之，亦以此法相报，其肉之供于砧上者，不下十人。简姓擒获宏姓一七十岁之老翁，以充刀俎，洵惨无天日矣。"

甚至是在父母和丈夫、妻子只能选择一方的时候，为了孝也得选择父母。《左传·桓公十五年》载，郑国祭仲专权，郑厉公派祭仲的女婿雍纠杀掉祭仲。祭仲的女儿问母亲说："夫与父孰亲？"其母说："人尽夫也，父一而已。"因此，祭仲女向父亲告发了自己的丈夫，结果雍纠被杀死。

（八）不毁伤发肤

《孝经·开宗明义》载："身体发肤受之父母，不敢毁伤，孝之始也。"《论语·泰伯》载："曾子有疾，召门弟子曰：'启予足！启予手！《诗》云：战战兢兢，如临深渊，如履薄冰。而今而后，吾知免夫。'"曾子病危，还记挂着让弟子掀开被子，看看自己的手足是否有所损伤。并说，我按《诗经》上讲的，如临深渊，如履薄冰，小心谨慎，避免损伤身体，能够对父母尽孝。

从今以后，可以永远避免毁伤发肤的事了。东汉王充《论衡·四讳篇》讲："曾子重慎，临绝效全，喜免毁伤之祸也。"说的就是这件事。

曾子临终，不以死而悲伤，反倒以避免毁伤发肤而高兴，后来叫"启手启足"，或者"启手足"，意思是一生完好无损。《晋书·陶侃传》载："臣年垂八十，位极人臣，启手启足，当复何恨！"唐诗人白居易《故滁州刺史赠刑部尚书荥阳郑公墓志铭》云："逮启手足，卒如其志。"从这些引文中可以看出，不毁伤发肤是多么重要。

西汉司马迁受刑后，绝望地说："亦何面复上父母丘墓乎？"[1]东汉王充《论衡·四讳》称，"俗有大讳四"，其二曰"被刑为徒，不上丘墓"。原因是毁伤了发肤，"惭负先人""先人责之"。

这一传统观念直接影响到古代男子的服饰风俗，蓄发、留须，不得丝毫损伤。甚至妇女穿耳附珠，也曾经引起古人争议。上述"服饰风俗"提到的清初"薙发令"，之所以遭到汉族人民的英勇反抗，原因也在此。

（九）扬名声、显父母

《孝经·开宗明义》称："立身行道，扬名于后世，以显父母，孝之终也。"《三字经》把这一内容贯彻到世俗社会，叫作"扬名声，显父母"。古代中国人的经世观念讲究立身扬名，不辱没祖先，否则为不孝。秦末项羽入关以后，有人劝他以关中为都，称霸诸侯，项羽拒绝说："富贵不归故乡，如衣绣夜行。谁知之者。"[2]古代官吏回避本籍，能做本地的地方官，称作"衣锦昼行""衣锦还乡"。《旧唐书·姜暮（mò）传》载，唐高祖封姜暮为秦州刺史，并说："衣锦还乡，古人所尚，今以本州相授，用答元功。"所以，古人有了功名，都要归家祭祖，祷告先人，以光宗耀祖，这本身就是孝。

东汉陈寔和儿子陈元方、陈季方，孙子陈群、陈忠都是"孝子扬父之美，不扬父之恶"的典范。《世说新语·德行》载，陈元方的儿子陈群、陈季方的儿子陈忠各自夸耀自己父亲的功业品德，都说比对方的父亲强，吵了半天，也没争出个胜负。他们跑到爷爷陈寔那里，非要老爷子评判出个轩轾高下。这下

---

〔1〕《汉书·司马迁传》，北京：中华书局，1962 年版。
〔2〕《史记·项羽本纪》，北京：中华书局，1959 年版。

难坏了陈寔，两个儿子本来就在伯仲之间，陈寔同样得意，同样赞赏，只好感叹说："元方难为兄，季方难为弟。"意思是，你们的父亲不分上下，老大难排第一，老二难排第二。

成语"难兄难弟"即出于此，本意是两物并美，难分高下。清代思想家魏源《二室行》诗："太室之胜山内藏，少室之奇山外仰。难弟难兄孰相让？"后来，"难兄难弟"竟舛讹为"共患难的人"，或者是比"一丘之貉"的程度稍轻一点的贬义词了。

二、孔孟孝道的基本特征

（一）强调子女对父母的"敬"和"色养"

《论语·为政》载，孔子弟子子游问孝，子曰："今之孝者，是谓能养。至于犬马，皆能有养，不敬，何以别乎？"子夏问孝，子曰："色难。有事，弟子服其劳。有酒食，先生（父兄）馔，曾是以为孝乎？"

孔子认为"敬"和"养"相比，"敬"才是孝的根本，也是人和禽兽的区别。仅仅是在物质上满足父母，还称不上孝，重要的是要有一颗恭敬之心，使父母在衣食无忧的情况下，得到人格的尊重和精神上的慰藉。孔子强调：孝不能单从有劳作年轻人多干，有酒饭让年长者先吃，这样的层面考虑，而是要和颜悦色地承顺父母，这才是最难做到的，所以叫"色难"。后来，把人子和颜悦色奉养父母，或承顺父母称作"色养""尽色养之孝"。《世说新语·德行》载："王长豫为人谨顺，事亲尽色养之孝。"

《论语·里仁》中，孔子还讲："父母之年不可不知也。一则以喜，一则以忧。"从"敬""色养"出发，孔子强调，子女要多关心父母，看到父母健康长寿应该知道喜，看到父母衰老多病应该知道忧。

孔子强调的"敬""色养""喜""忧"是非常有实际意义的。世上的确有许多人整天对父母耷拉着一张臭脸，让父母吃冷眼饭。尽管也在赡养父母，但精神上对父母是一种折磨和摧残。世上也的确有人对老父老母的病痛不闻不问，而自己的宠物狗稍有不适，夫妻俩赶紧驾车去宠物医院的现象。这不让天下父母寒心么？

孟子把孔子的"色养"发展为"养志"，或者叫"养心"。《孟子·离娄上》载："若曾子，则可谓养志也。事亲若曾子者，可也。"即在吃好喝好的同时，还要满足双亲的精神意愿，让他们心情舒畅。东汉桓宽《盐铁论·孝养》载："故上孝养志，其次养色，其次养体。"苏轼《赐正议大夫同知枢密院安焘乞外郡不许批答》之一载："夫荣亲莫大于功名，养志不专于甘旨。"

孟子"养志"的思想，是对孔子"色养"的积极继承，成为儒家孝道的重要内容。《新唐书·穆宁传》载："君子之事亲，养志为大。"北宋诗人林逋（bū）《省心录》讲："子之事亲不能承颜养志，则必不能忠于君上。"

二十四孝中的老莱子戏彩娱亲就是这方面的典型。师觉授《孝子传》[1]载："老莱子者，楚人，行年七十，父母俱存。至孝蒸蒸，常著班兰（斑斓）之衣，为亲取饮。上堂脚跌，恐伤父母之（心），因僵仆为婴儿啼。孔子曰：'父母老，常言不称老，为其伤老也。老莱子可谓不失孺子之心矣。'"

明人祝允明《枝山前闻》[2]载，苏州有一个沈隐君，经常接济一个姓沈的中年乞丐。这个乞丐每次得到接济的食物，或者讨来食物从来不吃，都放到一个竹筒中。沈隐君起初没在意，时间长了就询问这个乞丐，回答说："将以遗老娘耳。"沈隐君派人跟踪查看，看到的情景让他大吃一惊：乞丐走到河岸边，坐到地上，拿出竹筒里的食物，一样一样摆放整齐，擎到船边。小船虽然简陋，但很干净，有一老妇人坐在里面，是乞丐的母亲。乞丐登舟摆上食物后，又拿出酒，跪着端给母亲。母亲接过酒，这乞丐竟然一边翩翩起舞，一边高声唱山歌，作嬉笑以乐母。母亲把食物吃光了，他再到别处乞讨，如果讨不到，就挨饿，坚决不肯先吃。祝允明评论说："此非有为而为，可谓真孝矣。"

这个故事太感人了，一个乞丐竟然恪守儒家"承颜养志"的孝道，苦中作乐，让母亲过着贵族"钟鸣鼎食"的欢乐生活。现代有句歇后语叫"叫花子唱歌，假快乐"，而这个故事中的"叫花子唱歌"，谜底则应该是"真孝母"。

（二）孝是一种天伦之乐，一种愉悦的感觉

孟子是性善论的倡导者，这里涉及一个很重要的哲学认识论问题：孝究竟

〔1〕《太平御览》卷四一三《人事部五四·孝中》引，北京：中华书局，1960年影印版。
〔2〕《古今图书集成·家范典·母子部·纪事七》引，北京：中华书局，成都：巴蜀书社，1985年版。

是人类一种本能的、天生的自然天性，还是后天产生的呢？

明代学者徐学谟在《归有园塵谈》[1]中认为孝是后天产生的："孩提之童无不知爱其亲，似矣，假令易乳而食，能自识其亲母乎？"笔者赞成孝是后天产生的观点，然而人体除了有视觉、听觉、嗅觉、味觉和触觉五个基本感觉外，还具有意念力或精神感应，生理学家叫作人体的"第六感觉"，又称超感觉力。据说，当婴儿还处在母体内时，大脑神经元系统就已深刻地记录着母亲大脑神经信息码的频率，当母亲遇到紧急、恐惧的状况时，整个大脑神经元系统会瞬间迸发出大量表示着恐惧意识的光粒子信息码，以独有的频率向周围辐射，身在千里甚至万里之外的儿女能接收并识别出这个与生俱来再熟悉不过的信息码频率，从而能模糊地判断出母亲的危机。

东汉王充《论衡·感虚》载："曾子之孝，与母同气。曾子出薪于野，有客至而欲去。曾母曰：'愿留，参方到。'盖以右手扼其左臂。曾子左臂立痛，即驰至问母：'臂何故痛？'母曰：'今者客欲去，吾扼臂以呼汝耳。'"后人将"扼臂"改为曾母啮指，曾参心痛，这就是二十四孝中"啮指心痛"的故事。

后来，父母儿女同气连心、互相感应的说法，充斥历代正史《孝子传》之中。《梁书·孝行传》载，南朝齐庾黔娄任孱陵县令，"忽然心惊，举身流汗，即日弃官归家"，果然是父亲得了痢疾。《旧唐书·孝友传》载，蒲州安邑人张志宽为里正，向县令请假说："向患心痛，知母有疾。"县令把他扣押起来，派人到家验看，果然是他母亲病了。裴敬彝的父亲任内黄（今属河南）县令而猝死，远在长安的裴敬彝忽然泣涕不食，"倍道言归，果闻父丧"。

儒家既然强调子女膝下尽孝，父母一旦遇到重病、大灾大难，怎么能通知远处的游子呢？又怎么能让他们迅速回到膝下呢？博大精深的中国孝文化不仅使许多远离父母的游子凭着"同气连心"的心理感应迅速回到父母身边，还荒唐而合理地发现了人的"第六感觉"。

据此，是否可以说，从认识论和伦理学的角度，孝是后天的，从生理学角度讲，孝有先天的成分。这个问题只好留待日后解决。

孟子主张性善论，认为孝是天生的。《孟子·告子上》载："仁、义、礼、智，非由外铄我也，我固有之也。"如果在孔子那里是"事亲必须孝"，到孟

---

〔1〕《古今图书集成·家范典·母子部·杂录》引，北京：中华书局，成都：巴蜀书社，1985年版。

子就变成"人本来就孝"。孟子谈孝并不是像后世统治者那样，使孝成为一种外在的、强制的东西，而认为孝是人内心深处亲情的自然流露。

《孟子·尽心上》载："孩提之童无不知爱其亲者，及其长也，无不知敬其兄也。亲亲，仁也；敬长，义也；无他，达之天下也。"他主张孝应该来源于对"亲"的天然之爱，而不是一种外界强加于世人的伦理纲常。孟子的"孝"更加人性化，更加容易被人接受和理解。

《孟子·尽心上》讲："君子有三乐，而王天下不与存焉。父母俱在，兄弟无故，一乐也；仰不愧于天，俯不怍于地，二乐也；得天下英才而教育之，三乐也。"后人把孟子的"三乐"称作"平安乐，正气乐，育人乐"。孟子把父母长寿，兄弟健康，一家老小平安，视为一种天伦之乐，视为子女一种愉悦的感觉，强调从孝中体会乐，所透露出来的正是发自心灵深处的、不加任何雕琢和文饰的"孝"。

孟子为我们提出了一个有深度的伦理问题：天伦之乐是单向的，还是双向的？父母鞠养儿女无疑是一种快乐、一种天伦之乐。东汉明帝马皇叫"含饴弄孙"，意思是祖父母用麦芽糖逗着孙子玩，从中享受天伦之乐。孝敬父母，是否也是子女的一种天伦之乐呢？子女刚生下来，父母为孩子挖屎挖尿时，丝毫没有不卫生的感觉，反而沉浸在为人父母的喜悦、光荣、自豪当中。也就是说，父母鞠养儿女是一种实实在在的天伦之乐，是一种愉悦的感觉、享受。可是父母老了，子女为父母端屎端尿，擦身体，洗被褥的时候，能否也沉浸在为人子女的喜悦、光荣和自豪之中呢？不客气地说：不能！充其量能认识到，这是子女应尽的义务就不错了。大部分认为，这是子女的负担、累赘！这对天下父母公平么？能不让天下父母寒心么？而孟子孝意识的现代价值，就在这里。

（三）强调子女的膝下尽孝

孔子强调："亲生之膝下，以养父母日严（敬）。"在饮食起居方面，儒家的孝道有一个鲜明的特征，即强调子女膝下尽孝，让父母沉浸在子女敬爱、体贴和温暖的天伦之乐当中。用现在的话讲，是强调两代人心灵的沟通和感情的交流，使父母从儿女这个真实的存在中，获得直截了当的精神消费。这就是中国的儿女情长，也是中国人最真挚、最根本的人情味。也是儒家的孝道在西方社会最有魅力，最有感染力的地方。

前面提到孔子"父母在，不远游。游必有方"的话。过去，我们一直批判这一观念是目光短浅、狭隘的小农意识。"十五男儿志三千。"它严重束缚了子女的远大志向和开拓、创业精神。近人吴虞在《说孝》中认为，片面讲"父母在，不远游"，美洲就没人发现了，南北极就没人探险了。其实，孔子没有片面，他一方面强调"父母在，不远游"，另一方面又强调"游必有方"。"方"，许多经学家都解释为"常""常处"。其实不全面，应当解释为道理、理由。也就是说，只要有理由、有道理，是可以远游的。否则，孔子的"克己复礼""任重而道远""可以托六尺之孤，可以寄百里之命"，还有"杀身以成仁"等等治国平天下的主张，就无法落实了。孔子周游列国，跟随他的弟子们恐怕大部分都"父母在"吧？

社会越是现代化，就越减少了人与人实体的接触，电视机的出现，把全家人围坐的圈拆成了一条线。微机网络的出现，使分散在天涯海角的亲友也能坐在一起打牌玩乐。敬老院、暖气、电褥子、电风扇、空调，以及手机的普及，使远在四方的游子也能做到"冬温夏清，昏定晨省"。可电风扇扇出的风，和子女坐在身边用芭蕉扇扇出的风，滋味能一样吗？现代人似乎也窥视到了"膝下尽孝""父母在，不远游"所蕴含的亲情，现在叫"常回家看看"。

（四）把孝放在国法、公理之上

或者说，孝就是国法，就是公理。从子为父隐，可以看出，中国古代主张执法如山、大义灭亲的清官思想不是出于儒家。儒家虽然倡导"天下为公"，强调"无偏无党"，却没冲破宗法血缘的局限。为了"尊尊亲亲"，儒家的"子为父隐"以掩盖事实真相，或者说是颠倒黑白的方式来维护尊长的颜面。在它面前，没有了善恶是非，没有了大义灭亲，它不仅使人们的道德是非观念失衡，甚至干扰了古代法律应有的公正。

孔子是儒家，而不是法家，他的"父兄之仇，不共戴天"，只有孝，没有法。他不提倡运用法律来维护自己的合法权益，而是用丧失理智的冲动、殴杀来达到目的。孔子也讲过"血气方刚，戒之在斗"，可涉及父仇，就不冷静了。

用现在的话讲，就是法制观念淡薄。他的主张在很大程度上影响、左右了后世孝子们的行为，导致了历史上凡报父仇的行为，大多都触犯法律。中国的普通民众都知道"杀人者死，伤人者刑"，唐律中亦有"法，杀人必死"，但就是不知道运用这合法的法律手段。父仇不共戴天，明知要死，明知要受到法律的制裁，也要为父报仇。在指责我们的孔夫子，感叹中国人法制观念淡薄的同时，我们还应该看到：封建法律的失职和不公！古代一介平民真要拿起法律武器，又有几人能如愿以偿？再说了，如果杀人者受到应有的制裁，还用得着儿子以身试法，去报父仇么？

三、孝道的外延

孝的亲族性外延即"睦于父母之党"。《礼记·坊记》子曰："睦于父母之党，可谓孝矣。"

宗法家庭观念的牢固，使古代存在许多同居共财的家庭。东汉樊宏"三世共财，子孙朝夕礼敬，常若公家"[1]。唐朝张公艺九代同居，北宋江州德安陈氏十三世同居。最著名的是上述"节日风俗"中提到的浙江金华府浦江县的郑氏家族，从宋理宗宝庆三年（1227年）开始兄弟同居，到明代天顺三年（1459年）因火灾而分居，历经南宋、元、明三代，共13代，332年。累世同财共食，和睦相处，人数最多时达3000余人，以孝义齐家名冠天下，被称作"郑义门"。元武宗至大（1308—1311年）年间表其门闾为"东浙第一家"。明洪武十八年（1385年），朱元璋赐封其家为"江南第一家"。建文帝御书"孝义家"三字赐之。明初文学家方孝孺《郑义门》称赞说：

> 丹诏旌门已拜嘉，千年盛典实堪夸。
> 史臣何用春秋笔，天子亲书孝义家。

《元史·孝友一·郑大和传》载，郑大和"主家事"时，"家庭中凛如公府，子弟稍有过，颁白者犹鞭之"。郑大和方正至孝，"冠婚丧葬，必稽朱熹

---

〔1〕《后汉书·樊宏传》，北京：中华书局，1965年版。

《家礼》而行执。亲丧，哀甚，三年不御酒肉。子孙从化，皆孝谨。虽尝仕宦，不敢一毫有违家法""家畜两马，一出，则一为之不食，人以为孝义所感"。《明史·孝义一·郑濂传》载，郑文融字太（大）和，"著《家范》三卷，共五十八则"。到其孙郑濂兄弟，"共相损益，定为一百六十八则，刊行焉"。

似这样，一个大家庭就是一个小社会，要生活和生产，必须依靠家法、家范、家训来管理，而维系它的则是孝，即以孝齐家。

孝的社会性外延是尊老敬长。本书"第七章第四节敬老养老"所叙述的儒家敬老尊长的原则和理想，一直是古代人民的行为规范。

尊师也是孝的社会性外延。

《国语·晋语一》载："民生于三，事之如一。父生之，师教之，君食之。"

韩愈《师说》讲："师者，所以传道、授业、解惑者也。"

《礼记·曲礼上》载："从于先生，不越路与人言。遭先生于道，趋而进，正立拱手，先生与之言则对，不与之言，则趋而退。"《宋史·杨时传》载，北宋杨时 40 岁时，与游酢拜见老师程颐，适逢其瞑坐。天下着大雪，二人在门外"侍立不去，颐既觉，则门外雪深一尺矣"。这一"程门立雪"的故事，被古代誉为尊师重道的典范。

周武王尊姜太公为师，称"师尚父"。在中国社会都称老师为师父，遵守"一日为师，终身为父"的道德规范。如，上述第八章丧葬风俗讲到的，先生死，"心丧三年"。

孝的政治性外延即为忠君。

忠君意识的形成要晚于孝亲意识。儒家虽然讲"孝慈则忠""夫孝始于事亲，中于事君，终于立身""君子之事亲孝，故忠可移于君。事兄悌，故顺可移于长。居家理，故治可移于官"[1]，但春秋战国时，严格的忠君意识还没有形成。如上述"儒学的流程"中所讲，孔孟倡导的忠君，渗透了浓厚的商业交换意识和君臣间的双向选择。这种君臣观念，不是后来的愚忠，带有鲜明的外在互尊、互惠、等价交换的商业意识。孔子并不强调放弃孝而成就忠。《韩非子·五蠹》载："鲁人从君战，三战三北，仲尼问其故。对曰：'吾有老父，身死莫之养也。'仲尼以为孝。"上述孔子斥责楚人"直躬之信，不若无信"，也是这种

---

[1]《孝经》之《开宗明义章》《广扬名章》，载《十三经注疏》，北京：中华书局，1980 年影印版。

态度。甚至到西汉时期，世俗社会也把忠、孝各自分开。《汉书·王尊传》载，王阳为益州刺史，行部至邛崃九折阪，叹曰："奉先人遗体，奈何数乘此险。"以病辞官。王尊为益州刺史，走到该处，说："此非王阳所畏道邪？""驱之，王阳为孝子，王尊为忠臣。"后人称作"王阳回车，王尊叱驱"。

君臣间的互尊、互惠、等价交换意识，又决定了君臣间的双向选择。孔子曰："君择臣而任之，臣亦择君而事之。"〔1〕《左传·哀公十一年》载，子曰："鸟则择木，木岂能择鸟。"后来叫"良禽择木而栖，贤臣择主而事"。《后汉书·马援传》载，东汉光武帝刘秀角逐天下时，马援对他说："当今之世，非独君择臣也，臣亦择君矣。"

从西汉董仲舒倡言三纲五常后，逐渐淡化"君明""父慈"，强化"臣忠""子孝"，以后便形成了愚忠、愚孝意识。其表现有三：

其一，忠臣不事二主，由君臣间的双向选择变成了单向选择。《史记·田单列传》称："忠臣不事二君，贞女不更二夫。"到两汉，便有了落实的土壤。

其二，君叫臣死，臣不死不忠；父叫子亡，子不亡不孝。臣子对君父的依附关系更加严格，臣子完全失去独立的人格，实际上还是专制君权恶性膨胀的产物。历史上没有几个父亲叫亲生儿子死，世俗社会叫"老牛舐犊"，而皇帝杀戮大臣却是司空见惯的。

《史记·晋世家》载，春秋晋献公的太子申生把祭祀母亲的胙肉献给父亲，晋献公的宠妾骊姬把毒药放到肉中陷害申生。申生不辩解而出奔。晋献公大怒，杀死了太子傅杜原款。有人说："为此药者乃骊姬也，太子何不自辞明之？"申生是个孝子，说："吾君老矣，非骊姬，寝不安，食不甘，即辞之，君且怒之，不可。"说完，申生就自杀了。申生早于孔子100多年，与儒家的孝道没有关系，只能看成是这种愚孝行为的渊源。

中国历史上第一个实践这一愚忠愚孝的是秦朝将军蒙恬和秦始皇的长子扶苏。

秦始皇死后，赵高伪造诏书，将长子扶苏、将军蒙恬赐死。当时，蒙恬率30万大军防御匈奴，扶苏为监军，二人手握重兵，若举兵反叛，势不可挡。接到诏书，扶苏就想自杀。蒙恬觉得有诈，让他"复请，复请而后死，未暮也"。仁孝的扶苏说："父而赐子死，尚安复请？"〔2〕遂自杀以遵"父命"，成为"父

〔1〕《后汉书·邓禹传》引《孔子家语》，北京：中华书局，1965年版。
〔2〕《史记·李斯列传》，北京：中华书局，1959年版。

叫子亡，子不亡不孝"的第一个殉道者。蒙恬临死时说："臣将兵三十余万，身虽囚系，其势足以倍畔，然自知必死而守义者，不敢辱先人之教，不敢忘先主也。"[1]遂吞药自杀，成为"君叫臣死，臣不死不忠"的殉道者。

明末魏禧《日录》甚至说："父母即欲以非礼杀子，子不当怨，盖我本无身，因父母而后有，杀之，不过与未生一样。"这是典型的封建愚昧，为了孝，连基本的生存权利都不要了。

其三，忠孝不能两全。《韩非子》记载的那个"三战三北"的鲁人，在孔子看来，还是孝子，到汉武帝后就不是了。《大戴礼记·曾子大孝》称："战阵无勇，非孝也。"《隋书·高颎传》载，北周末年，尉迟迥起兵，执政的杨坚派高颎任监军前往平定叛乱。"颎受命便发，遣人辞母，云忠孝不可两兼，歔欷就路"。在古代，只要讲"忠孝不能两全"，就是要求臣子放弃孝而成全忠。

四、孝道的强化

"孝"和"孝道"是两个不同的范畴。孝是人类血缘间子女对父母的自然亲情；孝道是被儒学家和统治者强化、外延、扭曲并推向极端的封建伦理道德。实际上，在日常生活中并没有截然分开，统属于孝文化意识。

原始公社以前没有孝。《吕氏春秋·恃君览》载："昔太古尝无君矣，其民聚生群处，知母不知父，无亲戚、兄弟、夫妻、男女之别，无上下长幼之道，无进退揖让之礼，无衣服、履带、宫室、畜积之便，无器械、舟车、城郭、险阻之备。"

氏族公社时期始形成孝。《礼记·礼运篇》载："大道之行也，天下为公。选贤与能，讲信修睦。故人不独亲其亲，不独子其子。使老有所终，壮有所用，幼有所长，矜、寡、孤、独、废疾者皆有所养。男有分，女有归。货恶其弃于地也，不必藏于己；力恶其不出于身也，不必为己。是故谋闭而不兴，盗窃乱贼而不作。故外户而不闭。是谓大同。今大道既隐，天下为家。各亲其亲，各子其子。……"

从"不独亲其亲，不独子其子"，到"各亲其亲，各子其子"可以看出，

---

[1]《史记·蒙恬列传》，北京：中华书局，1959年版。

孝意识的产生是在原始氏族社会，进入阶级社会后，由氏族社会的群体孝意识转变为个体孝意识。

汉代按照"求忠臣必于孝子之门"的原则，诏地方郡国向朝廷推"举孝廉"，国家正式以选官制度为孝道提供保证。社会上形成向孝的风俗。正常的孝视为平淡，许多人不惜超越礼制，孝出个高水平，高难度，以引起社会和朝廷的注意。于是，孔孟原来的孝被强化，走上了愚孝的道路。

（一）"孝道"的经典化、典型化、世俗化

儒家关于孝的论述主要在《论语》《孟子》《礼记》《仪礼》《左传》《诗经》中，但它们是全面反映儒家思想的经典，而不是论孝的专篇。

孔门弟子曾参汇集孔子的语录，著成了《孝经》，是宣传孝道的经典。

西汉末刘向著《孝子传》，首开孝子典型化的先例。

《后汉书》卷三十九《刘赵淳于江刘周赵列传》是专门记载孝子的篇章，但没以"孝子传"命篇。从南朝沈约撰《宋书》开始，历代正史都有各种名目的《孝义传》《孝子传》《孝行传》《孝感传》《孝友传》，使历代的孝子名垂青史。除儒家经典、各代正史外，还有许多独立成书的《孝子传》《孝行录》《女孝经》等连篇累牍的劝孝、训孝的著作，儒家的孝道越发经典化。

元代郭居敬将历史上曾参、闵子骞、老莱子等 24 人的孝行汇集起来，编著成《二十四孝》，王克孝又绘《二十四孝图》，后来又有《女二十四孝》《女二十四孝图》。

在二十四孝中，子路为亲负米、丁兰刻木事亲、孟宗哭竹、王祥卧冰等，是对父母生事奉养方面的典范；董永卖身葬父，是送终尽孝，葬亲以礼方面的典型；黄香温席、吴猛恣蚊饱血，是"冬温夏清"方面的典范；老莱子娱亲，是膝下欢娱双亲的典范；伯俞泣杖是对父母逆来顺受的典范……他们在孝行的各个方面，为人们树立了明确的学习榜样。儒家的孝道越发典型化。

孝的世俗化，是指世俗社会对儒家孝道的接受、认同和流行。儒家倡导的各种道德，最早落实到世俗社会的是孝，早在儒家之前就有了。齐桓公"诛不孝"的移风易俗措施，业已推动了孝的世俗化。东汉嘉祥武氏祠画像石，有个"三州孝人"，说的是来自不同州的三个流浪汉，在交往中感情加深，愿结为

家庭不再过流浪生活。两个年轻人认年长者为父，就像对待亲生父亲一样地孝顺。他们已在不知不觉中传承了儒家"年长以倍，则父事之"的孝道。

《颜氏家训·勉学》称："孝为百行之首。"说明儒家的孝道已渗透到社会的各行各业。历代的文人学士写下了许多宣传、歌颂孝道的诗文。西晋李密为奉养祖母，拒绝晋武帝征他做官的诏命，写下了《陈情表》，词意凄恻婉转，催人泪下，被后世奉为孝的代表作。民间有读李密的《陈情表》不落泪，即为不孝的传说。唐诗人孟郊《游子吟》诗："慈母手中线，游子身上衣。临行密密缝，意恐迟迟归。谁言寸草心，报得三春晖。"歌颂了伟大的母爱，成为传诵世间的千古绝唱。南宋学者王应麟编《三字经》云："香九龄，能温席。孝于亲，所当执。融四岁，能让梨。弟于长，宜先知。首孝悌，次见闻。"让儒家的"冬温夏清""孝悌"，妇孺皆知、家喻户晓。

孔子的"父之仇，弗与共戴天"，更是得到世俗社会的认同。《新唐书·孝友传》载，唐朝嶲州都督张审素遭陈纂仁诬告谋反，被监察御史杨汪斩首，"没其家"。张审素的儿子张瑝13岁，张琇11岁，为父报仇，杀死杨汪，被押赴刑场处斩。张琇"色自如"，曰："下见先人，复何恨！""人莫不闵之，为谋揭于道，敛钱为葬北邙，尚恐仇人发之，作疑冢，使不知其处"。两个为父报仇的小孩竟然轰动世俗，不仅为他俩满路悬挂谅文、揭帖，而且掀起一场捐钱修墓的热潮。

（二）孝道的政治化、法律化

上述"丧葬风俗"述及的、古代不为父母守制的法律规定，就是孝道政治化的体现。自从汉武帝"罢黜百家，独尊儒术"后，古代国家政治制度处处关照着儒家的孝道。

汉武帝元光元年（公元前134年），遵照"求忠臣必于孝子之门"[1]的原则，"初令郡国举孝廉各一人"[2]，由朝廷任命为官。"孝廉"即孝子和廉吏，是汉代士人入仕的正途，国家正式以选官制度为孝提供保障。

自隋朝到清朝的法律，都把"不孝"列于"十恶之条"，是十恶不赦之罪。

〔1〕《后汉书·韦彪传》，北京：中华书局，1962年版。
〔2〕《汉书·武帝纪》，北京：中华书局，1962年版。

前面说到，儒家的"子为父隐"影响到法律应有的公正。中国古代法律中的"亲亲相隐不为罪""亲不为证"，以及"存留养亲"制度，都是法律不公正的表现。

1. 子孙告父母、祖父母者死

《汉书·宣帝纪》载："自今子首匿父母，妻匿夫，孙匿大父母，皆勿坐。其父母匿子，夫匿妻，大父母匿孙，罪殊死（斩首），皆上请廷尉以闻。""首匿"，指作为首谋而藏匿罪人，即现在的窝藏、包庇。儿子首匿父母，妻子首匿丈夫，孙子首匿祖父母，法律一概不予追究。父母首匿儿子，丈夫首匿妻子，祖父母首匿孙子等尊者首匿卑者行为，凡是死罪都要通过廷尉上奏皇帝做出决断。在法律上，叫"亲亲得相首匿"。《魏书·窦瑗传》载："案律，子孙告父母、祖父母者死。"据该篇窦瑗上书和其他官员的讨论情况，即便是"母杀父""父杀母"，儿子也"不得告，告者死"。到《唐律疏议·名例》发展为"亲亲相隐不为罪""亲不为证"。

2. "存留养亲"制度

"存留养亲"制度是讲，当父母、祖父母唯一的儿子、孙子犯了死罪，家中再无别丁赡养，可赦免其死罪。该制度始于东晋，入律于北魏，延续到明清。

《太平御览》卷六四六《刑法·弃市》引《东书》载：咸和二年（327年），句容令孔恢罪弃市。诏曰："恢自陷刑网，罪当大辟。但以其父年老而有一子，以为恻可特原之。"这虽不是朝廷正常的法律规定，但已开"存留养亲"的先例。

"存留养亲"制度是北魏孝文帝拓跋宏太和十二年（488年）下诏创制的。《魏书·刑罚志》载，北魏的《法例律》规定："诸犯死罪，若祖父母、父母七十以上，无成人子孙，旁无期亲者，具状上请。流者鞭笞，留养其亲，终则从流，不在原赦之例。"也就是说，对于身犯死罪，父母、祖父母没有成人子孙，又无亲近的亲属，可以申请皇帝批准，让他们暂留在家养老送终后再执行死刑。犯流刑者，实施鞭笞之刑后，可存留养亲，父母死后再流放。

《魏书·刑罚志》还记载了当时一个案例：河东郡李怜因投毒被判死刑。其母陈诉，自己年老，没有其他亲人，依法应该申请存留养亲。州郡核实后，还没申请下来，李怜的母亲就去世了。州郡做出判决，准许他为母亲服孝三年后再执行死刑。可司州主簿李场坚持，已经给他假期，安葬母亲完毕，应马上执行，不能再拖了。最后，朝廷采纳了李场的意见。这个李怜真够倒霉的，他母亲如果不死，他就可以堂而皇之地存留养亲了。

《元史·袁裕传》载，顺天路（治今河北保定）王佳儿"因斗误杀人，其母年七十"，言于朝廷说："妾寡且老，恃此儿以为生，儿死，则妾亦死矣！"元世祖赦免王佳儿死罪。《元史·文宗本纪四》载："宁国路泾县民张道，杀人为盗，道弟吉从而不加功（协同而无行动），居囚七年不决。吉母老，无他子孙，中书省臣以闻，赦免死，杖而黜之，俾养其母。"

3. 在礼，父仇不同天；在法，杀人必死

如何处理像上书王君操、张琇一类报父仇的孝子，成为历代法官的难题。《新唐书·孝友传》记载了唐朝历史上曾发生的多起为父报仇的案例，同时也记载了州县官吏、朝中大臣、当朝天子之间对礼、法的探讨。唐朝名臣陈子昂、柳宗元、张九龄、裴耀卿、韩愈等，都参与了辩论，最后的结果竟然徘徊在"在礼，父仇不同天；而法，杀人必死"之间，既可法外施恩，又可明正典刑。同是报父仇而杀人，王君操、赵师举、康买德得免死，同蹄智爽、余常安、张琇、张瑝被判死刑。无论是主张杀，还是免，都透露着对"服孝死义"者的肯定和人格赞许，对儒家孝道的关照。陈子昂甚至主张先将复仇者"置之以刑，然后旌闾墓"。

甚至古代还形成了一种本末倒置的法律观念：不报父仇者，反倒法不容情！孙光宪《北梦琐言》卷十八载，后唐襄邑人周威的父亲为人所杀，不雪父冤，与仇家和解，唐明宗降敕赐死。本来不去违法杀人报仇，是遵法的忠顺表现，但这样做为常理所不容，因而被赐死。

（三）孝道内容上的绝对化、极端化

汉武帝诏举孝廉，使孝子有了出仕做官之路。这一巨大的政治吸引力，使人们不择手段地博取孝子的美名。正常的孝被视为平淡，必须变本加厉，超越礼制，孝出个高水平，高难度，才能引起社会和朝廷的注意。于是，孔孟的孝被扭曲了，形成了愚孝、假孝的陋俗。

1. 欺世盗名的假孝

《后汉书·陈蕃传》载，东汉赵宣打破为父母服丧三年的常规，住在父母的墓道里行服 20 年，成为乡里闻名的大孝子。郡内推荐给乐安太守陈蕃，经过查问，赵宣的五个儿子都是行服中生的，这是欺世盗名的假孝。东晋孙

盛《逸人传》载："丁兰者，河内人也，少丧考妣，不及供养，乃刻木为人，仿佛亲形，事之若生，朝夕定省。后邻人张叔妻从兰妻借看，兰妻跪报木人，木人不悦，不以借之。叔醉，疾来酣骂木人，杖敲其头。兰还，见木人色不怿，乃问其妻，具以告之，即奋剑杀张叔。吏捕兰，兰辞木人去。木人见兰，为之垂泪。郡县嘉其至孝，通于神明，图其形象于云台也。"东汉应劭《风俗通义·衍礼》谈到"继母如母"时讲："世间共传，丁兰尅（刻）木而事之。"看来，汉代已流传二十四孝中"丁兰刻木"的故事了。这更是一种虚伪的、毫无疑义的"死孝""假孝"。

扭曲了的愚孝、假孝表现在丧葬礼俗上有一让人极其愤慨的现象——"生不养，死厚葬"。后世社会中对父母生前不养，丧事大肆操办的陋俗，开始于汉代。到近代，追求丧礼隆重、虚荣，竟然愈演愈烈。民国二十四年《临朐续志》[1]评论说："不如是，则世俗即谓之不孝。而金鼓洋洋，炮声隆隆，送死凶礼俨同庆贺荣典，甚至有其父母生时视之若仆婢，死后隆以虚礼，奉之若王公者，而不知椎牛而祭不如鸡黍之逮存。"

《韩诗外传》卷七第七章引曾子语曰："椎牛而祭墓，不如鸡豚之逮（到，及）亲存。"这句话发人深省，意思是说，如其父母死后杀牛祭墓，隆重地大操大办丧事，还不如趁父母活着的时候，杀只鸡，买点猪肉，好好孝敬他们。如此简单、实际的道理，却很少有人理会。

到东汉后期，这种虚伪的假孝引起世俗社会舆论的普遍谴责。时人攻击那些以欺世盗名手段获取的孝廉是："举秀才，不知书；察孝廉，父别居。"[2]

2.惊世骇俗的愚孝

汉代塑造出了许多极端的孝子典范，有的甚至十分滑稽、荒唐，以达到惊世骇俗的效果。《汉书·邹阳传》讲："里名胜母而曾子不入；邑号朝歌（清早唱歌，沉迷于声色），而墨子回车。"至孝的曾子因"胜母"之名，竟不入这个街坊，显然是后世编造的。上述父母丧终身不食盐及调味品，荒诞离奇的避父祖名讳行为，《说苑》中"伯俞泣杖"，师觉授《列女传》中的"老莱子戏彩娱亲"，刚才谈的"丁兰刻木""生事奉养"中的"王祥卧冰"等，强调对父

〔1〕丁世良、赵放主编：《中国地方志民俗资料汇编》华东卷上引，北京：书目文献出版社，1995年版，第202页。
〔2〕《抱朴子·外篇·察举》，载《诸子集成》，上海：上海书店，1986年影印版。

母不切实际的、超负荷的投入，都是惊世骇俗的愚孝，也都有夸张、操作的成分。

西汉刘向《孝子图》[1]记载了两则惊世骇俗的愚孝，后来都录入二十四孝中。

一则是"郭巨埋儿"。西汉郭巨甚富，"父没（死）分财，二千万为两分，与两弟，己独取母供养，寄住。邻有凶宅，无人居者，共推与之，居无祸患。妻产男，虑养之则妨供养，乃令妻抱儿，欲掘地埋之。于土中得金一釜，上有铁卷云：'赐孝子郭巨。'……遂得兼养儿。"一个家资千万的"富二代"，把家产全部分给弟弟，自己净身出户，寄住别人家，还得供养老母，这可能么？生了儿子后怕无力赡养老母，竟残忍地想将儿子活埋，这太荒诞离奇了。在别人家的宅院掘地得金，还多少有点可能，可上面有铁卷书字，就神了。除制造惊世骇俗的效果外，还是对孝道的神化。

如此残忍的愚孝，后世竟然还有人效法。《宋书·孝义传》记载了一个真实的郭世道"埋儿"的故事，与郭巨不同的是，郭世道家贫，赡养的是后母，也没从地下掘出金子来。为了赡养后母，郭世道竟然真的把亲儿子活埋了。南朝宋文帝还旌表这一孝行，把郭世道居住的独枫里改为孝行里。

第二则是"董永卖身葬父"。

西汉千乘（今山东博兴）人董永父亡，无钱安葬，向人借钱一万，对钱主说："后若无钱还君，当以身作奴！"董永到钱主家为奴的路上，逢一妇人，愿意当他的妻子，一起和他还债。到了钱主家，钱主说："为我织千匹绢，即放尔夫妻。"结果，妻子仅用十天就织完了。回家的路上，董妻说："我是天之织女，感君至孝，天使我偿之，今君事了，不得久停。"说完，就飞走了。

山东嘉祥东汉武氏祠有董永鹿车载父，在田间耕作的画像石，老人上方刻"永父"二字，董永身旁刻"董永千乘人也"。这个后出现的董永只是孝养其父，

董永鹿车载父

并没有卖身葬父的情节。西汉刘向《孝子图》显然有虚构的成分。三国曹植《灵芝篇》"天灵感至德，神女为秉机"的诗句，东晋干宝的《搜神记》卷一对董永卖身为奴，葬父还债，织女帮助偿债的相同记载，进一步坐实了"董

〔1〕《太平御览》卷四一一《人事部五二·孝感》引，北京：中华书局，1960 年影印版。

永卖身葬父"的情节，成为家喻户晓的孝亲典型。

从此，子女们在父母入土为安的长眠中，逐渐丧失了自我。

3."风木叹"和"蓼莪诗"

对父母的生事奉养也越发强调其紧迫性，叫作"树欲静而风不止，子欲养而亲不待"。汉韩婴《韩诗外传》卷九第三章载，孔子周游列国，见皋鱼（《说苑·敬慎》《孔子家语·致思》为"丘吾子"）被褐拥镰，哭于路旁，皋鱼曰："吾失之三矣：少而学，游诸侯，以后吾亲，失之一也；高尚吾志，间吾事君，失之二也；与友厚而小绝之，失之三矣。树欲静而风不止，子欲养而亲不待也。往而不可追者，年也；去而不可得见者，亲也。吾请从此辞矣。"立槁（枯干）而死。孔子曰："弟子诚之，足以识矣。"于是门人辞归而养亲者十有三人。

这样，子女不得不放弃自身价值的实现，而把"膝下尽孝"放在首位。

"蓼莪诗"是《诗·小雅·蓼莪》。清人方玉润称《蓼莪》是"千古孝思绝作，可抵一部《孝经》"。后来，"蓼莪"成为感念父母之恩的代名词。坐落在江苏省常州市武进县（今武进区）潘家镇南的蓼莪禅寺，又名蓼莪庵，始建于东晋，是为纪念孝子王裒而建的，也是我国唯一的一座孝子寺。

《晋书·孝友传》载，王裒是西晋城阳营陵（今山东昌乐东南）人，父亲王仪被司马昭杀害，他隐居以教书为业，终身不面向西坐，表示永不做晋臣。他在父亲墓旁建一庐舍，"旦夕常至墓所拜跪，攀柏悲号"，眼泪洒到柏树上，柏树为之枯萎。王裒的母亲在世时怕雷声，死后埋葬在山林中。每当下雨打雷，王裒就跑到母亲的坟前，跪拜安慰母亲说："裒在此。"后来，王裒的孝行被编入"二十四孝"中，叫作"闻雷泣墓"。王裒教授学生《蓼莪》篇，"及读到'哀哀父母，生我劬劳'，未尝不三复流涕，门人授业者并废《蓼莪》之篇"。这个典故叫"王裒诗废《蓼莪》"。南宋陆游《焚黄》诗曰："早岁已兴风木叹，余生永废蓼莪诗。"诗中的"风木叹"是指"树欲静而风不止，子欲养而亲不待"。后一句自比王裒，一读《蓼莪》中的"哀哀父母，生我劬劳"，就悲伤流涕，因而不能读。读《蓼莪》诗悲伤流泪可以理解，"授业者并废《蓼莪》之篇""余生永废蓼莪诗"，这也太夸张了吧？

4.刲（kuī）股疗亲的陋俗

中国古代的割股陋习肇始于先秦。《庄子·盗跖》记载，春秋时期，晋国介子推自割股肉给流亡在外的晋文公吃。《吕氏春秋·当务》曾记载了两个齐国勇士，为了显示勇敢，争相割下身上的肉当下酒菜，至死而止。以当时的医疗水平，很难保证人割股后不死亡，所以古文献中刳股割肉的记载并不多。《三国志·魏书·陈泰传》曾有"蝮蛇螫手，壮士解腕"的说法，那是因手被腹蛇咬伤，不立即截断手腕就会危及生命，是对生命的珍视，而不是摧残。

唐朝以前，即便是愚孝、假孝，也基本没有"割肉疗亲"的行为。唐朝，愚孝、假孝的陋俗继续发展，又受中医理论的误导，出现了"割肉疗亲"的恶俗。《新唐书·孝友传》载："唐时陈藏器著《本草拾遗》，谓人肉治羸（léi）疾，自是民间以父母疾，多刳股肉而进。""刳股肉而进"，即割下大腿上的肉进奉给父母吃。因此，割肉疗亲又称"刳股"。接下来，《新唐书·孝友传》一口气列举了29人因"刳股"而受到朝廷的旌表的事例。在朝廷旌表制度的激励下，"割肉疗亲"的陋俗遂蔓延开来。

两宋时期，"刳股孝亲"变本加厉，有的孝子觉得刳股尚不足以惊世骇俗，出现了割乳、刳肝、抉目、取脑等行为。《宋史·孝义传》载，北宋太原人刘孝忠母病，割股肉、断左乳以食母。母病心痛，刘孝忠燃火烧灼手掌，代母受痛。又为亲求佛，于佛像前割双股肉燃灯一昼夜。北宋初年，冀州（治今河北柏乡北）人王翰母亲双目失明，王翰"自抉右目补之"；鄞（今属浙江）人杨庆，刳股肉以啖父，取右乳和药以疗母，久之乳复生；莱州（今属山东）人吕升，剖腹探肝以救父。又有朱云孙夫妻，母亲病，丈夫云孙"刳股"作粥，母亲食罢而病愈。后又得病，妻子效法丈夫，"刳股以进"，母亲的病又好了。尚书谢谔还专门为她写了《孝妇诗》。

在他们极端"典型"行为的光环之下，一般割股疗亲的孝行，都显得微不足道了。

"刳股孝亲"的行为本身就和儒家"身体发肤受之父母，不得毁伤"的说法背道而驰。《姑苏志》记载，南宋末年，平江府昆山（今属江苏）人周津为父割股疗疾后，义正词严地说："父母遗体，岂能毁伤？然因所予者，还以奉之，讵（怎）为过耶？"

元明清三朝，是"刳股"之风最惨烈的时代，有人甚至屡次割股，夫妻争相割股，亦有断指、割臂、刳肝、剖心、啮（niè）蛆者，甚至有残忍地杀儿救母者，实在大违人道，以至于笔者不得不废书而叹：孝，固然是中华民族的传统美德，而扭曲了的愚孝又摧残、涂炭了多少纯洁、至诚的生灵？

《明史·列女传》载，仁和（在今杭州）孝女杨泰奴三割胸肉食母，母病仍不愈，又剖胸割肝一片，苏醒后做成粥给母亲吃，终使母亲痊愈。新乐（治今山东宁津北）刘孝妇，刺血和药给婆母吃。婆母又中风卧床，身体腐烂生蛆。刘氏按照当时的迷信说法，用牙啮蛆，蛆不复生。又"刲肉"给婆母吃。此事惊动了明太祖朱元璋，派使者赐衣、赐钞，并旌表闾间，免除徭役。

《明史·孝义传》载，山东日照江伯儿，割肋肉为母疗疾，不愈，又祷告泰山神，并许愿杀子以祭祀。母亲病愈后，果真杀死三岁儿子祭祀还愿。明太祖闻讯大怒，以"灭伦害理"之罪，将江伯儿杖一百，发配海南，并取消了对"卧冰割股"一类孝行的旌表。

清初张潮的《虞初新志》[1]载：明朝南丰（今属江西）东门人赵希干，17岁时母亲得了绝症，算命者让他"割心救之"。赵希干剖胸摘心救母，胸前肝肠狼藉，鲜血淋漓，苏醒后侥幸活了下来，胸前的肠子却留在外面，终身改道，大便从胸前的肠子排出，每日粪便滴沥，污秽不堪。

上述《吕氏春秋·当务》记载了两个割身上的肉当下酒菜的齐国勇士，最后评论说："勇若此，不若无勇。"按照这一论断，是否也可以说："孝若此，不若无孝！"

在这里，笔者绝不是反对孝敬父母，而只是反对极端的愚孝、假孝。在孝道强化的古代，子女们被束缚了个性，丧失了自我，摧残了生命；在孝道淡化的今天，父母们被束缚了个性，丧失了自我。例如，把子女作为实现自身价值的替代物，忽略了自身价值的充分实现。他们的口头禅是："唉！我这辈子不行了，好好培养我儿子吧！"许多年轻父母事业上正如日中天呢，就放弃自己事业上的进取，甘为子女成材的人梯；还有对子女超前的、超负荷的精力、财力投入，等等。父母有病，子女因"忙"而不问不陪，宠物狗有病，夫妻俩一起送医院。这同样是让人寒心和深省的。

尤其是"带孙子"的爷爷、奶奶们，听听现在的流行语就了解了：

　　　"带孙子"就是带着东西，带着钱，到子女家打工。
　　　没有孙子盼孙子，有了孙子成孙子。

---

〔1〕《古今图书集成·家范典·母子部七》引，北京：中华书局，成都：巴蜀书社，1985年版。

是主人吧，说了不算。是客人吧，啥活都干。

是老人吧，没人待见。是孙子吧，年龄有偏。

是保姆吧，一分不赚。是厨师吧，老吃剩饭。

是采购吧，自己掏钱。志愿者吧，没人点赞。

自己有病，不敢言传。怕给子女，增加负担。

孙子感冒，赶紧住院。担惊受怕，眼泪流干。

他们似乎陷入了自己也搞不清，说不明，摆脱不掉的怪圈。说子女不孝吧，不是；说受虐待吧，也不是；说自己心甘情愿吧，不是；说安享晚年吧，更不是。但其中的酸楚和无奈，又不言而喻。笔者不禁要告诫那些儿女们：这是新时代、新形式的"父母生时视之若仆婢"，与赤裸裸地虐待父母同样让人寒心！

（四）孝道的宇宙本体化

孝道的宇宙本体化即把孝说成是天地、自然、禽畜、草木都具备的道德秉性，以此来显示孝的普遍、高尚和必然。

上述"夫孝，天之经也，地之义也，民之行也"是说，天地之中也蕴含着孝道；西晋王裒"攀柏悲号，涕泪著树，树为之枯"是说，树木也同情人间的孝道。

说到树木，吴均《续齐谐记》[1]还记载了一段"三田哭荆"的孝悌故事："京兆田真兄弟三人分财，堂前有紫荆花叶茂异，共议破为三分，明截之。尔夕，树即枯死。真见之，惊谓弟曰：'花本同株，当分析枯悴，况人。兄弟孔怀，而少离异，是不如树也。'兄弟相感更合。"明代小说家冯梦龙把这段故事写进《醒世恒言》中，把分家的责任推到田家老三媳妇身上，赋诗说：

紫荆花下说三田，人合人离花亦然。

同气连枝原不解，家中莫听妇人言。

---

〔1〕《太平御览》卷四八九《人事部一三〇·别离》引，北京：中华书局，1960年影印版。

中国有句话叫"人非草木，孰能无情？"其实，草木也有孝亲情。类似"三田哭荆"的孝悌事迹还有很多。

《西京杂记》[1]载，西汉会稽（今属浙江）人顾翱的母亲好吃雕胡饭，雕胡即菰米，也叫安胡、茭白，是一种浅水生植物，秋季结籽，色白而滑。顾翱经常带领孩子们四处采摘，并不辞劳苦开凿渠道，引河水自己种植雕胡。后来，雕胡自生于太湖之中，旁边不生杂草，虫鸟不来啄食。

《元史·孝友传一》载，元朝孝子王荐，母亲沈氏病渴，对王荐说："得瓜以啖我，渴可止。"当时数九寒天，大雪封地，到哪儿去找瓜？王荐来到附近的深奥岭，避雪树下，想到病重的母亲想吃瓜而不得，仰天大哭。忽见岩石间长出青蔓，片刻间生出二瓜。

雕胡和瓜果不仅懂得人间的孝道，而且知道在孝子最需要的危难时刻雪中送炭。

《晋书·孝友传》载，西晋许孜双亲丧，"每一悲号，鸟兽翔集"。古代流传最广泛的是乌鸦反哺、羊羔跪乳的典故。

乌鸦古称"慈乌""孝鸟"。《本草纲目·禽部》称："慈乌，此鸟初生，母哺六十日，长则反哺六十日，可谓慈孝矣。"西晋束晳《补亡诗·南陔》称："嗷嗷林乌，受哺于子。"白居易《慈乌夜啼》诗："慈乌失其母，哑哑吐哀音。""声中如告诉，未尽反哺心。昔有吴起者，母殁丧不临。嗟哉斯徒辈，其心不如禽。慈乌复慈乌，鸟中之曾参。"

中国的老百姓都知道"羊马比君子"，讲的就是羊羔跪乳、马不欺母的孝行。文天祥《咏羊》诗有"出都不失君臣义，跪乳能知报母情"的诗句。

在古人看来，天地、草木、鸟兽都具备孝的可贵精神和优良品德，都成为显示孝道的替代物。人们之所以把"孝"映印到各种替代物上，将其提高到宇宙本体论的高度，并讴歌、高扬、强化这些自然物的孝道，目的是为了显示人的精神、伦理道德的高尚和必然。它在是非判断上的落点是：人不孝敬父母，天地不容、禽兽不如！

---

〔1〕《古今图书集成·家范典·母子部·纪事二》引，北京：中华书局，成都：巴蜀书社，1985年版。

（五）"孝感天地"——孝道的神化

孝道的神化从先秦时期就开始了。《国语·周语下》载："言孝必及神。"《孝经·感应章》讲："孝悌之至，通于神明，光于四海，无所不通。"《太平御览》卷四一一《人事部五二·孝感》引《孝经左契》："天子孝，天龙负图，地龟出书，大孽消灭，云景出游。"引《孝经援神契》："庶人孝则木泽茂，浮珍舒，恪草秀，水出神鱼。"

在孝道神化过程中，把儒家义理的天和道家、墨家的善恶报应说、佛教的因果报应论结合起来，并使之具体化、故事化、神秘化，把天塑造成赏善罚恶、伸张正义的主宰，孝子的庇护神，给人以美好的诱导、严密的监督，甚至严厉的恐吓、惩罚。

首先，天给那些笃行孝道的孝子以各种形式的救助，使他们孝敬父母的愿望得以实现。

《晋书·孝友传》载："至诚上感，明祇下赞，郭巨致锡金之庆，阳雍标莳玉之祉。"郭巨为供养母亲，欲掘坑埋儿而得金。孝子阳雍得天神赐予的菜种，竟长出白璧和铜钱，并借助这些钱财与右北平著姓女子喜结良缘。其他像王祥卧冰而得鲤，王荐仰天大哭而得瓜，天都像雪中送炭似的帮助这些孝子解决孝敬父母中的实际问题。天还给"丁兰刻木"这种荒唐的"假孝"张目，借助神灵让木刻的父母有了活生生的情感。

汉代开始，天就成为不孝的监督和惩治力量。赤眉军路过"纺织养姑"的姜诗妻门口，说"惊大孝必触鬼神"，留下米肉，弛兵而过。

隋唐时，佛教的因果报应盛行，世俗社会便把不孝视为"人神公愤"的恶行，形成了"忤逆不孝，天打雷劈"的神灵监督力量。

唐道世撰《法苑珠林》卷四十九载，有一逆子杀父，把尸体"埋之后园""天雷霹父尸出"，然后霹死逆子，"身上具题因缘"。

唐人唐临撰《冥报记》[1]载，隋大业中，河南有一媳妇"养姑不孝，姑两目盲，妇以蚯蚓为羹"，结果被霹雷震去人头，换上狗头。

---

〔1〕《古今图书集成·家范典·姑媳部·外编》引，北京：中华书局，成都：巴蜀书社1985年版。

所以，在世俗社会，凡忤逆不孝者，一般由雷公来执行惩罚。雷公成为伸张孝道的正义法庭。

《杂宝藏经》[1]载，波罗奈国有个慈童女，早年丧父，与母亲共居，家中贫穷，靠卖柴薪度日。一开始，慈童女一日得 2 钱，后来一日得 4 钱，日得 8 钱，日得 16 钱，均用来供养母亲，母子俩的生活日见好转。后来，慈童女与人约定入海采宝，母亲不同意，慈童女强行离家，还弄下母亲的几十根头发。慈童女入海得了许多宝贝，回来的路上，看见一座琉璃城，有 4 个玉女，手擎 4 枚如意珠，唱着歌出城迎接他。慈童女在琉璃城住了 4 万年，快乐无穷。后来厌烦了，离开琉璃城，又来到颇梨城。有 8 个玉女，擎 8 枚如意珠作乐来迎。住了 8 万年，比琉璃城更加快乐舒适。住厌烦了，又来到白银城，有 16 个玉女，擎 16 枚如意珠，歌舞来迎，住了 16 万年，说不尽的舒适快乐。住厌烦了，又来到黄金城，有 32 个玉女，擎 32 枚如意珠前来迎接，住了 32 万年，快乐得无法再快乐了。

享尽快乐生活后，慈童女又走进一座铁城，见一人头戴铁火轮，摘下来戴到慈童女头上就走了。铁火轮戴在头上，滋味能好得了么？慈童女焦灼难熬，问狱卒说："我戴这火轮，何时能摘掉？"狱卒说："如果有个和你的善业、恶业相同，享的福，受的罪相同，也入海取宝，也沿着琉璃城、颇梨城等过来了，由他来代替才行，如果没有替身，火轮永远不能摘掉。"怪不得一入城时，那个戴火轮的摘下火轮戴到我头上就走了，原来是我是他的替身啊！慈童女这才恍然大悟。

"我过去有什么善恶福罪？"慈童女接着问。

"你过去用 2 钱供养母亲，所以得琉璃城 4 如意珠，4 玉女，4 万年中享受快乐；用 4 钱供母，得颇梨城 8 如意珠，8 玉女，8 万年中享受大快乐；用 8 钱供母，得白银城 16 如意珠、16 玉女、16 万年中享受更大的快乐；用 16 钱供母，故得黄金城 32 如意珠、32 玉女、32 万年享受无尽快乐。你扯断母亲的头发，今得铁城火轮之报。有人代替你，才能解脱。"

慈童女又问："现在铁城中还有像我这样受罪的吗？"狱卒说："有无数，不可统计。""我既然不免，倒不如让我代替一切受罪者，把他们都解脱了。"

---

[1]《古今图书集成·家范典·母子部·外编》引，北京：中华书局，成都：巴蜀书社，1985 年版。

慈童女刚默默祷告完，头上的铁轮自动脱落。狱卒一见，一铁叉打在慈童女头上，死后的灵魂转世在佛教的极乐净土兜率天宫。

看来，佛教就是佛教，这一善业有福报，恶业有罪报，积德行善进入涅槃的说教，具有不可抗拒的诱惑力和吸引力，比起直白的"掘地得金""蒿玉之祉"等传统神话来，无论是意境，还是神秘性，显然更胜一筹。

由于中国社会的宗法伦理特色，在孝道神化的过程中始终没依附宗教，更没转变为一种独立的宗教精神。相反，宗教却要依附孝道。佛教最初宣称不敬父母，不拜王者，入中土后不得不迎合儒家的孝道，塑造了目连救母、妙善救父等具有宗教精神的孝子，佛教的因果报应说还要为儒家的"孝道"服务，与中国古已有之的善恶报应相结合，成为古代社会维存孝行的监督力量。

（六）孝道的文学艺术化

从形式上看，孝道的神化则表现为文学化和艺术化。它通过文学艺术手段演义出美妙动人的传说、戏剧，给人以美好的向往。汉代董永是鹿车载父，在田间耕作的孝子，经过曹植的《灵芝篇》，干宝的《搜神记》，唐代的《董永变文》，宋元话本《董永遇仙传》，宋元南戏《董秀才遇仙记》，明清诸多的剧本，由画像石、诗文、说唱到戏剧，到今天以黄梅戏为代表的、系统完美的《天仙配》，典型地反映了孝道的神化和文学艺术化。

年画《天仙配》

戏剧《清风亭》的创作，则是"孝道"监督力量的神化和艺术化。北宋孙光宪《北梦琐言》卷八《张仁龟阴责》载，登第为官的张仁龟忘记养父的养育之恩，致使其郁恨而死，由于养父的冥诉，张仁龟自缢罹祸。到明清时，即演义成戏剧《清风亭》，剧情是：张元秀夫妻拾得一弃婴，取名张继保，含辛茹苦抚育成人。后张继保被生母领走，得中状元，在清风亭巧遇张元秀夫妻。张继保忘恩负义，把老夫妻当成乞丐，拒不相认。逼得老夫妻相继撞死在清风亭前，张继保因此被暴雷殛（jí，杀）死。此剧又名《天雷报》《雷殛张继保》，徽剧、京剧、汉剧、川剧、湘剧、晋剧、秦腔、豫剧等均有演出。清代经学家焦循的《花部农谭》说，他于嘉庆二十四年（1819 年）观看该剧时，"其始无不切齿，既而无不大快"，表现了古代人民对忘记父母养育之恩的愤慨和鞭笞。

五、孝文化意识审视

孝道是儒家思想存在、积累至今，并在中国社会产生广泛影响的文化意识。它是中华民族突出的传统美德，又是历代王朝进行统治的伦理工具。

首先，孝道是朝廷、宗族、家族的规范原则和伦理核心，在"以孝治国""以孝齐家"的口号下，专制皇权得以巩固和稳定，族长、家长得到了最高的权威，几千年的宗法制度、观念得以经久不衰。它从思想意识、道德伦理、行为准则等各方面维护了专制制度、宗法社会的稳固。

然而，孝文化意识又培养了炎黄子孙、中华儿女对祖国的认同感和归属感，成为民族凝聚力和爱国主义的思想源泉。从孝出发，祖先崇拜、父母之邦的观念，不断地召唤着海外、境外赤子对祖国的依恋和关注。从辛亥革命、抗日战争至今，海外华侨表现了极大的爱国热情，之所以称他们为"海外赤子"，显然有孝和血缘亲情的因素。国内也是如此，尤其是在民族危亡的紧要关头，一句"骨肉同胞们"，就能使人们热血沸腾、同仇敌忾，充分显示了孝意识的伟大力量。

其次，儒家的孝道联系着两个不平等的群体，它不是建立在平等人格的基础上，而是一种以服从尊长意志，压抑、淹没后辈的个性和尊严，强调上下间的依附、隶属关系为基础的伦理道德。它造就了后辈对尊长逆来顺受的性格和本能的畏惧，形成了"尊者以理责卑，长者以理责幼，贵者以理责贱"[1]的居高临下的固定模式。后辈在尊长面前永远没有尊严，没有正确，没有后来居上。这种对君父逆来顺受的行为习惯和思维定式，严重地麻醉着民主、民权意

---

〔1〕戴震：《孟子字义疏证》，北京：中华书局，1982 年版。

识和法制观念的觉醒。中国的民众家庭向来都是家长制统治，要推行家庭民主不仅艰难，而且荒唐。因为普通百姓都知道"家有千口，主事一人"，决不容许"七口当家，八口主事"。民间谚语讲："官打民不羞；父打子不羞。"由此而论，作为已经定位了的臣子向君父要民主、要平等，简直是大逆不道。

在分析了孝道的消极作用后，我们又不能否认，孝是几千年来协调、稠密人际关系的伦理工具。在它的影响下，孝顺父母、尊老敬长、老有所养，成为几千年人际关系的共识。人类最伟大的亲情得到最大程度的高扬，中国古代的父母获得了最大的回报和天伦之乐。中国古代很早就有认干亲的风俗，情同父子，亲如兄弟，更是人际关系稠密到一定程度的表现，反映了人们对孝的向往和人间亲情的珍视。

其三，中国的孝文化意识不是以物质功利、以社会发展，而是以伦理道德作为衡量一切的价值尺度。在今天，它已成为社会发展的一种障碍。

随着世界商品经济的发展，西方发达国家没有中国这么浓厚的孝道和儿女情长，却促进了养老保险、社会救济、劳动保护等福利事业的发展，促进了财产继承法律程序的健全，而中国却仍然停留在养儿防老、兄弟分家的阶段。现代养老保险事业的兴起，正在受到孝文化意识的严重阻碍。因为中国人仍然以传统的观念审视着养老院：父母之所以离开家庭进入养老院，是因为子女不孝。

然而，尽管发达国家养老福利事业先进，外国老人也得到了丰厚的物质享受，却仍然摆脱不了精神的空虚和寂寞孤独，他们缺少的正是中国其乐融融的家庭天伦之乐，需要的也是膝下的儿女亲情和两代人心灵的沟通、感情的交流。由此又可体现出孝文化意识在现代社会的生命力和魅力。它的确不是仅用积极、消极，进步、落后等是非判断、价值判断所能够解决的。

现代中国已跨入老龄社会，养老问题不仅是家庭问题，而且是严重的社会问题。旧道德的沦丧，封建孝道不再是束缚身心的枷锁，这当然是社会的进步，但站在天下父母的立场上看，确有许多不尽人意之处。如何走出孝道的误区，将孝作为一种自然亲情和子女的义务而不是封建伦理，内化为每个人自觉的道德意识，不让天下父母寒心，不让天下儿女束缚个性，不让社会进步受到障碍，是现代中国社会面临的严肃的道德选择，也是社会主义精神文明建设的内容之一。

后 记

　　承蒙广大读者的厚爱和台海出版社领导、编辑的支持，《中国社会风俗史》第三次修订版和读者们见面了。

　　本书 2000 年由山东人民出版社出版，2001 年重印，2008 年出修订版。2015 年由武汉大学出版社收入"中国专门史文库"，再出修订版，总计 20 年了。20 年来，不断有专家、读者来信鼓励、商讨，并提出许多建设性意见。张雪丽先生还撰写了《〈中国社会风俗史〉评介》（载《中国史研究动态》2003 年第 2 期），对本书做了非常中肯的评价和详细介绍。笔者在教学、读书、研究中不断积累了许多新材料，产生了一些新想法。越是这样，就越发感到原书的不足和亟须充实之处，也越发感到，一本书要想达到完善，就必须千锤百炼、精益求精。

　　这次修订再版，对全书重新进行了编纂，各章在内容上均有所调整、修改，充实了新的节、目，补充或置换了更加典型的材料和图片，重新核对了全书的引文和注释，增加了"第五章（上）岁时风俗"，第九章以"儒学风俗"替代了原来的"信仰风俗"。

　　由于庸事繁忙，我的研究生济南外国语学校教师由春燕、山东协和学院副教授吴伟伟、中国人民大学图书馆副研究馆员韩帅、山东潍坊东明中学教师邓丽丽、临沂四中教师刘婷玉、山东聊城水城中学教师王新文、济宁一中教师于慧、桓台县二中教师李娜，帮助我进行了修订。其中，韩帅帮我撰写了"第九章儒学风俗"。本书涉及的少数民族风俗，请贵州省天悦佳合旅行社有限公司著名导游王化梅（布依族）做了调查、核实。

　　于慧、王新文、王化梅帮我校对了清样。

　　对广大读者、专家和台海出版社、山东人民出版社、武汉大学出版社领导及编辑的支持、鞭策，谨在此表示衷心的感谢。